云亭法律实务书系

判决书中的公司法

经典公司法案例点评及胜诉实战指南

唐青林 李 舒 ◎ 主 编
王 盼 安 健 ◎ 副主编

中国法制出版社
CHINA LEGAL PUBLISHING HOUSE

编委会

唐青林　北京云亭律师事务所
李　舒　北京云亭律师事务所
王　盼　北京云亭律师事务所
安　健　欧美同学会宣传部副主任
王　辉　北京云亭律师事务所
林浩鼎　北京云亭律师事务所
熊思韵　北京云亭律师事务所
陆　洋　北京云亭律师事务所
漆　颖　上海晓正律师事务所

（上述工作单位是指编委会成员在完成本书时所在的单位）

"云亭法律实务书系"总序

"云亭法律实务书系",是北京云亭律师事务所组织撰写的法律实务类书籍。丛书作者均为战斗在第一线的专业律师,具有深厚理论功底和丰富实践经验。丛书的选题和写作体例,均以实际发生的案例分析为主,力图从实践需求出发,为实践中经常遇到的疑难复杂法律问题,寻求最直接的解决方案。

没有金刚钻,不揽瓷器活。云亭律师事务所成立以后,创始合伙人唐青林、李舒一致决定以专业耕耘作为立所之本,鼓励所有云亭律师践行"一万小时"的专业发展理论,在各自的专业领域深度耕耘,实现"一米宽、十米深"的专业耕耘模式。

能把法律问题写好是优秀律师的看家本领。对于任何专业知识,我们认为有五个渐进的层次:听不懂、听得懂、说得出、写得出、写得好。我们希望云亭律师都能把专业的问题和观点用文字表达出来,训练成为"写得好"的最高级别。

打赢官司靠的不是口才而是思辨能力和文字能力。打赢官司的律师,并不仅仅是口才好,更加重要的是笔头功夫好。根据我从事法律工作25年的经验,律师的写作能力和办案能力之间绝对存在正向促进关系。有理不在声高,只要你思维缜密、开庭之前起草了逻辑严密、法律精准的代理词,哪怕是口吃的律师也一样能赢得诉讼,所以说笔杆子是律师极其重要的武器,写作乃律师安身立命之本。一份优秀的代理词和辩护词,其背后其实是文字功夫和逻辑思维能力的体现。而写作是迅速提高在某个领域的专业水平的最有效途径。我们云亭律师事务所的每一位新律师,都必须经过写作训练这个关,迅速提高文字能力。

法律专业写作最难的是什么?是必须克服懒惰。和写作相比,看电视显然更加轻松愉快,写作经常面对的是冷板凳。中国法制出版社资深编辑赵宏老师和我们座谈的时候曾说:"写作是一件非常辛苦的事,必须每天勉强自己一点点!"这句话我们至少在不同的场合给云亭律师事务所的同事说了10遍。律师确实都很忙,离开学校之后，永远不会有一整段时间用于写作，但是写作的时间都是抽出来的，时间就像海绵里的水，挤挤总是有的。云亭鼓励他们耐住寂寞、长期坐冷板凳、坚持研究法律问题、把自己的研究所得写出来，这样不仅锻炼思辨能力，还锻炼写作能力。

"云亭法律实务书系"到底是怎么写出来的？云亭规定全所律师办理任何案件，都必须针对每一个争议焦点进行法律检索和案例检索，据此起草代理词、辩护词等法律文件，确保和提高办案质量。办案完成后，这些法律和案例检索成果，是封存在电脑中还是让它们充分发挥余热？云亭律师事务所倡议所有同事们在办案结束后花费时间，把办案中针对争议焦点的法律和案例检索成果以及形成的法律判断，每个争议焦点整理成一篇文章，在云亭的微信公众号（"法客帝国""公司法权威解读""民商事裁判规则""保全与执行"）发表出来，供所内和全国各地的律师同行参考。这些文章都是真实的案例中遇到的真实的争议焦点，例如《侵犯其他股东优先购买权的股权转让合同是否有效》《股东签署"分家协议"有效吗》《股东是否有权查阅原始凭证》，这些内容都非常实用，所以文章发表出来后非常受法律实务界欢迎。

为什么云亭律师大多是相关领域的专家？云亭倡导每一位律师"忙时作业、闲时作文"，长期积累。强烈建议每一位云亭律师，凡是不开庭和不见客户的日子，坚持到律所坐班，坚持阅读案例和写作，练就火眼金睛并准备好敏捷的头脑。坚持写作，坚持"磨刀"。

我们相信，在任何一个专业领域，如果这个律师坚持写100篇文章，那么他至少已办理过数十个该领域案件、至少检索和阅读该领域1000个判决书。这样坚持下来，该领域便很少再有话题能难倒他，他其实已经足够成为该领域的专家。

律师如何提高写作能力？根据我们多年来的写作经验，主要有如下三点：（一）写作不能犯三个错误：不犯专业错误、不犯文字错误、不犯表述错误。（二）写作应该主题明确、观点明确：每个争议焦点写一篇文章，而不是多个争议焦点混合在一起；裁判规则总结精准、观点明确、不模糊。（三）文章应尽量直白易懂。哪怕读者对象是非法科专业人士，也能够看明白，切忌为了显示专业水平而拽专业术语，让人云里雾里看不懂。

功夫不负有心人。经过多年的努力，在中国法制出版社各位领导和编辑的关心帮助下，"云亭法律实务书系"已经出版和发行了40多种书，"云亭法律实务书系"已经成为云亭专业化发展的一张名片,受到了来自全国各地高校法律教授、法官、法务、律师等法律界人士的广泛好评。在未来的岁月里,我们将继续努力,争取不辜负每一位关心和帮助我们的领导、法律界同行和每一位"云亭法律实务书系"的读者。

北京云亭律师事务所
唐青林　创始合伙人
李　舒　创始合伙人
2024 年 1 月 1 日

前　言

我国虽然不是判例法国家，但为倡导司法公开，2013年7月1日，最高人民法院开通了中国裁判文书网，力推各级人民法院生效裁判文书上网，并自2023年8月底起，开始案例库建设工作；为拓宽参考案例来源，丰富案例库资源，2023年12月22日，最高人民法院发布《关于征集人民法院案例库参考案例的公告》，面向社会开展参考案例征集工作。

裁判文书的公开，对普通民众，特别是对法律从业工作者来说，是巨大利好，不仅为工作提供了便利，也拓宽了学习渠道，具有重要、积极的意义。

本书作者系深耕于民商事诉讼仲裁的律师，特别重视司法裁判案例对法律工作的引导指示作用，以实务问题和裁判规则为导向，本书作者在中国裁判文书网上精心筛选、收集、整理了近百篇优质、典型的公司法司法实务案例，并结合自身办案实践进行实务经验总结，以便我们不管是在公司治理上还是遇到公司法类似争议的时候，都能有效避"坑"，并迅速精确地找到解决方案。

司法实务更具创新和前瞻性，公司法随着司法实践的需要而不断修订完善，本书编写时正值2023年《中华人民共和国公司法》（以下简称《公司法》）修订，编写时注意到，很多司法裁判规则均被2023年修订的《公司法》采纳吸收，这不得不让人敬佩司法实务人员的智慧，也更加激发了我们从案例中汲取智慧、经验的动力，这也是作者致力于编写本书的初衷。

本书体系简明精要，能让读者快速了解案情和理解裁判规则，同时配以律师直白的经验总结，有效地避免了专业书籍晦涩难懂的弊端，所以不论您是法律小白还是资深法律从业者，在阅读本书时都不会产生阅读障碍。

本书涉及股东出资、股东资格确认、公司章程与决议、股东权利、股东与高管义务、关联交易、股权转让、常见商事合同效力与履行、公司解散与清算、公司诉讼中常见程序问题等十大板块相关案例，基本覆盖商事交易、公司治理中涉及的相关事项及问题，知识点密集、纯纯干货，所以不论您是带着问题有目的性的检索，还是用作工作、学习资料，相信本书均能给您带来意外收获！

由于本书作者都是战斗在公司法实践第一线的律师，白天忙于各种各样的公司法实践工作，只能利用晚上和节假日进行研究写作，加之水平有限，谬误之处，敬请各界专家、学者、读者予以斧正。

欢迎读者就本书中的有关问题或公司法案例与本书作者进行探讨，本书作者联系邮箱是：18601900636@163.com。

唐青林　李舒

2024年1月15日

目　　录

第一章　股东出资

001 非货币出资义务能否转化为货币出资义务？ ……………………… 1

002 实物出资中如何确定出资义务完成的时间？ …………………… 7

003 用借款投资公司后控制公司清偿该借款的，该投资款不为出资 …… 14

004 能否以目标公司突发股价变化拒绝依约认购股份 ………………… 20

005 出资人擅自处置拟出资财产可导致入股合同解除 ………………… 26

006 第三人协助股东抽逃出资是否构成共同侵权？ …………………… 30

007 增资协议解除后要求公司返还增资款构成抽逃出资？ …………… 39

008 股东应在抽逃出资范围内对公司不能清偿的债务向债权人承担
补充赔偿责任 ………………………………………………………… 46

009 抽逃全部出资的股东无权对其他股东除名事项进行表决 ………… 53

010 定向减资已经公司及其他股东同意，是否不用再履行减资程序？ … 58

第二章　股东资格确认

011 已向公司缴纳出资款仍不具有股东资格？ ………………………… 66

012 获得股东资格需具备哪些形式要件和实质要件？ ………………… 73

013 没有代持股协议怎么证明自己是实际出资人？ …………………… 79

014 隐名股东显名无须征得名义股东同意 ……………………………… 85

015 股权让与担保中担保人能否诉请确认股东资格？ ………………… 91

016 有限公司可否为维护人合性特征拒绝股东资格继承？ …………… 96

第三章　公司章程与决议

017 大股东通过修改公司章程将出资期限提前，合法吗？ …………… 103
018 小心表决权设置中的陷阱：人数和比例 ………………………… 110
019 股份公司章程中股份转让限制性条款是否有效？ ……………… 115
020 章程规定股东死亡后继承人只能继承部分股东权利合法吗？ … 121
021 股东大会决议部分议案被撤销不影响其他部分效力 …………… 126
022 股东会决议伪造股东签名，决议一定无效吗？ ………………… 132
023 股东会决议真实性存疑时，可在全面分析案件事实后进行推断 … 138
024 不能仅以股东知情且未提出过异议推定该股东追认了伪造其签名形成的决议 ……………………………………………………… 144
025 公司无权限制瑕疵出资股东请求解散公司的权利 ……………… 152
026 公司净资产属于公司所有，股东会无权决议进行分配 ………… 158
027 股东会作出利润分配决议后股东才有权请求分配利润 ………… 165
028 股东会利润分配决议应包括哪些内容才有效力？ ……………… 171
029 股东无须利润分配决议也可向公司请求分红？ ………………… 177
030 解聘总经理是否需要合理理由？ ………………………………… 183
031 公司治理规则下杉杉股份控制权争夺中双方的"进攻"与"防守" …………………………………………………………………… 189

第四章　股东权利

032 50%的股东和51%的股东，在话语权上有什么不同？ ………… 195
033 股东除名将导致公司形式变更的，拟被除名股东对其除名事项享有表决权 ……………………………………………………… 200
034 股东是否有权查阅原始凭证和记账凭证？ ……………………… 207
035 股东能否向公司以外主体主张行使知情权？ …………………… 212
036 股东持股期间的知情权不因嗣后股东资格丧失而丧失 ………… 218

037	股东知情权的阻却——如何理解股东与公司存在实质性竞争关系业务？	222
038	股东具体的利润分配请求权是否劣后于一般债权？	229
039	股东如何以优先认缴权受侵害主张公司增资决议无效？	235
040	侵犯其他股东优先购买权的股权转让合同是否有效？	241
041	股东内部转让股权时，其他股东无优先购买权	245
042	上市公司不配合办理解除限售手续是否构成侵权？	252
043	股东能否提起代表诉讼为公司追讨违约金？	255

第五章 股东与高管义务

044	公司设立不能，发起人内部如何分担因设立公司产生的债务？	261
045	公司减资未通知债权人，股东是否要承担责任？	266
046	股东转移公司资产逃废债的是否要连带承担公司债务？	271
047	债权人能否请求公司连带承担其股东债务？	277
048	董事忠实义务应及于公司的全资子公司和控股公司	283
049	董监高在一个年度内将所持本公司股份全部转让的，是否必然无效？	288
050	法定代表人被免职后有权诉请公司涤除登记	295

第六章 关联交易

051	合法的关联交易：信息披露充分、交易程序合法、交易对价公允	302
052	构成不当关联交易的主体、动机、行为和结果要件	307
053	董事、高管不能仅以查询工商档案可以知悉关联交易存在主张已对公司履行披露义务	316
054	股东利用关联公司进行利益输送逃避债务，债权人如何维权？	322
055	关联公司构成人格混同是否应互负连带责任？	328

第七章 股权转让

056 非上市股份公司能否约定限制股权转让？ ………………… 339

057 第三人明知违反章程中股权转让限制性规定仍受让股权的，不能确认为股东 ………………………………………………… 344

058 夫妻关系存续期间，持股一方单独进行的股权转让、质押行为效力如何？ …………………………………………………… 351

059 明知受让的股权系转让人用赃款购得，受让效力如何？ …… 356

060 外商投资企业受让禁止外商投资项目的股权的，是否无效？ … 362

061 股权出让方未披露重要事实但能证明受让人知悉的，不构成欺诈 ………………………………………………………… 366

062 能否请求未履行告知义务即转让股权的原股东赔偿损失？ … 371

063 一人公司转让股权后拒绝履行股权变更义务的，受让人能否请求该单一股东协助办理？ ………………………………… 376

064 违约方承诺继续履行剩余义务的可不判处承担违约金？ …… 382

065 行使不安抗辩权应及时通知对方停止履行的决定及原因，否则视为违约 …………………………………………………… 387

066 成立未生效合同是否适用解除制度？ ……………………… 391

067 投资人能否以未实现商业预期为由主张解除投资合同？ …… 399

068 因政策变动不能履行合同义务是否需要承担违约责任？ …… 403

069 股权转让合同的解除通常仅对将来发生效力 ……………… 408

第八章 常见商事合同的效力与履行

070 公司上市前签订的股权代持协议上市后是否无效？ ……… 416

071 目标公司能否为支付其自身股权转让款提供担保？ ……… 422

072 股权转让附加回购的融资模式是否属于借贷？ …………… 429

073	股东能否将目标公司股权交由目标公司经营并收取固定承包费？	434
074	如何区分资产转让合同和股权转让合同	438
075	对赌协议中能否约定以复利计算回购价款？	442
076	回购条件提前成就时，投资人能否立即请求回购股权？	446
077	请求继续履行合同后诉请回购的，实质系继续履行与解除合同两项诉请相互冲突，不应支持	451
078	因对赌协议产生的金钱补偿之债是否属于夫妻共同债务？	455
079	业绩补偿条款不属于违约责任，不适用违约金调整规定	463
080	对赌协议中，投资人依约请求公司回购股权可能构成抽逃出资？	468
081	目标公司不及时减资导致对赌协议无法实际履行的，应负违约责任	475

第九章　公司解散与清算

082	能否仅以对外经营困难主张解散公司？	482
083	非股东担任清算组成员违法清算的是否应承担赔偿责任？	488
084	清算组仅履行公告义务未履行通知义务是否需要担责？	493
085	股东怠于履行清算义务导致公司无法清算应否担责？	499
086	董事会出具决议声明承担清算赔偿责任的，效力如何？	505
087	债权人能否请求被清算公司股东的股东承担违法清算赔偿责任？	509
088	破产程序终结后，债权人是否有权要求债务人瑕疵股东向其个别清偿？	514
089	主债务人破产申请受理后，担保债务是否停止计息？	519

第十章　公司诉讼中常见程序问题

| 090 | 公司纠纷能否适用协议管辖？ | 527 |
| 091 | 执行程序中，如何追加公司原、现股东等为被执行人？ | 533 |

| 092 | 债权人能否追加在认缴期限届满前即转让股权的原股东为被执行人？ ··· 539
| 093 | 同一诉讼中涉及的两个以上法律关系均为诉争法律关系的，应当并列为案由 ·· 545
| 094 | 诉讼中变更为一人公司的，不适用一人公司人格否认制度 ············ 549

第一章 股东出资

001 非货币出资义务能否转化为货币出资义务？

阅读提示

股东出资包括货币出资和非货币出资两种形式，在非货币出资存在瑕疵且不能补正的情况下，公司能否向人民法院请求该未完全履行出资义务的股东转而支付货币以补足出资？非货币出资转化为货币出资是否存在无法律依据之嫌疑？本文在此通过山东省高级人民法院的一则案例，对上述问题进行分析。

裁判要旨

公司应当按照公司章程约定的出资形式，要求未全面履行出资义务的出资人履行出资义务。但出资人以非货币形式出资存在瑕疵且不能补正的，应按照出资时的实物资产的评估价值以货币补足出资。

案情简介[①]

（一）2000年5月15日，发某公司、J市种子公司、现某农业公司协议设立澳某公司，三方股东约定分别持股51%、29%、20%。

（二）2000年5月16日，J市人民政府相关部门作出批复：同意由现某农业公司将案涉两块国有划拨土地使用权作为出资投入设立澳某公司。

（三）2000年6月28日，澳某公司正式成立。2020年10月29日，人民法院作出（2020）鲁01破申33号民事裁定书，受理澳某公司破产清算申请。

（四）清算期间，澳某公司管理人发现现某农业公司用于出资的案涉土地使

---

① 案件来源：济南澳某公司、济南市现某农业公司股东出资纠纷二审民事判决书【山东省高级人民法院（2022）鲁民终450号】。

用权并未转移到澳某公司名下,由于系划拨土地政府不予办理过户登记,澳某公司诉请现某农业公司改为缴纳673万元以补足出资。

(五)济南中院一审认为,非货币出资义务转变为货币出资义务于法无据,故驳回澳某公司的诉请。山东高院二审撤销了一审判决,改判支持澳某公司请求。

裁判要点

本案的核心争议在于,非货币出资存在瑕疵且不能补正的,能否以货币形式补足出资。

本案属于一起典型的非货币形式出资瑕疵且无法补正的情形,即在特殊历史时期以国有划拨土地使用权进行出资,出资后也将划拨土地交由公司占有、使用、收益,但是未办理过户登记,构成了出资义务的不完全履行。如公司正常经营,尚可能不会产生纠纷,但一旦公司解散清算,需将该划拨土地进行拍卖时,就会发现因《最高人民法院关于破产企业国有划拨土地使用权应否列入破产财产等问题的批复》规定了"破产企业以划拨方式取得的国有土地使用权不属于破产财产",导致划拨土地无法拍卖,出资人与公司之间必然产生纠纷。

对于上述情形,一审法院虽认为现某农业公司以划拨土地使用权出资后,应依法办理相应的权属变更登记手续,但其非货币出资义务不能因未办理变更登记手续而转变成为货币出资义务,澳某公司向现某农业公司主张交纳出资款673万元于法无据,故不予支持。

二审法院则认为,鉴于目前政府不办理划拨土地的过户登记,因此要求现某农业公司将案涉划拨土地过户至澳某公司名下存在客观障碍。故二审法院基于公司资本维持原则,以及维护澳某公司债权人利益并减少当事人诉累的目的,判决现某农业公司以货币形式向澳某公司支付673万元,以补足出资。

实务经验总结

以货币进行出资和以非货币财产进行出资的,出资义务的完成标准有所不同。一般来说,以货币进行出资的,出资人将货币出资足额存入公司在银行开设的账户时,即为完成出资义务;而以非货币财产进行出资的,不仅要将实物交由公司占有、使用,还应依法及时办理权属变更手续,否则仍然会构成出资义务的不完全履行。

相关法律规定

《中华人民共和国公司法》（2023年修订）

第四十八条 股东可以用货币出资，也可以用实物、知识产权、土地使用权、股权、债权等可以用货币估价并可以依法转让的非货币财产作价出资；但是，法律、行政法规规定不得作为出资的财产除外。

对作为出资的非货币财产应当评估作价，核实财产，不得高估或者低估作价。法律、行政法规对评估作价有规定的，从其规定。

第四十九条 股东应当按期足额缴纳公司章程规定的各自所认缴的出资额。

股东以货币出资的，应当将货币出资足额存入有限责任公司在银行开设的账户；以非货币财产出资的，应当依法办理其财产权的转移手续。

股东未按期足额缴纳出资的，除应当向公司足额缴纳外，还应当对给公司造成的损失承担赔偿责任。

第五十条 有限责任公司设立时，股东未按照公司章程规定实际缴纳出资，或者实际出资的非货币财产的实际价额显著低于所认缴的出资额的，设立时的其他股东与该股东在出资不足的范围内承担连带责任。

《中华人民共和国公司法》（2018年修正，已被修订）

第二十七条 股东可以用货币出资，也可以用实物、知识产权、土地使用权等可以用货币估价并可以依法转让的非货币财产作价出资；但是，法律、行政法规规定不得作为出资的财产除外。

对作为出资的非货币财产应当评估作价，核实财产，不得高估或者低估作价。法律、行政法规对评估作价有规定的，从其规定。

第二十八条 股东应当按期足额缴纳公司章程中规定的各自所认缴的出资额。股东以货币出资的，应当将货币出资足额存入有限责任公司在银行开设的账户；以非货币财产出资的，应当依法办理其财产权的转移手续。

股东不按照前款规定缴纳出资的，除应当向公司足额缴纳外，还应当向已按期足额缴纳出资的股东承担违约责任。

第三十条 有限责任公司成立后，发现作为设立公司出资的非货币财产的实际价额显著低于公司章程所定价额的，应当由交付该出资的股东补足其差额；公司设立时的其他股东承担连带责任。

《最高人民法院关于适用〈中华人民共和国公司法〉若干问题的规定（三）》（2020年修正）

第八条 出资人以划拨土地使用权出资，或者以设定权利负担的土地使用权出资，公司、其他股东或者公司债权人主张认定出资人未履行出资义务的，人民法院应当责令当事人在指定的合理期间内办理土地变更手续或者解除权利负担；逾期未办理或者未解除的，人民法院应当认定出资人未依法全面履行出资义务。

第十条 出资人以房屋、土地使用权或者需要办理权属登记的知识产权等财产出资，已经交付公司使用但未办理权属变更手续，公司、其他股东或者公司债权人主张认定出资人未履行出资义务的，人民法院应当责令当事人在指定的合理期间内办理权属变更手续；在前述期间内办理了权属变更手续的，人民法院应当认定其已经履行了出资义务；出资人主张自其实际交付财产给公司使用时享有相应股东权利的，人民法院应予支持。

出资人以前款规定的财产出资，已经办理权属变更手续但未交付给公司使用，公司或者其他股东主张其向公司交付、并在实际交付之前不享有相应股东权利的，人民法院应予支持。

第十三条第一款、第二款、第三款 股东未履行或者未全面履行出资义务，公司或者其他股东请求其向公司依法全面履行出资义务的，人民法院应予支持。

公司债权人请求未履行或者未全面履行出资义务的股东在未出资本息范围内对公司债务不能清偿的部分承担补充赔偿责任的，人民法院应予支持；未履行或者未全面履行出资义务的股东已经承担上述责任，其他债权人提出相同请求的，人民法院不予支持。

股东在公司设立时未履行或者未全面履行出资义务，依照本条第一款或者第二款提起诉讼的原告，请求公司的发起人与被告股东承担连带责任的，人民法院应予支持；公司的发起人承担责任后，可以向被告股东追偿。

法院判决

以下为山东高院就应否支持澳某公司关于以货币形式补足出资的诉求的详细论述：

对于一审法院适用法律是否正确，现某农业公司是否全面履行了出资义务的问题。第一，本案法律事实发生时即澳某公司注册成立时为2000年，故本案应当适用《中华人民共和国公司法》（1999年修正）的相关规定。根据该法第二十五条规定，"股东应当足额缴纳公司章程中规定的各自所认缴的出资额。股东以货币出资的，应当将货币出资足额存入准备设立的有限责任公司在银行开设的临时帐户；以实物、工业产权、非专利技术或者土地使用权出资的，应当依法办理其财产权的转移手续"。故出资人以实物或者土地使用权出资的，若要完全履行其出资义务，需依法办理出资财产的权属变更手续，将该项财产转移到公司名下，使其成为公司的法人财产。现某农业公司抗辩，虽然并未办理涉案土地的产权变更登记，其已经将涉案土地交付澳某公司使用、占有、收益。对此，本院认为，即使该项财产实际交付给澳某公司使用，但是由于所有权不在澳某公司名下，将影响公司对财产的利用和处分，而且也使公司承担将来无法处分该项财产的法律风险，进而威胁其他股东或公司债权人的利益。故现某农业公司未将涉案土地变更至澳某公司名下的行为仍然构成出资义务的不完全履行。

第二，《最高人民法院关于适用〈中华人民共和国公司法〉若干问题的规定（三）》第八条规定："出资人以划拨土地使用权出资，或者以设定权利负担的土地使用权出资，公司、其他股东或者公司债权人主张认定出资人未履行出资义务的，人民法院应当责令当事人在指定的合理期间内办理土地变更手续或者解除权利负担；逾期未办理或者未解除的，人民法院应当认定出资人未依法全面履行出资义务。"基于出资财产已经交予公司使用的事实，出于维持经济秩序稳定的目的，人民法院应当责令出资人于合理期间内变更产权登记，并视变更手续完成的结果再行作出判决。该合理期间系司法解释赋予人民法院的、应当依职权给予出资人弥补瑕疵出资事实的缓冲期限，并非对公司诉讼行为的限制。因此，一审法院关于澳某公司的诉求并非办理权属登记，故不予审理的认识，属于法律适用错误，予以纠正。经过诉前澳某公司管理人通知及本院二审指定的期限，现某农业公司均未及时变更涉案土地的权属登记，故其仍然构成出资义务的不完全履行。

进而需考量对于澳某公司关于以货币形式补足出资的诉求能否支持的问题。依照《最高人民法院关于适用〈中华人民共和国公司法〉若干问题的规定（三）》第十三条规定，"股东未履行或者未全面履行出资义务，公司或者其他股东请求其向公司依法全面履行出资义务的，人民法院应予支持"。原则上，公司应当按照公司章程约定的出资形式，要求未全面履行出资义务的出资人或者股东履行出资义务。但是本案已查明，涉案土地性质为划拨土地，属于历史遗留问题，需缴纳土地出让金并经相关行政部门审批后方有可能办理出让及变更使用权人。鉴于澳某公司已进入破产清算程序，因政府对于划拨科研用地不予办理过户登记，故涉案土地使用权过户至澳某公司名下具有客观障碍。基于公司资本维持原则，为维护澳某公司债权人利益并减少当事人诉累，澳某公司关于现某农业公司按照出资时的实物资产的评估价值，以全面履行出资义务的请求亦符合前述司法解释规定的精神，应予支持。

延伸阅读

在检索大量类案的基础上，笔者总结相关裁判规则如下，供读者参考。

（一）投资人之间签订合作协议约定以土地使用权进行出资后，出资人又将该土地转让给第三人导致合作协议目的不能实现时，当事人可以要求解除合作协议。

案例1：陈某长、陈某股东出资纠纷再审民事判决书【最高人民法院（2020）最高法民再232号】

《合作协议》的核心目的是陈某长、陈某、何某三人共同出资，并通过项目公司盛某龙门公司对陈某长竞拍取得的QZ（15）031地块进行开发。虽然QZ（15）031地块国有建设用地使用权因被司法查封，至今未从陈某长名下变更至金某房开公司名下，但是并非如陈某所称依然有变更登记至盛某龙门公司名下、继续合作开发的可能，《合作协议》的合同目的已经无法实现。其一，金某房开公司虽然登记为陈某长独资的有限责任公司，但是实际上存在其他权利人。其二，金某房开公司已取得《建设用地规划许可证》并开始在QZ（15）031地块实施项目建设。陈某主张已实施的建设为违法建筑缺乏事实依据。故原审判决认定《合作协议》约定内容已无实际操作可能，判令解除《合作协议》正确，本院予以确认。

（二）股权受让人明知公司原股东非货币出资存在瑕疵，仍受让股权的，受让后无权以公司名义主张原股东非货币财产出资不到位，继而请求该股东以货币方式补足出资。

案例2：乌鲁木齐佳某有限责任公司与李某公司增资纠纷一案二审民事判决书【新疆维吾尔自治区高级人民法院（2018）新民终486号】

本案的争议焦点为李某应否向佳某公司实缴新增注册资本1604.565万元。佳某公司认为，李某用以增资的土地使用权未交付佳某公司亦未办理权利变更手续，属出资不到位，应当以货币方式补足出资。对此本院认为，首先，依据一审法院已查明的事实，2004年9月，李某作为佳某公司持股90%的股东兼公司法定代表人，其通过召开股东会、修改公司章程，委托新疆德某房地产估价事务所对案涉土地价值进行评估并委托新疆宝某有限责任会计师事务所对新增注册资本进行验资，向工商行政管理部门递交变更公司注册资本登记申请，经工商行政管理部门审核并完成公司注册资本变更。其次，案涉土地建设用地规划许可证、建设用地批准书中用地单位均为佳某公司，且依据乌鲁木齐市国土资源局出具的证明记载，该土地出让金已付清，并办理了国有土地使用权出让手续，拆迁范围内土地使用权单位的拆迁补偿事宜正在进行。再次，依据2006年5月15日，上海家某佳控股（集团）有限公司与李某签订的《合作投资协议书》约定，第三条债务处理，佳某公司股权转让以前的债务和或有负债，除与佳某大厦项目拆迁和办理前期手续有关的费用外，其余全部由乙方（李某）承担。2006年7月3日补充协议约定，甲方[上海家某佳控股（集团）有限公司]认可，由股权变更后新佳某公司承担的发生在2006年6月30日之前的债务，包括与佳某大厦项目拆迁和办理前期手续有关费用，如拆迁补偿费等。上述协议约定可以看出，股权转让后的佳某公司对案涉项目土地正在进行拆迁的事实是明知的，并愿意承担2006年6月30日前的相关涉及项目拆迁的费用，直至2014年，案涉土地拆迁仍在进行，并就房屋拆迁补偿引起行政诉讼。故佳某公司关于李某用以增资的土地使用权未交付佳某公司亦未办理权利变更手续，属于出资不到位，应当以货币方式补足出资的主张缺乏事实及法律依据，本院不予支持。

002 实物出资中如何确定出资义务完成的时间？

阅读提示

出资义务的完成是出资人享有股东权利的前提，我国公司法规定，出资人可以用货币或实物进行出资。在以实物出资的场合，涉及权属变更完成之日、实际交付之日等时间点，应当认定在哪个时间点出资人完成了出资义务呢？本文在此通过最高人民法院的一则经典案例，对上述问题进行分析。

裁判要旨

股东以能够估价的实物出资的，应将财产从自己名下转移至公司名下，并应将财产实际交付公司，使公司能够直接使用而直接获得收益，对于已经办理权属变更手续但未实际交付的，应当认定出资人未完成出资义务且不享有相应的股东权利。

案情简介 ①

（一）2002年，泰某酒店与泰某控股共同出资设立了某达酒店。

（二）2008年12月16日，中某公司与泰某酒店、泰某控股、某达酒店共同签订了《增资协议书》，约定：中某公司以案涉86套房产实物出资入股某达酒店。

（三）为履行上述《增资协议书》，某达酒店与中某公司在2008年12月至2009年3月，就案涉86套房产分别签订了《天津市商品房买卖合同》，约定：交房日期为2009年8月31日（其中2111号房屋约定的交房日期为2009年12月31日）。后中某公司就案涉86套房产为某达酒店办理了房屋所有权预告登记。

（四）2012年中某公司将案涉房产中的9套房屋交付给某达酒店，最早一套房屋的交付时间为2012年3月8日。2017年8月17日，中某公司为某达酒店办理了剩余77套房屋的产权过户手续。

（五）某达酒店诉至法院，主张中某公司履行出资义务的时间为2017年8月17日，应就上述77套房产承担自2009年9月1日起至2017年8月17日止的违约责任。

（六）本案经天津二中院一审，天津高院二审。二审法院认为中某公司在《天津市商品房买卖合同》签订后已为某达酒店办理了房屋所有权预告登记，案涉房屋的实际控制权已移交某达酒店，且2012年3月8日中某公司交付了第一套房屋，故应认定某达酒店最早受领房屋之日为中某公司履行出资义务之日，对某达酒店主张的2012年3月8日之后的违约责任不予支持。

（七）某达酒店不服，向最高人民法院提起再审。最高人民法院认为财产实际交付之日为完成出资义务的时间，故认定2017年8月17日为中某公司履行出资义务的时间。

---

① 案件来源：天津滨海某达酒店、天津中某公司等股东出资纠纷其他民事判决书【最高人民法院（2020）最高法民再85号】。

裁判要点

本案的核心争议在于，股东以实物出资的，应当如何认定完成出资义务的时间，对此，最高人民法院认为：本案中，中某公司虽然在签订《天津市商品房买卖合同》后为某达酒店办理了所有权预告登记，但并未将案涉房屋实际交付给某达酒店，在这种情形下，某达酒店无法实际利用案涉房屋发挥资本功效，故已经办理权属变更手续但未实际交付的，出资人不享有相应的股东权利，中某公司将案涉房屋实际交付给某达酒店之日为完成出资义务的时间。

实务经验总结

1. 以实物或土地使用权出资的，应按约定办理权属变更并将财产实际交付给公司使用。本案中，最高人民法院认定已办理权属变更但未实际交付财产不能视为已经完成出资义务的履行；而在已实际交付财产给公司使用但没有办理权属变更的情形中，也使公司承担将来无法处分该项财产的法律风险，进而威胁其他股东或公司债权人的利益，仍然构成出资义务的不完全履行。

2. 出资财产形式应当符合法律规定。我国法律允许的出资财产范围广泛，但仍然保留了法律法规对其加以限制或禁止的权利，如《中华人民共和国市场主体登记管理条例》规定股东不得以劳务、信用、自然人姓名、商誉、特许经营权或者设定担保的财产等作价出资。

3. 股东出资义务未履行完成即转让股权，受让人知悉的应当对该股东出资义务的履行承担连带责任。因此实务中受让股权，尤其是以实物或土地使用权出资的股权，受让人应当仔细核实原股东是否已经为公司办理了权属变更手续以及是否实际完成了财产交付，缺少其中任何一环都有可能被法院认定为原股东未履行或未全面履行出资义务，债权人可要求受让人承担连带责任。

相关法律规定

《中华人民共和国公司法》（2023年修订）

第四十八条 股东可以用货币出资，也可以用实物、知识产权、土地使用权、股权、债权等可以用货币估价并可以依法转让的非货币财产作价出资；但是，法律、行政法规规定不得作为出资的财产除外。

对作为出资的非货币财产应当评估作价，核实财产，不得高估或者低估作价。法律、行政法规对评估作价有规定的，从其规定。

第四十九条 股东应当按期足额缴纳公司章程规定的各自所认缴的出资额。

股东以货币出资的，应当将货币出资足额存入有限责任公司在银行开设的账户；以非货币财产出资的，应当依法办理其财产权的转移手续。

股东未按期足额缴纳出资的，除应当向公司足额缴纳外，还应当对给公司造成的损失承担赔偿责任。

《中华人民共和国公司法》（2018年修正，已被修订）

第二十七条第一款 股东可以用货币出资，也可以用实物、知识产权、土地使用权等可以用货币估价并可以依法转让的非货币财产作价出资；但是，法律、行政法规规定不得作为出资的财产除外。

第二十八条 股东应当按期足额缴纳公司章程中规定的各自所认缴的出资额。股东以货币出资的，应当将货币出资足额存入有限责任公司在银行开设的账户；以非货币财产出资的，应当依法办理其财产权的转移手续。

股东不按照前款规定缴纳出资的，除应当向公司足额缴纳外，还应当向已按期足额缴纳出资的股东承担违约责任。

《最高人民法院关于适用〈中华人民共和国公司法〉若干问题的规定（三）》（2020年修正）

第八条 出资人以划拨土地使用权出资，或者以设定权利负担的土地使用权出资，公司、其他股东或者公司债权人主张认定出资人未履行出资义务的，人民法院应当责令当事人在指定的合理期间内办理土地变更手续或者解除权利负担；逾期未办理或者未解除的，人民法院应当认定出资人未依法全面履行出资义务。

第十条 出资人以房屋、土地使用权或者需要办理权属登记的知识产权等财产出资，已经交付公司使用但未办理权属变更手续，公司、其他股东或者公司债权人主张认定出资人未履行出资义务的，人民法院应当责令当事人在指定的合理期间内办理权属变更手续；在前述期间内办理了权属变更手续的，人民法院应当认定其已经履行了出资义务；出资人主张自其实际交付财产给公司使用时享有相应股东权利的，人民法院应予支持。

出资人以前款规定的财产出资，已经办理权属变更手续但未交付给公司使用，公司或者其他股东主张其向公司交付、并在实际交付之前不享有相应股东权利的，人民法院应予支持。

《中华人民共和国市场主体登记管理条例》（2022 年 3 月 1 日施行）

第十三条第二款　出资方式应当符合法律、行政法规的规定。公司股东、非公司企业法人出资人、农民专业合作社（联合社）成员不得以劳务、信用、自然人姓名、商誉、特许经营权或者设定担保的财产等作价出资。

法院判决

以下为最高人民法院就中某公司何时履行了出资义务的详细论述：

《中华人民共和国公司法》第二十七条和第二十八条规定，股东可以用货币出资，也可以用实物、知识产权、土地使用权等可以用货币估价并可以依法转让的非货币财产作价出资，以非货币财产出资的，应当依法办理财产权的转移手续。最高人民法院《关于适用〈中华人民共和国公司法〉若干问题的规定（三）》第十条规定："出资人以房屋、土地使用权或者需要办理权属登记的知识产权等财产出资，已经交付公司使用但未办理权属变更手续，公司、其他股东或者公司债权人主张认定出资人未履行出资义务的，人民法院应当责令当事人在指定的合理期间内办理权属变更手续；在前述期间内办理了权属变更手续的，人民法院应当认定其已经履行了出资义务；出资人主张自其实际交付财产给公司使用时享有相应股东权利的，人民法院应予支持。出资人以前款规定的财产出资，已经办理权属变更手续但未交付给公司使用，公司或者其他股东主张其向公司交付、并在实际交付之前不享有相应股东权利的，人民法院应予支持。"通过上述规定可以看出，我国法律允许股东以能够估价的实物出资，因非货币出资在财产变动上的特殊性，法律规定出资人应将财产从自己名下移转至公司名下，使其成为法人财产，避免公司将来处分财产面临的法律风险。同时，从公司实际利用发挥资本功效的角度而言，办理权属变更仅解决财产归属和处分权的问题，出资人应将财产实际交付公司，从而使公司能够直接使用而直接获得收益，故已经办理权属变更手续但未实际交付的，出资人不享有相应的股东权利。根据权利义务相适应的原则，在出资人完成实际交付且办理权属变更手续而享有相应股东权利的情况下，应将财产实际交付之日认定为完成出资义务的时间。

本案中，中某公司以其享有所有权的商品房出资，并经评估机构的评估确定了房产的价值，符合公司法关于实物出资的要求，中某公司应将涉案房屋依约交付某达酒店并办理所有权过户手续以完成出资义务，否则将承担未全面履行出资义务的违约责任。从查明的事实看，中某公司为履行《增资协议书》约定的出资义务与某达酒店签订《天津市商品房买卖合同》，该合同中约定了具体的交房日期，中某公司应按照买卖合同约定将房屋交付某达酒店，但中某公司在买卖合同签订后仅办理了86套房屋的所有权预告登记，并未将涉案房屋实际交付某达酒店。鉴于中某公司在一审期间办理了房屋权属证书，中某公司履行出资义务的时间应为涉案房屋交付之时，即2017年8月17日。二审判决因已经交付的9套房屋中最早的一套房屋交付时间为2012年3月8日，从而认定2012年3月8日为中某公司履行出资义务的时间，适用法律错误，本院予以纠正。

延伸阅读

在检索大量类案的基础上，笔者总结相关裁判规则如下，供读者参考。

（一）出资人以实物或者土地使用权出资的，仅将该项财产交付给公司使用，而未依法办理出资财产的权属变更手续，构成出资义务的不完全履行。

案例1：济南澳某种业开发有限公司、济南市现某农业发展有限责任公司股东出资纠纷二审民事判决书【山东省高级人民法院（2022）鲁民终450号】

出资人以实物或者土地使用权出资的，若要完全履行其出资义务，需依法办理出资财产的权属变更手续，将该项财产转移到公司名下，使其成为公司的法人财产。现某农业公司抗辩，虽然并未办理涉案土地的产权变更登记，其已经将涉案土地交付澳某公司使用、占有、收益。对此，本院认为，即使该项财产实际交付给澳某公司使用，但是由于所有权不在澳某公司名下，将影响公司对财产的利用和处分，而且也使公司承担将来无法处分该项财产的法律风险，进而威胁其他股东或公司债权人的利益。故现某农业公司未将涉案土地变更至澳某公司名下的行为仍然构成出资义务的不完全履行。

（二）以划拨土地出资的，如该划拨土地使用权存在的瑕疵在法院指定的合理期限内实际补正的，可以认定当事人以划拨土地使用权出资的效力。

案例2：海南某国家级珊瑚礁自然保护区管理处、握某梅等股东出资纠纷申请再审民事判决书【最高人民法院（2016）最高法民再87号】

案涉出资土地系国有划拨用地，依据《中华人民共和国土地管理法》等相关法律法规，划拨土地使用权只能用于划拨用途，不能直接用于出资。出资人欲以划拨土地使用权作为出资，应由国家收回直接作价出资或者将划拨土地使用权变更为出让土地使用权。《最高人民法院关于适用〈中华人民共和国公司法〉若干问题的规定（三）》第八条规定的本意就是考虑到在司法实践中如果划拨土地使用权存在的权利瑕疵可以补正,且在法院指定的合理期限内实际补正的,可以认定当事人以划拨土地使用权出资的效力。但能否补正瑕疵的决定权在于土地所属地方政府及其土地管理部门,人民法院判断出资行为的效力应以瑕疵补正的结果作为前提。因而,《最高人民法院关于适用〈中华人民共和国公司法〉若干问题的规定(三)》第八条等规定"人民法院应当责令当事人在指定的合理期间内办理土地变更手续",即人民法院应当在诉讼过程中给当事人指定合理的期间,由其办理相关的土地变更手续,并视变更手续完成的结果再行作出判决。本案中,本院在再审审查期间已给予当事人相应的时间办理土地变更手续,再审审理过程中又为当事人指定了两个月(2016年4月23日—6月22日)的合理期限办理土地变更登记手续,但当事人未能在本院指定的期间内完成土地变更登记行为,即其无法自行补正划拨土地使用权出资的瑕疵。故珊瑚礁管理处虽将案涉土地交付给中某公司使用,但未将案涉土地过户登记至中某公司名下,因而其以案涉土地使用权出资的承诺并未履行到位。撖某梅、中某公司请求确认珊瑚礁管理处未履行作为中某公司股东的出资义务,有事实和法律依据,本院予以支持。但因案涉出资土地系划拨用地,当事人未能在本院指定的合理期间内办理土地变更登记手续,故撖某梅、中某公司请求将案涉土地办理过户登记至中某公司名下,没有法律依据,本院不予支持。一、二审法院直接判决珊瑚礁管理处将案涉划拨土地使用权变更登记到中某公司名下,适用法律错误,应予撤销。

(三)股东应当按照约定全面履行出资义务,不按照约定及时足额缴纳出资的除应当向公司足额缴纳外,还应当向已按期足额缴纳出资股东承担违约责任。

案例3:郑州日某汽车有限公司、某投资控股有限公司股东出资纠纷二审民事判决书【河南省郑州市中级人民法院(2021)豫01民终3974号】

本案中上诉人作为原审第三人某新能源公司的股东,应当履行按期足额缴纳公司章程中规定的认缴出资额的义务。上诉人未按出资协议书、股东会决议约定如期足额向原审第三人某新能源公司缴纳认缴出资,构成违约。根据原审第三人某新能源公司章程规定,不按照规定缴纳出资的,除应当向公司足额缴纳外,还应当按出资协议书向已按期足额缴纳出资的股东承担违约责任,违约金为违约方迟延缴纳金额的10%,按照上诉人郑州日某汽车有限公司认缴出资额1500万元计算,已经出资的实物评估价值为1123.224万元,剩余376.776万元未出资到位,违约金为37.6776万元。上诉人应当按照协议补足出资并向被上诉人承担违约责任。上诉人诉称原审第三人某新能源公司已出现经营困难,经营处于停滞状态,按原来章程规定补缴出资损害原审第三人某新能源公司及各股东的利益的主张与上诉人补足出资并承担相应违约责任不具有关联性和承接关系,上诉人该项上诉理由不能成立,本院不予支持。

003 用借款投资公司后控制公司清偿该借款的,该投资款不为出资

阅读提示

"投资款"一词的性质具有模糊性,根据实际情形不同,可被认定为股权出资或债权投资。本文在此通过最高人民法院的一则经典案例,分析如何根据个案事实明确"投资款"的性质。

裁判要旨

用借款投资后由公司偿还该笔借款债务的,不应认定为股东出资。即使将该笔投资款认定为股东出资,投资人将借款债务转移给公司的行为也应视为出资转移,亦不能支持投资人确认股东资格的请求。

案情简介 ①

(一) 1996年6月10日,武威义某公司成立,注册资本500万元(实际都来自兰州义某公司向省建总公司的借款),工商登记信息显示股东为厉某和余某平。

(二) 1999年11月22日,省建总公司、兰州义某公司和武威义某公司约定将兰州义某公司对省建总公司的上述500万元债务转移给武威义某公司。该笔债务最终由武威义某公司的实际经营者厉某、赵某娟清偿。

(三) 兰州义某公司诉至法院,请求确认自身为武威义某公司100%股权的实际股东,认为将债务转移给武威义某公司的行为不改变500万元投资款的出资性质。

---

① 案件来源:兰州义某公司与厉某等股东资格确认纠纷二审民事判决书【最高人民法院(2022)最高法民终191号】。

（四）甘肃高院一审认为，兰州义某公司作为武威义某公司实际出资人，将本应自己承担的债务由武威义某公司承担，事实上造成武威义某公司资产减损，且亦未参与过武威义某公司的经营管理、分红等活动，故无权主张武威义某公司100%股权。

（五）兰州义某公司不服，提起上诉。最高人民法院二审维持原判，认为兰州义某公司不具有股权出资的意思，对武威义某公司不享有100%股权。

裁判要点

本案的核心争议在于，用借款投资后又由公司偿还该借款的，能否确认投资人的出资意思与实际出资人地位，对此，最高人民法院认为：对于仅载明用途为"投资款"的汇款，其性质为股权出资还是借款并不明确。在投资款性质并不明确的情况下，加之投资款系向第三人借款得来，且在投入公司后不久又将该笔借款债务转移给了公司承担，因此难以认定投资人具有出资意思。且即使认为投资人就投资款具有出资意思，其上述债务转移的行为也应被视为出资转让。综上，都不能支持投资人确认股东资格与主张享有相应股东权益的请求。

实务经验总结

1. "投资款"的内涵存在模糊性，到底属于股权出资还是借款，需由法院综合具体情况认定。因此，投资协议的各方主体应当明确投资的性质并使用准确的概念，基于投资性质设置协议条款，避免未来发生争议徒增诉累。

2. 投资人应当按照约定缴纳投资款，否则需承担相应法律上之不利后果。在明确投资款即为股权出资的场合，投资人将本应由自己承担的作为出资来源的借款债务转移给公司承担的，可能构成抽逃出资，需承担相应责任；而在投资款性质不明的场合，司法机关则可能基于投资人转移借款债务给公司的行为，直接否认投资人的出资意思与实际出资人地位。

3. 工商登记上载明的股东及股权比例具有公示公信的效力，能够体现原始股东的共同意志，在没有相反证据证明的情况下，据工商登记可认定公司股东及股权比例。因此，投资人欲向公司出资并成为股东的，应当及时要求办理工商登记确认股东资格。即使不欲显名，投资人也应当留存相关股东会决议、董事会决议抑或其他书面材料证明存在出资事实并具有成为股东的意思，以及发起人协议等能够证明实际出资人与名义股东之间真实意思表示的证据，从而避免自身出资意思被否认。

相关法律规定

《中华人民共和国民法典》

第一百四十二条第一款 有相对人的意思表示的解释，应当按照所使用的词句，结合相关条款、行为的性质和目的、习惯以及诚信原则，确定意思表示的含义。

《中华人民共和国公司法》（2023年修订）

第四十九条 股东应当按期足额缴纳公司章程规定的各自所认缴的出资额。

股东以货币出资的，应当将货币出资足额存入有限责任公司在银行开设的账户；以非货币财产出资的，应当依法办理其财产权的转移手续。

股东未按期足额缴纳出资的，除应当向公司足额缴纳外，还应当对给公司造成的损失承担赔偿责任。

第五十六条 有限责任公司应当置备股东名册，记载下列事项：

（一）股东的姓名或者名称及住所；

（二）股东认缴和实缴的出资额、出资方式和出资日期；

（三）出资证明书编号；

（四）取得和丧失股东资格的日期。

记载于股东名册的股东，可以依股东名册主张行使股东权利。

《中华人民共和国公司法》（2018年修正，已被修订）

第二十八条 股东应当按期足额缴纳公司章程中规定的各自所认缴的出资额。股东以货币出资的，应当将货币出资足额存入有限责任公司在银行开设的账户；以非货币财产出资的，应当依法办理其财产权的转移手续。

股东不按照前款规定缴纳出资的，除应当向公司足额缴纳外，还应当向已按期足额缴纳出资的股东承担违约责任。

第三十二条 有限责任公司应当置备股东名册，记载下列事项：

（一）股东的姓名或者名称及住所；

（二）股东的出资额；

（三）出资证明书编号。

记载于股东名册的股东，可以依股东名册主张行使股东权利。

公司应当将股东的姓名或者名称向公司登记机关登记；登记事项发生变更的，应当办理变更登记。未经登记或者变更登记的，不得对抗第三人。

《最高人民法院关于适用〈中华人民共和国公司法〉若干问题的规定（三）》（2020年修正）

第十四条第一款 股东抽逃出资，公司或者其他股东请求其向公司返还出资本息、协助抽逃出资的其他股东、董事、高级管理人员或者实际控制人对此承担连带责任的，人民法院应予支持。

法院判决

以下为最高人民法院就兰州义某公司是否为武威义某公司实际出资人的详细论述：

本院认为，认定武威义某公司实际出资人及其相应权益的问题，应综合武威义某公司设立过程中各股东关于设立公司的合意、各自所持股权比例的合意以及公司成立时实际出资人的出资情况、实际出资人与名义股东之间的真实意思表示等因素作出判断。

第一，分析武威义某公司设立时发起人设立公司以及各自所持股权比例的情况。公司的设立，应由发起人订立发起人协议、制定公司章程，明确设立公司的合意及发起人持股比例。本案中，各方当事人均未提交发起人协议，从武威义某公司工商登记的情况来看，武威义某公司成立时发起人为余某平、厉某两位自然人，其中余某平持有20%股权，厉某持有80%股权。在无相反证据证明的情况下，据此认定余某平和厉某具有作为公司股东设立武威义某公司的真实意思表示，具备事实依据。

第二，关于武威义某公司设立时的股东出资情况。兰州义某公司于1999年7月29日、8月13日分两笔向武威义某公司开户银行的账户转账200万元和300万元，其中300万元汇款用途载明为"投资款"。对于兰州义某公司转入武威义某公司的200万元，并未记载转款用途，难以认定为股东出资。另外300万元虽载明汇款用途为"投资款"，但未明确其性质为股权性投资抑或债权性投资，并且上述款项在投入后不久即通过债务转移的方式，由武威义某公司实际负担对省建总公司的全部借款债务。因此，该300万元"投资款"难以径行认定为兰州义某公司以发起人身份对武威义某公司的股东出资；即便将兰州义某公司的上述行为认定为对武威义某公司的出资行为，但兰州义某公司在武威义某公司成立后不久即将该出资款债务转移的行为,也应被视为出资转让。综上,兰州义某公司提出的其对武威义某公司100%股权出资应享有100%出资人权益的主张,本院不予支持。

延伸阅读

在检索大量类案的基础上,笔者总结相关裁判规则如下,供读者参考。

(一)股东不按期足额缴纳出资额的应当足额缴纳,但不能仅以此诉请否定其股东资格。

案例1:贾某佩、赵某军、邵某林股东资格确认纠纷再审民事判决书【辽宁省高级人民法院(2020)辽民再16号】

2008年3月18日,贾某佩与赵某军、邵某林作为公司发起人召开股东会并形成股东会议决议,会议制定并通过北票市北某液化气经销有限公司章程,将贾某佩、赵某军、邵某林的股东身份记载于公司章程中。此后,贾某佩与赵某军、邵某林向工商管理机关申请注册,并经核准领取了企业法人营业执照,在工商档案中亦确认了贾某佩、赵某军、邵某林的股东地位。根据《中华人民共和国公司法》第二十八条规定:"股东应当按期足额缴纳公司章程中规定的各自所认缴的出资额。股东以货币出资的,应当将货币出资足额存入有限责任公司在银行开设的账户;以非货币财产出资的,应当依法办理其财产权的转移手续。股东不按前款规定缴纳出资的,除应当向公司足额缴纳外,还应当向已按期足额缴纳出资的股东承担违约责任。"[①] 本案中,即使赵某军、邵某林未缴纳出资,亦不能否定其股东资格。故,原审对贾某佩要求确认赵某军、邵某林无股东资格,股份关系无效的诉讼请求未予支持,并无不当。

(二)在能够确定实际出资人与名义股东达成股权代持合意时,应以实际出资为基础确认股东权利。

案例2:刘某芳、樊某军股东资格确认纠纷再审民事判决书【湖南省高级人民法院(2019)湘民再505号】

关于刘某芳是否享有涉案114246元投资权益的问题。《最高人民法院关于适用〈中华人民共和国公司法〉若干问题的规定(三)》第二十四条规定,"有限责任公司的实际出资人与名义出资人订立合同,约定由实际出资人出资并享有投资权益,以名义出资人为名义股东,实际出资人与名义股东对该合同效力发生争议的,如无法律规定的无效情形,人民法院应当认定该合同有效。前款规定的实

---

① 《公司法》已修改,现相关规定见《公司法》(2023年修订)第四十九条。

际出资人与名义股东因投资权益的归属发生争议，实际出资人以其实际履行了出资义务为由向名义股东主张权利的，人民法院应予支持。名义股东以公司股东名册记载、公司登记机关登记为由否认实际出资人权利的，人民法院不予支持。实际出资人未经公司其他股东半数以上同意，请求公司变更股东、签发出资证明书、记载于股东名册、记载于公司章程并办理公司登记机关登记的，人民法院不予支持"，① 上述规定明确了以实际出资为基础确认股东权利。从原审查明的事实来看，刘某芳以樊某军的名义进行投资，是40万元本金的实际出资人，而114246元是上述40万元产生的收益，系法定孳息，同属刘某芳所有，故应认定刘某芳系涉案的金某公司名下114246元股权的实际出资人。

（三）当事人之间对股权归属发生争议的，一方不能仅以公司章程和公司登记申请表中载有其出资数额与占比为由请求确认股东资格。

案例3：王某勇、十堰市武当山特区骏某旅游客运有限公司股东资格确认纠纷再审民事判决书【湖北省高级人民法院（2016）鄂民再213号】

本院认为，王某勇起诉称其已向骏某公司足额缴纳8万元出资款，对其主张应提供相应证据予以证明。从王某勇在原审中提供的证据来看，骏某公司设立登记申请书及十堰市德某联合会计师事务所的验资报告中虽记载王某勇实缴出资8万元，但上述证据仅为骏某公司在设立时向工商部门提供的相关材料，均不能直接证明王某勇的实际出资行为。王某勇虽持有现金缴款单复印件，但其曾在二审庭审中称该现金缴款单系其在工商部门复印而来，在王某勇不能提供现金缴款单原件，亦不能提供骏某公司向其出具的收款收据、出资证明书的情形下，应认定王某勇提供的证据尚不足以证实其在骏某公司成立之初确已实际出资。此外，二审庭审中，王某勇主张8万元款项系其交由杜某贤并委托杜某贤代为缴纳，原再审庭审和本次再审庭审中，王某勇又称该8万元系其本人在银行柜台缴纳后，将缴款单原件交给了杜某贤，可见其本人对8万元投资款的缴纳方式前后陈述亦不一致。在本案的几次审理过程中，杜某贤从未承认收到王某勇的8万元款项，亦未承认收到王某勇交付的现金缴款单原件，故仅凭王某勇前后不一的口头陈述，无法证明其曾将8万元投资款或现金缴款单原件交予杜某贤的事实。综上，因王某勇未提供充分证据证明其实际缴纳8万元出资款，应承担举证不能的不利后果。原一、二、再审认定王某勇在骏某公司成立之初未实际出资，并无不当。

---

① 《最高人民法院关于适用〈中华人民共和国公司法〉若干问题的规定（三）》（2020年修正）第二十四条。

《最高人民法院关于适用〈中华人民共和国公司法〉若干问题的规定（三）》第二十二条（2014年2月17日修正前第二十三条）规定："当事人之间对股权归属发生争议，一方请求人民法院确认其享有股权的，应当证明以下事实之一：（一）已经依法向公司出资或者认缴出资，且不违反法律法规强制性规定；（二）已经受让或者以其他形式继受公司股权，且不违反法律法规强制性规定。"本案中，王某勇诉称其以向公司实缴出资8万元的方式取得了骏某公司的股权，但对该项主张未能提供充分证据予以证明，依照前述法律规定，对王某勇的股东身份，本院不予确认。在杜某贤将骏某公司原有股权全部收回至其本人名下的过程中，王某勇虽未在2010年1月15日签订的《股份转让协议》上签名，但因王某勇不具备骏某公司的原始股东身份，该《股份转让协议》及由此进行的工商变更登记未损害王某勇的实际利益。王某勇要求恢复其在骏某公司8%股份的诉讼请求缺乏事实依据与法律依据，本院不予支持。

004 能否以目标公司突发股价变化拒绝依约认购股份

阅读提示

公司新增注册资本并与认购人签订附条件生效的股份认购协议的，系双方真实合意并不违反法律规定，公司与认购人应当按照约定切实履行各自合同义务。而当股份认购协议中条件成就时，认购人能否以公司股价出现重大突发变化为由主张行使不安抗辩权，也即暂不履行认购义务？本文在此通过最高人民法院的一则经典案例，对上述问题进行分析。

裁判要旨

附条件的股份认购协议不违反法律规定，依法有效，双方应当按照约定严格履行合同义务，否则应当承担相应的违约责任。公司股价波动属于认购人应承担的市场风险，其以行使不安抗辩权为由拒绝认购公司股份的，没有事实和法律依据。

案情简介 [①]

（一）2014年8月22日，广州东某实业投资集团有限公司（以下简称中某国际钾盐公司）与亚钾国际投资（广州）股份有限公司（以下简称亚某国际公司）达成协议，约定东某国际公司以非公开发行股份方式购买中某国际钾盐公司100%股权。

（二）2014年8月22日与2015年3月19日，东某国际公司与东某实业公司分别签订案涉两份《股份认购协议》，约定东某实业公司以自有资金102957.76万元认购东某国际公司本次非公开发行股份98618544股，为东某国际公司购买中某国际钾盐公司100%股权募集配套资金。

（三）2016年6月6日，东某国际公司向东某实业公司发出《告知函》，告知中国证监会就东某国际公司募集配套资金事项予以审核通过并出具批复，批复有效期至2016年7月14日，并要求东某实业公司应于2016年6月30日前向东某国际公司一次性支付认购款项。

（四）2016年8月26日，东某国际公司向东某实业公司发出《告知函》，以老挝钾盐项目进展未达预期且项目前景不明朗为由拒绝认购东某国际公司上述拟非公开发行的股票。另查明，老挝钾盐项目系中某国际钾盐公司间接控股子公司中某钾肥公司的项目。

（五）2017年3月27日，东某国际公司以东某实业公司违约为由诉至法院，请求解除案涉两份《股份认购协议》并要求支付违约金10295.77万元。一审广东高院认为东某实业公司明确表示不支付股份认购款项的行为构成根本违约，认定案涉两份《股份认购协议》于起诉之日起解除并判决东某实业公司根据合同约定承担违约金数额10295.77万元。

（六）东某实业公司不服提起上诉。二审最高人民法院认为一审法院认定事实清楚、适用法律准确，维持原判。

裁判要点

对于附条件生效的股份认购协议，当事人双方应当严格遵守与执行协议约定。认购人以公司未完成不属于前述认购协议项下公司应履行的义务为由主张股

[①] 案件来源：广州东某实业投资集团有限公司、亚某国际投资（广州）股份有限公司新增资本认购纠纷、买卖合同纠纷二审民事判决书【最高人民法院（2020）最高法民终238号】。

份认购协议合同目的无法实现的,法院不予支持,认购人应当按照认购协议约定如期足额支付认购款项,否则构成违约应当对公司承担违约责任。

 实务经验总结

1. 在认购新增资本中,当事人应当切实履行认购协议的约定,否则守约方有权主张解除合同并要求违约方承担违约责任。认购协议系公司与认购人之间真实合意所达成,对双方具有约束力应当遵守。因此,在附条件生效的股份认购协议中,若一方认为另一方有预期违约的可能性,可以对双方义务的先后履行顺序进行约定,以避免在将来履行认购协议义务时陷入不利地位。

2. 合同解除权系合同当事人依照合同约定或法律规定享有的解除合同的权利,权利人行使解除权应当符合《民法典》第五百六十五条的规定始生效力。解除权作为一种形成权,其享有必须有当事人约定或法律上的依据。当事人一方依法主张解除合同的,应当通知对方,合同自通知到达对方时解除。

相关法律规定

《中华人民共和国民法典》

第五百六十三条第一款　有下列情形之一的,当事人可以解除合同:

(一) 因不可抗力致使不能实现合同目的;

(二) 在履行期限届满前,当事人一方明确表示或者以自己的行为表明不履行主要债务;

(三) 当事人一方迟延履行主要债务,经催告后在合理期限内仍未履行;

(四) 当事人一方迟延履行债务或者有其他违约行为致使不能实现合同目的;

(五) 法律规定的其他情形。

第五百六十五条　当事人一方依法主张解除合同的,应当通知对方。合同自通知到达对方时解除;通知载明债务人在一定期限内不履行债务则合同自动解除,债务人在该期限内未履行债务的,合同自通知载明的期限届满时解除。对方对解除合同有异议的,任何一方当事人均可以请求人民法院或者仲裁机构确认解除行为的效力。

当事人一方未通知对方,直接以提起诉讼或者申请仲裁的方式依法主张解除合同,人民法院或者仲裁机构确认该主张的,合同自起诉状副本或者仲裁申请书

第五百六十六条第一款、第二款 合同解除后，尚未履行的，终止履行；已经履行的，根据履行情况和合同性质，当事人可以请求恢复原状或者采取其他补救措施，并有权请求赔偿损失。

合同因违约解除的，解除权人可以请求违约方承担违约责任，但是当事人另有约定的除外。

第五百七十七条 当事人一方不履行合同义务或者履行合同义务不符合约定的，应当承担继续履行、采取补救措施或者赔偿损失等违约责任。

第五百八十五条第一款、第二款 当事人可以约定一方违约时应当根据违约情况向对方支付一定数额的违约金，也可以约定因违约产生的损失赔偿额的计算方法。

约定的违约金低于造成的损失的，人民法院或者仲裁机构可以根据当事人的请求予以增加；约定的违约金过分高于造成的损失的，人民法院或者仲裁机构可以根据当事人的请求予以适当减少。

法院判决

以下为最高人民法院就东某实业公司拒绝按照合同约定认购股份是否构成违约的详细论述：

非公开发行股份募集配套资金和非公开发行股份购买中某国际钾盐公司100%股权是同时进行的，并没有先后顺序之分。中国证券监督管理委员会已批复同意东某国际公司向中某国际钾盐公司全体股东发行股份购买中某国际钾盐公司100%股权并通过非公开发行新股募集发行股份购买资产的配套资金，且东某国际公司已非公开发行股份购买了中某国际钾盐公司100%股权。东某实业公司依约应向东某国际公司支付102957.76万元以认购东某国际公司非公开发行股份98618544股。东某国际公司在中国证券监督管理委员会批复有效期内向东某实业公司发出《告知函》，要求东某实业公司支付102957.76万元认购非公开发行股份，东某实业公司向东某国际公司发出《告知函》，决定在中国证券监督管理委员会批复有效期内不认购东某国际公司非公开发行的股份，明确表示不履行主要债务，其行为已构成根本违约。

东某实业公司抗辩主张，东某国际公司非公开发行股份购买中某国际钾盐公司100%股权，从而间接控制中某钾肥公司90%股权，中某钾肥公司老挝钾肥项目 100 万吨扩建工程未按计划进行，东某国际公司的行为构成违约，东某国际公司的股价受到影响，其具有不安抗辩权。对此，本院认为，东某国际公司向东某实业公司非公开发行股份是为东某国际公司购买中某国际钾盐公司 100% 股权募集配套资金，中某国际钾盐公司间接控股的中某钾肥公司的老挝钾肥项目 100 万吨扩建工程不属于本案双方合同约定范围，东某实业公司主张东某国际公司违约没有事实依据。老挝钾肥项目 100 万吨扩建工程实施情况对中某国际钾盐公司价值的影响，进而对东某国际公司股价的影响，属于东某实业公司认购东某国际公司股份所应承担的市场风险，其以行使不安抗辩权为由拒绝认购东某国际公司股份，没有事实和法律依据，本院不予支持。

延伸阅读

在检索大量类案的基础上，笔者总结相关裁判规则如下，供读者参考。

（一）新增资本认购协议是否成立有效取决于签订主体是否适格、意思表示真实性与是否达成合意。工商登记仅具有证权效力，未履行工商登记的不影响新增资本认购协议的效力认定。

案例 1：阳江市索某餐饮策划管理有限公司、谭某荣新增资本认购纠纷、买卖合同纠纷二审民事判决书【广东省阳江市中级人民法院（2017）粤 17 民终 1049 号】

关于本案《股份认购协议书》的效力问题。索某公司作为甲方与谭某荣作为乙方，就认购股权事宜签订本案《股份认购协议书》，上述协议的当事人是索某公司和谭某荣，协议约定谭某荣认购索某公司筹备经营的索某酒吧项目，项目总投资金额为 1700 万元，谭某荣通过向索某公司出资人民币 170 万元认购索某公司 10% 股份，享有获得索某公司总盈利利润（税后）10% 的分成，谭某荣担任索某公司的监事。从上述协议的内容来看，目的是索某公司通过增资扩股方式吸纳投资资金，协议主体适格，内容没有违反法律强制性规定，因此该《股份认购协议书》合法有效。虽然索某公司没有向谭某荣出具出资证明书，没有履行变更股东名册、变更工商登记等义务，但不影响案涉《股份认购协议书》的效力，该协议对双方具有约束力。一审判决对此认定正确，本院予以维持。

（二）投资人通过认购公司新增注册资本成为公司股东的，完成公司增资扩股程序是投资人成为公司股东的基本前提。在增资扩股程序完成前，投资人投资性质应认定为借款。

案例 2：随州市新某代汽车销售服务有限公司、黄某付等新增资本认购纠纷、

买卖合同纠纷再审民事判决书【湖北省高级人民法院（2016）鄂民再74号】

刘某群成为新某代公司股东的权源并非受让既有股权，而是通过新增公司注册资本形成的新股权。所以，新某代公司是否完成增加注册资金的程序，即刘某群投入的100万元资金是否转化为新某代公司的资本，是刘某群成为新某代公司股东的基本前提。本案中，新某代公司作为自然人独资公司，其唯一股东黄某付在《投资协议》上签字同意公司增资扩股。但是，《投资协议》对于公司如何清产、核资，增资扩股后如何确定新股所占比例，公司收益如何分配，以及公司增资和股东变更的时限等重要事项没有明确约定，而双方当事人在协议签订后长达四年的时间里，也无法对上述事项达成一致，致使新某代公司虽然收取刘某群100万元但未能完成公司的增资扩股程序，刘某群对新某代公司的投资并未现实地转化为新某代公司的资本。因此，刘某群于2010年8月31日至2011年1月20日分五次向新某代公司交付的100万元并未成为新某代公司的资本，相应地，刘某群因新增资本未完成而不是新某代公司的股东。刘某群关于其虽向新某代公司投入100万元，但未能获得公司股权，不是新某代公司股东的再审申请理由，有事实和法律依据，本院予以支持。

（三）增资认购协议是合同之一种，除受《公司法》约束外，其履行与解除还应受《民法典》调整。

案例3：袁某国与武汉天某养殖有限公司企业债权转股权合同纠纷二审民事判决书【湖北省武汉市中级人民法院（2015）鄂武汉中民商终字第02050号】

本院认为袁某国与天某公司签订的《入股协议》系自然人与法人之间设立民事权利义务关系的协议，适用《中华人民共和国合同法》的相关规定。袁某国与天某公司于2011年12月22日签订《入股协议》，并按照协议约定履行了出资义务，截至2014年12月23日，袁某国向法院提起诉讼时，天某公司仍未确定袁某国入股的份额，也未确定袁某国的股东身份，使袁某国希望与天某公司其他股东同步成为公司股东享有股东权利的目的不能实现，属《中华人民共和国合同法》第九十四条规定的"有下列情形之一的，当事人可以解除合同：……（四）当事人一方迟延履行债务或者有其他违约行为致使不能实现合同目的"[1]的情形。因此，袁某国依法享有解除合同的权利。原审法院判决解除袁某国与天某公司签订的《入股协议》并无不妥，对天某公司关于继续履行合同的上诉请求，本院不予支持。

---

[1] 《合同法》已失效，现相关规定见《民法典》第五百六十三条。

005 出资人擅自处置拟出资财产可导致入股合同解除

阅读提示

根据公司法规定，货币与非货币财产都可以用作出资。以货币出资时，如出资人未按约定履行出资义务，相对人既可要求继续履行出资合同，也可依法或依约定要求解除合同；而在以特定国有土地使用权进行出资时，如出资人将该土地擅自转让给第三人的，相对人还能否要求继续履行出资合同？本文在此通过最高人民法院的一则经典案例，对上述问题进行分析。

裁判要旨

约定以土地使用权进行出资后，出资人又将该土地转让至第三人名下时，应认定出资合同目的不能实现并依法解除，相对人要求继续履行出资合同的，不予支持。

案情简介 [①]

（一）2015年12月28日，陈某长通过竞拍取得案涉国有土地使用权，受让价款4995万元，陈某长已支付1717.45万元。

（二）盛某龙门公司股东为陈某和何某。2017年5月22日，陈某长、陈某和何某签订《合作协议》，约定对盛某龙门公司进行增资扩股，其中陈某长以案涉国有土地使用权的1717.45万元土地出让金入股，剩余土地出让金由盛某龙门公司支付，三方约定由盛某龙门公司作为项目公司对该块土地开发，由陈某长负责将案涉国有土地使用权登记至盛某龙门公司名下。

（三）2017年8月31日，陈某长独资设立金某房开公司。2018年3月20日，陈某长经清镇市国土资源局同意将案涉国有土地使用权转让给了金某房开公司，该地块已处于房地产开发状态。

（四）陈某诉至法院请求继续履行《合作协议》并将案涉国有土地使用权登

[①] 案件来源：陈某长、陈某股东出资纠纷再审民事判决书【最高人民法院（2020）最高法民再232号】。

记至盛某龙门公司名下。贵阳中院和贵州高院均认为案涉国有土地使用权已经转让至他人名下且处于开发状态，已不能够变更登记至盛某龙门公司名下，故判决解除《合作协议》。

（五）陈某不服，向最高人民法院申请再审。最高人民法院认为，案涉国有土地使用权已无可能变更登记至盛某龙门公司名下，亦无可能继续合作开发，《合作协议》的合同目的已经无法实现，应当依法解除。

实务经验总结

1. 以特定国有土地使用权出资的，应当及时将其变更登记至公司名下。如该土地被擅自转让的，除非能够证明受让方并非善意，否则出资合同也将因为合同目的无法实现被依法解除。

2. 出资合同因出资方式无法实现而解除的，不影响违约责任的承担。故出资合同双方可以事先约定明确不履行出资义务的责任，以约束出资人诚信履行合同，在出资人擅自处置拟出资财产时，合同无过错方可以向过错方主张承担违约责任。

相关法律规定

《中华人民共和国民法典》

第五百六十三条第一款 有下列情形之一的，当事人可以解除合同：

……

（四）当事人一方迟延履行债务或者有其他违约行为致使不能实现合同目的；

……

第五百六十六条第一款、第二款 合同解除后，尚未履行的，终止履行；已经履行的，根据履行情况和合同性质，当事人可以请求恢复原状或者采取其他补救措施，并有权请求赔偿损失。

合同因违约解除的，解除权人可以请求违约方承担违约责任，但是当事人另有约定的除外。

《中华人民共和国公司法》（2023年修订）

第四十八条 股东可以用货币出资，也可以用实物、知识产权、土地使用权、股权、债权等可以用货币估价并可以依法转让的非货币财产作价出资；但是，法律、行政法规规定不得作为出资的财产除外。

对作为出资的非货币财产应当评估作价，核实财产，不得高估或者低估作价。法律、行政法规对评估作价有规定的，从其规定。

第四十九条 股东应当按期足额缴纳公司章程规定的各自所认缴的出资额。

股东以货币出资的，应当将货币出资足额存入有限责任公司在银行开设的账户；以非货币财产出资的，应当依法办理其财产权的转移手续。

股东未按期足额缴纳出资的，除应当向公司足额缴纳外，还应当对给公司造成的损失承担赔偿责任。

《中华人民共和国公司法》（2018年修正，已被修订）

第二十七条第一款 股东可以用货币出资，也可以用实物、知识产权、土地使用权等可以用货币估价并可以依法转让的非货币财产作价出资；但是，法律、行政法规规定不得作为出资的财产除外。

第二十八条第一款 股东应当按期足额缴纳公司章程中规定的各自所认缴的出资额。股东以货币出资的，应当将货币出资足额存入有限责任公司在银行开设的账户；以非货币财产出资的，应当依法办理其财产权的转移手续。

法院判决

以下为最高人民法院就陈某是否有权要求继续履行《合作协议》的详细论述：

《合作协议》的核心目的是陈某长、陈某、何某三人共同出资，并通过项目公司盛某龙门公司对陈某长竞拍取得的QZ（15）0××地块进行开发。虽然QZ（15）0××地块国有建设用地使用权因被司法查封，至今未从陈某长名下变更至金某房开公司名下，但是并非如陈某所称依然有变更登记至盛某龙门公司名下、继续合作开发的可能，《合作协议》的合同目的已经无法实现。其一，金某房开公司虽然登记为陈某长独资的有限责任公司，但是实际上存在其他权利人，包括但不限于陈某斌基于与陈某长签订和履行《房地产项目合作开发协议书》及《房地产项目合作开发补充协议书》所可能享有的权益、太仓通某公司基于贵州省清镇市人民法院（2018）黔0181民初1352号民事调解书所享有的陈某长持有的金某房开公司5%股权等。在金某房开公司已向清镇市财政局交纳"其他土地出让收入"9864425元、清镇市土地矿产资源储备中心向其出具《国有建设用地交地确认书》、金某房开公司取得了QZ（15）0××地块开发使用权利的情况下，如将QZ（15）0××地块国有建设用地使用权再用于陈某长向盛某龙门公司的出资，将损害其他利害关系人的权益。其二，金某房开公司已取得《建设用地规划许可证》并开始在QZ（15）0××地块实施项目建设。陈某主张已实施的建设为违法建筑缺乏事实依据。故原审判决认定《合作协议》约定内容已无实际操作可能，判令解除《合作协议》正确，本院予以确认。

延伸阅读

在检索大量类案的基础上，笔者总结相关裁判规则如下，供读者参考。

（一）合作开发房地产业务中，一方依据合同负有出资义务，在其未能举证证明其已按约定履行出资义务，也未能举证证明其有继续履行合同能力的情况下，另一方合作主体不受限于向其提供项目进度情况的先履行抗辩，并有权行使合同解除权。

案例1：上海某贯置业有限公司、南京万某集团有限公司合资、合作开发房地产合同纠纷再审审查与审判监督民事裁定书【最高人民法院（2019）最高法民申3241号】

关于万某公司解除《协议书》是否符合法律规定的问题。案涉《协议书》系双方当事人真实意思表示，未违反法律强制性规定，合法有效。某贯公司虽主张其未按约定向中某公司注入资金的原因系万某公司没有能够及时获取规划和施工许可证，但双方对此问题已于2013年1月27日协商一致达成《股东会决议》协议。根据决议内容，中某公司应当在2013年3月10日前收回借款，项目领取桩基建设许可证所需的1700万元和规划许可所需的1660万元在2013年3月10日前汇入中某公司账户，以保证合同的继续履行。后某贯公司未能按《协议书》《股东会决议》的约定履行注资义务，导致案涉房地产开发项目资金不足，不能如期完成。原审法院审理中，某贯公司未能举证证明其已按约定履行注资义务，也未能举证证明其有继续支付建设资金、履行案涉合同的能力。根据案涉《协议书》第六条约定，中某公司成立后，按实际工程进度需要某贯公司提前一个月将款项汇入中某公司账户，且在2013年12月31日前将合计1.5亿元建设资金汇入中某公司账户，并未约定提供项目进度情况系万某公司应当先行履行的合同义务，某贯公司主张其未履行出资义务系行使先履行抗辩权，没有事实和法律依据，不能成立。原审法院认定某贯公司违反合同约定，万某公司行使解除权的条件已成就，判决解除案涉合同并无不当。

(二) 在合同一方违约的情况下，守约方有权选择继续履行合同或者解除合同。

案例 2：刘某君、陈某林股权转让纠纷二审民事判决书【贵州省贵阳市中级人民法院（2019）黔 01 民终 4897 号】

本院认为，在合同一方违约的情况下，守约方有权选择继续履行合同或者解除合同。本案中，上诉人认为收购款到账后超过 6 个月不付款是各方确定的退出机制，并主张不予支付涉案股权转让款，但该约定实际上是赋予被上诉人在受让方违约的情况下，可选择要求受让方支付转让款或者要求回购股权的权利，并非限制被上诉人只能要求回购股权。同时，在本案各方转让股权之后，恒某公司的股权结构已经完全变更，能否回转股权并非本案各方能够完全决定，且被上诉人作为守约方对此亦不予认可，因此，上诉人的此项主张无事实和法律基础，本院不予支持，原判对此认定并无不当，本院予以维持。

006 第三人协助股东抽逃出资是否构成共同侵权？

阅读提示

2011 年《最高人民法院关于适用〈中华人民共和国公司法〉若干问题的规定（三）》第十五条曾明确规定第三人代垫资金协助股东验资后又抽回的，应当承担连带责任，但 2020 年修正后将该条删除，是否意味着代垫资金、协助抽逃出资的第三人无须承担民事责任？本文在此通过最高人民法院的一则经典案例，对上述问题进行分析。

裁判要旨

第三人代垫资金、协助股东抽逃出资的行为损害了公司利益，依据《民法典》第一千一百六十八条规定构成共同侵权的，该第三人应当连带承担股东因抽回出资而产生的相应责任。

案情简介 [①]

（一）2001年4月16日，北京新某投资有限公司（以下简称新某公司）、德某公司、金某公司和申某公司约定缴纳1亿元设立生某港公司，分别出资4000万元、3500万元、1500万元、1000万元。

（二）2001年7月19日，神某数码信息服务股份有限公司（以下简称神某数码公司）向申某公司出资账户转入2500万元。另外，金某公司等向申某公司出资账户转入了7500万元。

（三）2001年7月19日，申某公司出资账户将上述1亿元资金按照各自拟出资的金额，分别转入新某公司、金某公司、德某公司的出资账户。同日，生某港公司四名设立股东申某公司、新某公司、金某公司、德某公司各自完成向生某港公司验资账户注资。

（四）2001年8月8日、8月13日，生某港公司即将验资款中的9660万元分两笔转入神某数码公司账户，神某数码公司随即将上述款项全部转出至申某公司出资账户、金某公司其他账户。

（五）后由于生某港公司无力清偿债务，其债权人北某未名公司诉至法院，请求神某数码公司在其提供的2500万元代垫资金、代验资范围内，与抽逃出资股东连带承担生某港公司不能清偿债务的责任。

（六）苏州中院一审和江苏高院二审均认为，神某数码公司代垫验资资金2500万元并抽回，应承担连带赔偿责任。

（七）神某数码公司不服，认为自己并非生某港公司股东，故不属于责任主体，向最高人民法院申请再审。最高人民法院认为，第三人代垫资金、协助股东抽逃出资的可构成共同侵权应承担连带责任，故裁定驳回神某数码公司的再审申请。

裁判要点

本案的核心争议在于，神某数码公司是否应与生某港公司股东连带承担因抽逃出资产生的相应责任，对此，最高人民法院认为：

第一，《最高人民法院关于适用〈中华人民共和国公司法〉若干问题的规定（三）》（2011年）第十五条虽然被删除，但不意味着代垫资金、协助抽逃出资

[①] 案件来源：神某数码信息服务股份有限公司、北京新某投资有限公司与公司有关的纠纷再审审查与审判监督民事裁定书【最高人民法院（2017）最高法民申4642号】。

的第三人无须承担民事责任。第三人实施代垫资金、协助股东抽逃出资行为，构成《民法典》第一千一百六十八条规定的共同侵权的，应与抽逃出资股东承担连带责任。

第二，主观上，鉴于新某公司与申某公司、神某数码公司之间的关联关系，及新某公司授权时任该公司副董事长的王某平处理股东出资事项，而王某平同时系生某港公司和申某公司的法定代表人，故应推定神某数码公司对于相关款项系用于验资且最终被抽回的事实是明知的。

第三，客观上，神某数码公司于2001年7月19日汇给申某公司2500万元，该款项被用于生某港公司注册资金，后该笔资金又被转出至神某数码公司账户。一、二审期间，神某数码公司并无证据证明相关款项的转入、转出系基于出资之外的其他法律关系，故应认定2500万元款项已被抽回，也即神某数码公司实施了代垫资金、代验资的协助抽逃出资行为。

综上，神某数码公司虽非生某港公司的股东、实际控制人，但其代垫资金、协助股东抽逃出资行为已经构成共同侵权，应当承担相应连带责任。

实务经验总结

1. 第三人对代垫资金、代验资行为承担连带责任的前提是符合《民法典》上共同侵权的构成要件。也即，主观上，第三人与股东在增资前需达成虚假增资的合意，双方对虚假增资行为有明确的意思联络；客观上，第三人与股东共同实施了虚假增资行为。

2. 对债权人而言，应从上述构成要件出发收集有关要件事实从而证明第三人构成共同侵权，维护自身利益。例如，第三人与股东之间存在关联关系的证据，等等。

3. 对第三人而言，如其在参与有关款项的转出、转入中具有正当、合法的基础法律关系的，应当留存相关合同、凭证等证据，以反证自身并不具有协助抽逃出资的意思表示，避免无端被累及抽逃出资责任。

相关法律规定

《中华人民共和国民法典》

第一千一百六十八条 二人以上共同实施侵权行为，造成他人损害的，应当承担连带责任。

《中华人民共和国公司法》（2023 年修订）

第五十三条　公司成立后，股东不得抽逃出资。

违反前款规定的，股东应当返还抽逃的出资；给公司造成损失的，负有责任的董事、监事、高级管理人员应当与该股东承担连带赔偿责任。

《中华人民共和国公司法》（2018 年修正，已被修订）

第三十五条　公司成立后，股东不得抽逃出资。

《最高人民法院关于适用〈中华人民共和国公司法〉若干问题的规定（三）》（2011 年，已被修正）

第十五条　第三人代垫资金协助发起人设立公司，双方明确约定在公司验资后或者在公司成立后将该发起人的出资抽回以偿还该第三人，发起人依照前述约定抽回出资偿还第三人后又不能补足出资，相关权利人请求第三人连带承担发起人因抽回出资而产生的相应责任的，人民法院应予支持。

《最高人民法院关于适用〈中华人民共和国公司法〉若干问题的规定（三）》（2020 年修正）

第十二条　公司成立后，公司、股东或者公司债权人以相关股东的行为符合下列情形之一且损害公司权益为由，请求认定该股东抽逃出资的，人民法院应予支持：

（一）制作虚假财务会计报表虚增利润进行分配；

（二）通过虚构债权债务关系将其出资转出；

（三）利用关联交易将出资转出；

（四）其他未经法定程序将出资抽回的行为。

第十四条第二款　公司债权人请求抽逃出资的股东在抽逃出资本息范围内对公司债务不能清偿的部分承担补充赔偿责任、协助抽逃出资的其他股东、董事、高级管理人员或者实际控制人对此承担连带责任的，人民法院应予支持；抽逃出资的股东已经承担上述责任，其他债权人提出相同请求的，人民法院不予支持。

法院判决

以下为最高人民法院就神某数码公司是否应与生某港公司股东连带承担因抽逃出资产生的相应责任的详细论述：

本院经审查认为，关于原审判决认定神某数码公司在代垫资金 2500 万元本息范围内,对于生某港公司在7985号判决中对北某未名公司的债务经强制执行不能清偿的部分承担补充赔偿责任是否缺乏证据证明及适用法律错误的问题。

首先,《中华人民共和国公司法》第三十五条规定:"公司成立后,股东不得抽逃出资。"本案中,股东将其资金作为出资投入生某港公司后,该资金即为生某港公司的资产,股东不得随意取回,股东抽回出资的行为侵犯生某港公司的财产权,损害公司债权人的利益,应承担相应民事责任。《规定(三)》①原第十五条虽被删除,但并不意味着代垫资金、协助抽逃出资的第三人无须承担民事责任。第三人代垫资金、协助股东抽逃出资,依照《中华人民共和国侵权责任法》第八条规定构成共同侵权的,该第三人仍应承担相应连带责任。因此,原审判决适用法律并无不当。

其次,申某公司在生某港公司设立过程中,其出资账户中,除本案查明的其他资金来源外,其自有资金仅为100万元左右。而从本案查明的申某公司出资账户资金流转情况来看,2001年7月19日,神某数码公司向申某公司出资账户转入2500万元,另外2001年7月6日、7月19日还有3000万元、4500万元款项从其他账户转入申某公司出资账户。2001年7月19日,申某公司出资账户将上述资金分别向新某公司、金某公司、德某公司的出资账户转入其各自拟出资的金额。同日,生某港公司四名设立股东申某公司、新某公司、金某公司、德某公司各自完成向生某港公司验资账户注资。之后,2001年8月8日、8月13日,生某港公司即将验资款中的9660万元分两笔转入神某数码公司账户,神某数码公司随即将上述款项全部转出至申某公司出资账户、金某公司其他账户。而神某数码公司并无证据证明相关款项的转入、转出系基于出资之外的其他法律关系,据此,神某数码公司先前转入申某公司的2500万元实际已通过上述方式被抽回。结合原审查明本案各公司及管理人员之间存在关联关系的事实,可以认定神某数码公司对于相关款项系用于验资且最终被抽回的事实是明知的。因此,原审判决认定神某数码公司应在代垫资金本息范围内,对于生某港公司在7985号判决中对北某未名公司的债务经强制执行不能清偿的部分承担补充赔偿责任并不缺乏证据证明。至于平安银行根据各当事人的指示流转资金属于银行正常业务范围,无充分证据证明平安银行存在故意协助抽逃出资的情形,原审判决对北某未名公司请求平安银行承担责任的理由不予支持,并无不当,不存在神某数码公司所称的举证责任分配不当的情形。

---

① 《最高人民法院关于适用〈中华人民共和国公司法〉若干问题的规定(三)》。

延伸阅读

在检索大量类案的基础上，笔者总结相关裁判规则如下，供读者参考。

裁判规则：第三人代垫资金、协助股东抽逃出资，依照《民法典》侵权责任编相关规定构成共同侵权的，该第三人仍应与抽逃出资股东承担相应连带责任。

案例1：西安灵某科技有限公司、贵州富某祥云实业有限公司等股东损害公司债权人利益责任纠纷再审民事判决书【贵州省贵阳市中级人民法院（2020）黔01民再219号】

关于焦点一，本案中，睿某信公司在公司注册登记后的第七日即将公司账户上与注册资本相等的200万元转至富某祥云公司账户，关于该笔转款的事由，富某祥云公司未提供证据证明睿某信公司系基于双方之间的合同关系或其他法律关系而向其转账200万元，亦未作出合理说明，其应承担举证不能之后果，应当认定富某祥云公司协助睿某信公司抽逃出资的事实成立。

关于焦点二，根据《中华人民共和国公司法》第三十五条"公司成立后，股东不得抽逃出资"的规定，睿某信公司的三名股东将其资金作为出资投入睿某信公司后，该资金即为睿某信公司的资产，股东不得随意取回，三股东抽回出资的行为侵犯睿某信公司的财产权，损害公司债权人睿某信公司的利益，应承担相应的民事责任。在此应当指出，《最高人民法院关于适用〈中华人民共和国公司法〉若干问题的规定（三）》第十五条虽已废除，但并不意味着代垫资金、协助抽逃出资的第三人无须承担民事责任。如前所述，因富某祥云公司协助睿某信公司抽逃出资，该行为损害了债权人睿某信公司的利益，富某祥云公司协助睿某信公司抽逃出资构成共同侵权，根据《中华人民共和国侵权责任法》第八条"二人以上共同实施侵权行为，造成他人损害的，应当承担连带责任"的规定，富某祥云公司亦应承担连带责任。

案例2：中国信某资产管理股份有限公司山东省分公司、李某等股东损害公司债权人利益责任纠纷二审民事判决书【山东省高级人民法院（2021）鲁民终1427号】

对于共同侵权行为的认定应当从主观和客观两个方面进行考量，即主观上有共同侵权的故意，客观上实施了侵权行为。而主观前提是确定共同侵权人承担连带责任的前提。故本案应当判断李某与山东日某公司股东在增资前是否达成虚假增资的合意，双方对虚假增资行为是否有明确的意思联络。信某资产山东分公司主要依据李某开立账户、账户款项进出的证据以及李某一审举证的银行留存的签有"李某"姓名的还款合同复印件等，欲证明李某和山东日某公司股东之间存在共同侵权的故意。但是，李某账户开立的证据以及账户款项进出的证据仅能证明李某或他人操作过该账户的客观事实。并且，韩某增资款项1170万元并非直接来自李某账户，而是来自案外人杨某某。即使韩某将该笔款项归还于李某账户，李某也无义务审查款项来源，亦不能证明李某与韩某就该笔款项出借使用的用途存在意思联络。签有"李某"姓名的借款合同复印件所载内容亦无关于合谋垫款验资后，立即抽逃还款的约定。另外，根据已查明事实，李某和韩某皆称不认识彼此。因此，信某资产山东分公司对于李某与山东日某公司股东共同实施了虚假增资行为的主张未尽到举证责任，故其向李某主张协助抽逃出资行为的连带赔偿责任无事实依据和法律依据。

案例3：上海安某电器设备厂有限公司、倪某与上海添某投资有限公司股东出资纠纷二审民事判决书【上海市第二中级人民法院（2018）沪02民终2501号】

至于添某公司是否承担连带责任一节，安某公司主张倪某、添某公司存在合谋的意思表示以致倪某完成了抽逃出资行为。但从现有的证据来看，添某公司仅为该笔款项的收款人，尽管倪某担任添某公司的法定代表人，但不排除倪某利用其担任该公司法定代表人的身份指示该公司进行收款，并不能推导出添某公司对于倪某的抽逃出资行为起了协助作用……本案中，添某公司并非安某公司的其他股东、董事、高级管理人员或者实际控制人，且倪某将50万元出资款划转至添某公司账户也不足以推定添某公司存在协助抽逃出资的意图。对此，一审判决已有论证，本院予以认可。故安某公司要求添某公司对倪某的抽逃出资承担连带责任的上诉请求，于法无据，本院不予支持。对安某公司提出的添某公司和倪某符合共同侵权要件的主张，其并未提供证据予以证明，本院不予采信。

……

依照《最高人民法院关于适用〈中华人民共和国公司法〉若干问题的规定（三）》第十四条第一款规定：股东抽逃出资，公司或者其他股东请求其向公司返还出资本息、协助抽逃出资的其他股东、董事、高级管理人员或者实际控制人对此承担连带责任的，人民法院应予支持。本案中，添某公司并非安某公司的其他股东、董事、高级管理人员或者实际控制人，且倪某将50万元出资款划转至添某公司账户也不足以推定添某公司存在协助抽逃出资的意图。对此，一审判决已有论证，本院予以认可。故安某公司要求添某公司对倪某的抽逃出资责任承担连带责任的上诉请求，于法无据，本院不予支持。对安某公司提出的添某公司和倪某符合共同侵权要件的主张，其并未提供证据予以证明，本院不予采信。一审法院对安某公司的该项诉请在判决主文中虽未作处理，但已经进行了审理认定，安某公司就此提出上诉，请求本院二审予以支持。本院经审理认为其上诉请求不能成立，依法应予驳回。

案例4：江阴市三某合金材料有限公司、曾某红、李某民、武某升、顾某娟股东出资纠纷二审民事判决书【浙江省宁波市中级人民法院（2021）浙02民终2822号】

关于争议焦点一，三某公司诉请的法律依据是《最高人民法院关于适用〈中华人民共和国公司法〉若干问题的规定（三）》第十四条第二款，判断武某升是否需承担责任也即是否同时满足以下两个要件：武某升是楚某公司的其他股东、董事、高级管理人员或者实际控制人；武某升协助抽逃出资。首先，武某升的身份认定，三某公司依据单位客户银行结算账户服务项目申请表、变更登记申请受理回执主张武某升即为楚某公司财务负责人；武某升称其当时经营上海昌某投资管理有限公司，专门为他人包括楚某公司提供代理记账服务，在上述文件材料上签字系其提供代理记账服务的行为，其并不是楚某公司财务负责人。三某公司未能进一步举证证明武某升系楚某公司财务负责人，本院对于武某升系楚某公司财务负责人的意见不予采信。其次，协助抽逃出资的责任基础是《中华人民共和国侵权责任法》第九条第一款规定的"教唆、帮助他人实施侵权行为的，应当与行为人承担连带责任"，要求行为人主观上具有教唆、帮助他人侵权的故意。本案中，三某公司亦未举证证明武某升具有帮助曾某红、李某民抽逃出资的故意。综上，三某公司要求武某升承担抽逃出资的责任缺乏事实和法律依据，本院不予支持。

关于争议焦点二，顾某娟出借款项的行为是否构成《侵权责任法》上的共同侵权并因此承担相应责任，应当根据侵权责任的构成要件，结合个案事实进行认定。从本案中各方陈述及查明的事实来看，当时顾某娟与曾某红、李某民并不认识，并无证据证明顾某娟与曾某红、李某民在楚某公司增资前约定在验资完成后将增资款抽回以偿还借款，不能认定顾某娟与曾某红、李某民就抽逃出资、损害公司及债权人利益达成合意并具备了共同的主观过错，顾某娟客观上出借款项的行为也并不必然导致公司及债权人利益受损。因此，三某公司要求顾某娟承担代垫资金的责任亦缺乏事实和法律依据，本院不予支持。

案例5：合肥亿某金属材料有限公司、顾某等股东损害公司债权人利益责任纠纷二审民事判决书【江苏省宿迁市中级人民法院（2021）苏13民终2901号】

本院归纳本案二审的争议焦点为：亿某公司是否应当就王某亮、王某开的抽逃出资行为承担相应的民事责任。

本院认为，顾某主张亿某公司应当就其代垫出资后抽回垫资的行为承担相应民事责任，因本案代垫验资及抽回出资事实发生在2011年，故可以参照适用《最高人民法院关于适用〈中华人民共和国公司法〉若干问题的规定（三）》原第十五条的规定。该条规定："第三人代垫资金协助发起人设立公司，双方明确约定在公司验资后或者在公司成立后将该发起人的出资抽回以偿还该第三人，发起人依照前述约定抽回出资偿还第三人后又不能补足出资，相关权利人请求第三人连带承担发起人因抽回出资而产生的相应责任的，人民法院应予支持。"即便因上述规定已被删除而不得适用，但是根据帮助侵权之原理，即《中华人民共和国侵权责任法》第九条规定，教唆、帮助他人实施侵权行为的，应当与行为人承担连带责任。具体到本案中：

首先，亿某公司存在为宏某经营部提供资金的帮助行为。经查，案涉500万元由亿某公司向宏某经营部转账，宏某经营部向谢某远转账，谢某远再向王某亮转账。亿某公司辩称系向谢某的借款，但并未提供证据加以证明。且从资金流向看，案涉500万元最后由好某来公司向亿某公司返还，以上事实能够认定亿某公司为宏某经营部提供资金帮助行为。

其次，宏某经营部协助王某亮、王某开实施了相应的侵权行为。根据宏某经营部经营者仇某俊出具的情况说明，宏某经营部从事帮人注册公司、代垫注册资金业务。从资金的流向来看，在亿某公司提供资金支持、宏某经营部的具体经办下，王某亮、王某开进行增资验资后即将相关验资款项返还宏某经营部或亿某公司，而后也无证据证明王某亮、王某开补足出资。故能够认定亿某公司、宏某经营部协助王某亮、王某开抽逃出资，侵犯了好某来公司的财产权。

再次，亿某公司的帮助行为与宏某经营部、王某亮的侵权行为之间存在因果联系。亿某公司通过宏某经营部、谢某远向王某亮转账500万元，后由好某来公司直接向亿某公司返还，形成了从验资到抽逃出资的资金闭环，故能够认定亿某公司提供资金的帮助行为与好某来公司的财产权被侵犯之间存在因果联系。

最后，亿某公司具有主观故意。亿某公司辩称其与仇某俊及宏某经营部之间没有任何业务往来，也无法预见也不能预见宏某经营部从事为他人代垫验资业务。但是，亿某公司与宏某经营部之间存在大量资金往来且具有短期周转特征，亿某公司亦未能提供证据证明其与宏某经营部之间存在与资金往来相对应的交易活动或者作出合理解释，而宏某经营部经营者仇某俊自认宏某经营部从事代垫注册资金业务，且确实从事该项业务，故以上事实能够认定亿某公司明知宏某经营部从事代垫验资业务具有高度可能性。任何民事主体皆被推定为知晓股东不得抽逃出资义务的存在，亿某公司在明知宏某经营部从事代垫验资业务的情况下，为宏某经营部提供资金支持，具有侵权的主观故意。亿某公司是否知道宏某经营部帮助抽逃出资的具体对象是王某亮、王某开，即是否直接与王某亮、王某开存在意思联络，不影响对该节事实的认定。一审法院适用《中华人民共和国侵权责任法》第八条共同侵权的规定错误，本院予以纠正，但裁判结果正确。

综上，亿某公司明知宏某经营部从事代垫验资业务向其提供资金支持，再由宏某经营部帮助王某亮、王某开验资和抽逃出资，侵害了好某来公司财产权，构成帮助侵权，应当承担侵权责任。亿某公司辩称本案适用法律和举证责任分配错误，亿某公司主体不适格，不应承担责任，于法无据，本院不予采信。

007 增资协议解除后要求公司返还增资款构成抽逃出资？

阅读提示

增资协议的履行与解除不仅要适用《民法典》合同编的规定，其作为商事合同还要适用《公司法》的规定，因此在涉及增资协议的解除问题时，具有一定的特殊性。增资协议解除后，投资人直接依据《民法典》相关规定请求公司返还投资款可能违反公司法上有关抽逃出资的规定。故本文在此通过最高人民法院的一则经典案例，对增资协议解除后增资款的返还问题进行分析。

裁判要旨

增资协议可以依据《民法典》合同编的规定解除。增资协议依法解除后，对尚未完成工商登记变更程序的，人民法院应当判决公司向投资人退回投资款；对已经完成工商登记变更程序的，投资人应当通过股权转让或法定减资程序等方式退出公司，未经法定程序仅诉请公司返还投资款的，违反了《公司法》上有关不得抽逃出资的规定，人民法院不予支持。

案情简介 [①]

（一）2016年6月8日，青海黄南州华某矿业有限责任公司（以下简称华某公司）变更为自然人独资有限公司，股东为陶某王一人。

（二）2016年6月8日，李某祥、陶某王、华某公司签订《6.8增资协议》，约定：李某祥向华某公司出资6055万元，华某公司应当协助履行李某祥办理股权变更登记，否则该协议"归于无效"。

（三）另查明，李某祥系代蓝某公司持股，实际出资人蓝某公司共转给华某公司增资款3526万元。

（四）因陶某王和华某公司拒绝依约办理股权变更登记，实际出资人蓝某公司诉至法院要求解除《6.8增资协议》并请求返还增资款3526万元。

（五）青海高院一审认为《6.8增资协议》中合同无效条款应理解为约定解除权条款，而约定的解除条件已经成就，《6.8增资协议》应予解除，在协议解除后，华某公司和陶某王应向蓝某公司退还增资款并支付利息。

（六）陶某王和华某公司不服，向最高人民法院提起上诉。最高人民法院二审维持原判，认为华某公司尚未办理股权变更登记、未对外产生公示效力，故《6.8增资协议》解除后华某公司向陶某王应当向蓝某公司返还增资款及利息。

裁判要点

本案的核心争议在于，增资协议解除后，投资人是否可以直接要求公司返还增资款，对此，最高人民法院认为：

增资协议可以依据《民法典》合同编的规定解除，增资协议解除后，投资人请求返还投资款的，应当以是否完成股权变更登记程序为标准作出不同处理：对已经完成工商登记变更程序的，已成为公司财产、产生了对外公示效力，为了保护公司与债权人的利益，投资人不得直接要求公司返回增资款，而应在符合

[①] 案件来源：青海黄南州华某矿业有限责任公司、陶某王新增资本认购纠纷、买卖合同纠纷二审民事判决书【最高人民法院（2019）最高法民终1993号】。

《公司法》规定的减资等程序后实现对投资款的返还；对于尚未完成工商登记变更程序的，未对外产生公示效力，不涉及第三人利益保护，公司应当向投资人退回增资款。

实务经验总结

1. 增资协议中，投资人与目标公司约定解除条款的同时，一定要约定解除后投资人的退出方式，如事先约定通过股权转让、股权回购、公司减资、公司解散等方式来退出投资，如此才能真正实现增资协议中解除条款的作用。

2. 合同无效与否取决于是否符合法律规定，并不属于当事人意思自治范畴。本案中，当事人在案涉增资协议中使用了"无效"的表述，即被法院认定为当事人实际上约定的是解除事由。在合同签订中，应尽量准确使用法律概念，以避免出现本案中类似的争议，增加诉累。

3. 一般情况下，在完成工商变更登记之后会使得增资行为具有外部公示效力，投资人的投资款即转变为公司的资产，此时即使增资协议解除条件达成时投资人有权主张解除增资协议，但已经不能直接要求公司返还投资款，因为此时该投资款已经成为公司的注册资本金并对外形成公示效力，直接返还投资款将违反《公司法》上不得抽逃出资的有关规定。

相关法律规定

《中华人民共和国民法典》

第五百六十二条第二款 当事人可以约定一方解除合同的事由。解除合同的事由发生时，解除权人可以解除合同。

第五百六十六条第一款、第二款 合同解除后，尚未履行的，终止履行；已经履行的，根据履行情况和合同性质，当事人可以请求恢复原状或者采取其他补救措施，并有权请求赔偿损失。

合同因违约解除的，解除权人可以请求违约方承担违约责任，但是当事人另有约定的除外。

第五百六十七条 合同的权利义务关系终止，不影响合同中结算和清理条款的效力。

《中华人民共和国公司法》（2023年修订）

第三十二条 公司登记事项包括：

（一）名称；

（二）住所；

（三）注册资本；

（四）经营范围；

（五）法定代表人的姓名；

（六）有限责任公司股东、股份有限公司发起人的姓名或者名称。

公司登记机关应当将前款规定的公司登记事项通过国家企业信用信息公示系统向社会公示。

第三十四条 公司登记事项发生变更的，应当依法办理变更登记。公司登记事项未经登记或者未经变更登记，不得对抗善意相对人。

第五十三条 公司成立后，股东不得抽逃出资。

违反前款规定的，股东应当返还抽逃的出资；给公司造成损失的，负有责任的董事、监事、高级管理人员应当与该股东承担连带赔偿责任。

《中华人民共和国公司法》（2018年修正，已被修订）

第三十二条第三款 公司应当将股东的姓名或者名称向公司登记机关登记；登记事项发生变更的，应当办理变更登记。未经登记或者变更登记的，不得对抗第三人。

第三十五条 公司成立后，股东不得抽逃出资。

第一百七十九条 公司合并或者分立，登记事项发生变更的，应当依法向公司登记机关办理变更登记；公司解散的，应当依法办理公司注销登记；设立新公司的，应当依法办理公司设立登记。

公司增加或者减少注册资本，应当依法向公司登记机关办理变更登记。

法院判决

以下为最高人民法院就案涉《6.8增资协议》是否应予解除以及解除后华某公司、陶某王是否应当返还蓝某公司已付投资款的详细论述：

关于《6.8增资协议》是否应予解除问题。从《6.8增资协议》第4.4款约定的内容看，"乙方承诺标的公司如未能实现本协议第二条之2.1款和第2.2款规定内容，则本协议无效，标的公司和乙方收到的甲方增资款及借款乙方必须负责足额退还，并按年利率15%计算占用期间之利息"，该条款是双方对合同解除条件的约定。本案中，由于华某公司的股东仍为陶某王一人、至今未完成股权变更登记、股东登记等，未能实现《6.8增资协议》第二条之2.1款规定的情形，且双方均认可目前矿山由华某公司的债权人控制、蓝某公司无法参与经营，故蓝某公司起诉解除《6.8增资协议》，有事实和法律依据。

根据《中华人民共和国合同法》第九十七条的规定，合同解除后，已经履行的，当事人可以请求恢复原状、采取其他补救措施，并有权要求赔偿损失。[①]双方在《6.8增资协议》第4.4款中约定了合同解除后，标的公司（华某公司）和乙方（陶某王）收到的甲方（李某祥）增资款及借款，乙方必须负责足额退还，并按年利率15%计算占用期间之利息。根据蓝某公司（甲方）和华某公司（乙方）2016年4月1日至2017年7月31日的结算对账单看，双方认可甲方应收乙方累计欠款共35262063.39元。故根据《中华人民共和国合同法》第五十七条规定，"合同无效、被撤销或者终止的，不影响合同中独立存在的有关解决争议方法的条款的效力"，[②]一审判决华某公司、陶某王共同返还蓝某公司投资款35262063.39元，并按年利率15%支付利息，有事实和法律依据。

延伸阅读

在检索大量类案的基础上，笔者总结相关裁判规则如下，供读者参考。

（一）增资协议的解除适用《民法典》合同编有关规定，但协议解除的后果实际系处理投资人作为原增资股东的退出问题，在投资人出资已转化为公司资本的情况下，应按照《公司法》的特别规定适用执行，不得依据《民法典》一般规定直接要求返还。

案例1：上海富某科技有限公司与西某工业集团有限公司等公司增资纠纷二审案件二审民事判决书【上海市第一中级人民法院（2019）沪01民终11265号】

本院认为，其一，系争增资协议书系各方当事人真实意思表示，并不违反法律、行政法规的强制性规定，对其合同效力应予认可。该协议中，各方当事人约定了合同解除条件，依据《合同法》第九十三条、第九十四条[③]的相关规定，该增资协议书可予解除。其二，《合同法》第九十七条规定："合同解除后，尚未

[①] 《合同法》已失效，现相关规定见《民法典》第五百六十六条。
[②] 《合同法》已失效，现相关规定见《民法典》。
[③] 《合同法》已失效，现相关规定见《民法典》第五百六十二条、第五百六十三条。

履行的、终止履行，已经履行的，根据履行情况和合同性质，当事人可以要求恢复原状、采取其他补救措施，并有权要求赔偿损失。"① 因此，本案中上诉人虽主张恢复原状、返还钱款，但仍须基于系争合同的性质、钱款的性质，依照法律的具体规定处理解除后果。其三，从增资协议书的约定来看，上诉人投入的3250万元是其作为目标公司新股东所需缴纳的出资，并非对被上诉人西某工业公司、北某能源公司享有的普通债权。在经过公司章程修改及工商变更登记后，其股东身份、认缴数额、股权比例及公司注册资本均已对外公示，该3250万元转化为公司资本性质，已形成公司资产。其四，上诉人所谓因增资协议书解除而要求返还出资，从本质上说，系基于其股东身份的退出。但正如上述认缴、出资、登记等均需由各方当事人按照《公司法》关于公司增资的程序完成，股东退出公司，包括采取何种退出方式、资本、股权的处分等，亦应当适用《公司法》作为特别法的相关规定。其五，上诉人要求将其出资直接返还以"恢复原状"，实质上等同于股东未经法定程序任意抽回出资，将造成公司资产的不当减少，显然有违公司资本的确定、维持和不变原则，直接影响公司的经营能力和债权人利益保护。

综上所述，本案系争增资协议书的解除虽然适用《合同法》规定，但协议解除的后果，实际系处理上诉人作为原增资股东的退出问题。在上诉人出资已转化为公司资本的情况下，应按照《公司法》的特别规定适用执行。现本案各方当事人虽均确认协议解除，但未予明确上诉人退出的具体方式，如通过股权转让、股权回购、公司减资、公司解散等，更未经相应的法定程序，上诉人仅就返还出资一节单独提出主张，不符合《公司法》的规定，本院不予支持。

（二）之所以将是否完成工商变更登记作为增资协议解除后投资人能否有权主张返还投资款的标准，是出于工商变更登记具有公示力，在还未办理股权变更登记时，所涉增资款对公司债权人尚未产生公示效力，公司债权人尚无需要保护的信赖利益，因此此时返还投资款不会涉及因抽逃出资或不按法定程序减资损害公司债权人利益的问题。

案例2：韩某丰、邬某远公司增资纠纷再审审查与审判监督民事裁定书【最高人民法院（2019）最高法民申1738号】

关于二审判决解除投资协议及返还投资款是否属于错误适用公司法有关股东不得抽逃出资的规定。邬某远、宝某企业认为真某公司的出资款已转为占某比公司的法人财产，二审判决解除投资协议、返还投资款，违反了公司法关于股东不

---

① 《合同法》已失效，现相关规定见《民法典》第五百六十六条。

得抽逃出资的规定。再审审查过程中，各方当事人均确认，真某公司增资占某比公司的2000万元尚未在工商行政管理部门进行增资变更登记。《公司法》规定股东不得抽逃出资，以及公司减少注册资本应当履行相应的法定程序并依法向公司登记机关办理变更登记，主要目的之一在于保护公司债权人的利益。案涉2000万元增资款尚未在工商登记部门办理变更登记，该增资款对公司债权人尚未产生公示效力，公司债权人尚无需要保护的信赖利益，真某公司依约定条件解除案涉《增资协议》并请求返还投资款，并不涉及因抽逃出资或不按法定程序减资损害公司债权人利益的问题。

（三）投资人出资已经转化为公司财产之后，即使增资协议被解除的，投资人也不能要求公司返还投资款项。

案例3：浙江新某集团股份有限公司与浙某玻璃股份有限公司、董某华、冯某珍及一审第三人青某碱业有限公司公司增资纠纷申请再审民事裁定书【最高人民法院（2013）民申字第326号】

《增资扩股协议》是由青某碱业原股东浙某玻璃、董某华、冯某珍与新股东新某集团就青某碱业增资扩股问题达成的协议。在该协议履行过程中，因浙某玻璃的根本违约行为，新某集团采用通知方式解除了该合同。《中华人民共和国合同法》第九十七条规定"合同解除后，尚未履行的，终止履行；已经履行的，根据履行情况和合同性质，当事人可以要求恢复原状、采取其他补救措施，并有权要求赔偿损失"。[①] 本案《增资扩股协议》解除后，新某集团请求判令浙某玻璃、董某华、冯某珍返还其出资款中的资本公积金336884976.80元。但《增资扩股协议》的性质决定了新某集团所诉的这部分资本公积金不能得以返还。《增资扩股协议》的合同相对人虽然是浙某玻璃、董某华、冯某珍，但合同约定增资扩股的标的却是青某碱业。合同履行过程中，新某集团也已将资本金直接注入了青某碱业。青某碱业系合法存在的企业法人。浙某玻璃、董某华、冯某珍均不再具有返还涉案资本公积金的资格。至于青某碱业能否返还新某集团已注入的这部分资本公积金，关乎资本公积金的性质。新某集团认为，本案中其因《增资扩股协议》注入的资本公积金不同于《公司法》中规定的"出资"，可以抽回的主张，依据不足。股东向公司已交纳的出资无论是计入注册资本还是计入资本公积金，都形成公司资产，股东不得请求返还。二审判决未支持新某集团返还资本公积金的请求，并无不当。

---

① 《合同法》已失效，现相关规定见《民法典》第五百六十六条。

008 股东应在抽逃出资范围内对公司不能清偿的债务向债权人承担补充赔偿责任

阅读提示

按期足额缴纳出资是股东的法定义务。股东抽逃出资势必影响公司的偿债能力，在公司无法清偿全部债务时，债权人如何主张该抽逃出资股东的责任？本文在此通过江苏省高级人民法院的一则案例，对上述问题进行分析。

裁判要旨

将出资款项转入公司账户验资后又转出的行为构成抽逃出资，该股东应在抽逃出资本息范围内对公司债务不能清偿的部分承担补充赔偿责任。对股东抽逃行为起了协助作用的，应对前述赔偿责任承担连带责任。

值得注意的是，2023年修订的《公司法》第五十三条明确规定股东抽逃出资的，应当返还抽逃的出资；给公司造成损失的，负有责任的董事、监事、高级管理人员应当与该股东承担连带赔偿责任。因此，之后类似案例司法裁判规则可能会直接要求股东返回抽逃的出资，给公司造成损失的，要求负有责任的董监高与股东对损失承担连带赔偿责任；在股东抽逃出资行为导致公司资本显著不足时可能触发公司法人格否认制度的适用，债权人可依据《公司法》第五十三条要求股东对公司承担连带责任。

案情简介[①]

（一）2009年11月27日，淮某公司成立，股东为祝某环、张某彪，分别出资255000元。

（二）另查明，淮某公司尚欠陈某522995元，已经强制执行仍不能清偿。

（三）债权人陈某因此诉至法院，以祝某环、张某彪抽逃出资为由，主张两股东对淮某公司不能清偿的债务522995元承担补充赔偿责任。

[①] 案件来源：陈某、祝某环等股东损害公司债权人利益责任纠纷再审民事判决书【江苏省高级人民法院（2021）苏民再201号】。

（四）常州市天宁区人民法院一审判决：张某彪在抽逃出资本息范围内对淮某公司尚欠陈某的债务 522995 元承担补充赔偿责任。

（五）陈某不服，向江苏高院申请再审。江苏高院认为祝某环、张某彪均实施了抽逃出资行为，应各自在抽逃出资范围内对债权人承担补充赔偿责任。

实务经验总结

1. 一般情况下，股东抽逃出资公司可请求抽逃出资的股东返还抽逃的出资，给公司造成损失的，应承担赔偿责任。

2. 对于董监高人员来说，切不可协助股东实施抽逃出资行为。例如，审批签字、借用公章等行为，都可能招致连带责任。

3. 抽逃出资之所以受到法律上的负面评价，是因为该行为会导致公司资本的减少。而抽逃出资行为导致公司资本显著不足时可能触发公司法人格否认制度的适用，即债权人可直接依据《公司法》（2023 年修订）第二十三条规定请求抽逃出资股东对公司债务承担连带责任，而不是仅限于出资范围内承担责任。

相关法律规定

《中华人民共和国公司法》（2023 年修订）

第五十三条　公司成立后，股东不得抽逃出资。

违反前款规定的，股东应当返还抽逃的出资；给公司造成损失的，负有责任的董事、监事、高级管理人员应当与该股东承担连带赔偿责任。

《中华人民共和国公司法》（2018 年修正，已被修订）

第二十条　公司股东应当遵守法律、行政法规和公司章程，依法行使股东权利，不得滥用股东权利损害公司或者其他股东的利益；不得滥用公司法人独立地位和股东有限责任损害公司债权人的利益。

公司股东滥用股东权利给公司或者其他股东造成损失的，应当依法承担赔偿责任。

公司股东滥用公司法人独立地位和股东有限责任，逃避债务，严重损害公司债权人利益的，应当对公司债务承担连带责任。

第三十五条　公司成立后，股东不得抽逃出资。

《最高人民法院关于适用〈中华人民共和国公司法〉若干问题的规定（三）》（2020年修正）

第十二条 公司成立后，公司、股东或者公司债权人以相关股东的行为符合下列情形之一且损害公司权益为由，请求认定该股东抽逃出资的，人民法院应予支持：

（一）制作虚假财务会计报表虚增利润进行分配；

（二）通过虚构债权债务关系将其出资转出；

（三）利用关联交易将出资转出；

（四）其他未经法定程序将出资抽回的行为。

第十四条 股东抽逃出资，公司或者其他股东请求其向公司返还出资本息、协助抽逃出资的其他股东、董事、高级管理人员或者实际控制人对此承担连带责任的，人民法院应予支持。

公司债权人请求抽逃出资的股东在抽逃出资本息范围内对公司债务不能清偿的部分承担补充赔偿责任、协助抽逃出资的其他股东、董事、高级管理人员或者实际控制人对此承担连带责任的，人民法院应予支持；抽逃出资的股东已经承担上述责任，其他债权人提出相同请求的，人民法院不予支持。

法院判决

以下为江苏省高级人民法院就祝某环、张某彪应否在抽逃出资本息范围内对淮某公司不能清偿的522995元债务承担补充赔偿责任的详细论述：

本院再审认为，淮某公司于2009年11月27日成立，注册资本为51万元，祝某环、张某彪作为公司股东于当日向淮某公司在江南银行设立的账户分别缴现255000元，并经会计师事务所验资确认。但是，该账户款项于当日通过现金支票的方式被支取509000元，张某彪称该款系用于淮某公司购买棉纱，但未提供与之相吻合的财务记录以及相关的合同、发票等证据予以证实。在另案庭审中，杨某对于现金支票款509000元由其取走的事实并无异议，并陈述该款项取走后给了其老板。在陈某提供的对杨某的通话录音中，杨某亦称其当时是帮人验资，验资的钱由其老板出借，验资完后提出再还给其老板。根据《中华人民共和国公司法》（2005年修正）第三十六条①（公司成立后，股东不得抽逃出资）及参照《最高人民法院关于适用〈中华人民共和国公司法〉若干问题的规定（三）》第

---

① 《公司法》已失效，现相关规定见《公司法》（2013年修订）第五十三条。

十二条①的规定，祝某环、张某彪将出资款项转入公司账户验资后又转出行为，构成抽逃出资。已经发生法律效力的 1657 号民事判决亦认定张某彪于该日实施了将其出资款抽逃的行为，祝某环对张某彪的抽逃行为起了协助作用，并判决张某彪在其抽逃出资本息（本金 255000 元）范围内，对淮某公司尚欠诚某公司的债务 260590 元在依法强制执行仍不足以清偿部分承担补充赔偿责任，祝某环对上述赔偿责任承担连带责任。同时，淮某公司成立时，经股东会决议，祝某环为淮某公司执行董事、法定代表人，并兼任经理，张某彪为淮某公司监事，且祝某环与张某彪系夫妻关系，祝某环对张某彪将出资转出的行为应当明知，且 2009 年 11 月 27 日支取 509000 元的现金支票上加盖有淮某公司印章及祝某环的私章，祝某环将其对淮某公司的出资验资后又转出的行为，亦构成抽逃出资，其应在抽逃出资利息 357717 元范围内对淮某公司尚欠陈某的债务 522995 元在强制执行仍未得到清偿部分承担补充赔偿责任，张某彪应对祝某环上述赔偿责任承担连带责任。一、二审法院认为无证据证明祝某环对 509000 元款项有抽逃的主观故意，以及现有证据尚不足以证明祝某环将对淮某公司的 254000 元出资抽回，从而均判决不支持陈某要求祝某环承担抽逃出资责任和张某彪承担连带责任的诉讼请求，缺乏事实和法律依据，本院予以纠正。

延伸阅读

在检索大量类案的基础上，笔者总结相关裁判规则如下，供读者参考。

（一）股东抽逃出资的，公司可依据章程规定或股东会决议对该抽逃出资股东的权利作出合理限制。

案例 1：亿某制衣厂有限公司与惠州市乐某实业发展总公司南澳公司股东出资纠纷申诉、申请民事判决书【最高人民法院（2016）最高法民再 357 号】

《最高人民法院关于适用〈中华人民共和国公司法〉若干问题的规定（三）》第十六条规定："股东未履行或者未全面履行出资义务或者抽逃出资，公司根据公司章程或者股东会决议对其利润分配请求权、新股优先认购权、剩余财产分配请求权等股东权利作出相应的合理限制，该股东请求认定该限制无效的，人民法院不予支持。"根据该规定，限制股东利润分配请求权、新股优先认

---

① 《最高人民法院关于适用〈中华人民共和国公司法〉若干问题的规定（三）》已修改，现相关规定见《最高人民法院关于适用〈中华人民共和国公司法〉若干问题的规定（三）》（2020 年修正）第十二条。

购权、剩余财产分配请求权等股东权利，应当同时具备以下条件：一是股东未履行或者未全面履行出资义务，或者有抽逃出资的行为；二是应当根据公司章程或者股东会决议作出限制。

首先，如前所述，乐某南澳公司并非未履行出资义务，而是未全面履行出资义务。

其次，某湖公司的章程中并未明确规定未全面履行出资义务的股东将被限制股东权利。

最后，由于我国外商投资企业法的立法早于公司法立法，《中华人民共和国中外合资经营企业法》及其实施条例关于合资企业的治理结构中没有股东会的规定，股东会的相应职责实际是由董事会行使。根据某湖公司章程第二十五条的规定，出席董事会会议的法定人数不得少于全体董事的三分之二，不够三分之二人数时，其通过的决议无效。某湖公司共有5名董事，而某湖公司于2012年3月30日召开的关于限制乐某南澳公司股东权利的董事会仅有3名董事参加，显然不满足合资企业章程规定的条件，故当次董事会决议无效。已经生效的广东省高级人民法院（2013）粤高法民四终字第49号民事判决亦认为，2012年3月30日某湖公司董事会决议因未达到某湖公司章程规定的通过比例而无效。

因此，亿某公司、某湖公司根据某湖公司董事会决议，请求限制乐某南澳公司相应的股东权利，不能得到支持。一、二审判决认定乐某南澳公司不享有某湖公司的利润分配请求权、新股优先认购权、剩余财产分配请求权等股东权利，缺乏事实和法律依据，应予纠正。

（二）将出资款以借款名义归还给股东的，本质上是根本改变出资性质的违法行为，故不能认定出资关系转变为了借款关系，而应认定出资人构成抽逃出资。

案例2：万某裕与丽江宏某水电开发有限公司其他股东权纠纷审判监督民事判决书【最高人民法院（2014）民提字第00054号】

2010年11月20日，唐某云代表宏某公司给万某裕补写了一张《借条》，其中载明："借到万某裕人民币510万元，此款已于2008年8月4日打入公司账户，由公司承担信用社利息和本金归还，期限为一年半，若到期未能偿还作为资本债转为公司股金。"《借条》出具之前，唐某云于2009年7月26日、2010年5月18日分两次向万某裕的账户共汇入110万元，《借条》出具之后，唐某云于2011年3月3日再次向万某裕的账户汇入400万，合计510万元。宏某公司主张其与万某裕之间的投资关系已经因《借条》的出具而转变为借款关系，并且通过唐某云的还款行为而将借款进行了清偿，万某裕对此予以否认。因此，《借条》及唐某云的汇款，是否使万某裕对宏某公司的股权转变成了债权，是本案当事人争议的关键问题。根据既有的法律规定，综合考虑案件事实情况，本院认为万某裕对宏某公司的股权并未转变为债权。理由是：

第一，股东不得抽逃出资是公司法的一项基本制度和原则，我国《公司法》对此作了明确规定。股东向公司出资后，出资财产即转变为公司的法人财产，其独立于股东个人的财产而构成公司法人格的物质基础。股东从公司抽回出资，则会减少公司资本，动摇公司的独立法人地位，侵害公司、其他股东和公司债权人的利益，因而为法律所严禁。本案中，万某裕打入宏某公司账户的510万元性质上为出资款，且为《宏某公司章程》所确认，该510万元进入宏某公司的账户后，即成为宏某公司的法人财产，无论是万某裕主动要求宏某公司将其出资转变为借款，还是唐某云代表宏某公司向万某裕出具《借条》并将出资作为借款偿还，抑或万某裕与宏某公司协商一致，将出资转变为借款而归还，本质上都是根本改变万某裕对宏某公司出资性质的违法行为，都会导致万某裕抽回出资并退股的法律后果，这是有违公司法的禁止性规定的，因而上述行为均应无效，万某裕的股东身份自然也不应因此种无效行为而改变。本院尤为强调的是，抽逃出资并不限于抽逃注册资本中已经实缴的出资，在公司增资的情况下，股东抽逃尚未经工商部门登记、但已经成为公司法人财产的出资同样属于抽逃出资的范畴，亦在公司法禁止之列。故此，二审法院关于宏某公司并未将万某裕出资的510万元登记为公司注册资本，宏某公司或者万某裕将510万元转变为借款并非抽逃出资的认定不当，本院予以纠正。

第二，《借条》并不能证明万某裕对宏某公司的出资已经转变为借款。即便不考虑前述法律禁止性规定的因素，单纯从《借条》这一证据本身分析，亦不能得出万某裕对宏某公司的出资已经转变为借款的结论。《借条》对万某裕打入宏某公司账户的510万元规定了一年半的还款期限，在此期限内宏某公司如未能归还本息，则该510万元即转为股金。万某裕和宏某公司对一年半的借款期限究竟应从何时起算存在争议。本院认为，在当事人没有特别约定的情况下，按照交易惯例，借款期限应从款项实际交付给借款人时起算，具体到本案，即使将万某裕的出资当作借款，借款期限也应从510万元打入宏某公司账户的2008年8月4日起算，这与万某裕从丽江市古城区信用合作社贷款一年半的期限正好吻合。宏某公司主张借款期限应从《借条》出具的 2010 年 11 月 20 日起算，但此时万某裕已经将该款项打入宏某公司两年多，宏某公司实际占有和使用此款项却不属于借款，当然也无须支付借款的利息，而万某裕从银行贷款帮助宏某公司渡过难关，不但没有获得任何对价，还需要自行承担贷款的利息，这不但违背常理，也有失公平，故本院对宏某公司的此项主张不予支持。按 2008 年 8 月 4 日计算借款期限，至 2010 年 2 月 4 日一年半的期限届满，宏某公司并未归还全部借款，按《借条》的约定，万某裕支付的 510 万元也应转为出资而非借款。从另一方面看，《借条》载明应由宏某公司承担 510 万元贷款的利息归还义务，但事实上该项贷款的利息 919820.88 元系由万某裕偿还，无论借款期限从何时起算，宏某公司均未在《借条》约定的一年半的借款期限内偿付利息，从这一角度考量，万某裕支付的 510 万元也应属于出资而非借款。因此，原一、二审法院认定《借条》已将万某裕与宏某公司之间的投资关系转变为借款关系确有不当，本院予以纠正。在万某裕向宏某公司支付的 510 万元属于出资款，不应作为借款返还的情形下，唐某云可以另行向万某裕主张返还其所支付的 510 万元。

（三）股东抽逃出资后为公司偿付债务的，形成的是债权债务关系，不能直接认定为补足出资。

案例 3：广东群某网络有限公司、黄某股东出资纠纷二审民事判决书【广东省广州市中级人民法院（2019）粤 01 民终 6989 号】

至于邹某洲为群某公司支付的款项能否认定为补足出资的问题。股东抽逃出资后，为公司偿付债务，不能直接认定为补足出资。公司的资本是作为公司独立财产的存在，而并非仍以股东个人财产为表现。邹某洲没有将款项汇入公司账户，而是个人为公司偿付债务，其意思表示并不明确。该款项没有转化为公司的财产。公司是拟制法人，是独立的主体。公司对其债务承担，股东并不需要承责。因此，邹某洲代群某公司对外偿付债务的行为，在没有明确是出资的意思表示的前提下，形成的是债权债务关系，并非一概而论成为公司的资本。2009 年 12 月，三位股东补足出资时，亦是将款项汇入公司账户，显与邹某洲自行为公司对外支付不同。在群某公司记账凭证中，也没有将该笔款项记载为资本的补足。我国公司法也不允许公司财产和股东财产混同。因此，根据本案的证据，并不能认定邹某洲代群某公司对外作出的支付即为其补足的出资。邹某洲在另案中也称 2009 年抽逃出资之后，并没有实际出资，而是通过会计做账的方式填平。该陈述印证了其并没有补足出资的事实。从邹某洲通过以凭证作为补足出资的行为表现来看，邹某洲自认补足的出资 439 万余元，超过其应当履行的补足出资 340 万元的金额。据此，本院认为，邹某洲的行为可据以认定其他人补足出资的部分与其无关，进而案外人补足部分应属黄某、庾某超应补足部分。

009 抽逃全部出资的股东无权对其他股东除名事项进行表决

阅读提示

《最高人民法院关于适用〈中华人民共和国公司法〉若干问题的规定（三）》（2020 修正）第十七条规定在满足一定条件后，股东会可以决议解除未履行出资义务或者抽逃全部出资股东的股东资格。那么本身即抽逃全部出资的股东能否参与股东会表决解除其他抽逃全部出资股东的股东资格呢？本文在此通过《人民司法·案例》2022 年第 26 期刊载的一则经典案例，对上述问题进行分析。

裁判要旨

《最高人民法院关于适用〈中华人民共和国公司法〉若干问题的规定（三）》第十七条赋予的是守约股东对未履行出资义务或者抽逃全部出资的股东的除名权。本身即抽逃全部出资的股东无权通过召开股东会的形式，决议解除其他抽逃全部出资股东的股东资格。

案情简介 [①]

（一）2013 年 8 月 5 日，广东粤某环保有限公司（以下简称粤某公司）成立，股东为吴某 1（持股 60%）和余某英（持股 40%）。

（二）东莞中院作出的（2019）粤 19 民终 3829 号民事判决书查明余某英抽逃了全部出资。另查明，吴某 1 也抽逃了全部出资。

（三）2020 年 5 月 25 日，粤某公司召开股东会，决议对余某英进行除名，由吴某 1 一人表决通过。

（四）余某英因此诉至法院，请求确认案涉除名决议无效。东莞市第三人民

[①] 案件来源：余某英与吴某 1、广东粤某环保有限公司公司决议效力确认纠纷案民事二审判决书【广东省东莞市中级人民法院（2020）粤 19 民终 11525 号】。

法院一审认为案涉决议有效。

（五）东莞中院二审认为，吴某1自身亦抽逃全部出资，无权对除名余某英的事项进行表决，故改判确认案涉除名决议无效。

裁判要点

本案的核心争议在于，出资违约股东对其他抽逃全部出资或未履行出资义务的股东的除名是否具有表决权，对此，广东省东莞市中级人民法院认为：

《最高人民法院关于适用〈中华人民共和国公司法〉若干问题的规定（三）》第十七条没有明确规定违约股东对其他抽逃全部出资或未履行出资义务的股东的除名是否具有表决权，但基于违约股东的行为已严重损害公司利益和其他股东权益，若赋予违约方享有解除股东资格的权利，将对公司的经营乃至市场的秩序造成严重的破坏。因此本身即抽逃全部出资的股东无权对其他股东除名事项进行表决。

实务经验总结

1. 股东履行出资义务不仅属于出资人之间的约定义务，还属于公司法上的法定义务。因此股东不按期足额缴纳出资的，除应当向公司足额缴纳外，还应当对给公司造成的损失承担赔偿责任。

2. 实务中股东除名制度被规避适用的可能性较大。《最高人民法院关于适用〈中华人民共和国公司法〉若干问题的规定（三）》第十七条仅针对未履行出资义务和抽逃全部出资的股东，因此只要股东缴纳一元钱出资或抽逃99%的出资都不会被除名，但2023年修订的《公司法》第五十二条规定了股东失权制度，该制度下，只要未按期足额缴纳出资就有可能在相应出资部分内丧失股东权利，将有效完善对瑕疵出资行为的规制。

相关法律规定

《中华人民共和国公司法》（2023年修订）

第四十九条 股东应当按期足额缴纳公司章程规定的各自所认缴的出资额。

股东以货币出资的，应当将货币出资足额存入有限责任公司在银行开设的账户；以非货币财产出资的，应当依法办理其财产权的转移手续。

股东未按期足额缴纳出资的，除应当向公司足额缴纳外，还应当对给公司造成的损失承担赔偿责任。

第五十三条 公司成立后，股东不得抽逃出资。

违反前款规定的，股东应当返还抽逃的出资；给公司造成损失的，负有责任的董事、监事、高级管理人员应当与该股东承担连带赔偿责任。

《中华人民共和国公司法》（2018年修正，已被修订）

第二十八条 股东应当按期足额缴纳公司章程中规定的各自所认缴的出资额。股东以货币出资的，应当将货币出资足额存入有限责任公司在银行开设的账户；以非货币财产出资的，应当依法办理其财产权的转移手续。

股东不按照前款规定缴纳出资的，除应当向公司足额缴纳外，还应当向已按期足额缴纳出资的股东承担违约责任。

第三十五条 公司成立后，股东不得抽逃出资。

《最高人民法院关于适用〈中华人民共和国公司法〉若干问题的规定（三）》（2020年修正）

第十七条第一款 有限责任公司的股东未履行出资义务或者抽逃全部出资，经公司催告缴纳或者返还，其在合理期间内仍未缴纳或者返还出资，公司以股东会决议解除该股东的股东资格，该股东请求确认该解除行为无效的，人民法院不予支持。

法院判决

以下为广东省东莞市中级人民法院就粤某公司于2020年5月25日召开的股东会会议所作出的股东会决议是否合法有效的详细论述：

公司是股东之间、股东与公司以及公司与政府之间达成的契约结合体，因此股东之间的关系应当受契约的约束。公司存续过程中股东应当恪守契约精神和诚实守信原则，全面履行出资义务。根据已经生效的广东省东莞市第三人民法院（2018）粤1973民初17470号民事判决查明的事实及吴某1在二审庭审中的自认可知，吴某1亦存在抽逃全部出资的情况，故吴某1亦违反了公司法的规定。

《最高人民法院关于适用〈中华人民共和国公司法〉若干问题的规定（三）》第十七条规定，"有限责任公司的股东未履行出资义务或者抽逃全部出资，经公司催告缴纳或者返还，其在合理期间内仍未缴纳或者返还出资，公司以股东会决议解除该股东的股东资格，该股东请求确认该解除行为无效的，人民法院不予支持"。吴某1以余某英未履行出资义务而召开股东会决议以解除余某英的股东资格。本院认为，前述法律虽未明确规定违约股东对其他抽逃全部出资或未履行出资义务的股东的除名是否具有表决权，但基于违约股东的行为已严重损害公司利益和其他股东权益，若赋予违约方享有解除股东资格的权利，将对公司的经营乃至市场的秩序造成严重的破坏。《最高人民法院关于适用〈中华人民共和国公司法〉若干问题的规定（三）》第十七条赋予的是守约股东对未履行出资义务或者抽逃全部出资的股东的除名权，基于违约方的行为已严重损害公司利益和股东权益，故不应赋予违约方对未履行出资义务或者抽逃全部出资股东的除名权。本案中，吴某1同样存在抽逃全部出资的情形，就股东内部而言，并不存在其股东合法利益受损一说，因此吴某1不能对此进行救济，否则将违背权利与义务一致、公平诚信的法律原则，即吴某1无权通过召开股东会的形式，决议解除余某英的股东资格，故粤某公司于2020年5月25日召开的股东会所作出的股东会决议无效，原审法院对此处理有误，本院予以纠正。

延伸阅读

在检索大量类案的基础上，笔者总结相关裁判规则如下，供读者参考。

（一）股东会就解除股东资格事项进行表决时，该股东不得就其持有的股权行使表决权，经其他股东1/2以上表决权同意即可通过该股东会决议。

案例1：宋某祥、上海万某国际贸易有限公司与杭州豪某贸易有限公司公司决议效力确认纠纷上诉案【上海市第二中级人民法院（2014）沪二中民四（商）终字第1261号】

《公司法司法解释（三）》[①] 第十七条第一款规定：有限责任公司的股东未履行出资义务或者抽逃全部出资，经公司催告缴纳或者返还，其在合理期间内仍未缴纳或者返还出资，公司以股东会决议解除该股东的股东资格，该股东请求确认该解除行为无效的，人民法院不予支持。根据本院审理查明的事实和对前述第一个争议焦点的认定，万某公司以股东会决议形式解除豪某公司股东资格的核心要件均已具备，但在股东会决议就股东除名问题进行讨论和决议时，拟被除名股东是否应当回避，即是否应当将豪某公司本身排除在外，各方对此意见不一。《公司法司法解释（三）》对此未作规定。本院认为，《公司法司法解释（三）》第十七条中规定的股东除名权是公司为消除不履行义务的股东对公司和其他股东

[①] 即《最高人民法院关于适用〈中华人民共和国公司法〉若干问题的规定（三）》。

所产生不利影响而享有的一种法定权能，是不以征求被除名股东的意思为前提和基础的。在特定情形下，股东除名决议作出时，会涉及被除名股东可能操纵表决权的情形。故当某一股东与股东会讨论的决议事项有特别利害关系时，该股东不得就其持有的股权行使表决权。本案中，豪某公司是持有万某公司99%股权的大股东，万某公司召开系争股东会会议前通知了豪某公司参加会议，并由其委托的代理人在会议上进行了申辩和提出反对意见，已尽到了对拟被除名股东权利的保护。但如前所述，豪某公司在系争决议表决时，其所持股权对应的表决权应被排除在外。本院认为，本案系争除名决议已获除豪某公司外的其他股东一致表决同意系争决议内容，即以100%表决权同意并通过，故万某公司2014年3月25日作出的股东会决议应属有效。本院对原审判决予以改判。此外需要说明的是，豪某公司股东资格被解除后，万某公司应当及时办理法定减资程序或者有其他股东或者第三人缴纳相应的出资。

（二）公司章程中有关未全面履行出资义务的股东可适用股东除名制度的约定无效。

案例2：金寨双某源农业技术开发有限公司与洪某成公司决议效力确认纠纷二审民事判决书【安徽省六安市中级人民法院（2014）六民二终字第00281号】

双某源公司解除洪某成股东资格的主要理由是洪某成未按约定的期限履行增资义务。而根据《解释（三）》①规定，只有在股东未出资或者抽逃全部出资、公司在催告未果的情形下才可以通过股东会决议解除某一股东的股东资格。如上所述，洪某成不存在未出资或者抽逃全部出资的情形，不符合解除股东资格的实质条件，故双某源公司股东会决议关于解除洪某成股东资格的内容违反法律规定，应属无效。

（三）股东除名制度仅适用于严重违反出资义务的情形，未全面履行或抽逃部分出资的不能被除名。(2023年修订的《公司法》第五十二条规定了股东失权制度，新法施行后，只要未按期足额缴纳出资就有可能在相应出资部分内丧失股东权利)

案例3：辜某与北京宜某英泰工程咨询有限公司公司决议效力确认纠纷二审民事判决书【北京市第三中级人民法院（2015）三中民（商）终字第10163号】

《公司法解释三》②第十七条第一款规定："有限责任公司的股东未履行出资

---

① 即《最高人民法院关于适用〈中华人民共和国公司法〉若干问题的规定（三）》。
② 即《最高人民法院关于适用〈中华人民共和国公司法〉若干问题的规定（三）》。

义务或者抽逃全部出资，经公司催告缴纳或者返还，其在合理期间内仍未缴纳或者返还出资，公司以股东会决议解除该股东的股东资格，该股东请求确认该解除行为无效的，人民法院不予支持。"根据上述条款，公司以股东会决议解除未履行出资义务或者抽逃出资股东的股东资格，应当符合下列条件和程序：首先，解除股东资格这种严厉的措施只应用于严重违反出资义务的情形，即未出资和抽逃全部出资，未完全履行出资义务和抽逃部分出资不应包括在内。其次，公司对未履行出资义务或者抽逃全部出资的股东除名前，应给该股东补正的机会，即应当催告该股东在合理期间内缴纳或者返还出资。最后，解除未履行出资义务或者抽逃全部出资股东的股东资格，应当依法召开股东会，作出股东会决议，如果章程没有特别规定，经代表1/2以上表决权的股东通过即可。具体到本案而言：第一，根据宜某英泰公司的验资报告及各方当事人陈述，赵某伟在公司设立时实际出资1.6万元，其已经履行了部分出资义务，故不应当认定赵某伟完全未履行出资义务；第二，如前所述，辜某的现有证据不足以证明赵某伟抽逃全部出资。因此，宜某英泰公司于2014年5月8日作出股东会决议并未满足公司可以解除赵某伟股东资格的前提条件，辜某主张涉案股东会决议有效，于法无据，本院不予支持。

010 定向减资已经公司及其他股东同意，是否不用再履行减资程序？

阅读提示

《公司法》（2023年修订）第二百二十四条、第二百二十五条规定了详细的减资程序，只有严格履行该等法定程序，股东才能避免被认定为抽逃出资并承担相应民事责任。本文在此通过新疆维吾尔自治区高级人民法院的一则案例，对减资相关程序问题进行分析。

裁判要旨

即使股东抽回出资的行为得到了公司及其他股东同意，但如未履行法定减资程序的，就会损害公司和债权人利益，应当认定为抽逃出资，该股东应承担相应的民事责任。

案情简介 ①

（一）2014年3月26日，华某金时（北京）科技发展有限公司（以下简称华某金时公司）股东为新疆华某投资有限公司（以下简称华某投资公司）和北京金某公司。

（二）2015年1月13日，华某金时公司向华某投资公司转账300万元，摘要注明"退还股份"。

（三）2021年3月6日，华某金时公司清算会议纪要内容显示华某金时公司及其另一名股东北京金某公司对华某投资公司上述退股行为均知晓并认可。

（四）后华某金时公司以华某投资公司抽逃出资为由诉至法院，要求其返还抽逃出资款及利息损失。新疆克拉玛依区人民法院一审支持了华某金时公司的诉请。

（五）新疆克拉玛依市中院二审认为，华某金时公司及其他股东认可华某投资公司抽回出资行为，且无证据证明该行为损害了债权人利益，故华某投资公司不构成抽回出资。

（六）华某金时公司不服，向新疆维吾尔自治区高级人民法院申请再审。新疆维吾尔自治区高级人民法院撤销了二审判决，维持一审判决。

裁判要点

本案的核心争议在于，经公司及其他股东同意的抽回出资是否合法，对此，新疆维吾尔自治区高级人民法院认为：

第一，抽逃出资是指公司股东未经法定程序将其出资取回的行为。因此，判断股东抽回出资行为是否属于抽逃出资的重点是审查华某投资公司抽回出资300万元是否履行了法定的程序及是否损害公司权益。

第二，华某投资公司抽回300万元出资的行为虽然得到了华某金时公司及其他股东同意，但并未履行法定的减资程序，因此损害了公司和债权人利益，应认定为抽逃出资行为，华某投资公司应当承担相应的民事责任。

---

① 案件来源：华隆金时（北京）科技发展有限公司、新疆华某投资有限责任公司股东出资纠纷民事审判监督民事判决书【新疆维吾尔自治区高级人民法院（2022）新民再168号】。

实务经验总结

股东一旦出资，该出资就成了公司的资本。基于公司资本维持原则，股东不得随意抽回出资。实务中有投资者认为只要取得了公司其他股东同意，就可以合法抽回出资，但公司法不仅关注股东利益的保护，还关注公司及债权人利益的保护，因此股东抽回出资必须履行通知债权人等程序。

笔者在此总结法定减资的一般步骤，以供读者参考，如有实际需求，还需一事一议，寻求专业人士帮助：

（1）根据《公司法》（2023年修订）第六十六条规定就公司减资作出股东会决议，该决议须经代表三分之二以上表决权的股东通过（对于不同比减资，应当经全体股东表决同意方能通过）；

（2）根据《公司法》（2023年修订）第二百二十四条规定编制资产负债表及财产清单。并自作出减资决议之日起10日内通知债权人，并于30日内在报纸上公告；

（3）根据《公司法》（2023年修订）第三十二条、第三十四条规定向公司登记机关办理变更登记。

相关法律规定

《中华人民共和国公司法》（2023年修订）

第五十三条 公司成立后，股东不得抽逃出资。

违反前款规定的，股东应当返还抽逃的出资；给公司造成损失的，负有责任的董事、监事、高级管理人员应当与该股东承担连带赔偿责任。

第六十六条 股东会的议事方式和表决程序，除本法有规定的外，由公司章程规定。

股东会作出决议，应当经代表过半数表决权的股东通过。

股东会作出修改公司章程、增加或者减少注册资本的决议，以及公司合并、分立、解散或者变更公司形式的决议，应当经代表三分之二以上表决权的股东通过。

第二百二十四条 公司减少注册资本，应当编制资产负债表及财产清单。

公司应当自股东会作出减少注册资本决议之日起十日内通知债权人，并于三十日内在报纸上或者国家企业信用信息公示系统公告。债权人自接到通知之日起三十日内,未接到通知的自公告之日起四十五日内,有权要求公司清偿债务或者提供相应的担保。

公司减少注册资本,应当按照股东出资或者持有股份的比例相应减少出资额或者股份,法律另有规定、有限责任公司全体股东另有约定或者股份有限公司章程另有规定的除外。

第二百二十五条 公司依照本法第二百一十四条第二款的规定弥补亏损后,仍有亏损的,可以减少注册资本弥补亏损。减少注册资本弥补亏损的,公司不得向股东分配,也不得免除股东缴纳出资或者股款的义务。

依照前款规定减少注册资本的,不适用前条第二款的规定,但应当自股东会作出减少注册资本决议之日起三十日内在报纸上或者国家企业信用信息公示系统公告。

公司依照前两款的规定减少注册资本后,在法定公积金和任意公积金累计额达到公司注册资本百分之五十前,不得分配利润。

第二百二十六条 违反本法规定减少注册资本的,股东应当退还其收到的资金,减免股东出资的应当恢复原状;给公司造成损失的,股东及负有责任的董事、监事、高级管理人员应当承担赔偿责任。

《中华人民共和国公司法》(2018年修正,已被修订)

第三十五条 公司成立后,股东不得抽逃出资。

第四十三条 股东会的议事方式和表决程序,除本法有规定的外,由公司章程规定。

股东会会议作出修改公司章程、增加或者减少注册资本的决议,以及公司合并、分立、解散或者变更公司形式的决议,必须经代表三分之二以上表决权的股东通过。

第一百七十七条 公司需要减少注册资本时,必须编制资产负债表及财产清单。

公司应当自作出减少注册资本决议之日起十日内通知债权人,并于三十日内在报纸上公告。债权人自接到通知书之日起三十日内,未接到通知书的自公告之日起四十五日内,有权要求公司清偿债务或者提供相应的担保。

第一百七十九条第二款 公司增加或者减少注册资本,应当依法向公司登记机关办理变更登记。

《最高人民法院关于适用〈中华人民共和国公司法〉若干问题的规定（三）》（2020年修正）

第十二条 公司成立后，公司、股东或者公司债权人以相关股东的行为符合下列情形之一且损害公司权益为由，请求认定该股东抽逃出资的，人民法院应予支持：

（一）制作虚假财务会计报表虚增利润进行分配；

（二）通过虚构债权债务关系将其出资转出；

（三）利用关联交易将出资转出；

（四）其他未经法定程序将出资抽回的行为。

第十四条 股东抽逃出资，公司或者其他股东请求其向公司返还出资本息、协助抽逃出资的其他股东、董事、高级管理人员或者实际控制人对此承担连带责任的，人民法院应予支持。

公司债权人请求抽逃出资的股东在抽逃出资本息范围内对公司债务不能清偿的部分承担补充赔偿责任、协助抽逃出资的其他股东、董事、高级管理人员或者实际控制人对此承担连带责任的，人民法院应予支持；抽逃出资的股东已经承担上述责任，其他债权人提出相同请求的，人民法院不予支持。

法院判决

以下为新疆维吾尔自治区高级人民法院就华某金时公司向华某投资公司转账3,774,100元是否构成抽逃出资的详细论述：

本院再审认为，本案的争议焦点为：华某金时公司向华某投资公司转账3,774,100元是否构成抽逃出资。华某金时公司认为华某投资公司抽回案涉3,774,100元属于抽逃出资行为，华某投资公司认为其抽回3,774,100元出资系经华某金时公司全体股东及华某金时公司实际控制人孙某升同意并已实际履行，且已履行法定的减资程序，未形成书面减资决议不影响合法占有抽回出资3,774,100元的正当性。

本院认为，抽逃出资是指公司股东未经法定程序将其出资取回的行为。《最高人民法院关于适用〈中华人民共和国公司法〉若干问题的规定（三）》（2014年修正）第十二条规定："公司成立后，公司、股东或者公司债权人以相关股东的行为符合下列情形之一且损害公司权益为由，请求认定该股东抽逃出资的，人民法院应予支持：（一）制作虚假财务会计报表虚增利润进行分配；（二）通过虚构债权债务关系将其出资转出；（三）利用关联交易将出资转出；（四）其他未经法定程序将出资抽回的行为。"据此，本案应着重审查华某投资公司抽回出资 3,774,100 元是否履行了法定的程序及是否损害公司权益。

从华某金时公司在（2020）京 0105 民初 3488 号民事判决中自认其曾经和华某投资公司沟通过退出事宜、其向华某投资公司转账 3,774,100 元系退还投资款和 2021 年 3 月 6 日的《华某金时公司股东会决议》内容可知，虽然华某金时公司股东同意华某投资公司以减资方式抽回出资 3,774,100 元，但并未履行法定的减资程序，由此损害了公司和债权人利益，应认定为抽逃出资行为，华某投资公司应当承担相应的民事责任。原判决认为华某投资公司的行为不构成抽逃出资行为在适用法律方面存在错误，本院予以纠正。一审法院判决华某投资公司承担抽逃出资的民事责任并无不当，本院予以维持。

延伸阅读

在检索大量类案的基础上，笔者总结相关裁判规则如下，供读者参考。

（一）减资过程中存在违法情形，但并未实际导致公司责任财产减少的，属于形式减资，该减资股东不应当被追加为被执行人。

案例 1：丰某世通（北京）投资有限公司、某省农业生产资料公司再审民事判决书【最高人民法院（2019）最高法民再 144 号】

本院认为，根据《最高人民法院关于民事执行中变更、追加当事人若干问题的规定》第十八条的规定，作为被执行人的企业法人，财产不足以清偿生效法律文书确定的债务，申请执行人申请变更、追加抽逃出资的股东、出资人为被执行人，在抽逃出资的范围内承担责任的，人民法院应予支持。本案中，寒某黑土集团在减少注册资本过程中，存在先发布减资公告后召开股东会、变更登记时提供虚假材料等违反《公司法》关于公司减资程序规定的情形，但作为寒某黑土集团股东的某省农资公司并未利用寒某黑土集团减资实际实施抽回出资的行为。某省农资公司虽将其登记出资由 5000 万元减至 3000 万元，但寒某黑土集团的权益并未因某省农资公司的行为受到损害，资产总量并未因此而减少、偿债能力亦未因此而降低。省农资公司的行为不属于《最高人民法院关于适用〈中华人民共和国公司法〉若干问题的规定（三）》第十二条规定的情形，不存在抽逃出资的行为，不应当被追加为被执行人。二审法院判决不得追加省农资公司为被执行人，并无不当。丰某世通公司的再审请求缺乏事实依据和法律依据，本院不予支持。

（二）不同比减资应当由全体股东一致同意。

案例2：华某伟诉上海圣某虫电子商务有限公司公司决议纠纷一案二审民事判决书【上海市第一中级人民法院（2018）沪01民终11780号】

本院认为，《中华人民共和国公司法》第四十三条第二款规定：股东会会议作出修改公司章程、增加或者减少注册资本的决议，以及公司合并、分立、解散或者变更公司形式的决议，必须经代表全体股东三分之二以上表决权的股东通过。[①] 圣某虫公司章程第十一条也作出同样的约定。此处的"减少注册资本"应当仅仅指公司注册资本的减少，而并非涵盖减资后股权在各股东之间的分配。股权是股东享受公司权益、承担义务的基础，由于减资存在同比减资和不同比减资两种情况，不同比减资会直接突破公司设立时的股权分配情况，如只需经三分之二以上表决权的股东通过即可做出不同比减资决议，实际上是以多数决形式改变公司设立时经发起人一致决所形成的股权架构，故对于不同比减资，在全体股东或者公司章程另有约定除外，应当由全体股东一致同意。

本案中，圣某虫公司的股东中仅有X公司进行减资，不同比的减资导致华某伟的股权比例从24.47%上升到25.32%，该股权比例的变化并未经华某伟的同意，违反了股权架构系各方合意结果的基本原则。其次，圣某虫公司的财务报表显示，圣某虫公司出现严重亏损状况，华某伟持股比例的增加在实质上增加了华某伟作为股东所承担的风险，在一定程度上损害了华某伟的股东利益。涉案股东会决议的第一、三、四项均涉及减资后股权比例的重新分配以及变更登记，在未经华某伟同意的情形下，视为各股东对股权比例的架构未达成一致意见，该股东会决议第一、三、四项符合《最高人民法院关于适用〈中华人民共和国公司法〉若干问题的规定（四）》第五条第五项规定的"导致决议不成立的其他情形"。上诉人华某伟主张涉案股东会决议的第一、三、四项不成立的诉讼请求于法有据，应予支持。

（三）在未履行法定减资程序的情况下，股东内部有关退股的约定不能对抗法定的出资义务。

案例3：沈阳重某冶矿机械制造公司四厂与沈阳北某冶矿电站设备研制有限公司、孙某强、李某秋、马某、董某宇、朱某泉股东出资纠纷二审民事判决书【辽宁省沈阳市中级人民法院（2014）沈中民三终字第00102号】

本院认为，根据《中华人民共和国公司法》第二十八条第一款之规定：股东应当按期足额缴纳公司章程中规定的各自所认缴的出资额。股东以货币出资

[①] 《公司法》已修改，现相关规定见《公司法》（2023年修订）第六十六条第三款。

的，应当将货币出资足额存入有限责任公司在银行开设的账户，以非货币财产出资的，应当依法办理其财产权的转移手续。① 本案中，上诉人重某四厂于2010年12月经工商注册登记成为被上诉人北某公司的股东，上诉人应履行其所认缴的两年内以五座厂房及办公楼出资277万元的出资义务，现两年期限已满上诉人未履行将五座厂房及办公楼变更登记到被上诉人的名下的出资义务。经查，该五处房产中，其中一处已被依法拍卖。上诉人要求被上诉人以尚存的四处房产及已被拍卖房产的价款履行出资义务，应予支持。

关于上诉人主张依据被上诉人2011年12月6日的股东会决议，已将其股权划拨转出，其不应再履行出资义务的问题。本院认为，股东出资既是约定的义务，也是法定的义务。其法定义务主要体现在对公司债务的担保。因此，在上诉人未提供充分、有效的证据证明其已履行法定的退股程序时，仅以被上诉人公司的股东会决议内部约定来对抗其法定的出资义务，无法律依据。对上诉人的上诉主张，本院不予支持。

---

① 《公司法》已修改，现相关规定见《公司法》（2023年修正）第四十九条。

第二章 股东资格确认

011 已向公司缴纳出资款仍不具有股东资格?

阅读提示

本文介绍的最高人民法院的一则经典案例中,投资人与挂牌公司签订的增资协议被依法解除,解除后挂牌公司主张投资人已经认缴出资款,因此已经成为股东,故投资人要求返还增资款系抽逃出资;投资人则认为自己虽然已经向挂牌公司缴纳出资款,但尚未完成法定审查备案、登记要求,故不具有股东资格,其要求返还增资款亦不构成抽逃出资。双方就投资人的股东资格确认问题产生较大争议。

裁判要旨

股东实际取得股东资格、享有股东权利需要符合实质要件和形式要件,缴纳出资款为实质要件,完成公司章程记载、股东名册记载、工商变更登记等手续为形式要件。在认购"新三板"挂牌公司股份中,如全国股转公司未就案涉股票发行完成备案审查、出具股份登记函,以及中国结算未对发行股份进行登记,投资人请求确认其不具有股东资格的,应予支持。

案情简介[①]

(一) 2016年3月9日,河南一某贞珠宝股份有限公司(以下简称一某贞公司)与北京金某文化发展股份有限公司(以下简称金某公司)签订《股份认购协议》,约定:一某贞公司向金某公司定向发行股份9367万股,对价14×××70

[①] 案件来源:河南一某贞珠宝股份有限公司、北京金某文化发展股份有限公司股东资格确认纠纷二审民事判决书【最高人民法院(2020)最高法民终1178号】。

元，如协议签署后一某贞公司未能取得全国股转公司出具的股份登记函，则协议解除。

（二）2016年4月28日，金某公司向一某贞公司账户汇入股份认购款14×××70元。但一某贞公司未将该认购款转入募集资金专户，导致案涉股票发行无法取得全国股转公司出具的股份登记函。

（三）金某公司因此提起诉讼要求解除《股份认购协议》并确认自身不具有一某贞公司的股东资格。

（四）河南高院一审认为，在全国股转公司未就案涉股票发行完成备案审查、出具股份登记函，以及中国结算未对发行股份进行登记的情况下，金某公司请求确认其不具有股东资格，应予支持。

（五）一某贞公司不服提起上诉，最高人民法院二审维持原判。

裁判要点

本案的核心争议在于，挂牌公司定向发行股份的，投资人何时实际取得股权、具有股东资格，对此，最高人民法院认为：挂牌公司定向发行股份的，投资人需要依照相关法律法规在全国股转公司完成对新增股份的备案审查程序并在中国结算办理股份变更登记之后，才实际取得股权、正式具有挂牌公司股东资格。在未完成全国股转公司审查备案、未在中国结算办理股份变更登记的情况下，投资人诉至法院请求确认其不具有挂牌公司股东资格的，应予支持。

实务经验总结

1. 在"新三板"挂牌的非上市股份公司性质上属于开放公司，其股东资格的取得与确认规则与有限责任公司不同，投资人缴纳股份认购款并非取得挂牌公司股东资格的充分条件，还必须符合相关法律法规规定的形式要件要求，即完成全国股转公司的备案审查与中国结算股份登记之后，投资人才能实际、完整地享有并行使股东权利。

2. 增资协议中约定了解除条款的，当解除条件达成时，增资协议可以依据《民法典》合同编有关规则予以解除，但解除后投资人能否要求返还投资款则要看是否已经完成股权变更登记。本案中，金某公司之所以在主张解除《股份认购协议》的同时主张确认其不具有股东资格，就是因为其还未成为公司股东、出资还未成为公司财产，则金某公司有权在案涉《股份认购协议》解除后直接要求一某贞公司返还投资款，而不构成抽逃出资。

相关法律规定

《非上市公众公司监督管理办法》（2023年修正）

第四条　公众公司公开转让股票应当在全国中小企业股份转让系统（以下简称全国股转系统）进行，公开转让的公众公司股票应当在中国证券登记结算公司集中登记存管。

《中华人民共和国公司法》（2023年修订）

第五十三条　公司成立后，股东不得抽逃出资。

违反前款规定的，股东应当返还抽逃的出资；给公司造成损失的，负有责任的董事、监事、高级管理人员应当与该股东承担连带赔偿责任。

第一百五十六条　公司向社会公开募集股份，应当同银行签订代收股款协议。

代收股款的银行应当按照协议代收和保存股款，向缴纳股款的认股人出具收款单据，并负有向有关部门出具收款证明的义务。

公司发行股份募足股款后，应予公告。

第一百五十八条　股东转让其股份，应当在依法设立的证券交易场所进行或者按照国务院规定的其他方式进行。

第二百二十八条　有限责任公司增加注册资本时，股东认缴新增资本的出资，依照本法设立有限责任公司缴纳出资的有关规定执行。

股份有限公司为增加注册资本发行新股时，股东认购新股，依照本法设立股份有限公司缴纳股款的有关规定执行。

《中华人民共和国公司法》（2018年修正，已被修订）

第三十五条　公司成立后，股东不得抽逃出资。

第一百三十六条　公司发行新股募足股款后，必须向公司登记机关办理变更登记，并公告。

第一百三十八条　股东转让其股份，应当在依法设立的证券交易场所进行或者按照国务院规定的其他方式进行。

《中华人民共和国证券法》（2019年修订）

第三十九条　证券交易当事人买卖的证券可以采用纸面形式或者国务院证券

监督管理机构规定的其他形式。

《全国中小企业股份转让系统有限责任公司管理暂行办法》（2017年修正）

第二十一条第一款 全国股份转让系统公司依法对股份公司股票挂牌、定向发行等申请及主办券商推荐文件进行审查，出具审查意见。

《全国中小企业股份转让系统股票定向发行规则》

第三十四条 发行人应当在披露主办券商和律师事务所出具的书面意见后，按照相关规定向全国股转公司报送定向发行申请材料。

全国股转公司对报送材料进行自律审查，并在二十个交易日内根据审查结果出具无异议函或者作出终止自律审查决定。

《中国证券登记结算有限责任公司关于发布〈非上市公众公司股份登记存管业务实施细则（试行）〉的通知》（2013年1月18日实施）

第三条 本公司依法受公众公司委托办理其股份的登记及相关服务业务，公众公司应当与本公司签订服务协议，明确双方的权利义务关系。公众公司股份应当存管在本公司，本公司设立电子化证券簿记系统对股份实行无纸化管理。

法院判决

以下为最高人民法院就金某公司是否具有一某贞公司的股东资格的详细论述：

本院认为，金某公司不具有一某贞公司的股东资格。理由是：其一，虽然《股份认购协议》第三条利润分配部分载明金某公司认购股份以后成为一某贞公司股东之一，第九条载明金某公司声明遵守投资协议条款，入资成功后遵守《公司法》《证券法》和一某贞公司章程规定，不损害一某贞公司和其他投资者利益，但是，《股份认购协议》第六条约定该协议签署后如一某贞公司未取得全国股转公司就该次股票发行出具的股份登记函，则该协议解除，一某贞公司退还金某公司已缴纳的全部认购价款，双方均不承担违约责任。这表明，即使金某公司缴纳股份认购价款，只要一某贞公司未取得股份登记函，金某公司就可以解除协议并退出股份认购。这也相应地表明缴纳股份认购款并不是获得一某贞公司股东资格的充分条件。所以，上述《股份认购协议》第三条中的认购股份、第九条中的入资成功不宜完全等同于缴纳股份认购价款。另外，金某公司与一某贞公司签订的《股份认购协议》第一条第六款约定案涉的该次发行后，金某公司持有一某贞公司51%股份，为一某贞公司的控股股东。金某公司与一某贞公司控股股东、共同实际控制人黄某雪、张某夫妇签订的《盈利预测补偿协议》中约定发行完成后金某公司持有一某贞公司51%的股权，成为目标公司控股股东。《一某贞公司股票发行情况报告书》记载本次股票发行完成后，金某公司持有公司9367万股，金某公司成为公司第一大股东；《一某贞公司收购报告书》记载本次收购完成后，金某公司将成为一某贞公司的控股股东。这表明，金某公司要成为一某贞公司的股东，需要案涉定向发行行为完成。在法律法规等规范性文件对定向发行行为存有规定的情况下，应当按照法律法规等规范性文件的规定来审查。

其二，在案涉定向发行时中国证监会《非上市公众公司监督管理办法》（2013年修正）第四十五条规定，在股转系统挂牌公开转让股票的公众公司向特定对象发行股票后股东累计不超过200人的，中国证监会豁免核准，由股转系统自律管理。① 根据同时期全国股转公司《全国中小企业股份转让系统股票发行业务规则（试行）》第二十二条、第二十三条、第二十四条的规定，挂牌公司应当在验资完成后向全国股转公司报送材料履行备案程序，全国股转公司审查后根据审查结果出具股份登记函，主办券商协助挂牌公司持股份登记函向中国结算办理股份登记手续。本案中，全国股转公司的复函载明中国结算进行股份登记并出具股份登记证明文件后，认购方方可行使相关股东权利。这表明，只有一某贞公司取得股份登记函并在中国结算进行股份登记，金某公司才能行使相关股东权利。在一某贞公司未取得股份登记函导致金某公司无法行使股东权利的情况下，金某公司的交易目的不能实现，此时，认定案涉定向发行行为完成并且金某公司取得一某贞公司股东资格，不具有实际意义。一某贞公司以《公司法司法解释三》第二十二条、第二十三条为据主张金某公司缴纳出资即取得股东资格，难以成立。

其三，一某贞公司2016年3月29日的《章程修正案》虽记载公司注册资本为18367万元，该公司《章程（2016年5月修订版）》第十六条虽记载2016年3月29日一某贞公司定向增发股票9367万股，定向增发后公司注册资本18367万元，总股本18367万股，但是，该章程第二十八条、第二十九条、第三十条规定股东是依法持有公司股份的人，股东名册是证明股东持有公司股份的充分依据，公司从事需要确认股东身份的行为时，登记在册的股东为享有相关权益的股东。这表明，登记在股东名册中的人才能被确认为具有一某贞公司的股东身份或

---

① 《非上市公众公司监督管理办法》已修改，现相关规定见《非上市公众公司监督管理办法》（2023年修订）第四十九条第二款。

股东资格。一某贞公司并无证据表明金某公司已被一某贞公司股东名册记载，金某公司提供的一某贞公司2018年的《证券持有人名册》中并未记载金某公司，一某贞公司也无证据证明金某公司参加了股东大会。所以一某贞公司仅以公司章程中关于注册资本及定向增发的上述记载来主张金某公司具有其股东资格，不能成立。另外，一某贞公司公告的2017年年度报告（公告编号：2018-013）中记载的一某贞公司总股本9000万股，这表明一某贞公司已针对未完成发行行为之事项对注册资本进行了调整。这也表明一某贞公司认为金某公司不能取得该公司股东资格。

其四，金某公司在官网的记载，只能表明金某公司拟以现金出资的方式参与一某贞公司定向发行股票，认购股份且交易完成后，成为其控股股东，但这不能表明金某公司已经成为一某贞公司的股东。梁某祥担任一某贞公司财务总监系其参与公司财务监管事项，不能表明金某公司行使了股东权利。金某公司发布的《关于参与一某贞公司定向发行股票的公告》第三部分属于拟认购股票的公告行为，不能据此直接认定金某公司已经成为一某贞公司的股东。

综上，一某贞公司主张金某公司具有一某贞公司股东资格，不应支持。

延伸阅读

在检索大量类案的基础上，笔者总结相关裁判规则如下，供读者参考。

（一）投资人主张确认股东资格和股东权利，需要满足出资的实质要件和工商登记等形式要件。

案例1：云南华某工贸有限公司、怒江兴某中小水电开发有限公司等与云南贡山华某电力开发有限公司股东资格确认纠纷申诉、申请民事裁定书【最高人民法院（2016）最高法民申2613号】

根据《最高人民法院关于适用〈中华人民共和国公司法〉若干问题的规定（三）》第二十二条规定："当事人之间对股权归属发生争议，一方请求人民法院确认其享有股权的，应当证明以下事实之一：（一）已经依法向公司出资或者认缴出资，且不违反法律法规强制性规定；（二）已经受让或者以其他形式继受公司股权，且不违反法律法规强制性规定"。当事人主张股东资格和股东权利，必须满足两个要件，即实质要件和形式要件。实质要件是以出资为取得股东资格的必要条件，形式要件是对股东出资的记载和证明，是实质要件的外在表现。股权取得实质要件是向公司认购出资或者股份而取得股权，包括原始取得和继受取得。股权取得形式要件多见于股东完成出资后在公司章程上的记载、股东名册上的记载和工商机关的登记。

本案中，根据华某公司第一届三次股东会决议、同日变更的公司章程，以及2004年4月9日华某公司出具给江某公司的《一期资本金到位凭单》《收据》，证明华某公司、兴某公司、秦某公司均认可江某公司系华某公司股东，取得华某公司18%的股权，并收到江某公司支付的18%股权的对价，第一届三次股东会决议得到了实际履行。而且江某公司根据第一届三次股东会决议持有华某公司18%的股权，是华某公司的股东，业经最高人民法院（2009）民二终字第88号民事判决书、2010年9月16日昆明市中级人民法院（2010）昆民五终字第43号民事判决和云南省高级人民法院2012年11月6日作出的（2012）云高民二终字第192号民事判决确认。故一、二审判决确认江某公司系华某公司股东，取得公司18%的股权并无不当。华某公司、兴某公司在二审时虽然主张华某公司第一届三次股东会决议上兴某公司法定代表人李某权的签字是伪造的，但没有提供相应证据予以证明，二审判决基于李某权已经身故，不具备鉴定条件，未支持其主张并无不当。

（二）依据有效股份转让协议将股权转让给受让人并已经办理工商变更登记的，即使受让人未支付股份认购款项，原股东依然丧失股东资格。

案例2：刘某伟、石某特钢控股集团有限公司股东资格确认纠纷二审民事判决书【山东省泰安市中级人民法院（2018）鲁09民终531号】

股权转让协议签订后第三人均未向刘某伟支付转让款，但石某特钢公司据此进行了工商变更登记，刘某伟不再是石某特钢公司工商登记的在册股东。本院认为，刘某伟与三个第三人签订的股权转让协议，意思表示真实，内容不违背法律规定，虽然三个第三人尚未支付股价，但并不影响股权转让协议的成立及生效。石某特钢公司根据上述股权转让协议已经在工商部门进行股东变更，刘某伟不是工商登记在册股东，因此可以认定刘某伟已按股权转让协议履行股权交付义务，刘某伟已不具备石某特钢公司的股东资格。

012 获得股东资格需具备哪些形式要件和实质要件?

阅读提示

当事人就股东资格的确认发生争议的,法院会审查哪些因素来确认实际股东?当事人应从哪些方面举证证明自身才是实际股东?本文在此通过北京市高级人民法院的一则案例,对上述问题进行分析。

裁判要旨

股东资格的确认应审查其形式要件及实质要件。形式要件包括公司章程、股东名册及工商登记情况,实质要件包括出资协议、实缴出资以及实际参与公司经营管理等享有的股东权利。

案情简介 ①

(一)2018年8月21日,春某大地(北京)物业管理有限公司(以下简称春某大地公司)成立,工商登记显示唯一股东为孙某娟。

(二)2018年8月25日,云某信公司与张某峰签订《协议书》,载明:由张某峰实际控制的春某大地公司(孙某娟为股权代持人),实施云某信公司持有的物业的经营管理。

(三)另查明,孙某娟与张某峰均未实缴出资,张某峰实际经营管理春某大地公司相关业务而孙某娟并未实际掌握公司经营权、管理权、支配权。

(四)后张某峰诉至法院,请求确认自身实际股东资格。北京市通州区法院一审与北京三中院二审均认可张某峰为实际股东。

(五)孙某娟不服向北京高院申请再审。北京高院再审维持原判。

裁判要点

本案的核心争议在于,应依据哪些因素来分析确认股东资格,对此,北京市

---

① 案件来源:孙某娟与春某大地(北京)物业管理有限公司等股东资格确认纠纷再审民事判决书【北京市高级人民法院(2022)京民再24号】。

高级人民法院认为：

首先，人民法院应当根据当事人实施民事法律行为的真实意思表示确认实际股东。在争议双方不存在书面股权代持协议的情况下，人民法院则应进一步考虑争议双方是否存在股权代持合意、是否实缴出资以及是否参与公司的实际经营管理等因素来综合确认实际股东。

其次，本案中，《协议书》可以反映孙某娟与张某峰之间的股权代持合意；注册资本缴纳方面，双方均未实缴；对公司的经营管理方面，张某峰实际享有并行使了股东权利，而孙某娟并未实际掌握公司经营权、管理权、支配权。综合以上分析，张某峰、孙某娟之间符合股权代持法律关系的基本特征，应认定张某峰为实际控制人。

实务经验总结

1. 股权代持关系中，对隐名股东而言，存在诸多风险。显名股东不仅可能擅自将所持股份转让，还可能滥用表决权、分红权等股权权利，损害隐名股东的合法权益。除了在股权代持协议中约定违约责任条款之外，隐名股东还可以对显名股东进行监督，在权益受损时，及时要求显名股东承担责任。

2. 股权代持关系中存在一定的涉税风险。通常来说，显名股东取得分红款等股权收益后，会转付给隐名股东。对隐名股东为自然人的情形，该笔收入不属于《个人所得税法》第二条规定的应当缴纳个人所得税的九种所得；但对于隐名股东为企业的情形，隐名股东取得该笔收入的则应当按照《企业所得税法》规定缴纳企业所得税。

相关法律规定

《中华人民共和国民法典》

第一百四十二条第一款 有相对人的意思表示的解释，应当按照所使用的词句，结合相关条款、行为的性质和目的、习惯以及诚信原则，确定意思表示的含义。

《中华人民共和国公司法》（2023年修订）

第四十九条 股东应当按期足额缴纳公司章程规定的各自所认缴的出资额。股东以货币出资的，应当将货币出资足额存入有限责任公司在银行开设的账户；以非货币财产出资的，应当依法办理其财产权的转移手续。

股东未按期足额缴纳出资的，除应当向公司足额缴纳外，还应当对给公司造成的损失承担赔偿责任。

第五十六条 有限责任公司应当置备股东名册，记载下列事项：

（一）股东的姓名或者名称及住所；

（二）股东认缴和实缴的出资额、出资方式和出资日期；

（三）出资证明书编号；

（四）取得和丧失股东资格的日期。

记载于股东名册的股东，可以依股东名册主张行使股东权利。

《中华人民共和国公司法》（2018年修正，已被修订）

第二十八条 股东应当按期足额缴纳公司章程中规定的各自所认缴的出资额。股东以货币出资的，应当将货币出资足额存入有限责任公司在银行开设的账户；以非货币财产出资的，应当依法办理其财产权的转移手续。

股东不按照前款规定缴纳出资的，除应当向公司足额缴纳外，还应当向已按期足额缴纳出资的股东承担违约责任。

第三十二条 有限责任公司应当置备股东名册，记载下列事项：

（一）股东的姓名或者名称及住所；

（二）股东的出资额；

（三）出资证明书编号。

记载于股东名册的股东，可以依股东名册主张行使股东权利。公司应当将股东的姓名或者名称向公司登记机关登记；登记事项发生变更的，应当办理变更登记。未经登记或者变更登记的，不得对抗第三人。

法院判决

以下为北京市高级人民法院关于张某峰是否为春某大地公司实际股东的详细论述：

股东资格的确认应审查其形式要件及实质要件。形式要件包括公司章程、股东名册及工商登记情况，实质要件包括出资协议、实缴出资以及实际参与公司经营管理等享有的股东权利。

一审法院从公司的设立情况、经营管理、张某峰与春某大地公司之间的关系等方面进行了全面分析，结合本案无书面协议、口头股权代持存在争议、双方均无实缴出资的具体情况,张某峰为春某大地公司实际控制人,与孙某娟之间存在事实上股权代持法律关系的结论,认定张某峰为春某大地公司的股东并持有100%的股权,事实清楚,于法有据,本院再审予以支持。

二审法院认为确认股东资格应当根据当事人实施民事行为的真实意思表示予以认定。基于本案中隐名股东与显名股东之间不存在书面股权代持协议的具体情况,应当进一步考量双方是否存在股权代持的合意、后续实缴出资以及实际经营管理,并从春某大地公司的设立背景、股东权利的行使、股权代持的报酬以及出资情况,结合在案证据进行的综合分析,认定张某峰与孙某娟之间符合股权代持法律关系的基本特征,亦无不妥,本院再审予以确认。

本院再审基于一、二审审理情况及再审查明情况认为,张某峰从诉讼伊始一直主张与孙某娟之间存在的是股权代持法律关系。张某峰与孙某娟之间虽无形式上的股权代持协议,也对口头股权代持协议的存在持不同意见,但在春某大地公司设立之初,应当具有共同的商业利益考量,就双方在商业利益的一致性上可以判断具有股权代持的合意,符合股权代持法律关系成立的主观条件。而春某大地公司成立后,就股东权利的行使和对公司的实际经营管理方面来看,张某峰直接或通过他人间接对公司业务的开展、资金及财务支配的情况相较于孙某娟更具掌控性,符合股权代持法律关系成立的客观条件,能够认定已形成事实上的股权代持法律关系。通过上述综合分析,张某峰与孙某娟之间股权代持法律关系成立的特征更为明显且更具说服力,能够形成相对完整的证据链并作出合理解释,故张某峰的诉讼请求应当予以支持。

延伸阅读

在检索大量类案的基础上,笔者总结相关裁判规则如下,供读者参考。

(一)不能仅以不存在股权代持协议为由否认实际股东资格,此时应遵循实质要件优于形式要件的原则,以实际出资作为权利归属的判断标准。

案例1:河南巨某元管理咨询有限责任公司、李某洋股东资格确认纠纷二审民事判决书【河南省新乡市中级人民法院(2019)豫07民终4960号】

根据《最高人民法院关于适用〈中华人民共和国公司法〉若干问题的规定(三)》第二十条、第二十二条、第二十四条之规定,应当遵循实质要件优于形式要件的原则,以实际出资作为权利归属的判断标准,认定龙某燕是否具有股东资格。本案中,巨某元咨询公司上诉主张龙某燕系其名义股东,其所举《新乡市商业银行现金缴款单》、证人证言及内部管理性文件等证据，能够形成完整的证据链，证明巨某元会计公司系其实际出资人，决定其人事任免，参与其经营管理。故巨某元咨询公司关于龙某燕系其名义股东的上诉理由，具有事实依据和法律依据，本院予以支持。李某洋辩称龙某燕已实际履行出资义务且记载于工商登记机关，但并未提供相应出资凭证加以证明，且本案并不涉及巨某元咨询公司外部善意第三人之利益，不能仅以工商登记、公司章程、股东名册等外部形式要件之内容否定实际出资人之权益。因此，在巨某元咨询公司已举证证明其注册资金全部来源于巨某元会计公司的情况下，应当认定龙某燕为巨某元咨询公司的名义股东。故李某洋的一审诉讼请求于法无据，依法应予驳回。一审判决对相关事实认定有误，本院予以纠正。

（二）公司上市发行人必须股权清晰，故上市公司股权代持协议违法无效。

案例2：杨某国、林某坤股权转让纠纷再审审查与审判监督民事裁定书【最高人民法院（2017）最高法民申2454号】

诉争协议即为上市公司股权代持协议，对于其效力的认定则应当根据上市公司监管相关法律法规以及《中华人民共和国合同法》等规定综合予以判定。首先，中国证券监督管理委员会于2006年5月17日颁布的《首次公开发行股票并上市管理办法》第十三条规定："发行人的股权清晰，控股股东和受控股股东、实际控制人支配的股东持有的发行人股份不存在重大权属纠纷。"[1]《中华人民共和国证券法》第十二条规定，"设立股份有限公司公开发行股票，应当符合《中华人民共和国公司法》规定的条件和经国务院批准的国务院证券监督管理机构规定的其他条件"。[2] 第六十三条规定："发行人、上市公司依法披露的信息，必须真实、准确、完整，不得有虚假记载、误导性陈述或者重大遗漏。"[3] 中国证券监督管理委员会于2007年1月30日颁布的《上市公司信息披露管理办法》第三条规定："发行人、上市公司的董事、监事、高级管理人员应当忠实、勤勉地履行职责，保证披露信息的真实、准确、完整、及时、公平。"[4] 根据上述规定可以看出，公司上市发行人必须股权清晰，且股份不存在重大权属纠纷，公司上市

---

[1]《首次公开发行股票并上市管理办法》已失效，现相关规定见《首次公开发行股票注册管理办法》第十二条。

[2]《证券法》已修改，现相关规定见《证券法》（2019年修订）第十一条。

[3]《证券法》已修改，现相关规定见《证券法》（2019年修订）第七十八条第二款。

[4]《上市公司信息披露管理办法》已失效，现相关规定见《上市公司信息披露管理办法》（2021年修订）第四条。

需遵守如实披露的义务，披露的信息必须真实、准确、完整，这是证券行业监管的基本要求，也是证券行业的基本共识。由此可见，上市公司发行人必须真实，并不允许发行过程中隐匿真实股东，否则公司股票不得上市发行，通俗而言，即上市公司股权不得隐名代持。本案中，在亚某顿公司上市前，林某坤代杨某国持有股份，以林某坤名义参与公司上市发行，实际隐瞒了真实股东或投资人身份，违反了发行人如实披露义务，为上述规定明令禁止。

其次，中国证券监督管理委员会根据《中华人民共和国证券法》授权对证券行业进行监督管理，是为保护广大非特定投资者的合法权益。要求拟上市公司股权必须清晰，约束上市公司不得隐名代持股权，系对上市公司监管的基本要求，否则连上市公司真实股东都不清晰的话，其他对于上市公司系列信息披露要求、关联交易审查、高管人员任职回避等监管举措必然落空，必然损害到广大非特定投资者的合法权益，从而损害到资本市场基本交易秩序与基本交易安全，损害到金融安全与社会稳定，从而损害到社会公共利益。据此，根据《中华人民共和国合同法》第五十二条规定，"有下列情形之一的，合同无效：（一）一方以欺诈、胁迫的手段订立合同，损害国家利益；（二）恶意串通，损害国家、集体或者第三人利益；（三）以合法形式掩盖非法目的；（四）损害社会公共利益；（五）违反法律、行政法规的强制性规定"。[①]

本案杨某国与林某坤签订的《委托投资协议书》与《协议书》，违反公司上市系列监管规定，而这些规定有些属于法律明确应于遵循之规定，有些虽属于部门规章性质，但因经法律授权且与法律并不冲突，属于证券行业监管基本要求与业内共识，并对广大非特定投资人利益构成重要保障，对社会公共利益亦为必要保障所在，故依据《中华人民共和国合同法》第五十二条第四项等规定，本案上述诉争协议应认定为无效。

（三）不得以内部股权代持协议有效为由对抗外部债权人对显名股东的正当权利。

案例3：王某岐与刘某苹、詹某才等申诉、申请民事裁定书【最高人民法院（2016）最高法民申3132号】

关于《公司法》第三十二条第三款规定的理解与适用问题，该条款规定："公司应当将股东的姓名或者名称向公司登记机关登记；登记事项发生变更的，

[①] 《合同法》已失效，现相关规定见《民法典》。

应当办理变更登记。未经登记或者变更登记的，不得对抗第三人。"① 工商登记是对股权情况的公示，与公司交易的善意第三人及登记股东之债权人有权信赖工商机关登记的股权情况并据此作出判断。本案中，王某岐与詹某才之间的《委托持股协议》已经一、二审法院认定真实有效，但其股权代持协议仅具有内部效力，对于外部第三人而言，股权登记具有公信力，隐名股东对外不具有公示股东的法律地位，不得以内部股权代持协议有效为由对抗外部债权人对显名股东的正当权利。本院认为，《公司法》第三十二条第三款所称的第三人，并不限缩于与显名股东存在股权交易关系的债权人。根据商事外观主义原则，有关公示体现出来的权利外观，导致第三人对该权利外观产生信赖，即使真实状况与第三人的信赖不符，只要第三人的信赖合理，第三人的民事法律行为效力即应受到法律的优先保护。

013 没有代持股协议怎么证明自己是实际出资人？

阅读提示

实务中常常出现由亲戚、朋友代持股权因而不签订书面股权代持协议的情况。这种情形下，如果代持人否认委托代持关系，则实际出资人就会陷入严重的劣势地位，此时其应当保存或搜集什么证据来证明自身是实际出资人呢？本文在此通过青海省高级人民法院的一则案例，对上述问题进行分析。

裁判要旨

没有书面代持协议无法认定代持股关系存在的，应以是否实际履行出资义务作为确认实际股东身份的实质要件与标准。如存在转款记录、证人证言等证据能够证明实际履行了出资行为的，应确认其为实际出资人。

案情简介 ②

（一）2002 年 11 月 27 日，中某公司成立，原始股东为王某一、王某二，分

---

① 《公司法》已修改，现相关规定见《公司法》（2023 年修订）第三十四条。
② 案件来源：王某一与青海省中某公司、王某二等股东资格确认纠纷二审民事判决书【青海省高级人民法院（2019）青民终 240 号】。

别持股 33.3% 和 66.7%。

（二）2007年1月30日，公司注册资本由原来的150万元增至950万元，工商登记信息显示该800万元增资款均由王某二缴纳。

（三）后王某一以王某二系为其代持股权为由诉至法院，请求确认自己是持有中某公司100%股权的实际出资人。

（四）西宁中院一审认为，王某一持股比例为22.91%。青海省高级人民法院二审在查证中某公司增资出资款来源后，改判认定王某一持有中某公司33.3%的股权。

裁判要点

本案的核心争议在于，在没有书面代持股协议的时候，如何确定实际股东，对此，青海省高级人民法院认为：

第一，由于不存在书面的股权代持协议，因此认定中某公司的实际股东及持股比例的核心审查标准应是实际出资情况。

第二，对于中某公司成立时的150万元注册资本，虽然王某二所出资的100万能够证明是来自王某一，但对于该笔款项的用途和性质双方未作书面约定，因此应当认定王某一的原始出资比例为工商登记显示的33.3%。

第三，对于增资部分的800万元，同样都来自王某一，但双方亦未明确约定该款项的用途，因此应按照中某公司的原始股权比例进行划分，即王某一占33.3%。

综上，王某一享有中某公司33.3%的股权。

实务经验总结

1. 实务中，即使是亲戚、朋友间代持股权，也应当签订书面的股权代持协议，明确双方之间的委托代持关系，股东权利的行使和享有及代持关系终止等条款。如事先碍于情面不签订代持协议，一旦发生争议反而更加有损双方之间的人际关系。

2. 有的投资人认为，虽然没有签订代持股协议，但是自己有实际向显名股东支付出资款的银行流水、凭证等证据，可以证明自己是实际出资人。但是此种汇款凭证的法律性质实际上非常模糊，显名股东可以主张系借款、还款、赠与或者是对其他证券的投资款。对此，有必要在向显名股东转让出资款时明确注明"对某公司的股权出资款"，或者直接向公司汇款而不经过显名股东。

3. 一般来说，股权代持的合意需有代持股协议等书面证据进行证明。本案中，即使是王某一、王某二的父母证词、其他证人的通话录音等证据证明王某二系代王某一持股，但法院仍以此类证人证言均系间接证据、无直接证据为由不认可双方之间代持股合意的存在。这也说明，签订书面代持股协议对实际出资人权益保护具有重大意义。

相关法律规定

《最高人民法院关于适用〈中华人民共和国公司法〉若干问题的规定（三）》（2020年修正）

第二十二条 当事人之间对股权归属发生争议，一方请求人民法院确认其享有股权的，应当证明以下事实之一：

（一）已经依法向公司出资或者认缴出资，且不违反法律法规强制性规定；

（二）已经受让或者以其他形式继受公司股权，且不违反法律法规强制性规定。

第二十四条第一款、第二款 有限责任公司的实际出资人与名义出资人订立合同，约定由实际出资人出资并享有投资权益，以名义出资人为名义股东，实际出资人与名义股东对该合同效力发生争议的，如无法律规定的无效情形，人民法院应当认定该合同有效。

前款规定的实际出资人与名义股东因投资权益的归属发生争议，实际出资人以其实际履行了出资义务为由向名义股东主张权利的，人民法院应予支持。名义股东以公司股东名册记载、公司登记机关登记为由否认实际出资人权利的，人民法院不予支持。

法院判决

以下为青海省高级人民法院就王某一是中某公司多少份额股权的实际出资人的详细论述：

如前所述，王某一与王某二之间不存在代持股合意，但若王某一实际履行了对中某公司的出资义务，则王某一有权依法主张相关权益。王某一是否出资涉及两部分事实，一部分是中某公司成立初期王某一作为中某公司原始股东的出资问题，另一部分是 2007 年 1 月 30 日中某公司增资款是否来源于王某一的问题。

关于中某公司成立初期王某一是否实际出资的问题。经查，2002 年 10 月 22 日中某公司成立后，对于王某一、王某二的出资，有 2002 年 10 月 30 日青海中恒信会计师事务所出具的青中恒信验字（2002）587 号验资报告在案佐证，王某一实际履行了出资 500000 元的事实应予认定。各方当事人对于王某一系中某公司原始股东的事实均无异议，但中某公司、王某二等认为王某一的股权已转让给王某二、铁某，其不再具有中某公司股东资格。

（一）对于 2004 年 3 月 25 日的《协议书》是否王某一真实意思、该协议是否有效的问题。经查，2015 年 4 月 29 日经王某一申请，一审法院委托青海警官职业学院司法鉴定中心进行笔迹司法鉴定，该鉴定机构作出青警院司鉴中心（2015）文鉴字第 083 号《司法鉴定意见书》认为：落款日期为 2004 年 3 月 25 日《协议书》《青海省中某公司股东会决议》中"王某一"签名的笔迹不是王某一本人所写。据此，一审法院认为"该协议无效，股权转让行为亦无效，王某一仍为中某公司股东"。本院认为，首先，从查明的事实看，《青海省中某公司股东会决议》上的签字不是王某一本人书写，对于王某一是否参加该股东会的问题，中某公司、王某二等无其他证据证明，在王某一的签名不是本人书写的情况下，应视为王某一未参加该股东会。2004 年 3 月 25 日的《协议书》《青海省中某公司股东会决议》上王某一的名章虽然真实，但经鉴定王某一的签名不是王某一本人书写，无证据证明王某一本人参加过股东会，不能证明股权转让是王某一的意思表示。并且，从查明的事实看，王某一的名章在中某公司经营期间曾基于公司经营便利进行使用，股权转让行为作为个人权利的重大处置事项，具有亲历性，在股权转让协议上既有个人签字又有个人名章，且签字与名章有一项不真实的情况下，应根据签名情况认定协议的真实性。其次，王某二、铁某主张以现金形式分别支付王某一股权转让款 485000 元和 15000 元，但对于股权转让款的支付，除王某二、铁某本人的陈述外，相关证据只有西宁市恒源公证处出具的（2006）青恒源证外字第 369 号公证书证明。该公证书的内容为：证明 2005 年 7 月 25 日中某公司出具内容为"兹证明青海省中某公司在青海工商局注册资本为人民币 1500000 元，其中王某二出资 1485000 元占出资比例的百分之九十九。铁某出资 15000 元占百分之一。特此证明"的《证明》所加盖印鉴属实，并未对股权转让的事实和过程进行公证；且该证明是由王某二控股的中某公司提供，非王某一本人出具，故王某二、铁某主张以现金形式支付王某一股权转让款，缺乏有效证据证实，应不予认定。

（二）关于中某公司的增资款是否来源于王某一，王某一应否享有中某公司股东权利的问题。对于中某公司的增资，青海正信会计师事务所出具青正会验字（2007）025号验资报告显示，中某公司增加的8000000元注册资本中，货币出资为2400000元，非货币出资为5600000元。1. 关于2400000元货币出资问题。王某一主张该2400000元系其出资的依据是该2400000元款项经由文某成尾号6140和尾号3537的中国银行存折取现后转入王某二账户，由王某二账户转入验资账户。对于上述文某成存折的使用情况，文某成认可存折实际由王某一使用。对此，本院认为，中某公司增资中的货币出资2400000元款项来源于王某一，该事实有转款记录和文某成的证言在案佐证，应认定王某一实际履行了中某公司的增资出资行为，王某一作为实际出资人有权主张相应权利。2. 关于非货币出资5600000元问题。王某一认为其应享有该部分非货币出资的依据是该部分出资系以中某大厦作价出资，而购买中某大厦的资金全部来源于由王某一实际控制的保某公司、蓝某公司、卓某公司，房产证由王某一指定专人保管，并安排其控制公司运营，王某一系中某大厦的实际产权人。对此，本院认为，非货币出资系基于中某大厦的价值，而购买中某大厦的资金来源于保某公司、蓝某公司、卓某公司；对于该资金来源，保某公司、蓝某公司、卓某公司均认可上述转款系经王某一批准或委托支付，王某二自2007年增资至今未支付对价，王某一也从未主张过对价，认定王某一不是公司股东，不符合常理。经查明，2400000元货币出资和5600000元实物出资资金来源于王某一控制的保某公司、卓某公司、蓝某公司，虽然对于该部分资金投入没有出资的书面约定，但王某一、王某二二人是兄弟关系，王某二最早出资1000000元来源于王某一，对于该笔款项的用途和性质双方亦未作书面约定，结合中某公司资金流转方式及王某一、王某二母亲孙某的视频证言，对于该2400000元货币出资和5600000元实物出资以及出资比例应结合查明事实进行认定。首先，2004年3月25日的《协议书》无效，王某一仍持有原中某公司500000元的股权，王某一的原始出资比例为33.3%。其次，关于增资部分的出资比例，双方均无约定，也应按中某公司最初的股权比例划分，即王某一占33.3%，王某二占66.7%。之后，王某二向赵某和青某公司各转让1%股权，转让部分应当认定是属于王某二的部分股权，王某一持有33.3%的股权和赵某、青某公司各持1%的股权应予确认。王某一的主张部分成立，应予支持。一审法院此节认定股权转让协议无效正确，本院予以维持。

延伸阅读

在检索大量类案的基础上，笔者总结相关裁判规则如下，供读者参考。

（一）无股权代持协议，则即使有实际出资行为，也无法判断是否属于其他债权债务关系。

案例1：赖某蓉、桂某阳股东资格确认纠纷二审民事判决书【广西壮族自治区高级人民法院（2019）桂民终888号】

本案中，并无直接的证据证明桂某阳对佳某公司进行了投资或出资，并以投资人的身份对公司进行经营管理。另外，根据赖某蓉的主张，即其主张桂某阳将所持有佳某公司51%股权登记在中某公司名下，赖某蓉还应当举证证明桂某阳与中某公司之间存在隐名出资协议或股权代持约定。如无此约定，则即使桂某阳有实际出资行为，也无从判断其出资行为的真实意图，无法判断该出资行为是不是其他债权债务关系。现中某公司并不认可其与桂某阳之间存在股权代持关系，赖某蓉亦未能提供任何证据证明其该主张。根据《中华人民共和国民事诉讼法》第六十四条第一款"当事人对自己提出的主张，有责任提供证据"① 及《最高人民法院关于适用〈中华人民共和国民事诉讼法〉的解释》第九十条"当事人对自己提出的诉讼请求所依据的事实或者反驳对方诉讼请求所依据的事实，应当提供证据加以证明，但法律另有规定的除外。在作出判决前，当事人未能提供证据或者证据不足以证明其事实主张的，由负有举证证明责任的当事人承担不利的后果"之规定，赖某蓉应承担举证不能的不利法律后果，故对赖某蓉的诉讼请求，一审法院依法予以驳回。

（二）无书面代持股协议确定代持合意且汇款性质亦不明确的，不能仅以增资款项来源于自身而主张自己是实际出资人。

案例2：王某一与青海珠某虫草药业有限公司股东资格确认纠纷二审民事判决书【最高人民法院（2014）民二终字第21号】

本院认为，由于在珠某公司2012年4月增资至5000万元过程中，并无证据证明王某一与王某二及海某公司之间达成了合法有效的代持股合意，王某一委托王某和美某公司转款系用于此次增资的意图亦不明确，因此即便增资资金来源于王某一，亦不能就此认定王某一对记载于王某二及海某公司名下珠某公司股权享有股东权益，故王某一要求确认王某二及海某公司在珠某公司的相应股权由其享

---

① 《民事诉讼法》已修改，现相关规定见《民事诉讼法》（2023年修正）第六十七条第一款。

有的诉讼请求，因证据不足，本院不予支持。

（三）以出资方式取得股权，不仅要有缴纳出资的行为，还应当具有成为股东的意思和自觉，对确认股东资格具有印证作用。

案例3：王某祥、王某民股东资格确认纠纷二审民事判决书【浙江省绍兴市中级人民法院（2018）浙06民终4429号】

以出资方式取得股权，不仅要有缴纳出资的行为，还应当具有成为股东的意思和自觉，特别是有限责任公司，具有一定的人合性，即股东的个人因素与公司的设立、存续、发展具有相当的关系，因此股东行使股权的情况、参与公司经营管理的情况以及对公司的投入付出，对确认股东资格具有印证作用。

王某民在2005年12月22日股东会决议及章程、2006年2月18日股东会决议中有三处本人签字，这两次决议及章程涉及的均是程序性、共益性事务。除此之外，王某民自己在律师函中就明确陈述2006年以来飞某公司未通知召开股东会，对于公司经营状况王某民不知情，有关诉讼中的陈述也基本一致，即十余年来王某民基本没有行使股权、参与经营管理的行为，与公司始终处于一种疏离的状态。而在这过程中，飞某公司已经实现了跨越式发展，不论是资产规模，还是住所地都发生了明显变化。

本院认为，王某民主张其系公司实际股东并通过诉讼寻求确认其对公司享有44%的股权，这与其对公司的投入付出、对公司经营发展的参与度不相匹配，从公司经营发展过程来看，其缺乏作为股东的意识和自觉。综上所述，王某祥主张王某民名下8%股权实际属于其所有，有相应的事实和法律依据。

014 隐名股东显名无须征得名义股东同意

阅读提示

《最高人民法院关于适用〈中华人民共和国公司法〉若干问题的规定（三）》（2020年修正）第二十四条第三款规定，实际出资人显名须经公司其他股东半数以上同意。该条规定中"其他股东"是否包含名义股东呢？本文在此通过广东省高级人民法院的一则经典案例，对上述问题进行分析。

裁判要旨

《最高人民法院关于适用〈中华人民共和国公司法〉若干问题的规定（三）》第二十四条第三款规定中的"其他股东"是指名义股东以外的股东，也即实际出资人请求公司办理显名登记时无须征得名义股东的同意。

案情简介 ①

（一）工商登记信息显示，樊某带、樊某添合计持有健某公司100%股权。经查明，其中50%股权实际系樊某带、樊某添代周某雄、李某持有。

（二）后因健某公司拒绝协助周某雄、李某办理工商登记为显名股东，周某雄、李某诉至法院要求健某公司确认自身股东资格并变更工商登记。

（三）广东省中山市第一人民法院一审和中山中院二审均认为，周某雄、李某未取得健某公司其他股东半数以上同意，因此显名条件尚不成就，无权要求显名。

（四）周某雄等不服，向广东省高级人民法院申请再审。广东省高级人民法院撤销原一、二审判决，认为隐名股东显名无须征得名义股东同意，故改判支持周某雄等显名。

裁判要点

本案的核心争议在于，隐名股东显名是否需要征得名义股东同意，对此，广东省高级人民法院认为：《最高人民法院关于适用〈中华人民共和国公司法〉若干问题的规定（三）》第二十四条第三款的规定是为了维护有限责任公司的人合性，保护股东之间的信赖利益。但是，名义股东既非公司的真正股东，也非对代持情况不知情，故并不属于前述司法解释规定意图保护的主体。因此，隐名股东要求公司变更工商登记以显名时，无须征得名义股东的同意。

实务经验总结

1. 股权代持牵涉委托代持关系、股权出资关系等多重法律关系，因此隐名

---

① 案件来源：周某雄、李某股东资格确认纠纷再审民事判决书【广东省高级人民法院（2020）粤民再420号】。

股东想要显名需要满足《民法典》与《公司法》的要求。隐名股东除需证明委托代持关系的存在外，其显名还需要征得其他股东过半数同意。

2. 实践中，有些投资人盲目信任代持人的信誉，甚至不签署书面股权代持协议书，这种情况下一旦名义股东心生不轨否认隐名股东的实际出资人地位，隐名股东就将不得不付出高昂的时间、金钱成本去维权。而且由于前期未留下证据，在出钱出时间之后，还可能败诉。

3. 为避免上述重大风险的发生，笔者建议投资人如确有必要进行股权代持的，除一定要签订书面的股权代持协议外，还要明确约定自身作为实际出资人享有实际的股东权利，并保留已经实际出资以及参与公司经营管理的证据。除此之外，在签订股权代持协议时，如有可能，投资人最好取得其他股东与公司认可其为真实股东的证明，并约定自身可在适当时刻显名，从而防止未来股东资格得不到确认或者股东权利无法行使。

相关法律规定

《全国法院民商事审判工作会议纪要》

28.【实际出资人显名的条件】实际出资人能够提供证据证明有限责任公司过半数的其他股东知道其实际出资的事实，且对其实际行使股东权利未曾提出异议的，对实际出资人提出的登记为公司股东的请求，人民法院依法予以支持。公司以实际出资人的请求不符合公司法司法解释（三）第 24 条的规定为由抗辩的，人民法院不予支持。

《最高人民法院关于适用〈中华人民共和国公司法〉若干问题的规定（三）》（2020 年修正）

第二十四条　有限责任公司的实际出资人与名义出资人订立合同，约定由实际出资人出资并享有投资权益，以名义出资人为名义股东，实际出资人与名义股东对该合同效力发生争议的，如无法律规定的无效情形，人民法院应当认定该合同有效。

前款规定的实际出资人与名义股东因投资权益的归属发生争议，实际出资人以其实际履行了出资义务为由向名义股东主张权利的，人民法院应予支持。名义股东以公司股东名册记载、公司登记机关登记为由否认实际出资人权利的，人民法院不予支持。

实际出资人未经公司其他股东半数以上同意，请求公司变更股东、签发出资证明书、记载于股东名册、记载于公司章程并办理公司登记机关登记的，人民法院不予支持。

法院判决

以下为广东省高级人民法院就周某雄、李某能否确认为健某公司的股东的详细论述：

本院再审认为，本案系股东资格确认纠纷。根据本案事实和各方当事人的诉辩意见，本案的争议焦点是：周某雄、李某能否确认为健某公司的股东；如果能确认为健某公司的股东，其享有的股权份额是多少。

根据2015年4月2日健某公司与周某雄、李某签订的协议书，以及健某公司、樊某带、樊某添在一、二审庭审中的陈述，周某雄、李某系健某公司的实际出资人，两人在2018年10月10日前持股比例合计为50%。樊某带、樊某添作为健某公司的名义股东，对上述事实知情并予以认可。《最高人民法院关于适用〈中华人民共和国公司法〉若干问题的规定（三）》第二十四条第三款规定：实际出资人未经公司其他股东半数以上同意，请求公司变更股东、签发出资证明书、记载于股东名册、记载于公司章程并办理公司登记机关登记的，人民法院不予支持。上述规定是为了维护有限责任公司的人合性，避免既有股东与实际出资人显名之后产生冲突，影响公司经营的稳定性。但名义股东并非公司真正投资人，仅为实际出资人的代持股权主体，实际出资人显名时应予以配合，其无权提出异议。因此，上述规定中的"其他股东"是指名义股东以外的股东，即实际出资人请求公司办理显名登记时无须征得名义股东的同意。

本案中，樊某带、樊某添所持健某公司100%股权中的50%系代周某雄、李某持有，樊某带、樊某添相对周某雄、李某而言属于显名股东，周某雄、李某请求公司办理显名登记时，无须征得樊某带、樊某添的同意。据此，周某雄、李某作为健某公司的实际出资人，请求健某公司办理显名登记及相应持股比例，符合法律规定，本院予以支持。二审适用上述规定驳回周某雄、李某的诉讼请求，属于适用法律错误，本院予以纠正。

延伸阅读

在检索大量类案的基础上，笔者总结相关裁判规则如下，供读者参考。

（一）实际出资人要求显名的，不需要取得名义股东的同意。

案例1：欧某建、连州市俊某矿产品有限公司股东资格确认纠纷再审民事判决书【广东省高级人民法院（2019）粤民再363号】

《最高人民法院关于适用〈中华人民共和国公司法〉若干问题的规定（三）》第二十四条第三款是关于有限责任公司实际出资人取得股东资格、即隐名股东显名化的规定，其目的在于保障有限责任公司的人合性不被破坏，保护股东之间的信赖利益，针对的是公司其他股东不知道隐名股东的存在、认同的合作伙伴是名义股东的情形。而本案俊某公司的股东黄某芬和黄某杰均为名义股东，且均明知俊某公司的实际出资人和实际经营者为欧某建，因此，本案并不属于前款规定规范的情形。作为俊某公司实际出资人的欧某建要求名义股东黄某芬返还代持股权、成为俊某公司显名股东，无须征得俊某公司另一名义股东黄某杰的同意。二审法院以未经黄某杰同意为由，对欧某建要求黄某芬归还代持的俊某公司40%股权的诉请不予支持，适用法律不当，本院依法予以纠正。本院于2018年11月28日作出的（2018）粤民再308号民事判决，判令黄某杰返还俊某公司60%的股权给欧某静。根据该判决，黄某杰持有的60%股份已于2019年4月18日转回欧某静名下。本案再审期间，欧某静向本院提交书面意见，明确其同意黄某芬将代持的俊某公司40%股权返还给欧某建，更进一步表明欧某建请求欧某静归还代持的俊某公司40%股权已不存在事实上的障碍。当然，如前所述，黄某芬实为俊某公司的名义股东，亦明知俊某公司的实际出资人和实际经营者均为欧某建，因此，无论其是否同意欧某建显名的要求，均不影响人民法院支持欧某建显名的主张。

（二）股权代持协议并非必然合法有效，代持上市公司股权的无效。

案例2：杨某国、林某坤股权转让纠纷再审审查与审判监督民事裁定书【最高人民法院（2017）最高法民申2454号】

本案杨某国与林某坤签订的《委托投资协议书》与《协议书》，违反公司上市系列监管规定，而这些规定有些属于法律明确应予遵循之规定，有些虽属于部门规章性质，但因经法律授权且与法律并不冲突，并属于证券行业监管基本要求与业内共识，并对广大非特定投资人利益构成重要保障，对社会公共利益亦为必要保障所在，故依据《中华人民共和国合同法》第五十二条第四项等规定，本案上述诉争协议应认定为无效。

(三) 公司其他股东明知并同意显名股东为隐名股东代持股权，且隐名股东以参加股东会等方式实际行使了股东权利的，应确认其为实际股东。

案例3：殷某、张某兰股东资格确认纠纷再审审查与审判监督民事裁定书
【最高人民法院（2017）最高法民申37号】

根据原审法院查明的事实，1997年6月，淮某公司与张某兰签订《协议书》，约定张某兰投入资金400万元，以增资方式获得股权并就受益方式等作出约定，张某兰及淮某公司原法定代表人成某铸在该《协议书》上签字。1998年3月25日，淮某公司股东某市信托投资公司、淮安市金某实业公司与张某兰签订《补充合同书》，合同第五条约定："乙方（张某兰）以殷某的名义进行的投资，张某兰不仅享有管理权、监督权，而且最终支配投资及受益分配。"《补充合同书》还约定张某兰以殷某的名义进行投资。上述《协议书》和《补充合同书》能够证明张某兰与淮某公司及其股东签订有出资协议。淮国信审报（2000）第271号《审计报告》认定张某兰向淮某公司投入了资本金400万元，该《审计报告》的真实性为（2000）淮经初字第53号民事判决所确认。殷某在本案二审期间提交的淮会验（1998）038号《验资报告》虽载明是殷某向淮某公司投入了资本金400万元，但《补充合同书》约定张某兰以殷某的名义出资。淮国信审报（2000）第271号《审计报告》与《协议书》、《补充合同书》可以证明殷某是名义出资人，而张某兰系向淮某公司缴纳400万元的实际出资人。原审判决认定张某兰向淮某公司实际出资400万元具有事实依据。

关于张某兰是否具有淮某公司股东资格问题。《协议书》和《补充合同书》均可证明，淮某公司及其股东均同意张某兰向淮某公司缴纳出资成为股东且淮某公司的其他股东对张某兰以殷某的名义进行投资均是明知的。张某兰多次以淮某公司股东的身份参加股东会议，实际行使股东权利。根据《外商投资产业指导目录（2015年修订）》内容，房地产开发并未列入上述目录限制类或禁止类产业，故不涉及国家规定实施准入特别管理（负面清单）的外商投资企业的设立和变更，不再需要审批。因此，原审判决依据当事人之间的约定以及出资事实确认张某兰为淮某公司的股东，适用法律并无不当。

015 股权让与担保中担保人能否诉请确认股东资格？

阅读提示

股权让与担保，是指让与担保人将股权从形式上转让至债权人名下，当债务未依约清偿时，债权人可就该股权优先受偿的担保形式。如果让与担保人未履行还款义务，又不主张将股权拍卖、变卖以清偿债务，而仅诉请确认自身股东资格的，能否得到支持？本文在此通过最高人民法院的一则经典案例，对上述问题进行分析。

裁判要旨

股权让与担保中，债务人未主动清偿债务，也未主张将案涉股权折价或者拍卖、变卖来清偿债务，而仅起诉请求人民法院确认其股东资格的，目的在于在尚未履行还款义务的情况下确认对已经转让抵押物的权利，有违诚实信用原则，不予支持。

案情简介 ①

（一）邓某华用所持浙某联盟公司100%股权为启某投资中心对其的主债权提供股权让与担保，并约定：邓某华违约的，启某投资中心有权撤销其回购权。

（二）因邓某华未按约定履行主债权还款义务，启某投资中心认为邓某华根本违约丧失了回购权，自己已实际受让了案涉股权。

（三）邓某华认为上述"有权撤销其回购权"的条款系流质条款应属无效，故诉至法院请求确认自身对浙某联盟公司100%股权的股东资格。

（四）江西高院二审认为，邓某华未按约定履行还款义务构成根本违约丧失了回购权，并判决案涉100%股权归债权人启某投资中心所有。

（五）邓某华不服，向最高人民法院申请再审。最高人民法院认为二审判决

---

① 案件来源：邓某华、周某平等股东资格确认纠纷民事申请再审审查民事裁定书【最高人民法院（2022）最高法民申1021号】。

适用法律部分错误,即未确认"有权撤销其回购权"的条款属于流质条款无效。但以邓某华未履行还款义务仅诉请确认股东资格的行为违背了诚信原则为由,仍裁定驳回了其再审申请。

裁判要点

本案的核心争议在于,让与担保中未履行还款义务,担保人能否仅诉请确认股东资格,对此,最高人民法院认为:

首先,如无法定无效事由的,股权让与担保合同有效。但合同中如果约定债务人到期没有清偿债务,财产归债权人所有的,人民法院应当认定该部分约定属于流质条款,应属无效,但流质条款的无效并不当然影响合同其他部分的效力。

其次,让与担保作为一种权利转移性担保,以转让标的物权利的方式达成债权担保的目的。也即债权人仅在形式上享有股权,债务人仍然是该股权的真实权利人。

最后,股权让与担保中,债务人既不主动清偿债务,又不主张将案涉股权拍卖、变卖来清偿债务,而仅诉请确认自身股东资格的,目的在于在尚未履行还款义务的情况下确认对已经转让抵押物的权利,有违诚实信用原则,不予支持。

实务经验总结

1. 股权让与担保在形式上看与股权转让相同,区分关键在于准确认定双方当事人真实的合同目的。股权转让的目的是使受让人取得股权,而股权转让担保的目的则是为主债务提供担保。实务中,当事人常常不约定合同性质与目的的条款,导致容易出现纠纷。因此,当事人应尽量使用准确的合同名称,并明确约定合同目的,以避免潜在争议。

2. 股权让与担保的实质并非转让股权,因此债权人实际上仅为名义股东,一般不能享有该股权承载的表决权、分红权等股东权利。

相关法律规定

《中华人民共和国民法典》

第一百四十六条 行为人与相对人以虚假的意思表示实施的民事法律行为无效。

以虚假的意思表示隐藏的民事法律行为的效力，依照有关法律规定处理。

《最高人民法院关于适用〈中华人民共和国民法典〉有关担保制度的解释》（法释〔2020〕28号）

第六十八条　债务人或者第三人与债权人约定将财产形式上转移至债权人名下，债务人不履行到期债务，债权人有权对财产折价或者以拍卖、变卖该财产所得价款偿还债务的，人民法院应当认定该约定有效。当事人已经完成财产权利变动的公示，债务人不履行到期债务，债权人请求参照民法典关于担保物权的有关规定就该财产优先受偿的，人民法院应予支持。

债务人或者第三人与债权人约定将财产形式上转移至债权人名下，债务人不履行到期债务，财产归债权人所有的，人民法院应当认定该约定无效，但是不影响当事人有关提供担保的意思表示的效力。当事人已经完成财产权利变动的公示，债务人不履行到期债务，债权人请求对该财产享有所有权的，人民法院不予支持；债权人请求参照民法典关于担保物权的规定对财产折价或者以拍卖、变卖该财产所得的价款优先受偿的，人民法院应予支持；债务人履行债务后请求返还财产，或者请求对财产折价或者以拍卖、变卖所得的价款清偿债务的，人民法院应予支持。

债务人与债权人约定将财产转移至债权人名下，在一定期间后再由债务人或者其指定的第三人以交易本金加上溢价款回购，债务人到期不履行回购义务，财产归债权人所有的，人民法院应当参照第二款规定处理。回购对象自始不存在的，人民法院应当依照民法典第一百四十六条第二款的规定，按照其实际构成的法律关系处理。

第六十九条　股东以将其股权转移至债权人名下的方式为债务履行提供担保，公司或者公司的债权人以股东未履行或者未全面履行出资义务、抽逃出资等为由，请求作为名义股东的债权人与股东承担连带责任的，人民法院不予支持。

《全国法院民商事审判工作会议纪要》

71.【让与担保】债务人或者第三人与债权人订立合同，约定将财产形式上转让至债权人名下，债务人到期清偿债务，债权人将该财产返还给债务人或第三人，债务人到期没有清偿债务，债权人可以对财产拍卖、变卖、折价偿还债权的，人民法院应当认定合同有效。合同如果约定债务人到期没有清偿债务，财产归债权人所有的，人民法院应当认定该部分约定无效，但不影响合同其他部分的效力。

……

法院判决

以下为最高人民法院就邓某华能否请求确认其股东资格的详细论述：

让与担保作为非典型担保的一种形式，系由债务人或第三人与债权人订立合同，约定将财产形式上转让至债权人名下，债务人到期清偿债务，债权人将该财产返还给债务人或第三人，债务人到期没有清偿债务，债权人可以对财产拍卖、变卖、折价偿还债权。如让与担保不存在法律法规所规定的无效事由，人民法院应当认定作出相应交易安排的合同有效。但如果合同约定债务人到期没有清偿债务，则财产归债权人所有的，参照物权法禁止流押、流质的强制性规定，亦应认定该条款无效，但流质条款的无效并不当然影响合同其他部分的效力。

本案中，周某平与启某投资中心、某黎投资中心签订的《股权收购合同》（编号×××08）第9.2条约定，收购方（周某平方）出现违约情形，转让方（两投资中心方）可要求收购方提前收购，收购方立即支付本合同项下所有标的股权收购价款，收购方在转让方发出提前收购书面通知后10个工作日内未支付本合同项下所有标的股权收购价款的，转让方有权撤销收购方收购标的股权的权利，转让方已收取的所有款项不予退还，收购方放弃以任何理由主张违约条款无效或退还已缴纳款项的权利。虽然该条款约定在第9条违约责任中，但其实质是约定条件下全部股权直接抵债，上述约定应依法认定无效。二审法院认定上述约定性质为"违约责任"的约定，并认定周某平方因未支付对价属于根本违约，就案涉股权丧失回购权，属于适用法律错误，应予纠正。

让与担保作为一种权利转移性担保，以转让标的物权利的方式达成债权担保的目的。在股权让与担保中，债务人实质为案涉股权真实权利人，债权人形式上享有股权，实质享有担保物权。本案中，股权让与担保为从合同，其主合同借款合同系双务合同，双方权利义务均应依法依约诚信履行。债务人周某平、邓某华既不诉请确认上述"如未履行付款义务即丧失回购权"的担保条款无效，也未主动清偿债务，同时也没有主张应以案涉股权折价或者拍卖、变卖所得价款清偿债务，而仅起诉请求人民法院确认其股东资格，目的在于在尚未履行还款义务的情况下确认对已经转让抵押物的权利，其诉请不应得到支持，原审处理结果并无不当。故二审判决虽有部分适用法律错误情形，但裁判结果正确，邓某华的再审申请请求本院不予支持。

延伸阅读

在检索大量类案的基础上，笔者总结相关裁判规则如下，供读者参考。

（一）名义股东通过担保剥夺实际股东经营管理权利的，股权让与担保人有权请求确认自身股东资格。但在清偿完被担保的债务前，股权让与担保人请求变更股权登记至其名下的，不予支持。

案例1：熊某民、昆明哦某商贸有限公司股东资格确认纠纷二审民事判决书【江西省高级人民法院（2020）赣民终294号】

徐某、余某平仅系名义股东，而非实际股东，其享有的权利不应超过以股权设定担保这一目的。熊某民、哦某公司的股东权利并未丧失，对其真实享有的权利应予确认。且从本案实际情况来看，熊某民、哦某公司在2015年8月以后不能对公司进行经营管理，已经出现了名义股东通过担保剥夺实际股东经营管理自由的现象，也影响实际股东以鸿某公司开发的创想天地项目销售款来归还借款。因此，应当确认熊某民、哦某公司为鸿某公司真实股东。

虽然余某平、徐某只是名义股东，但上诉人与被上诉人签订《股权转让协议》，并登记股权至余某平、徐某名下，从而设定让与担保，是双方的真实意思表示，且不违反强制性法律规定，该约定对双方具有约束力。同时，从当事人沟通情况看，双方已约定将案涉债务清偿完毕，才能将股权登记变更回上诉人名下。而上诉人并未清偿完毕案涉债务，将股权变更回上诉人名下的条件尚未成就。如此时将股权变更回上诉人名下，则会导致被上诉人的债权失去基于股权让与担保而受到的保障。因此，本院对上诉人办理工商变更登记的请求不予支持。

（二）判断一个协议是不是股权让与担保合同，要看当事人的真实意思是不是通过转让股权的方式为主合同提供担保。

案例2：田某川、河南省太置业有限公司与公司有关的纠纷再审审查与审判监督民事裁定书【最高人民法院（2019）最高法民申6422号】

股权让与担保从形式上看表现为股权转让，但与股权转让比较，二者的性质有别，不可混淆。从合同目的看，股权转让是当事人出于转让股权目的而签订的协议，转让人的主要义务是转让股权，受让人的主要义务是支付股权转让款。而股权让与担保目的在于为主债务提供担保，受让人通常并不为此支付对价。因此，认定一个协议是股权让与担保还是股权转让，不能仅仅看合同的形式和名称，而要探究当事人的真实意思表示。如果当事人的真实意思是通过转让股权的方式为主合同提供担保，则此种合同属于让与担保合同，而非股权转让合同。

在已经完成股权变更登记的情况下，可以参照最相近的担保物权的规定，认定其物权效力。在主债务期限届满后仍未履行的情况下，名义上的股权受让人对变价后的股权价值享有优先受偿权，但原则上无权对股权进行使用收益，不能享有《公司法》规定的股东所享有的参与决策、选任管理者、分取红利等权利。

（三）股权让与担保中债权人仅系名义上的股权受让人，不能享有股东权利。

案例3：唐某、潘某禧公司决议撤销纠纷二审民事判决书【广西壮族自治区贺州市中级人民法院（2020）桂11民终1099号】

从召集主体资格上看，根据生某公司章程，只有代表十分之一以上表决权的股东可以自行召集和主持股东会会议。综合全案证据，结合（2019）桂民终729号民事判决书认定的事实，生某公司51%股权登记在唐某名下让唐某成为生某公司股东的目的在于为债权人实现债权设立担保，唐某既未实际支付股权转让款，也未实际参与生某公司的经营管理。鉴于股权转让协议的性质不是实际意义上的股权转让，而是让与性担保，根据让与担保的性质，股权受让人唐某实际上不享有生某公司股东的实体性权利，亦无权召集临时股东会会议，故上诉人唐某不是适格的生某公司临时股东会会议召集人……综上，唐某作为本次临时股东会会议召集人主体资格并不适格且召集程序违反了法律规定和公司章程规定，一审判决撤销2019年10月29日唐某签署的《广西贺州生某资产经营有限公司2019年第一次临时股东会会议决议》，合法有据，本院予以维持。

016 有限公司可否为维护人合性特征拒绝股东资格继承？

阅读提示

自然人股东死亡后，有限公司能否以为维护公司人合性为由，拒绝其合法继承人继承股东资格？本文在此通过北京市高级人民法院的一则案例，对上述问题进行分析。

裁判要旨

公司章程未对自然人股东死亡后的股东资格继承问题作出特别约定的，其合法继承人有权继承股东资格。公司以为维护人合性特征为由不同意股权资格继承、拒绝协助办理继承股权的工商变更登记手续的，不予支持。

案情简介 ①

（一）1992年11月9日，北京市华某房地产开发有限公司（以下简称华某公司）成立，吴某持股30%。2017年1月7日，吴某因病逝世，其所持华某公司30%股权由配偶石某、儿子吴某石共同继承。

（二）但华某公司认为其作为一家有限责任公司，有权拒绝石某、吴某石继承股东资格以维护自身人合性。

（三）石某、吴某石因此诉至法院，要求华某公司协助办理继承吴某股权的工商变更登记手续并按照比例支付分红款。

（四）北京二中院一审认为，石某和吴某石系吴某的法定继承人，因此有权继承吴某持有的华某公司30%的股权，并判决支持石某和吴某石的诉讼请求。

（五）华某公司不服，提起上诉。北京市高级人民法院二审维持原判，认为华某公司不能仅以公司具有人合性为由拒绝石某和吴某石依法继承股权。

实务经验总结

1. 通说认为，人合性是有限责任公司的根本属性，人合性的本质是对人际关系的维护，即认可有限责任公司是由一群互相信任、互相熟悉的人作为股东进行决策与管理的。

2. 有限责任公司的股东转让股权必须按照法律规定事先通知其他股东，否则即使股东擅自签订的股权转让协议有效，但受让方无法向公司主张协助办理工商变更登记，导致股权转让协议无法履行而构成违约。

3. 公司章程可以对股东资格的继承作出约定，但此种约定不得侵犯股东的固有权利。实务中，存在章程规定，股东资格可以继承，但继承后只能享有有限的表决权等股东权利，即侵害了股东的固有权利，存在较大可能被认定为违法无效。因为此类权利被限制，将导致股东无力面对权利被侵犯的情形，有违公平原则。

---

① 案件来源：北京市华某房地产开发有限公司与吴某石等股东资格确认纠纷二审民事判决书【北京市高级人民法院（2020）京民终786号】。

相关法律规定

《中华人民共和国公司法》（2023年修订）

第八十四条　有限责任公司的股东之间可以相互转让其全部或者部分股权。

股东向股东以外的人转让股权的，应当将股权转让的数量、价格、支付方式和期限等事项书面通知其他股东，其他股东在同等条件下有优先购买权。股东自接到书面通知之日起三十日内未答复的，视为放弃优先购买权。两个以上股东行使优先购买权的，协商确定各自的购买比例；协商不成的，按照转让时各自的出资比例行使优先购买权。

公司章程对股权转让另有规定的，从其规定。

第九十条　自然人股东死亡后，其合法继承人可以继承股东资格；但是，公司章程另有规定的除外。

《中华人民共和国公司法》（2018年修正，已被修订）

第七十五条　自然人股东死亡后，其合法继承人可以继承股东资格；但是，公司章程另有规定的除外。

《中华人民共和国市场主体登记管理条例》（2022年3月1日施行）

第二十四条　市场主体变更登记事项，应当自作出变更决议、决定或者法定变更事项发生之日起30日内向登记机关申请变更登记。

市场主体变更登记事项属于依法须经批准的，申请人应当在批准文件有效期内向登记机关申请变更登记。

《最高人民法院关于适用〈中华人民共和国公司法〉若干问题的规定（三）》（2020年修正）

第二十二条　当事人之间对股权归属发生争议，一方请求人民法院确认其享有股权的，应当证明以下事实之一：

（一）已经依法向公司出资或者认缴出资，且不违反法律法规强制性规定；

（二）已经受让或者以其他形式继受公司股权，且不违反法律法规强制性规定。

法院判决

以下为北京市高级人民法院就华某公司是否应协助石某、吴某石办理继承吴某股权的工商变更登记手续的详细论述：

本院另查明，二审庭审中，华某公司称其他股东对于石某、吴某石继承吴某名下股权的财产权部分并无异议，只是因为有限责任公司的人合性问题，不同意石某、吴某石继承股东资格。

《中华人民共和国公司法》（2018年修正）第七十五条规定：自然人股东死亡后，其合法继承人可以继承股东资格；但是，公司章程另有规定的除外。华某公司的《章程》中并未对自然人股东死亡后的股东资格作出特别约定，华某公司的股东吴某死亡后，其合法继承人可以依据法律规定继承股东资格，华某公司负有法定义务为其办理股权变更登记等手续；案涉事实显示，华某公司1992年11月9日成立以来，吴某出资900万元，持股比例为30%；其中华某公司在本院庭审程序中亦陈述称"其他股东对于石某、吴某石继承吴某名下股权的财产权部分并无异议，只是因为有限责任公司的人合性问题，不同意石某、吴某石继承股东资格"，可见吴某名下30%股权并不存在任何争议，与《最高人民法院关于适用〈中华人民共和国公司法〉若干问题的规定（三）》（2014年修正）第二十一条强调的"与案件争议股权"不同，一审法院的处理，具有事实与法律依据，应予以维持；华某公司关于一审法院漏列其他股东作为第三人的上诉理由不能成立，本院不予采信。

关于诉讼费用的决定。案涉事实显示：自2019年12月16日以来，石某、吴某石多次致函华某公司，要求华某公司协助石某、吴某石办理继承吴某股权的工商变更登记手续并按照比例支付分红款。华某公司以石某、吴某石提交的材料缺少关于吴某的第一顺位继承人，即吴某生母高某兰的信息或未阐明高某兰无须参与继承的理由等为由，未予办理；一审判决后，华某公司又提起上诉程序，推迟判决生效时间。华某公司不履行其法定义务是本案诉讼产生的原因，且一审法院在未予支持石某、吴某石因本案财产保全所产生的担保费15万元的情况下，作出对本案诉讼费用分担认定，符合法律规定。华某公司此项上诉理由不能成立，本院不予采信。

延伸阅读

在检索大量类案的基础上，笔者总结相关裁判规则如下，供读者参考。

（一）所继承的股权份额尚未分配完毕即起诉请求确认股东资格的，不予支持。

案例1：李某等与李某明等股东资格确认纠纷二审民事判决书【北京市第二

中级人民法院（2021）京02民终306号】

本院认为，据已查明的事实，张某河与李某明、王某忠于2008年6月18日签订的《合伙入股协议书》关于张某河代持李某明、王某忠分别持有的雄某油墨公司4.55%的股权份额之相关约定，合法有效。李某仅以王某忠未持有协议书原件及出资收据、李某明与王某忠在张某河去世之后未及时主张股东权利为由，上诉主张股权代持关系已经解除，显然缺乏事实及法律依据，本院不予采纳。有关李某上诉主张确认股东地位及股权份额一节，尽管李某作为张某河的合法继承人可以继承张某河的股东资格，但鉴于李某、郭某在一审中未能有效确认二人所继承的股权份额，且考虑到股权份额比例因此可能出现重新分配的不确定因素，一审法院以无法就李某与郭某享有的股东身份、股权比例进行明确并径行判决为由，未予支持李某的相关诉讼请求，并无不当。李某上诉主张确认其享有雄某油墨公司的股东资格及23.4%的股权份额，依据不足，本院不予支持。

（二）股东签订股权转让合同后死亡的，如尚未办理相应工商变更登记，其继承人仍然可以继承股东资格。

案例2：北京天某影视有限公司与何某1等股东名册记载纠纷二审民事判决书【北京市第一中级人民法院（2020）京01民终7363号】

根据工商登记信息天某公司注册资本100万元，其中何某2出资10万元，持股比例10%。何某2于2006年9月7日死亡，赵某、何某1系何某2的合法继承人。何某2去世后，赵某、何某1向一审法院提起诉讼，请求：天某公司向赵某、何某1签发、出具《出资证明书》；天某公司将赵某、何某1记载于股东名册；天某公司为赵某、何某1向公司登记机关申请办理股东变更登记。对此天某公司辩称何某2生前已经丧失股东资格，涉案的《证明》《协议书》均能证明。本院认为，此案系股东名册记载纠纷，何某2已经死亡，对于《协议书》及《证明》的真实性暂时无法确认，但即使两份证据真实性为真，两份证据仅为债权行为，仅产生债权效力而不发生股权变动的效果，何某2仍然享有天某公司股东资格。故无论两份证据真实性如何，均不影响何某2仍然享有天某公司股东资格的结果判断，故对于天某公司所提何某2已丧失天某公司股东资格的主张本院不予采纳。依据相关法律规定，自然人股东死亡后，其合法继承人可以继承股东资格，公司章程另有规定的除外。本案中未有证据证明天某公司章程中存在对于股东继承人可以继承股东资格的相反约定，故一审法院判决天某公司向赵某、何某 1 签发出资证明书并将二人的个人信息记载于公司股东名册及协助二人办理股权变更登记手续，将何某 2 名下公司股权进行变更，并无不妥。

（三）对于被继承人与投资人签订对赌条款的，继承人股东无须在继承遗产的范围内承担对赌责任。

案例 3：扬某智能电气研究院有限公司、江苏驰某新材料科技有限公司等公司增资纠纷二审民事判决书【江苏省镇江市中级人民法院（2021）苏 11 民终 2034 号】

关于熊某强的继承人殷某慧、熊某靖、熊某浩、熊某音以及周某诚的责任承担问题。根据本案一审查明的事实，熊某强、周某诚系驰某公司的股东，亦是《增资协议》签订方之一。根据该《增资协议》的约定，熊某强和周某诚就驰某公司的经营业绩向扬某智能电气作出的盈利保证期间为 2018 年起至 2020 年止。虽然驰某公司目前在工商部门登记的法定代表人仍为熊某强，但熊某强在《增资协议》签订后不久，因突发疾病已于 2017 年 10 月 4 日去世，该客观情况的发生是各方在订立协议时所无法预见的。《增资协议》第九条约定"如果本协议订立以后，客观情况发生了各方在订立合同时无法预见的、非不可抗力造成的不属于商业风险的重大变化，继续履行合同对于一方明显不公平或者不能实现合同目的，各方将本着诚信互利的原则，对本协议的变更或解除进行协商"。各方虽为就协议的变更或解除达成协议，但自然人的民事权利能力从出生时起至死亡时止，熊某强无法在其死亡之后继续履行《增资协议》所约定的义务，亦无依据对其死亡之后的盈利作出保证并承担相应责任。且其继承人殷某慧、熊某靖、熊某浩、熊某音在熊某强去世后，均未接管或直接参与驰某公司的经营管理，而是将熊某强使用的相关电脑、"熊某强"法人印鉴章、门禁卡等及时交还给驰某公司。故扬某智能电气要求熊某强的继承人殷某慧、熊某靖、熊某浩、熊某音在继承遗产的范围内，对驰某公司在熊某强去世后的盈利周期内未达到盈利目标承担赔偿责任，没有事实及法律依据，本院不予支持。同时，根据本案已查明的事实，驰某公司在熊某强作为持股 60% 的大股东去世后，企业的经营管理发生了重大变化，驰某公司实际由扬某智能电气控制并对企业重大事项作出决策，周某诚作为驰某公司的小股东在企业的实际经营管理中并不享有决策权。其在《增资协议》中所作出的盈利保证，与法定代表人及大股东熊某强的共同努力及配合是不能分割的，熊某强去世这一客观情况的发生也是周某诚在订立协议时所无法预见的。要求周某诚在熊某强去世合同的履行发生重大变化，且其对驰某公司不具有决策权的情况下，对驰某公司按照《增资协议》的盈利保证承担赔偿责任是显失公平的，扬某智能电气要求周某诚对驰某公司未能达到案涉《增资协议》约定的经营业绩承担赔偿责任，本院不予支持。

第三章　公司章程与决议

017 大股东通过修改公司章程将出资期限提前，合法吗？

阅读提示

根据公司事务的重要程度，《公司法》规定了相对多数决、绝对多数决和股东一致决的表决方式。2023年修订的《公司法》明确股东应自公司成立之日起五年内缴足出资，但对于修改出资期限这一事项，现行《公司法》并未明确应适用何种表决方式。本文在此通过《最高人民法院公报》上所载的一则经典案例，对上述问题进行分析。

裁判要旨

不同于一般仅与公司直接相关的公司增资、减资、解散等事项，修改股东出资期限会直接影响各股东的根本性、固有之权利。因此修改股东出资期限不应适用资本多数决规则，而需经过全体股东一致同意方能修改。

案情简介①

（一）2017年7月17日，鸿某（上海）投资管理有限公司（以下简称鸿某公司）新公司章程规定：各股东出资时间均为2037年7月1日。

（二）2018年11月18日，经代表三分之二以上表决权的股东表决同意，鸿某公司形成临时股东会决议，将各股东出资时间2037年7月1日修改为2018年12月1日。

（三）鸿某公司股东之一姚某城诉至法院，请求确认上述临时股东会决议无

---

① 案件来源：姚某城与鸿某（上海）投资管理有限公司、章某等公司决议纠纷案【上海市第二中级人民法院（2019）沪02民终8024号】。

效,其认为出资期限的提前或修改,需经全体股东一致同意,而不应适用资本多数决。

(四)上海市虹口区人民法院一审认为,出资期限提前涉及股东基本利益,不能适用资本多数决,故案涉临时股东会决议侵害了股东基本权利,应属无效。

(五)鸿某公司不服,提起上诉。上海二中院二审判决:驳回上诉,维持原判。

裁判要点

本案的核心争议在于,公司股东会以绝对多数决方式修改章程将股东出资期限提前的,该项决议是否有效?对此,上海二中院认为:有限责任公司章程或股东出资协议确定的公司注册资本出资期限系股东之间达成的合意。除法律规定或存在其他合理性、紧迫性事由需要修改出资期限的情形外,股东会会议作出修改出资期限的决议应经全体股东一致通过。公司股东滥用控股地位,以多数决方式通过修改出资期限决议,损害其他股东期限权益,其他股东请求确认该项决议无效的,人民法院应予支持。

实务经验总结

1. 资本绝对多数决是公司法上重要的议事规则,修改公司章程、增加或者减少注册资本、公司合并、分立、解散或者变更公司形式等重要事项,需经代表三分之二以上表决权的股东通过才能进行。

2. 在股权高度集中的公司,大股东容易滥用资本多数决规则损害小股东利益,从而使控制股东与中小股东的利益失衡。本案中,上海二中院就是基于此种考虑,认为如允许大股东利用资本多数决规则修改出资期限,将侵害小股东的固有权利,故判决修改股东会决议无效。

3. 公司决议(股东会决议、董事会决议)在程序上、内容上需要符合《民法典》与《公司法》要求,否则可能面临无效、被撤销、不成立等后果。实务中,应注意严格依照《公司法》与公司章程规定召开股东会、董事会,并依据所表决事项对应的表决方式作出决议,避免招致不利后果。

相关法律规定

《中华人民共和国公司法》（2023年修订）

第二十一条　公司股东应当遵守法律、行政法规和公司章程，依法行使股东权利，不得滥用股东权利损害公司或者其他股东的利益。

公司股东滥用股东权利给公司或者其他股东造成损失的，应当承担赔偿责任。

第二十五条　公司股东会、董事会的决议内容违反法律、行政法规的无效。

第二十六条　公司股东会、董事会的会议召集程序、表决方式违反法律、行政法规或者公司章程，或者决议内容违反公司章程的，股东自决议作出之日起六十日内，可以请求人民法院撤销。但是，股东会、董事会的会议召集程序或者表决方式仅有轻微瑕疵，对决议未产生实质影响的除外。

未被通知参加股东会会议的股东自知道或者应当知道股东会决议作出之日起六十日内，可以请求人民法院撤销；自决议作出之日起一年内没有行使撤销权的，撤销权消灭。

第四十七条　有限责任公司的注册资本为在公司登记机关登记的全体股东认缴的出资额。全体股东认缴的出资额由股东按照公司章程的规定自公司成立之日起五年内缴足。

法律、行政法规以及国务院决定对有限责任公司注册资本实缴、注册资本最低限、股东出资期限额另有规定的，从其规定。

第五十九条第一款　股东会行使下列职权：

……

（八）修改公司章程。

……

第六十六条　股东会的议事方式和表决程序，除本法有规定的外，由公司章程规定。

股东会作出决议，应当经代表过半数表决权的股东通过。

股东会作出修改公司章程、增加或者减少注册资本的决议，以及公司合并、分立、解散或者变更公司形式的决议，应当经代表三分之二以上表决权的股东通过。

《中华人民共和国公司法》（2018年修正，已被修订）

第二十条第一款　公司股东应当遵守法律、行政法规和公司章程，依法行使股东权利，不得滥用股东权利损害公司或者其他股东的利益；不得滥用公司法人独立地位和股东有限责任损害公司债权人的利益。

第二十二条第一款、第二款　公司股东会或者股东大会、董事会的决议内容违反法律、行政法规的无效。

股东会或者股东大会、董事会的会议召集程序、表决方式违反法律、行政法规或者公司章程，或者决议内容违反公司章程的，股东可以自决议作出之日起六十日内，请求人民法院撤销。

第二十八条第一款　股东应当按期足额缴纳公司章程中规定的各自所认缴的出资额。股东以货币出资的，应当将货币出资足额存入有限责任公司在银行开设的账户；以非货币财产出资的，应当依法办理其财产权的转移手续。

第三十七条第一款　股东会行使下列职权：

……

（十）修改公司章程。

……

第四十三条　股东会的议事方式和表决程序，除本法有规定的外，由公司章程规定。

股东会会议作出修改公司章程、增加或者减少注册资本的决议，以及公司合并、分立、解散或者变更公司形式的决议，必须经代表三分之二以上表决权的股东通过。

法院判决

以下为最高人民法院就本案修改股东出资期限是否适用资本多数决规则的详细论述：

根据公司法相关规定，修改公司章程必须经代表全体股东三分之二以上表决权的股东通过。本案临时股东会决议第二项系通过修改公司章程将股东出资时间从2037年7月1日修改为2018年12月1日，其实质系将公司股东的出资期限提前。而修改股东出资期限，涉及公司各股东的出资期限利益，并非一般的修改公司章程事项，不能适用资本多数决规则。理由如下：

首先，我国实行公司资本认缴制，除法律另有规定外，《中华人民共和国公司法》第二十八条规定,"股东应当按期足额缴纳公司章程中规定的各自所认缴的出资额",即法律赋予公司股东出资期限利益,允许公司各股东按照章程规定的出资期限缴纳出资。股东的出资期限利益,是公司资本认缴制的核心要义,系公司各股东的法定权利,如允许公司股东会以多数决的方式决议修改出资期限,则占资本多数的股东可随时随意修改出资期限,从而剥夺其他中小股东的合法权益。

其次,修改股东出资期限直接影响各股东的根本权利,其性质不同于公司增资、减资、解散等事项。后者决议事项一般与公司直接相关,但并不直接影响公司股东之固有权利。如增资过程中,不同意增资的股东,其已认缴或已实缴部分的权益并未改变,仅可能因增资而被稀释股份比例。而修改股东出资期限直接关系到公司各股东的切身利益。如允许适用资本多数决,不同意提前出资的股东将可能因未提前出资而被剥夺或限制股东权益,直接影响股东根本利益。因此,修改股东出资期限不能简单等同于公司增资、减资、解散等事项,亦不能简单地适用资本多数决规则。

最后,股东出资期限系公司设立或股东加入公司成为股东时,公司各股东之间形成的一致合意,股东按期出资虽系各股东对公司的义务,但本质上属于各股东之间的一致约定,而非公司经营管理事项。法律允许公司自治,但需以不侵犯他人合法权益为前提。公司经营过程中,如有法律规定的情形需要各股东提前出资或加速到期,系源于法律规定,而不能以资本多数决的方式,以多数股东意志变更各股东之间形成的一致意思表示。故此,本案修改股东出资期限不应适用资本多数决规则。

延伸阅读

在检索大量类案的基础上,笔者总结相关裁判规则如下,供读者参考。

(一)章程中涉及股东自益权的事项,应由全体股东通过协议的方式予以约定处分,而不适用资本多数决的表决方式。

案例1:葛某炯与上海佳某业体育发展有限公司公司决议效力确认纠纷二审案件二审民事判决书【上海市第一中级人民法院(2019)沪01民终6865号】

本院认为,股东会作为有限责任公司的权力机构,就股东会的职权范围,《公司法》第三十七条、第四十三条规定了包括修改公司章程在内的股东会的各项职权，以及股东会的议事方式和表决程序，① 佳某业公司章程亦作了相关规定。关于公司章程，《公司法》第二十三条规定，股东共同制定公司章程作为有限责任公司设立的必备条件之一，而《公司法》第二十五条则列明了包括股东的出资方式、出资额和出资时间在内的有限责任公司章程应当载明的事项。② 关于股东的出资方式、出资额和出资时间这一章程内容，涉及股东的基本权利和义务范畴，而根据股权的内容和行使目的，股权可分为自益权与共益权。自益权是指股东专为自己的利益而行使的权利；共益权是指股东以参与公司经营为目的而行使的权利，或者说是股东以个人利益为目的兼为公司利益而行使的权利。虽然《公司法》规定修改公司章程属于股东会的职权范围，但章程内容中涉及股东自益权的事项，应由全体股东通过协议的方式予以约定处分，而不应由作为有限责任公司权力机构的股东会通过资本多数决的方式予以任意变更。

结合本案事实，佳某业公司各股东于 2016 年 6 月 8 日通过共同签署《增资扩股协议》确定了公司增资扩股后 Z 公司、葛某炯作为股东履行出资义务的期限和条件，但之后两者均并未按照该协议约定全面履行出资义务，之后各股东于 2016 年 9 月 12 日共同签章确认公司章程，明确了各股东的出资额、出资方式及出资时间（出资时间均为 2022 年 10 月 22 日），可视为各股东对《增资扩股协议》相关约定一致作出了变更。之后，2017 年 8 月 14 日，公司董事召集临时股东会，在葛某炯、B 公司未出席的情况下，控股股东 Z 公司及 Y 公司、彭某经三分之二以上表决权通过系争股东会决议，修改上述公司章程第五条，单独将葛某炯的出资时间提前至 2016 年 10 月 17 日。该股东会决议对公司章程的修改，并非全体股东的合意变更，而是对小股东葛某炯自益权的非善意处分，违背了葛某炯的真实意志，该决议事项实质上已超越了股东会的职权范围，损害了葛某炯作为小股东的合法利益，构成《公司法》第二十条③规定的公司股东滥用权利，应当认定为无效。

（二）通过股东会决议对未完全履行出资义务的股东除名的，应属无效。

案例 2：上海吾某园林建设有限公司诉黄某贵公司决议效力确认纠纷案二审民事判决书【上海市第一中级人民法院（2014）沪一中民四（商）终字第 2047 号】

本院认为，根据修改后的《公司法解释三》④ 第十七条的规定，通过股东

---

① 《公司法》已修改，现相关规定见《公司法》（2023 年修订）第五十九条、第六十六条。
② 《公司法》已修改，现相关规定见《公司法》（2023 年修订）第四十五条、第四十六条。
③ 《公司法》已修改，现相关规定见《公司法》（2023 年修订）第二十一条。
④ 即《最高人民法院关于适用〈中华人民共和国公司法〉若干问题的规定（三）》。

决议形式对股东进行除名的行为应具备相应的条件和程序，本案中的系争协议第四条的约定并未符合一定的条件和程序，具体理由如下：首先，解除股东资格措施应适用于严重违反出资义务的情形，即"未出资"或"抽逃全部出资"，而未完全履行出资义务和抽逃部分出资不应包括其中。审理查明的事实表明，本案中吾某公司的股东均已经履行了各自部分的出资义务。其次，在对股东予以除名前，公司应履行催告缴纳或者返还出资的程序。但系争决议第四条的内容中并不包括给予未出资股东在公司催告的合理期间的决议内容；鉴于此，本院认定系争协议第四条的约定违反了修改后《公司法解释三》第十七条的规定。因此，虽然原审判决存在引用法律条文的瑕疵，但原审法院基于《公司法》第四条、第二十二条①所作出的确认系争决议第四条无效的判决正确。

（三）大股东滥用资本多数决规则，通过股东会决议侵害章程规定的小股东提名权的，该决议应属无效。

案例3：上诉人湖南胜某湘钢钢管有限公司与被上诉人湖南盛某高新材料有限公司公司决议纠纷一案二审民事判决书【湖南省湘潭市中级人民法院（2015）潭中民三终字第475号】

股东会表决过程即公司股东的表决过程，股东会决议是公司股东表决的体现，也是公司股东会对公司股东表决的认可。股东在表决时违反上述规定，公司股东会仍然据此作出决议的，其实质是滥用"资本多数决"原则，将股东滥用权利作出的表决意见上升为了公司意志。该公司决议系公司股东滥用股东权利形成，应当受到公司法的规制。本案中，湖南胜某公司的控股股东山东胜某公司和湘某钢铁集团以公司决议的形式损害了盛某公司作为少数股东的利益，侵害了小股东参与公司经营管理权等股东权利。原审法院适用《公司法》有关规定处理本案正确。上诉人的该上诉理由不成立，本院不予支持。

上诉人主张原审判决否认了"资本多数决"原则，涉案决议合法有效。资本多数决是公司运作的重要原则，但多数股东行使表决权时，不得违反禁止权利滥用和诚实信用原则，形成侵害小股东利益的决议。滥用资本多数决原则作出的决议无效。《公司法》第二十二条第一款规定，公司股东会或者股东大会、董事会的决议内容违反法律、行政法规的无效。② 本案中，上诉人湖南胜某公司修改公司章程的决议，经出席会议的股东所持表决权的三分之二以上通过，程序上符

---

① 《公司法》已修订，现相关规定见《公司法》（2023年修订）第四条第二款、第二十五条。
② 《公司法》已修订，现相关规定见《公司法》（2023年修订）第二十五条。

合法律规定。但公司决议是否有效，不仅要求程序合法，还要求内容合法。本案中，对于被上诉人而言，其通过安排的副总经理和董事各一人，对公司的经营状况进行了解并参加公司经营管理，行使股东权利。上诉人的两名大股东通过公司决议的方式随意剥夺被上诉人提名副总经理和董事各一人的权利，是一种滥用股东权利损害其他股东利益的行为。涉案公司决议系滥用资本多数决作出，因此，该决议内容因违反法律、行政法规而无效。原审法院并没有否认资本多数决原则，原审判决涉案公司决议无效正确。

018 小心表决权设置中的陷阱：人数和比例

阅读提示

《公司法》（2023年修订）第六十五条规定："股东会会议由股东按照出资比例行使表决权；但是，公司章程另有规定的除外。"实务中，各方股东协商在章程中设置其他表决方式的，对公司治理及公司经营将产生深远影响，同时也可谓陷阱重重。本文在此就通过一则经典案例，对另行约定表决方式的风险进行分析。

裁判要旨

股东会的议事方式和表决程序充分尊重公司章程约定，有限责任公司股东行使表决权的方法可由公司章程自行约定；公司章程未约定的，股东按照出资比例行使表决权。股东会决议不符合章程中约定的人数及比例要求的，应属无效。

案情简介 ①

（一）2014年7月9日巴彦淖尔福某工贸有限公司（以下简称福某公司）章程载明：股东张某山持股80%、股东贺某玉持股20%；股东会一人一票，修改章程必须经代表三分之二以上股东人数表决通过。

（二）2015年9月15日，张某山一人召开股东会，通过决议将章程中人数

---

① 案件来源：巴彦淖尔市福某工贸有限责任公司、张某山与贺某玉公司决议纠纷二审民事判决书【内蒙古自治区巴彦淖尔市（盟）中级人民法院（2016）内08民终586号】。

决修正为资本多数决。经查明，该股东会决议上载明"股东贺某玉不同意"。

（三）贺某玉因此诉至法院，请求确认该股东会决议无效。巴彦淖尔市临河区人民法院一审认为，该决议未达到章程约定的表决数要求，应属无效。

（四）张某山不服提起上诉。巴彦淖尔市（盟）中院二审认为，章程有权约定股东行使表决权的方法，该决议因不符合章程规定条件而无效。

实务经验总结

1. 对于章程没有约定特殊表决权行使方式的公司，应当按照公司法规定按照出资比例行使表决权。实务中，股东之间常常因该出资比例是实缴出资比例还是认缴出资比例产生争议。对此问题，《全国法院民商事审判工作会议纪要》予以了明确，即无章程约定的情况下，应按认缴出资比例行使表决权。

2. 基于上述规定，瑕疵出资股东可能会利用认缴出资比例行使表决权来侵害其他股东权益。对此风险，可在章程中约定对欠缴出资股东的表决权进行适当限制。另外，2023年修订的《公司法》新增了股东失权制度有关规定，董事会应向股东发出书面催缴书催缴出资，宽限期满仍未缴纳出资的，该股东丧失其未缴纳出资的股权。可以想见，对于瑕疵出资股东利用认缴出资比例行使表决权侵害其他股东权益的问题，新公司法出台后，公司及其他股东会有更多应对之策。

3. 应谨慎通过章程来设计公司的表决权行使制度，表决权行使方式对公司治理与运行影响深远。中小企业股东在制定章程时一方面可以重点关注表决权、分红等条款。另一方面，确有特殊需要的，可以在咨询专业人士后拟定公司章程。

相关法律规定

《中华人民共和国民法典》

第一百四十三条 具备下列条件的民事法律行为有效：

（一）行为人具有相应的民事行为能力；

（二）意思表示真实；

（三）不违反法律、行政法规的强制性规定，不违背公序良俗。

《中华人民共和国公司法》（2023年修订）

第六十五条 股东会会议由股东按照出资比例行使表决权；但是，公司章程另有规定的除外。

第六十六条 股东会的议事方式和表决程序，除本法有规定的外，由公司章程规定。

股东会作出决议，应当经代表过半数表决权的股东通过。

股东会作出修改公司章程、增加或者减少注册资本的决议，以及公司合并、分立、解散或者变更公司形式的决议，应当经代表三分之二以上表决权的股东通过。

《中华人民共和国公司法》（2018年修正，已被修订）

第四十二条 股东会会议由股东按照出资比例行使表决权；但是，公司章程另有规定的除外。

第四十三条 股东会的议事方式和表决程序，除本法有规定的外，由公司章程规定。

股东会会议作出修改公司章程、增加或者减少注册资本的决议，以及公司合并、分立、解散或者变更公司形式的决议，必须经代表三分之二以上表决权的股东通过。

《全国法院民商事审判工作会议纪要》

7.【表决权能否受限】股东认缴的出资未届履行期限，对未缴纳部分的出资是否享有以及如何行使表决权等问题，应当根据公司章程来确定。公司章程没有规定的，应当按照认缴出资的比例确定。如果股东（大）会作出不按认缴出资比例而按实际出资比例或者其他标准确定表决权的决议，股东请求确认决议无效的，人民法院应当审查该决议是否符合修改公司章程所要求的表决程序，即必须经代表三分之二以上表决权的股东通过。符合的，人民法院不予支持；反之，则依法予以支持。

法院判决

以下为巴彦淖尔市（盟）中院就案涉股东会决议是否因违反章程中约定的表决权行使方式而无效的详细论述：

本院认为，有限责任公司召开股东会议并作出决议，应当依照公司法及公司章程的相关规定进行。《公司法》第四十一条第一款规定："召开股东会会议，应当于会议召开十五日前通知全体股东；但是，公司章程另有规定或者全体股东另有约定的除外。"① 2014年7月9日《福某公司章程》第十一条约定,"股东会会议……应当于会议召开十五日以前通知全体股东。"本案所涉2015年9月15日股东会议,于2015年9月11日通知贺某玉,原定于2015年9月28日召开,贺某玉同意提前召开;2015年10月26日股东会议,于2015年10月10日通知贺某玉。两次会议在通知时间上均符合公司法规定和章程约定。

《公司法》第四十二条规定:"股东会会议由股东按照出资比例行使表决权;但是,公司章程另有规定的除外。"② 第四十三条规定:"股东会的议事方式和表决程序,除本法有规定的外,由公司章程规定。股东会会议作出修改公司章程、增加或者减少注册资本的决议,以及公司合并、分立、解散或者变更公司形式的决议,必须经代表三分之二以上表决权的股东通过。"③《公司法》第四十二条前半句规定的"股东会会议由股东按照出资比例行使表决权",为有限责任公司股东行使表决权的一般方法,即一股一权,同股同权;《公司法》第四十二条后半句的但书规定"公司章程另有规定的除外",即为允许有限责任公司在章程中自行约定股东行使表决权的方法。所以,股东行使表决权既可采取比例决的方法,也可在章程中自行约定采取人数决的方法。从公司法上述规定来看,股东会的议事方式和表决程序充分尊重公司章程约定,有限责任公司股东行使表决权的方法可由公司章程自行约定;公司章程未约定的,股东按照出资比例行使表决权。《公司法》第四十三条第二款的规定,与第四十二条规定互相衔接,因此该款中"代表三分之二以上表决权的股东"中的"表决权",既包括比例决,还包括章程约定的人数决,而非仅指比例决。

综上,2014年7月9日《福某公司章程》第十六条"股东会会议作出修改公司章程……的决议,必须经代表三分之二以上股东人数表决通过"的约定并不违法,福某公司、张某山上诉称修改前公司章程第十六条违反了《公司法》第四十三条第二款规定的上诉主张属对法律理解有误。福某公司、张某山称公司股东是四人、五人时适用按人数决,两人股东不适用按人数决的上诉主张缺乏法律依据,不予支持。修改前公司章程第十六条约定内容具有法律效力,对双方当事人均有约束力。

2015年9月15日股东会议决议,因系对修改公司章程作出,其未达到公司

---

① 《公司法》已修改,现相关规定见《公司法》(2023年修订)第六十四条。
② 《公司法》已修改,现相关规定见《公司法》(2023年修订)第六十五条。
③ 《公司法》已修改,现相关规定见《公司法》(2023年修订)第六十六条。

章程约定的"股东会会议作出修改公司章程……的决议,必须经代表三分之二以上股东人数表决通过"的条件,故无效,针对该股东会议所作的章程修正案也无效。2015年10月26日股东会议决议,系依据修改后的章程作出,章程修正案无效,其亦无效。

延伸阅读

在检索大量类案的基础上,笔者总结相关裁判规则如下,供读者参考。

(一)公司可以通过公司章程或股东会决议对瑕疵出资股东的表决权进行合理限制。

案例1:俞某根与南京云某科技实业有限公司、华某平股东会决议效力纠纷上诉案【江苏省南京市中级人民法院(2012)宁商终字第991号】

表决权作为股东参与公司管理的经济民主权利,原则上属于共益权,但又具有一定的特殊性,股东通过资本多数决的表决权机制选择或罢免董事、确立公司的运营方式、决策重大事项等,借以实现对公司的有效管理和控制,其中也包括控制公司财产权,故表决权实质上是一种控制权,同时亦兼有保障自益权行使和实现之功能,具有工具性质。如果让未尽出资义务的股东通过行使表决权控制公司,不仅不符合权利与义务对等、利益与风险一致的原则,也不利于公司的长远发展。因此,公司通过公司章程或股东会决议对瑕疵出资股东的表决权进行合理限制,更能体现法律的公平公正,亦符合公司法和司法解释有关规定之立法精神,可以得到支持。

(二)章程中规定股东与表决事项存在利害关系时排除其表决权的条款有效。

案例2:李某明与某市住宅建筑工程有限公司二审民事判决书【浙江省金华市中级人民法院(2016)浙07民终2331号】

关于涉案股东会第(四)项决议,该决议涉及股东表决权排除(又称表决权回避)规则,即当某一股东与股东大会讨论表决的事项有特别利害关系时,该股东不得就其持有的股份行使表决权。《公司法》第十六条规定了公司为公司股东或者实际控制人提供担保的,必须经股东会决议,该股东或该受实际控制人控制的股东不得参与表决。①虽然除上述规定以外,公司法没有再明确规定其他的表决权排除情形,但并不意味着法律法规未规定的情形就不能适用股东表决权排除规则,如果出现大股东滥用资本多数决规则损害公司利益和少数股东的利益

---

① 《公司法》已修改,现相关规定见《公司法》(2023年修正)第十五条第二款、第三款。

的，仍应适用该规则。涉案股东会第（四）项决议表决的事项为公司向股东及股东的实际控制人支付利息的事项，该事项与相关股东存在利害关系，在表决中排除利害股东的表决权，是符合法律规定的。

（三）股东会就解除股东资格事项进行表决时，该拟被除名股东不得就其持有的股权行使表决权。

案例3：宋某祥、上海万某国际贸易有限公司与杭州豪某贸易有限公司公司决议效力确认纠纷上诉案【上海市第二中级人民法院（2014）沪二中民四（商）终字第1261号】

本院认为，《公司法司法解释（三）》[①] 第十七条规定的股东除名权是公司为消除不履行义务的股东对公司和其他股东所产生不利影响而享有的一种法定权能，是不以征求被除名股东的意思为前提和基础的。在特定情形下，股东除名决议作出时，会涉及被除名股东可能操纵表决权的情形。故当某一股东与股东会讨论的决议事项有特别利害关系时，该股东不得就其持有的股权行使表决权。本案中，豪某公司是持有万某公司99%股权的大股东，万某公司召开系争股东会会议前通知了豪某公司参加会议，并由其委托的代理人在会议上进行了申辩和提出反对意见，已尽到了对拟被除名股东权利的保护。但如前所述，豪某公司在系争决议表决时，其所持股权对应的表决权应被排除在外。本院认为，本案系争除名决议已获除豪某公司以外的其他股东一致表决同意系争决议内容，即以100%表决权同意并通过，故万某公司2014年3月25日作出的股东会决议应属有效。

019 股份公司章程中股份转让限制性条款是否有效？

阅读提示

2023年修订的《公司法》第一百五十七条明确规定股份有限公司章程对股份转让有规定的，应按章程规定转让，本文在此通过最高人民法院的一则经典案例，对章程规定股份转让之问题进行分析。

---

① 即《最高人民法院关于适用〈中华人民共和国公司法〉若干问题的规定（三）》。

裁判要旨

股份公司章程中载有股东对外转让股份应当事先取得其他股东一致同意、其他股东享有优先购买权、同售权等约定的，公司及股东应当遵守并达成上述公司章程约定后再转让股份。否则，相关股份转让行为不对公司发生法律效力，受让人可在充分履行公司章程规定的条件后再主张权利。

案情简介 ①

（一）梦某星河能源股份有限公司（以下简称梦某公司）股东为梦某集团、天某星公司、风某公司、梦某投资和孙某，公司章程规定：股东向股东之外第三方转让股份的，应事先取得其他股东一致同意，且其他股东享有优先购买权和同售权。

（二）2018年4月28日，梦某集团向其他股东发出《股权转让通知》，但其他股东未作出同意转让和放弃优先购买权、同售权的意思表示。

（三）2018年5月7日，梦某集团与张家港保税区千某投资贸易有限公司（以下简称千某投资公司）签订案涉股转协议，约定将梦某集团持有的梦某公司4.29%股份转让给后者。

（四）2019年1月，千某投资公司诉至法院，要求梦某公司为其办理股东变更登记。黑龙江高院一审和最高人民法院二审均认为，梦某集团未达成章程规定的条件即转让股权，故案涉股转协议对梦某公司未发生法律效力。

裁判要点

本案的核心争议在于，未达成公司章程中股权转让限制性条件即转让股权的效力如何，对此，最高人民法院认为：公司章程是关于公司组织和行为的自治规则，是公司的行为准则，对公司具有约束力。公司章程又具有契约的性质，体现了股东的共同意志，对公司股东也具有约束力。因此，公司及股东应当遵守和执行公司章程。

股东对外转让股份应保障公司章程中规定的其他股东相应权利的行使，虽然此种权利并不一定属于法定要求，但由于公司章程既是公司的行为准则，又具有

---

① 案件来源：张家港保税区千某投资贸易有限公司、梦某星河能源股份有限公司股东资格确认纠纷二审民事判决书【最高人民法院（2020）最高法民终1224号】。

契约的性质，能够体现股东的共同意志，因此对公司与公司股东都具有约束力，故在股份转让条件尚未成就的情况下，该股份转让行为不对公司发生法律效力，受让人可在充分履行公司章程规定的条件后再请求公司确认其股东资格并为其办理工商变更登记手续。

实务经验总结

1. 完成股份转让行为不仅需要符合法律要求，还要符合公司章程的规定。虽然对于股份公司而言，资合性强，法律原则上允许股份自由转让，但公司章程作为股东共同意志的体现仍应当被遵守和执行，因此如果未达成章程规定的条件即合意转让股份的，该转让合意可能不对公司发生效力，导致受让人无法顺利办理股东变更登记。

2. 虽然司法实践中允许公司章程对股权转让作出限制性规定，但该限制性规定违法或违反公司法原理时，应属无效。实务中应避免在公司章程中约定禁止对外转让等对股权转让构成实质性障碍的条款，以防被认定无效。

3. 对于法定或公司章程约定的其他股东拥有的优先购买权等权利，转让股权时应确保实质通知到其他全部股东。优先购买权等权利非根据股权比例大小或股份份额多少而有无，实务中如果仅通知大股东行使权利，而未实质通知到小股东，同样会导致股权转让条件未达成，从而造成股权转让合同的实际履行障碍。

相关法律规定

《中华人民共和国公司法》（2023年修订）

第八十四条 有限责任公司的股东之间可以相互转让其全部或者部分股权。

股东向股东以外的人转让股权的，应当将股权转让的数量、价格、支付方式和期限等事项书面通知其他股东，其他股东在同等条件下有优先购买权。股东自接到书面通知之日起三十日内未答复的，视为放弃优先购买权。两个以上股东行使优先购买权的，协商确定各自的购买比例；协商不成的，按照转让时各自的出资比例行使优先购买权。

公司章程对股权转让另有规定的，从其规定。

第一百五十七条 股份有限公司的股东持有的股份可以向其他股东转让，也可以向股东以外的人转让；公司章程对股份转让有限制的，其转让按照公司章程的规定进行。

《中华人民共和国公司法》（2018 年修正，已被修订）

第十一条　设立公司必须依法制定公司章程。公司章程对公司、股东、董事、监事、高级管理人员具有约束力。

第二十条第一款　公司股东应当遵守法律、行政法规和公司章程，依法行使股东权利，不得滥用股东权利损害公司或者其他股东的利益；不得滥用公司法人独立地位和股东有限责任损害公司债权人的利益。

第七十一条　有限责任公司的股东之间可以相互转让其全部或者部分股权。

股东向股东以外的人转让股权，应当经其他股东过半数同意。股东应就其股权转让事项书面通知其他股东征求同意，其他股东自接到书面通知之日起满三十日未答复的，视为同意转让。其他股东半数以上不同意转让的，不同意的股东应当购买该转让的股权；不购买的，视为同意转让。

经股东同意转让的股权，在同等条件下，其他股东有优先购买权。两个以上股东主张行使优先购买权的，协商确定各自的购买比例；协商不成的，按照转让时各自的出资比例行使优先购买权。

公司章程对股权转让另有规定的，从其规定。

第一百三十七条　股东持有的股份可以依法转让。

《上市公司治理准则》（2018 年修订）

第七条　股东依照法律法规和公司章程享有权利并承担义务。

上市公司章程、股东大会决议或者董事会决议等应当依法合规，不得剥夺或者限制股东的法定权利。

法院判决

以下为最高人民法院就千某投资公司是否有权要求梦某公司确认其股东身份并为其办理股东变更登记的详细论述：

修改后的梦某公司章程第二十四条共有四款，第一款规定了股份可以转让，前提为"依法"；第二款规定了股东对外转让股份，应取得其他股东同意，且为"事先""一致"；第三款规定了其他股东享有"优先受让权"即《中华人民共和国公司法》规定的"优先购买权"；第四款规定了其他股东享有"同售权"。根据以上章程规定，梦某集团公司对外转让股份，应保障其他股东"优先购买权""同售权"的行使，且应无法定限制或其他股东正当事由否定。结合本案查明事

实,梦某集团股份转让条件尚未成就。具体理由如下:

首先,本案中,现无证据显示梦某集团在对外转让股份前曾事先与其他股东充分协商,梦某集团在 2018 年 4 月 28 日发出《股权转让通知》时直接确定了对外转让价格,天某星公司、风某公司、梦某公司在收到通知后,于 2018 年 5 月 24 日明确回函,考虑到梦某集团向梦某公司借款且该款可能产生抽取其公司注册资本的实质后果,不符合《中华人民共和国公司法》关于资本维持原则的基本精神,存在法定障碍,要求梦某集团清除该障碍,并召开股东大会表决。该理由合理、正当,梦某集团该时点并未解决该问题并及时提请股东大会讨论;其次,2018 年 4 月 28 日《股权转让通知》所称股份受让对象为"沙钢集团",与实际受让主体千某投资公司不一致,虽然千某投资公司主张梦某集团于 2019 年 1 月分别向天某星公司、风某公司、梦某投资寄出的落款日期为 2018 年 4 月 28 日的《股份转让通知》,明确主体问题,但该通知内容属于告知股份转让,并非与其他股东商讨行使优先购买权或同售权,形式并不完备;最后,本案中,梦某公司股东为梦某集团、天某星公司、风某公司、梦某投资、孙某,但无论是 2018 年 4 月 28 日通知抑或 2019 年 1 月通知,均无证据显示梦某集团已实质通知到小股东孙某,并不符合章程第二十四条规定的"一致"要求。因此,千某投资公司虽主张其与梦某集团签订的《股权转让协议》已对梦某公司以及公司其他股东发生法律效力,但在现有情况下,其履行情况尚不符合公司章程第二十四条的规定,其可待充分履行章程规定的条件后再行主张权利。

延伸阅读

在检索大量类案的基础上,笔者总结相关裁判规则如下,供读者参考。

(一)转让股权违反公司章程约定的,公司有权对该股权转让行为不予认可并拒绝为受让人办理股权变更程序,此时受让人不是公司法意义上的股东,不能要求公司直接向其支付分红款。

案例 1:河南昌某企业管理咨询有限公司、河南平某纺织集团股份有限公司等股权转让纠纷民事申请再审审查民事裁定书【最高人民法院(2021)最高法民申 6526 号】

记载于股东名册的股东才可以向公司行使股东权利。昌某公司虽与平某集团签订股权转让协议,平某集团认可其将碧某公司 11.76% 的股权转让给了昌某公司,但平某集团向昌某公司转让股权违反了碧某公司章程的约定,碧某公司对股权转让不予认可，昌某公司也未提供工商登记、股东名册等能够证明其股东身份的证明文件，因此原审判决认定昌某公司并不是公司法意义上的股东，其主张碧某公司直接向其支付分红款的理由不成立，并无不当。

（二）公司章程规定了股权转让条件的，无论章程是否备案，股东转让股权时都应受章程约束。

案例2：北京庄某房地产开发有限公司与信某投资有限公司、北京信某置业有限公司等合同纠纷再审民事判决书【最高人民法院（2020）最高法民再15号】

项目公司章程是双方签署的一个重要文件。信某投资与庄某公司于2009年和2010年签署了两份项目公司章程，主要内容是一致的。其中，关于股权转让问题，两份章程都明确规定：除非得到对方的同意，并经审批机关批准，任何一方都不得将其认缴的出资额全部或者部分转让给公司股东以外的第三人。如对方不同意转让，应当购买该转让的出资，如果不购买该转让的出资，视为同意转让。一方转让时，对方在同等条件下享有优先购买权。关于章程的生效时间，章程明确规定：章程自双方签字盖章之日起生效。章程是信某投资与庄某公司双方的真实意思表示，章程关于股权转让的约定依法适用于双方当事人，庄某公司不仅签署了章程，而且作为事实上的股东，应当遵守章程的约定，受章程的约束。从章程适用的时间来看，章程自双方签字盖章之日起生效，即意味着章程不仅适用于工商变更登记后，也适用于工商变更登记前。信某投资对外转让股权时提前一个月通知庄某公司，庄某公司虽然表示反对，但并没有提出购买，按照章程，应视为同意转让。二审认为庄某公司不是股东不适用章程，与事实不符，也与章程的规定不符，再审予以纠正。

（三）公司章程对股权转让的限制是有边界的，当章程约定违反法律侵害了股东合法权益时应属无效。

案例3：赵某、昆明仟某营养食品科研开发有限公司公司决议效力确认纠纷二审民事判决书【云南省昆明市中级人民法院（2017）云01民终2233号】

本院认为，《公司法》第七十一条第四款[①]虽然规定有限责任公司章程对股权转让另有规定的从其规定，但章程规定不能违反法律规定，损害股东的合法权利。股权就其性质而言具备股东财产权性质，因此股权对应的财产权利依法应当受到保护。《公司法》虽然基于有限责任公司人合性的因素赋予了公司章程对股权转让可以作出特殊规定，但如果章程规定违反法律规定侵害到股东合法权益的

[①] 《公司法》已修改，现相关规定见《公司法》（2023年修订）第八十四条第四款。

应当无效。仟某公司 2011 年 10 月 28 日股东会对公司章程第二十一条修订内容仅规定了，除非公司 100% 股东同意，否则禁止公司股东对外转让股权。对于无法达到 100% 股东同意的条件下，禁止股东对外转让股权的同时，并未规定任何救济途径，严重损害了股东对其股份对应财产权的基本处分权；况且在形成该项内容时，本案上诉人赵某并未参加股东会表决，事后也未进行追认。因此，该条款因违反法律规定，损害股东合法权利而无效。

（四）股东优先购买权的行使与否，不影响股权出让人与受让人之间股权转让协议的效力，只影响该协议能否实际履行。

案例 4：张某与狮某公司等股东优先购买权纠纷上诉案民事判决书【重庆市高级人民法院（2011）渝高法民终字第 266 号】

关于狮某公司等 19 名股东与重庆市南川区方某投资有限公司签订的股权转让协议的效力问题。股东优先购买权的行使与否不影响其他股东与非股东第三人间股权转让协议的效力，只影响该协议能否实际履行。即股权转让协议是否有效应当按照该协议自身的内容根据合同法关于合同效力的规定加以认定，即便优先权股东行使了优先购买权，只要该协议本身符合合同法规定的合同有效要件，协议仍为有效。本案中，狮某公司等 19 名转让股东与南川区方某公司签订的股权转让协议并不违反法律法规的规定，是合法有效的。张某优先购买权的行使不影响该转让协议的效力，只影响该转让协议能否得以实际履行。因此张某要求确认上述协议无效的请求不能成立，本院不予支持。

020 章程规定股东死亡后继承人只能继承部分股东权利合法吗？

阅读提示

公司章程是依法制定的自治性规则，其自治以不能违反公司法强制规范为边界。如章程规定股东死亡后继承人只能继承部分股东权利，而不能继承表决权、新增资本认缴权等股东权利的，是否有效？本文在此通过一则经典案例，对上述问题进行分析。

裁判要旨

章程的自治性是相对的，以不违反法律、行政法规的强制性规范为前提。规定股东死亡后继承人只能继承部分股东实际上剥夺了股东的法定基本权利，应属无效。

案情简介 ①

（一）2006 年 7 月 29 日，上海康某化工有限公司召开股东会修改了公司章程，规定股东死亡后继承人只能继承部分股东权利。

（二）童某芳等 13 名股东诉至法院，认为上述章程条款内容因违法而无效。

（三）上海市浦东新区人民法院一审认为修改后的公司章程与法律规定有明显冲突，应认定为无效。

（四）上海一中院二审维持原判：该院二审认为股东的表决权、分红权等是股东基本权利，修改后的公司章程显然限制了该等法定权利，应属无效。

裁判要点

本案的核心争议在于，章程规定股东死亡后继承人只能继承部分股东权利是否合法有效，对此，上海一中院认为：

首先，公司法为纯粹的私法的观点已经不再得到普遍认同，其中具有大量强制性规范。因为公司章程自治过程中，当事人的理性是有限的、信息是不完全的，因此可能导致公司治理中的合理的"压迫"，故公司法中除任意性规范外，也有一些强制性规范来维护实质公平，公司章程必须符合这些强制性规范，否则将面临因违法而无效。

其次，股东权分为自益权和他益权，均为股东的法定权利，原则上不受剥夺。规定股东死亡后继承人只能继承部分股东权利的章程条款，实际上剥夺了继承人在股东会上的表决权以及其他股东权利，使得其面对大股东侵权时的救济手段随之丧失，自身权益无法保障，故应认定为因违法而无效。

---

① 案件来源：童某芳等诉上海康某化工有限公司股东权案【（2007）沪一中民三（商）终字第 172 号】。

实务经验总结

1. 公司章程既是公司的行为准则，亦具有契约性质对股东发生约束力。公司章程可以对公司治理、增资、解散等事务作出不同于公司法的规定，且股东应当遵守。因此，在起草、修改公司章程时，尤其小股东应尤其注意章程中有关表决、分红的条款，防止大股东利用优势地位排除小股东对公司重要事务进行表决、监督的权利，从而使小股东陷入无力救济的困境。

2. 章程必须在强制性法律规范范围之内进行自治，而判断法律规范是否系强制性规范并不简单取决于条文中是否有"必须""应当"等用词，而是要从公司法体系、性质、原则、价值等方面进行综合分析。如《公司法》（2023 年修订）第九十条规定可以继承股东资格时，载明"但是，公司章程另有规定的除外"，据此，有观点认为该条规定允许章程对股东权利的继承作出限制性规定，但实际上，股东的自益权与他益权系基本权利，一旦继承人成了股东，就依法享有该等基本权利，否则将面临大股东无所顾忌的侵权，显失公平。

相关法律规定

《中华人民共和国民法典》

第一百五十三条第一款 违反法律、行政法规的强制性规定的民事法律行为无效。但是，该强制性规定不导致该民事法律行为无效的除外。

《中华人民共和国公司法》（2023 年修订）

第二十五条 公司股东会、董事会的决议内容违反法律、行政法规的无效。

第六十五条 股东会会议由股东按照出资比例行使表决权；但是，公司章程另有规定的除外。

第九十条 自然人股东死亡后，其合法继承人可以继承股东资格；但是，公司章程另有规定的除外。

《中华人民共和国公司法》（2018 年修正，已被修订）

第二十二条第一款 公司股东会或者股东大会、董事会的决议内容违反法律、行政法规的无效。

第四十二条 股东会会议由股东按照出资比例行使表决权；但是，公司章程另有规定的除外。

第七十五条 自然人股东死亡后，其合法继承人可以继承股东资格；但是，公司章程另有规定的除外。

法院判决

以下为上海一中院就上海康某化工有限公司修改后的公司章程是否有效的详细论述：

《公司法》第七十六条规定："自然人股东死亡后，其合法继承人可以继承股东资格；但是，公司章程另有规定的除外。"① 法院认为，基于公司所具有的人合性，法律允许公司章程对已故股东的继承人成为公司股东设置一定的限制条件。然而一旦章程规定继承人可以继承死亡股东的股东资格，则该继受取得资格的股东就应当依法享有法律所赋予的股东权利，而不应当对其股东权利加以随意限制。

《公司法》第四十三条规定："股东会会议由股东按照出资比例行使表决权；但是，公司章程另有规定的除外。"② 股东会会议是股东表达自己意志的场所，股东在股东会上有表决权，这是股东基于投资人特定的地位对公司的有关事项发表意见的基本权利。法律赋予公司章程自治权，即公司章程可以规定另外的行使表决权的方式，但并不能因此剥夺股东行使表决权的权利。现修改后的公司章程第二十四条第（二）项、第（三）项显然剥夺了继承股东的上述权利，违反法律的规定，应当确认无效。

延伸阅读

在检索大量类案的基础上，笔者总结相关裁判规则如下，供读者参考。

（一）章程对股份继承没有特殊规定的，继承人可以依据《公司法》规定(2023年修订《公司法》第九十条)继承股东资格，而无须征得其他股东同意。

案例1：北京市宝某模板租赁有限责任公司与惠某明、惠某东等股东资格确认纠纷二审民事判决书【北京市第一中级人民法院（2017）京01民终5555号】本院认为，《中华人民共和国公司法》第七十五条规定："自然人股东死亡后，其合法继承人可以继承股东资格；但是，公司章程另有规定的除外。"③ 宝

---

① 《公司法》已修改，现相关规定见《公司法》（2023年修订）第九十条。
② 《公司法》已修改，现相关规定见《公司法》（2023年修订）第六十五条。
③ 《公司法》已修改，现相关规定见《公司法》（2023年修订）第九十条。

某公司在章程中未对自然人股东死亡后继承人的继承事宜进行规定，故李某文、惠某东、惠某明、惠某平作为宝某公司原股东惠某亭的合法继承人，有权继承惠某亭的股东资格。一审法院对此认定并无不当，本院予以维持。现宝某公司上诉称李某文、惠某东、惠某明、惠某平进入公司会对公司人合性造成破坏，其不能当然取得股东资格，该上诉主张缺乏事实与法律依据，本院不予支持。综上，宝某公司的上诉理由不能成立，对其上诉请求本院不予支持。一审判决认定事实清楚，适用法律正确，判决结果并无不当，应予维持。

（二）章程规定股东辞职、调离或死亡后，公司回购其股份的，应当明确载明该等回购事由。如使用"其他原因"等模糊用词的，不应作扩大解释。

案例2：南京富某商贸实业有限责任公司与刘某莉与公司有关的纠纷再审复查与审判监督民事裁定书【江苏省高级人民法院（2014）苏审三商申字第00320号】

《中华人民共和国公司法》第七十六条规定，自然人股东死亡后，其合法继承人可以继承股东资格；但是，公司章程另有规定的除外。① 该条规定了股权继承的一般原则，即自然人股东的合法继承人可以继承股东资格，同时为了维持公司的人和性，允许公司章程就此作出另外规定。本案中，首先，富某公司的章程对股东资格的继承未作出明确的另外规定，说明公司在章程制定及修改时就股东资格继承未作出公司人和性方面的特别要求。其次，富某公司2004版章程第二十一条"股东如调离、辞职或其他原因离开公司，公司对其持有的股份，按公司章程中所规定的其股份原值进行回购"，并未将股东死亡的情形列举其中，对于"其他原因"离开公司是否包括死亡，富某公司亦未以任何书面形式向股东说明。富某公司提供的四位股东的证明，系在本案诉讼期间形成，且与本案有利害关系，不能证明在2004版章程制定时对"其他原因"包括死亡作出明确规定。2004版章程第二十一条系限制股东合法权利的条款，对条款文义不明之处不宜作扩大解释适用。因此，一、二审判决认定"其他原因"不包括死亡情形，确认汪某某名下的富某公司股权归其妻刘某莉所有并无不当。富某公司提供的2014年4月23日的股东临时会议决议系在本案二审判决后形成，非本案审查范围。

（三）股东死亡后，公司才修改章程限制股东资格继承的，不应适用于该死亡股东。

案例3：上海良某有线电视有限公司与陶某平股东权纠纷上诉案【上海市第

---

① 《公司法》已修改，现相关规定见《公司法》（2023年修订）第九十条。

二中级人民法院（2006）沪二中民三（商）终字第243号】

本案中，良某公司于2005年8月29日召开股东大会形成的"上海良某有线电视有限公司章程修改（草案）"，虽规定"股东死亡后，继承人可以依法获得其股份财产权益，但不当然获得股东身份权。须经代表二分之一以上表决权的其他股东同意，方能获得股东身份权"，但一则该章程是在发生陶某平股权继承纠纷之后才修改的，并不能适用于该股权的继承，而继承发生时适用的公司章程对股东资格继承的问题并没有加以限制；二则股东会表决时，本案系争的陶某平生前持有的43.36%股份无人代表行使，而原公司章程载明："对修改公司章程作出决议，必须经代表三分之二以上表决权的股东通过"；三则修改后的章程未在工商部门进行变更登记，而按照原公司章程第三十八条的规定，"新章程须经上海市工商行政管理局虹口分局审查同意方能生效"，故该修改后的章程不产生约束力，不属于现行《公司法》第七十六条①规定的"公司章程另有规定的除外"的情形。

021 股东大会决议部分议案被撤销不影响其他部分效力

阅读提示

股东大会决议中包括多项议案的，其中部分议案效力存在瑕疵被撤销，其他议案能否单独合法有效？本文在此通过北京市高级人民法院的一则案例，对上述问题进行分析。

裁判要旨

人民法院对股东大会决议中部分议案违反公司章程可被撤销的认定，不应及于其他议案的效力，其他议案不存在足以被撤销的法定事由的，依法有效。

案情简介 ②

（一）2000年12月4日，中某招商投资管理集团股份有限公司（以下简称

---

① 《公司法》已修改，现相关规定见《公司法》（2023年修订）第九十条。
② 案件来源：中某招商投资管理集团股份有限公司与北京中某鼎新投资管理有限公司公司决议撤销纠纷再审民事判决书【北京市高级人民法院（2021）京民再160号】。

中某公司）成立（非上市股份有限公司），该公司章程第三十六条第三款规定：公司不得委托股东及关联方进行投资活动。

（二）2019年6月30日，中某公司作出案涉股东大会决议，包括议案1至议案8。其中议案8内容为中某公司委托子公司中某保理公司向关联方云某公司购买理财产品。

（三）中某公司的股东北京中某鼎新投资管理有限公司（以下简称中某鼎新公司）因此诉至法院，以案涉股东大会决议内容违反公司章程为由，请求撤销该决议。

（四）朝阳法院一审和北京三中院二审均认为，议案8违反公司章程第三十六条规定，故案涉股东大会决议整体应予撤销。

（五）中某公司不服，向北京市高级人民法院申请再审。北京市高级人民法院认为，议案8内容违反公司章程应予撤销，但议案1至议案7合法合章程，故依然有效。

裁判要点

本案的核心争议在于，股东大会决议部分内容效力存在瑕疵是否影响其他部分内容效力。

本案中，朝阳法院和北京三中院认为，根据《公司法》第二十二条规定，股东大会的决议内容违反公司章程的可撤销，[①] 因此中某公司关于即便议案8存在可撤销事由，亦不应当因此撤销全部决议的上诉意见缺乏事实和法律依据，不应予以支持。

北京市高级人民法院再审则认为，案涉股东大会决议中8项议案相对独立，议案8内容违反《公司章程》的规定应予撤销的认定不应及于其他议案的效力，其他7项议案仍属有效。

实务经验总结

1. 对于控股股东而言，其亦应当通过合法途径来参与公司经营管理。具体而言，就是通过股东会或股东大会决议的形式决定公司的经营方针和人员构成。因此相关决议作出的程序、表决比例和决议事项等一定要符合公司法和公司章程

[①] 《公司法》已修改，现相关规定见《公司法》（2023年修订）第二十六条第一款。

的规定,避免决议效力产生瑕疵,使本具有的控股优势反而转向劣势。

2. 在控股股东利用控制地位通过违反公司章程规定的决议时,其他股东享有的是请求人民法院撤销该决议的权利,该权利应自决议作出之日起60日内行使(未被通知参加股东会会议的股东自知道或者应当知道股东会决议作出之日起60日内),超过该期间后其他股东无权再请求撤销该决议。

相关法律规定

《中华人民共和国民法典》

第一百五十六条 民事法律行为部分无效,不影响其他部分效力的,其他部分仍然有效。

《中华人民共和国公司法》(2023年修订)

第二十五条 公司股东会、董事会的决议内容违反法律、行政法规的无效。

第二十六条 公司股东会、董事会的会议召集程序、表决方式违反法律、行政法规或者公司章程,或者决议内容违反公司章程的,股东自决议作出之日起六十日内,可以请求人民法院撤销。但是,股东会、董事会的会议召集程序或者表决方式仅有轻微瑕疵,对决议未产生实质影响的除外。

未被通知参加股东会会议的股东自知道或者应当知道股东会决议作出之日起六十日内,可以请求人民法院撤销;自决议作出之日起一年内没有行使撤销权的,撤销权消灭。

《中华人民共和国公司法》(2018年修正,已被修订)

第二十二条第一款、第二款 公司股东会或者股东大会、董事会的决议内容违反法律、行政法规的无效。

股东会或者股东大会、董事会的会议召集程序、表决方式违反法律、行政法规或者公司章程,或者决议内容违反公司章程的,股东可以自决议作出之日起六十日内,请求人民法院撤销。

法院判决

以下为北京市高级人民法院就案涉股东大会决议是否应被撤销的详细论述:

本院再审认为,《公司法》第二十二条第二款规定:"股东会或者股东大会、董事会的召集程序、表决方式违反法律、行政法规或者公司章程,或者决议内容违反公司章程的，股东可以自决议作出之日起六十日内，请求人民法院撤销。"①公司决议内容违反公司章程属于对公司股东之间合意的违背，《公司法》赋予股东对公司决议撤销之诉的权利，旨在通过司法救济维护正当的公司治理，矫正因决议存在瑕疵而损及公司整体利益，进而影响到股东利益。结合当事人的再审诉辩意见及本院再审查明事实，本案再审的焦点为议案8是否应被撤销。

本案中，中某鼎新公司主张议案8违反中某公司《公司章程》第三十六条第三项之规定，进而要求撤销股东大会决议，其实质系认为议案8所涉关联交易之一的中某保理公司向云某公司购买理财产品和委托投资占用了中某公司的资金。中某公司对此予以否认。本院认为，首先，依据《最高人民法院关于适用〈中华人民共和国民事诉讼法〉的解释》第九十条"当事人对自己提出的诉讼请求所依据的事实或者反驳对方诉讼请求所依据的事实，应当提供证据加以证明，但法律另有规定的除外。在作出判决前，当事人未能提供证据或者证据不足以证明其事实主张的，由负有举证证明责任的当事人承担不利的后果"的规定，中某公司应对其主张承担举证责任。其次，《公司法》第五十七条第二款规定："本法所称一人有限责任公司，是指只有一个自然人股东或者一个法人股东的有限责任公司。"中某公司《2018年年度股东大会决议》作出时，中某保理公司系中某公司的全资子公司，其全部资本均由中某公司出资形成，属于典型的"一人公司"。中某公司作为中某保理公司的单一股东，不但享有有限责任的利益，而且拥有对中某保理公司经营及财产支配的绝对权利，中某公司股东的决策对中某保理公司具有重要影响。因此，中某公司亦负有提交有效证据证明其与中某保理公司的财产相对独立的义务。但在本案历经的一审、二审直至再审诉讼程序中，中某公司始终未提交有效证据证明上述关联交易的资金来源，且相关陈述前后不一，故中某公司应承担举证不能的法律后果。在中某公司未提供有效证据证明上述关联交易并未占用其公司资金的情况下，原审法院对议案8的内容违反中某公司《公司章程》第三十六条第三项的规定依法应予撤销的认定，并无不当。

同时，中某公司《2018年年度股东大会决议》通过8项议案，除议案8系关于追认关联交易的议案外，其他7项议案分别涉及中某公司年度报告、内设机构工作报告、财务决算、利润分配、聘请会计师事务所以及公司章程的修订。鉴于中某公司《2018年年度股东大会决议》的8项议案相对独立，对议案8内容违反《公司章程》的规定应予撤销的认定不应及于其他议案的效力，且其他议

---

① 《公司法》已修改，现相关规定见《公司法》（2023年修订）第二十六条第一款。

案亦不存在足以被撤销的法定事由，故本院对原审法院有关撤销中某公司于 2019 年 6 月 30 日作出的股东大会决议的判决予以纠正。

延伸阅读

在检索大量类案的基础上，笔者总结相关裁判规则如下，供读者参考。

股东会或股东大会决议部分内容存在瑕疵，不影响其他部分内容的效力。

案例 1：甘肃农垦金某农场有限公司、金某水泥（集团）有限责任公司公司决议效力确认纠纷再审审查与审判监督民事裁定书【最高人民法院（2021）最高法民申 3524 号】

根据本案现有证据，金某水泥公司增资包括两部分，一部分为金某水泥公司组建时 J 市国资委所出资两宗土地增值的 187.74 万元，另一部分为金某水泥公司组建后陆续划拨给金某水泥公司价值 3866.32 万元的六宗国有土地。鉴于金某水泥公司组建时 J 市国资委所出资两宗土地使用权已归属于金某水泥公司所有，原审判决认定该部分增值仍属于金某水泥公司财产，并无不当。关于金某水泥公司组建后陆续划拨给金某水泥公司六宗国有土地，经 J 市人民政府批复将该六宗土地的使用权作为 J 市国资委在金某水泥公司的增资。金某水泥公司取得该六宗土地的使用权，J 市国资委应依法享有相应的股东权益。此外，原审判决亦查明，八某农场所提 J 市国资委用以出资的两宗土地，在金某水泥公司增资中不存在重复评估的问题。根据《中华人民共和国民法总则》第一百五十六条关于"民事法律行为部分无效，不影响其他部分效力的，其他部分仍然有效"之规定，① 原审判决认定金某水泥公司于 2014 年 10 月 22 日作出增加注册资本的股东会决议中关于注册资本增加 187.74 万元无效的主张成立、关于确认注册资本增加 3866.32 万元无效的主张不能成立，并无不当。故八某农场的该项再审请求，本院不予支持。

案例 2：上海宝某创赢投资管理有限公司、上海兆某股权投资基金管理有限公司公司决议撤销纠纷二审民事判决书【最高人民法院（2016）最高法民终 582 号】

原审法院认定上海宝某公司、上海兆某公司对银川新某百货 2016 年第一次临时股东大会议案 1—4 以及议案 7 构成关联关系、应当回避表决，认定事实、适用法律均有错误。银川新某百货 2016 年第一次临时股东大会决议通过的第 1—4 项以及第 7 项决议，应予撤销。

---

① 《公司法》已修改，现相关规定见《公司法》（2023 年修订）第一百五十六条。

案例3：绵阳市红某实业有限公司、蒋某洋诉绵阳高新区科某实业有限公司股东会决议效力及公司增资纠纷二审案【最高人民法院（2010）民提字第48号】，《中华人民共和国最高人民法院公报》2011年第3期。

2003年12月16日科某公司作出股东会决议时，现行公司法尚未实施，根据最高人民法院《关于适用〈中华人民共和国公司法〉若干问题的规定（一）》第二条的规定，当时的法律和司法解释没有明确规定的，可参照适用现行公司法的规定。1999年《公司法》第三十三条规定："……公司新增资本时，股东可以优先认缴出资。"根据现行公司法第三十五条的规定，公司新增资本时，股东的优先认缴权应限于其实缴的出资比例。① 2003年12月16日，科某公司作出的股东会决议，在其股东红某公司、蒋某洋明确表示反对的情况下，未给予红某公司和蒋某洋优先认缴出资的选择权，径行以股权多数决的方式通过了由股东以外的第三人陈某高出资800万元认购科某公司全部新增股份615.38万股的决议内容，侵犯了红某公司和蒋某洋按照各自的出资比例优先认缴新增资本的权利，违反了上述法律规定。现行公司法第二十二条第一款规定："公司股东会或者股东大会、董事会的决议内容违反法律、行政法规的无效。"② 根据上述规定，科某公司2003年12月16日股东会议通过的由陈某高出资800万元认购科某公司新增615.38万股股份的决议内容中，涉及新增股份中14.22%和5.81%的部分因分别侵犯了蒋某洋和红某公司的优先认缴权而归于无效，涉及新增股份中79.97%的部分因其他股东以同意或弃权的方式放弃行使优先认缴权而发生法律效力。四川省绵阳市中级人民法院（2006）绵民初字第2号民事判决认定决议全部有效不妥，应予纠正。该股东会将吸纳陈某高为新股东列为一项议题，但该议题中实际包含增资800万元和由陈某高认缴新增出资两个方面的内容，其中由陈某高认缴新增出资的决议内容部分无效并不影响增资决议的效力，科某公司认为上述两个方面的内容不可分割缺乏依据，本院不予支持。

---

① 《公司法》已修改，现相关规定见《公司法》（2023年修订）第二百二十七条。
② 《公司法》已修改，现相关规定见《公司法》（2023年修订）第二十五条。

022 股东会决议伪造股东签名，决议一定无效吗？

阅读提示

股东会决议作出程序或内容上如仅存在轻微瑕疵的，决议依然有效。那么股东会决议伪造股东签名的，能否主张系轻微瑕疵决议仍然有效呢？本文在此通过《人民司法》上所载的一则经典案例，对上述问题进行分析。

裁判要旨

股东会决议上签字虽系伪造但能够证明确为该股东的真实意思表示，且决议没有侵犯该股东的实体权益，也没有违反法律法规和公司章程规定的，则应属轻微瑕疵，该决议仍为有效。

案情简介 ①

（一）2006年6月10日，林某森向汤某公司出具《确认书》，同意尽快将所代持对广州市锦某房地产开发有限公司（以下简称锦某公司）股权转回给实际股东汤某公司。

（二）2006年6月13日，林某森与汤某公司签订《股东转让出资合同书》约定：林某森同意将其持有的锦某公司股权全部转让给汤某公司并协助办理工商变更登记手续。

（三）锦某公司后向工商管理部门提交了载有林某森签名的《股东会决议》，载明同意上述股权转让。后经鉴定，该签名系伪造。

（四）林某森以《股东会决议》上其签名为伪造，诉至法院请求确认决议无效。广州市荔湾区人民法院一审认为该股东会决议不是林某森的真实意思表示，应属无效。

（五）汤某公司不服，提起上诉。广州中院二审认为，《股东会决议》能够体现林某森的真实意思，其以签名非本人所签否认决议效力的理据不充分，故改

---

① 案件来源：广州市锦某房地产开发有限公司等诉林某森确认纠纷案【广东省广州市中级人民法院（2013）穗中法民二终字第1400号】。

判认定案涉《股东会决议》合法有效。

裁判要点

本案的核心争议在于，股东会决议伪造股东签名，决议是否一定无效，对此，广州中院认为：

首先，案涉《股东会决议》是否侵害了林某森的实体权益。根据《确认书》和《股东转让出资合同书》，林某森确认系为汤某公司代持锦某公司 28% 的股权并同意协助办理转回给汤某公司的工商变更登记手续，与《股东会决议》内容一致，因此《股东会决议》并没有侵害林某森的实体权益。

其次，案涉《股东会决议》作出程序是否符合法律、章程规定。根据锦某公司的章程，股东会由股东按照出资比例行使表决权。而该股东会决议已经持有锦某公司 71% 注册资本的汤某公司以及持有锦某公司 1% 注册资本的股东曾某坚同意。

综上，即使林某森签名系伪造，但该股东会决议系林某森的真实意思表示，且决议没有侵犯该股东的实体权益，也没有违反法律法规和公司章程规定，故依然有效。

实务经验总结

1. 股东会决议的形成属于多方民事法律行为，当形成过程及决议内容存在瑕疵时，可导致决议无效、可撤销或效力待定。存在瑕疵的股东会决议并不当然无效，应由法院基于商事主体经营自由和意思自治的原则谨慎认定。一般而言，决议实体内容违法的股东会决议无效；会议召集程序或者表决方式仅有轻微瑕疵，且对决议未产生实质影响的股东会决议，则一般认定为有效。

2. 对于请求确认股东会决议、董事会决议不成立、无效或者撤销决议的案件，应当列公司为被告，对决议涉及的其他利害关系人，可以依法列为第三人。因为公司决议是以公司名义作出的，所以公司才是适格的被告。

相关法律规定

《中华人民共和国民法典》

第一百四十三条　具备下列条件的民事法律行为有效：

（一）行为人具有相应的民事行为能力；

（二）意思表示真实；

（三）不违反法律、行政法规的强制性规定，不违背公序良俗。

《中华人民共和国公司法》（2023年修订）

第二十一条 公司股东应当遵守法律、行政法规和公司章程，依法行使股东权利，不得滥用股东权利损害公司或者其他股东的利益。

公司股东滥用股东权利给公司或者其他股东造成损失的，应当承担赔偿责任。

第二十五条 公司股东会、董事会的决议内容违反法律、行政法规的无效。

第二十六条 公司股东会、董事会的会议召集程序、表决方式违反法律、行政法规或者公司章程，或者决议内容违反公司章程的，股东自决议作出之日起六十日内，可以请求人民法院撤销。但是，股东会、董事会的会议召集程序或者表决方式仅有轻微瑕疵，对决议未产生实质影响的除外。

未被通知参加股东会会议的股东自知道或者应当知道股东会决议作出之日起六十日内，可以请求人民法院撤销；自决议作出之日起一年内没有行使撤销权的，撤销权消灭。

第六十六条 股东会的议事方式和表决程序，除本法有规定的外，由公司章程规定。

股东会作出决议，应当经代表过半数表决权的股东通过。

股东会作出修改公司章程、增加或者减少注册资本的决议，以及公司合并、分立、解散或者变更公司形式的决议，应当经代表三分之二以上表决权的股东通过。

《中华人民共和国公司法》（2018年修正，已被修订）

第二十条第一款、第二款 公司股东应当遵守法律、行政法规和公司章程，依法行使股东权利，不得滥用股东权利损害公司或者其他股东的利益；不得滥用公司法人独立地位和股东有限责任损害公司债权人的利益。

公司股东滥用股东权利给公司或者其他股东造成损失的，应当依法承担赔偿责任。

第二十二条第一款、第二款 公司股东会或者股东大会、董事会的决议内容违反法律、行政法规的无效。

股东会或者股东大会、董事会的会议召集程序、表决方式违反法律、行政法规或者公司章程，或者决议内容违反公司章程的，股东可以自决议作出之日起六十日内，请求人民法院撤销。

第四十二条 股东会会议由股东按照出资比例行使表决权；但是，公司章程另有规定的除外。

法院判决

以下为广州中院就案涉《股东会决议》是否有效的详细论述：

由于决议的内容主要是涉及林某森所持有的锦某公司的股权转让给其他股东的事宜，涉及林某森个人的实体权益，因此，未经其本人同意，该涉及林某森所持有的股权转让的决议本应对林某森本人不发生法律效力，但根据2006年6月10日林某森和曾某坚向汤某公司共同出具《确认书》以及2006年6月13日汤某公司与林某森签订的《股东转让出资合同书》，林某森确认其名义上持有锦某公司28%的股权并同意将其持有的锦某公司的股份转回给汤某公司，并办理工商变更登记手续。《确认书》以及《股东转让出资合同书》与《股东会决议》的内容一致，林某森已明确表示其同意将其所持有的锦某公司28%的注册资本转给汤某公司，股东会决议并没有侵害林某森的实体权益。况且，根据锦某公司的章程，股东会由股东按照出资比例行使表决权，因此，本案《股东会决议》是否生效应当由股东按照出资比例行使表决权后，按照表决的结果决定决议事项。

在本案中，2006年6月13日锦某公司的《股东会决议》所决议的事项与林某森确认的《确认书》以及《股东转让出资合同书》内容一致，没有侵犯林某森的实体权益，也没有违反法律、行政法规的规定，并且已经持有锦某公司71%注册资本的汤某公司以及持有锦某公司1%注册资本的股东曾某坚同意，因此，虽然该决议上"林某森"的签名非林某森本人的亲笔签名，但仍应为有效决议。一审法院以林某森没有在《股东会决议》上签名，《股东会决议》不是林某森的真实意思表示为由确认《股东会决议》无效的理据不充分，本院依法予以纠正。林某森认为本案《股东会决议》无效的理由不能成立，本院应予驳回。

延伸阅读

在检索大量类案的基础上，笔者总结相关裁判规则如下，供读者参考。

（一）未经依法召开股东会或董事会并作出会议决议，而是由实际控制公司的股东单方召开或虚构公司股东会、董事会及其会议决议的，即使该股东实际享有公司绝大多数股权及相应的表决权，其单方形成的会议决议仍不能具有相应效力。

案例1：三亚保某房地产投资开发有限公司与宝某投资有限公司公司决议撤销纠纷申请再审民事裁定书【最高人民法院（2016）最高法民申300号】

根据原审法院查明的事实，保某公司召开的涉案临时股东会及董事会均存在召集程序瑕疵、表决方式违法、会议内容违反公司章程等情形。本案中，保某公司只有天某公司与宝某公司两个股东，且天某公司为持有90%股份的大股东，在宝某公司未参加临时股东会和董事会的情形下，临时股东会和董事会的召集程序和表决方式应认为存在重大瑕疵，形式上虽有临时股东会决议和董事会决议存在，实质上的临时股东会决议和董事会决议应认为不存在。即未经依法召开股东会或董事会并作出会议决议，而是由实际控制公司的股东单方召开或虚构公司股东会、董事会及其会议决议的，即使该股东实际享有公司绝大多数的股份及相应的表决权，其单方形成的会议决议不能具有相应效力。故再审申请人保某公司关于原审法院认定事实错误、判决逻辑错误的申请理由本院不予支持。

再审申请人保某公司认为原审法院适用法律错误，被申请人宝某公司在超过60日法定除斥期间后起诉撤销股东会决议、董事会决议，其法定的撤销权已经丧失。本院认为，《公司法》第二十二条关于"股东会或者股东大会、董事会的会议召集程序、表决方式违反法律、行政法规或者公司章程，或者决议内容违反公司章程的，股东可以自决议作出之日起60日内，请求人民法院撤销"① 的规定，是针对实际召开的公司股东会的会议决议作出的规定，即在此情况下请求撤销相关会议决议应受60日期限的限制，逾期则不予支持。本案中，相关会议决议均为天某公司单方作出，如前所述，保某公司只有天某公司与宝某公司两个股东，此种情形下相关会议决议不具有相应效力，应认定其实质上并不存在。故宝某公司可以从知道或者应当知道自己的股东权利被侵犯后，在法律规定的诉讼时效内提起诉讼，可以不受《公司法》第二十二条关于股东申请撤销股东会决议期限的限制。故本院对再审申请人保某公司的该申请理由不予支持。

---

① 《公司法》已修改，现相关规定见《公司法》（2023年修订）第二十六条。

（二）伪造股东签名作出股东会决议，侵害了股东的合法权益的，应以该决议非真实合意认定无效。

案例2：北京神某圆通钢筋机械连接技术有限公司诉李某公司决议效力确认纠纷二审民事判决书【北京市第三中级人民法院（2016）京03民终12580号】

有限责任公司通过股东会对变更公司章程内容、决定股权转让等事项作出决议，其实质是公司股东通过参加股东会议行使股东权利、决定变更自身与公司的民事法律关系的过程，因此公司股东实际参与股东会议并作出真实意思表示，是股东会议及其决议有效的必要条件。本案中，2014年3月26日的神某圆通公司第一届第一次股东会决议上李某的签名并非李某本人所签，不是李某的真实意思表示，该股东会决议违反了公司法的规定，侵害了李某的合法权益，一审法院确认该股东会决议无效正确，故本院予以维持。神某圆通公司主张李某不是真实股东，以及李某起诉时已超过诉讼时效，依据不足，本院不予采信。

（三）股东会决议伪造股东签名，但该股东未提出异议且实际执行或接受决议的，视为该股东对他人代为签署决议行为的追认。

案例3：葛某萍与翟某声等公司决议纠纷二审民事判决书【北京市第二中级人民法院（2021）京02民终3541号】

本院认为，虽然赛某广告公司2008年9月1日《第一届第三次股东会决议》及同日《章程修正案》中"葛某萍"签名经笔迹鉴定，意见为与样本签名不是同一人所写，但是根据笔迹鉴定意见，赛某广告公司2010年7月19日《第一届第四次股东会议决议》中"葛某萍"签名笔迹与样本签名是同一人所写。赛某广告公司原章程规定的经营期限已于2008年届满，但葛某萍仍于2010年7月19日签署《第一届第四次股东会议决议》，此时其应当知晓公司仍在经营，但其并未提出异议，仍签署该次股东会决议，同意变更公司住所地继续经营，且在长达九年的时间内一直未提出异议，其间还针对赛某广告公司提起多起与公司有关的诉讼。葛某萍的上述行为应视为对2008年9月1日《第一届第三次股东会决议》及同日《章程修正案》进行了追认。一审法院据此判决驳回葛某萍在本案提出的诉讼请求，依据充分，一审判决本院应予维持。

023 股东会决议真实性存疑时，可在全面分析案件事实后进行推断

> **阅读提示**

股东会决议中签名系伪造的，则决议各方未就决议内容达成真实的共同意思表示，因此该股东会决议未成立。但如一方主张股东主张决议不是各方的真实意思但又没有确凿证据证明存在伪造签名的事实，法院会基于何种标准来判断股东会决议是否合法成立呢？本文在此通过最高人民法院的一则经典案例，对上述问题进行分析。

> **裁判要旨**

股东会决议各方对决议内容是否成立有效发生争议的，法院应结合案件相关事实综合判断该决议的效力。具体而言，法院应综合案件事实、商业惯例和日常生活经验，判断该股东会决议是否为各方的真实意思表示，从而认定决议是否成立。

> **案情简介** ①

（一）2010年8月20日，福建红某美凯龙置业有限公司（以下简称红某美凯龙公司）成立，发起股东为上海红某美凯龙和刘某忠。

（二）2011年11月8日，刘某忠与万某公司签订《股权转让协议》，约定刘某忠将其持有的红某美凯龙公司股权以2.4亿元价格转让给万某公司。

（三）2011年11月8日，红某美凯龙公司董事会形成《董事会决议》，决议同意刘某忠辞去公司董事长的职务，不再担任法定代表人。另查明，刘某忠参加了此次会议。

（四）2011年11月8日，红某美凯龙公司形成《股东会决议》，同意上述刘某忠与万某公司之间的股权转让行为。红某美凯龙公司依据该份股东会决议办理

---

① 案件来源：刘某忠、福建红某美凯龙置业有限公司公司决议效力确认纠纷二审民事判决书【最高人民法院（2020）最高法民终720号】。

了股东变更登记及公司章程修正案备案手续。

（五）刘某忠后认为《股东会决议》上其签名系伪造，并非其真实意思表示，故诉至法院请求确认《股东会决议》无效。福建高院一审认为《股东会决议》合法有效。

（六）刘某忠不服提起上诉。最高人民法院在全面分析案件相关事实后，认为《股东会决议》签订前后的相关事实可以证明刘某忠应已事实上同意该决议内容，故《股东会决议》依法成立并有效。

实务经验总结

1. 股东会决议是决定公司重大事项的法定方式，公司增资、减资、合并、解散等最为重要的事项均必须通过股东会决议的形式来决定。因此《公司法》及公司章程对股东会会议的召集程序、表决方式、决议内容等有着严格的约束规则。实务中，召集股东会应当严格遵守《公司法》及章程中有关规定，避免造成决议效力瑕疵。

2. 股东会召集及表决程序等违法、违反公司章程的，可导致作出的决议不成立、无效或可撤销。应注意的是，在主张决议上签名系伪造的时候，因缺少决议一方的签名，从而未形成对决议内容的共同意思表示，故应主张的是决议不成立。

3. 主张合同或公司决议文件上签名系伪造的，应尽量申请法院委托作出司法鉴定意见。实务中，一方当事人单方委托形成的咨询意见，难以得到法院认可，本案中刘某忠即提交了其单方委托的咨询意见作为证明案涉《股东会决议》上的签名为伪造的证据，未被法院认可。

相关法律规定

《中华人民共和国民法典》

第八十五条　营利法人的权力机构、执行机构作出决议的会议召集程序、表决方式违反法律、行政法规、法人章程，或者决议内容违反法人章程的，营利法人的出资人可以请求人民法院撤销该决议。但是，营利法人依据该决议与善意相对人形成的民事法律关系不受影响。

《中华人民共和国公司法》（2023 年修订）

第二十五条　公司股东会、董事会的决议内容违反法律、行政法规的无效。

第二十六条 公司股东会、董事会的会议召集程序、表决方式违反法律、行政法规或者公司章程，或者决议内容违反公司章程的，股东自决议作出之日起六十日内，可以请求人民法院撤销。但是，股东会、董事会的会议召集程序或者表决方式仅有轻微瑕疵，对决议未产生实质影响的除外。

未被通知参加股东会会议的股东自知道或者应当知道股东会决议作出之日起六十日内，可以请求人民法院撤销；自决议作出之日起一年内没有行使撤销权的，撤销权消灭。

《中华人民共和国公司法》（2018年修正，已被修订）

第二十二条第一款、第二款 公司股东会或者股东大会、董事会的决议内容违反法律、行政法规的无效。

股东会或者股东大会、董事会的会议召集程序、表决方式违反法律、行政法规或者公司章程，或者决议内容违反公司章程的，股东可以自决议作出之日起六十日内，请求人民法院撤销。

《最高人民法院关于适用〈中华人民共和国公司法〉若干问题的规定（四）》（2020年修正）

第四条 股东请求撤销股东会或者股东大会、董事会决议，符合民法典第八十五条、公司法第二十二条第二款规定的，人民法院应当予以支持，但会议召集程序或者表决方式仅有轻微瑕疵，且对决议未产生实质影响的，人民法院不予支持。

法院判决

以下为最高人民法院就案涉《股东会决议》是否成立的问题的详细论述：

关于案涉《股东会决议》是否成立的问题，应结合案件相关事实综合判断。

第一，案涉《股权转让协议》证明刘某忠有转让案涉股权给万某公司的意图并已经着手实施相关转让行为。根据已查明事实，刘某忠在案涉《股东会决议》作出之日签订的案涉《股权转让协议》约定的股权转让主体和受让主体、股权转让比例、股权所在公司、股权转让价款等与案涉《股权转让协议》相关内容一致，这说明在案涉《股东会决议》作出之日，刘某忠已同意该股东会决议内容。

第二，刘某忠认可的与案涉《股东会决议》同日签订的案涉《董事会决议》已经同意刘某忠辞去公司董事长职务，不再担任红某美凯龙公司的法定代表人，并选举了代表万某公司的刘某财担任董事长和法定代表人。刘某忠上诉称,之所以转让法定代表人和董事长职务,是因为其名下公司众多,精力有限,故交由其嫡亲刘某财管理。但从《董事会决议》签订时间与案涉《股权转让协议》签订时间刚好吻合,以及转让全部股权后即退出公司,不再担任公司重要职务并选举新股东或其代表担任该职务这一商业惯例角度而言,如果刘某忠不认可案涉《股东会决议》中转让案涉股权给万某公司,不再担任红某美凯龙公司股东的内容,则一般不会主动辞去公司法定代表人、董事长这一重要职务。而同日签订的案涉《股权转让协议》则印证了上述转让股权、交出公司重要职务的商业惯例。

第三,在案涉股权变更登记到万某公司名下后,刘某忠长时间并未提出异议,不符合日常生活经验。虽然刘某忠上诉主张其仅为万某公司监事,并不参与该公司经营管理对案涉股权转让并不知情。但从案涉《股东会决议》签订同日提交的万某公司设立登记申请书所列股东可知,刘某忠当时还具有万某公司的股东身份。因此,刘某忠当时既是万某公司股东,又是万某公司的监事,同时还是万某公司受让的案涉股权出让人。故刘某忠关于其因不参与万某公司生产经营,不了解股权已经变更到万某公司名下的情况的陈述,与其当时兼具的三重身份对案涉股权交易履行情况的应有认知相悖。

第四,刘某忠上诉称在没有收到股权转让款的前提下不会同意案涉《股东会决议》内容的观点与已查明事实不符。根据案涉《股权转让协议》约定,万某公司同意在该协议签订之日起10日内,将转让费24000万元一次性支付给刘某忠。根据日常生活经验,如果刘某忠没有在约定时间内收到该笔巨款,则应会向万某公司积极主张付款。但其在长时间没收到股权转让款的情形下,都没有采取积极救济措施。对此,刘某忠的理由是,曾多次向万某公司索要,但因为不知股权已变更登记,故没有及时起诉维权。由于刘某忠当时身兼三重身份,应当知道案涉股权已经变更登记到万某公司名下。而且,常理而言,不管是否知道案涉股权已经变更登记,作为案涉股权转让方的刘某忠,在对方没有按约给付巨额股权转让款的情形下,也应及时与受让股权方协商协议的下一步履行或解除等问题。故刘某忠上述长时间未积极主张合同权利的理由,也与日常生活经验不符。由上,刘某忠在同一天签订案涉《股权转让协议》和参与《董事会决议》同意将其担任的红某美凯龙公司董事长这一法定代表人职务转由股权受让方万某公司的刘某财担任、刘某忠时任万某公司股东和监事、刘某忠长时间未主张巨额股权转让款且未以红某美凯龙公司股东身份行使股东权等事实都说明刘某忠当时对案涉股权变更登记至万某公司名下事实上并无异议。也即，刘某忠已经与其他股东就案涉股权转让办理变更登记事宜的意思表示达成一致。

虽然，刘某忠一审提交了其单方委托的咨询意见作为证明案涉《股东会决议》上的签名为伪造的证据，但该意见仅由刘某忠单方委托而形成，并非为法院委托的司法鉴定意见，且一审查明的该决议签订前后的相关事实可以证明刘某忠应已事实上同意该决议内容，故一审判决认定案涉《股东会决议》内容是刘某忠的真实意思表示，并无不当。既然刘某忠已与其他股东就《股东会决议》内容形成共同意思表示，那么可以认定该决议不管从案涉股权转让书面同意抑或股东会决议角度都已经成立。至于案涉《股东会决议》的效力问题。由于其内容是刘某忠真实意思表示且不违反法律、行政法规的规定，故刘某忠以该决议为伪造并非其真实意思表示，违反公司法规定从而主张无效的上诉主张，也不能得到支持。

延伸阅读

在检索大量类案的基础上，笔者总结相关裁判规则如下，供读者参考。

（一）股东会决议达成后，参与股东会表决的一方股东无权发函要求解除或终止该股东会决议。

案例1：青岛昌某源矿渣微粉有限公司、王某等损害公司利益责任纠纷民事申请再审审查民事裁定书【最高人民法院（2021）最高法民申1770号】

股东会决议不是单纯的股东之间的合作合意，并不能仅以一方的书面发函而解除或终止，因各方对该股东会决议的效力并无异议，章程变更的情况也备案于工商部门，对一某公司的股东均具有拘束力，各股东均应按照股东会决议的约定履行义务。无论是否实际交付，均不能抽逃该出资。青岛昌某源公司主张股东会决议因青岛昌某源公司向一某公司发函即终止，没有法律依据。另外，青岛昌某源公司主张股东会决议形成以后，真实权利人山东昌某源公司不同意变更。鉴于青岛昌某源公司、山东昌某源公司的股东情况，该主张不能成立。

（二）股东会决议涉及关联交易并不必然导致决议无效，还需审查该决议达成是否存在股东滥用权利的情形，以及是否损害公司或其他股东利益等。

案例2：贵州东某恒泰矿业投资管理有限公司、兖矿贵某能化有限公司公司关联交易损害责任纠纷二审民事判决书【最高人民法院（2017）最高法民终416号】

根据《公司法》第二十二条第一款"公司股东会或者股东大会、董事会的决议内容违反法律、行政法规的无效"之规定,① 公司决议无效情形是指决议内容违反法律、行政法规的规定。故本案审查的重点是,东某公司《第一届第二次董事会决议》第 3 项、第 6 项及《临时股东会议决议》内容是否存在违反法律、行政法规的情形。东某公司董事会、股东会作出关于收购海某公司并授权某某组织收购工作的决议,参与表决的董事及股东代表与决议事项有关联关系,确属于公司关联交易。但涉及关联交易的决议无效,还需要违反《公司法》第二十条第一款"公司股东应当遵守法律、行政法规和公司章程,依法行使股东权利,不得滥用股东权利损害公司或者其他股东的利益"和第二十一条第一款"公司的控股股东、实际控制人、董事、监事、高级管理人员不得利用其关联关系损害公司利益"之规定判定,② 也即需判定公司决议是否系股东滥用股东权利,以及是否损害公司或其他股东利益,而不能仅因涉及关联交易,动辄认定股东会、董事会决议当然无效。

(三) 公司股东实际参与股东会议并作出真实意思表示,是股东会会议及其决议有效的必要条件。

案例 3:寿某敏与新疆嘉某居房地产开发有限公司公司决议效力确认纠纷再审民事判决书【新疆维吾尔自治区高级人民法院 (2017) 新民再 151 号】

本院再审认为,有限责任公司的股东会议,应当由符合法律规定的召集人依照法律或公司章程规定的程序,召集全体股东出席,并由符合法律规定的主持人主持会议。股东会会议需要对相关事项作出决议时,应由股东依照法律、公司章程规定的议事方式、表决程序进行决议,达到法律、公司章程规定的表决权比例时方可形成股东会决议。有限责任公司通过股东会对变更公司章程内容、决定股权转让等事项作出决议,其实质是公司股东通过参加股东会会议行使股东权利、决定变更其自身与公司的民事法律关系的过程,因此公司股东实际参与股东会会议并作出真实意思表示,是股东会会议及其决议有效的必要条件。

嘉某居房产公司应当对已经按照法律和公司章程的规定召开股东会会议的事实负有举证证明责任。嘉某居房产公司称股东会会议召开前已电话通知寿某敏,但寿某敏对此事实予以否认,嘉某居房产公司对此又未能提供证据加以证明。因此,嘉某居房产公司并不能证明涉案股东会决议是在实际召开股东会之后形成的事实,也不能证明本案中存在可以依照法律或者公司章程的规定不召开股东会而

---

① 《公司法》已修改,现相关规定见《公司法》(2023 年修订) 第二十五条。
② 《公司法》已修改,现相关规定见《公司法》(2023 年修订) 第二十一条、第二十二条第一款。

直接作出决定的事实。虽然孔某良、吴某冰二人持有嘉某居房产公司的相应股权，但这并不意味着孔某良、吴某冰二人所作出的决策过程就等同于召开了股东会会议，也不意味着孔某良、吴某冰二人的意志即可代替股东会决议的效力。

本案中不能认定嘉某居房产公司于 2016 年 3 月 17 日、4 月 14 日实际召开了股东会的事实，也就不能认定涉案股东会决议的真实性，自然就不能认定涉案股东会决议具有法律效力。本案发生在 2017 年 9 月 1 日之前，我国当时并没有关于可以要求确认股东会决议不成立的诉讼制度，故涉案股东会决议应当被认定为无效，寿某敏要求确认涉案股东会决议无效的理由成立。

024 不能仅以股东知情且未提出过异议推定该股东追认了伪造其签名形成的决议

阅读提示

对于伪造股东签名形成的股东会决议，该股东可以事后追认以补正决议效力瑕疵。但实务中经常存在股东对于伪造自己签名的股东会决议知情也不表示反对，数年后又起诉请求确认相关决议不成立的情况。本文在此通过山东省高级人民法院的一则案例，对上述请求能否得到人民法院支持进行分析。

裁判要旨

被伪造签名股东是否知情与是否追认股东会决议效力是不同的法律行为，该股东是否追认前述不成立股东会决议的内容应由明确的追认行为确定，不应由指代不明的行为推定，也即不能以被伪造签名股东对伪造事实应当知情且未表示反对推定该股东对决议追认。

案情简介 ①

（一）2006 年 9 月 18 日，济南贝某汉邦食品科技有限公司（以下简称贝某汉邦公司）注册资本 100 万元，李某慧持股 45%，宋某燕持股 45%，许某鹏持股

---

① 案件来源：李某慧、济南贝某汉邦食品科技有限公司等公司决议撤销纠纷二审民事判决书【山东省高级人民法院（2021）鲁民终 623 号】。

10%。

（二）2008年4月11日后，李某慧担任贝某汉邦公司的法定代表人，许某鹏担任监事。

（三）2008年6月19日，贝某汉邦公司召开股东会形成股东会决议（以下简称案涉决议）：改选许某鹏为公司法定代表人。后查明，该决议中李某慧的签名系伪造。

（四）李某慧于2020年提起诉讼，以案涉决议中其签名系伪造请求确认案涉决议不成立。

（五）济南中院一审综合案件事实，认为李某慧对案涉决议内容知情且12年来未提出反对意见，系以实际行动追认了案涉决议的效力，故驳回了其诉请。

（六）山东省高级人民法院撤销一审判决，认为知情未反对不能视为李某慧追认了案涉决议，故改判认定案涉决议不成立。

实务经验总结

对于被伪造签名股东而言，在知悉伪造事实后应及时提出反对意见，必要时向人民法院提起诉讼请求确认相关决议不成立。从司法实务来看，伪造签名达成的决议履行时间越长，被伪造签名股东越有可能被认定为对决议内容知情且同意，从而判定决议合法有效。

相关法律规定

《最高人民法院关于适用〈中华人民共和国公司法〉若干问题的规定（四）》（2020年修正）

第一条 公司股东、董事、监事等请求确认股东会或者股东大会、董事会决议无效或者不成立的，人民法院应当依法予以受理。

第五条 股东会或者股东大会、董事会决议存在下列情形之一，当事人主张决议不成立的，人民法院应当予以支持：

（一）公司未召开会议的，但依据公司法第三十七条第二款或者公司章程规定可以不召开股东会或者股东大会而直接作出决定，并由全体股东在决定文件上签名、盖章的除外；

（二）会议未对决议事项进行表决的；

（三）出席会议的人数或者股东所持表决权不符合公司法或者公司章程规定的；

（四）会议的表决结果未达到公司法或者公司章程规定的通过比例的；

（五）导致决议不成立的其他情形。

《中华人民共和国公司法》（2023年修订）

第二十七条 有下列情形之一的，公司股东会、董事会的决议不成立：

（一）未召开股东会、董事会会议作出决议；

（二）股东会、董事会会议未对决议事项进行表决；

（三）出席会议的人数或者所持表决权数未达到本法或者公司章程规定的人数或者所持表决权数；

（四）同意决议事项的人数或者所持表决权数未达到本法或者公司章程规定的人数或者所持表决权数。

法院判决

以下为山东省高级人民法院就2008年6月19日的《济南贝某汉邦食品科技有限公司股东会决议》是否成立的详细论述：

根据本案已查明事实，2008年6月19日，贝某汉邦公司的股东为李某慧、宋某燕和许某鹏三人，没有证据表明贝某汉邦公司在该日召开股东会前通知过李某慧和宋某燕，李某慧和宋某燕也没有参加该日的股东会会议，该日所形成的股东会决议上三位股东的签名均不是本人所签，该决议中代三位股东签字的人员不明。贝某汉邦公司和许某鹏在审理中主张是许某鹏与公司实际控制人宋某帝参加股东会并形成的决议，该事实未有证据证明。上述事实表明2008年6月19日的股东会决议不是通过召开股东会形成的，根据上述法律规定，该股东会决议不成立。

贝某汉邦公司和许某鹏主张李某慧、宋某燕虽未参加股东会，未在决议上签字，但股东对股东会会议内容有认可行为的，仍然应当认定为股东会决议成立。贝某汉邦公司和许某鹏提出认定股东会决议成立的如下理由：1. 许某鹏虽未在案涉股东会决议上签名，但对该决议内容认可；2. 自公司设立起，李某慧、宋某燕从未参加过股东会也未在股东会决议上签过字，但该两人从未对其他决议持有异议；3. 李某慧、宋某燕通过宋某帝管理公司，行使股东权利，按照惯例，宋某帝参加股东会代表李某慧、宋某燕；4. 齐鲁银行股份有限公司济南清河支行提供的证据表明，李某慧使用了基于本次股东会决议修改的公司章程，所以是对股东会决议内容的追认。

本院认为，1. 许某鹏只是股东之一，且根据持股比例为持有较少股权的股东，许某鹏追认行为只能代表自己，不能代表其他股东；2. 李某慧、宋某燕虽在公司设立后，未有行使股东权利，参与股东会会议的行为，原因可能是不知情、放任、放弃行使股东权利等多种可能，但不能依此推定其没有否定特定股东会决议的权利，也不能推定任何没有李某慧、宋某燕参加的股东会形成的决议都成立、有效，李某慧、宋某燕对其他股东会决议持有何种态度不属本案审理的范围，本案仅就2008年6月19日的股东会决议是否成立进行审理；3. 没有证据表明宋某帝参加过本案所涉股东会，也没有证据证明决议上的签字是宋某帝所签或宋某帝指示的人员所签，故贝某汉邦公司和许某鹏所述适用惯例推定宋某帝的行为代表李某慧、宋某燕没有事实依据；4. 齐鲁银行股份有限公司济南清河支行根据一审法院协助调查通知书，书面回复的查询结果不能证明李某慧对于公司章程的修改内容知情并行为上表示同意，该回复"宋某帝办理贷款期间提供的贝某汉邦公司的公司章程和股东会决议，按要求应为宋某帝提供。"其中"按要求应为宋某帝提供"的内容属于事实不确定的语言表述，确定的表述应为"由（系、为等）宋某帝提供"，齐鲁银行股份有限公司济南清河支行也没有提供所谓的"按要求"是指何种要求，该行所证明内容缺乏支持依据，齐鲁银行股份有限公司济南清河支行对一审法院的回复不能证明公司章程和股东会决议是宋某帝提供的，因此，也不能以此认定李某慧知情并以行为认可上述公司章程和决议。贝某汉邦公司和许某鹏主张2008年6月19日股东会决议成立的理由不成立。另，一审法院以"李某慧对上述12年中自己不能履行贝某汉邦公司法定代表人、执行董事兼经理职能及相关权利义务的事实称不知情，本院不予采信。

综上，李某慧主张贝某汉邦公司未召开股东会，其未在案涉决议上签名，对决议事项不知情，认为侵害了其利益，与事实不符，李某慧已经以实际行为对案涉决议内容进行了事后追认"的理由不当，股东权利义务与法定代表人的职责不能混同，参加股东会议并进行表决属于股东权利和义务，法定代表人不尽职管理公司并非违反股东义务，不能以李某慧未尽到法定代表人职责不合理推定其作为股东对决议知情，也不能以其应当知情推定李某慧对决议追认，李某慧是否知情与是否追认股东会决议效力是不同的法律行为，李某慧是否追认案涉股东会决议的内容应有明确的追认行为确定，不应用指代不明的行为推定。许某鹏一直担任贝某汉邦公司的法定代表人，李某慧、宋某帝在贷款时对许某鹏作为贝某汉邦公司的法定代表人签署保证合同未提出异议不能推定李某慧知晓许某鹏是根据2008年6月19日股东会决议而担任贝某汉邦公司的法定代表人，一审判决以李某慧在借款中的行为认定李某慧认可涉案股东会决议的理由亦不当。

延伸阅读

在检索大量类案的基础上，笔者总结相关裁判规则如下，供读者参考。

（一）股东会决议上股东签名不真实，但能够认定其知情且同意的，签名不真实不影响决议的效力。

案例1：北京大某百艺文化发展有限公司等与薛某公司决议效力确认纠纷二审民事判决书【北京市第三中级人民法院（2018）京03民终4118号】

大某百艺公司于2014年4月15日虽未召开股东会会议，但诉争两份股东会决议并非当然不成立，诉争两份股东会决议是否成立还要看该两份股东会决议是否取得了股东的一致同意。意思表示真实为民事法律行为的必要条件，即并非当事人真实意思表示的行为不具有法律效力。故股东会决议不成立或无效的理由应为股东会决议并非公司股东的真实意思表示，而非签名并非股东本人所签，如公司股东对决议内容是知晓并同意的，那么不应仅以签字并非本人所签而认定股东会决议不成立或无效。故本案诉争两份股东会决议是否成立取决于薛某对于诉争两份股东会决议是否知晓并同意。

故本院认为诉争两份股东会决议上薛某的签字虽非薛某本人所签，但根据上述事实可以认定薛某对于股权转让的情况及诉争两份股东会决议的内容是知晓并同意的。现薛某起诉要求确认诉争两份股东会决议不成立，缺乏依据，本院不予支持。一审法院确认诉争两份股东会决议不成立不当，本院依法予以改判。

（二）股东会决议上股东签名系伪造，损害了股东合法权利，应属无效。

案例2：浙江建某建筑工程有限公司、章某波公司决议纠纷二审民事判决书【浙江省温州市中级人民法院（2016）浙03民终4223号】

建某公司于2014年9月5日作出的股东会决议内容涉及对章某波法定代表人及执行董事职务的免除，2014年12月10日作出的股东会决议内容涉及章某波是否就其他股东转让股权行使优先受让权，2015年10月30日作出的股东会决议内容涉及建某公司转移其建筑工程资质，上述股东会决议事项直接关系到章某波作为建某公司股东的利益。建某公司召开上述股东会前均未提前通知章某波，其中2014年9月5日、12月10日的股东会在章某波未到场的情况下伪造章某波签字形成全体股东通过股东会决议内容的结果，2015年10月30日的股东会则在未通知章某波未到场的情况下直接由王某与许某英两名股东表决通过决议事项，属于股东滥用股东权利通过决议损害其他股东利益的情形，违反了《中华人民共和国公司法》第二十二条第一款①的规定，所形成的股东会决议无效。虽然建某公司在2016年5月16日召开股东会对2014年9月5日形成的股东会决议内容予以追认，但因该次股东会决议违反法律、行政法规的规定，其效力不因2016年5月16日的股东会决议内容发生改变。至于建某公司在2014年9月5日、12月10日形成的公司章程因提议重新制定公司章程的股东会决议无效，且公司章程内容没有经包括章某波在内的全体股东确认，故上述两份公司章程不成立。

案例3：郑某、李某英等与玉环县勤某导卫有限公司公司决议效力确认纠纷二审民事判决书【浙江省台州市中级人民法院（2015）浙台商终字第195号】

有限责任公司召开股东会议并作出决议，应当依照公司法及公司章程的规定进行。未经依法召开股东会议并作出会议决议，而是由部分股东虚构股东会决议，该所谓的"决议"属于非决议，应当确认无效。本案经审理查明，被上诉人玉环县勤某导卫有限公司于2013年10月24日作出的两份股东会决议，决议上六位上诉人的签名并非其本人签字，因此，该两份决议是被上诉人玉环县勤某导卫有限公司未按照公司法和公司章程的规定召开股东会议，且在六位上诉人未到场的情况下，仿冒六上诉人签名而形成，该两份决议应当确认无效。原审法院及被上诉人认为公司决议的部分内容并不涉及六位上诉人利益，因此请求确认该部分决议内容无效无法律依据。如果仅仅从部分决议内容上看，涉及个别股东名称及股权变更的内容确实未损害六位上诉人的实际利益，该部分决议内容如果作为原审第三人之间的协议，当然不存在无效情形。但如果协议内容是作为公司的决议形式出现，则必须依照公司法及公司章程的规定进行，否则，将损害未参加且被伪造签名的股东的相关股东权利如表决权、知情权等。因此，涉案公司决议的形成不符合法律规定，应当确认无效。

（三）股东会决议上签名系伪造，实际上构成股东会未召开、表决结果未达法定比例等情形的，该决议不成立。

案例4：马某勇、蒋某美与南京峰某光学仪器有限公司公司决议纠纷再审民事判决书【江苏省高级人民法院（2017）苏民再124号】

---

① 《公司法》已修改，现相关规定见《公司法》（2023年修正）第二十五条。

本院认为，判断股东会决议是否有效的前提是股东会决议已经成立或存在，如果股东会决议本身不成立或不存在，当然无法对其内容作是否违反法律、行政法规的效力判断。依照《中华人民共和国公司法》等相关法律规定，有限责任公司的股东会议，应当由符合法律规定的召集人依照法律或公司章程规定的程序，召集全体股东出席，并由符合法律规定的主持人主持会议。股东会议需要对相关事项作出决议时，应由股东依照法律、公司章程规定的议事方式、表决程序进行决议，达到法律、公司章程规定的表决权比例时方可形成股东会决议。本院认为，案涉《股东会决议》因下列情形，应当确认为不成立。其一，本案中，马某勇、蒋某美认为《股东会决议》上两人的签名系伪造，公司就决议的作出事实上并未召开过股东会。峰某公司虽对此予以否认，但不能提供就案涉决议曾通知、召开过公司股东会的证据，也不能证明案涉决议的作出符合《中华人民共和国公司法》第三十七条①之规定，即股东以书面形式对表决事项一致表示同意的。故案涉《股东会决议》因公司未召开会议应认定为不成立。其二，退一步来讲，即使如峰某公司主张就案涉《股东会决议》的作出确召开过股东会，案涉《股东会决议》第一、二项表决事项，系公司经营范围变更及董事人员变更，依照公司章程规定，须代表二分之一以上表决权的股东通过；案涉《股东会决议》第三项表决事项为同意修改公司章程，根据《中华人民共和国公司法》第四十三条第二款的规定，股东会决议作出修改公司章程、增加或者减少注册资本的决议，必须经代表三分之二以上表决权的股东通过。② 由于峰某公司章程规定股东是按照出资比例行使表决权，马某勇、蒋某美的出资比例合计为51%，故两人在股东会所占表决权为51%，马某勇、蒋某美认为其并未参与表决通过案涉《股东会决议》，峰某公司虽主张《股东会决议》上该两人的签名系其委托他人代签，但马某勇、蒋某美对此不予认可，峰某公司也不能提供证据证明代签行为得到了马某勇、蒋某美的授权，故《股东会决议》的表决结果因该两人未同意通过而不能达到法律或者公司章程规定的通过比例，在此情况下，仍应认定《股东会决议》不成立。综上，因《股东会决议》尚未成立，故马某勇、蒋某美关于确认案涉《股东会决议》无效诉请的前提条件尚未成就，本院不予支持。

案例5：李某碧、王某与邓某军重庆市合某恒工贸有限公司公司决议纠纷二审民事判决书【重庆市第五中级人民法院（2020）渝05民终986号】

---

① 《公司法》已修改，现相关规定见《公司法》（2023年修订）第五十九条。
② 《公司法》已修改，现相关规定见《公司法》（2023年修订）第六十六条第三款。

2014年11月10日，邓某军书写了一份重庆市合某恒工贸有限公司股东会决议，载明："同意由重庆诚某融资担保有限公司为本公司向建行重庆两江分行申请的金额为人民币600万元贷款，期限12个月，并由达州市明某水电有限责任公司提供位于达州市盘石乡松石洞的房产作为抵押。"该决议上股东签名为王某、李某碧，重庆市合某恒工贸有限公司未盖章。审理中邓某军确认上述股东会决议系由其书写、签字，该股东会并未召开。

本院认为，上诉人李某碧、王某、重庆市合某恒工贸有限公司认为案涉股东会决议为邓某军个人伪造，邓某军亦陈述该股东会决议系其书写，"李某碧、王某"的签名亦是邓某军所签，该股东会并未实际召开，故一审法院认定该股东会决议不成立符合法律规定，本院予以确认。

案例6：赵某明重庆市江某酿造调味品有限责任公司与李某志股权转让纠纷二审民事裁定书【重庆市第五中级人民法院（2017）渝05民终5074号】

本院认为，一审中李某志的诉讼请求之一为"确认调味品公司于2009年11月16日作出的《股东会决议》无效"，理由为该次股东会并未实际召开，股东会决议上的签名均系伪造。被上诉人调味品公司、赵某明亦认可本次股东会未实际召开，股东会决议上的签名系其他人代签。根据〈最高人民法院关于适用《中华人民共和国公司法》若干问题的规定（四）〉第五条之规定"股东会或者股东大会、董事会决议存在下列情形之一，当事人主张决议不成立的，人民法院应当予以支持：（一）公司未召开会议的，但依据公司法第三十七条第二款或者公司章程规定可以不召开股东会或者股东大会而直接作出决定，并由全体股东在决定文件上签名、盖章的除外；（二）会议未对决议事项进行表决的"，故在未召开股东会的情况下、伪造签名、伪造决议等，不具备决议成立的基本条件。本案中，双方已确认2009年11月16日的股东会并未实际召开，所形成的《股东会决议》签名系伪造，故该股东会决议属于决议不成立的情形。一审法院判决确认股东会决议无效，不符合公司法司法解释的规定。

025 公司无权限制瑕疵出资股东请求解散公司的权利

阅读提示

《最高人民法院关于适用〈中华人民共和国公司法〉若干问题的规定（三）》第十六条规定，股东瑕疵出资时，公司可以对其股东权利作出合理限制。那么，公司能否限制股东请求解散公司的权利呢？本文在此通过最高人民法院的一则经典案例，对上述问题进行分析。

裁判要旨

在股东未履行或者未全面履行出资义务或者抽逃出资等瑕疵出资的情况下，对股东权利的限制并不及于请求公司解散的权利。

案情简介 ①

（一）2000年11月7日，西某车辆公司成立，该公司工商登记及股东名册均记载股东兰某公司出资比例为29%。

（二）兰某集团后诉至法院要求解散西某车辆公司，西某车辆公司则认为兰某集团未履行完毕出资义务其实际出资仅占西某车辆公司注册资本的4%，故而无权提起公司解散之诉。

（三）兰州中院一审和甘肃高院二审均认为，兰某集团持有西某车辆公司29%的股份，超出了《公司法》规定的10%的持股比例，具备提起解散公司之诉的主体资格。

（四）西某车辆公司不服，向最高人民法院申请再审。最高人民法院认为瑕疵出资下对股东权利的合理限制并不及于请求解散公司的权利，因此维持原判。

---

① 案件来源：兰州常柴西某车辆有限公司、甘肃兰某集团有限责任公司等公司解散纠纷其他民事裁定书【最高人民法院（2021）最高法民申2928号】。

裁判要点

本案的核心争议在于，能否限制瑕疵出资股东请求解散公司的权利，对此，最高人民法院认为：依据《最高人民法院关于适用〈中华人民共和国公司法〉若干问题的规定（三）》第十六条规定，股东未履行或者未全面履行出资义务或者抽逃出资，公司可以根据公司章程或者股东会决议对其利润分配请求权、新股优先认购权、剩余财产分配请求权等股东权利作出相应的合理限制。可知，对瑕疵出资股东权利的限制应限于财产收益权等自益权，而不应限制股东的共益权。也即不能以股东出资瑕疵为由否认其股东资格，兰某集团具备《中华人民共和国公司法》第一百八十二条[1]规定的提起解散公司之诉的主体资格。

实务经验总结

1. 对于股东出资不实的，一般并不影响股东享有的利润分配请求权，直接依据《公司法》（2023年修订）第二百一十条规定按实缴出资比例进行分红即可。但如公司章程中明确规定了其他分取红利方式的，司法实务中原则上坚持优先适用章程规定。

2. 公司章程可以自行约定资本多数决或人头多数决的表决权行使方式，对于出资不实的股东，公司章程或者股东会决议亦可以对该股东的表决权作出合理限制。因此实务中，股东为避免自身表决权、分红权等股东权利受限，应按期足额缴纳出资。

相关法律规定

《中华人民共和国公司法》（2023年修订）

第二百三十一条 公司经营管理发生严重困难，继续存续会使股东利益受到重大损失，通过其他途径不能解决的，持有公司百分之十以上表决权的股东，可以请求人民法院解散公司。

《中华人民共和国公司法》（2018年修正，已被修订）

第一百八十二条 公司经营管理发生严重困难，继续存续会使股东利益受到重大损失，通过其他途径不能解决的，持有公司全部股东表决权百分之十以上的

---

[1] 《公司法》已修改，现相关规定见《公司法》（2023年修订）第二百三十一条。

股东，可以请求人民法院解散公司。

《最高人民法院关于适用〈中华人民共和国公司法〉若干问题的规（三）》(2020年修正)

第十条 出资人以房屋、土地使用权或者需要办理权属登记的知识产权等财产出资，已经交付公司使用但未办理权属变更手续，公司、其他股东或者公司债权人主张认定出资人未履行出资义务的，人民法院应当责令当事人在指定的合理期间内办理权属变更手续；在前述期间内办理了权属变更手续的，人民法院应当认定其已经履行了出资义务；出资人主张自其实际交付财产给公司使用时享有相应股东权利的，人民法院应予支持。

出资人以前款规定的财产出资，已经办理权属变更手续但未交付给公司使用，公司或者其他股东主张其向公司交付、并在实际交付之前不享有相应股东权利的，人民法院应予支持。

第十六条 股东未履行或者未全面履行出资义务或者抽逃出资，公司根据公司章程或者股东会决议对其利润分配请求权、新股优先认购权、剩余财产分配请求权等股东权利作出相应的合理限制，该股东请求认定该限制无效的，人民法院不予支持。

法院判决

以下为最高人民法院就兰某公司是否无权以股东身份提起公司解散之诉的详细论述：

兰某公司是否无权以股东身份提起公司解散之诉。1. 根据本案原审法院查明的事实，截止到本案诉讼，工商登记及股东名册均记载兰某公司在西某车辆公司出资比例为29%，超出了《公司法》规定的10%的持股比例。根据《公司法》第一百八十二条关于"公司经营管理发生严重困难，继续存续会使股东利益受到重大损失，通过其他途径不能解决的，持有公司全部股东表决权百分之十以上的股东可以请求人民法院解散公司"的规定，① 兰某公司具备《公司法》第一百八十二条规定的提起解散公司之诉的主体资格。原审判决以工商登记及股东名册为依据认定兰某公司的原告资格并无不当。

2. 对于以房屋、土地使用权等财产出资的，办理变更权属手续解决的是出资财产的法律归属和处分权利的问题，而财产实际交付解决的是该项出资财产能

---

① 《公司法》已修改，现相关规定见《公司法》（2023年修订）第二百三十一条。

否为公司实际利用并发挥资本效能的问题。《最高人民法院关于适用〈中华人民共和国公司法〉若干问题的规定（三）》第十条规定："出资人以房屋、土地使用权或者需要办理权属登记的知识产权等财产出资，已经交付公司使用但未办理权属变更手续，公司、其他股东或者公司债权人主张认定出资人未履行出资义务的，人民法院应当责令当事人在指定的合理期间内办理权属变更手续；在前述期间内办理了权属变更手续的，人民法院应当认定其已经履行了出资义务；出资人主张自其实际交付财产给公司使用时享有相应股东权利的，人民法院应予支持。出资人以前款规定的财产出资，已经办理权属变更手续但未交付给公司使用，公司或者其他股东主张其向公司交付、并在实际交付之前不享有相应股东权利的，人民法院应予支持。"根据上述法律条文的规定，西某车辆公司既未提交证据证明其以兰某公司未将土地使用权及房屋交付给西某车辆公司实际使用向兰某公司主张权利，现又以该理由主张兰某公司不具有提起公司解散之诉的主体资格，与上述法律规定精神不符。故其关于兰某公司不具有提起公司解散的股东身份，无权以股东身份提起公司解散之诉的再审请求，本院不予支持。

3. 根据《最高人民法院关于适用〈中华人民共和国公司法〉若干问题的规定（三）》第十六条关于"股东未履行或者未全面履行出资义务或者抽逃出资，公司根据公司章程或者股东会决议对其利润分配请求权、新股优先认购权、剩余财产分配请求权等股东权利作出相应的合理限制，该股东请求认定该限制无效的，人民法院不予支持"的规定，在股东未履行或者未全面履行出资义务或者抽逃出资等瑕疵出资的情况下，对股东权利的限制并不及于请求公司解散的权利。故对于西某车辆公司关于兰某公司无权提起本案之诉的再审请求，本院不予支持。

4. 关于西某车辆公司在再审程序中提交的新证据是否足以推翻原审判决的问题。经审查，西某车辆公司所称新证据为西某车辆公司诉兰某公司股东出资纠纷一案中兰某公司的陈述，该证据无法推翻西某车辆公司工商登记及股东名册记载的内容，且上述证据不符合《最高人民法院关于适用〈中华人民共和国民事诉讼法〉的解释》第三百八十八条①规定的新证据情形。故西某车辆公司的该项再审请求不符合《中华人民共和国民事诉讼法》第二百条第一项②的再审情形，

---

① 《最高人民法院关于适用〈中华人民共和国民事诉讼法〉的解释》已修改，现相关规定见《最高人民法院关于适用〈中华人民共和国民事诉讼法〉的解释》（2022年修正）第三百八十六条。

② 《民事诉讼法》已修改，现相关规定见《民事诉讼法》（2023年修正）第二百一十一条第一项。

本院不予支持。

延伸阅读

在检索大量类案的基础上，笔者总结相关裁判规则如下，供读者参考。

（一）公司可以合理限制未出资股东的表决权。

案例1：威海汤某温泉度假有限公司、烟台虹某大酒店有限公司、王某京等与公司有关的纠纷二审民事判决书【山东省高级人民法院（2020）鲁民终2501号】

股东出资不到位并不影响其股东资格的取得，但其享有股东权利的前提是承担股东义务，违反出资义务，也就不应享有股东的相应权利，这是民法中权利与义务统一、利益与风险相一致原则的具体体现。股东在没有履行出资义务的情况下行使股东全部权利，明显有违公平的原则，亦损害其他股东利益，因而瑕疵股东对限制其股东权利的股东会决议不应享有表决权，如果允许瑕疵股东对限制其股东权利的议题参与表决，且该决议需经代表公司三分之二以上表决权的股东通过，则该表决形同虚设，故对瑕疵出资股东的表决权进行合理限制是必要和合理的。因此，虹某大酒店应当按照其实际出资比例行使表决权。本案中，2016年8月27日股东会以黑某公司150万元、王某京2910万元、虹某大酒店519.8万元出资额确定有效表决权总额为3579.8万元，并因王某京、黑某公司对会议议题投赞成票、占有效表决权比例的85.48%，通过涉案股东会决议符合公司章程及法律规定，应认定合法有效。

案例2：江苏中某建筑产业集团有限责任公司、某公路桥梁建设集团有限公司公司决议效力确认纠纷二审民事判决书【四川省眉山市中级人民法院（2020）川14民终837号】

《中华人民共和国公司法》第四条规定：公司股东依法享有资产收益、参与重大决策和选择管理者等权利，[①] 但表决权应否因股东未履行或未全面履行出资义务而受到限制，并未就此作出明确规定。《最高人民法院关于适用〈中华人民共和国公司法〉若干问题的规定（三）》第十六条对瑕疵出资股东的利润分配请求权、新股优先认购权、剩余财产分配请求权等股东权利进行限制，所限制范围只明确为股东自益权，并未指向股东共益权。表决权作为股东参与公司管理的权利，原则上属于共益权，但又具有一定的特殊性，股东通过资本多数决的表决权机制选择或罢免董事、确立公司的运营方式、决策重大事项等，借以实现对公

[①] 《公司法》已修改，现相关规定见《公司法》（2023年修订）第四条第二款。

司的有效管理和控制，其中也包括控制公司财产权，故表决权实质上是一种控制权，同时兼具自益权行使和实现之功能。如果让未尽出资义务的股东通过行使表决权控制公司，不符合权利与义务对等、利益与风险相一致的原则。从《中华人民共和国公司法》第十六条第三款关于公司对外担保的利害关系人没有表决权的规定、第一百零三条第一款关于公司持本公司股份没有表决权的规定、第一百二十四条关于关联关系不得行使表决权的规定可以看出，股东表决权并非不可限制或剥夺。①

案例3：郑某鹏、山东新某间置业有限公司公司决议纠纷二审民事判决书【山东省淄博市中级人民法院（2017）鲁03民终3631号之二】

新某间置业未举出其在新某间建安公司成立时出资50.4万元的证据，后来增资时又抽逃出资，股东刘某、周某未实际出资，公司股东会限制该三股东表决权符合法律规定。

（二）股东出资不实但股东之间对分红有特殊约定的，从其约定。

案例4：曾某明与徐州咪某房地产开发有限公司、徐某超合资、合作开发房地产合同纠纷申诉、申请民事裁定书【最高人民法院（2016）最高法民申363号】

二审判决认定，咪某公司注册成立后仅数日该300万元借款即由咪某公司用房屋预售款返还给了任某红，构成抽逃出资，曾某明并未实际完成出资义务，徐某超对此知晓并予以认可，在《补充协议》中仍约定了对咪某公司账上存款及售房款五五分配，与之前《联合开发协议》的利润分配约定相符，此约定为当事人的真实意思表示，不违反法律、行政法规的强制性规定。双方合作期间，徐某超并未提出曾某明未出资不应享受利润分配。现咪某公司、徐某超主张曾某明没有出资不应享有利润分成，与双方的约定不符，二审判决对其主张不予支持，并无不当。

（三）不能仅以股东出资瑕疵否认其股东身份。

案例5：张某货、王某文诉巩某荣公司盈余分配纠纷二审民事判决书【山西省高级人民法院（2016）晋民终1号】

结合该审计报告及当事人提交证据和陈述可以证明王某文在圪某煤矿经营期间存在多笔投资，根据张某货陈述，其代巩某荣支付李某成煤矿股权转让款1160万元中有299万元系王某文出资款，巩某荣虽只承认代付股权款为860万

---

① 《公司法》已修改，现相关规定见《公司法》（2023年修订）第十五条第三款、第一百一十六条、第一百三十九条。

元，但也承认其中 299 万元系王某文出资，王某文出资事实存在，而且忻州市中级人民法院（2013）忻中民终字第 193 号生效判决已确认巩某荣、张某货、王某文股权转让协议效力，明确了王某文具有 25% 股权，该判决现仍为生效判决，具有法律效力。另外，股东是否全额出资与股东资格的取得没有必然联系，不能仅以股东出资瑕疵否认其股东身份，法律并没有禁止未全额出资的出资人取得股东权，故巩某荣认为王某文出资不足而不享有股权，不能参与分配补偿款的主张缺乏事实与法律依据，本院不予支持。

026 公司净资产属于公司所有，股东会无权决议进行分配

阅读提示

股东会可以决议将完税、补亏、提取法定公积金后的利润进行分配。但盈余分配请求权指向的利润显然与公司净资产不同，作为公司最高权力机构，股东会能否决议将公司净资产也进行分配呢？本文在此通过河南省高级人民法院的一则案例，对上述问题进行分析。

裁判要旨

公司的净资产包含但不等于公司利润，公司净资产属于公司所有，股东所享有的仅是资产收益权，主要指对公司利润的分配权。《公司法》并未明确规定股东有权决议分配公司净资产，且此行为可能损害公司及债权人利益，于法无据。

案情简介 ①

（一）2005 年 1 月 13 日，金某洛阳房地产开发有限公司（以下简称金某公司）成立，股东为杨某伟（持股 60%）、金某（持股 40%）。

（二）2019 年 5 月 8 日，经评估金某公司净资产为 20908.15 万元（资产评估价值减去金某公司负债）。

（三）2019 年 8 月 21 日，经金某公司股东会全体股东表决同意形成决议：

---

① 案件来源：金某、金某洛阳房地产开发有限公司公司盈余分配纠纷二审民事判决书【河南省高级人民法院（2020）豫民终 1104 号】。

将金某公司净资产平均分配给两名股东。

（四）后金某公司拒绝分配，金某以"公司盈余分配纠纷"案由诉至法院，请求公司依据上述股东会决议向股东分配净资产。

（五）洛阳市中级人民法院一审和河南省高级人民法院均以公司净资产分配与盈余分配不同，且股东无权决议分配公司净资产为由驳回了金某的诉请。

裁判要点

本案的核心争议在于，股东是否有权决议分配公司净资产，对此，河南省高级人民法院认为：本案中，金某公司的两名股东在评估出公司净资产后，一致同意对半分配该净资产。后因为大股东杨某伟控制金某公司拒绝分配而发生争议，小股东金某遂诉至法院。

从法律层面来看，我国《公司法》第一百六十六条①规定的是股东的盈余分配请求权，股东对该权利的实际享有具有严格的前提条件，所分配的利润与公司净资产分属两个概念。《公司法》并未明确规定股东有权决议分配公司净资产，且允许股东随意分割公司财产本就与公司法立法旨意不符。故本案中小股东金某依据决议形成的《公司净资产分配方案》主张分配的请求被人民法院驳回。

实务经验总结

1. 公司具有独立法人人格的核心表现之一就是，公司财产是公司所有，而非股东所有。股东所享有的仅是基于出资而拥有的资产收益、参与重大决策和选择管理者等权利。因此，股东无权随意处分公司资产，也不能随意支取使用公司资金。

2. 股东在两种情形下可以主张行使盈余分配请求权：一是股东会出具了载明具体分配方案的股东会决议；二是部分股东滥用股东权利导致公司不分红，给其他股东造成了损失，股东可直接诉请分配利润。

相关法律规定

《中华人民共和国公司法》（2023年修订）

第四条 有限责任公司的股东以其认缴的出资额为限对公司承担责任；股份

---

① 《公司法》已修改，现相关规定见《公司法》（2023年修订）第二百一十条。

有限公司的股东以其认购的股份为限对公司承担责任。

公司股东对公司依法享有资产收益、参与重大决策和选择管理者等权利。

第二百零九条 有限责任公司应当按照公司章程规定的期限将财务会计报告送交各股东。

股份有限公司的财务会计报告应当在召开股东会年会的二十日前置备于本公司，供股东查阅；公开发行股票的股份有限公司应当公告其财务会计报告。

第二百一十条 公司分配当年税后利润时，应当提取利润的百分之十列入公司法定公积金。公司法定公积金累计额为公司注册资本的百分之五十以上的，可以不再提取。

公司的法定公积金不足以弥补以前年度亏损的，在依照前款规定提取法定公积金之前，应当先用当年利润弥补亏损。

公司从税后利润中提取法定公积金后，经股东会决议，还可以从税后利润中提取任意公积金。

公司弥补亏损和提取公积金后所余税后利润，有限责任公司按照股东实缴的出资比例分配利润，全体股东约定不按照出资比例分配利润的除外；股份有限公司按照股东所持有的股份比例分配利润，公司章程另有规定的除外。

公司持有的本公司股份不得分配利润。

第二百一十一条 公司违反本法规定在弥补亏损和提取法定公积金之前向股东分配利润的，股东应当将违反规定分配的利润退还公司；给公司造成损失的，股东及负有责任的董事、监事、高级管理人员应当承担赔偿责任。

《中华人民共和国公司法》（2018年修正，已被修订）

第四条 公司股东依法享有资产收益、参与重大决策和选择管理者等权利。

第三十四条 股东按照实缴的出资比例分取红利；公司新增资本时，股东有权优先按照实缴的出资比例认缴出资。但是，全体股东约定不按照出资比例分取红利或者不按照出资比例优先认缴出资的除外。

第一百六十五条 有限责任公司应当依照公司章程规定的期限将财务会计报告送交各股东。

股份有限公司的财务会计报告应当在召开股东大会年会的二十日前置备于本公司，供股东查阅；公开发行股票的股份有限公司必须公告其财务会计报告。

第一百六十六条 公司分配当年税后利润时，应当提取利润的百分之十列入公司法定公积金。公司法定公积金累计额为公司注册资本的百分之五十以上的，可以不再提取。

公司的法定公积金不足以弥补以前年度亏损的，在依照前款规定提取法定公积金之前，应当先用当年利润弥补亏损。

公司从税后利润中提取法定公积金后，经股东会或者股东大会决议，还可以从税后利润中提取任意公积金。

公司弥补亏损和提取公积金后所余税后利润，有限责任公司依照本法第三十四条的规定分配；股份有限公司按照股东持有的股份比例分配，但股份有限公司章程规定不按持股比例分配的除外。

股东会、股东大会或者董事会违反前款规定，在公司弥补亏损和提取法定公积金之前向股东分配利润的，股东必须将违反规定分配的利润退还公司。

公司持有的本公司股份不得分配利润。

《最高人民法院关于适用〈中华人民共和国公司法〉若干问题的规定（四）》（2020年修正）

第十五条　股东未提交载明具体分配方案的股东会或者股东大会决议，请求公司分配利润的，人民法院应当驳回其诉讼请求，但违反法律规定滥用股东权利导致公司不分配利润，给其他股东造成损失的除外。

法院判决

以下为河南省高级人民法院判决维持的洛阳市中级人民法院就金某主张金某公司应向其分配利润的请求应否支持的详细论述：

本院认为，《最高人民法院关于适用〈中华人民共和国公司法〉若干问题的规定（四）》第十五条规定："股东未提交载明具体分配方案的股东会或者股东大会决议，请求公司分配利润的，人民法院应当驳回其诉讼请求，但违反法律规定滥用股东权利导致公司不分配利润，给其他股东造成损失的除外。"《中华人民共和国公司法》第一百六十六条规定："公司分配当年税后利润时，应当提取利润的百分之十列入公司法定公积金。公司法定公积金累计额为公司注册资本的百分之五十以上的，可以不再提取。公司的法定公积金不足以弥补以前年度亏损的，在依照前款规定提取法定公积金之前，应当先用当年利润弥补亏损。公司从税后利润中提取法定公积金后，经股东会或者股东大会决议，还可以从税后利润中提取任意公积金。公司弥补亏损和提取公积金后所余税后利润，有限责任公司依照本法第三十四条的规定分配；股份有限公司按照股东持有的股份比例分配，但股份有限公司章程规定不按持股比例分配的除外。股东会、股东大会或者董事会违反前款规定，在公司弥补亏损和提取法定公积金之前向股东分配利润的，股东必须将违反规定分配的利润退还公司"。① 依据上述规定可知，公司如进行盈余分配，应是在公司弥补亏损、提取公积金后仍有利润的情况下，再由股东会制定分配方案后方可进行分配。

本案中，金某、杨某伟于2019年8月21日签订的《净资产分配方案》，是按照金某公司资产评估价值减去金某公司负债后，对金某公司净资产所作的一种分配，该分配实质上是对包括金某公司股本金在内的公司全部财产的一种处理，该分配与公司盈余分配在分配目的、实现程序、分配内容上均有着明显区别。原审在对二者仔细区分的基础上认定金某提交的案涉《净资产分配方案》并非金某公司股东会通过的公司盈余利润分配方案，金某因在本案中未能举证证明金某公司已通过了载有具体分配方案的股东会决议，从而不予支持其诉讼请求，该认定并无不当。

一般来说，公司盈余利润是否分配是公司的商业判决，本质上属于公司的内部自治事项，通常情况下司法不宜介入。故《公司法》及相关司法解释仅规定了只有在公司已通过分配利润的股东会决议后，公司无正当理由未予执行；或公司未通过分配利润的股东会决议，但大股东滥用股东权利导致公司不分配利润，给其他股东造成损失的情况下，司法方有限度地介入公司盈余分配，以适当调整、保护股东利益。

本案中，金某公司主张"对金某的诉讼请求，可按照金某公司评估总资产价值，减去2000万元的注册资本金、10%的法定公积金、20%个人所得税后，再按金某和杨某伟各50%的比例分配，即金某应分配盈余利润为68069340元"，该主张亦得到金某的认可，并请求按照该主张予以分配。金某公司、金某共同认可的该项主张实为金某公司自主处理公司内部经营事项，系公司自治、股东自治范围，且现金某公司、金某对此亦无争议，该事项并无司法介入的必要。金某的该项主张不符合公司法司法解释规定的人民法院受案范围，对金某的该项主张本院不予审查。

延伸阅读

在检索大量类案的基础上，笔者总结相关裁判规则如下，供读者参考。

---

① 《公司法》已修改，现相关规定见《公司法》（2023年修订）第二百一十条第一至四款。

股东享有的是盈余分配请求权，股东会无权决议分配公司资产。

案例 1：黄某高、何某贤债权人代位权纠纷再审审查与审判监督民事裁定书【最高人民法院（2020）最高法民申 1229 号】

2013 年 5 月 27 日，童某物业公司召开股东会作出决议，同意将下属控股子公司童某乳业公司的 100% 股份以 1.26 亿元的价格转让给何某贤，并将该股权转让款进行了分配。公司是企业法人，有独立的法人财产，享有法人财产权。在公司存续期间，公司股东根据《公司法》第四条规定依法享有的资产收益权，主要是对公司利润的分配权。《公司法》第三十七条规定，股东会的职权包括审议批准公司的利润分配方案和弥补亏损方案，① 并未规定股东会可以决议分配公司财产。案涉股东会决议通过的股权转让款分配方案分配的并不是公司的利润，而是公司财产收入，违反了《公司法》的规定，且有可能损害公司及公司债权人的合法权益，黄某高不能依据该股权转让款分配方案享有对童某物业公司的债权。《最高人民法院关于适用〈中华人民共和国合同法〉若干问题的解释（一）》第十八条第二款规定："债务人在代位权诉讼中对债权人的债权提出异议，经审查异议成立的，人民法院应当裁定驳回债权人的起诉。"二审裁定驳回黄某高的起诉，事实及法律依据充分，并无不当。

案例 2：杨某等与何某遐合同纠纷二审民事判决书【北京市第三中级人民法院（2021）京 03 民终 10878 号】

本案中，雨某公司将包括涉案房屋在内的三套房屋用于抵偿欠付亿某万泰公司的相应债务，该抵债的三套房屋应属于亿某万泰公司的公司财产。根据已查明的事实，虽然在 2016 年，包括何某遐在内的亿某万泰公司时任全体股东就抵债房屋直接分配给股东一事达成一致意见，一定程度上可以视为经过了公司股东会决议；但即使经过了股东会决议，其所分配的并不是公司利润，而是公司的财产。包括何某遐在内的亿某万泰公司时任全体股东直接将公司财产分配给股东的行为，明显违反了《公司法》的强制性规定，且有可能损害公司及公司债权人的合法权益，故该行为应属无效，涉案《承诺书》亦属无效，一审法院对此认定有误，本院予以纠正。

案例 3：谢某、刘某祥诉安徽兴某化工有限责任公司公司决议效力确认纠纷案【安徽省合肥市中级人民法院（2014）合民二终字第 00036 号】，安徽法院 2014 年发布参考性案例 11 号

---

① 《公司法》已修改，现相关规定见《公司法》（2023 年修订）第五十九条。

首先，关于决议内容所涉款项的来源，兴某公司认为分发的款项来源于兴某公司账面余额，但无法明确是利润还是资产。《中华人民共和国公司法》第一百六十七条规定，公司分配当年税后利润时，应当提取利润的百分之十列入公司法定公积金；公司的法定公积金不足以弥补以前年度亏损的，在依照前款规定提取法定公积金之前，应当先用当年利润弥补亏损。① 因此，兴某公司有责任提供证据证明兴某公司是否按照法律规定弥补亏损并提取了法定公积金，但兴某公司未提交。

其次，关于款项的性质，兴某公司辩称分发款项系福利性质。但根据通常理解，"福利"指员工的间接报酬，一般包括健康保险、带薪假期、过节礼物或退休金等形式。从发放对象看，"福利"的发放对象为员工，而本案中，决议内容明确载明发放对象系每位股东；从发放内容看，决议内容为公司向每位股东发放40万元，发放款项数额巨大，不符合常理。若兴某公司向每位股东分配公司弥补亏损和提取公积金后所余税后利润，则应当遵守《中华人民共和国公司法》第三十五条的规定分配，即股东按照实缴的出资比例分取红利；但是，全体股东约定不按照出资比例分取红利或者不按照出资比例优先认缴出资的除外。本案中，在全体股东未达成约定的情况下，不按照出资比例分配而是对每位股东平均分配的决议内容违反了上述规定。

最后，本案所涉股东会决议无论是以向股东支付股息或红利的形式，还是以股息或红利形式之外的、以减少公司资产或加大公司负债的形式分发款项，均是为股东谋取利益，变相分配公司利益的行为，该行为贬损了公司的资产，使得公司资产不正当流失，不仅损害了部分股东的利益，还有可能影响债权人的利益。

综上，本案所涉股东会决议是公司股东滥用股东权利形成，决议内容损害公司、公司其他股东等人的利益，违反了《中华人民共和国公司法》的强制性规定，应为无效。

---

① 《公司法》已修改，现相关规定见《公司法》（2023年修订）第二百一十条第一款、第二款。

027 股东会作出利润分配决议后股东才有权请求分配利润

阅读提示

股东会作出利润分配决议后,股东所享有的抽象利润分配请求权因此转化为具体的利润分配请求权。该具体的利润分配请求权性质上属于债权,股东有权请求公司依照分配决议分配利润。本文在此通过最高人民法院的一则经典案例,对股东利润分配请求权的行使进行分析。

裁判要旨

股东会作出利润分配决议后,抽象利润分配请求权转化为具体利润分配请求权,性质等同于普通债权,股东可以债权人身份要求公司根据利润分配决议分配利润。

案情简介 ①

(一)金某桥水电站有限公司(以下简称金某桥公司)股东为某省能源投资集团有限公司(以下简称某能投公司)、华某公司和汉某公司。

(二)2015年5月8日、2016年11月18日、2018年6月1日,金某桥公司召开董事会及年度股东会会议,分别制订年度利润分配议案,决定按各股东出资比例分配2014—2016年度利润,并载明了利润分配完成的时间。

(三)后金某桥公司拒绝执行上述股东会决议,某能投公司因此提起诉讼要求分配利润。

(四)云南省高级人民法院二审认为,案涉利润分配方案已经董事会及股东会表决通过,合法有效,股东有权以债权人身份请求进行利润分配。

(五)金某桥公司不服,向最高人民法院申请再审。最高人民法院维持原判,裁定驳回再审申请。

---

① 案件来源:金某桥水电站有限公司、某省能源投资集团有限公司盈余分配纠纷民事申请再审审查民事裁定书【最高人民法院(2022)最高法民申111号】。

裁判要点

本案的核心争议在于，股东会作出利润分配决议后，股东是否有权要求公司依照决议分配利润，对此，最高人民法院认为：

首先，公司盈余利润分配决议的作出需要符合公司法和公司章程的规定，以此作出的利润分配决议方合法有效。

其次，一旦公司股东会作出有效的利润分配决议，股东的抽象利润分配请求权即转化为具体的利润分配请求权，股东因此享有了对公司的债权。在公司拒绝依照前述决议分配利润时，股东可以债权人的身份请求公司进行利润分配，以实现自身的债权。

实务经验总结

1. 在公司作出利润分配决议之前，股东虽然作为公司成员享有利润分配请求权，但此时该权利仅是一种抽象的期待权，股东能否实际分得利润、分得多少均不确定。只有当公司作出利润分配决议之后，股东才确定能分配到多少利润，此时股东的利润分配请求权具体起来，性质上属于债权。

2. 公司作出利润分配决议并非完全自治的，必须符合法定要求，具体需要依据《公司法》（2023年修订）第二百一十条规定，完成缴税、弥补以前年度亏损和提取法定公积金的义务之后，才能用所余的利润给股东进行利润分配。在公司弥补亏损和提取法定公积金之前向股东分配利润的，股东必须将违反规定分配的利润退还给公司。

3. 当有证据证明公司有盈余且存在部分股东变相分配利润、隐瞒或转移公司利润等滥用股东权利情形的，诉讼中股东不需要分红决议即可请求人民法院强制进行盈余分配。

相关法律规定

《中华人民共和国公司法》（2023年修订）

第四条 有限责任公司的股东以其认缴的出资额为限对公司承担责任；股份有限公司的股东以其认购的股份为限对公司承担责任。

公司股东对公司依法享有资产收益、参与重大决策和选择管理者等权利。

第二百一十条　公司分配当年税后利润时，应当提取利润的百分之十列入公司法定公积金。公司法定公积金累计额为公司注册资本的百分之五十以上的，可以不再提取。

公司的法定公积金不足以弥补以前年度亏损的，在依照前款规定提取法定公积金之前，应当先用当年利润弥补亏损。

公司从税后利润中提取法定公积金后，经股东会决议，还可以从税后利润中提取任意公积金。

公司弥补亏损和提取公积金后所余税后利润，有限责任公司按照股东实缴的出资比例分配利润，全体股东约定不按照出资比例分配利润的除外；股份有限公司按照股东所持有的股份比例分配利润，公司章程另有规定的除外。

公司持有的本公司股份不得分配利润。

《中华人民共和国公司法》（2018年修正，已被修订）

第四条　公司股东依法享有资产收益、参与重大决策和选择管理者等权利。

第一百六十六条　公司分配当年税后利润时，应当提取利润的百分之十列入公司法定公积金。公司法定公积金累计额为公司注册资本的百分之五十以上的，可以不再提取。

公司的法定公积金不足以弥补以前年度亏损的，在依照前款规定提取法定公积金之前，应当先用当年利润弥补亏损。

公司从税后利润中提取法定公积金后，经股东会或者股东大会决议，还可以从税后利润中提取任意公积金。

公司弥补亏损和提取公积金后所余税后利润，有限责任公司依照本法第三十四条的规定分配；股份有限公司按照股东持有的股份比例分配，但股份有限公司章程规定不按持股比例分配的除外。

股东会、股东大会或者董事会违反前款规定，在公司弥补亏损和提取法定公积金之前向股东分配利润的，股东必须将违反规定分配的利润退还公司。

公司持有的本公司股份不得分配利润。

《最高人民法院关于适用〈中华人民共和国公司法〉若干问题的规定（四）》（2020年修正）

第十四条　股东提交载明具体分配方案的股东会或者股东大会的有效决议，请求公司分配利润，公司拒绝分配利润且其关于无法执行决议的抗辩理由不成立的，人民法院应当判决公司按照决议载明的具体分配方案向股东分配利润。

第十五条　股东未提交载明具体分配方案的股东会或者股东大会决议，请求公司分配利润的，人民法院应当驳回其诉讼请求，但违反法律规定滥用股东权利导致公司不分配利润，给其他股东造成损失的除外。

法院判决

以下为最高人民法院就金某桥公司是否可以债权人身份要求公司根据利润分配决议分配利润的详细论述：

本院经审查认为，原审已查明，金某桥公司股东即某能投公司、云南华某金沙江中游水电开发有限公司、汉某控股集团有限公司，占股比例分别为8%、12%、80%。2015年5月8日、2016年11月18日、2018年6月1日，金某桥公司召开董事会及年度股东会会议，分别制订年度利润分配议案，决定按各股东出资比例分配2014—2016年度利润，并载明了利润分配到位的时间等。2018年5月16日、2018年12月26日、2019年6月19日，金某桥公司先后向某能投公司发出三份函件并随函附送2014年至2016年未支付股利资金占用费计算统计表，金某桥公司2019年6月19日向某能投公司发函及随函附送的《2014年至2016年未支付股利2019年1月1日至5月31日时间段资金占用费计算统计表》，对2014年至2016年累计欠某能投公司的股利77110716.12元以及自2019年1月1日至2019年5月31日的资金占用费1536323.92元予以确认。据此，原审认为，案涉2014—2016年度的利润分配方案系金某桥公司依据当年度审计报告载明的利润情况，通过董事会决议作出后报经股东会决议同意，公司利润分配方案的决议符合法律规定并经各方股东认可，不存在无效事由，金某桥公司亦多次确认。

至此，股东会作出利润分配决议后，抽象利润分配请求权转化为具体利润分配请求权，性质等同于普通债权，股东可以债权人身份要求公司根据利润分配决议分配利润，依照《中华人民共和国公司法》第四条"公司股东依法享有资产收益、参与重大决策和选择管理者等权利"[①] 及《最高人民法院关于适用〈中华人民共和国公司法〉若干问题的规定（四）》（2020年修正）第十四条"股东提交载明具体分配方案的股东会或者股东大会的有效决议，请求公司分配利润，公司拒绝分配利润且其关于无法执行决议的抗辩理由不成立的，人民法院应当判决公司按照决议载明的具体分配方案向股东分配利润"的规定，某能投公司作为金某桥公司持股比例8%的股东，有分配利润的请求权。原审上述认定，不缺乏

---

① 《公司法》已修改，现相关规定见《公司法》（2023年修订）第四条第二款。

依据，适用法律并无不当。

> 延伸阅读

在检索大量类案的基础上，笔者总结相关裁判规则如下，供读者参考。

（一）法院应当审查确认公司盈余分配决议是在满足提取当年法定公积金、弥补亏损的条件之后所作出的，才能判决公司依照分配决议分配利润。

案例1：湖南省中某房地产开发有限公司、严某针公司盈余分配纠纷再审民事裁定书【最高人民法院（2019）最高法民再88号】

公司应当在提取当年法定公积金、弥补亏损之后向股东分配税后利润。换言之，公司盈余分配决议内容应当反映当年法定公积金提取、弥补亏损的内容。执行公司盈余分配方案也应当具备已经提取当年法定公积金、弥补亏损的条件。原判决未查明上述事实，即认定中某公司应按照案涉《股东协议》《会议纪要》向严某针、杨某辉分配公司盈余，存有不当。

案例2：冯某德、昆明美某餐饮管理有限公司公司盈余分配纠纷二审民事判决书【云南省昆明市中级人民法院（2018）云01民终4682】

本案二审审理中，上诉人明确其上诉请求是依据2017年10月15日《股东会决议》向美某公司主张分配利润，不再依据《2014年1月7日至2015年7月31日止沉某雅轩财务清算表》计算和主张分配金额。而美某公司辩称上诉人提交的证据不足以证明利润分配的真实性，并且根据美某公司《章程》第十二条规定，股东会会议应对所议事项作出决议，决议应由代表三分之二以上表决权的股东表决通过，由于2017年10月15日临时股东会作出的《股东会决议》股东占股比为64.64%，未达到在工商登记备案《章程》规定的比例，故美某公司认为该《股东会决议》不具有合法性。本院认为，2017年10月15日《股东会决议》因股东表决权数不符合美某公司在工商行政管理部门备案的《章程》的规定，故上诉人依据该《股东会决议》主张分配利润无事实和法律依据，本院依法不予支持。

（二）公司与银行在贷款合同中约定贷款清偿完毕前，不得向股东分配盈余利润的，不应构成对股东基本权利的限制，不影响公司作出的利润分配决议的效力。

案例3：金某桥水电站有限公司、某省能源投资集团有限公司公司盈余分配纠纷民事申请再审审查民事裁定书【最高人民法院（2022）最高法民申111号】

《固定资产借款合同》中虽有"合同项下贷款全部清偿完毕前，未经银行方书面同意，金某桥公司不得以任何方式向其股东分配本项目的经营利润"的约定，但该约定不应构成对股东基本权利的限制，违反该约定的后果也不应导致前述股东会关于利润分配方案决议内容无效。且2014—2016年度金某桥公司不存在未归还当期银行贷款的情形，2014年之前金某桥公司正常向其股东进行利润分配，也并未出现有关金融机构主张该分配无效的情形。故原审判令金某桥公司支付某能投公司欠付股利等，并不缺乏依据，适用法律亦无不当。

（三）有盈余分配决议的，在公司股东会或股东大会作出决议时，在公司与股东之间即形成债权债务关系，若未按照决议及时给付则应计付利息；而司法干预的强制盈余分配则不然，在盈余分配判决未生效之前，公司不负有法定给付义务，故不应计付利息。

案例4：庆阳市太某热力有限公司、李某军公司盈余分配纠纷二审民事判决书【最高人民法院（2016）最高法民终528号】

太某热力公司、李某军上诉主张，公司盈余分配的款项不应计算利息；居某门业公司答辩认为，李某军挪用公司收入放贷牟利，需对居某门业公司应分得的盈余款给付利息。本院认为，公司经营利润款产生的利息属于公司收入的一部分，在未进行盈余分配前相关款项均归属于公司；在公司盈余分配前产生的利息应当计入本次盈余分配款项范围，如本次盈余分配存在遗漏，仍属公司盈余分配后的资产。公司股东会或股东大会作出盈余分配决议时，在公司与股东之间即形成债权债务关系，若未按照决议及时给付则应计付利息，而司法干预的强制盈余分配则不然，在盈余分配判决未生效之前，公司不负有法定给付义务，故不应计付利息。本案中，首先，居某门业公司通过诉讼应分得的盈余款项系根据本案司法审计的净利润数额确定，此前太某热力公司对居某门业公司不负有法定给付义务，若《审计报告》未将公司资产转让款此前产生的利息计入净利润，则计入本次盈余分配后的公司资产，而不存在太某热力公司占用居某门业公司资金及应给付利息的问题。其次，李某军挪用太某热力公司款项到关联公司放贷牟利，系太某热力公司与关联公司之间如何给付利息的问题，居某门业公司据此向太某热力公司主张分配盈余款利息，不能成立。第三，居某门业公司一审诉讼请求中并未明确要求太某热力公司给付本判决生效之后的盈余分配款利息。因此，一审判决判令太某热力公司给付自2010年7月11日起至实际付清之日的利息，既缺乏事实和法律依据，也超出当事人的诉讼请求，本院予以纠正。

（四）股权受让方对受让股权之前，股权所产生的红利，不享有分配请求权。

案例5：市某公司、某材料公司等所有权确认纠纷再审民事判决书【辽宁省朝阳市中级人民法院（2021）辽13民再33号】

本院再审认为，本案的争议焦点为市某公司转让611.4万股股权后，是否有权要求某银行公司向其分配该部分股权在转让前产生的红利。2012年6月4日，市某公司将其持有的某银行公司611.4万股股权转让给某材料公司，用于抵偿其拖欠某银行公司的916.5万元贷款。转让之时，该611.4万股股权尚未分配红利，案涉股权、现金挂账系该611.4万股股权在转让之前产生的红利，虽市某公司通过股权转让的方式消灭了其在某银行公司的债务，但因2011年市某公司是股权的持有者，某材料公司尚未成为该股权的持有者，故某材料公司无权享有该部分股权的利润分配。

028 股东会利润分配决议应包括哪些内容才有效力？

阅读提示

股东的利润分配请求权在性质上是抽象的权利，只有经股东会决议作出具体的利润分配方案，股东才真正有权请求公司按照决议分配利润。因此，何为具体的利润分配决议对股东权利的行使意义重大，本文在此通过最高人民法院的一则经典案例，对上述问题进行分析。

裁判要旨

判断利润分配方案是否具体，关键在于综合现有信息能否确定主张分配的权利人根据方案能够得到的具体利润数额，进一步说应当包括待分配利润数额、分配政策、分配范围以及分配时间等具体分配事项内容。

案情简介[①]

（一）2014年3月27日，万某商务东升庙有限责任公司（以下简称万某公

---

① 案件来源：甘肃乾某达矿业开发集团有限公司、万某商务东升庙有限责任公司民事再审民事判决书【最高人民法院（2021）最高法民再23号】。

司）股东会作出案涉利润分配决议：决定2014年6月之前，将剩余未分配利润5639万元分配完毕。

（二）后万某公司以案涉利润分配决议不是具体分配方案为由拒绝分配利润。股东之一甘肃乾某达矿业开发集团有限公司（以下简称乾某达公司）因此诉至法院，要求万某公司给付利润款。

（三）巴彦淖尔市中院一审支持了乾某达公司的诉请。内蒙古高院二审则以案涉利润分配决议未明确每位股东的分配数额为由认定乾某达公司无权主张利润分配。

（四）乾某达公司不服，向最高人民法院申请再审。最高人民法院认定案涉利润分配决议系具体分配方案，乾某达公司享有相应利润分配的债权。

裁判要点

本案的核心争议在于，如何判断公司利润分配方案是否具体，对此，最高人民法院认为：

首先，根据《最高人民法院关于适用〈中华人民共和国公司法〉若干问题的规定（三）》第十四条规定，股东请求公司分配利润的应当提交载有具体利润分配方案的股东会决议。如此规定是因为股东依法享有的利润分配请求权是一项抽象的权利，不同于知情权等权利，股东一般并不能据此直接向公司主张权利行使。而判断该抽象请求权转化为具体权利的关键就在于股东会是否作出了具体的利润分配决议，如有，则股东抽象的利润分配请求权转化为具体的债权，股东方可请求公司按分配决议内容向其给付利润款。

其次，判断利润分配方案是否具体的关键在于能否综合现有信息确定主张分配的权利人根据方案能够得到的具体利润数额。本案中，案涉利润分配决议虽然没有规定每名股东可以分得的利润，但根据万某公司章程中"按出资比例分取红利"，据此是可以确定每名股东应得利润的。

故，案涉利润分配决议属于具体的分配方案，股东的抽象权利已经转为对万某公司的具体债权。

实务经验总结

1. 股东虽然具有法定的利润分配请求权，但是毕竟公司是独立的法人主体，且公司利润分配又会涉及债权人等第三人利益保护，因此一份合法有效的利润分配决议需满足程序上与实体上的诸多条件。程序上依照公司法规定应由董事会制订分配方案，并经股东会二分之一以上表决权股东同意通过，当然章程可对此进行变通规定；实体上，公司进行利润分配前要完成缴税、提取公积金、补亏的要求，另外利润分配决议的内容需要具体。只有如此，才能真正形成一份合法有效的利润分配决议，股东才能据此请求公司分配利润。

2. 对于侵犯股东资产收益权利的行为，股东可从以下路径救济自身权益：一是我国《公司法》（2023年修订）第八十九条规定股东在满足法定条件时有权要求公司回购其股权；二是《最高人民法院关于适用〈中华人民共和国公司法〉若干问题的规定（四）》（2020年修正）第十五条规定存在大股东违法滥用股东权利导致公司不分红给其他股东造成损失的，其他股东可以不提交具体利润分配方案而请求公司分配利润。

3. 但应注意的是，上述两种救济方式适用条件相对严苛且缺乏具体操作规则，小股东在维权上存在一定困难。更为实用的避免分红权被侵害的方法是，事先在股东协议中载明小股东享有的具体的分红权条款，至少包括分红条件、比例及相应违约责任，以使小股东分红权利受侵害时可以主张大股东的违约责任。

相关法律规定

《中华人民共和国公司法》（2023年修订）

第四条 有限责任公司的股东以其认缴的出资额为限对公司承担责任；股份有限公司的股东以其认购的股份为限对公司承担责任。

公司股东对公司依法享有资产收益、参与重大决策和选择管理者等权利。

第五十九条第一款 股东会行使下列职权：

……

（四）审议批准公司的利润分配方案和弥补亏损方案；

……

第二百一十条 公司分配当年税后利润时，应当提取利润的百分之十列入公司法定公积金。公司法定公积金累计额为公司注册资本的百分之五十以上的，可以不再提取。

公司的法定公积金不足以弥补以前年度亏损的，在依照前款规定提取法定公积金之前，应当先用当年利润弥补亏损。

公司从税后利润中提取法定公积金后，经股东会决议，还可以从税后利润中提取任意公积金。

公司弥补亏损和提取公积金后所余税后利润，有限责任公司按照股东实缴的出资比例分配利润，全体股东约定不按照出资比例分配利润的除外；股份有限公司按照股东所持有的股份比例分配利润，公司章程另有规定的除外。

公司持有的本公司股份不得分配利润。

《中华人民共和国公司法》（2018年修正，已被修订）

第四条 公司股东依法享有资产收益、参与重大决策和选择管理者等权利。

第三十七条第一款 股东会行使下列职权：

......

（六）审议批准公司的利润分配方案和弥补亏损方案；

......

第一百六十六条 公司分配当年税后利润时，应当提取利润的百分之十列入公司法定公积金。公司法定公积金累计额为公司注册资本的百分之五十以上的，可以不再提取。

公司的法定公积金不足以弥补以前年度亏损的，在依照前款规定提取法定公积金之前，应当先用当年利润弥补亏损。

公司从税后利润中提取法定公积金后，经股东会或者股东大会决议，还可以从税后利润中提取任意公积金。

公司弥补亏损和提取公积金后所余税后利润，有限责任公司依照本法第三十四条的规定分配；股份有限公司按照股东持有的股份比例分配，但股份有限公司章程规定不按持股比例分配的除外。

股东会、股东大会或者董事会违反前款规定，在公司弥补亏损和提取法定公积金之前向股东分配利润的，股东必须将违反规定分配的利润退还公司。

公司持有的本公司股份不得分配利润。

《最高人民法院关于适用〈中华人民共和国公司法〉若干问题的规定（四）》（2020年修正）

第十四条 股东提交载明具体分配方案的股东会或者股东大会的有效决议，请求公司分配利润，公司拒绝分配利润且其关于无法执行决议的抗辩理由不成立的，人民法院应当判决公司按照决议载明的具体分配方案向股东分配利润。

第十五条 股东未提交载明具体分配方案的股东会或者股东大会决议，请求公司分配利润的，人民法院应当驳回其诉讼请求，但违反法律规定滥用股东权利导致公司不分配利润，给其他股东造成损失的除外。

法院判决

以下为最高人民法院就乾某达公司是否有权要求万某公司支付2013年度未支付利润问题的详细论述：

《公司法解释四》[①] 第十四条第一款关于"股东提交载明具体分配方案的股东会或者股东大会的有效决议，请求公司分配利润，公司拒绝分配利润且其关于无法执行决议的抗辩理由不成立的，人民法院应当判决公司按照决议载明的具体分配方案向股东分配利润"之规定，不仅要求股东会或者股东大会通过利润分配决议，而且要求利润分配方案内容具体。原则上，一项具体的利润分配方案应当包括待分配利润数额、分配政策、分配范围以及分配时间等具体分配事项内容，判断利润分配方案是否具体的关键在于能否综合现有信息确定主张分配的权利人根据方案能够得到的具体利润数额。

本案中，万某股字〔2014〕2号股东会决议通过了万某公司《2013年度利润分配方案》，确定了万某公司2013年度待分配利润总额，并决定"2014年6月之前，将这部分剩余未分配利润分配完毕"。之后的《临时股东会议纪要》将利润分配时间变更为2014年7月底之前。上述方案中确实没有写明各股东分配比例以及具体计算出各股东具体分配数额。然而，万某公司章程第十条股东权利条款中规定了"按照出资比例分取红利"，第三十七条规定了"弥补亏损和提取公积金、法定公益金所余利润，按照股东的出资比例进行分配"。且万某公司此前亦是按照出资比例分配利润。综合考虑上述事实，能够确定万某公司2013年利润分配是按照股东持股比例进行分配的。综上，案涉股东会决议载明了2013年度利润分配总额、分配时间，结合公司章程中关于股东按照出资比例分取红利的分配政策之约定，能够确定乾某达公司根据方案应当得到的具体利润数额，故该股东会决议载明的2013年度公司利润分配方案是具体的，符合《公司法解释四》第十四条之规定。二审判决对此认定确有错误，本院予以纠正。

延伸阅读

在检索大量类案的基础上，笔者总结相关裁判规则如下，供读者参考。

---

① 即《最高人民法院关于适用〈中华人民共和国公司法〉若干问题的规定（四）》。

（一）股东会作出利润分配决议后，股东据此对公司享有的是普通债权。

案例1： 金某桥水电站有限公司、某省能源投资集团有限公司公司盈余分配纠纷民事申请再审审查民事裁定书【最高人民法院（2022）最高法民申111号】

案涉2014—2016年度的利润分配方案系金某桥公司依据当年度审计报告载明的利润情况，通过董事会决议作出后报经股东会决议同意，公司利润分配方案的决议符合法律规定并经各方股东认可，不存在无效事由，金某桥公司亦多次确认。至此，股东会作出利润分配决议后，抽象利润分配请求权转化为具体利润分配请求权，性质等同于普通债权，股东可以债权人身份要求公司根据利润分配决议分配利润，依照《中华人民共和国公司法》第四条"公司股东对公司依法享有资产收益、参与重大决策和选择管理者等权利"①及《最高人民法院关于适用〈中华人民共和国公司法〉若干问题的规定（四）》（2020年修正）第十四条"股东提交载明具体分配方案的股东会或者股东大会的有效决议，请求公司分配利润，公司拒绝分配利润且其关于无法执行决议的抗辩理由不成立的，人民法院应当判决公司按照决议载明的具体分配方案向股东分配利润"规定，某能投公司作为金某桥公司持股比例8%的股东，有分配利润的请求权。原审上述认定，不缺乏依据，适用法律并无不当。

（二）部分股东滥用股东权利不分配利润损害其他股东利益的，司法介入时在确定盈余分配数额时，要严格公司举证责任以保护弱势小股东的利益。

案例2： 庆阳市太某热力有限公司、李某军公司盈余分配纠纷二审民事判决书【最高人民法院（2016）最高法民终528号】

本院认为，在未对盈余分配方案形成股东会或股东大会决议情况下司法介入盈余分配纠纷，系因控制公司的股东滥用权利损害其他股东利益，在确定盈余分配数额时，要严格公司举证责任以保护弱势小股东的利益，但还要注意优先保护公司外部关系中债权人、债务人等的利益。

（三）具有股东资格是享有公司盈余分配请求权的前提，因此人民法院需查清是否存在股权代持行为，以及实际出资额、资金性质等情况。

案例3： 湖南省中某房地产开发有限公司、严某针公司盈余分配纠纷再审民事裁定书【最高人民法院（2019）最高法民再88号】

依照《公司法》第四条规定："公司股东对公司依法享有资产收益、参与重

---

① 《公司法》已修改，现相关规定见《公司法》（2023年修订）第四条第二款。

大决策和选择管理者等权利。"① 股东享有公司盈余分配请求权，该请求权是股东基于其股东身份所依法享有的权利。故严某针、杨某辉是否出资，是否具有股东身份是认定其二人是否享有公司盈余分配请求权的基本事实，也是认定本案法律关系性质的前提。本案中，严某针、杨某辉主张其为中某公司隐名股东，原判决应当就其是否与厦门嘉某公司之间具有股权代持关系，实际出资额以及资金性质等进行审理。原判决对于上述事实未予查明，属于基本事实认定不清。

029 股东无须利润分配决议也可向公司请求分红？

阅读提示

审议批准公司的利润分配方案是股东会的法定职权，这也说明一般情况下，只有在股东会作出具体的分配方案后，股东才有权依据分配决议请求公司分配利润。但这条规定也不是绝对的，本文在此通过湖南省高级人民法院的一则案例，对不存在利润分配决议情况下，股东如何请求分红的问题进行分析。

裁判要旨

部分股东变相分配利润、隐瞒或转移公司利润，损害其他股东实体利益的，人民法院可依据其他股东请求强制进行盈余分配。

案情简介 ②

（一）2015年3月16日，永州市宏某房地产开发有限公司（以下简称宏某公司）注册资本800万元，李某生持股45%，周某持股55%。

（二）根据审计结果，2011年1月1日至2019年12月31日，周某将宏某公司利润共计80208666元转移到自己名下。

（三）另自2011年起，宏某公司没有召开股东会形成过任何利润分配方案。李某生因此诉至法院，请求人民法院强制分红。

---

① 《公司法》已修改，现相关规定见《公司法》（2023年修订）第四条第二款。
② 案件来源：永州市宏某房地产开发有限公司、周某等公司盈余分配纠纷二审民事判决书【湖南省高级人民法院（2021）湘民终945号】。

（四）永州中院一审和湖南高院二审均认为，宏某公司应当将 2011 年 1 月 1 日至 2019 年 12 月 31 日可分配利润按出资比例分配给李某生，另周某需对宏某公司应分配给李某生的利润承担补充赔偿责任。

裁判要点

本案的核心争议在于，在不存在利润分配决议情况下，股东是否有权主张分红，对此，湖南省高级人民法院认为：

首先，《公司法》第一百六十六条规定的利润分配请求权是一种抽象的权利，只有当股东会作出有效且载明具体分配方案的决议时，股东才对公司享有具体的债权，可以请求公司依据决议分配利润。也即，一般情况下，如股东会未形成有关利润分配的方案，股东是无权诉请公司分配利润的。

其次，《最高人民法院关于适用〈中华人民共和国公司法〉若干问题的规定（四）》第十五条对上述利润分配条款规定了一种例外情形，即"但违反法律规定滥用股东权利导致公司不分配利润，给其他股东造成损失的除外"。本案中，湖南高院认为变相分配利润、隐瞒或转移公司利润均属于滥用股东权利的行为，应当判决公司进行利润分配，并要求该等滥用权利之股东承担补充赔偿责任。

实务经验总结

1. 公司是否分配利润属于公司自治的范畴，一般司法不应予以干预。因此股东诉请强制盈余分配的，必须证明部分股东存在滥用股东权利导致公司不分配利润给其他股东造成损失。

2. 股东诉请分配利润的依据不仅是有利润分配决议就可以了，该利润分配决议还需足够具体，即要载明待分利润数额、分配政策、分配范围以及分配时间等事项。

相关法律规定

《中华人民共和国公司法》（2023 年修订）

第四条　有限责任公司的股东以其认缴的出资额为限对公司承担责任；股份有限公司的股东以其认购的股份为限对公司承担责任。

公司股东对公司依法享有资产收益、参与重大决策和选择管理者等权利。

第五十九条第一款　股东会行使下列职权：

……

（四）审议批准公司的利润分配方案和弥补亏损方案；

……

第二百一十条　公司分配当年税后利润时，应当提取利润的百分之十列入公司法定公积金。公司法定公积金累计额为公司注册资本的百分之五十以上的，可以不再提取。

公司的法定公积金不足以弥补以前年度亏损的，在依照前款规定提取法定公积金之前，应当先用当年利润弥补亏损。

公司从税后利润中提取法定公积金后，经股东会决议，还可以从税后利润中提取任意公积金。

公司弥补亏损和提取公积金后所余税后利润，有限责任公司按照股东实缴的出资比例分配利润，全体股东约定不按照出资比例分配利润的除外；股份有限公司按照股东所持有的股份比例分配利润，公司章程另有规定的除外。

公司持有的本公司股份不得分配利润。

《中华人民共和国公司法》（2018年修正，已被修订）

第四条　公司股东依法享有资产收益、参与重大决策和选择管理者等权利。

第三十七条第一款　股东会行使下列职权：

……

（六）审议批准公司的利润分配方案和弥补亏损方案；

……

第一百六十六条　公司分配当年税后利润时，应当提取利润的百分之十列入公司法定公积金。公司法定公积金累计额为公司注册资本的百分之五十以上的，可以不再提取。

公司的法定公积金不足以弥补以前年度亏损的，在依照前款规定提取法定公积金之前，应当先用当年利润弥补亏损。

公司从税后利润中提取法定公积金后，经股东会或者股东大会决议，还可以从税后利润中提取任意公积金。

公司弥补亏损和提取公积金后所余税后利润，有限责任公司依照本法第三十四条的规定分配；股份有限公司按照股东持有的股份比例分配，但股份有限公司章程规定不按持股比例分配的除外。

股东会、股东大会或者董事会违反前款规定,在公司弥补亏损和提取法定公积金之前向股东分配利润的,股东必须将违反规定分配的利润退还公司。

公司持有的本公司股份不得分配利润。

《最高人民法院关于适用〈中华人民共和国公司法〉若干问题的规定(四)》(2020年修正)

第十四条 股东提交载明具体分配方案的股东会或者股东大会的有效决议,请求公司分配利润,公司拒绝分配利润且其关于无法执行决议的抗辩理由不成立的,人民法院应当判决公司按照决议载明的具体分配方案向股东分配利润。

第十五条 股东未提交载明具体分配方案的股东会或者股东大会决议,请求公司分配利润的,人民法院应当驳回其诉讼请求,但违反法律规定滥用股东权利导致公司不分配利润,给其他股东造成损失的除外。

法院判决

以下为湖南省高级人民法院就宏某公司是否应向李某生分配利润的详细论述:

公司在经营中存在可分配的税后利润时,是否分配相关利润,应当由股东会作出公司盈余分配的具体方案,该种分配方案原则上属于公司自治范畴。但是,当部分股东变相分配利润、隐瞒或转移公司利润时,则会损害其他股东的实体利益,已非公司自治所能解决,此时若公司法不加以适度干预则不能制止权利滥用,亦有违司法正义。为此,《最高人民法院关于适用〈中华人民共和国公司法〉若干问题的规定(四)》第十五条规定:"股东未提交载明具体分配方案的股东会或者股东大会决议,请求公司分配利润的,人民法院应当驳回其诉讼请求,但违反法律规定滥用股东权利导致公司不分配利润,给其他股东造成损失的除外。"本案中,宏某公司存在巨额利润,周某作为宏某公司的控股股东及公司法定代表人,其未经公司另一股东李某生同意,将宏某公司利润转移至其个人名下80208666元,给宏某公司造成损失,属于滥用股东权利,符合上述但书条款规定的应进行强制盈余分配的实质要件。

盈余分配是用公司的利润进行给付,公司本身是给付义务的主体,若公司的应分配资金因被部分股东变相分配利润、隐瞒或转移公司利润而不足以现实支付时,不仅直接损害了公司的利益,也损害到其他股东的利益,该利益受损的股东可直接依据公司法的前述规定主张赔偿责任。周某作为宏某公司的控股股东和法定代表人，其将宏某公司 80208666 元转走，损害了公司利益。如周某不能将该款项归还公司，则周某应按照公司法的前述规定对该损失向宏某公司承担赔偿责任。因李某生主张的利润分配来源于宏某公司的盈余资金，在给付不能时，周某转移公司资产的行为损及股东李某生的利益，其应在给付不能的范围内承担赔偿责任，一审判决周某承担补充赔偿责任并无不当。

延伸阅读

在检索大量类案的基础上，笔者总结相关裁判规则如下，供读者参考。

有证据证明公司有盈余且存在部分股东变相分配利润、隐瞒或转移公司利润等滥用股东权利情形的，诉讼中可强制盈余分配。

案例1：庆阳市太某热力有限公司、李某军公司盈余分配纠纷二审民事判决书【最高人民法院（2016）最高法民终528号】

在本案中，首先，太某热力公司的全部资产被整体收购后没有其他经营活动，一审法院委托司法审计的结论显示，太某热力公司清算净收益为 75973413.08 元，即使扣除双方有争议的款项，太某热力公司也有巨额的可分配利润，具备公司进行盈余分配的前提条件；其次，李某军同为太某热力公司及其控股股东太某工贸公司法定代表人，未经公司另一股东居某门业公司同意，没有合理事由将 5600 万余元公司资产转让款转入兴某建安公司账户，转移公司利润，给居某门业公司造成损失，属于太某工贸公司滥用股东权利，符合《最高人民法院关于适用〈中华人民共和国公司法〉若干问题的规定（四）》第十五条但书条款规定应进行强制盈余分配的实质要件。最后，前述司法解释规定的股东盈余分配的救济权利，并未规定需以采取股权回购、公司解散、代位诉讼等其他救济措施为前置程序，居某门业公司对不同的救济路径有自由选择的权利。因此，一审判决关于太某热力公司应当进行盈余分配的认定有事实和法律依据，太某热力公司、李某军关于没有股东会决议不应进行公司盈余分配的上诉主张不能成立。

案例2：王某艳、车某伟等公司盈余分配纠纷二审民事判决书【山东省威海市中级人民法院（2022）鲁10民终2148号】

公司分配利润必须符合以下条件：有可分配的利润，已制订利润分配方案，该方案已经股东会审议批准并形成了公司分配利润的有效决议。公司盈余分配与否原则上属于公司自治范畴，是否进行公司盈余分配及分配数额，应当由股东会作出公司盈余分配的具体方案。但是，当部分股东尤其是控股股东隐瞒或转移公司利润时，则会损害其他股东的实体利益，已非公司自治所能解决，此时若司法不加以适度干预则不能制止权利滥用，亦有违司法正义。

为此，《最高人民法院关于适用〈中华人民共和国公司法〉若干问题的规定（四）》第十五条规定："股东未提交载明具体分配方案的股东会或者股东大会决议，请求公司分配利润的，人民法院应当驳回其诉讼请求，但违反法律规定滥用股东权利导致公司不分配利润，给其他股东造成损失的除外。"本条规定进一步明确了股东利润分配请求权的理论基础，即分配权来源于股东平等原则的要求。因此，股东向法院请求公司分配利润的，原则上需要提交载明具体分配方案的股东会或者股东大会决议；未提交载明具体分配方案的股东会或者股东大会决议的，法院应驳回其诉讼请求。但书部分规定了特定情形下对股东关于分红的诉讼请求可予支持。

案例3：郑某洺、天津英某林光电科技有限公司等公司盈余分配纠纷二审民事判决书【天津市第二中级人民法院（2022）津02民终3124号】

本案中，郑某洺上诉主张李某成利用其控股股东地位，非法购买增值税发票转移公司资产，购买与经营不相关的服务，以公司名义对外高息借款，虚增成本和费用、关联交易，变相转移公司利润，给股东郑某洺造成严重损失。对此，本院认为，郑某洺、李某成均系认缴出资，英某林公司因经营需要从外借入款项应属合理，郑某洺主张利息过高且由李某成关联方收取，属于变相分配公司利润，缺乏事实基础，本院不予支持。至于郑某洺主张的李某成采用非法购买发票、虚增成本和费用等方式转移公司利润的问题，即使存在这样的事实，从现有证据来看，也无法证明是李某成为了隐瞒或转移公司利润所实施的行为。故而，在不存在关于利润分配方案的股东会决议的情况下，现有证据也无法证实李某成滥用股东权利不分配利润，一审法院结合查明事实及在案证据未支持郑某洺的诉讼请求并无不当，本院不持异议，郑某洺的上诉主张于法无据，本院不予支持。郑某洺二审中再次提出对英某林公司财务状况进行审计，于本案处理结果而言缺乏必要性，本院亦不予准许。

030 解聘总经理是否需要合理理由？

阅读提示

实务中，董事会作出决议解聘总经理时往往还会说明解聘的理由。如总经理认为解聘理由不属实或不合理，能否据此认为决议结果失当并请求法院撤销该免职决议呢？本文在此通过最高人民法院发布的一则指导性案例，对上述问题进行分析。

裁判要旨

人民法院在审理公司决议撤销纠纷案件中应当审查：会议召集程序、表决方式是否违反法律、行政法规或者公司章程，以及决议内容是否违反公司章程。在未违反上述规定的前提下，决议即为有效。至于解聘总经理职务的决议所依据的事实是否属实、理由是否成立，不属于司法审查范围。

案情简介 [①]

（一）上海佳某力环保科技有限公司（以下简称佳某力公司）的股权结构为：葛某乐持股40%、李某军持股46%、王某胜持股14%，其中李某军任总经理。

（二）2009年7月18日，佳某力公司召开董事会形成决议：因李某军私用公司资金炒股，同意免去其总经理职务。

（三）李某军诉至法院，以不存在私用公司资金炒股为由请求撤销该董事会决议。

（四）上海市黄浦法院一审认为，虽然案涉免职决议的召集、表决程序合法合章程，但决议形成理由"私用资金炒股"的事实并不存在，导致决议结果失当，应予撤销。

（五）佳某力公司不服，提起上诉。上海二中院二审认为，案涉免职决议程序、内容合法合章程即为有效，法院对形成决议的理由不应干预，故改判认定该

[①] 案件来源：李某军诉上海佳某力环保科技有限公司公司决议撤销纠纷案【上海市第二中级人民法院（2010）沪二中民四（商）终字第436号】，2012年最高人民法院发布第三批指导性案例之案例十。

免职决议有效。

裁判要点

本案的核心争议在于，解聘总经理的决议依据的理由与事实不成立时，是否有效。李某军认为佳某力公司免去其总经理职务，不仅需要决议做出的程序与内容合法合章程，而且决议所依据的事实与理由亦应真实存在、公正合法。

对此，上海二中院认为：免去李某军总经理职务的决议是否应当撤销应依据《公司法》第二十二条①的规定进行审查。而该条法律仅规定在董事会决议做出程序、内容不合法、不合公司章程时可被撤销，而未规定人民法院应审查决议依据的事实与理由来判断决议效力。故对于佳某力公司董事会做出的免职决议，既然其程序、内容均符合法律规定，也符合公司章程规定，即应认定为有效。

实务经验总结

1. 基于公司意思自治的原则，公司作为法律主体有权按照自己的意思开展活动，因此司法机关原则上应非常谨慎介入公司内部事务。在本案中就体现了司法机关认可《公司法》尊重公司自治的理念，并认为公司内部法律关系原则上由公司自治机制调整。

2. 另外，公司的意思自治也是有边界的，即不能违反法律规定。如《公司法》规定修改公司章程、增加或者减少注册资本的决议，以及公司合并、分立、解散或者变更公司形式的决议，必须经代表三分之二以上表决权的股东通过，就属于强制性规定，公司必须遵守而不能通过公司章程予以变通。

3. 对于总经理等高级管理人员来说，除非公司章程中对其免职具有特殊规定，否则公司有权通过法定程序解聘其职务而不需要说明理由。但对于公司没有合法理由做出违法解聘决议的，高级管理人员可以依据《劳动法》的规定要求赔偿。

相关法律规定

《中华人民共和国公司法》（2023年修订）

第二十五条 公司股东会、董事会的决议内容违反法律、行政法规的无效。

---

① 《公司法》已修改，现相关规定见《公司法》（2023年修订）第二十六条。

第二十六条 公司股东会、董事会的会议召集程序、表决方式违反法律、行政法规或者公司章程，或者决议内容违反公司章程的，股东自决议作出之日起六十日内，可以请求人民法院撤销。但是，股东会、董事会的会议召集程序或者表决方式仅有轻微瑕疵，对决议未产生实质影响的除外。

未被通知参加股东会会议的股东自知道或者应当知道股东会决议作出之日起六十日内，可以请求人民法院撤销；自决议作出之日起一年内没有行使撤销权的，撤销权消灭。

第六十七条第一款 有限责任公司设董事会，本法第七十五条另有规定的除外。

董事会行使下列职权：

……

（八）决定聘任或者解聘公司经理及其报酬事项，并根据经理的提名决定聘任或者解聘公司副经理、财务负责人及其报酬事项；

第七十四条 有限责任公司设经理，由董事会决定聘任或者解聘。

经理对董事会负责，根据公司章程的规定或者董事会的授权行使职权。经理列席董事会会议。

第一百二十六条 股份有限公司设经理，由董事会决定聘任或者解聘。

经理对董事会负责，根据公司章程的规定或者董事会的授权行使职权。经理列席董事会会议。

第一百七十四条 国有独资公司的经理由董事会聘任或者解聘。

经履行出资人职责的机构同意，董事会成员可以兼任经理。

《中华人民共和国公司法》（2018年修正，已被修订）

第二十二条 公司股东会或者股东大会、董事会的决议内容违反法律、行政法规的无效。

股东会或者股东大会、董事会的会议召集程序、表决方式违反法律、行政法规或者公司章程，或者决议内容违反公司章程的，股东可以自决议作出之日起六十日内，请求人民法院撤销。

股东依照前款规定提起诉讼的，人民法院可以应公司的请求，要求股东提供相应担保。

公司根据股东会或者股东大会、董事会决议已办理变更登记的，人民法院宣告该决议无效或者撤销该决议后，公司应当向公司登记机关申请撤销变更登记。

第四十六条 董事会对股东会负责,行使下列职权:

……

(九)决定聘任或者解聘公司经理及其报酬事项,并根据经理的提名决定聘任或者解聘公司副经理、财务负责人及其报酬事项;

……

第四十九条第一款 有限责任公司可以设经理,由董事会决定聘任或者解聘。经理对董事会负责,行使下列职权:

……

第六十八条第一款 国有独资公司设经理,由董事会聘任或者解聘。经理依照本法第四十九条规定行使职权。

……

第一百一十三条第一款 股份有限公司设经理,由董事会决定聘任或者解聘。

法院判决

以下为上海市第二中级人民法院就"总经理李某军不经董事会同意私自动用公司资金在二级市场炒股,造成巨大损失,免去其总经理职务"这一董事会决议是否撤销的详细论述:

这一董事会决议是否撤销,需依据《公司法》第二十二条第二款的相关规定进行审查。该条款规定了董事会决议可撤销的事由包括:一、召集程序是否违反法律、行政法规或公司章程;二、表决方式是否违反法律、行政法规或公司章程;三、决议内容是否违反公司章程。佳某力公司的公司章程规定,股东会会议由董事长召集和主持。2009年7月18日董事会由董事长葛某乐召集,李某军参加了该次董事会,故该次董事会在召集程序并未违反法定程序;佳某力公司章程规定,对所议事项作出的决定应由占全体股东三分之二以上的董事表决通过方为有效。因佳某力公司的股东、董事均为三名且人员相同,2009年7月18日决议由三名董事中的两名董事表决通过,在表决方式上未违反公司章程。因此,本院认定2009年7月18日董事会决议在召集程序、表决方式上不符合应予撤销的要件,应认定为合法有效。

佳某力公司和李某军二审中对本案的争议焦点在于董事会决议免去李某军总经理职务的理由即"总经理李某军不经董事会同意私自动用公司资金在二级市场

炒股，造成巨大损失"是不是事实，如该事实不成立，是否足以导致董事会决议被撤销？也即原审判决是否应当对导致李某军被免职理由所依据的事实进行实体审查，该事实的成立与否是否足以影响董事会决议的效力？

对此，本院认为，首先，从公司法的立法本意来看，对公司行为的规制着重体现在程序上，原则上不介入公司内部事务，最大限度赋予公司内部自治的权力，只要公司董事会决议在召集程序、表决方式、决议内容上不违反法律、行政法规或公司章程，即可认定为有效。从佳某力公司的公司章程来看，规定了董事会有权解聘公司经理，对董事会行使这一权力未作任何限制性规定，即未规定必须"有因"解聘经理。因此，佳某力公司董事会行使公司章程赋予其的权力，在召集程序、表决方式符合公司法和决议内容不违反公司章程的前提下"无因"作出的聘任或解聘总经理的决议，均应认定为有效。其次，从董事会决议内容分析，"总经理李某军不经董事会同意私自动用公司资金在二级市场炒股，造成巨大损失"是佳某力公司董事会对行使解聘总经理职务列出的理由，这一理由仅是对董事会为何解聘李某军总经理职务作出的"有因"陈述，该陈述内容本身并不违反公司章程，也不具有执行力。李某军是否存在不经董事会同意私自动用公司资金在二级市场炒股，造成巨大损失这一事实，不应影响董事会决议的有效性。因此，原审法院对"李某军不经董事会同意私自动用公司资金在二级市场炒股，造成巨大损失"这一事实是否存在进行了事实审查，并以该事实存在重大偏差，在该失实基础上形成的董事会决议缺乏事实及法律依据为由撤销董事会决议不符合《公司法》第二十二条第二款①之规定，本院对该节事实是否存在不予审查与认定。

延伸阅读

在检索大量类案的基础上，笔者总结相关裁判规则如下，供读者参考。

（一）公司解职决议的效力阻却事由是提起公司决议效力纠纷之诉，未提起相应诉讼的，则应视为不存在争议，决议自作出时生效。

案例1：牟某楼、杨某文损害公司利益责任纠纷再审审查与审判监督民事裁定书【最高人民法院（2020）最高法民申2407号】

本院认为，正某建筑公司通过股东会决议形式解除了牟某楼监事资格是公司内部的自治行为，依照法律或公司章程规定的议事方式和表决程序作出的决议，

---

① 《公司法》已修改，现相关规定见《公司法》（2023年修订）第二十六条。

自作出时生效，只有存在效力阻却事由时才能导致效力瑕疵，而依照我国现行公司法和相关司法解释的规定，该效力阻却事由包括股东、董事、监事提起"公司决议无效、可撤销或不成立"之诉，而牟某楼并未提起相应诉讼，应视为案涉决议不存在争议，故原审法院认定牟某楼不具备正某建筑公司的监事或者监事会主席的身份，不得以公司监事会主席身份提起本案代表之诉是正确的。

（二）在涉及决议效力的纠纷中，一般只有公司才是适格的被告。对于其他利害关系人，可以第三人身份参加诉讼。

案例2：刘某忠、福建红某美凯龙置业有限公司公司决议效力确认纠纷二审民事判决书【最高人民法院（2020）最高法民终720号】

首先，关于一审判决对本案中万某公司诉讼主体地位的认定是否程序违法的问题。首先，一审判决关于万某公司为第三人的表述符合《最高人民法院关于适用〈中华人民共和国公司法〉若干问题的规定（四）》第三条第一款"原告请求确认股东会或者股东大会、董事会决议不成立、无效或者撤销决议的案件，应当列公司为被告。对决议涉及的其他利害关系人，可以依法列为第三人"的规定。该条之所以明确规定公司为被告，是因为决议不管是否成立、无效或撤销，都是以公司名义作出，是公司的意思表示。故决议是否成立、无效或撤销都只影响到公司意思表示是否成立、无效或撤销，而与公司以外包括股东在内的他人无直接关系。因此，在涉及决议效力的纠纷中，一般只有公司才是适格的被告。而公司以外的其他民事主体，虽然并非直接受该决议效力约束，但与该决议可能存在利害关系，故由法院根据具体案情决定是否让其以第三人身份参加诉讼。本案中，万某公司就是决议所涉内容的利害关系人，故原审从案涉《股东会决议》效力这一争议事实角度将其认定为第三人并无不当。其次，一审判决最终将万某公司列为被告，并无不当。根据一审查明的事实，刘某忠还以红某美凯龙和万某公司侵犯其股东权益为由，主张两者共同赔偿其经济损失。也即，刘某忠一审还主张万某公司侵害其股东权益。而其股东权益是否被万某公司侵害，万某公司是否应承担赔偿损失责任，则与万某公司直接相关，故就此而言，万某公司作为被告，主体适格。

（三）对于未妨碍股东公平参与会议、发表意见、充分行使股东权利的瑕疵，属于轻微效力瑕疵，不能据此请求撤销决议。

案例3：赵某星诉月旭科技（上海）股份有限公司公司决议撤销纠纷案二审民事判决书【上海市第一中级人民法院（2018）沪01民终4602号】

本院认为，根据《最高人民法院关于适用〈中华人民共和国公司法〉若干问题的规定（四）》第四条的规定，股东请求撤销股东会或者股东大会、董事会决议，但会议召集程序或者表决方式仅有轻微瑕疵，且对决议未产生实质影响的，人民法院不予支持。本案中，尽管被上诉人披露的候选董事姚某的信息与公司章程规定不符，但本院注意到，姚某系被上诉人公司副总经理、股东，在该公司任职十余年，故对其持有公司股份的数量，其他各股东完全可以从公开的工商登记信息中了解；至于姚某与公司或公司控股股东及实际控制人是否存在关联关系，是否受到证监会或其他有关部门的处罚和证券交易所惩戒，从其事后向中国××公司出具的声明和承诺来看，并不存在该些有碍任职的情况。因此，被上诉人披露的信息虽然存在程序瑕疵，但该瑕疵并未导致各个股东无法公平地参与多数意思的形成，对股东程序权利未造成重大损害，对股东大会决议亦未产生实质影响。上诉人以前述披露信息不符合公司章程规定为由，请求撤销该股东大会决议的主张，本院不予支持。

031 公司治理规则下杉杉股份控制权争夺中双方的"进攻"与"防守"

> **阅读提示**

2023年年初，宁波杉杉股份有限公司（以下简称杉杉股份）实际控制人、董事长兼法定代表人郑某刚去世，原配之子与后母"夺权"之战引起了法律界、财经界人士的广泛关注。以下从公司法和公司控制权的角度，以从公开渠道获知的内容为基础，对涉及的公司控制权法律问题以及控制权争夺中涉及的股东大会决议、董事会决议的效力问题进行初步分析。

> **事件背景** [①]

（一）2023年2月10日，杉杉股份实际控制人、董事长兼法定代表人郑某刚去世。

（二）2023年3月2日，杉杉股份召开第十届第三十九次董事会，共10名

[①] 以下为笔者从公开渠道整理出的事实要素，试图借此对事件全貌和走向作出一个法律上的分析。

董事一致同意通过了提名郑某刚原配之子郑某为董事的议案。

（三）2023年3月23日，杉杉股份召开了临时股东大会审议上述议案：持有公司52.36%表决权的股东出席了会议，经出席股东所持表决权的67.59%同意得以通过。同日，杉杉股份召开了第十届第四十次董事会，全体董事一致同意选举郑某为董事长。另根据杉杉股份章程第八条"董事长为公司的法定代表人"的规定，郑某成为杉杉股份的法定代表人。

（四）"夺权"事件开始于3月23日股东大会召开当天，郑某刚遗孀周某现身会场并表示："董事会擅自审议未经自己审阅和同意的议案并对外发布，是违规和错误的。"

专家分析

一、杉杉股份控制权争夺的核心：究竟谁能稳坐法定代表人这个关键职位

公司控制权争夺战中最重要的是根据公司章程和公司股权比例、董事会席位安排等方面，判断谁究竟最后能够稳坐公司法定代表人这个关键职位。

本次对杉杉股份控制权的争夺聚焦于董事长兼法定代表人这个关键职位，存在周某的"攻击"和现在已经担任法定代表人的郑某的"防守"。从法律角度分析，落实在法律层面，那就包括两个方面的分析：一是选举郑某担任公司董事长（法定代表人）的选举程序是否符合《公司法》和公司章程的规定，否则相关股东会决议或者董事会决议可撤销或无效，可导致郑某已取得的董事长席位失守；二是郑某刚名下的股权，在他本人去世后，根据继承相关规则办理完成继承事宜之后，周某凭借其本人及其亲生子女的所继承股份数额，能否成功实现反攻、改选公司董事长（法定代表人），促使已经担任公司董事长（法定代表人）的郑某不再担任董事长（法定代表人）。如果可以实现，那么周某可通过影响股东会逐步撤换掉郑某的职务，成功实现对公司控制权的"夺取"。

第一，选举郑某担任公司董事长（法定代表人）的选举程序是否符合公司法和公司章程的规定。

案涉选举的效力只需要从是否合法合章程来判断，与实际控制人的意思无直接关系。杉杉股份的公司章程第五十六条、第九十四条、第一百二十七条、第一百三十二条等规定董事会有权提名董事及选举董事长，股东大会则有权选举和更换董事人选。

结合本案选举有关事实，案涉选举程序及表决数合法合章程，应属有效。认为未经杉杉股份实际控制人同意的议案属违规的观点反映出对公司治理规则的不了解。

第二，郑某刚名下的股权完成继承事宜之后，周某凭借其本人及其亲生子女的所继承股份数额能否成功改选公司董事长（法定代表人）。

经检索国家企业信用信息公示系统发现，郑某刚系通过对宁波青刚投资有限公司（以下简称宁波青刚）持股51%来实现对杉杉股份的控制，郑某与周某所能继承的股份也是在宁波青刚这个层面。继承前杉杉股份的股权结构如图一所示：

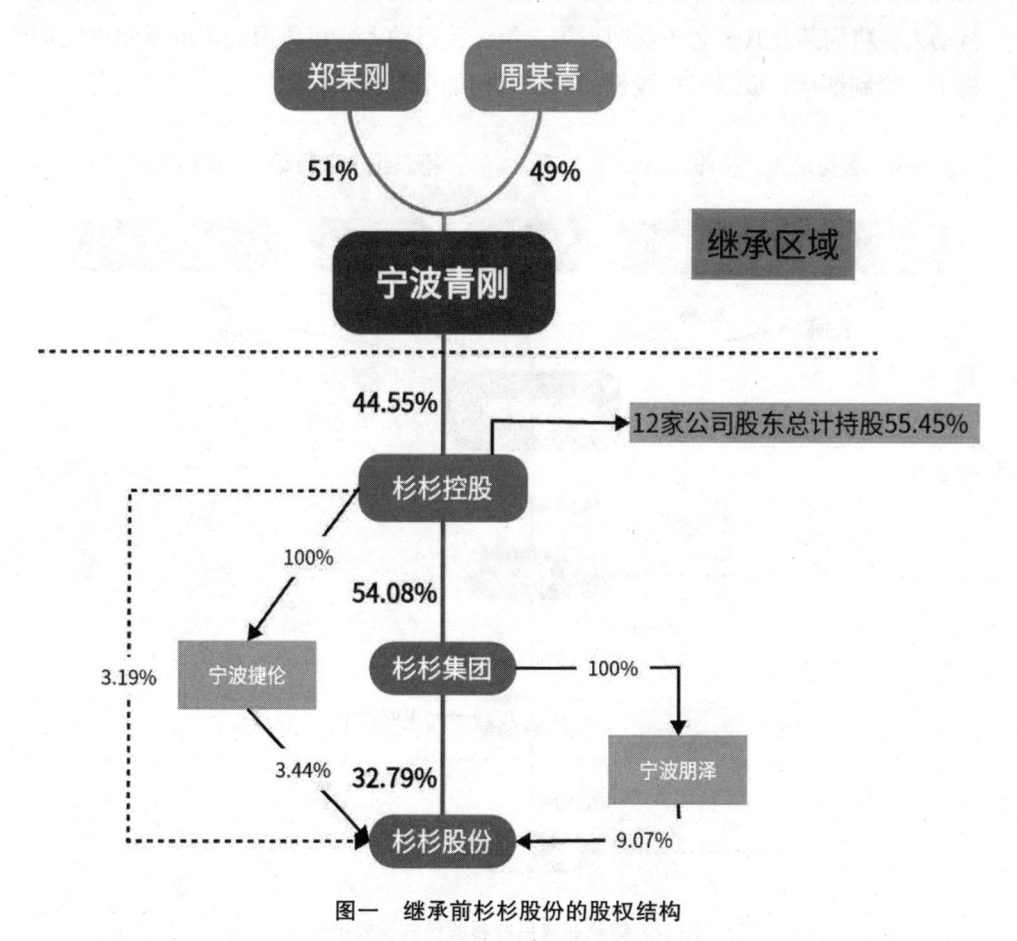

图一 继承前杉杉股份的股权结构

因此可以说，郑某与周某争夺杉杉股份控制权的核心在于宁波青刚法定代表人这个职位。只有占据了宁波青刚法定代表人的职位，才有权代表宁波青刚进入杉杉控股的股东会参与投票，进而层层影响杉杉股份董事长的罢免及选任。

从目前的公开信息来看,郑某刚与前妻周某青育有两子,次子为郑某;与第二任妻子周某育有三个子女,均未成年。另郑某刚所持宁波青刚股权系在与周某婚前取得,不属于夫妻共同财产,周某无权要求分割。因此如果郑某刚生前未立遗嘱,则除周某外,郑某及其亲兄长、周某青及其三名子女共六人均属于《民法典》第一千一百二十七条规定的第一顺序继承人,应当平均继承被继承人郑某刚所持宁波青刚的股份。

本文假设郑某刚并未留下关于股权分配的遗嘱,考虑到国人亲情观念对公司治理的影响,并在此将郑某与其生母周某青、亲兄长归入宁波青刚的第一组一致行动人,将周某及其三名子女归入第二组一致行动人。在适用法定继承制度的前提下,绘制继承完成后杉杉股份的股权结构如图二所示:

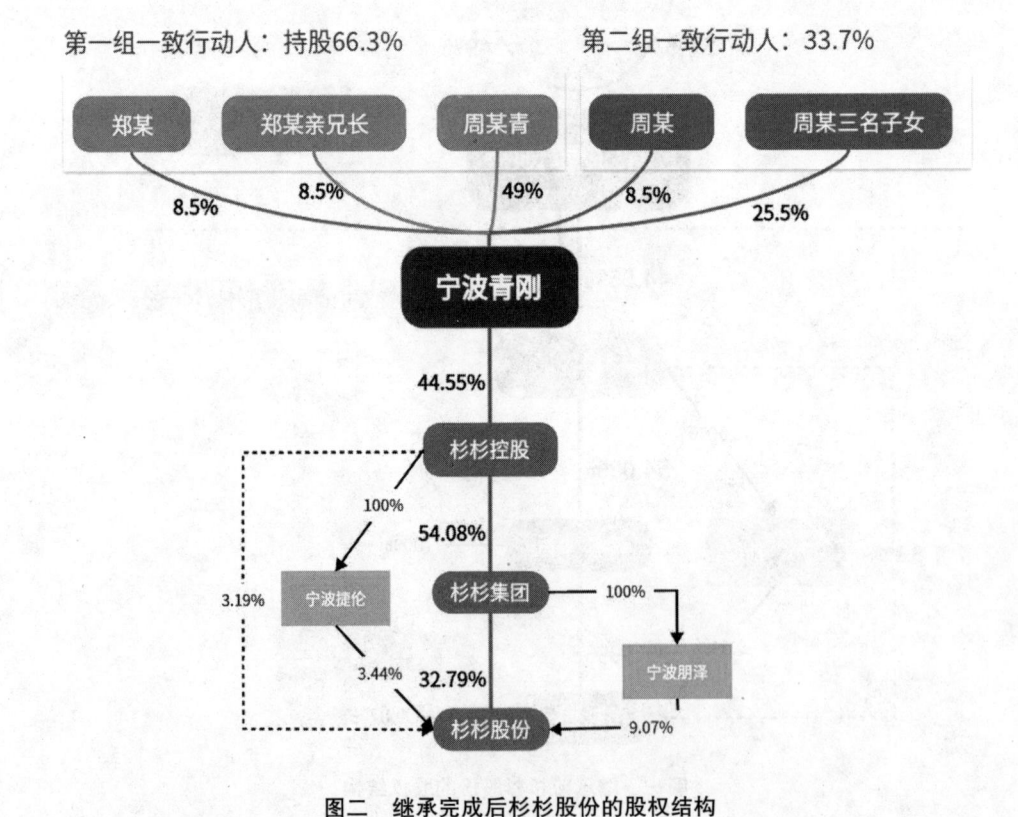

图二 继承完成后杉杉股份的股权结构

由图二可知,在继承完成之后,以郑某为代表的第一组一致行动人将持有宁波青刚66.3%的股份,以周某为代表的第二组一致行动人将持有宁波青刚33.7%

的股份。

根据《公司法》的规定，法定代表人及执行董事的选任属于一般决议事项，经股东会所持表决权的过半数即通过。也即继承完成后，郑某为代表的第一组一致行动人可以不经周某的同意，凭借所持 66.3% 股份将郑某选为宁波青刚的下一任法定代表人兼执行董事。而周某在无法争夺到宁波青刚法定代表人职位的情况下，无权代表宁波青刚对杉杉控股行使股东权利，也就更加不可能干预杉杉股份的内部管理了。

二、影响控制权争夺结果的其他因素

除上文中两个核心因素外，双方在控制链路上多家关键公司的任职情况也会对"夺权"发生一定程度的影响：一是在公司内部任职的更加熟悉公司经营管理，具有信息资源上的优势；二是有实际管理公司经验的会更容易得到董事与股东的支持，这一点从杉杉股份董事会有关郑某的两次议案均获全票通过可以看出。

据公开信息显示，郑某是杉杉股份与杉杉控股的董事长兼法定代表人，也是杉杉集团的董事兼总经理。除此之外，郑某还在杉杉股份 70 余家关联公司中任职。可见，郑某已经事实上掌控了杉杉系公司的内部经营与管理。（如图三所示）与此相对，经过对公开信息的查询，我们尚未发现周某在杉杉系公司担任相关职务。

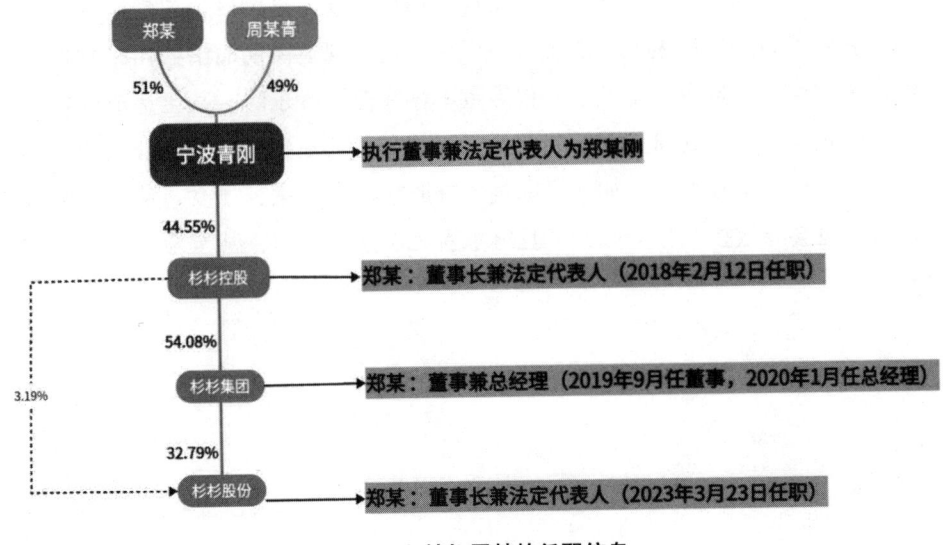

图三　郑某与周某的任职信息

专家建议

往往公司控制权争夺战爆发后双方均会投入大量的时间精力和金钱，甚至不惜发动几起甚至几十起民事诉讼和刑事程序，造成一方甚至双方股东蒙受巨大损失。

因此法律实务专家认为，即便郑某在持股比例与公司职务上处于优势地位，针对本次"夺权"事件最好的解决方式还是和解，双方应以协商方式解决本次的争议及潜在的争议，避免杉杉股份在舆论声誉以及公司治理方面的负面影响进一步扩大。

作为国内最为专业的公司控制权律师团队之一，北京云亭律师事务所公司法专业团队负责人唐青林律师给国内企业家提出如下三个建议：

第一，尽早确定意外发生后的继承方案。企业家应尽早设计财产继承方案，避免继承人在其去世发生大量的诉讼纠纷、极大地影响亲情关系。

第二，聘请律师制定完美章程，实现公司控制权人离世后的股权按照他本人的意志转移。唐青林律师曾经整理过几百个上市公司的公司章程并在中国法制出版社出版《公司章程陷阱及72个核心条款设计指引》，他建议制定公司章程的时候要考虑到公司主要股东去世后股权如何继承的问题。

第三，聘请律师制定完美章程，实现公司控制权人离世后公司控制权的和平转移，避免因为法定代表人不能正常履职、公司出现空窗期而给公司经营带来重大的不确定性，在各方平均继承股权导致不存在控股股东时，甚至造成公司治理僵局，使企业家呕心沥血造就的公司毁于一旦。尤其是当实际控制公司的企业家对公司的股权比例较低时，如不提前规划好股权继承方案，子女、父母、配偶的平均继承也会导致控制权分散，一旦继承者无法达成共识，甚至会导致公司的控制权旁落。

第四章　股东权利

032 50%的股东和51%的股东，在话语权上有什么不同？

阅读提示

50%与51%的股权看似差距只有1%，但在话语权上却是天壤之别。51%的股东通常被认为对公司拥有了相对控制权，一般而言，除《公司法》（2023年修订）第六十六条、第一百一十六条规定的重大事项外，51%的股东独自就可以对公司一般事务作出有效决议，而50%的股东则不能。

裁判要旨

章程中约定股东会决议须经代表全体股东二分之一以上表决权的股东通过的，该公司章程规定的"二分之一以上"应解释为不包括本数，即过半数方能形成有效决议。持有50%股份的股东一人表决通过的股东会决议，不能成立。

案情简介[1]

（一）2004年5月11日，上海合某道文化发展有限公司（以下简称合某道公司）成立，股东为施某鸿与马某磊，各持股50%。

（二）该公司章程约定，股东会决议须经代表全体股东二分之一以上表决权的股东通过。

（三）2021年11月5日，施某鸿召开临时股东会会议，形成决议将乐某湖公司（系合某道公司全资子公司）法定代表人由林某变更为施某鸿。马某磊明确表示不同意前述会议召开与决议内容。

---

[1] 案件来源：上海合某道文化发展有限公司与施某鸿公司决议纠纷二审民事判决书【上海市第二中级人民法院（2022）沪02民终7660号】。

（四）施某鸿诉至法院，请求确认该决议有效。上海市青浦区人民法院一审认为，该决议表决程序和表决结果符合法律规定，依法应为有效。

（五）合某道公司不服提起上诉。上海二中院二审撤销原判决，认为该公司章程规定的"二分之一以上"应解释为不包括本数，即过半数方能形成有效决议，因此案涉决议不成立。

裁判要点

本案的核心争议在于，案涉股东会决议是否有效，对此，上海二中院认为：

首先，合某道公司章程第十一条规定，股东会会议由股东按照出资比例行使表决权，案涉股东会决议须经代表全体股东二分之一以上表决权的股东通过，该公司章程规定的"二分之一以上"应解释为不包括本数，即过半数方能形成有效决议。

其次，案涉股东会决议实际上仅由施某鸿表决通过，而施某鸿持有的合某道公司股权为50%，因此案涉股东会决议未达到公司章程中要求的通过比例。故案涉股东会决议不成立。

实务经验总结

1. 股权结构是公司治理的基础。持股比例越高，股东对公司的控制权也就越强，一般将持股51%称为相对控股，66.67%则为绝对控股。在存在绝对控股股东的公司，该股东对公司治理的影响会很明显，其可以决定包括公司增资、减资乃至解散在内的几乎一切事务；而在股权分散型公司，由于单个股东都无法决定公司事务，管理层在公司治理结构中的影响力相对而言会更大。

2. 尽管控股股东有权依照公司法和章程规定行使表决权决定公司事务。但是，控股股东行使股东权利必须以公司法为边界，即不得滥用权利损害公司和中小股东的合法权利，否则，不仅相关决议可能被认定为因违法而无效，还有可能要承担赔偿责任。

3. 以持股比例来判断股东话语权大小的基础是公司遵循资本多数决。我国公司法规定股东会以出资比例行使表决权，但同时允许公司章程自行约定其他表决方式。因此，如果公司章程中约定人数决，一名股东一票，则持股99%的股东与1%的股东拥有的表决权将是一样的。

相关法律规定

《中华人民共和国公司法》（2023年修订）

第六十五条 股东会会议由股东按照出资比例行使表决权；但是，公司章程另有规定的除外。

第六十六条 股东会的议事方式和表决程序，除本法有规定的外，由公司章程规定。

股东会会议作出决议，应当经代表过半数表决权的股东通过。

股东会会议作出修改公司章程、增加或者减少注册资本的决议，以及公司合并、分立、解散或者变更公司形式的决议，应当经代表三分之二以上表决权的股东通过。

第一百一十六条 股东出席股东会会议，所持每一股份有一表决权，类别股股东除外。公司持有的本公司股份没有表决权。

股东会作出决议，应当经出席会议的股东所持表决权过半数通过。

股东会作出修改公司章程、增加或者减少注册资本的决议，以及公司合并、分立、解散或者变更公司形式的决议，应当经出席会议的股东所持表决权的三分之二以上通过。

《中华人民共和国公司法》（2018年修正，已被修订）

第四十二条 股东会会议由股东按照出资比例行使表决权；但是，公司章程另有规定的除外。

第四十三条第一款 股东会的议事方式和表决程序，除本法有规定的外，由公司章程规定。

第一百零三条 股东出席股东大会会议，所持每一股份有一表决权。但是，公司持有的本公司股份没有表决权。

股东大会作出决议，必须经出席会议的股东所持表决权过半数通过。但是，股东大会作出修改公司章程、增加或者减少注册资本的决议，以及公司合并、分立、解散或者变更公司形式的决议，必须经出席会议的股东所持表决权的三分之二以上通过。

法院判决

以下为上海二中院就案涉股东会决议的表决比例是否符合公司章程规定的问

题的详细论述：

本院认为，合某道公司章程第十一条规定，股东会会议由股东按照出资比例行使表决权，案涉股东会决议须经代表全体股东二分之一以上表决权的股东通过，该公司章程规定的"二分之一以上"应解释为不包括本数，即过半数方能形成有效决议。理由如下：首先，股东会决议经代表多数表决权的股东通过，符合公司法中的资本多数决原则。其次，本案中，合某道公司的两名股东各持50%股权，若将章程中的"二分之一以上"理解为包括本数，在公司两股东存在矛盾的情况下，公司任一股东均可通过召开股东会会议的方式形成互相对立的决议，公司治理将会始终处于不确定的状态，从合理性而言，章程中的"二分之一以上"不应包括本数。因此，案涉股东会决议实际由代表全体股东二分之一表决权的股东通过，未达到公司章程规定的通过比例，合某道公司据此主张案涉股东会决议不成立，本院予以认可。

延伸阅读

在检索大量类案的基础上，笔者总结相关裁判规则如下，供读者参考。

（一）控股股东滥用股东权利侵害公司或其他股东合法权益的，应当承担相应民事责任。

案例1：海某酒店控股集团有限公司与赵某海、陕西海某海盛投资有限公司、陕西皇某海航酒店有限公司损害公司利益责任纠纷二审民事判决书【陕西省高级人民法院（2016）陕民终228号】

前述718.2万元损失系皇某酒店公司9—11层客房闲置所致，该损失赔偿的利益应归属于皇某酒店公司，赵某海在本案二审中对本案的胜诉利益归属皇某酒店公司亦表示认可。原审法院判决海某控股公司赔偿海某投资公司客房闲置损失718.2万元于法无据，本院依法予以纠正。关于赔偿义务主体，根据本案一、二审查明的事实，海某控股公司作为皇某酒店公司母公司海某投资公司的控股股东，其对海某投资公司的运营、管理及人事具有实质的支配和控制能力，继而对于皇某酒店公司具有实际支配与控制权。作为对母、子公司经营活动均具有重要影响和控制能力的控股股东，海某控股公司应当忠实于公司并最大限度地以公司的利益作为行使权利的标准，若其怠于行使权利造成公司利益受损，其应承担相应的民事责任。在赵某海多次提出应将皇某酒店9—11层客房装修投入经营的情况下，海某控股公司未作出有效回应，亦未采取有效措施防止损失产生，其应对皇某酒店公司因此造成的损失承担赔偿责任。

（二）绝对控股并不意味着可以独自决定公司所有事务，对于涉及股东出资期限等固有权利的事项，其修改需各股东形成一致合意。

案例2：鸿某（上海）投资管理有限公司与姚某城公司决议纠纷上诉案【上海市第二中级人民法院（2019）沪02民终8024号】

修改股东出资期限直接影响各股东的根本权利，其性质不同于公司增资、减资、解散等事项。后者决议事项一般与公司直接相关，但并不直接影响公司股东之固有权利。如增资过程中，不同意增资的股东，其已认缴或已实缴部分的权益并未改变，仅可能因增资而被稀释股份比例。而修改股东出资期限直接关系到公司各股东的切身利益。如允许适用资本多数决，不同意提前出资的股东将可能因未提前出资而被剥夺或限制股东权益，直接影响股东根本利益。因此，修改股东出资期限不能简单等同于公司增资、减资、解散等事项，亦不能简单地适用资本多数决规则。

股东出资期限系公司设立或股东加入公司成为股东时，公司各股东之间形成的一致合意，股东按期出资虽系各股东对公司的义务，但本质上属于各股东之间的一致约定，而非公司经营管理事项。法律允许公司自治，但需以不侵犯他人合法权益为前提。公司经营过程中，如有法律规定的情形需要各股东提前出资或加速到期，系源于法律规定，而不能以资本多数决的方式，以多数股东意志变更各股东之间形成的一致意思表示。故此，本案修改股东出资期限不应适用资本多数决规则。

（三）公司股东各占50%股权，导致公司经营管理发生严重困难，股东起诉请求解散公司的，人民法院应予支持。

案例3：林某清与常熟市凯某实业有限公司公司解散纠纷二审民事判决书【江苏省高级人民法院（2010）苏商终字第0043号】

首先，凯某公司的经营管理已发生严重困难。根据《公司法》第一百八十三条①和《最高人民法院关于适用〈中华人民共和国公司法〉若干问题的规定（二）》（以下简称《公司法解释（二）》）第一条的规定，判断公司的经营管理是否出现严重困难，应当从公司的股东会、董事会或执行董事及监事会或监事的运行现状进行综合分析。"公司经营管理发生严重困难"的侧重点在于公司管理方面存有严重内部障碍，如股东会机制失灵、无法就公司的经营管理进行决策

---

① 《公司法》已修改，现相关规定见《公司法》（2023年修订）第二百三十一条。

等，不应片面理解为公司资金缺乏、严重亏损等经营性困难。本案中，凯某公司仅有戴某明与林某清两名股东，两人各占50%的股份，凯某公司章程规定"股东会的决议须经代表二分之一以上表决权的股东通过"，且各方当事人一致认可该"二分之一以上"不包括本数。因此，只要两名股东的意见存有分歧、互不配合，就无法形成有效表决，显然影响公司的运营。凯某公司已持续4年未召开股东会，无法形成有效股东会决议，也就无法通过股东会决议的方式管理公司，股东会机制已经失灵。执行董事戴某明作为互有矛盾的两名股东之一，其管理公司的行为，已无法贯彻股东会的决议。林某清作为公司监事不能正常行使监事职权，无法发挥监督作用。由于凯某公司的内部机制已无法正常运行、无法对公司的经营作出决策，即使尚未处于亏损状况，也不能改变该公司的经营管理已发生严重困难的事实。

其次，由于凯某公司的内部运营机制早已失灵，林某清的股东权、监事权长期处于无法行使的状态，其投资凯某公司的目的已无法实现，利益受到重大损失，且凯某公司的僵局通过其他途径长期无法解决。《公司法解释（二）》第五条明确规定了"当事人不能协商一致使公司存续的，人民法院应当及时判决"。本案中，林某清在提起公司解散诉讼之前，已通过其他途径试图化解与戴某明之间的矛盾，服装城管委会也曾组织双方当事人调解，但双方仍不能达成一致意见。两审法院也基于慎用司法手段强制解散公司的考虑，积极进行调解，但均未成功。

此外，林某清持有凯某公司50%的股份，也符合公司法关于提起公司解散诉讼的股东须持有公司10%以上股份的条件。

033 股东除名将导致公司形式变更的，拟被除名股东对其除名事项享有表决权

阅读提示

当前主流裁判观点认为，拟被除名股东对其除名事项不享有表决权，以防止股东除名制度被规避。但亦存在裁判案例认为，在特殊情况下，拟被除名股东对其除名事项也可以享有表决权。本文在此通过山东省高级人民法院的一则案例，

对上述问题进行分析。

裁判要旨

从现行法无法当然推出，拟被除名股东对其除名事项不享有表决权。且在只有两个股东的公司中，除名一个股东必然导致公司形式由合资公司变更为独资公司，而公司形式变更属于法定多数决的事项，在拟被除名股东也享有表决权的情况下，如对其除名事项未获 2/3 以上表决权同意，相关除名决议的表决方式违法的，可被撤销。

案情简介 ①

（一）2010 年 7 月 21 日，青岛北某联合投资咨询有限公司（以下简称北某公司）注册资本 280 万元，其中张某新持股 51%，陈某持股 49%。

（二）2020 年 11 月 4 日，北某公司召开股东会并作出决议：因陈某抽逃全部出资，解除其股东资格。该决议仅有张某新签名。

（三）陈某诉至法院，认为对自身除名事项有表决权，因此以案涉除名决议未达法定通过比例为由，请求撤销案涉除名决议。

（四）青岛中院一审和山东省高级人民法院二审均认为，案涉对陈某的除名事项将导致北某公司变更为一人有限责任公司，依法应当经公司 2/3 以上表决权同意，而案涉决议仅经张某新代表的 51% 表决权同意，故表决方式违法，应予撤销。

裁判要点

本案的核心争议在于，拟被除名股东对其除名事项是否享有表决权。

本案中，山东省高级人民法院认为，陈某的除名事项必然导致北某公司的形式变更，而变更公司形式系特别表决事项，须经 2/3 以上表决权股东通过。因此山东省高级人民法院认为对陈某的除名应由 2/3 以上表决权的股东表决通过，而案涉除名决议仅由张某新代表的 51% 的股权比例同意，未达法定要求，故可撤销。

应提示读者注意的是，本案体现出的裁判规则与主流观点相背，一般情况

---

① 案件来源：陈某、青岛北某联合投资咨询有限公司等公司决议撤销纠纷二审民事判决书【山东省高级人民法院（2021）鲁民终 677 号】。

下，人民法院认可从《最高人民法院关于适用〈中华人民共和国公司法〉若干问题的规定（三）》第十七条规范即可得出拟被除名股东对其除名事项不享有表决权的结论。因此笔者认为，本案具有特殊性，难以在司法实务中得到普遍适用，也即拟被除名股东的表决权很难如同本案中陈某一样得到支持。

实务经验总结

1. 对股东而言，应按期足额缴纳出资并不得抽逃出资。注册资本认缴制并非不缴，股东有法定义务如期缴纳出资，现行《公司法》对未履行或未全面履行出资义务、抽逃出资的股东规定了较为全面的责任体系，包括对公司不能清偿的债务承担补充赔偿责任、对公司承担补足出资、向其他股东承担违约责任、股东失权制度等。

2. 对公司和守约股东而言，可以通过章程和股东会决议的形式对瑕疵出资股东的利润分配请求权、新股优先认购权、剩余财产分配请求权等股东权利作出合理限制；对未履行出资义务和抽逃全部出资的股东则可以股东会决议形式进行除名，但决议除名前应进行催告缴纳并给予合理的缴纳期间。

3. 股东除名制度仅适用于未出资和抽逃全部出资这两种极端情形，因此较容易被规避，但是2023年修订的《公司法》实施后，股东失权制度将适用于未全面履行出资义务和抽逃部分出资的情形，将更有力地打击股东瑕疵出资。实务中有必要予以关注。

相关法律规定

《中华人民共和国公司法》（2023年修订）

第二十五条 公司股东会、董事会的决议内容违反法律、行政法规的无效。

第二十六条 公司股东会、董事会的会议召集程序、表决方式违反法律、行政法规或者公司章程，或者决议内容违反公司章程的，股东自决议作出之日起六十日内，可以请求人民法院撤销。但是，股东会、董事会的会议召集程序或者表决方式仅有轻微瑕疵，对决议未产生实质影响的除外。

未被通知参加股东会会议的股东自知道或者应当知道股东会决议作出之日起六十日内，可以请求人民法院撤销；自决议作出之日起一年内没有行使撤销权的，撤销权消灭。

第六十六条　股东会的议事方式和表决程序，除本法有规定的外，由公司章程规定。

股东会会议作出决议，应当经代表过半数表决权的股东通过。

股东会会议作出修改公司章程、增加或者减少注册资本的决议，以及公司合并、分立、解散或者变更公司形式的决议，应当经代表三分之二以上表决权的股东通过。

《中华人民共和国公司法》（2018年修正，已被修订）

第二十二条第一款、第二款　公司股东会或者股东大会、董事会的决议内容违反法律、行政法规的无效。

股东会或者股东大会、董事会的会议召集程序、表决方式违反法律、行政法规或者公司章程，或者决议内容违反公司章程的，股东可以自决议作出之日起六十日内，请求人民法院撤销。

第四十三条　股东会的议事方式和表决程序，除本法有规定的外，由公司章程规定。

股东会会议作出修改公司章程、增加或者减少注册资本的决议，以及公司合并、分立、解散或者变更公司形式的决议，必须经代表三分之二以上表决权的股东通过。

《最高人民法院关于适用〈中华人民共和国公司法〉若干问题的规定（三）》（2020年修正）

第十七条　有限责任公司的股东未履行出资义务或者抽逃全部出资，经公司催告缴纳或者返还，其在合理期间内仍未缴纳或者返还出资，公司以股东会决议解除该股东的股东资格，该股东请求确认该解除行为无效的，人民法院不予支持。

在前款规定的情形下，人民法院在判决时应当释明，公司应当及时办理法定减资程序或者由其他股东或者第三人缴纳相应的出资。在办理法定减资程序或者其他股东或者第三人缴纳相应的出资之前，公司债权人依照本规定第十三条或者第十四条请求相关当事人承担相应责任的，人民法院应予支持。

法院判决

以下为山东省高级人民法院就案涉北某公司对陈某的除名决议是否应予撤销的详细论述：

根据《公司法》第二十二条的规定，股东请求人民法院撤销股东会决议的事由之一为决议内容和表决方式违反公司章程。① 本案中，北某公司的公司章程规定，股东会会议由执行董事召集并主持，股东会会议由股东按照出资比例行使表决权；股东会对公司增加或减少注册资本、分立、合并、解散或变更公司形式、修改公司章程所作出的决议，应由2/3以上表决权的股东表决通过。北某公司只有两位自然人股东，如果其中一位股东被除名，公司形式将由合资公司变更为自然人独资公司，即公司形式将发生变更，因此对于该事项的决定应当由北某公司2/3以上表决权的股东表决通过。作出《青岛北方联合投资咨询有限公司2020年股东会会议决议》的股东会会议仅有公司股东张某新出席并表决，而其仅持股比例51%，未达到公司章程规定的2/3，因此，对陈某撤销该决议的请求，本院依法予以支持。从《公司法》第十六条及《最高人民法院关于适用〈中华人民共和国公司法〉若干问题的规定（三）》第十七条的内容，得不出在抽逃出资的股东资格问题的表决中，该抽逃出资股东的表决权必然被排除的结论，北某公司及张某新关于本案所涉股东会决议不需陈某参加表决的主张没有法律依据。

延伸阅读

在检索大量类案的基础上，笔者总结相关裁判规则如下，供读者参考。

拟被除名股东对其除名事项不享有表决权。

案例1：宋某春、怀远县某建设工程有限公司等公司决议效力确认纠纷二审民事判决书【安徽省蚌埠市中级人民法院（2022）皖03民终1522号】

本案2018年4月13日的股东会决议解除股东资格涉及注册资本的减资、公司章程的修改问题，股东会决议必须经2/3以上有表决权的股东表决通过。一审法院对此认定并无不当，某建设公司上诉称本案不适用前述法律规定的理由不能成立。因宋某春对解除裴某忠股东资格享有表决权，宋某春股权占公司股权总额的43.215%，故股东会决议解除裴某忠股东资格表决结果未达到法律规定，一审法院认定解除裴某忠股东资格的决议不成立并无不当，某建设公司上诉称一审法院认定解除裴某忠股东资格的决议不成立适用法律错误的理由，不能成立。

因解除宋某春的股东会决议裴某忠、宋某春不享有表决权，出席该股东会的其他四股东虽然所持的股份占公司股份总额的13.57%，但四股东表决结果一致

---

① 《公司法》已修改，现相关规定见《公司法》（2023年修订）第二十五条、第二十六条。

同意解除宋某春股东资格的股东会决议，该股东会决议成立。一审法院因宋某春享有对其解除股东资格的表决权认定解除宋某春的股东会决议不符合法定通过的比例，此股东会决议不成立不当，予以纠正。

案例2：罗某峰与翁牛特旗乾某投资有限公司公司决议效力确认纠纷二审民事判决书【内蒙古自治区赤峰市中级人民法院（2020）内04民终4756号】

本院认为，首先，被除名的股东不享有表决权，因为股权来自出资，在拟被除名股东没有任何出资的情况下，其不应享有股权，自然也不享有表决权；其次除名权是形成权，在符合一定条件下，公司即享有单方面解除未履行出资义务或抽逃全部出资股东的股东资格的权利。如果认为被除名的股东仍然享有表决权的话，那么《公司法司法解释（三）》①第十七条的规定将会被虚置，失去其意义。周某燕通过诉讼的方式要求罗某峰缴纳出资，已履行了催告义务。经生效判决确认，罗某峰占有乾某公司50%的股权，应履行缴纳出资1000万元的义务，但至案涉股东会会议召开时，罗某峰并未履行生效判决所确定的缴纳出资义务。那么罗某峰作为未出资股东不享有表决权。

排除罗某峰所持50%股份表决权后，分别持股权16.6666%的国某化工公司王某礼、周某燕、周某国均同意该决议，即以100%表决权通过该决议，决议的表决程序符合法律及公司章程规定。出席会议的人数或者股东所持表决权符合公司法或者公司章程规定。依据决议乾某公司办理了法定减资程序，故案涉股东会会议表决方式、通过比例及表决结果完全符合公司法及公司章程规定。

案例3：张某萍、臧某存公司决议纠纷再审民事判决书【最高人民法院（2018）最高法民再328号】

本院认为，被除名的股东不享有表决权，主要理由为：一是股权来自出资，在拟被除名股东没有任何出资或者抽逃全部出资的情况下，其不应享有股权，自然也不享有表决权；二是除名权是形成权，在符合一定条件下，公司即享有单方面解除未履行出资义务或抽逃全部出资股东的股东资格的权利。如果认为被除名的大股东仍然享有表决权的话，那么《公司法司法解释（三）》②第十七条的规定将会被虚置，失去其意义。故张某萍不享有表决权。

案例4：陈某辉、厦门华某兴业房地产开发有限公司与叶某源二审民事判决书【福建省厦门市中级人民法院（2015）厦民终字第3441号】

---

① 即《最高人民法院关于适用〈中华人民共和国公司法〉若干问题的规定（三）》。
② 即《最高人民法院关于适用〈中华人民共和国公司法〉若干问题的规定（三）》。

因股东未履行出资义务而被公司股东会除名的决议,可以适用表决权排除,被除名股东对该股东会决议没有表决权。股东表决权例外规则最主要的功能是防止大股东滥用资本多数决损害公司和小股东利益。按法律规定和章程约定履行出资义务是股东最基本的义务,只有在出资的基础上才有股东权。根据公司契约理论,有限公司是股东之间达成契约的成果。如果股东长时间未履行出资义务,构成对其他股东的根本违约,违约方对是否解除其股东资格无选择权。基于公司契约和根本违约的理论,在因股东未出资而形成的股东除名决议中,只有守约股东有表决权,违约股东没有表决权。华某兴业公司2014年5月26日股东会议内容是对是否解除叶某源股东资格做出决议,故应排除叶某源表决权的行使。

案例5:宋某祥、上海万某国际贸易有限公司与杭州豪某贸易有限公司公司决议效力确认纠纷上诉案【上海市第二中级人民法院(2014)沪二中民四(商)终字第1261号】

根据本院审理查明的事实和对前述第一个争议焦点的认定,万某公司以股东会决议形式解除豪某公司股东资格的核心要件均已具备,但在股东会决议就股东除名问题进行讨论和决议时,拟被除名股东是否应当回避,即是否应当将豪某公司本身排除在外,各方对此意见不一。《公司法司法解释(三)》[①]对此未作规定。本院认为,《公司法司法解释(三)》第十七条规定的股东除名权是公司为消除不履行义务的股东对公司和其他股东所产生不利影响而享有的一种法定权能,是不以征求被除名股东的意思为前提和基础的。在特定情形下,股东除名决议作出时,会涉及被除名股东可能操纵表决权的情形。故当某一股东与股东会讨论的决议事项有特别利害关系时,该股东不得就其持有的股权行使表决权。本案中,豪某公司是持有万某公司99%股权的大股东,万某公司召开系争股东会会议前通知了豪某公司参加会议,并由其委托的代理人在会议上进行了申辩和提出反对意见,已尽到了对拟被除名股东权利的保护。但如前所述,豪某公司在系争决议表决时,其所持股权对应的表决权应被排除在外。本案系争除名决议已获除豪某公司以外的其他股东一致表决同意系争决议内容,即以100%表决权同意并通过,故万某公司2014年3月25日作出的股东会决议应属有效。本院对原审判决予以改判。此外需要说明的是,豪某公司股东资格被解除后,万某公司应当及时办理法定减资程序或者有其他股东或者第三人缴纳相应的出资。

---

① 即《最高人民法院关于适用〈中华人民共和国公司法〉若干问题的规定(三)》。

034 股东是否有权查阅原始凭证和记账凭证？

阅读提示

《公司法》（2018年，已被修订）第三十三条规定，有限责任公司股东有权查阅公司会计账簿。但对股东是否有权查阅公司会计凭证（包括原始凭证和记账凭证）则并无明确规定；《公司法》（2023年修订）第五十七条明确规定，股东有权查阅会计凭证。本文在此通过最高人民法院的一则经典案例，对上述问题进行分析。

裁判要旨

在不存在小股东滥用权利干扰公司正常经营的前提下，股东事先约定有权自行审计公司账簿的，审计师在审计公司的账目时必然涉及原始凭证和记账凭证，故应认定此时股东查阅会计账簿时有权查阅原始凭证和记账凭证，从而保障股东知情权的行使。

案情简介 ①

（一）2005年7月16日，阿某拉斯设备有限公司（以下简称阿某拉斯公司）通过受让河北阿某拉斯设备制造有限公司（以下简称河北阿某拉斯）原股东的股权，成为河北阿某拉斯持股50%的股东。

（二）另查明，河北阿特拉斯《公司章程》中约定"合营各方有权自费聘请审计师查阅合营公司账簿"。

（三）后阿某拉斯公司诉至法院，请求判令河北阿某拉斯允许阿某拉斯公司进行单方审计并查阅包括原始会计凭证在内的所有会计账簿。

（四）一审石家庄中院和二审河北高院均以阿某拉斯公司具有不正当目的，驳回了其诉请。

（五）阿某拉斯公司不服，向最高人民法院申请再审。最高人民法院再审支

---

① 案件来源：阿某拉斯设备有限公司、河北阿某拉斯设备制造有限公司股东知情权纠纷再审民事判决书【最高人民法院（2020）最高法民再170号】。

持了阿某拉斯公司的诉请，判决河北阿某拉斯提供包括原始会计凭证在内的所有会计账簿供阿特拉斯公司查阅，并允许阿某拉斯公司自行进行审计。

实务经验总结

1. 股东知情权可以来自法律规定或公司章程约定，公司章程不可以实质性剥夺股东的法定知情权，但是可以对股东知情权作出超出法定知情权范围的规定，也即公司章程可以扩张股东的知情权范围。

2. 股东协议是否也能对股东知情权进行扩张并无明文规定。因此，实务中可能认定股东协议中对法定知情权进行扩张的"核查权"系公司股东合意签订，对公司不发生效力。故实务中，股东达成协议对知情权等进行扩张的，应尽可能载入公司章程或确保公司知悉并盖章同意相关条款。

3. 依据《公司法》（2023年修订）第五十七条规定，公司有合理根据认为股东查阅会计账簿、会计凭证有不正当目的，可能损害公司合法利益的，可以拒绝提供查阅。因此如果能够认定股东查阅具有不正当目的，即可拒绝股东要求查阅会计账簿、会计凭证的请求，股东是否构成"不正当目的"的具体判断标准可参见《最高人民法院关于适用〈中华人民共和国公司法〉若干问题的规定（四）》规定。

相关法律规定

《中华人民共和国公司法》（2023年修订）

第五十七条　股东有权查阅、复制公司章程、股东名册、股东会会议记录、董事会会议决议、监事会会议决议和财务会计报告。

股东可以要求查阅公司会计账簿、会计凭证。股东要求查阅公司会计账簿、会计凭证的，应当向公司提出书面请求，说明目的。公司有合理根据认为股东查阅会计账簿、会计凭证有不正当目的，可能损害公司合法利益的，可以拒绝提供查阅，并应当自股东提出书面请求之日起十五日内书面答复股东并说明理由。公司拒绝提供查阅的，股东可以向人民法院提起诉讼。

股东查阅前款规定的材料，可以委托会计师事务所、律师事务所等中介机构进行。

股东及其委托的会计师事务所、律师事务所等中介机构查阅、复制有关材料，应当遵守有关保护国家秘密、商业秘密、个人隐私、个人信息等法律、行政法规的规定。

股东要求查阅、复制公司全资子公司相关材料的，适用前四款的规定。

《中华人民共和国公司法》（2018年修正，已被修订）

第三十三条　股东有权查阅、复制公司章程、股东会会议记录、董事会会议决议、监事会会议决议和财务会计报告。

股东可以要求查阅公司会计账簿。股东要求查阅公司会计账簿的，应当向公司提出书面请求，说明目的。公司有合理根据认为股东查阅会计账簿有不正当目的，可能损害公司合法利益的，可以拒绝提供查阅，并应当自股东提出书面请求之日起十五日内书面答复股东并说明理由。公司拒绝提供查阅的，股东可以请求人民法院要求公司提供查阅。

《最高人民法院关于适用〈中华人民共和国公司法〉若干问题的规定（四）》（2020年修正）

第八条　有限责任公司有证据证明股东存在下列情形之一的，人民法院应当认定股东有公司法第三十三条第二款规定的"不正当目的"：

（一）股东自营或者为他人经营与公司主营业务有实质性竞争关系业务的，但公司章程另有规定或者全体股东另有约定的除外；

（二）股东为了向他人通报有关信息查阅公司会计账簿，可能损害公司合法利益的；

（三）股东在向公司提出查阅请求之日前的三年内，曾通过查阅公司会计账簿，向他人通报有关信息损害公司合法利益的；

（四）股东有不正当目的的其他情形。

《中华人民共和国会计法》（2017年修正）

第十三条第一款　会计凭证、会计帐簿、财务会计报告和其他会计资料，必须符合国家统一的会计制度的规定。

第十四条第一款　会计凭证包括原始凭证和记帐凭证。

法院判决

以下为最高人民法院就阿某拉斯公司是否有权查阅包括原始凭证和计账凭证在内的所有会计账簿的详细论述：

阿某拉斯公司有权查阅合资公司的原始凭证和记账凭证，并有权指定审计师对合资公司账目进行审计。虽然《公司法》第三十三条第二款①规定股东可以要求查阅公司会计账簿，但并未规定股东可以查阅原始凭证和记账凭证，但该条规定的意旨主要是防止小股东滥用知情权干扰公司的正常经营活动。

本案中，合资双方持股比例各为50%，不存在小股东滥用股东权利妨碍公司正常经营的情形。况且，双方在合资合同中有"合同各方有权各自承担费用自行指定审计师审计合营公司的账目"的特别约定。河北阿某拉斯章程亦规定，"合营各方有权自费聘请审计师查阅合营公司账簿。查阅时，合营公司应提供方便"。合资双方通过章程、合资合同约定的公司内部治理事项，属于当事人意思自治权利的范畴，缔约双方应当诚实守信，予以遵守。河北阿某拉斯亦确认，审计师在审计合资公司的账目时，必然涉及原始凭证和记账凭证。在合资双方约定合资一方有权自行指定审计师审计合资公司账目的情况下，股东知情权的范围不宜加以限缩，否则，将与设置股东知情权制度的目的背道而驰。此外，考虑到河北阿某拉斯已经不再实际经营、双方协商通过清算解决遗留问题的实际情况，基于利益平衡和确保信息真实的考虑，阿某拉斯公司查阅会计账簿时应有权查阅原始凭证和记账凭证。在河北阿某拉斯未能举证证明阿某拉斯公司查阅会计账簿具有不正当目的的情况下，阿某拉斯公司请求查阅原始凭证在内的会计账簿并指定审计师对合资公司账目进行审计，具有合同依据和法律依据。

延伸阅读

在检索大量类案的基础上，笔者总结相关裁判规则如下，供读者参考。

（一）会计账簿的真实性和完整性只有通过原始凭证才能反映出来，在目的正当时，应允许股东查阅会计凭证。

案例1：上海奥某菲环境工程有限公司与张某股东知情权纠纷审判监督民事裁定书【上海市高级人民法院（2020）沪民申1013号】

会计账簿确实不包括原始凭证和记账凭证。但会计账簿的真实性和完整性只有通过原始凭证才能反映出来。故一审法院综合考量股东行使知情权的理由、查阅原始凭证的用途、兼顾股东权利与公司利益的保护，判令张某可查阅会计凭证，适用法律正确。

---

① 《公司法》已修改，现相关规定见《公司法》（2023年修订）第五十七条第二款。

（二）股东可以通过公司章程扩张股东享有的法定知情权，但法定知情权范围系法律保护股东最低限度的知情权，属于强制性的规定，章程不可排除或实质性限制该权利。

案例2：浙江浩某置业有限公司、杭州华某实业投资有限公司公司决议效力确认纠纷二审民事判决书【浙江省杭州市中级人民法院（2019）浙01民终3946号】

股东知情权是股东尤其是小股东的基本权利，为保证股东充分了解公司经营状况，依诚信原则，股东知情权范围应包括原始凭证。而浩某公司2018年7月31日作出的股东会决议排除了股东对原始凭证的查阅权利、限制了股东行使知情权的形式和时间，实质上剥夺了部分股东的部分知情权，应属无效。

浩某公司仅有两名股东，即大股东迪某集团股份有限公司和小股东华某公司，案涉股东会决议系在小股东投反对票、大股东投赞成票的情况下通过。而迪某集团股份有限公司为浩某公司的大股东，掌握公司的经营权，其股东知情权的实现在实际上不存在任何障碍。因此案涉股东会决议对股东知情权的限制实质仅限制了小股东华某公司的权利，迪某集团股份有限公司对案涉股东会决议的表决系滥用其作为大股东的权利，对华某公司明显不公平。故一审判决认定案涉股东会决议无效，有事实和法律依据，本院予以支持。

案例3：北京长信乐某环保科技有限责任公司与Lextran Ltd. 股东知情权纠纷二审民事判决书【北京市高级人民法院（2020）京民终184号】

长某公司《公司章程》约定每一方出于监督公司财务状况的必要或考虑，均有权审查及复制所有账簿、记录、收据、合同及其他类型的文件。每一方在没有不合理干扰公司正常运营的情况下，可以在公司的正常工作时间内作上述的审查与文件复制。长某公司各股东的该约定未见违反法律强制性规定，体现了股东的共同意志。《公司法》第三十三条[①]规定的股东知情权范围是法定股东知情权范围的最低标准，而公司章程作为公司的自治规范，其具体内容体现了股东的共同意志，当公司章程赋予股东的知情权大于公司法规定的范围时，该约定应当优于法律规定适用。

（三）在股东查阅公司账簿时，如能证明股东具有不正当目的，则可以阻却股东行使该法定知情权。

案例4：盈某美（北京）食品饮料有限公司与泛某管理有限公司股东知情权纠纷二审民事判决书【北京市高级人民法院（2020）京民终717号】

---

① 《公司法》已修改，现相关规定见《公司法》（2023年修订）第五十七条。

关于盈某美公司主张泛某公司对其不能正常经营有主观恶意，未履行股东义务，故应当认为泛某公司要求查阅相关财务资料存在不正当目的一节，本院认为，股东知情权是股东享有的对公司经营管理等重要情况或信息真实了解和掌握的权利。股东与公司存在冲突或纠纷并不必然导致股东知情权的灭失，仅在股东存有不正当目的并可能损害公司合法权益的情况下，方能阻却其行使知情权。本案中，盈某美公司提交的证据不足以认定泛某公司依法行使股东知情权可能损害盈某美公司的合法权益，故盈某美公司的上诉主张本院不予采信。

（四）股东无权请求查阅原始凭证。(2023年修订的《公司法》第五十七条明确规定股东有权查阅会计凭证，该案裁判规则将不会再适用于类似案例)

案例5：富某投资有限公司、海某博信国际融资租赁有限公司股东知情权纠纷再审审查与审判监督民事裁定书【（2019）最高法民申6815号】

《中华人民共和国会计法》第十三条第一款规定："会计凭证、会计账簿、财务会计报告和其他会计资料，必须符合国家统一的会计制度的规定。"第十四条第一款规定："会计凭证包括原始凭证和记账凭证。"根据前述法律规定，会计账簿不包括原始凭证和记账凭证。股东知情权和公司利益的保护需要平衡，故不应当随意超越法律的规定扩张解释股东知情权的范畴。《中华人民共和国公司法》仅将股东可查阅财会资料的范围限定为财务会计报告与会计账簿，没有涉及原始凭证，二审判决未支持富某公司查阅海某博信公司原始凭证的请求，并无不当。《中华人民共和国会计法》第九条未赋予股东查阅公司原始凭证的权利，北京市高级人民法院的指导意见不具有司法解释的效力，富某公司依据以上规定请求再审本案之主张，不能成立。

035 股东能否向公司以外主体主张行使知情权？

阅读提示

《公司法》（2023年修订）第五十七条第一款规定："股东有权查阅、复制公司章程、股东名册、股东会会议记录、董事会会议决议、监事会会议决议和财务会计报告。"如果公司资料系由其他股东或第三方掌握，其能否向后者主张行使知情权，要求向其移交公司资料呢？本文在此通过最高人民法院的一则经典案例,对上述问题进行分析。

> **裁判要旨**

股东知情权的义务人系公司而非其他主体,所指向的诉讼标的为公司应当履行而未履行的配合行为,该行为的履行主体和履行内容具有特殊性和不可替代性。对于其他股东或掌握公司资料的第三方,判令其承担知情权相应法律责任没有法律依据。

> **案情简介**[①]

(一)1992年,中行某支行与宁某国际有限公司(以下简称宁某公司)合资成立了重庆中某房地产开发有限公司(以下简称中某公司)。

(二)另查明,中行某支行先后将中某公司资产转让给东某公司重庆办和融某公司。

(三)后宁某公司以中行某支行、东某公司重庆办和融某公司三家公司在对中某公司的不同管理时期均占有了财务账簿,起诉请求该三家公司向宁某公司提供相关公司资料。

(四)重庆五中院一审与重庆高院二审均认为中行某支行等三家公司不是《公司法》规定的股东知情权义务主体,判令其承担法律责任没有法律依据。

(五)宁某公司不服,向最高人民法院申请再审。最高人民法院驳回了其再审申请,认为负有知情权义务的仅为中某公司,故驳回了宁某公司的再审申请。

> **裁判要点**

本案的核心争议在于,股东行使知情权的义务主体包括哪些,也即宁某公司应向何主体主张行使查阅公司资料的权利。宁某公司认为中行某支行、东某公司重庆办和融某公司三家公司实际上占有了中某公司的财务账簿,应该由实际控制财务资料的上述三家公司向宁某公司履行提供查阅资料的义务,否则,宁某公司的股东知情权不可能实现。

第一,关于知情权的义务主体。最高人民法院认为依据《公司法》第三十

---

① 案件来源:宁某国际有限公司与重庆中某房地产开发有限公司股东知情权纠纷二审民事判决书【重庆市高级人民法院(2015)渝高法民终字第00335号】。

三条①的规定，股权知情权的内容为要求查阅、复制公司章程、股东会会议记录等资料，因此知情权纠纷所指向的诉讼标的系公司应当履行而未履行的配合行为，该行为显然只能由公司来履行，故负有配合股东行使知情权义务的主体是公司。

第二，对于其他主体实际掌握了公司财务账簿的情况。即使其他主体如其他股东、第三方等掌握了公司财务账簿，股东主张该等其他主体如不履行提供查阅财务账簿的义务，则自身知情权无法实现的，亦不能得到法院支持。

实务经验总结

1. 股东知情权是股东参与公司决策、实现资产收益权的重要基础。除法定的有限责任公司股东有权查阅、复制公司章程、股东会会议记录、董事会会议决议、监事会会议决议和财务会计报告并可以要求查阅公司会计凭证、会计账簿，股份公司股东有权查阅公司章程、股东名册、公司债券存根、股东大会会议记录、董事会会议决议、监事会会议决议、财务会计报告外，股东还可以通过公司章程扩张股东知情权的内容。

2. 公司章程另行规定股东知情权内容的，该种约定不得限缩或剥夺股东享有的法定知情权，仅可对股东的法定知情权予以扩张。

3. 股东通过公司章程扩大股东法定知情权范围的，应当同步约定商业秘密保密义务，避免个别股东获取公司重要资料后泄露，给公司造成损失。

相关法律规定

《中华人民共和国公司法》（2023年修订）

第五十七条 股东有权查阅、复制公司章程、股东名册、股东会会议记录、董事会会议决议、监事会会议决议和财务会计报告。

股东可以要求查阅公司会计账簿、会计凭证。股东要求查阅公司会计账簿、会计凭证的，应当向公司提出书面请求，说明目的。公司有合理根据认为股东查阅会计账簿、会计凭证有不正当目的，可能损害公司合法利益的，可以拒绝提供查阅，并应当自股东提出书面请求之日起十五日内书面答复股东并说明理由。公

---

① 《公司法》已修改，现相关规定见《公司法》（2023年修订）第五十七条。

司拒绝提供查阅的，股东可以向人民法院提起诉讼。

股东查阅前款规定的材料，可以委托会计师事务所、律师事务所等中介机构进行。

股东及其委托的会计师事务所、律师事务所等中介机构查阅、复制有关材料，应当遵守有关保护国家秘密、商业秘密、个人隐私、个人信息等法律、行政法规的规定。

股东要求查阅、复制公司全资子公司相关材料的，适用前四款的规定。

第一百一十条 股东有权查阅、复制公司章程、股东名册、股东会会议记录、董事会会议决议、监事会会议决议、财务会计报告，对公司的经营提出建议或者质询。

连续一百八十日以上单独或者合计持有公司百分之三以上股份的股东要求查阅公司的会计账簿、会计凭证的，适用本法第五十七条第二款、第三款、第四款的规定。公司章程对持股比例有较低规定的，从其规定。

股东要求查阅、复制公司全资子公司相关材料的，适用前两款的规定。

上市公司股东查阅、复制相关材料的，应当遵守《中华人民共和国证券法》等法律、行政法规的规定。

《中华人民共和国公司法》（2018年修正，已被修订）

第三十三条 股东有权查阅、复制公司章程、股东会会议记录、董事会会议决议、监事会会议决议和财务会计报告。

股东可以要求查阅公司会计账簿。股东要求查阅公司会计账簿的，应当向公司提出书面请求，说明目的。公司有合理根据认为股东查阅会计账簿有不正当目的，可能损害公司合法利益的，可以拒绝提供查阅，并应当自股东提出书面请求之日起十五日内书面答复股东并说明理由。公司拒绝提供查阅的，股东可以请求人民法院要求公司提供查阅。

第九十七条 股东有权查阅公司章程、股东名册、公司债券存根、股东大会会议记录、董事会会议决议、监事会会议决议、财务会计报告，对公司的经营提出建议或者质询。

法院判决

以下为最高人民法院就宁某公司是否有权要求其他股东或掌握公司资料的第三方向其履行提供查阅资料的义务的详细论述：

本案的争议焦点在于解决公司吊销营业执照之后，清算组成立之前，股东如何实现自己的知情权。根据《公司法》及《公司法》相关司法解释的规定，公司出现经营期限届满或被吊销营业执照等法定事实，依法应成立清算组进行清算。本案中，中某公司于 2007 年 10 月 8 日营业期限届满，并且于 2014 年 1 月 25 日被工商行政管理机关吊销营业执照，已经出现公司解散事由，依法应成立清算组进行清算，或者由公司债权人或股东申请人民法院指定清算组进行强制清算。与公司清算相关的各方主体应该将自己占有或控制的公司资料交由清算组保管，股东如需查阅相关资料，应向清算组提出请求，并经清算组同意方能进行查阅。

但是，由于种种原因，有些公司的清算组迟迟得不到成立。因此，在清算组成立之前，如果股东坚持以公司为被告主张股东知情权，鉴于公司的法人资格仍然存续，虽不得开展经营活动，但可以公司名义参与诉讼，故人民法院亦不得轻易否定原告的诉权，可以先判决公司以自己的名义接受义务，待清算组成立以后将相关权利义务转由清算组承继。至于公司以外的其他主体，包括其他股东或掌握公司资料的第三方，不是《公司法》规定的股东知情权义务主体，判令其承担法律责任没有法律依据。这些主体所控制的资料应在清算组成立之后尽快移交给清算组，由清算组决定是否交由各方查阅。

延伸阅读

在检索大量类案的基础上，笔者总结相关裁判规则如下，供读者参考。

（一）股东知情权纠纷由公司住所地法院管辖的规定属于特殊地域管辖，因此与专属管辖冲突时，应优先适用专属管辖。

案例 1：佛山市中某泰兴小额贷款有限公司、广东广某电缆有限公司股东知情权纠纷二审民事裁定书【广东省高级人民法院（2016）粤民辖终 375 号】

本院认为：本案查明的事实表明，原审法院已经受理广某电缆公司破产一案，并裁定宣告广某电缆公司破产。根据《中华人民共和国企业破产法》第二十一条关于"人民法院受理破产申请后，有关债务人的民事诉讼，只能向受理破产申请的人民法院提起"的规定，有关广某电缆公司的民事诉讼，只能向受理破产申请的原审法院提起，因此，原审法院对本案享有管辖权。

关于中某泰兴公司上诉提出原审裁定适用法律错误的问题。《中华人民共和国民事诉讼法》第二十六条和《最高人民法院关于适用〈中华人民共和国民事诉讼法〉的解释》第二十二条是对公司诉讼地域管辖的规定。本案原告广某电缆公司已由原审法院裁定宣告破产，故本案应优先适用《中华人民共和国企业破产法》中关于人民法院受理破产申请后，有关破产企业的民事诉讼管辖的特别规定。中某泰兴公司上诉提出原审裁定适用法律错误，请求将本案移送佛山市南海区人民法院管辖的理由缺乏法律依据，本院不予支持。

（二）合伙企业中，合伙人亦应向合伙企业提起知情权之诉，而不能要求其他合伙人履行相应义务。

案例2：刘某与雷某斌合伙协议纠纷二审民事裁定书【湖南省郴州市中级人民法院（2019）湘10民终3714号】

《中华人民共和国合伙企业法》第二十八条第二款规定："合伙人为了解合伙企业的经营状况和财务状况，有权查阅合伙企业会计账簿等财务资料。"据此，合伙人为了解合伙企业的经营状况和财务状况，有权查阅合伙企业会计账簿等财务资料。本案中，刘某与雷某斌均是嘉禾县钜某金属制品厂普通合伙企业的执行事务合伙人，故有权查阅嘉禾县钜某金属制品厂的会计账簿等财务资料，刘某享有的知情权是相对于嘉禾县钜某金属制品厂，被诉主体应是嘉禾县钜某金属制品厂，现刘某起诉雷某斌，被诉主体显然不当。

（三）公司成立后，股东应依据《公司法》或公司章程行使知情权，而非依据公司设立前签订的股东协议。

案例3：某天文台与风某文房（北京）文化投资有限公司等合同纠纷一审民事判决书【北京市海淀区人民法院（2020）京0108民初3431号】

就某天文台以中某国天公司未能按期召开股东会、其无法行使股东知情权为由主张每某传媒公司及风某文房公司存在违约行为的问题，本院认为，现中某国天公司已成立，公司相应股东会的召集、召开及股东知情权的行使都应依据公司法及中某国天公司章程的规定，而非依据各方在公司设立前签订的《股东协议》。定期召集、召开股东会并非每某传媒公司及风某文房公司的义务。股东行使知情权亦应向公司提出，提供相应材料以供查阅、复制的义务主体为公司而非其他股东。某天文台现以中某国天公司未召开股东会、其起诉的知情权纠纷案件无法执行为由主张每某传媒公司及风某文房公司存在违约行为，缺乏事实及法律依据，本院不予支持。

036 股东持股期间的知情权不因嗣后股东资格丧失而丧失

阅读提示

股东在丧失股东身份后，能否要求公司提供持股期间的公司资料给其查阅或复制？本文在此通过北京市高级人民法院的一则经典案例，对上述问题进行分析。

裁判要旨

股东资格丧失后，股东不再对公司后续经营情况享有知情权，但其在持股期间享有的知情权不应因股东资格丧失而受到影响。同时，该股东不再具有股东身份、不再享有股东权益后，其行使股东知情权的范围应当以其持股期间为限。

案情简介[①]

（一）1999年8月26日，北京博某航空设施管理有限公司（以下简称博某航空公司）成立，股东之一卓某公司持股40%。

（二）2020年6月28日，卓某公司向博某航空公司发函要求行使知情权后，收到了博某航空公司的书面拒绝回复。卓某公司因此诉至法院，北京四中院一审支持了其行使知情权的诉请。

（三）一审判决作出后，卓某公司所持博某航空公司40%的股权在另案中被司法拍卖。博某航空公司因此在二审中辩称，卓某公司已丧失股东资格，无权再主张行使知情权。

（四）北京市高级人民法院二审认为，卓某公司就其持股期间仍对博某航空公司经营情况享有知情权，但亦应限于持股期间，对卓某公司查阅、复制文件的时间范围进行了调整。

[①] 案件来源：北京博某航空设施管理有限公司股东知情权纠纷二审民事判决书【北京市高级人民法院（2021）京民终705号】。

实务经验总结

1. 知情权是股东固有的基本权利，该权利不可被剥夺。尤其对中小股东而言，他们在公司经营决策方面很难发挥影响，因此知情权就成了中小股东了解公司经营活动、财务信息的重要渠道，往往也是进一步维护权益的前提。因此，我国司法实务认可，即使丧失了股东身份，但如果其在持股期间其合法权益受到损害的，仍可向公司主张行使知情权，以保障原股东维护自身合法权益。

2. 在股东享有的法定知情权之外，公司章程还可以作出规定扩张股东所享有的知情权。

相关法律规定

《中华人民共和国公司法》（2023年修订）

第五十七条 股东有权查阅、复制公司章程、股东名册、股东会会议记录、董事会会议决议、监事会会议决议和财务会计报告。

股东可以要求查阅公司会计账簿、会计凭证。股东要求查阅公司会计账簿、会计凭证的，应当向公司提出书面请求，说明目的。公司有合理根据认为股东查阅会计账簿、会计凭证有不正当目的，可能损害公司合法利益的，可以拒绝提供查阅，并应当自股东提出书面请求之日起十五日内书面答复股东并说明理由。公司拒绝提供查阅的，股东可以向人民法院提起诉讼。

股东查阅前款规定的材料，可以委托会计师事务所、律师事务所等中介机构进行。

股东及其委托的会计师事务所、律师事务所等中介机构查阅、复制有关材料，应当遵守有关保护国家秘密、商业秘密、个人隐私、个人信息等法律、行政法规的规定。

股东要求查阅、复制公司全资子公司相关材料的，适用前四款的规定。

第一百一十条 股东有权查阅、复制公司章程、股东名册、股东会会议记录、董事会会议决议、监事会会议决议、财务会计报告，对公司的经营提出建议或者质询。

连续一百八十日以上单独或者合计持有公司百分之三以上股份的股东要求查阅公司的会计账簿、会计凭证的，适用本法第五十七条第二款、第三款、第四款的规定。公司章程对持股比例有较低规定的，从其规定。

股东要求查阅、复制公司全资子公司相关材料的，适用前两款的规定。

上市公司股东查阅、复制相关材料的，应当遵守《中华人民共和国证券法》等法律、行政法规的规定。

《中华人民共和国公司法》（2018年修正，已被修订）

第三十三条　股东有权查阅、复制公司章程、股东会会议记录、董事会会议决议、监事会会议决议和财务会计报告。

股东可以要求查阅公司会计账簿。股东要求查阅公司会计账簿的，应当向公司提出书面请求，说明目的。公司有合理根据认为股东查阅会计账簿有不正当目的，可能损害公司合法利益的，可以拒绝提供查阅，并应当自股东提出书面请求之日起十五日内书面答复股东并说明理由。公司拒绝提供查阅的，股东可以请求人民法院要求公司提供查阅。

第九十七条　股东有权查阅公司章程、股东名册、公司债券存根、股东大会会议记录、董事会会议决议、监事会会议决议、财务会计报告，对公司的经营提出建议或者质询。

《最高人民法院关于适用〈中华人民共和国公司法〉若干问题的规定（四）》（2020年修正）

第七条　股东依据公司法第三十三条、第九十七条或者公司章程的规定，起诉请求查阅或者复制公司特定文件材料的，人民法院应当依法予以受理。

公司有证据证明前款规定的原告在起诉时不具有公司股东资格的，人民法院应当驳回起诉，但原告有初步证据证明在持股期间其合法权益受到损害，请求依法查阅或者复制其持股期间的公司特定文件材料的除外。

法院判决

以下为北京市高级人民法院就卓某公司丧失股东资格后是否仍享有知情权的详细论述：

根据二审查明事实，北京市第四中级人民法院于2022年3月15日作出（2021）京04执恢176号之一执行裁定书，裁定卓某公司持有的博某航空公司40%的股权归买受人某机场集团设备运维管理有限公司所有。上述股权的所有权自裁定书送达买受人某机场集团设备运维管理有限公司时起转移。据此，某机场集团设备运维管理有限公司收到该裁定书时，卓某公司不再具有股东身份。经查明，某机场集团设备运维管理有限公司于 2022 年 3 月 17 日收到北京市第四中级人民法院执行裁定书，故自该日起卓某公司即丧失股东资格。本院认为，知情权是股东的一项重要法定权利，股东提起股东知情权诉讼应当以具备股东资格为要件。本案中，卓某公司在一审起诉时具有股东资格，本案二审诉讼期间丧失了该资格。股东资格丧失后，卓某公司不再对博某航空公司后续经营情况享有知情权，但其在持股期间享有的知情权不应因诉讼期间股东资格丧失而受到影响，同时，卓某公司不再具有股东身份、不再享有股东权益后，其行使股东知情权的范围应当以其持股期间为限。故，本院根据新查明的事实，对卓某公司查阅、复制文件的时间范围进行了调整。

延伸阅读

在检索大量类案的基础上，笔者总结相关裁判规则如下，供读者参考。

原股东有初步证据证明在持股期间其合法权益受到损害的，可向公司主张行使知情权。

案例 1：中某银行股份有限公司、河南中某实业集团有限公司公司盈余分配纠纷二审民事判决书【河南省高级人民法院（2020）豫民终 126 号】

《最高人民法院关于适用〈中华人民共和国公司法〉若干问题的规定（四）》（以下简称公司法解释四）第七条结合诉的利益原则，明确规定了股东就公司法第三十三条、第九十七条规定享有的诉权，并规定了公司原股东享有的有限诉权。上述司法解释规定中的"除外"对应的应是前文的"驳回起诉"，即原股东有初步证据证明在持股期间其合法权益受到损害的，法院不应驳回起诉，应依法予以受理，该条规定解决的是原股东在特殊情况下的诉权问题。但"诉权"不等同于"胜诉权"，"初步证据"不等同于"实质证据"，赋予原股东诉权，并非当然地支持原股东的诉讼请求。在受理案件后，应审查原股东的证据是否能够证明在持股期间其合法权益受到损害；根据公司法解释四第八条规定，需要审查要求查阅账簿的有限责任公司股东是否有不正当目的；审查原股东是否已经查阅过或掌握其诉请的特定文件资料等情形，以认定原股东的诉讼请求是否应该得到支持。本案中，一审法院认定中某公司提交的中某银行在上市时公开发布的财务资料能够初步证明在其持股期间合法权益受到损害，在符合案件受理条件的情况下，对中某公司提交的初步证据及中某银行的抗辩理由未进行实质审理，直接支持中某公司有关知情权的诉讼请求不当。

案例2：上海中某汽车出租公司与黄某冲股东知情权纠纷审判监督民事裁定书【上海市高级人民法院（2019）沪民申2168号】

根据公司法司法解释四第七条第二款规定："公司有证据证明前款规定的原告在起诉时不具有公司股东资格的，人民法院应当驳回起诉，但原告有初步证据证明在持股期间其合法权益受到损害，请求依法查阅或者复制其持股期间的公司特定文件材料的除外。"黄某冲在起诉时虽已非中某公司股东，但其主张持股期间公司未分配过利润，其利润分配权受损，中某公司对黄某冲持股期间公司未分配过利润这一事实予以认可，且提供的证据不足以证明公司无法分配利润，因此二审法院认为黄某冲的起诉符合"原告有初步证据证明在持股期间其合法权益受到损害"的条件，黄某冲作为中某公司原股东享有有限的股东知情权，并无不当。中某公司主张黄某冲行使股东知情权有不正当目的，但其提供的证据不能证明黄某冲行使股东知情权会对公司造成损害，亦不能证明黄某冲存在公司法司法解释四第八条规定之"不正当目的"的情形，中某公司前述主张缺乏事实依据，本院难以采信。

037 股东知情权的阻却——如何理解股东与公司存在实质性竞争关系业务？

阅读提示

根据《公司法》（2023年修订）第五十七条规定，仅在有限责任公司股东要求查阅会计账簿、会计凭证的情形中，公司可通过证明股东具有不正当目的来阻却股东行使知情权。"股东自营或者为他人经营与公司主营业务有实质性竞争关系业务"系《最高人民法院关于适用〈中华人民共和国公司法〉若干问题的规定（四）》第八条规定的股东具有不正当目的的典型情形之一，本文在此通过北京市高级人民法院的一则案例，对此种情形的认定进行具体分析。

裁判要旨

仅在股东存有不正当目的并可能损害公司合法权益的情况下，方能阻却股东行使知情权要求查阅会计账簿。《最高人民法院关于适用〈中华人民共和国公司法）若干问题的规定（四）》第八条规定的股东存在不正当目的的情形"股东自营或者为他人经营与公司主营业务有实质性竞争关系业务"中所谓的实质性竞争关系，是指股东和公司之间存在利益冲突；所谓自营是指股东自身所经营的业务，为他人经营是指为其他第三方经营业务。

案情简介 [①]

（一）2004年10月21日，盈某美（北京）食品饮料有限公司（以下简称盈某美公司）成立，股东为佳某爽公司（持股63.44%）和泛某管理有限公司（以下简称泛某公司，持股36.56%）。

（二）2019年4月16日，泛某公司向盈某美公司发函，要求查阅公司包括会计账簿在内的所有资料。

（三）2019年4月26日，盈某美公司向泛某公司回函拒绝其查阅会计账簿，称：泛某公司法定代表人孙某琴的配偶纪某系养某加公司股东，养某加公司与盈某美公司主营业务有实质性竞争关系的业务，故泛某公司存在不正当目的。

（四）泛某公司因此诉至法院。北京四中院一审和北京高级人民法院二审均认为，上述情形不足以说明泛某公司存在不正当目的，盈某美公司应将会计账簿提供给其查阅。

裁判要点

本案的核心争议在于，如何理解《最高人民法院关于适用〈中华人民共和国公司法〉若干问题的规定（四）》第八条规定的"股东自营或者为他人经营与公司主营业务有实质性竞争关系业务"的应当认定股东具有不正当目的，对此北京市高级人民法院认为：

上述司法解释规定的"股东自营或者为他人经营与公司主营业务有实质性竞争关系业务"中所谓的实质性竞争关系，是指股东和公司之间存在利益冲突。所谓自营是指股东自身所经营的业务，为他人经营是指为其他第三方经营业务。

具体到本案中，盈某美公司为阻却泛某公司行使知情权提出，泛某公司法定代表人孙某琴的配偶纪某系养某加公司股东，养某加公司与盈某美公司主营业务有实质性竞争关系业务，故泛某公司存在不正当目的。

[①] 案件来源：盈某美（北京）食品饮料有限公司与泛某管理有限公司股东知情权纠纷二审民事判决书【北京市高级人民法院（2020）京民终717号】。

而养某加公司与泛某公司系不同主体，养某加公司即使与盈某美公司有实质性竞争关系的业务也不能说明泛某公司也存在此种业务；另外，泛某公司作为独立法人能够作出独立的意思表示，纪某与泛某公司也不存在直接关联。综上，盈某美公司并未举证证明泛某公司自营或者为其他第三方经营与盈某美公司有实质性竞争关系的业务，其提出的理由无法阻却泛某公司知情权的行使。

实务经验总结

知情权作为股东的基本、固有权利，一般来说不应受到过多限制，从公司法上看，也仅在有限责任公司股东查阅会计账簿、会计凭证时公司可以股东存在不正当目的对抗股东知情权的行使。也就是说，股东在依法查阅或复制除会计账簿、会计凭证外的其他公司资料时，公司无权以股东具有不正当目的可能损害公司利益为由，拒绝其知情权的行使。

相关法律规定

《中华人民共和国公司法》（2023年修订）

第五十七条 股东有权查阅、复制公司章程、股东名册、股东会会议记录、董事会会议决议、监事会会议决议和财务会计报告。

股东可以要求查阅公司会计账簿、会计凭证。股东要求查阅公司会计账簿、会计凭证的，应当向公司提出书面请求，说明目的。公司有合理根据认为股东查阅会计账簿、会计凭证有不正当目的，可能损害公司合法利益的，可以拒绝提供查阅，并应当自股东提出书面请求之日起十五日内书面答复股东并说明理由。公司拒绝提供查阅的，股东可以向人民法院提起诉讼。

股东查阅前款规定的材料，可以委托会计师事务所、律师事务所等中介机构进行。

股东及其委托的会计师事务所、律师事务所等中介机构查阅、复制有关材料，应当遵守有关保护国家秘密、商业秘密、个人隐私、个人信息等法律、行政法规的规定。

股东要求查阅、复制公司全资子公司相关材料的，适用前四款的规定。

第一百一十条 股东有权查阅、复制公司章程、股东名册、股东会会议记录、董事会会议决议、监事会会议决议、财务会计报告，对公司的经营提出建议或者质询。

连续一百八十日以上单独或者合计持有公司百分之三以上股份的股东要求查阅公司的会计账簿、会计凭证的，适用本法第五十七条第二款、第三款、第四款的规定。公司章程对持股比例有较低规定的，从其规定。

股东要求查阅、复制公司全资子公司相关材料的，适用前两款的规定。

上市公司股东查阅、复制相关材料的，应当遵守《中华人民共和国证券法》等法律、行政法规的规定。

《中华人民共和国公司法》（2018 年修正，已被修订）

第三十三条　股东有权查阅、复制公司章程、股东会会议记录、董事会会议决议、监事会会议决议和财务会计报告。

股东可以要求查阅公司会计账簿。股东要求查阅公司会计账簿的，应当向公司提出书面请求，说明目的。公司有合理根据认为股东查阅会计账簿有不正当目的，可能损害公司合法利益的，可以拒绝提供查阅，并应当自股东提出书面请求之日起十五日内书面答复股东并说明理由。公司拒绝提供查阅的，股东可以请求人民法院要求公司提供查阅。

第九十七条　股东有权查阅公司章程、股东名册、公司债券存根、股东大会会议记录、董事会会议决议、监事会会议决议、财务会计报告，对公司的经营提出建议或者质询。

《最高人民法院关于适用〈中华人民共和国公司法〉若干问题的规定（四）》（2020 年修正）

第八条　有限责任公司有证据证明股东存在下列情形之一的，人民法院应当认定股东有公司法第三十三条第二款规定的"不正当目的"：

（一）股东自营或者为他人经营与公司主营业务有实质性竞争关系业务的，但公司章程另有规定或者全体股东另有约定的除外；

（二）股东为了向他人通报有关信息查阅公司会计账簿，可能损害公司合法利益的；

（三）股东在向公司提出查阅请求之日前的三年内，曾通过查阅公司会计账簿，向他人通报有关信息损害公司合法利益的；

（四）股东有不正当目的的其他情形。

法院判决

以下为北京市高级人民法院就泛某公司查阅会计账簿是否具有不正当目的的

详细论述：

本案中，盈某美公司二审中提交相关证据主张，泛某公司法定代表人孙某琴的配偶纪某系养某加公司股东，养某加公司与盈某美公司主营业务有实质性竞争关系的业务，纪某与泛某公司法定代表人孙某琴系夫妻关系，应属于股东自营或者为他人经营与公司主营业务有实质性竞争关系业务的情形。对此本院认为，上述司法解释规定的"股东自营或者为他人经营与公司主营业务有实质性竞争关系业务"中所谓的实质性竞争关系，是指股东和公司之间存在利益冲突。所谓自营是指股东自身所经营的业务，为他人经营是指为其他第三方经营业务。

本案中，首先，盈某美公司的股东泛某公司与养某加公司系不同主体，且泛某公司亦非养某加公司的股东；其次，泛某公司作为独立的民事主体依法享有独立的意思，纪某与泛某公司亦不存在直接关联关系；最后，根据在案证据，尽管养某加公司与盈某美公司在经营范围上存在一定程度的重合，但盈某美公司未举证证明两公司存在重合的经营范围系各自利润的主要来源即主营业务。鉴于盈某美公司已停产，养某加公司亦已于2011年被吊销营业执照，故仅依据上述两公司营业执照中经营范围的部分重合这一事实并不能证明养某加公司与盈某美公司之间必然存在实质性的同业竞争关系。现盈某美公司并未举证证明泛某公司自营或者为其他第三方经营与盈某美公司有实质性竞争关系的业务，本院对其该项上诉主张不予支持。

延伸阅读

在检索大量类案的基础上，笔者总结相关裁判规则如下，供读者参考。

（一）认定是否构成股东自营或者为他人经营与公司主营业务有实质性竞争关系业务的时候，需以股东自营或为他人经营的公司正常经营为前提。

案例1：汇某智某（北京）科技有限公司等股东知情权纠纷二审民事判决书【北京市第一中级人民法院（2022）京01民终3518号】

关于谢某申请查阅汇某公司会计账簿问题。《中华人民共和国公司法》第三十三条第二款规定："股东可以要求查阅公司会计账簿。股东要求查阅公司会计账簿的，应当向公司提出书面请求，说明目的。公司有合理根据认为股东查阅会计账簿有不正当目的，可能损害公司合法利益的，可以拒绝提供查阅，并应当自股东提出书面请求之日起十五日内书面答复股东并说明理由。公司拒绝提供查阅的，股东可以请求人民法院要求公司提供查阅。"① 本案中，谢某提供了向汇某公司发送电子邮件，申请查阅汇某公司会计账簿等，已依法履行查阅前置程序，说明查阅目的，汇某公司未提供查阅，谢某提起本案股东知情权诉讼，要求查阅公司会计账簿，具有事实和法律依据。汇某公司主张，谢某系智某公司股东，并担任该公司法定代表人、执行董事、总经理职务，智某公司与汇某公司存在实质性竞争关系，谢某查阅汇某公司会计账簿，具有不正当目的。因智某公司已经于2022年6月15日办理注销登记，汇某公司上述主张已无事实依据，本院不予采信。

案例2：最某宝贝（深圳）国际文化管理有限公司、邢某军股东知情权纠纷二审民事判决书【广东省深圳市中级人民法院（2019）粤03民终10852号】

最某宝贝公司在庭审中亦确认王某宝已不在深圳做"超级宝贝"项目，在此情况下，小金钟项目已不可能与停止经营的"超级宝贝"项目产生实质上的利益冲突以及竞争关系，限制刑某军从事其职业相关工作亦不合常理。从公司法原理上来说，除非在公司成立之初或者运营过程中通过公司章程、全体股东约定等方式有特别约定的，否则股东对公司并无竞业禁止的义务。实际上，股东从事与公司有竞争关系的经营是较为常见的，如果过度限制乃至剥夺此类股东的知情权，将会对这类股东的权利造成损害，并无合法性基础。最某宝贝公司提供的证据并不足以证明二者间具有实质性竞争关系，应承担举证不利的相应后果，本院对该主张不予采纳。

（二）不能仅以营业执照登记的经营范围存在重合认定股东与公司有实质性竞争关系业务，还需考查公司的实际经营业务。

案例3：北京秦某物业管理有限公司等股东知情权纠纷二审民事判决书【北京市第二中级人民法院（2022）京02民终5749号】

在本案中，秦某公司主张王某民查阅公司会计账簿具有不正当目的，可能损害公司合法利益。为此，秦某公司提供了王某民任法定代表人的上海亚某文化传播有限公司的工商信息及相关经营情况。根据前述证据及当事人的庭审陈述，可以看出：上海亚某文化传播有限公司与秦某公司的经营范围存在重合。对此，本院认为，知情权作为股东的一项固有权利，对其进行限制应持审慎态度。在本案中，现有证据仅能证明王某民任法定代表人的上海亚某文化传播有限公司在经营范围上与秦某公司有重合之处，但不足以证明王某民自营或者为他人经营的业务

---

① 《公司法》已修改，现相关规定见《公司法》（2023年修订）第五十七条第二款。

与秦某公司的主营业务，在一定的期间、经营地域、客户范围等方面存在实质性竞争关系，秦某公司亦未就王某民查阅公司会计账簿可能致公司合法利益受损提供合理说明。故秦某公司拒绝王某民查阅公司会计账簿的理由依据不足，不应得到采信。

案例4：畅某科技（上海）有限公司与张某股东知情权纠纷民事二审案件民事判决书【上海市第二中级人民法院（2021）沪02民终10531号】

本院认为，张某系畅某公司的股东，依法享有股东知情权。现畅某公司声称张某对查阅公司会计账簿具有不正当目的，但是畅某公司并未提供充分的证据证明杭州A有限公司、杭州B有限公司、浙江C有限公司与畅某公司存在具体业务的冲突。根据工商登记资料显示，上述公司与畅某公司确实存在经营范围的部分重合，但这并不意味着四公司之间必然成立实质性竞争关系，尚不足以认定张某查阅公司材料存在不正当目的。至于畅某公司提及张某可能存在恶意抢注"畅某及图"商标权的行为一节，首先畅某公司并未在本案中提供充分证据证明张某的侵权行为，如确有该行为，可另行通过诉讼主张权利。其次，该节事实与张某作为畅某公司的股东查阅公司相关财务资料并无必然关联，本院未见畅某公司提供充分证据和阐明足够的理由来说明该行为何以导致张某失去其股东知情权。故，畅某公司主张张某查阅畅某公司相关材料具有不正当目的，无事实和法律依据。

（三）"不正当目的"的认定应限于就股东查阅的会计账簿的具体事宜中是否存在不正当目的，而不应将股东窃取公司文件、拖欠公司款项等用于说明股东查阅会计账簿存在不正当目的。

案例5：崔某林与淮安市中某置业发展有限公司股东知情权纠纷二审民事判决书【江苏省淮安市中级人民法院（2017）苏08民终929号】

本案的争议焦点为被上诉人崔某林要求查阅、复制上诉人中某公司股东会会议记录以及查阅中某公司会计账簿、会计凭证是否具有不正当目的，可能损害中某公司利益。上诉人中某公司提供2017年2月3日崔某林诉赵某民间借贷纠纷一案的庭审笔录、2013年4月9日的股东会会议记录、2014年4月1日借条、2016年1月5日凌某诉中某公司民间借贷纠纷一案的开庭笔录，上述证据仅能证明上诉人中某公司的股东会会议记录以及会计凭证在另案中的使用情况，不能证明被上诉人崔某林要求查阅、复制股东会会议记录和查阅会计账簿、会计凭证具有不正当目的，上诉人中某公司提供的证据不足以证明其主张，应承担举证不能的法律后果。对于上诉人提出被上诉人崔某林私藏、转移、窃取公司重要文件，与被上诉人崔某林行使股东知情权具有不正当目的没有必然联系。若上诉人中某公司有证据证明被上诉人崔某林私藏、转移、窃取公司重要文件，上诉人可以另行主张。综上，上诉人中某公司的上诉请求不能成立，应予驳回；一审判决认定事实清楚，法律适用正确，应予维持。

案例6：黄某锋、中山市网某通信工程有限责任公司股东知情权纠纷二审民事判决书【广东省中山市中级人民法院（2017）粤20民终1485号】

本案中，黄某锋作为网某公司的股东，已按法律规定向网某公司提交了要求查阅公司相关资料的书面申请并说明了理由。而网某公司未在法定期限内予以答复，黄某锋已具备向法院起诉请求查阅公司相关材料的条件，网某公司负有对黄某锋申请查阅是否具有不正当目的予以证明的举证责任。现网某公司提交黄某锋以欠据为由向网某公司、朱某波提起两次诉讼并败诉证明黄某锋申请查阅具有不正当目的，但上述案件所争议的内容与黄某锋行使股东知情权并无关联性，不足以证明黄某锋查阅目的存在不正当性及可能损害网某公司的利益。故本院认定黄某锋对网某公司的会计账簿有查阅权。至于黄某锋对网某公司的工程发票是否具有查阅权的问题。工程发票属于会计凭证中的原始凭证，是记账的主要依据。当会计账簿内容的真实性、完整性发生争议时，会计原始凭证是必不可少的判断标准。黄某锋作为网某公司的小股东，只有通过对原始凭证的查阅才能充分、真实、全面地知晓公司具体的经营状况。一审判决支持黄某锋查阅工程发票并无不妥。

038 股东具体的利润分配请求权是否劣后于一般债权？

阅读提示

一般将《公司法》（2023年修订）第二百一十条的规范称为抽象的利润分配请求权，而将股东会作出利润分配决议后，股东所享有的能够实际向公司主张分配利润的权利称为具体的利润分配请求权。此种具体的利润分配请求权性质如何，与一般债权的履行是否存在先后顺序？本文在此通过云南省高级人民法院的一则案例，对上述问题进行分析。

裁判要旨

股东会作出利润分配决议后，性质等同于普通债权，股东可以债权人身份要求公司根据利润分配决议分配利润。该具体利润分配请求权并不劣后于一般债权，公司以存在其他巨额债务为由主张不支付分红款的，不予支持。

案情简介 ①

（一）2005年12月16日，金某桥水电站有限公司（以下简称金某桥公司）成立，股东云南华某金沙江中游水电开发有限公司（以下简称云南华某金沙江公司）持股12%、汉某控股集团有限公司持股80%、云南能某公司持股8%。

（二）2015年、2016年、2018年，金某桥公司股东会分别作出2014年、2015年、2016年的利润分配方案，后金某桥公司拖欠股东云南华某金沙江公司上述三个财年度约1.1亿元的分红款。云南华某金沙江公司因此诉至法院。

（三）金某桥公司以存在巨额债务为由，认为一般债权的利益应当优先于股东的权益，支付给云南华某金沙江公司分红对一般债权人不公平。

（四）丽江中院一审认可金某桥公司的抗辩，以金某桥公司现已不具备分配公司盈余利润的条件为由，认定云南华某金沙江公司无权请求金某桥公司支付上述分红款。

（五）云南高院二审认为股东具体的利润分配请求权并不劣后于一般债权，故撤销一审判决，改判支持云南华某金沙江公司的诉请。

裁判要点

本案的核心争议在于，股东具体的利润分配请求权是否劣后于一般债权。

对该争议焦点，一审法院和二审法院给出了截然不同的观点：

丽江中院一审认为，公司分配利润，除要有合法依据外，还要满足有足够的资金用于实际分配的事实依据。而本案中，云南华某金沙江公司于2019年起诉要求分配利润时，金某桥公司已经欠下巨额债务不能偿还，故金某桥公司虽存在合法的利润分配方案，但不存在足够用于分配的资金，因此已不具备分配公司盈余利润的条件，不应向云南华某金沙江公司支付分红款。

---

① 案件来源：云南华某金沙江中游水电开发有限公司、金某桥水电站有限公司公司盈余分配纠纷二审民事判决书【云南省高级人民法院（2021）云民终142号】。

云南高院二审则认为，金某桥公司依法作出 2014—2016 年度的利润分配方案后，其与股东云南能某公司、云南华某金沙江公司形成了相应款项支付的具体债权债务关系，股东云南华某金沙江公司的利润分配请求权已经转化为股东对公司享有的债权，公司应当依法履行给付义务。股东所享有的这种债权不劣后于其他债权，公司实际不能履行支付分红款的义务与是否应当支付分红款是两个问题。

笔者在此偏向同意二审法院的观点。一是因为无论是《公司法》（2023 年修订）第二百一十条，还是《最高人民法院关于适用〈中华人民共和国公司法〉若干问题的规定（四）》第十四条，均只规定股东应提交载明具体分配方案的股东会决议请求公司分配利润，而未规定股东起诉时公司还应有充足资金实际能够给付利息，因此对股东提出后一要求有超出法律规定、不当限制股东权利之嫌；二是结合现有法律规定和裁判实务，将股东具体的利润分配请求权视为一种债权已无疑义，在没有特殊规定的情况下，股东之债权和其他人之债权具有平等性，自然不因发生原因之不同而存在效力上的优劣之分。

实务经验总结

1. 公司作出利润分配方案时，需要满足《公司法》（2023 年修订）第二百一十条规定的缴税、补亏和缴纳法定公积金要求。因此，如果在作出利润分配决议时，公司存在巨额债务不能清偿，是可能导致该决议无效的，此时，股东自然无法依据该决议请求公司支付分红款。

2. 如在满足《公司法》（2023 年修订）第二百一十条规定后公司作出了有效的利润分配决议，则股东就享有了对公司的债权，该请求在分配利润的债权性质上与一般债权无异，公司不能再以存在巨额债务为由主张不履行股东享有的前述债权。

相关法律规定

《中华人民共和国民法典》

第四条　民事主体在民事活动中的法律地位一律平等。

《中华人民共和国公司法》（2023 年修订）

第四条　有限责任公司的股东以其认缴的出资额为限对公司承担责任；股份

有限公司的股东以其认购的股份为限对公司承担责任。

公司股东对公司依法享有资产收益、参与重大决策和选择管理者等权利。

第五十九条第一款 股东会行使下列职权：

……

（四）审议批准公司的利润分配方案和弥补亏损方案；

……

第二百一十条 公司分配当年税后利润时，应当提取利润的百分之十列入公司法定公积金。公司法定公积金累计额为公司注册资本的百分之五十以上的，可以不再提取。

公司的法定公积金不足以弥补以前年度亏损的，在依照前款规定提取法定公积金之前，应当先用当年利润弥补亏损。

公司从税后利润中提取法定公积金后，经股东会决议，还可以从税后利润中提取任意公积金。

公司弥补亏损和提取公积金后所余税后利润，有限责任公司按照股东实缴的出资比例分配利润，全体股东约定不按照出资比例分配利润的除外；股份有限公司按照股东所持有的股份比例分配利润，公司章程另有规定的除外。

公司持有的本公司股份不得分配利润。

《中华人民共和国公司法》（2018年修正，已被修订）

第四条 公司股东依法享有资产收益、参与重大决策和选择管理者等权利。

第三十七条第一款 股东会行使下列职权：

……

（六）审议批准公司的利润分配方案和弥补亏损方案；

……

第一百六十六条 公司分配当年税后利润时，应当提取利润的百分之十列入公司法定公积金。公司法定公积金累计额为公司注册资本的百分之五十以上的，可以不再提取。

公司的法定公积金不足以弥补以前年度亏损的，在依照前款规定提取法定公积金之前，应当先用当年利润弥补亏损。

公司从税后利润中提取法定公积金后，经股东会或者股东大会决议，还可以从税后利润中提取任意公积金。

公司弥补亏损和提取公积金后所余税后利润，有限责任公司依照本法第三十四条的规定分配；股份有限公司按照股东持有的股份比例分配，但股份有限公司章程规定不按持股比例分配的除外。

股东会、股东大会或者董事会违反前款规定，在公司弥补亏损和提取法定公积金之前向股东分配利润的，股东必须将违反规定分配的利润退还公司。

公司持有的本公司股份不得分配利润。

《最高人民法院关于适用〈中华人民共和国公司法〉若干问题的规定（四）》（2020年修正）

第十四条　股东提交载明具体分配方案的股东会或者股东大会的有效决议，请求公司分配利润，公司拒绝分配利润且其关于无法执行决议的抗辩理由不成立的，人民法院应当判决公司按照决议载明的具体分配方案向股东分配利润。

第十五条　股东未提交载明具体分配方案的股东会或者股东大会决议，请求公司分配利润的，人民法院应当驳回其诉讼请求，但违反法律规定滥用股东权利导致公司不分配利润，给其他股东造成损失的除外。

法院判决

以下为云南省高级人民法院就金某桥公司应否向云南华某金沙江公司支付其主张的欠付股利及相应利息的详细论述：

股东会作出利润分配决议后，性质等同于普通债权，股东可以债权人身份要求公司根据利润分配决议分配利润。金某桥公司提出抗辩，目前由于公司经营过程中产生大量负债，且与债权人银行约定未能清偿债务前不向股东进行分红。本院认为，公司利润分配方案一经作出，除非存在无效或可撤销事由，公司均应履行方案内容，公司经营状况的恶化只能表明公司无法按约履行支付义务或在履行过程中存在困难，而与应否向股东履行公司利润分配支付义务，是两个不同的问题，故，以公司目前不具备履行能力为由的抗辩不能成立。

金某桥公司依法作出2014—2016年度的利润分配方案后，其与股东云南能某公司、云南华某金沙江公司形成了相应款项支付的具体债权债务关系，股东云南华某金沙江公司的利润分配请求权已经转化为股东对公司享有的债权，公司应当依法履行给付义务。金某桥公司对云南华某金沙江公司诉请的欠付股利本金及应承担相应资金占用利息并无异议，且在此后多次发函确认。本院认为，对云南华某金沙江公司主张的应付股利本金及计算截至2020年12月31日的资金占用利息予以确认，并支持以股利本金为基数自2021年1月1日起至款项付清之日止按照全国银行间同业拆借中心公布的贷款市场报价利率（LPR）计算的资金占用费。

> **延伸阅读**

在检索大量类案的基础上，笔者总结相关裁判规则如下，供读者参考。

（一）是否支持股东请求分配利润要审查股东资格和利润分配方案是否反映出当年法定公积金提取、弥补亏损的内容两个事项。

案例1：湖南省中某房地产开发有限公司、严某针公司盈余分配纠纷再审民事裁定书【最高人民法院（2019）最高法民再88号】

本院再审认为，首先，依照《公司法》第四条规定："公司股东依法享有资产收益、参与重大决策和选择管理者等权利。"① 股东享有公司盈余分配请求权，该请求权是股东基于其股东身份所依法享有的权利。故，严某针、杨某辉是否出资，是否具有股东身份是认定其二人是否享有公司盈余分配请求权的基本事实，也是认定本案法律关系性质的前提。本案中，严某针、杨某辉主张其为中某公司隐名股东，原判决应当就其是否与厦门嘉某公司之间具有股权代持关系，实际出资额以及资金性质等进行审理。原判决对于上述事实未予查明，属于基本事实认定不清。

其次，公司应当在提取当年法定公积金、弥补亏损之后向股东分配税后利润。换言之，公司盈余分配决议内容应当反映出当年法定公积金提取、弥补亏损的内容。执行公司盈余分配方案也应当具备已经提取当年法定公积金、弥补亏损的条件。原判决未查明上述事实，即认定中某公司应按照案涉《股东协议》《会议纪要》向严某针、杨某辉分配公司盈余，存有不当。

（二）公司作出利润分配决议，股东享有的是具体利润分配请求权，该权利已经独立于股东成员资格而单独存在，即债权。

案例2：吉林双某农村商业银行股份有限公司与吉林省永某矿业集团有限公司及吉林磐某农村商业银行股份有限公司不当得利纠纷再审民事判决书【吉林省高级人民法院（2021）吉民再64号】

请求分配利润的主体是股东会或股东大会作出利润分配决议时的股东。利润分配请求权是股东的权利，是一种成员权，只有股东有权请求公司分配利润。公司作出利润分配决议后，股东的利润分配请求权由抽象利润分配请求权转化为具

---

① 《公司法》已修改，现相关规定见《公司法》（2023年修订）第四条第二款。

体性的利润分配请求权,由期待性的权利转化为确定性的权利,性质上等同于普通债权。任何股东均可以依据载有利润分配方案的股东会或者股东大会决议请求公司分配利润,没有持股数量或者持股时间的限制。在公司作出利润分配决议前,股东所享有的仅是期待权而非确定性权利,在股权发生变动后,这种期待权进行概括移转,即由新股东享有。期待权属不可分割性权利。

利润分配请求权属于股权的重要内容,股东转让股权,原则上应认为利润分配请求权一并转让,但应当区分抽象利润分配请求权与具体利润分配请求权。公司未作出利润分配决议,股东享有的是抽象利润分配请求权,该权利是股东基于成员资格享有的股东权利的重要内容,属于股权组成部分。股东转让其成员资格的,包括利润分配请求权在内的所有权利一并转让。公司作出利润分配决议,股东享有的是具体利润分配请求权,该权利已经独立于股东成员资格而单独存在,即债权。股权系人身性和财产性的权利集合,股东利润分配请求权的基础是股东身份。在股权转让法律关系中,签订转让协议即表示合同双方当事人就股东权利的让渡及对价达成一致。转让行为应以股权所随附的所有股东权利一并转让为常态,以股东权利部分保留为例外。例外情形一般需要当事人在转让协议中以特别约定的方式加以明确,且该约定不得违反法律法规禁止性规定,亦不能侵害他人合法利益。若转让双方对股权转让前的公司利润归属问题无特别约定,股东利润分配请求权亦应当随原股东全部股东权利一并整体转让给受让人。原股东对转让前的公司盈利或是转让后的公司盈利,都将不再享有分配请求权。本案中,双某农商行系经过人民法院公开拍卖程序取得的诉涉股权,取得股权时尚未作出分配决议,故该股权涉及的利润分配请求权仍属抽象的期待权,而未转化为债权。永某矿业公司在拍卖后即不具有股东身份,亦无权在拍卖后继续行使利润分配请求权。

039 股东如何以优先认缴权受侵害主张公司增资决议无效?

阅读提示

根据《公司法》(2023年修订)第二百二十七条(2018年《公司法》第三十四条)规定,对公司新增资本的优先认缴权是股东的法定权利。但是否只要未能行使优先认缴权即可主张相应增资决议违法无效？本文在此通过广东省高级人民法院的一则经典案例，对上述问题进行分析。

裁判要旨

《公司法》第三十四条规定股东在公司增资时有优先认缴权，但如股东从未向公司提出过优先认缴的要求，而仅在诉讼中诉请确认增资行为无效且不同意行使优先认缴权的，应认定股东未行使优先认缴权主要系自身原因所致，公司增资行为没有侵害该股东优先认缴权，相关增资决议合法有效。

案情简介 [①]

（一）2001年10月24日，深圳市深某远洋渔业有限公司（以下简称深某远洋公司）成立，注册资本为1000万元，股权结构为：深圳市海某资产管理有限公司（以下简称海某公司）持股20%、水产公司持股55%、温某明持股25%。

（二）2018年7月19日，深某远洋公司召开股东会并形成《增资决议》，同意增资2000万元，全部由水产公司认缴。

（三）海某公司诉至法院请求确认《增资决议》无效。深圳市罗湖区人民法院一审认定《增资决议》违法无效。深圳中院二审认为海某公司并未诉请行使优先认缴权，撤销了一审判决，改判《增资决议》有效。

（四）海某公司不服，向广东省高级人民法院申请再审。广东省高级人民法院认为海某公司拒绝行使优先认缴权，因此权利未受侵害，维持了二审判决。

实务经验总结

1. 本案是一起典型的大股东利用资本多数决规则进行增资的案例，其凭借自己控制的表决权即可作出符合《公司法》表决数要求的增资股东会决议。在一般情况下，增资与否是公司根据经营情况作出的商业决策，小股东不能恶意阻止公司正常的增资行为，法院也不应干预。

2. 实务中，大股东利用增资恶意稀释小股东持股比例的现象不足为奇，突出表现在不通知小股东参加增资股东会或者恶意低价增资等。对于小股东而言，

---

① 案件来源：深圳市海某资产管理有限公司、深圳市深某远洋渔业有限公司等公司决议效力确认纠纷民事申请再审审查民事裁定书【广东省高级人民法院（2021）粤民申3236号】。

其可根据《公司法》（2023 年修订）第二十五条、第二十六条选择提起公司决议无效或撤销之诉，同时明确表明自己同意行使优先认缴权，以避免被法院认定未行使优先认缴权系自身原因；除提起公司决议纠纷之诉外，小股东还可以根据《公司法》（2023 年修订）第二十一条的规定主张大股东滥用股东权利实施恶意增资行为损害了自身的合法权益，要求其赔偿损失。

3. 对于大股东而言，为了避免增资决议被认定为无效或者对其他股东承担赔偿责任，一方面要依法、依章程召开股东会，使决议所涉会议召集程序、表决数要求符合法律；另一方面大股东需说明增资是符合商业目的的，对于公司经营而言具有必要性与迫切性。

相关法律规定

《中华人民共和国公司法》（2023 年修订）

第二十一条 公司股东应当遵守法律、行政法规和公司章程，依法行使股东权利，不得滥用股东权利损害公司或者其他股东的利益。

公司股东滥用股东权利给公司或者其他股东造成损失的，应当承担赔偿责任。

第二十五条 公司股东会、董事会的决议内容违反法律、行政法规的无效。

第二十六条 公司股东会、董事会的会议召集程序、表决方式违反法律、行政法规或者公司章程，或者决议内容违反公司章程的，股东自决议作出之日起六十日内，可以请求人民法院撤销。但是，股东会、董事会的会议召集程序或者表决方式仅有轻微瑕疵，对决议未产生实质影响的除外。

未被通知参加股东会会议的股东自知道或者应当知道股东会决议作出之日起六十日内，可以请求人民法院撤销；自决议作出之日起一年内没有行使撤销权的，撤销权消灭。

第二百二十七条 有限责任公司增加注册资本时，股东在同等条件下有权优先按照实缴的出资比例认缴出资。但是，全体股东约定不按照出资比例优先认缴出资的除外。

股份有限公司为增加注册资本发行新股时，股东不享有优先认购权，公司章程另有规定或者股东会决议决定股东享有优先认购权的除外。

《中华人民共和国公司法》（2018 年修正，已被修订）

第二十条第一款、第二款 公司股东应当遵守法律、行政法规和公司章程，依法行使股东权利，不得滥用股东权利损害公司或者其他股东的利益；不得滥用公司法人独立地位和股东有限责任损害公司债权人的利益。

公司股东滥用股东权利给公司或者其他股东造成损失的，应当依法承担赔偿责任。

第二十二条第一款、第二款 公司股东会或者股东大会、董事会的决议内容违反法律、行政法规的无效。

股东会或者股东大会、董事会的会议召集程序、表决方式违反法律、行政法规或者公司章程，或者决议内容违反公司章程的，股东可以自决议作出之日起六十日内，请求人民法院撤销。

第三十四条 股东按照实缴的出资比例分取红利；公司新增资本时，股东有权优先按照实缴的出资比例认缴出资。但是，全体股东约定不按照出资比例分取红利或者不按照出资比例优先认缴出资的除外。

法院判决

以下为广东省高级人民法院关于涉案股东会决议是否有效的详细论述：

对于涉案增资的合法性，海某公司虽主张存在大股东侵蚀小股东实缴出资以及定价不合理的问题，但并未提交充分证据证明深某远洋公司年度报告的错误记载与涉案增资存在直接关联，亦未举证证明深某远洋公司当时的资产状况，故上述主张不能成立，增资2000万元的决议内容合法有效。对于涉案增资能否在海某公司缺席股东会议的情况下全部由水产公司认缴，虽然《中华人民共和国公司法》第三十四条规定股东在公司增资时有优先认缴权，但海某公司从未向深某远洋公司提过优先认缴的要求，相反，海某公司在诉讼中确认其诉讼请求就是要求确认增资整体无效，其不同意行使优先认缴权。因此，海某公司未行使优先认缴权主要系自身原因所致，而且少数股东通过拒绝认缴部分增资的方式阻止公司增资于法无据，故二审判决认定涉案股东会决议未侵犯海某公司的优先认缴权并无不当，由水产公司认缴2000万元增资的决议内容合法有效。因涉案章程修正案系根据有效的股东会决议作出，且经代表75%表决权的水产公司和温某明表决通过，故该修正案亦合法有效。

延伸阅读

在检索大量类案的基础上，笔者总结相关裁判规则如下，供读者参考。

（一）有限公司增加注册资本应当按照公司法的规定进行，在部分股东不知情的情况下进行增资，不仅侵害了不知情股东的合法权益，同时也剥夺了不知情股东的优先认缴权，该增资行为应属无效，应当恢复不知情股东的原持股比例。

案例1：上海新某建筑安装工程有限公司与陈乙、陈甲等股东资格确认纠纷上诉案【上海市第二中级人民法院（2013）沪二中民四（商）终字第188号】

宏某公司的章程明确约定公司增资应由股东会作出决议。现经过笔迹鉴定，宏某公司和新某公司的股东会决议上均非黄某某本人签名，不能依据书面的股东会决议来认定黄某某知道增资的情况。新某公司上诉认为，宏某公司必须在增资后才能购买土地，而黄某某称其出资购买了土地，以此证明黄某某对增资是明知的。但本院认为该说法缺乏事实依据，出资买地与公司增资之间不具有必然的关联性，不足以证明新某公司的主张。因此，在没有证据证明黄某某明知宏某公司增资至1500万元的情况下，对宏某公司设立时的股东内部而言，该增资行为无效，且对于黄某某没有法律约束力，不应以工商变更登记后的1500万元注册资本金额来降低黄某某在宏某公司的持股比例，而仍应当依照20%的股权比例在股东内部进行股权分配。综上所述，原审认定事实清楚，判决黄某某自设立后至股权转让前持有宏某公司20%的股权并无不当。

（二）从权利性质上来看，股东对于新增资本的优先认缴权应属形成权。现行法律并未明确规定该项权利的行使期限，但从维护交易安全和稳定经济秩序的角度出发，结合商事行为的规则和特点，人民法院在处理相关案件时应限定该项权利行使的合理期间，对于超出合理期间行使优先认缴权的主张不予支持。

案例2：绵阳高新区科某实业有限公司、福建省固某投资有限公司、陈某高与绵阳市红某实业有限公司、蒋某洋股东会决议效力及公司增资纠纷案【最高人民法院（2010）民提字第48号】

虽然科某公司2003年12月16日股东会决议因侵犯了红某公司和蒋某洋按照各自的出资比例优先认缴新增资本的权利而部分无效，但红某公司和蒋某洋是否能够行使上述新增资本的优先认缴权还需要考虑其是否恰当地主张了权利。股东优先认缴公司新增资本的权利属形成权，虽然现行法律没有明确规定该项权利的行使期限，但为维护交易安全和稳定经济秩序，该项权利应当在一定合理期间内行使，并且由于这一权利的行使属于典型的商事行为，对于合理期间的认定应当比通常的民事行为更加严格。本案红某公司和蒋某洋在科某公司2003年12月16日召开股东会时已经知道其优先认缴权受到了侵害，且作出了要求行使优先认缴权的意思表示，但并未及时采取诉讼等方式积极主张权利。在此后科某公司召开股东会、决议通过陈某高将部分股权赠与固某公司提案时，红某公司和蒋某洋参加了会议，且未表示反对。红某公司和蒋某洋在股权变动近两年后又提起诉讼，争议的股权价值已经发生了较大变化，此时允许其行使优先认缴出资的权利将导致已趋稳定的法律关系遭到破坏，并极易产生显失公平的后果，故四川省绵阳市中级人民法院（2006）绵民初字第2号民事判决认定红某公司和蒋某洋主张优先认缴权的合理期间已过并无不妥。故，本院对红某公司和蒋某洋行使对科某公司新增资本优先认缴权的请求不予支持。

（三）未通知小股东参加有关公司增资的股东会，且小股东未表示放弃优先认缴权的，应认定前述增资股东会决议侵害了小股东的优先认缴权，应属无效。

案例3：胡某梅与深圳市晨某商贸有限公司公司决议效力确认纠纷二审民事判决书【广东省深圳市中级人民法院（2015）深中法商终字第2714号】

涉案《2014年11月10日股东会决议》就新增的注册资本450万元，同意新股东以认缴增资方式入股，并同时确定了新增加的450万元注册资本由五个股东中的三人张某平、干某宁、周某与新股东认缴的份额，决议内容还确认公司原股东均无异议（未涉及的原股东放弃优先认购权），但一方面晨某公司未提交证据证明全体股东存在关于不按照出资比例优先认缴出资的约定，另一方面胡某梅因未由晨某公司通知参加股东会进而无法行使优先认缴出资的权利的事实客观存在，胡某梅亦未表示过放弃该次增资的优先认缴权，直至本案二审期间胡某梅仍表示要求行使该次增资的优先认缴权。股东优先认缴公司新增资本的权利属于形成权，股东按其出资比例认缴增资是法定的、固有的权利，晨某公司2014年11月10日股东会因未履行法定的通知程序致使胡某梅未能参加股东会而剥夺了其对新增资本的优先认缴权。综上，《2014年11月10日股东会决议》的内容因违反公司法的强制性规定应认定无效，胡某梅关于确认晨某公司2014年11月10日增加股东、实收资本变更和认缴注册资本变更的股东会决议无效的上诉请求于法有据，本院予以支持。

040 侵犯其他股东优先购买权的股权转让合同是否有效？

阅读提示

优先购买权系有限责任公司股东的法定权利。如未通知其他股东即转让股权，该转让股东与受让人之间达成的股权转让合同是否会因违反公司法规定而归于无效呢？本文在此通过最高人民法院的一则经典案例，对上述问题进行分析。

裁判要旨

合同具有相对性，签订双方当事人认可股权转让合同系真实意思表示的，该股权转让合同即在当事人之间发生效力。未通知其他股东行使优先购买权仅影响股权转让合同的履行，合同签订生效后其他股东主张优先购买权的会使该股权转让合同处于履行不能的状态，当事人可以主张解除。

案情简介[①]

（一）2012年1月16日，林某和润某公司为现某农业发展中心的股东，各持50%的股权。

（二）2013年6月25日，林某与北京中某宏达房地产开发有限公司（以下简称中某公司）、李某签订《股权转让协议》，约定林某将其持有的现某农业发展中心50%的股权及股权项下的全部权益转让给中某公司、李某。

（三）2013年8月20日，中某公司、李某向林某发函称：由于林某在未经现某农业发展中心其他股东书面同意的情况下擅自转让股权，导致案涉《股权转让协议》不能履行，应当解除。各方就《股权转让协议》的效力及解除问题诉至法院。

（四）陕西高院一审认为，涉案股权转让中虽然没有现某农业发展中心另一股东润某公司的书面同意文件，但依法不影响股权转让协议的效力。

[①] 案件来源：北京中某宏达房地产开发有限公司、李某等股权转让纠纷二审民事判决书【最高人民法院（2021）最高法民终675号】。

（五）最高人民法院二审认为《股权转让协议》系林某与中某公司、李某之间真实意思达成，合法有效。

裁判要点

本案的核心争议在于，股东未通知其他股东行使优先购买权即签订的股权转让合同是否有效，对此，最高人民法院认为：

首先，当事人双方均认可股权转让合同是其真实意思表示，故该合同在股权转让方与受让方之间有效。未依法通知其他股东仅影响股权转让合同的履行，与合同效力的认定属于不同的领域。

其次，如果在股权转让合同签订并生效以后，其他股东依法主张优先购买权的，将导致股权转让合同客观上履行不能，当事人可以依法主张解除该合同，但并非使该股权转让合同自始无效。

实务经验总结

1. 转让股权应符合法律与公司章程规定。切勿认为股权系自己所有，因此可以对其自由处分而无须他人认可或同意。公司是兼具资合性与人合性特征的主体，一方面股东对股权可以自由转让，但另一方面股东在转让股权时也要尊重公司的人合性，在转让股权前依法通知其他股东、保障其优先购买权等权利的行使。

2. 作为经常参与商事活动的主体，法院对其商事主体有更高的注意要求。因此，在签订股权转让合同时，受让人应仔细核实转让股东是否已经取得其他股东同意、转让行为是否符合公司章程的要求，尽到审慎的注意义务后，即使将来转让合同因违法或违反公司规定而无法履行面临解除时，受让方亦能避免被认定为对合同解除同样负有责任。

相关法律规定

《中华人民共和国公司法》（2023年修订）

第八十四条 有限责任公司的股东之间可以相互转让其全部或者部分股权。

股东向股东以外的人转让股权的，应当将股权转让的数量、价格、支付方式和期限等事项书面通知其他股东，其他股东在同等条件下有优先购买权。股东自接到书面通知之日起三十日内未答复的，视为放弃优先购买权。两个以上股东行使优先购买权的，协商确定各自的购买比例；协商不成的，按照转让时各自的出资比例行使优先购买权。

公司章程对股权转让另有规定的，从其规定。

《中华人民共和国公司法》（2018 年修正，已被修订）

第七十一条 有限责任公司的股东之间可以相互转让其全部或者部分股权。

股东向股东以外的人转让股权，应当经其他股东过半数同意。股东应就其股权转让事项书面通知其他股东征求同意，其他股东自接到书面通知之日起满三十日未答复的，视为同意转让。其他股东半数以上不同意转让的，不同意的股东应当购买该转让的股权；不购买的，视为同意转让。

经股东同意转让的股权，在同等条件下，其他股东有优先购买权。两个以上股东主张行使优先购买权的，协商确定各自的购买比例；协商不成的，按照转让时各自的出资比例行使优先购买权。

公司章程对股权转让另有规定的，从其规定。

《中华人民共和国民法典》

第一百四十三条 具备下列条件的民事法律行为有效：

（一）行为人具有相应的民事行为能力；

（二）意思表示真实；

（三）不违反法律、行政法规的强制性规定，不违背公序良俗。

法院判决

以下为最高人民法院就案涉《股权转让协议》的效力问题的详细论述：

案涉《股权转让协议》的效力。鉴于双方当事人均不否认《股权转让协议》是其真实意思表示，故《股权转让协议》在转让方林某与受让方中某公司、李某之间有效。一审法院认定《股权转让协议》合法有效并无不当，本院予以维持。

2013 年 7 月 31 日，中某公司、李某向林某发出《关于股权转让的函》，要求终止履行《股权转让协议》。2013 年 8 月 3 日，林某向中某公司、李某发出《关于股权转让的函的复函》，同意解除和终止《股权转让协议》。此后，中某公司、李某又于 2013 年 8 月 20 日向林某发出《关于解除〈股权转让协议〉及〈股权转让条件〉的通知》，林某于 2013 年 9 月 17 日向中某公司、李某发出《关于解除〈股权转让协议〉及〈股权转让条件〉的通知的通知》，均明确同意解除《股权转让协议》。至此，案涉双方当事人均以书面方式向对方表示解除《股权转让协议》《股权转让条件》的意向，因此双方当事人就解除事宜于2013年9月17日形成一致意见。故，本院认定案涉《股权转让协议》《股权转让条件》亦应于2013年9月17日解除。一审法院认为合同解除时间为王某和林某签订《股权转让协议》的2013年11月18日不当，本院予以纠正。

延伸阅读

在检索大量类案的基础上，笔者总结相关裁判规则如下，供读者参考。

（一）股权出让人的如实告知义务与受让人的注意义务并不冲突，受让人在受让股权之前应当对股权转让的相关事宜进行调查。

案例1：杨某钦、福建南某洋资产管理有限公司等股权转让纠纷民事申请再审审查民事裁定书【最高人民法院（2021）最高法民申6686号】

任何商事活动均存在经营风险，商事主体应尽到必要的注意义务，即进行相应的尽职调查。被申请人的如实告知义务与杨某钦一方的尽职调查义务并不冲突，更不能相互取代。根据《股权转让协议》约定，杨某钦、卞某鸿共同受让目标公司100%股权，对支付全部股权转让款承担连带责任。二审判决结合卞某鸿持有多家海洋渔业公司的股权并在《股权转让协议》签订半年之前已作为案外公司的法定代表人沟通目标公司的股权转让事宜，以及本案股权转让款达4300万元等情况，认为被申请人关于杨某钦、卞某鸿在讼争股权转让前已对海某公司的资产情况包括渔船的建造情况进行了相应尽职调查的主张符合常理，予以支持，并无不当。杨某钦主张被申请人未履行如实告知义务、故意告知虚假事实、故意隐瞒重大资产瑕疵和经营风险，但未能提供有效证据支持其主张；其以自己之前从未涉足海洋渔业方面的经营业务作为抗辩理由，亦不能成立。因此，杨某钦关于《股权转让协议》属于应当撤销的合同、二审判决适用法律错误的主张，依据不足。

（二）股权转让合同只要符合《民法典》中规定的合同有效要件即为有效，其他股东是否行使优先购买权只影响该合同能否实际履行。

案例2：张某与狮某公司等股东优先购买权纠纷上诉案民事判决书【重庆市高级人民法院（2011）渝高法民终字第266号】

关于狮某公司等19名股东与重庆市南川区方某投资有限公司签订的股权转

让协议的效力问题。股东优先购买权的行使与否不影响其他股东与非股东第三人间股权转让协议的效力，只影响该协议能否实际履行。即股权转让协议是否有效应当按照该协议自身的内容根据合同法关于合同效力的规定加以认定，即便优先权股东行使了股东优先购买权，只要该协议本身符合合同法规定的合同有效要件，协议仍为有效。本案中，狮某公司等19名转让股东与南川区方某公司签订的股权转让协议并不违反法律法规的规定，是合法有效的。张某优先购买权的行使不影响该转让协议的效力，只影响该转让协议能否得以实际履行。因此，张某要求确认上述协议无效的请求不能成立，本院不予支持。

（三）转让股权不符合公司章程规定的，该转让行为不对公司发生效力，公司可以拒绝为受让人办理股东变更程序。

案例3：张家港保税区千某投资贸易有限公司、梦某星河能源股份有限公司股东资格确认纠纷二审民事判决书【最高人民法院（2020）最高法民终1224号】

二审争议焦点问题为，案涉股份转让条件是否已成就，即该转让行为是否符合梦某公司章程规定。修改后的梦某公司章程第24条共有四款，第一款规定了股份可以转让，前提为"依法"；第二款规定了股东对外转让股份，应取得其他股东同意，且为"事先""一致"；第三款规定了其他股东享有"优先受让权"即《中华人民共和国公司法》规定的"优先购买权"；第四款规定了其他股东享有"同售权"。根据以上章程规定，梦某集团对外转让股份，应保障其他股东"优先购买权""同售权"行使，且应无法定限制或其他股东正当事由否定。结合本案查明事实，梦某集团股份转让条件尚未成就。

因此，千某投资公司虽主张其与梦某集团签订的《股权转让协议》已对梦某公司以及公司其他股东发生法律效力，但在现有情况下，其履行情况尚不符合公司章程第24条的规定，其可待充分履行章程规定的条件后再行主张权利。

041 股东内部转让股权时，其他股东无优先购买权

阅读提示

《公司法》（2023年修订）第八十四条规定了有限责任公司股东在转让股权时，其他股东享有法定的优先购买权。股东内部转让股权时，是否也需要通知其

他股东行使优先购买权？本文在此通过四川省高级人民法院的一则案例，对上述问题进行分析。

裁判要旨

优先购买权的设定是为了维持公司的人和性，该权利仅适用于股东向股东以外的人出让股权的情形，如果在股东内部转让股权，股东之间并不存在谁更为优先的权利，故此时无须征得其他股东同意或通知行使优先购买权。

案情简介 ①

（一）归某公司股权结构为：临某公司持股占比40%，四川瑞某物联网科技有限公司（以下简称瑞某公司）持股占比30%，D贸易公司持股占比30%。

（二）2018年7月6日，D贸易公司与瑞某公司双方签订《股权转让协议》约定：D贸易公司将其持有的归某公司30%的股权转让给瑞某公司。

（三）后在履行协议中双方发生纠纷，瑞某公司诉至法院要求D贸易公司继续履行案涉《股权转让协议》并承担违约责任。

（四）泸州中院一审认为，案涉股权转让行为未通知另一股东临某公司同意，临某公司也未表示放弃优先购买权，故案涉《股权转让协议》未生效。

（五）四川省高级人民法院二审撤销一审判决，认为优先购买权仅适用于股东向股东以外的人出让股权的情形，故案涉《股权转让协议》合法有效。

裁判要点

本案的核心争议在于，股东内部转让股权情境下是否适用优先购买权制度。

优先购买权是公司法领域极其常见又极易产生纠纷的一个制度。常见的是因为优先购买权与股权转让行为联系在一起，因此凡是有股权转让行为，就有可能涉及优先购买权的适用；容易产生纠纷则是因为优先购买权有其适用的特定公司类型、特定条件，因此稍有不慎就会导致对其他股东权利的侵犯，造成股权转让合同难以履行、面临解除的后果。

本案中，一审法院即将优先购买权适用于股东内部转让的情形，因此对案涉《股权转让协议》的效力产生了质疑，最后由二审法院纠正。从《公司法》第七

---

① 案件来源：D贸易公司、四川瑞某物联网科技有限公司股权转让纠纷二审民事判决书【四川省高级人民法院（2020）川民终1443号】。

十一条①看，该条实际上规定了股东之间转让股权（第七十一条第一款）和股东向股东以外的人转让股权（第七十一条第二款、第三款）两种情形，仅在后一种情形中，公司法规定需征得其他股东过半数同意并保障其他股东行使优先购买权。另外从法理上考虑，优先购买权体现的立法旨意是维护公司的人合性，而在内部转让股权情况下，并不会引入新人股东，自然没必要赋予其他股东优先购买权。

实务经验总结

1. 优先购买权是为维护公司的人合性，因此只有有限责任公司股东享有《公司法》（2023年修订）第八十四条规定的法定优先购买权，资合性强的股份有限公司股东则不享有该权利。但是对于股东人数较少、人合性比较显著的股份有限公司，可在章程中约定股东享有优先购买权，这种约定通常也能得到人民法院的认可。

2. 2018年修正的《公司法》规定，股东转让股权不仅需要征得其他股东过半数同意，还需要通知其他股东行使优先购买权。2023年修订的《公司法》删除了需要征得其他股东过半数同意的规定，并明确规定转让股东应当将股权转让的数量、价格、支付方式和期限等事项书面通知其他股东。笔者建议股东向外转让股权的，应以书面告知其他股东拟转让股权数量、转让价格、支付方式、履行期限等主要内容，同时关注公司章程对股权转让是否有其他特别规定。

相关法律规定

《中华人民共和国中外合资经营企业法》（已废止）

第四条 合营企业的形式为有限责任公司。

在合营企业的注册资本中，外国合营者的投资比例一般不低于百分之二十五。

合营各方按注册资本比例分享利润和分担风险及亏损。

合营者的注册资本如果转让必须经合营各方同意。

---

① 《公司法》已修改，现相关规定见《公司法》（2023年修正）第八十四条。

《中华人民共和国公司法》（2023 年修订）

第八十四条 有限责任公司的股东之间可以相互转让其全部或者部分股权。

股东向股东以外的人转让股权的，应当将股权转让的数量、价格、支付方式和期限等事项书面通知其他股东，其他股东在同等条件下有优先购买权。股东自接到书面通知之日起三十日内未答复的，视为放弃优先购买权。两个以上股东行使优先购买权的，协商确定各自的购买比例；协商不成的，按照转让时各自的出资比例行使优先购买权。

公司章程对股权转让另有规定的，从其规定。

《中华人民共和国公司法》（2018 年修正，已被修订）

第七十一条 有限责任公司的股东之间可以相互转让其全部或者部分股权。

股东向股东以外的人转让股权，应当经其他股东过半数同意。股东应就其股权转让事项书面通知其他股东征求同意，其他股东自接到书面通知之日起满三十日未答复的，视为同意转让。其他股东半数以上不同意转让的，不同意的股东应当购买该转让的股权；不购买的，视为同意转让。

经股东同意转让的股权，在同等条件下，其他股东有优先购买权。两个以上股东主张行使优先购买权的，协商确定各自的购买比例；协商不成的，按照转让时各自的出资比例行使优先购买权。

公司章程对股权转让另有规定的，从其规定。

《全国法院民商事审判工作会议纪要》

9.【侵犯优先购买权的股权转让合同的效力】审判实践中，部分人民法院对公司法司法解释（四）第 21 条规定的理解存在偏差，往往以保护其他股东的优先购买权为由认定股权转让合同无效。准确理解该条规定，既要注意保护其他股东的优先购买权，也要注意保护股东以外的股权受让人的合法权益，正确认定有限责任公司的股东与股东以外的股权受让人订立的股权转让合同的效力。一方面，其他股东依法享有优先购买权，在其主张按照股权转让合同约定的同等条件购买股权的情况下，应当支持其诉讼请求，除非出现该条第 1 款规定的情形。另一方面，为保护股东以外的股权受让人的合法权益，股权转让合同如无其他影响合同效力的事由，应当认定有效。其他股东行使优先购买权的，虽然股东以外的股权受让人关于继续履行股权转让合同的请求不能得到支持，但不影响其依约请求转让股东承担相应的违约责任。

法院判决

以下为四川省高级人民法院就内部股东之间转让股权是否需经其他合营各方同意才生效问题的详细论述：

我国法律法规对公司股东之间转让股权并无强制性规定，法律之所以规定转让股权须其他股东同意，主要是为了保证公司内其他股东的优先购买权，而优先购买权的设定是为了维持公司的人和性，首先，该权利仅适用于股东向股东以外的人出让股权的情形，如果在股东内部转让股权，股东之间并不存在谁更为优先的权利。其次，结合归某公司的公司章程来看，亦未对股东对内转让股权的相关程序作出规定。最后，《中华人民共和国中外合资经营企业法》第四条第四款的规定并非效力性规定，违反该规定并不必然导致协议无效，而且新的《中华人民共和国外商投资法》已对该条款予以了删除。因此，案涉《股权转让协议》不宜认定为无效或未生效。故，一审法院关于案涉《股权转让协议》因未能达到《中华人民共和国中外合资经营企业法》第四条第四款规定"合营者的注册资本如果转让必须经合营各方同意"这一条件，导致协议未生效的认定不当，本院予以纠正。

延伸阅读

在检索大量类案的基础上，笔者总结相关裁判规则如下，供读者参考。

（一）拟对外转让股权的股东不仅需要向其他股东告知自己欲对外转让股权，还应当告知受让人、转让数量、转让价格、支付方式、履行期限等主要内容，否则视为未履行通知义务。

案例1：钟某全、杨某淮股权转让纠纷再审民事判决书【四川省高级人民法院（2019）川民再418号】

本案中，钟某全于2017年1月18日、1月20日通过短信和邮件通知杨某淮，其拟对外转让22%的股权，要求限期回复是否愿意购买。该通知载明的转让股权数量与实际转让数量不符，且其中"逾期回复视为不同意购买"只是钟某全的单方意思表示，不符合同某公司章程第14条第二款"股东应就其股权转让事宜书面通知其他股东征求意见，其他股东自接到书面通知之日起满三十日未答复的，视为同意转让"的规定，对杨某淮没有约束力。即使杨某淮收到通知后未回复，也只能视为同意转让，而非不同意购买。在杨某淮同意转让股权的情况下，其享有的优先购买权并不丧失，钟某全仍须就转让股权的同等条件再次通知杨某淮。因此，二审法院认定钟某全转让股权时未依法履行通知义务，并无不当。

案例2：丁某明、李某、冯某琴因与被申诉人瞿某建优先认购权纠纷一案【最高人民法院（2012）民抗字第32号】

股东优先购买权是相比于股东以外的买受人而享有的优先权，因此，股东行使优先购买权的前提是，拟出让股东与股东以外的人已经就股权转让达成合意，该合意不仅包括对外转让的意思表示，还应包括价款数额、付款时间、付款方式等在内的完整对价。而在本案中，虽然在股东会前全体股东均被通知，将于下午与股东以外的受让人签约，但在股东会上，受让人并未到场，也没有披露他们的身份或者与他们签订的合同，因此，直至股东会结束签署决议时，对外转让的受让方仍未确定，股东行使优先购买权的前提也未成就。瞿某建认为其在股东会决议上签署要求行使优先购买权的意见，即为实际行使优先购买权，与法律规定不符。此后，陈某某等五名股东自愿将股权转让给瞿某建，属于在股东之间互相转让股权的行为，而不是瞿某建行使优先购买权的结果。

案例3：宗某森、王某伟、张某武、王某文、张某华与田某才等股权转让纠纷一审民事判决书【山东省济南市市中区人民法院（2014）市商初字第18号】

本案中，两被告虽然于2012年9月22日分别向五原告邮寄了股权转让优先购买权征询函，但其向原告宗某森和王某伟所寄股权转让优先购买权征询函，均载明由商某珠代收后转交，在两被告不能提供证据证明商某珠系宗某森和王某文指定的代收人的情况下，邮件因拒收被退回，不产生已征求上述两原告同意的法律后果。其向原告王某文、张某武所寄股权转让优先购买权征询函，收件人虽系该两原告本人，但载明的邮寄地址为二人工作单位，两原告主张其工作单位已分别对外出租、发包，不天天在单位，且被告提交的邮件全程跟踪查询结果并未显示本人拒收，两被告亦未再按其二人住址邮寄，故亦不产生已征求两原告同意的法律后果。两被告向原告张某华所寄股权转让优先购买权征询函，虽由其本人签收，但从两被告向五原告所寄股权转让优先购买权征询函内容看，函中并未载明转让的股权比例、转让价格、付款方式及拟受让人等必要事项，故不具备足以使五原告作出是否优先购买意思表示的要件，故不能认定五原告放弃优先购买权。现五原告主张优先购买，并已就各自购买比例协商一致，且被告田某才、刘某花明确放弃两人相互之间股权转让的优先购买权，符合法律规定，本院予以支持。

（二）股权赠与情况下，其他股东有优先购买权，有权主张以公平合理的价格优先购买。

案例 4：宁国市大某市场发展有限责任公司、张某诒、黄某江与徐某、舒某辉、杨某霞股东名册记载纠纷二审民事判决书【安徽省宣城市中级人民法院（2017）皖 18 民终 492 号】

本案中，徐某将持有的宁国大某公司 4%的股权无偿转让给舒某辉、杨某霞，张某诒、黄某江作为公司另两名股东，依据公司法规定精神，有权主张以公平合理的价格优先购买。但经徐某依法通知，张某诒、黄某江不愿以公平合理的方式确定并支付优先购买的对价，依法应视为同意徐某向舒某辉、杨某霞无偿转让股权。

（三）侵犯其他股东优先购买权的股权转让协议有效，仅导致该股权转让协议无法履行。

案例 5：唐某祥、林某丰股权转让纠纷二审民事判决书【福建省漳州市中级人民法院（2019）闽 06 民终 1800 号】

根据上述证据并结合本案事实，可以认定本案的股权转让协议有效。《公司法》第七十一条①有关赋予其他股东优先购买权的规定，是为了维系有限公司的人合性，以避免未经其他股东同意的新股东加入公司后破坏股东之间的信任与合作，但实现该目的，只要股权权利不予变动，阻止股东以外的股权受让人成为新股东即可，而无须否定股东与股东以外的人之间的股权转让合同效力，并且公司法亦无转让股东违反公司法有关转让股权的规定而股权转让合同无效的规定。如果因转让股东违反了公司法有关对外转让股权的规定而被认定无效，那么在其他股东放弃优先购买权后，转让股东还需与受让人重新订立股权转让合同，否则任何一方均可不受已订立的股权转让合同约定的限制，显然不合理。因此，审查本案的股权转让协议是否有效，仍应根据《合同法》第五十二条②的规定来认定，而本案的股权转让协议系双方当事人的真实意思表示，亦不存在《合同法》第五十二条关于"合同无效"规定的情形。

---

① 《公司法》已修改，现相关规定见《公司法》（2023 年修订）第八十四条。
② 《合同法》已失效，现相关规定见《民法典》第一百四十三条。

042 上市公司不配合办理解除限售手续是否构成侵权？

阅读提示

公司应配合而不配合股东办理解除股份限售手续的，是否构成侵权，该股东能否主张公司赔偿损失？本文在此通过上海市高级人民法院的一则案例，对上述问题进行分析。

裁判要旨

公司应配合而不配合股东办理解除股份限售手续的，系以不作为手段导致股东无法在股价较高时抛售股票，进而损害了其经济利益，构成侵权，应负赔偿责任。

案情简介[①]

（一）2014年11月25日，皇某集团股份有限公司（以下简称皇某集团）发布公告称，股东李某某所持股份（以下称案涉股份）在业绩承诺期内（2014年至2017年）不得转让。

（二）2018年9月3日，北京二中院出具（2017）京02执546号之一执行裁定书，载明将案涉股份交付东某证券股份有限公司（以下简称东某证券）抵偿相应债务。

（三）2018年9月7日，皇某集团发布公告称，东某证券所持案涉股份满足解除限售相关条件。但其后皇某集团一直拒绝协助办理解禁手续，东某证券因此起诉。

（四）上海金融法院一审和上海高院二审均认为，皇某集团的不作为导致东某证券无法在股价较高时抛售股票，损害了其经济利益，构成侵权，应负赔偿责任。

---

① 案件来源：皇某集团股份有限公司与东某证券股份有限公司损害股东利益责任纠纷二审民事判决书【上海市高级人民法院（2021）沪民终514号】。

裁判要点

本案的核心争议在于，公司不及时为股东办理股票解除限售手续的，是否构成侵权，对此，上海市高级人民法院认为：根据《公司法》规定，股东有权转让所持有的股份。因此，除非事先有特别约定，股东大会不能事后作出决议限制某个股东自由转让股份的权利。在约定或法律规定的限售期满时，公司应及时配合股东办理解除限售的手续。

本案中，皇某集团有义务配合东某证券解除股份限售，但其应配合而不配合的行为导致东某证券无法在股价较高时卖出股份，造成了东某证券的损失，应相应予以赔偿。

实务经验总结

1. 我国法律法规、金融监管规定等涉及的股份限售规定内容繁多。违反该等限售规定的后果体现在两个方面：一是证监会应依据相关规定处以行政罚款、责令改正等；二是所涉股份转让协议有可能被认定为无效。

2. 在限售解除时，公司及相关义务人则应当按照解除限售股东的申请，及时配合办理解除限售手续。切不可以股东大会决议等形式擅自继续限制股份转让，此种行为会加重公司的过错，使得人民法院更加倾向于认定公司构成侵权，应负赔偿责任。

相关法律规定

《中华人民共和国民法典》

第一千一百六十五条第一款 行为人因过错侵害他人民事权益造成损害的，应当承担侵权责任。

第一百七十八条第一款 二人以上依法承担连带责任的，权利人有权请求部分或者全部连带责任人承担责任。

第一千一百八十四条 侵害他人财产的，财产损失按照损失发生时的市场价格或者其他合理方式计算。

《深圳证券交易所上市公司规范运作指引（2020年修订）》（已废止）

4.3.5 上市公司及其股东、保荐机构或者独立财务顾问应当关注限售股份的限售期限。

股东申请限售股份上市流通的，应当委托公司董事会办理相关手续。

……

法院判决

以下为上海市高级人民法院就未解除限售是否构成侵权以及损害后果的详细论述：

被上诉人是通过司法程序取得案涉股票所有权并办理了过户登记，其依法享有股票的占有、使用、收益等合法权利。《深圳证券交易所上市公司规范运作指引（2020年修订）》对限售股份上市流通作了相关规定，股东申请限售股份上市流通的，应当委托公司董事会办理相关手续。在系争股票符合解除限售条件的情况下，皇某集团即负有配合办理相关解除限售手续的义务。除《承诺函》外，皇某集团现未能提交其他解禁条件不成就的证据，故应当认定其不作为具有过错。如皇某集团及时办理解禁手续，被上诉人即可以在其认为股价最有利之时，卖出系争股票。皇某集团的不作为，导致了被上诉人基于所有权依据其自由意志进行处分的可能性受限。皇某集团的行为（不作为）与被上诉人所有权受损之间显然存在因果关系。故，原审判决认定上诉人的行为构成侵权，并无不当。

上诉人的不作为并未导致股票本身发生减损，而是由于限制处分，使得被上诉人无法在股价较高时抛售股票，进而损害了其经济利益。这种经济利益上的损害具有特殊性和不确定性。在计算此种损失金额时，法院不应拘泥于损失必须已经固定，也不应过分倚重股价的实际表现，而应依据个案情况酌情确定损失金额。因为流通股的股价涨跌属于常态，在较高价位卖出股票虽是理性人的通常选择，但并非所有市场参与人都会在最高价卖出股票（交易对手方即做了相反买入行为）。以历史上的最高成交价作为基准价的方式确定损失，是假设受害人处于"上帝视角"，在绝佳的时机发出了交易指令，不具有合理性。损失确定也不能以股票实际解禁日为基准点。因为实际解禁日的股价完全可能高于应当解禁日的股价。单纯从股票价差上看，此时被上诉人没有损失，但被上诉人长期无法变现、获取资金占有所带来的经济利益因而受损却是显而易见的。一审判决先行赔偿资金利息损失的做法，也正是基于此种考虑。

延伸阅读

在检索大量类案的基础上，笔者总结相关裁判规则如下，供读者参考。

限售期内转让股权的的行为无效。

案例1：王某与黄某荣股权转让纠纷再审民事判决书【江苏省高级人民法院（2016）苏民再418号】

命令当事人不得为一定行为的法律规定通常被称为禁止性规定，法律制定禁止性规定的目的在于规范及指引当事人的法律行为，如当事人的法律行为违反禁止性规定则可能导致行为无法律上的效力。《中华人民共和国公司法》第一百四十一条第二款规定，公司董事、监事、高级管理人员应当向公司申报所持有的本公司的股份及其变动情况，在任职期间每年转让的股份不得超过其所持有本公司股份总数的百分之二十五；所持本公司股份自公司股票上市交易之日起一年内不得转让。上述人员离职后半年内，不得转让其所持有的本公司股份，公司章程可以对公司董事、监事、高级管理人员转让其所持有的本公司股份作出其他限制性规定。[①] 本案中，王某与黄某荣于2015年4月18日签订案涉股份转让协议时，均系百某集团公司的董事。双方约定将王某持有的百某集团公司全部股份一次性转让给黄某荣，明显违反前述法律规定，故案涉协议应属无效，王某依据案涉股份转让协议，以黄某荣未按约支付股份转让款为由，要求黄某荣支付违约金，本院不予支持。

043 股东能否提起代表诉讼为公司追讨违约金？

阅读提示

《公司法》（2023年修订）第一百八十九条第三款（2018年《公司法》第一百五十一条）规定："他人侵犯公司合法权益，给公司造成损失的，本条第一款规定的股东可以依照前两款的规定向人民法院提起诉讼"。如他人违约行为并未给公司造成损失、公司因此没有提起诉讼的，股东还能否提起股东代表诉讼为公司主张违约金呢？本文在此通过最高人民法院的一则经典案例，对上述问题进行分析。

裁判要旨

股东代表诉讼系特别救济程序，在公司因合同遭受损失而又不积极主张赔偿

[①] 《公司法》已修改，现相关规定见《公司法》（2023年修订）第一百六十条第二款。

的情况下，股东可依法提起代表诉讼；在公司没有因他人的违约行为遭受损失的情况下，公司可根据合同履行的实际情况进行商业判断选择是否向他人主张违约金，在没有证据证明公司与他人存在恶意串通的情况下，股东不得通过股东代表诉讼提出与公司相反的主张。

案情简介 ①

（一）发包人宏某公司与承包人浙江万某建设集团有限公司（以下简称万某公司）就案涉工程签订《施工合同》约定：如承包人擅自分包，发包人有权要求总价款20%的违约金。

（二）后万某公司在未得到宏某公司同意的情况下，将案涉工程擅自分包给了陈忠标等四人。

（三）由于万某公司的分包行为未给宏某公司造成损失，宏某公司并未向万某公司主张违约金。

（四）陈某勇因此作为宏某公司股东，向法院提起股东代表诉讼，要求万某公司依约向宏某公司支付《施工合同》总价款20%的违约金。

（五）庭审中，双方就陈某勇是否有权提起股东代表诉讼发生争议。湖南高院一审认为，陈某勇有权为了公司的利益以自己的名义直接向人民法院提起本案诉讼。

（六）最高人民法院二审则认为，公司未因他人违约行为遭受损失而未提起诉讼的，股东不得通过股东代表诉讼提出相反主张向他人主张违约金。

裁判要点

本案的核心争议在于，公司未因他人违约行为遭受损失而未提起诉讼的，股东能否提起代表诉讼提出相反主张，对此，最高人民法院认为：一般情况下，对于公司合法权益受损，应以公司名义起诉主张责任，依据《公司法》第一百五十一条第三款②提起的股东代表诉讼只是一种特别救济程序，一般仅适用于公司因合同遭受损失，但公司在不积极主张责任的情况下，股东方可以依前述规定提起股东代表诉讼向他人主张责任。

但在公司未因合同受有损失的情况下，公司是否要向违约方主张违约责任属

---

① 案件来源：陈某勇、浙江万某建设集团有限公司等损害公司利益责任纠纷二审民事判决书【最高人民法院（2021）最高法民终1289号】。
② 《公司法》已修改，现相关规定见《公司法》（2023年修订）第一百八十九条第三款。

于商业判断的范畴，应由公司自己决定。除非有证据证明公司与违约方存在恶意串通，否则股东不得通过股东代表诉讼提出与公司相反的主张。

实务经验总结

1. 公司怠于通过诉讼追究他人责任损害公司利益时，股东可以依据《公司法》（2023年修订）第一百八十九条提起股东代表诉讼。实务中应注意两点：一是并非所有股东都可以提起股东代表诉讼，有权的是有限责任公司的股东、股份有限公司连续180日以上单独或者合计持有公司1%以上股份的股东；二是股东代表诉讼的所得收益应当归属于公司。

2. 股东代表诉讼的目的是维护公司的利益，因此调解与否也要取决于公司意思。股东代表诉讼的调解是一种有限制性的调解，只有调解协议经公司决议通过之后，法院才能出具调解书予以确认，以避免股东与被告串通通过调解损害公司利益。

相关法律规定

《中华人民共和国公司法》（2023年修订）

第一百八十九条 董事、高级管理人员有前条规定的情形的，有限责任公司的股东、股份有限公司连续一百八十日以上单独或者合计持有公司百分之一以上股份的股东，可以书面请求监事会向人民法院提起诉讼；监事有前条规定的情形的，前述股东可以书面请求董事会向人民法院提起诉讼。

监事会或者董事会收到前款规定的股东书面请求后拒绝提起诉讼，或者自收到请求之日起三十日内未提起诉讼，或者情况紧急、不立即提起诉讼将会使公司利益受到难以弥补的损害的，前款规定的股东有权为公司利益以自己的名义直接向人民法院提起诉讼。

他人侵犯公司合法权益，给公司造成损失的，本条第一款规定的股东可以依照前两款的规定向人民法院提起诉讼。

公司全资子公司的董事、监事、高级管理人员有前条规定情形，或者他人侵犯公司全资子公司合法权益造成损失的，有限责任公司的股东、股份有限公司连续一百八十日以上单独或者合计持有公司百分之一以上股份的股东，可以依照前三款规定书面请求全资子公司的监事会、董事会向人民法院提起诉讼或者以自己的名义直接向人民法院提起诉讼。

《中华人民共和国公司法》（2018 年修正，已被修订）

第一百五十一条　董事、高级管理人员有本法第一百四十九条规定的情形的，有限责任公司的股东、股份有限公司连续一百八十日以上单独或者合计持有公司百分之一以上股份的股东，可以书面请求监事会或者不设监事会的有限责任公司的监事向人民法院提起诉讼；监事有本法第一百四十九条规定的情形的，前述股东可以书面请求董事会或者不设董事会的有限责任公司的执行董事向人民法院提起诉讼。

监事会、不设监事会的有限责任公司的监事，或者董事会、执行董事收到前款规定的股东书面请求后拒绝提起诉讼，或者自收到请求之日起三十日内未提起诉讼，或者情况紧急、不立即提起诉讼将会使公司利益受到难以弥补的损害的，前款规定的股东有权为了公司的利益以自己的名义直接向人民法院提起诉讼。

他人侵犯公司合法权益，给公司造成损失的，本条第一款规定的股东可以依照前两款的规定向人民法院提起诉讼。

《最高人民法院关于适用〈中华人民共和国公司法〉若干问题的规定（四）》（2020 年修正）

第二十五条　股东依据公司法第一百五十一条第二款、第三款规定直接提起诉讼的案件，胜诉利益归属于公司。股东请求被告直接向其承担民事责任的，人民法院不予支持。

第二十六条　股东依据公司法第一百五十一条第二款、第三款规定直接提起诉讼的案件，其诉讼请求部分或者全部得到人民法院支持的，公司应当承担股东因参加诉讼支付的合理费用。

《全国法院民商事审判工作会议纪要》

24.【何时成为股东不影响起诉】股东提起股东代表诉讼，被告以行为发生时原告尚未成为公司股东为由抗辩该股东不是适格原告的，人民法院不予支持。

法院判决

以下为最高人民法院就公司未因他人违约行为遭受损失而未提起诉讼的，股东能否提起代表诉讼的详细论述：

《公司法》第一百五十一条第三款规定："他人侵犯公司合法权益，给公司造成损失的,本条第一款规定的股东可以依照前两款的规定向人民法院提起诉讼。"① 依照该款规定提起的股东代表诉讼是一种特别救济程序。在该诉讼指向的争议为合同纠纷的情况下,一般而言,只有在公司因合同遭受损失,但公司不积极主张赔偿损失的情况下,符合条件的股东方可依照该款规定提起股东代表诉讼;在公司与他人签订的合同对他人的违约行为约定了违约金,但公司没有因他人的违约行为而遭受损失的情况下,公司可根据合同履行的实际情况,选择是否向他人主张违约金应属于商业判断的范畴,在没有证据证明公司与他人存在恶意串通的情况下,股东不得通过股东代表诉讼提出与公司相反的主张。

延伸阅读

在检索大量类案的基础上,笔者总结相关裁判规则如下,供读者参考。

(一)公司有关机关不存在提起诉讼的可能性时,股东履行前置程序已无意义,因此不宜以股东未履行《公司法》(2023年修订)第一百八十九条(2018年《公司法》第一百五十一条)规定的前置程序为由驳回起诉。

案例1:周某春、庄某中国投资有限公司损害公司利益责任纠纷二审民事裁定书【最高人民法院(2019)最高法民终1679号】

股东先书面请求公司有关机关向人民法院提起诉讼,是股东提起代表诉讼的的前置程序。一般情况下,股东没有履行前置程序的,应当驳回起诉。但是,该项前置程序针对的是公司治理的一般情况,即在股东向公司有关机关提出书面申请之时,存在公司有关机关提起诉讼的可能性。如果不存在这种可能性,则不应当以原告未履行前置程序为由驳回起诉。

在二审询问中,湖南汉某公司明确表示该公司没有工商登记的监事和监事会。周某春虽然主张周某科为湖南汉某公司监事,但这一事实已为另案人民法院生效民事判决否定,湖南汉某公司明确否认周某科为公司监事,周某春二审中提交的证据也不足以否定另案生效民事判决认定的事实。从以上事实来看,本案证据无法证明湖南汉某公司设立了监事会或监事,周某春对该公司董事李某慰、彭某傑提起股东代表诉讼的前置程序客观上无法完成。

因湖南汉某公司未设监事会或者监事,周某春针对庄某中国公司提起代表诉讼的前置程序应当向湖南汉某公司董事会提出,但是,根据查明的事实,湖南汉某公司董事会由李某慰(董事长)、彭某傑、庄某农、李某心、周某春组成。除

---

① 《公司法》已修改,现相关规定见《公司法》(2023年修订)第一百八十九条第三款。

周某春外，湖南汉某公司其他四名董事会成员均为庄某中国公司董事或高层管理人员，与庄某中国公司具有利害关系，基本不存在湖南汉某公司董事会对庄某中国公司提起诉讼的可能性，再要求周某春完成对庄某中国公司提起股东代表诉讼的前置程序已无必要。

（二）以其他股东滥用股东权利提起损害赔偿之诉的，属于股东直接诉讼。

案例2：海南海某集团有限公司与中某公司及三某渡假村有限公司损害股东利益责任纠纷二审民事判决书【最高人民法院（2013）民二终字第43号】

本案中，海某集团以中某公司滥用其在三某渡假村公司的控股股东地位、侵害海某集团的股东利益为由，提起损害赔偿之诉，属于股东直接诉讼，诉讼利益归于海某集团。其提出的法律依据是我国《公司法》第二十条第一款和第二款关于"公司股东应当遵守法律、行政法规和公司章程，依法行使股东权利，不得滥用股东权利损害公司或者其他股东的利益"；"公司股东滥用股东权利给公司或者其他股东造成损失的，应当依法承担赔偿责任"的规定。①

（三）当股东代表诉讼进入执行程序后，公司怠于主张自身权利时，股东可代为向人民法院申请执行生效法律文书。

案例3：内蒙古环某汽车技术有限公司侵权责任纠纷执行裁定书【最高人民法院（2016）最高法执复28号】

本案属于股东代表诉讼在执行阶段的自然延伸。公司的董事、监事、高级管理人员侵害了公司权益，而公司怠于追究其责任时，符合法定条件的股东可以自己的名义代表公司提起诉讼。在股东代表诉讼中，股东个人的利益并没有直接受损，只是由于公司的利益受到损害而间接受损，因此，股东代表诉讼是股东为了公司的利益而以股东的名义直接提起的诉讼，相应地，胜诉后的利益也归公司所有。本案执行依据49号判决正是参照公司法中关于股东代表诉讼的规定，认定东某公司、汽修厂具备提起诉讼的主体资格，并依其主张判令涉案《土地使用权转让协议书》和《房屋买卖合同书》无效。同样，当股东代表诉讼进入执行程序后，股东代表出于继续维护公司利益的目的，向人民法院申请执行生效法律文书，符合股东代表诉讼这一制度设计的内在逻辑。因此，东某公司、汽修厂在联合公司怠于主张自身权利时，有权向法院申请执行。

---

① 《公司法》已修改，现相关规定见《公司法》（2023年修订）第二十一条。

第五章　股东与高管义务

044 公司设立不能，发起人内部如何分担因设立公司产生的债务？

阅读提示

公司设立不能，发起人对设立公司所产生的债务负连带责任。在对外清偿之后，发起人内部如何划分债务？本文在此通过陕西省高级人民法院的一则案例，对上述问题进行分析。

裁判要旨

公司设立不能，发起人内部按约定的责任承担比例分担债务；没有约定责任承担比例的，按照约定的出资比例分担债务；没有约定出资比例的，按照均等份额分担责任。

案情简介 [①]

（一）2019年9月，刘某迪和杨某合意设立景某设计公司，约定持股比例为：刘某迪10%、杨某90%。次月19日，刘某迪向杨某转账20万元，载明用途为出资款。

（二）因疫情等原因，景某设计公司未能成立。另查明，刘某迪与杨某设立公司的花费经核算为265779元。后，双方就各自应承担的费用发生纠纷，诉至法院。

（三）乾县法院一审认为，刘某迪无权要求返还出资款。咸阳中院二审撤销

---

① 案件来源：杨某、刘某迪公司设立纠纷民事申请再审审查民事裁定书【陕西省高级人民法院（2021）陕民申5032号】。

一审判决，改判刘某迪按约定出资比例 10% 承担设立公司产生的费用 26577.9元，杨某应退还剩余部分。

（四）杨某不服，申请再审。陕西省高级人民法院裁定驳回杨某再审申请。

裁判要点

本案的核心争议在于，公司设立不能，发起人内部如何划分设立公司债务。

对于设立公司所产生的债务承担，分为两种情形：一是成功设立公司的，由公司承担设立过程中以公司名义签订合同所产生的费用；二是公司未成立的，则由发起人承担该等费用。

公司设立不能由发起人承担设立公司债务的，也包括两个方面的问题：一是在对外债务承担上，发起人承担连带责任，即债权人可主张部分发起人或全部发起人清偿债务；二是在内部关系上，即发起人对外清偿债务后，发起人内部应依照下列规则分担债务（存在先后顺序）：(1) 按约定的责任承担比例分担债务；(2) 按约定的出资比例分担债务；(3) 均等分担债务。

实务经验总结

1. 发起人可根据实际情况协商确定公司设立不能时公平的债务承担方式。避免法定的债务负担方式对部分股东产生不公。

2. 如部分发起人对公司设立不能具有过错的，其他发起人可请求人民法院调整确定有过错发起人对设立公司所产生的债务应承担的比例。

相关法律规定

《中华人民共和国民法典》

第七十五条 设立人为设立法人从事的民事活动，其法律后果由法人承受；法人未成立的，其法律后果由设立人承受，设立人为二人以上的，享有连带债权，承担连带债务。

设立人为设立法人以自己的名义从事民事活动产生的民事责任，第三人有权选择请求法人或者设立人承担。

第一百七十七条 二人以上依法承担按份责任，能够确定责任大小的，各自承担相应的责任；难以确定责任大小的，平均承担责任。

第一百七十八条 二人以上依法承担连带责任的，权利人有权请求部分或者全部连带责任人承担责任。

连带责任人的责任份额根据各自责任大小确定；难以确定责任大小的，平均承担责任。实际承担责任超过自己责任份额的连带责任人，有权向其他连带责任人追偿。

连带责任，由法律规定或者当事人约定。

《中华人民共和国公司法》（2023 年修订）

第四十三条第一款 有限责任公司设立时的股东可以签订设立协议，明确各自在公司设立过程中的权利和义务。

第四十四条 有限责任公司设立时的股东为设立公司从事的民事活动，其法律后果由公司承受。

公司未成立的，其法律后果由公司设立时的股东承受；设立时的股东为二人以上的，享有连带债权，承担连带债务。

设立时的股东为设立公司以自己的名义从事民事活动产生的民事责任，第三人有权选择请求公司或者公司设立时的股东承担。

设立时的股东因履行公司设立职责造成他人损害的，公司或者无过错的股东承担赔偿责任后，可以向有过错的股东追偿。

第九十三条 股份有限公司发起人承担公司筹办事务。

发起人应当签订发起人协议，明确各自在公司设立过程中的权利和义务。

《中华人民共和国公司法》（2018 年修正，已被修订）

第七十九条 股份有限公司发起人承担公司筹办事务。

发起人应当签订发起人协议，明确各自在公司设立过程中的权利和义务。

法院判决

以下为陕西省高级人民法院就设立公司支出的费用承担问题的详细论述：

本院经审查认为，关于为设立公司支出的费用问题，根据杨某一审提交的证据显示，有票据佐证的支出合计为 268479 元，扣除搬家费用 2700 元，二审法院经核算认定刘某迪与杨某设立公司支出的费用为 265779 元，并无不当。关于公司不能设立的原因，根据双方当事人提交的微信聊天记录显示，系因疫情、身体疾病、资金来源等导致公司无法设立，杨某申请再审称因刘某迪的过错导致公司无法设立，依据不足，其主张刘某迪对公司设立不能所造成的后果承担全部责任的理由不能成立。二审判决依据《最高人民法院关于适用〈中华人民共和国公司法〉若干问题的规定（三）》第四条第二款的规定，认定由刘某迪按约定占股10%的比例分担设立公司产生的费用26577.9元，并判令杨某将扣除此费用后的其余投资款173422.1元退还给刘某迪，并无不当。关于二审程序问题，二审合议庭通过阅卷、调查和询问当事人，查清了案件事实，依法改判，审理程序并无违法之处。综上，杨某的申请再审理由均不能成立。

延伸阅读

在检索大量类案的基础上，笔者总结相关裁判规则如下，供读者参考。

（一）发起人为设立公司以自己名义对外签订合同，合同相对人请求该发起人承担合同责任的，人民法院应予支持。

案例1：深圳市维某装饰集团股份有限公司山东分公司、深圳市维某装饰集团股份有限公司与泰安市路某路桥投资有限公司、泰安市恒某酒店管理有限公司等建设工程设计合同纠纷审判监督民事判决书【最高人民法院（2013）民提字第212号】

尽管香港恒某公司委托设计时并未表明合同债务将由成立后的恒某酒店公司承担责任，但对于发起人以自己名义为设立公司对外签订合同的行为，《公司法司法解释三》[①] 有相应的规定。《最高人民法院关于适用〈中华人民共和国公司法〉若干问题的规定（三）》第二条规定："发起人为设立公司以自己名义对外签订合同，合同相对人请求该发起人承担合同责任的，人民法院应予支持。公司成立后对前款规定的合同予以确认，或者已经实际享有合同权利或者履行合同义务，合同相对人请求公司承担合同责任的，人民法院应予支持。"恒某酒店公司于2008年2月28日取得企业法人营业执照，已合法成立，故本案应当适用该规定确定香港恒某公司行为的法律后果。根据上述规定，发起人为设立公司以自己名义对外签订合同的，只有在设立后的公司通过明示方式或以实际享有合同权利或承担合同义务的默示方式同意成为合同当事人时，才会产生设立后的公司代替发起人成为合同当事人的法律后果。此时，合同相对人享有选择以订约的发起人或设立后的公司作为合同当事人的请求权。上述规定体现了严格的合同相对性原则，合同必须经设立后的公司同意方可约束该公司，其目的在于防止发起人在公司设立过程中滥用权力损害公司和其他发起人的利益。

---

① 即《最高人民法院关于适用〈中华人民共和国公司法〉若干问题的规定（三）》。

（二）全体发起人对设立公司过程中签订合同的行为均负有注意义务，在违反注意义务造成公司损失时，全体设立人应共同承担相应的法律后果。

案例2：杨某德、陈某俏等与刘某等公司设立纠纷二审民事判决书【北京市第三中级人民法院（2017）京03民终579号】

关于一审认定的282万元租金损失是否应当由杨某德个人承担。杨某德虽然负责租赁土地、交付租金的具体联系工作，但是上述行为系设立公司的筹建行为，得到了其他人的认可，最终公司虽不能成立，但是土地租赁合同的法律效果应当由全体发起人共同承担。对于土地手续是否合法，全体发起人均有注意义务，在没有特别约定的情况下，不应将审查义务归于其中一名发起人。在租赁合同无法继续履行后，杨某德等人亦均享有请求返还剩余租金的权利。本案中，杨某德表示同意与其他发起人共同起诉龙某山，但马某等人对剩余租金返还问题未能达成一致，即使后续能够提起诉讼请求返还，诉讼风险也不应当由杨某德个人承担。因此，一审法院判决各发起人按照约定投资比例共同承担282万元租金损失并无不当，本院予以支持。

（三）发起人有权按照出资比例分配公司设立阶段从事经营行为所产生的盈利。

案例3：王某与李某军、尤某军等公司设立纠纷再审案【陕西省高级人民法院（2012）陕民再字第00010号】

关于王某对其参与经营73天的利润及资产是否有权请求分配的问题。依据2007年8月25日—8月26日董事会记录、股东会记录的约定，王某与李某军等12人商定成立秦某公司，王某以现金出资，李某军等12人以其在磁选厂的合伙财产出资。并对秦某公司机构设置、人员配备、原磁选厂债务的处理，以及秦某公司的工商登记办理事宜等作了约定，选举王某为秦某公司的法定代表人，确定了秦某公司的董事会成员、监事、经理，以及出纳和会计人员。上述约定作出后，到2007年11月23日磁选厂停产前，王某以秦某公司董事长的身份负责磁选厂的生产经营，重大事项由秦某公司董事会或者股东会开会决定。秦某公司设立过程中磁选厂并未解散，但无论是从其机构设置及人员组成情况，还是从运营资金来源以及经营行为等情况看，磁选厂实际是以设立中的秦某公司从事生产经营。《最高人民法院关于适用〈中华人民共和国公司法〉若干问题的规定（三）》第四条规定了公司设立不能时，发起人按出资比例承担该设立阶段产生的债务的情形，但并未规定设立中公司在公司设立阶段从事经营活动产生的盈利如何分配。根据权利义务相一致的法理以及民法的公平原则,对公司设立阶段的债权分配,应比照适用债务承担的规定,发起人有权按照出资比例分配公司设立阶段从事经营行为所产生的盈利。故,王某有按照出资比例参与分配其参与经营的73天中产生的利润及资产。

045 公司减资未通知债权人,股东是否要承担责任?

阅读提示

《公司法》(2023年修订)第二百二十四条(2018年《公司法》第一百七十七条)规定,公司应当自作出减少注册资本决议之日起十日内通知债权人,并于三十日内在报纸上公告。从字面上看,减资后承担通知债权人义务的是公司,是否意味着股东无须就此担责呢?本文在此通过上海市高级人民法院的一则经典案例,对上述问题进行分析。

裁判要旨

公司减资未依法通知债权人的,有过错的股东应在减资范围内对公司无法清偿债务承担补充赔偿责任。

案情简介[①]

(一)2015年9月15日,梅某公司两名股东杨某林、陈某兰作出股东会决议,同意杨某林定向减资1000万元,梅某公司注册资本从2000万元相应减少到1000万元。

(二)2015年10月16日,梅某公司在《苏州日报》上对上述减资事宜进行了公告。但未在减资决议作出之日起十日内通知债权人上海博某数据通信有限公司(以下简称博某公司)。

(三)博某公司因此诉至法院,请求两名股东在减资范围内对梅某公司的债务承担补充赔偿责任。

[①] 案件来源:上海博某数据通信有限公司与杨某林、陈某兰买卖合同纠纷审判监督民事判决书【上海市高级人民法院(2020)沪民再28号】。

（四）上海市浦东新区人民法院一审和上海一中院二审均驳回博某公司的诉请。

（五）博某公司不服，向上海高院申请再审。上海高院改判支持杨某林在减资范围内对公司债务不能清偿部分向博某公司承担补充赔偿责任，陈某兰则应与减资股东杨某林在减资范围内承担连带责任。

裁判要点

本案的核心争议在于，杨某林、陈某兰是否应就梅某公司减资未通知债权人承担责任，对此，上海市高级人民法院认为：

首先，虽然《公司法》第一百七十七条规定，公司减资时的通知义务人是公司，但是公司减资系股东会决议的结果。因此，公司减资未通知债权人的，股东属于未尽合理注意义务，具有过错。

其次，由于梅某公司不当减资，其清偿能力降低，对债权人博某公司的债权造成了实际损害，产生了与股东抽逃出资一样的法律后果。

综上，杨某林、陈某兰应在减资范围内对梅某公司的债务向博某公司承担补充赔偿责任。

实务经验总结

1. 公司减资的，公司有义务在减资决议作出之日起十日内通知债权人。需要通知的债权人的范围不仅包括减资决议作出前已经确定的债权人，还包括减资决议作出后工商变更前确定的债权人。

2. 为避免对公司不能清偿部分的债务承担补充责任，公司减资后股东应督促公司履行通知债权人的义务，即使公司拒绝的，股东也可通过留存已经督促公司或者向债权人通知等证据，主张自身不具有过错因此不承担相应责任。

3. 公司作出减资决议，可能存在部分股东减资、部分股东不减资的情况。但即使是未减资股东，只要其也参与签字并同意了该减资决议，在公司未通知债权人减资情况时，未减资股东也需承担相应责任。

相关法律规定

《中华人民共和国公司法》（2023年修订）

第五十三条　公司成立后，股东不得抽逃出资。

违反前款规定的，股东应当返还抽逃的出资；给公司造成损失的，负有责任的董事、监事、高级管理人员应当与该股东承担连带赔偿责任。

第二百二十四条　公司减少注册资本，应当编制资产负债表及财产清单。

公司应当自股东会作出减少注册资本决议之日起十日内通知债权人，并于三十日内在报纸上或者统一的企业信息公示系统公告。债权人自接到通知之日起三十日内，未接到通知的自公告之日起四十五日内，有权要求公司清偿债务或者提供相应的担保。

公司减少注册资本，应当按照股东出资或者持有股份的比例相应减少出资额或者股份，法律另有规定、有限责任公司全体股东另有约定或者股份有限公司章程另有规定的除外。

第二百二十六条　违反本法规定减少注册资本的，股东应当退还其收到的资金，减免股东出资的应当恢复原状；给公司造成损失的，股东及负有责任的董事、监事、高级管理人员应当承担赔偿责任。

《中华人民共和国公司法》（2018年修正，已被修订）

第一百七十七条　公司需要减少注册资本时，必须编制资产负债表及财产清单。

公司应当自作出减少注册资本决议之日起十日内通知债权人，并于三十日内在报纸上公告。债权人自接到通知书之日起三十日内，未接到通知书的自公告之日起四十五日内，有权要求公司清偿债务或者提供相应的担保。

第三十五条　公司成立后，股东不得抽逃出资。

法院判决

以下为上海市高级人民法院就梅某公司未就减资事宜通知博某公司，梅某公司股东是否应承担责任的详细论述：

本院认为，首先，梅某公司于2014年7月设立时，股东认缴注册资本为2000万元，至2015年12月31日梅某公司实缴资本为500万元。梅某公司减少的是股东认缴的尚未实缴的注册资本。且梅某公司在庭审中表示其无法提供相关的资产负债表。故，杨某林等辩称梅某公司系形式减资，没有任何事实依据，本院不予采信。其次，梅某公司未履行法定通知义务，直接通知博某公司。尽管公司法规定公司减资时的通知义务人是公司，但公司减资系股东会决议的结果，是否减资以及如何减资完全取决于股东的意志。杨某林、陈某兰在通知债权人一事上亦未尽到合理的注意义务。梅某公司的瑕疵减资，减少了债权人得以信赖的担保财产，降低了公司对外偿债的能力，对博某公司的债权造成实际的侵害。杨某林、陈某兰作为梅某公司的股东作出减资决议客观上降低了梅某公司的偿债能力，产生了和股东抽逃出资一致的法律后果，应对梅某公司不能清偿的部分在减资范围内承担补充赔偿责任。最后，梅某公司股东陈某兰虽未减资，但股东会决议由杨某林、陈某兰共同作出。陈某兰同意杨某林的减资，导致公司无法以自身财产清偿债务的后果，陈某兰应与减资股东杨某林在减资范围内承担连带责任。

延伸阅读

在检索大量类案的基础上，笔者总结相关裁判规则如下，供读者参考。

（一）公司减资时未依法履行通知已知或应知的债权人的义务，公司股东不能证明其在减资过程中对怠于通知的行为无过错的，当公司减资后不能偿付减资前的债务时，公司股东应就该债务对债权人承担补充赔偿责任。

案例1：上海德某西集团有限公司诉江苏博某世通高科有限公司、冯某、上海博某世通光电股份有限公司买卖合同纠纷案【《最高人民法院公报》2017年第11期（总第253期）】

根据现行《公司法》之规定，股东负有按照公司章程切实履行全面出资的义务，同时负有维持公司注册资本充实的责任。尽管公司法规定公司减资时的通知义务人是公司，但公司是否减资系股东会决议的结果，是否减资以及如何进行减资完全取决于股东的意志，股东对公司减资的法定程序及后果亦属明知，同时，公司办理减资手续还需股东配合，对于公司通知义务的履行，股东亦应当尽到合理注意义务。被上诉人江苏博某公司的股东就公司减资事项先后在2012年8月10日和9月27日形成股东会决议，此时上诉人德某西公司的债权早已形成，作为江苏博某公司的股东，被上诉人上海博某公司和冯某应当明知。但是在此情况下，上海博某公司和冯某仍然通过股东会决议同意冯某的减资请求，并且未直接通知德某西公司，既损害了江苏博某公司的清偿能力，又侵害了德某西公司的债权，应当对江苏博某公司的债务承担相应的法律责任。公司未对已知债权人进行减资通知时，该情形与股东违法抽逃出资的实质以及对债权人利益受损的影响，在本质上并无不同。因此，尽管我国法律未具体规定公司不履行减资法定程序而导致债权人利益受损时股东的责任，但可比照公司法相关原则和规定来加以认定。由于江苏博某公司在减资行为上存在瑕疵，致使减资前形成的公司债权在减资之后清偿不能的，上海博某公司和冯某作为江苏博某公司股东应在公司减资数额范围内对江苏博某公司债务不能清偿部分承担补充赔偿责任。

（二）公司减资未通知债权人的，比照股东抽逃出资的法律责任进行适用。

案例2：钟某东公司减资纠纷二审民事判决书【江苏省高级人民法院（2015）苏商终字第00034号】

保某达公司的减资行为侵害了杰某能公司的债权。保某达公司形成股东会决议将注册资本500万元减少至330万元时，杰某能公司已对保某达公司提起诉讼，保某达公司所欠债务高达1600余万元，钟某东、钟某晔在明知公司存在大额债务未付清的情况下，仍然通过股东会决议减少公司注册资本；向工商行政部门提交减资文件时未提供公司资产负债表和财产清单，也未如实陈述其负有大额债务未清偿的事实，而取得工商部门准予减资的批复；对于债权人杰某能公司未就减资事项采取合理、有效的方式告知，保某达公司的上述行为明显存在逃避债务的恶意，直接导致保某达公司以自身财产偿还杰某能公司债务能力的下降，损害了杰某能公司的权利。因保某达公司未就减资事项通知债权人，使得债权人丧失了要求公司清偿债务或者提供相应担保的权利，而公司减资系公司股东会决议的结果，减资的受益人是公司股东，该情形与股东抽逃出资对于债权人的侵害有着本质上的相同，因此，对于公司减资未通知已知债权人的责任，比照股东抽逃出资的法律责任进行认定，于法有据。

（三）公司减资未通知债权人的，减资股东对债权人承担的是补充责任。

案例3：中国地某物资供销总公司与上海天某重型机器有限公司公司减资纠纷上诉案【上海市第一中级人民法院（2013）沪一中民四（商）终字第1831号】

本院认为，尽管有限责任公司的股东应当以出资额为限对公司债务承担责任，但减资股东承担的是一种补充赔偿责任，即其承担的是一种顺序责任，只有在公司未能执行生效判决的情形下才由减资股东承担责任。尽管（2012）浦民二（商）初字第3637号民事判决已经判令地某物资公司在减资范围内对宝某鑫公司的未清偿债权承担补充赔偿责任，但其是否实际承担目前尚无法确定，原审判令其针对天某公司的债权承担补充赔偿责任以及其他未减资股东承担连带责任并无不当，如果减资股东及未减资股东已经依本案之前基于同一减资行为所作出的生效判决实际承担瑕疵减资所负的责任部分，可在本案执行过程中予以扣除。

046 股东转移公司资产逃废债的是否要连带承担公司债务？

阅读提示

公司的法人人格与股东的有限责任是现代公司法的两大基石，因此人民法院在否认公司法人人格而要求股东对公司债务承担连带责任时应非常谨慎。在股东以承接公司债务方式取得公司股权后，又利用控制地位将公司资产转移从而逃避债务承担的，能否要求其负担连带责任呢？本文在此通过最高人民法院的一则经典案例，对上述问题进行分析。

裁判要旨

以承接债权债务方式受让公司股权后，不仅不履行约定的承债义务，反而将公司资产转让导致资不抵债而申请破产的，应认定其具有逃废债的目的，损害了债权人利益。无论是基于承接债权债务约定，还是基于诚信原则，均应对公司债务承担连带责任。

案情简介 [①]

（一）2013年5月30日，金某龙置业公司与鑫某间公司原股东签订《项目承接协议书》约定：金某龙置业公司以承担鑫某间公司7000万元债务为对价取得原股东所持鑫某间公司100%股权。

（二）2013年9月5日，鑫某间公司将案涉项目以4100万元价格转让给金某龙房地产公司（系金某龙置业公司绝对控股子公司）。

（三）由于资不抵债，辽宁省开原市人民法院于2017年6月6日裁定受理鑫某间公司破产申请。

[①] 案件来源：吴某春、肇某江等股东损害公司债权人利益责任纠纷再审民事判决书【最高人民法院（2022）最高法民再89号】。

（四）债权人吴某春诉至法院，认为金某龙置业公司将鑫某间公司唯一资产转移给金某龙房地产公司，侵害了债权人利益，要求金某龙置业公司承担连带清偿责任。

（五）沈阳中院一审以无证据证明金某龙置业公司滥用绝对控股的优势地位逃避债务为由，驳回了吴某春的诉请。辽宁某院二审说理相同，维持原判。

（六）吴某春不服，向最高人民法院申请再审。最高人民法院认定金某龙置业公司的目的是逃废债，应当在7000万元范围内承担连带责任。

裁判要点

本案的核心争议在于，以承担公司债务方式取得股权后转移资产逃废债的，是否要承担连带责任，对此，最高人民法院认为：

首先，依据金某龙置业公司与鑫某间公司签订的《协议书》，金某龙置业公司受让全部股权并非没有对价，而是需要承担鑫某间公司7000万元范围内的全部债务。

其次，金某龙置业公司在取得上述股权后，不仅没有依约履行承债义务，反而迅速将鑫某间公司唯一资产，即案涉项目以4100万元转让给了自己绝对控股的金某龙房地产公司，该价格远低于金某龙置业公司本应承接的债务。

最后，在金某龙置业公司利用控制地位将案涉项目转让给金某龙房地产公司后，又以资不抵债为由控制鑫某间公司申请破产。

综合上述一系列行为，足以认定金某龙置业公司的逃废债目的，明显损害了债权人的利益。基于《项目承接协议书》中的承接债务约定，或是基于诚信原则，都应判令金某龙置业公司对鑫某间公司债务承担连带责任。

实务经验总结

1. 一般而言，公司应当使用公司资产独立承担债务，而不会累及股东的个人财产。但公司法也规定了一些特殊情形，在此种情形下，可否定公司法人人格，要求公司背后的股东承担连带责任，如股东滥用公司法人及股东有限责任而逃避债务、人格混同、过度支配与干预公司等。实务中为避免承担连带责任，股东应首先树立公司具有独立人格的观念，公司财产是公司的，并不是股东予取予求的私人金库，即使是一人公司，也依然要遵守公司的财务制度，切不可将股东自身财产与公司财产混同，导致无法区分。

2. 2023年1月10日，最高人民法院院长在全国法院金融审判工作会议上明确要严厉打击"逃废债"行为。所谓"逃废债"即通过违法违规手段掏空公司的资产后使公司资不抵债进入破产程序，本质上系利用破产程序逃避债务承担。对"逃废债"行为，最高人民法院表明应依法判令相应股东承担连带责任。本案即为最近的一起"逃废债"案例，可以想见，未来会有更多类似"逃废债"行为的股东被判决承担连带责任。

相关法律规定

《中华人民共和国民法典》

第七条 民事主体从事民事活动，应当遵循诚信原则，秉持诚实，恪守承诺。

第五百七十七条 当事人一方不履行合同义务或者履行合同义务不符合约定的，应当承担继续履行、采取补救措施或者赔偿损失等违约责任。

《中华人民共和国公司法》（2023年修订）

第二十一条 公司股东应当遵守法律、行政法规和公司章程，依法行使股东权利，不得滥用股东权利损害公司或者其他股东的利益。

公司股东滥用股东权利给公司或者其他股东造成损失的，应当承担赔偿责任。

第二十三条 公司股东滥用公司法人独立地位和股东有限责任，逃避债务，严重损害公司债权人利益的，应当对公司债务承担连带责任。

股东利用其控制的两个以上公司实施前款规定行为的，各公司应当对任一公司的债务承担连带责任。

只有一个股东的公司，股东不能证明公司财产独立于股东自己的财产的，应当对公司债务承担连带责任。

《中华人民共和国公司法》（2018年修正，已被修订）

第二十条 公司股东应当遵守法律、行政法规和公司章程，依法行使股东权利，不得滥用股东权利损害公司或者其他股东的利益；不得滥用公司法人独立地位和股东有限责任损害公司债权人的利益。

公司股东滥用股东权利给公司或者其他股东造成损失的，应当依法承担赔偿责任。

公司股东滥用公司法人独立地位和股东有限责任，逃避债务，严重损害公司债权人利益的，应当对公司债务承担连带责任。

法院判决

以下为最高人民法院就金某龙置业公司应否对鑫某间公司的债务承担连带责任问题的详细论述：

《承接项目协议书》第一条第一款约定：鑫某间公司将案涉项目以"承接债权债务方式零股权转让"给金某龙置业公司；该协议书第二条第一款、第五款又明确约定：金某龙置业公司负责支付项目前期债务总金额7000万元，公司前期所有债权归金某龙置业公司承接并均有权处理。前述约定表明，所谓的"零股权转让"，并不意味着股权受让人金某龙置业公司无须支付任何对价，而需要承担作为目标公司的鑫某间公司7000万元范围内的全部债务。依据该协议，金某龙置业公司已经实际取得了鑫某间公司的股权，理应依据约定承接鑫某间公司的全部债务。尽管金某龙置业公司曾以"借款"的方式给鑫某间公司转了2499万余元，但该款项仅是对鑫某间公司的"借款"，并非履行约定的承债义务，且该款项也不足以覆盖鑫某间公司的全部债务。尤其是金某龙置业公司事后又通过与鑫某间公司、金某龙房地产公司签订《结算协议》的方式全额收回了该笔款项，相当于没有履行任何约定的承债义务。金某龙置业公司不仅没有履行约定的承债义务，反而在成立由其绝对控股的金某龙房地产公司后，迅即将作为鑫某间公司唯一资产的案涉项目仅以4100多万元的价格转让给金某龙房地产公司，而该转让价格远低于其在《承接项目协议书》本应承接的鑫某间公司的全部债务。在金某龙置业公司基于《承接项目协议书》成为鑫某间公司占股100%的股东，并基于其对鑫某间公司的控制将案涉项目低价转让给由其绝对控股的金某龙房地产公司后，金某龙置业公司转而又以案涉项目被转让导致合同目的不能实现为由诉请解除《承接项目协议书》，最后又以资不抵债为由由鑫某间公司自行申请破产。

金某龙置业公司的前述系列操作，其逃废债的目的昭然若揭，损害债权人利益的后果尤为明显。这也是鑫某间公司的全部债务难以得到清偿、该公司的债权人利益得不到有效保障的根本原因。不论是基于《承接项目协议书》的约定，还是基于最基本的诚信原则，金某龙置业公司都应对鑫某间公司的债权人在7000万元范围内承担连带责任。原审判决未判令其承担责任实属不当，本院予以纠正。

延伸阅读

在检索大量类案的基础上，笔者总结相关裁判规则如下，供读者参考。

（一）公司股东仅存在单笔转移公司资金的行为，尚不足以否认公司独立人格的，不应依据《公司法》第二十条第三款（2023年修订的《公司法》第二十三条第一款）判决公司股东对公司的债务承担连带责任。但该行为在客观上转移并减少了公司资产，降低了公司的偿债能力，根据"举重以明轻"的原则参照《最高人民法院关于适用〈中华人民共和国公司法〉若干问题的规定（三）》第十四条关于股东抽逃出资情况下的责任形态之规定，可判决公司股东对公司债务不能清偿的部分在其转移资金的金额及相应利息范围内承担补充赔偿责任。

案例1：三亚凯某投资有限公司、张某男确认合同效力纠纷二审民事判决书【最高人民法院（2019）最高法民终960号】

认定公司与股东人格混同，需要综合多方面因素判断公司是否具有独立意思、公司与股东的财产是否混同且无法区分、是否存在其他混同情形等。本案中，凯某公司该单笔转账行为尚不足以证明凯某公司和张某男构成人格混同。并且，凯某公司以《资产转让合同》目标地块为案涉债务设立了抵押，碧某园公司亦未能举证证明凯某公司该笔转账行为严重损害了其作为债权人的利益。因此，凯某公司向张某男转账2951.8384万元的行为，尚未达到否认凯某公司的独立人格的程度。原审法院依据《公司法》第二十条第三款径行判令张某男对本案中凯某公司的全部债务承担连带责任不当，本院予以纠正。

作为凯某公司股东的张某男在未能证明其与凯某公司之间存在交易关系或者借贷关系等合法依据的情况下，接收凯某公司向其转账2951.8384万元，虽然不足以否定凯某公司的独立人格，但该行为在客观上转移并减少了凯某公司资产，降低了凯某公司的偿债能力，张某男应当承担相应的责任。该笔转款2951.8384万元超出了张某男向凯某公司认缴的出资数额，根据"举重以明轻"的原则并参照《最高人民法院关于适用〈中华人民共和国公司法〉若干问题的规定（三）》第十四条关于股东抽逃出资情况下的责任形态的规定，张某男应对凯某公司的3.2亿元及其违约金债务不能清偿的部分在2951.8384万元及其利息范围内承担补充赔偿责任。

(二)一人有限责任公司的股东不能证明公司财产独立于股东自己的财产的,应当对公司债务承担连带责任。

案例2:广州润某胜投资有限责任公司、山东胜某投资股份有限公司股权转让纠纷二审民事判决书【最高人民法院(2019)最高法民终261号】

本案恒某互兴公司系润某胜公司的一人股东,所以恒某互兴公司对其财产独立于润某胜公司的财产负有举证责任,但本案中其并没有提供充分证据证明,对此恒某互兴公司应承担举证不能的法律后果,即对润某胜公司的本案债务应承担连带责任。

(三)债务人串通他人实行逃债行为的,债权人可以选择撤销该行为或确认无效。

案例3:韶关市衡某置业有限公司、郑某如确认合同无效纠纷再审审查与审判监督民事裁定书【最高人民法院(2021)最高法民申1723号】

根据《最高人民法院关于适用〈中华人民共和国民法典〉时间效力的若干规定》第五条,以及《中华人民共和国合同法》第五十二条、第七十四条第一款的规定,有恶意串通,损害国家、集体或者第三人利益情形的,合同无效。因债务人放弃其到期债权或者无偿转让财产,对债权人造成损害的,债权人可以请求人民法院撤销债务人的行为。债务人以明显不合理的低价转让财产,对债权人造成损害,并且受让人知道该情形的,债权人也可以请求人民法院撤销债务人的行为。① 因此,对债权人而言,《中华人民共和国合同法》第五十二条、第七十四条所涉两种保护债权实现的方式,各有利弊;根据《中华人民共和国民事诉讼法》第十三条第二款的规定以及权利处分原则,债权人可以在权衡利弊后做出选择。本案中,二审法院认为,原审原告诉请确认效力的行为,属于一方当事人向另一方当事人转让财产的合同行为,据此认定本案属于确认合同无效纠纷,并无不当,本院予以认可。而衡某置业公司关于二审法院违背"合同的相对性"原则以及本案应属债权人撤销权纠纷的主张,理据不足,本院不予支持。

---

① 《合同法》已失效,现相关规定见《民法典》第一百五十四条、第五百三十八条、第五百三十九条。

047 债权人能否请求公司连带承担其股东债务？

阅读提示

对于公司债务，债权人在法定情形下有权请求人民法院否认公司的法人人格，以要求股东对公司债务承担连带责任。反过来说，对于股东债务，债权人能否以人格混同为由请求公司承担连带责任呢？本文在此通过最高人民法院的一则经典案例，对上述问题进行分析。

裁判要旨

2018年《公司法》第六十三条（2023年修订的《公司法》第二十三条）的规定虽系股东为公司债务承担连带责任，但目前司法实践中，在股东与公司人格混同的情形下，公司亦可为股东债务承担连带责任。

案情简介[①]

（一）自2013年7月起，中某华投资公司一直持有中某华置业公司100%股权。

（二）后因中某华投资公司未能依约向航某波纹管公司交付商铺，航某波纹管公司诉至法院要求中某华投资公司履行债务，并要求中某华置业公司对该债务承担连带责任。

（三）湖北高院一审与最高人民法院二审均认为，中某华投资公司与中某华置业公司人格混同，中某华置业公司对股东中某华投资公司的债务应承担连带责任。

（四）中某华置业公司不服，向最高人民法院申请再审。最高人民法院认为在人格混同的情形下，公司亦可为股东债务承担连带责任，故驳回中某华置业公司的再审申请。

[①] 案件来源：华某银行股份有限公司武汉洪山支行、北京长某投资基金股权转让纠纷再审审查与审判监督民事裁定书【最高人民法院（2020）最高法民申2158号】。

裁判要点

本案的核心争议在于，债权人能否请求公司连带承担其股东债务，对此，最高人民法院认为：我国《公司法》第六十三条仅规定"一人有限责任公司的股东不能证明公司财产独立于股东自己的财产的，应当对公司债务承担连带责任"，① 也即在公司与股东人格混同的情况下，股东应对公司债务承担连带责任以保护债权人利益。

但能否对公司的法人人格进行逆向否认，由于法律未明确规定，实务裁判中也存在不同的观点，本案例即最高人民法院明确，在股东与公司人格混同的情形下，公司亦可为股东债务承担连带责任。

实务经验总结

1. 公司独立法人人格被否认意味着股东的有限责任被击穿，股东将面临以个人财产清偿公司债务的局面。为避免被法院认定为滥用公司法人地位和股东有限责任，股东应尤其关注人格混同、过度支配与控制以及资本显著不足三个方面，避免将公司财产当作私人财产予取予求，以及避免实施随意操纵公司使公司丧失独立性的行为。

2. 实务中，公司应当依据《会计法》第二十五条的规定如实记录按照国家统一的会计制度的规定确认、计量和记录资产、负债、所有者权益、收入、费用、成本和利润，否则极易被认定不具有独立性从而否认其法人人格。

相关法律规定

《中华人民共和国公司法》（2023 年修订）

第二十一条 公司股东应当遵守法律、行政法规和公司章程，依法行使股东权利，不得滥用股东权利损害公司或者其他股东的利益。

公司股东滥用股东权利给公司或者其他股东造成损失的，应当承担赔偿责任。

第二十三条 公司股东滥用公司法人独立地位和股东有限责任，逃避债务，严重损害公司债权人利益的，应当对公司债务承担连带责任。

---

① 《公司法》已修改，现相关规定见《公司法》（2023 年修订）第二十三条第三款。

股东利用其控制的两个以上公司实施前款规定行为的，各公司应当对任一公司的债务承担连带责任。

只有一个股东的公司，股东不能证明公司财产独立于股东自己的财产的，应当对公司债务承担连带责任。

《中华人民共和国公司法》（2018年修正，已被修订）

第二十一条 公司的控股股东、实际控制人、董事、监事、高级管理人员不得利用其关联关系损害公司利益。

违反前款规定，给公司造成损失的，应当承担赔偿责任。

第六十三条 一人有限责任公司的股东不能证明公司财产独立于股东自己的财产的，应当对公司债务承担连带责任。

《全国法院民商事审判工作会议纪要》

11.【过渡支配与控制】……

控制股东或实际控制人控制多个子公司或者关联公司，滥用控制权使多个子公司或者关联公司财产边界不清、财务混同、利益相互输送，丧失人格独立性，沦为控制股东逃避债务、非法经营，甚至违法犯罪工具的，可以综合案件事实，否认子公司或者关联公司法人人格，判令承担连带责任。

法院判决

以下为最高人民法院就中某华置业公司是否应对股东债务承担连带责任的详细论述：

我国法律在认定公司人格混同时，区分是否为一人有限责任公司规定了不同的举证责任规则。其原因在于一人有限责任公司只有一名股东控制公司而缺乏其他股东的有效制约，极易造成股东对公司法人人格的滥用。《公司法》第六十三条规定："一人有限责任公司的股东不能证明公司财产独立于股东自己的财产的，应对债务承担连带责任。"原判决适用上述规定认定中某华投资公司与中某华置业公司构成人格混同，并无不当。

首先，从工商登记情况看，中某华置业公司为一人有限责任公司。2013年7月至今，中某华置业公司股东为中某华投资公司，持股比例为100%。其次，原审中，中某华投资公司、中某华置业公司虽分别提交了工商登记资料、年检报告、纳税凭证等证据，但并不能否定中某华置业公司系中某华投资公司的项目公司，以及两公司承诺对涉案项目的欠款承担连带责任的相关事实。原判决认定中某华投资公司作为控股权为100%的股东并未举出充分证据证明与中某华置业公司财产相互独立，并无不当。再次，中某华置业公司系中某华投资公司为开发中某华国际城项目而成立的房地产项目公司。中某华置业公司成立之初即由中某华投资公司及其股东实际控制。从中某华置业公司股东会决议及长富基金、华某银行与中某华置业公司的《委托贷款合同》中均可以看出，中某华置业公司和中某华投资公司共同承诺对涉案房地产项目债务清偿承担连带责任。虽然中融国际信托有限公司短期持有中某华置业公司100%股权，但后来又变更登记为中某华投资公司。最后，《公司法》第六十三条的规定虽系股东为公司债务承担连带责任，但目前司法实践中，在股东与公司人格混同的情形下，公司亦可为股东债务承担连带责任。

延伸阅读

在检索大量类案的基础上，笔者总结相关裁判规则如下，供读者参考。

（一）公司人格否认制度包括：顺向否认，即股东为公司之债承担连带责任；逆向否认，即公司对股东的债务承担连带责任；横向否认，即对关联公司的债务承担连带责任。

案例1：辽阳市宗某商贸有限公司、辽宁东某工程集团有限公司二审民事判决书【辽宁省鞍山市中级人民法院（2018）辽03民终3920号】

本案中，两公司虽在工商登记部门登记为彼此独立的企业法人，但实际上相互之间界线模糊、人格混同，既违背了法人制度设立的宗旨，也违背了诚实信用原则，其行为本质和危害结果与《中华人民共和国公司法》第二十条第三款①规定的情形相当。公司人格否认制度包括：顺向否认，即股东为公司之债承担连带责任；逆向否认，即公司对股东的债务承担连带责任；横向否认，即对关联公司的债务承担连带责任。虽然《中华人民共和国公司法》第二十条第三款仅规定了顺向否认，但从保护债权人的权益、规范关联公司的经营行为、促进企业依法生产经营和健康发展的角度而言，仅适用顺向否认模式，并不能阻止滥用公司法人人格的行为，难以形成对公司债权人的有效救济，故参照《中华人民共和国公司法》的前述规定，根据《中华人民共和国民法总则》第七条②规定的诚实信用原则，案涉土地虽登记在上诉人公司名下，但因上诉人与原审第三人公司已构成

---

① 《公司法》已修改，现相关规定见《公司法》（2023年修订）第二十三条第一款。
② 《民法总则》已失效，现相关规定见《民法典》第五条。

人格混同，故上诉人就案涉土地并不享有足以排除强制执行的民事权益，一审判决驳回其诉讼请求并无不当，本院予以维持。

（二）虽然法律仅规定了顺向法人人格否认，但法院可依据诚实信用原则适用逆向否认。

案例 2：南京市雨花台区豪某吊顶材料销售中心与南京銮某建筑安装工程有限公司、南京安某贸易有限公司买卖合同纠纷二审民事判决书【江苏省南京市中级人民法院（2017）苏 01 民终 346 号】

本案中，两公司虽在工商登记部门登记为彼此独立的企业法人，但实际上相互之间界线模糊、人格混同，既违背了法人制度设立的宗旨，也违背了诚实信用原则，其行为本质和危害结果与《公司法》第二十条第三款①规定的情形相当。公司人格否认制度包括顺向否认，即股东为公司之债承担连带责任；逆向否认，即公司对股东的债务承担连带责任；横向否认，即对关联公司的债务承担连带责任。虽然《公司法》第二十条第三款仅规定了顺向否认，但从保护债权人的权益，规范关联公司的经营行为，促进企业依法生产经营和健康发展的角度而言，仅适用顺向否认模式，并不能阻止滥用公司法人人格的行为，难以形成对公司债权人的有效救济，故参照公司法的前述规定，根据《中华人民共和国民法通则》第四条②规定的诚实信用原则，銮通公司应对安都公司的债务承担连带清偿责任。

案例 3：施某天与珠海霖某投资有限公司、广州常某房地产开发有限公司等民间借贷纠纷二审判决书【最高人民法院（2021）最高法民终 1301 号】

至于一人公司可否承担其财产独立于股东的举证证明责任，并在举证不能的情形下为股东债务承担连带责任，公司法没有明文规定。否认股东全资子公司之法人人格，判令该子公司为股东债务承担连带责任，同样有助于规制股东滥用公司法人独立地位和股东有限责任以逃避债务的行为。根据公司法人人格否认原理和一人公司的治理缺陷，股东与其一人公司只要存在人格混同，均应对彼此债务承担连带责任。

案例 4：连云港裕某房地产开发有限公司、杨某桂股权转让纠纷二审民事判决书【浙江省宁波市中级人民法院（2019）浙 02 民终 3319 号】

裕某公司系由陆某祥出资设立的一人有限责任公司。陆某祥未能举证证明裕某公司的财产独立于其个人财产，故在本案法律关系中应适用一人公司法人人格

---

① 《公司法》已修改，现相关规定见《公司法》（2023 年修订）第二十三条第一款。
② 《民法总则》已失效，现相关规定见《民法典》第五条。

否认的有关规定,将本应作为相互独立的裕某公司及其股东陆某祥视为同一主体,由公司为其单独股东负担责任,以保护债权人的合法利益。一审法院认定裕某公司应当连带承担陆某祥向杨某桂、岑某国、劳某杰返还股权转让款1950万元及相应利息损失的责任,并无不当。

(三)人格混同情形下,公司不能对股东债务承担连带责任。

案例5:苑某革、王某祥等建设工程施工合同纠纷民事申请再审审查民事裁定书【山东省高级人民法院(2021)鲁民申10477号】

关于原审认定被申请人睿某公司不应与申请人王某祥连带承担本案付款责任适用法律是否正确的问题。本院认为,一人有限责任公司是否因与股东财产混同而逆向对股东债务承担连带责任在我国现行法律中并无明确规定。《中华人民共和国公司法》(2018年修正)第六十三条所规定的"一人有限责任公司的股东不能证明公司财产独立于股东自己的财产的,应当对公司债务承担连带责任",[①]仅限于一人有限责任公司出现法人人格混同时,股东应对公司债务承担连带责任。能否对该条规定进行扩大解释,我国目前司法实践中认识不一,虽然申请人苑某革提交了最高人民法院的民事裁定书,但因该裁定书并非指导性案例,不具有强制性"参照"的效力,不能因此认定二审法院适用法律错误。

案例6:蒋某旎与上海雷某柏祺餐饮有限公司、雷某根等民间借贷纠纷一审民事判决书【上海市闵行区人民法院(2019)沪0112民初7369号】

对于被告雷某公司是否应承担连带责任,原告系基于逆向人格否认为依据起诉雷某公司。公司法理论中,人格否认即刺破公司面纱制度的本质是当法人运用背离法律赋予法人人格的原始初衷而为他人控制和操纵,已不再具有独立性质,法律将无视法人的独立人格而追究法人背后操纵者的法律责任。我国《公司法》第二十条第三款[②]对公司法人人格否认制度的权利主体和责任主体作了明确规定,反向刺破公司面纱制度与该条规定相冲突,且本案雷某公司唯一股东已于2017年8月26日由雷某根变更为雷某。从时间与现行法律两个方面,逆向否认公司法人人格均不能适用。原告要求被告雷某公司承担连带责任的请求不成立。

[①]《公司法》已修改,现相关规定见《公司法》(2023年修订)第二十三条第三款。
[②]《公司法》已修改,现相关规定见《公司法》(2023年修订)第二十三条第一款。

048 董事忠实义务应及于公司的全资子公司和控股公司

阅读提示

《公司法》（2023年修订）第一百八十条至第一百八十四条（2018年《公司法》第一百四十七条、第一百四十八条）赋予了董事忠实义务，以防止董事实施损害公司利益的行为。实务中，董事等人员亦存在可能利用在所任职公司的职权、获取的信息等优势去谋取公司的全资子公司、控股公司的商业机会或进行自我交易等，此时全资子公司、控股公司是否有权以相关董事违背忠实义务为由请求行使归入权或赔偿损失？本文在此通过最高人民法院的一则经典案例，对上述问题进行分析。

裁判要旨

公司法关于董事对公司所负的忠实义务、竞业禁止义务应不限于董事所任职的公司自身，还应包括公司的全资子公司、控股公司等，如此方能保障公司及其他股东的合法权益，真正实现公司法设置忠实义务、竞业禁止义务的立法本意。

案情简介 [①]

（一）2015年4月28日之前，李某一直担任美某佳公司的董事长。美某佳公司是深圳市华某在线网络有限公司（以下简称华某在线公司）的全资股东。

（二）2014年1月，华某在线公司获得与省二医合作网络医院项目的商业机会。

（三）2014年11月20日，省二医与友某医公司就前述网络医院项目签订合作协议，并因此终止了与华某在线公司的合作。另查明，友某医公司系由李某实际控制。

（四）华某在线公司、美某佳公司因此诉至法院，认为李某违反忠实义务，非法获取华某在线公司商业机会，应当负赔偿责任。本案经深圳中院一审、广东

[①] 案件来源：李某、深圳市华某在线网络有限公司损害公司利益责任纠纷再审审查与审判监督民事裁定书【最高人民法院（2021）最高法民申1686号】。

高院二审均支持了华某在线公司的前述请求。

（五）李某不服，以自身不是华某在线公司董事因而不负有忠实义务为由向最高人民法院申请再审。最高人民法院认为董事忠实义务应及于公司的全资子公司和控股公司，故裁定驳回再审申请。

裁判要点

本案的核心争议在于，董事的忠实义务是否仅限于其所任职的公司，对此，最高人民法院认为：公司法设置忠实义务的立法目的在于保障公司和其他股东的合法权益，而公司与其控股公司在利益上具有显见的一致性。也即，只有董事的忠实义务延伸至公司的全资子公司、控股公司等，才能真正实现对公司与其他股东权益保护的立法目的。因此本案中，李某对美某佳公司所负的忠实义务和竞业禁止义务应自然延伸至美某佳公司的子公司华某在线公司。

实务经验总结

1. 董事、高级管理人员在履职过程中，应当谨守勤勉与忠实义务。如构成挪用公司资金、非法获取公司商业机会等行为的，公司有权依据《公司法》（2023年修订）第一百八十六条规定行使归入权，要求董监高将实施前述违法行为所得收入归公司所有。在行使归入权之后，如公司仍有损失的，可以依据《公司法》（2023年修订）第一百八十八条规定要求赔偿损失。当然，如要求赔偿损失，公司需要证明在归入权之外还存在额外损失。

2. 实务中，认定行为人是否谋取了公司的商业机会需要考虑以下几个因素：首先，行为主体为公司的董事、高级管理人员；其次，该商业机会为专属于公司的商业机会；再次，公司为获得该商业机会付出了实质性努力；最后，行为人违反忠实义务，利用职务便利剥夺或谋取了公司的商业机会。

3. 实务中，公司应建立完善子公司、分公司的管理制度，防止公司部分高层人员凌驾于公司治理机制之上，完全操控子公司的运营管理导致子公司失控。另外，母公司也应当严格通过行使股权表决权和委派管理人员的合法方式治理子公司，防止母子公司人格混同。

相关法律规定

《中华人民共和国公司法》（2023年修订）

第一百八十条 董事、监事、高级管理人员对公司负有忠实义务，应当采取措施避免自身利益与公司利益冲突，不得利用职权牟取不正当利益。

董事、监事、高级管理人员对公司负有勤勉义务，执行职务应当为公司的最大利益尽到管理者通常应有的合理注意。

公司的控股股东、实际控制人不担任公司董事但实际执行公司事务的，适用前两款规定。

第一百八十一条 董事、监事、高级管理人员不得有下列行为：

（一）侵占公司财产、挪用公司资金；

（二）将公司资金以其个人名义或者以其他个人名义开立账户存储；

（三）利用职权贿赂或者收受其他非法收入；

（四）接受他人与公司交易的佣金归为己有；

（五）擅自披露公司秘密；

（六）违反对公司忠实义务的其他行为。

第一百八十二条 董事、监事、高级管理人员，直接或者间接与本公司订立合同或者进行交易，应当就与订立合同或者进行交易有关的事项向董事会或者股东会报告，并按照公司章程的规定经董事会或者股东会决议通过。

董事、监事、高级管理人员的近亲属，董事、监事、高级管理人员或者其近亲属直接或者间接控制的企业，以及与董事、监事、高级管理人员有其他关联关系的关联人，与公司订立合同或者进行交易，适用前款规定。

第一百八十三条 董事、监事、高级管理人员，不得利用职务便利为自己或者他人谋取属于公司的商业机会。但是，有下列情形之一的除外：

（一）向董事会或者股东会报告，并按照公司章程的规定经董事会或者股东会决议通过；

（二）根据法律、行政法规或者公司章程的规定，公司不能利用该商业机会。

第一百八十四条 董事、监事、高级管理人员未向董事会或者股东会报告，并按照公司章程的规定经董事会或者股东会决议通过，不得自营或者为他人经营与其任职公司同类的业务。

第一百八十六条 董事、监事、高级管理人员违反本法第一百八十一条至第一百八十四条规定所得的收入应当归公司所有。

第一百八十八条 董事、监事、高级管理人员执行职务违反法律、行政法规或者公司章程的规定，给公司造成损失的，应当承担赔偿责任。

《中华人民共和国公司法》（2018年修正，已被修订）

第一百四十七条 董事、监事、高级管理人员应当遵守法律、行政法规和公司章程，对公司负有忠实义务和勤勉义务。

董事、监事、高级管理人员不得利用职权收受贿赂或者其他非法收入，不得侵占公司的财产。

第一百四十八条 董事、高级管理人员不得有下列行为：

（一）挪用公司资金；

（二）将公司资金以其个人名义或者以其他个人名义开立账户存储；

（三）违反公司章程的规定，未经股东会、股东大会或者董事会同意，将公司资金借贷给他人或者以公司财产为他人提供担保；

（四）违反公司章程的规定或者未经股东会、股东大会同意，与本公司订立合同或者进行交易；

（五）未经股东会或者股东大会同意，利用职务便利为自己或者他人谋取属于公司的商业机会，自营或者为他人经营与所任职公司同类的业务；

（六）接受他人与公司交易的佣金归为己有；

（七）擅自披露公司秘密；

（八）违反对公司忠实义务的其他行为。

董事、高级管理人员违反前款规定所得的收入应当归公司所有。

第一百四十九条 董事、监事、高级管理人员执行公司职务时违反法律、行政法规或者公司章程的规定，给公司造成损失的，应当承担赔偿责任。

法院判决

以下为最高人民法院就李某是否违反了对华某在线公司所负忠实义务和竞业禁止义务的详细论述：

李某对华某在线公司亦负有忠实义务和竞业禁止义务。公司法关于董事对公司所负的忠实义务、竞业禁止义务应不限于董事所任职的公司自身，还应包括公司的全资子公司、控股公司等，如此方能保障公司及其他股东的合法权益，真正实现公司法设置忠实义务、竞业禁止义务的立法本意。本案中，美某佳公司是华某在线公司的全资股东，双方利益具有显见的一致性，李某对美某佳公司所负的忠实义务和竞业禁止义务应自然延伸至美某佳公司的子公司华某在线公司。

李某实施了损害华某在线公司利益的行为。本案中，华某在线公司于2014年1月已经获得和省二医合作网络医院项目的商业机会，省二医系在与深圳友某医科技有限公司（以下简称友某医公司）于2014年11月20日签订《友某医网络医院合作协议》后，转而与友某医公司合作网络医院项目并终止与华某在线公司就网络医院项目的合作。根据李某出具的《情况说明》中关于其代表的美某佳公司技术方、创始人团队和牧某民等资本方在经营美某佳公司、华某在线公司过程中出现矛盾等陈述，可以证明李某在担任美某佳公司董事长、总经理及技术团队主要负责人期间，未经美某佳公司股东会同意，另行操控友某医公司将华某在线公司与省二医合作的网络医院项目交由友某医公司经营，非法获取了本属于华某在线公司的商业机会，损害了华某在线公司及其母公司美某佳公司的利益。据此，原判决认定李某违反了对美某佳公司和华某在线公司所负忠实义务和竞业禁止义务，并无不当。

延伸阅读

在检索大量类案的基础上，笔者总结相关裁判规则如下，供读者参考。

（一）董事具备监督股东履行出资义务的便利条件，而不履行催缴出资勤勉义务的，应承担相应的赔偿责任。

案例1：斯某特微显示科技（深圳）有限公司、胡某生损害公司利益责任纠纷再审民事判决书【最高人民法院（2018）最高法民再366号】

股东开曼斯某特公司未缴清出资的行为实际损害了深圳斯某特公司的利益，胡某生等六名董事消极不作为放任了实际损害的持续。股东开曼斯某特公司欠缴的出资即为深圳斯某特公司遭受的损失，开曼斯某特公司欠缴出资的行为与胡某生等六名董事消极不作为共同造成了损害的发生、持续，胡某生等六名董事未履行向股东催缴出资义务的行为与深圳斯某特公司所受损失之间存在法律上的因果关系。一、二审判决认为胡某生等六名董事消极不作为与深圳斯某特公司所受损失没有直接因果关系，系认定错误，应予纠正。

胡某生等六名董事未履行向股东催缴出资的勤勉义务，违反了《中华人民共和国公司法》第一百四十七条第一款[①]规定，对深圳斯某特公司遭受的股东出资

[①] 《公司法》已修改，现相关规定见《公司法》（2023年修订）第一百八十条第二款。

未到位的损失，应承担相应的赔偿责任。

049 董监高在一个年度内将所持本公司股份全部转让的，是否必然无效？

阅读提示

《公司法》（2023年修订）第一百六十条（2018年《公司法》第一百四十一条）系针对股份有限公司董事、监事、高级管理人员的限售期规定。该规定并非效力强制性规定，因此董监高人员违反前述限售规定转让所持本公司股份的，并不必然无效，应结合该条款的立法旨意来认定所涉股份转让协议的效力。

裁判要旨

《公司法》第一百四十一条是关于股份有限公司股份禁售期限的规定，从内容上来讲，该条规定仅是对股份有限公司的董事、监事、高级管理人员转让其所持股份的数量和期限的限制，并非禁止其转让股权。

公司董事、监事、高级管理人员违反《公司法》第一百四十一条第二款关于"在任职期间每年转让的股份不得超过其所持有本公司股份总数的百分之二十五"的限售规定转让所持本公司股份，但不属于恶意转让股份逃避风险和责任、未侵害广大投资者和其他中小股东的利益的，应认定为有效。

案情简介[1]

（一）精某沟通公司的工商登记档案信息显示：李某东自2015年10月16日起至2019年10月15止一直担任精某沟通公司的董事。

（二）2019年9月10日，李某东与袁某兰签订《股份转让协议》约定：李某东将持有的全部精某沟通公司44.8万股案涉股份转让给袁某兰，袁某平就股权转让款支付义务向李某东承担连带保证责任。

（三）2021年2月8日，精某沟通公司向袁某兰发函称：李某东取得案涉股

---

[1] 案件来源：袁某平等与李某东等股权转让纠纷二审民事判决书【北京市第一中级人民法院(2022)京01民终2138号】。

份尚未向原出让方陈某琼支付股份转让款，故标的股份存有争议和法律风险，建议暂缓支付股份转让款。袁某兰因此未履行股份转让款支付义务。

（四）李某东故诉至法院，要求袁某兰、袁某平依约连带支付股份转让价款。

（五）袁某兰、袁某平辩称：李某东作为董事在一个年度内，将其持有的精某沟通公司全部股份转让给袁某兰，转让的股份超过其所持有本公司股份总数的25%，违反了《公司法》第一百四十一条第二款①的强制性规定，应属无效。

（六）海淀法院一审和北京市第一中级人民法院二审均认为，案涉《股份转让协议》未侵犯《公司法》第一百四十一条保护的法益，应属有效。

裁判要点

本案的核心争议在于，《公司法》第一百四十一条的限售规定是否属于效力强制性规定，对此，北京市第一中级人民法院认为：

《公司法》第一百四十一条的限售规定并非效力强制性规定，不能仅因为公司董事、监事、高级管理人员违规转让股份就认定转让协议无效，而要结合该条规定的立法旨意来进行个案认定。

北京市第一中级人民法院认为《公司法》第一百四十一条规定的立法旨意是，"该条规定仅是对股份有限公司的董事、监事、高级管理人员转让其所持股份的数量和期限的限制，并非禁止其转让股权，立法旨意在于防止公司董事、监事、高级管理人员利用其身份谋取不正当利益，并通过恶意转让股份逃避其所需承担的风险和责任，侵害广大投资者的利益；防止公司董事、监事、高级管理人员利用因职务便利所掌握的信息进行内幕交易、损害公司外部第三人的利益以及损害公司利益、公司中小股东利益等。"

结合本案事实，精某沟通公司是非上市的股份有限公司，且李某东系小股东，所转让股份占公司比例仅为2%，故案涉股份转让行为未侵害广大投资者和中小股东的权益，也不会对精某沟通公司整体产生决定性影响。故，案涉股份转让协议未损害《公司法》第一百四十一条所保护的法益，应属有效。

实务经验总结

1. 对于董事、监事、高级管理人员，为避免法律风险，首先应遵守《公司

---

① 《公司法》已修改，现相关规定见《公司法》（2023年修订）第一百六十条第二款。

法》（2023年修订）第一百六十条（2018年《公司法》第一百四十一条）规定依法转让股份。如确有必要需要转让的，需谨慎考虑是否会损害公司及广大投资者的利益，即不能依靠内部消息开展内幕交易或抛售股份逃避风险。

2. 司法实务中，对于人合性强的股份有限公司，人民法院更倾向于认可董监高人员违反《公司法》（2023年修订）第一百六十条（2018年《公司法》第一百四十一条）转让股份的行为有效。比如，非公开发行股份的股份有限公司、发起设立不存在公众投资者的公司等。

相关法律规定

《中华人民共和国公司法》（2023年修订）

第一百五十七条 股份有限公司的股东持有的股份可以向其他股东转让，也可以向股东以外的人转让；公司章程对股份转让有限制的，其转让按照公司章程的规定进行。

第一百六十条 公司公开发行股份前已发行的股份，自公司股票在证券交易所上市交易之日起一年内不得转让。法律、行政法规或者国务院证券监督管理机构对上市公司的股东、实际控制人转让其所持有的本公司股份另有规定的，从其规定。

公司董事、监事、高级管理人员应当向公司申报所持有的本公司的股份及其变动情况，在就任时确定的任职期间每年转让的股份不得超过其所持有本公司股份总数的百分之二十五；所持本公司股份自公司股票上市交易之日起一年内不得转让。上述人员离职后半年内，不得转让其所持有的本公司股份。公司章程可以对公司董事、监事、高级管理人员转让其所持有的本公司股份作出其他限制性规定。

股份在法律、行政法规规定的限制转让期限内出质的，质权人不得在限制转让期限内行使质权。

《中华人民共和国公司法》（2018年修正，已被修订）

第一百三十七条 股东持有的股份可以依法转让。

第一百四十一条 发起人持有的本公司股份，自公司成立之日起一年内不得转让。公司公开发行股份前已发行的股份，自公司股票在证券交易所上市交易之日起一年内不得转让。

公司董事、监事、高级管理人员应当向公司申报所持有的本公司的股份及其变动情况，在任职期间每年转让的股份不得超过其所持有本公司股份总数的百分之二十五；所持本公司股份自公司股票上市交易之日起一年内不得转让。上述人员离职后半年内，不得转让其所持有的本公司股份。公司章程可以对公司董事、监事、高级管理人员转让其所持有的本公司股份作出其他限制性规定。

法院判决

以下为北京市第一中级人民法院对《股份转让协议》是否有效的详细论述：

《中华人民共和国公司法》第一百四十一条①是关于股份有限公司股份禁售期限的规定，从内容上来讲，该条规定仅是对股份有限公司的董事、监事、高级管理人员转让其所持股份的数量和期限的限制，并非禁止其转让股权，立法旨意在于防止公司董事、监事、高级管理人员利用其身份谋取不正当利益，并通过恶意转让股份逃避其所需承担的风险和责任，侵害广大投资者的利益；防止公司董事、监事、高级管理人员利用因职务便利所掌握的信息进行内幕交易、损害公司外部第三人的利益以及损害公司利益、公司中小股东利益等。故，在判断董事、监事、高级管理人员转让股权行为的效力时，不应仅考虑其是否在限售期内从事了股权转让行为，还应考虑其行为是否存在恶意转让股份、逃避风险和责任、侵害广大投资者和其他中小股东的利益等谋取不法利益的行为。

就本案而言，首先，从公司性质角度，精某沟通公司系非上市股份有限公司，案涉股权转让时，股东人数确定、不具有涉众因素，股权转让本身不具有侵害社会不特定多数人的逻辑前提；股权转让后，精某沟通公司经股东会决议变更了公司章程和工商登记，现有证据显示其他股东对该股权转让未提出异议，表明股权转让本身亦不存在侵害其他投资人的情形。故，《股份转让协议》《补充协议》并未侵犯《中华人民共和国公司法》第一百四十一条所保护的法益，不宜认定上述协议存在被确认无效的情形。

其次，从案涉股权转让范围角度，李某东持有精某沟通公司2%的股权，属于小股东，其股权变化对于精某沟通公司整体股权状况而言不足以产生决定性的影响，亦难以认定其股权转让行为侵害公司及其他第三人利益的情形。

最后，从合同履行情况角度，《补充协议》第5.3条约定，袁某兰持协议自行向精某沟通公司办理股权变更手续，无须李某东另行协助，表明办理股权变更手续的相关主体为袁某兰和精某沟通公司。袁某兰未严格执行《中华人民共和国

---

① 《公司法》已修改，现相关规定见《公司法》（2023年修订）第一百六十条。

公司法》第一百四十一条关于董事持有本公司股份限售期的规定办理案涉股权变更手续，而是直接在工商登记部门完成了全部股权的变更登记，应自行承担相应的法律责任。另，袁某兰依约支付了部分股权转让价款后，又将名下股权再次转让给第三人，均表明袁某兰认可上述协议的法律效力。现李某东早已于2019年10月15日起不在精某沟通公司任董事职务，协议签署至今已近3年，袁某兰未依约履行后续付款义务，在李某东起诉要求支付股权转让款后，在二审阶段以《股份转让协议》《补充协议》违反限售期限制应属无效提出抗辩，其行为有悖诚实信用原则，亦影响交易安全。

综上，无论是从法律规范的法益基础角度，还是从维护基本的交易安全和诚实信用角度，案涉股权转让行为均不应被确认无效。

延伸阅读

在检索大量类案的基础上，笔者总结相关裁判规则如下，供读者参考。

（一）董监高人员违反《公司法》第一百四十一条（2023年修订的《公司法》第一百六十条）规定转让股份，但未影响公序良俗的，应认定有效。

案例1：郭某东、金某投资控股集团有限公司等与郭某林股权转让纠纷二审民事判决书【江苏省高级人民法院（2019）苏民终940号】

关于《公司法》第一百四十一条第二款对该协议效力的影响。该条规定："公司董事、监事、高级管理人员应当向公司申报所持有的本公司的股份及其变动情况，在任职期间每年转让的股份不得超过其所持有本公司股份总数的百分之二十五；所持本公司股份自公司股票上市交易之日起一年内不得转让。上述人员离职后半年内，不得转让其所持有的本公司股份。公司章程可以对公司董事、监事、高级管理人员转让其所持有的本公司股份作出其他限制性规定。"本院认为，该规定仅是对股份有限公司的董事、监事、高级管理人员转让其所持股份的数量和期限的限制，并非禁止其转让股权，且该规定的立法旨意在于防止公司董事、监事、高级管理人员利用其身份谋取不正当利益，并通过恶意转让股份逃避其所需承担的风险和责任，侵害广大投资者的利益。而本案中，金某新材料公司系未上市的股份有限公司，股权转让的双方均是公司股东，其相互间的股权转让并不涉及公众利益的保护问题，也不影响市场秩序、国家宏观政策等公序良俗，故上述限制性规定并不影响郭某林和郭某东之间转让股份行为的效力。

案例2：赵某芳、孟某娜与吴某昌、吴某灿股权转让纠纷再审民事判决书

【浙江省高级人民法院（2015）浙某提字第 51 号】

经审查，《公司法》第一百四十一条第二款规定，公司董事、监事、高级管理人员应当向公司申报所持有的本公司的股份及其变动情况，在任职期间每年转让的股份不得超过其所持有本公司股份总数的百分之二十五。本案股权转让之时，出让方赵某芳、孟某娜系公司董事，其将持有股份全部转让显然违反了上述规定。但上述法条的立法意旨主要是为了完善公司治理，防止股份公司的董事、监事和高管通过违规的股权转让谋取不当利益，侵害广大投资者的权益。本案丰某公司虽为股份有限公司，但股东仅为三人，并非公众公司。案涉股权转让并不涉及公众利益的保护问题。在本案情形下，公司法上述规定当属管理性规定而非效力性规定，不影响股权转让合同的效力判断。原审认定股权转让有效正确。申请人以违反该法条为由主张股权转让无效的理由不能成立。

案例3：李某生、谢某军股权转让纠纷二审民事判决书【广东省广州市中级人民法院（2018）粤01民终11849号】

李某生认为谢某军在与其签订案涉《股权转让协议》时仍为英某来思公司的高管，违反了《中华人民共和国公司法》第一百四十一条关于禁售期的规定，案涉《股权转让协议》应当无效。因《中华人民共和国公司法》第一百四十一条规定的意图在于加重发起人和董事等高级管理人员股东对公司的责任，通过拖延转让股份时间，控制其谋取不法利益的可能性。该规定是限制股份转让，并非禁止股份转让，不属于效力性强制性规定，违反该规定的股份转让合同并不当然无效。原审法院认为该规定属于管理性强制性规定，不应作为认定合同无效的依据，于法有据，本院予以维持。涉案《股权转让协议》是各方当事人的真实意思表示，未违反法律、行政法规的效力性禁止性规定，应属合法有效。

案例4：崔某斌与胡某会股权转让纠纷一审民事判决书【北京市丰台区人民法院（2019）京0106民初29369号】

《中华人民共和国公司法》第一百四十一条为效力性强制性规定还是管理性强制性规定，是确认本案两份协议效力的关键。对此本院认为，首先，公司法该条规定的主要目的是将股份公司尤其是上市公司的董事、监事、高级管理人员股东与公司的利益捆绑，防止其不安心于公司经营管理，或者利用管理公司机会从中获利，从而损害公司中小股东或外部债权人的利益。该规定意图在于加重公司董事、监事、高级管理人员股东对公司的责任，通过拖延转让股份的时间，控制其谋取不法利益的可能性。因此，该规定系对股份有限公司的发起人、公司董事、监事、高级管理人员转让股份作出的时间上的强行限制，而并未禁止股份转让，并不否定该民事行为的效力。故，该条规定应属管理性强制性规定，而非效力性强制性规定。因此，崔某斌与胡某会的内部股权协议与股份转让协议的效力并未违反法律、行政法规的效力性强制性规定，且系双方真实意思表示，故均应属有效。

其次，关于工商登记变更，根据股份转让协议约定，在胡某会向崔某斌支付了本协议约定的全部转让价款后的 30 个工作日内，崔某斌和胡某会配合签署目标公司的章程修正案，完成目标公司股东名册的变更，配合办理上述股份转让的工商变更登记。而根据公司法规定，崔某斌作为四某力欧公司的董事，自其向胡某会转让己方名下持有的四某力欧公司股权时，每年均不得超过 700 万股的 25%即 175 万股。因此，双方股权变更受到该强制性规定的限制，亦即胡某会履行付款义务后，崔某斌应当协助胡某会办理股份转让手续，每年以公司法规定的可转让份额为限，直至将己方名下的 700 万股全部转让至胡某会名下。

（二）董监高人员违反《公司法》第一百四十一条（2023 年修订的《公司法》第一百六十条）规定转让股份的行为无效。

案例 5：王某与黄某荣股权转让纠纷再审民事判决书【江苏省高级人民法院（2016）苏民再 418 号】

命令当事人不得为一定行为的法律规定通常被称为禁止性规定，法律制定禁止性规定的目的在于规范及指引当事人的法律行为，如当事人的法律行为违反禁止性规定则可能导致行为无法律上的效力。《中华人民共和国公司法》第一百四十一条第二款规定，公司董事、监事、高级管理人员应当向公司申报所持有的本公司的股份及其变动情况，在任职期间每年转让的股份不得超过其所持有本公司股份总数的百分之二十五；所持本公司股份自公司股票上市交易之日起一年内不得转让。上述人员离职后半年内，不得转让其所持有的本公司股份，公司章程可以对公司董事、监事、高级管理人员转让其所持有的本公司股份作出其他限制性规定。本案中，王某与黄某荣于 2015 年 4 月 18 日签订案涉股份转让协议时，均系百某集团公司的董事。双方约定将王某持有的百某集团公司全部股份一次性转让给黄某荣，明显违反前述法律规定，故案涉协议应属无效，王某依据案涉股份转让协议，以黄某荣未按约支付股份转让款为由，要求黄某荣支付违约金，本院不予支持。

（三）在法定的股份转让限制期限届满前转让股份的，不产生股份转让交付的法律效力。

案例6：亚某盟资产管理有限公司、梁某利二审民事判决书【最高人民法院（2020）最高法民终421号】

根据《中华人民共和国公司法》第一百四十一条第一款的规定，发起人持有的本公司股份，自公司成立之日起一年内不得转让。法律之所以作出这样的规定，原因在于，股份有限公司是由发起人作为倡导者设立的，公司的设立宗旨、经营范围、经营方式等一般也都由发起人确定。在公司设立后的一定时间内，发起人应当作为股东留在公司，以保证公司的稳定和运营的连续性。如果允许发起人在公司成立后很短的时间内就进行股份转让，可能会出现发起人不适当地转移投资风险，甚至以设立公司的名义非法集资或者炒作股票营利。在法律已经明确规定不得为某种行为的情况下，为该种行为，最终导致的后果应当由行为人自己承担。本案中，某农商行成立于2015年11月20日，案涉股权冻结时间为2016年11月4日。亦即，在某农商行成立一年内，案涉股权被人民法院冻结。创某公司和致某公司均是某农商行的发起人股东，虽然创某公司、致某公司、某农商行签订了股权转让协议，创某公司、致某公司就股权转让及代持事宜达成了补充协议，创某公司支付了股权转让款，某农商行在创某公司持有的股金证上添注了受让股份，但上述行为均发生在某农商行成立一年之内，处于公司法规定的股份有限公司发起人股份的限制转让期间，在法定的股份转让限制期限届满前，不产生股权转让交付的法律效力。甘肃省高级人民法院在审理A银行七里河支行与致某公司等金融借款合同纠纷案中，对致某公司持有的某农商行股权依法采取冻结措施之时，致某公司持有的某农商行股份仍处于法律规定的限制转让期间，案涉股权尚不符合转让交付的时间条件。据此，创某公司的异议不足以排除对案涉股权的强制执行。一审关于创某公司作为案涉股权的权利人，其民事权益足以排除强制执行的认定错误，本院予以纠正。

050 法定代表人被免职后有权诉请公司涤除登记

阅读提示

《公司法》（2023年修订）第三十四条（2018年《公司法》第十三条）规

定,"公司登记事项发生变更的,应当依法办理变更登记。"如法定代表人被免职后,公司拒绝协助办理相应工商变更登记手续、仍将其公示为法定代表人的,法定代表人是否有权诉请公司进行变更登记?本文在此通过最高人民法院的一则经典案例,对上述问题进行分析。

裁判要旨

公司改选法定代表人之后应当及时办理变更登记,公司拒绝履行变更登记义务的,法定代表人有权向法院提起诉讼要求公司涤除登记。

案情简介 ①

(一) 2013年3月26日,新疆宝某房地产开发有限公司(以下简称宝某房地产公司)成立,股东为宝某投资公司和嘉某公司,法定代表人为韦某兵。

(二) 2017年7月20日,韦某兵被免去法定代表人职务(宝某投资公司通知韦某兵免去其法定代表人职务,嘉某公司明确其知晓并同意该免职决定)。但宝某房地产公司拒绝办理相应变更登记,韦某兵因此提起诉讼。

(三) 银川中院一审和宁夏高院二审均以韦某兵未提供宝某房地产公司免职决议为由驳回其诉请。

(四) 韦某兵不服,向最高人民法院申请再审。最高人民法院认为,案涉事实足以说明宝某房地产公司与韦某兵之间法定代表人委托关系已经终止,改判支持韦某兵要求宝某房地产公司办理变更登记的诉请。

裁判要点

本案的核心争议在于,法定代表人被免职后是否有权请求法院判令公司办理工商变更登记,对此,最高人民法院认为:如公司作出终止与法定代表人委托关系的决议,且该决议符合公司章程的规定,则法定代表人不再具有代表公司的法律基础,公司依法应当及时办理工商变更登记。若公司怠于履行上述变更登记义务,导致对法定代表人合法权益的侵害,且该法定代表人已无其他救济途径,则法定代表人提起诉讼请求公司办理工商变更登记依法有据,应予支持。

---

① 案件来源:韦某兵、新疆宝某房地产开发有限公司等请求变更公司登记纠纷再审民事判决书【最高人民法院(2022)最高法民再94号】。

实务经验总结

1. 实践中有观点认为公司变更法定代理人需由公司权力机关作出任免决议，系公司自治范畴，司法权不宜强行介入；但亦有观点认为公司将法定代表人免职后不办理变更登记的，将给该法定代表人带来实际利益损害，法院依法应当给予救济。本案则树立了在被免职后，法定代表人可诉至法院要求涤除登记的裁判规则。

2. 法定代表人的选任属于公司内部自治事项，公司法定代表人选任问题由公司依据相关法律和公司章程进行，法院不予处理，但是所涉及的工商登记系法定义务应当及时完成，避免因未履行登记义务导致相关主体合法权益受损。

3. 担任法定代表人既享有法定代表权，也需承担相应的责任与风险。如公司涉诉，法定代表人有可能被法院采取限制高消费、限制出境等措施；在法定代表人明知公司实施侵权行为仍积极参与时，公司与法定代表人可构成共同侵权。因此，在终止法定代表人职务时，应及时要求公司办理工商变更登记或提起诉讼，避免被累及上述责任。

相关法律规定

《中华人民共和国公司法》（2023 年修订）

第三十四条 公司登记事项发生变更的，应当依法办理变更登记。

公司登记事项未经登记或者未经变更登记，不得对抗善意相对人。

第三十五条 公司申请变更登记，应当向公司登记机关提交公司法定代表人签署的变更登记申请书、依法作出的变更决议或者决定等文件。

公司变更登记事项涉及修改公司章程的，应当提交修改后的公司章程。

公司变更法定代表人的，变更登记申请书由变更后的法定代表人签署。

《中华人民共和国公司法》（2018 年修正，已被修订）

第十三条 公司法定代表人依照公司章程的规定，由董事长、执行董事或者经理担任，并依法登记。公司法定代表人变更，应当办理变更登记。

《中华人民共和国市场主体登记管理条例》（2022 年 3 月 1 日施行）

第二十四条第一款 市场主体变更登记事项，应当自作出变更决议、决定或者法定变更事项发生之日起 30 日内向登记机关申请变更登记。

《最高人民法院关于限制被执行人高消费及有关消费的若干规定》（2015年修正）

第三条第二款 被执行人为单位的，被采取限制消费措施后，被执行人及其法定代表人、主要负责人、影响债务履行的直接责任人员、实际控制人不得实施前款规定的行为。因私消费以个人财产实施前款规定行为的，可以向执行法院提出申请。执行法院审查属实的，应予准许。

法院判决

以下为最高人民法院就韦某兵是否有权起诉要求宝某房地产公司办理法定代表人工商变更登记的详细论述：

韦某兵被免职后，未在该公司工作，也未从公司领取报酬。本案诉讼中，嘉某公司明确其知晓并同意公司决定，因此，可以认定宝某房地产公司两股东已经就韦某兵免职作出股东会决议并通知了韦某兵，该决议符合宝某房地产公司章程规定，不违反法律规定，依法产生法律效力，双方的委托关系终止，韦某兵已经不享有公司法定代表人的职责。依据《中华人民共和国公司法》第十三条规定："公司法定代表人依照公司章程的规定，由董事长、执行董事或者经理担任，并依法登记。公司法定代表人变更，应当办理变更登记。"宝某房地产公司应当依法办理法定代表人变更登记。

本案中，韦某兵被免职后，其个人不具有办理法定代表人变更登记的主体资格，宝某房地产公司亦不依法向公司注册地工商局提交变更申请以及相关文件，导致韦某兵在被免职后仍然对外登记公示为公司法定代表人，在宝某房地产公司相关诉讼中被限制高消费等，已经给韦某兵的生活造成实际影响，侵害了其合法权益。除提起本案诉讼外，韦某兵已无其他救济途径，故韦某兵请求宝某房地产公司办理工商变更登记，依法有据，应予支持。至于本案判决作出后，宝某房地产公司是否再选任新的法定代表人，属于公司自治范畴，本案不予处理。

延伸阅读

在检索大量类案的基础上，笔者总结相关裁判规则如下，供读者参考。

（一）法定代表人请求法院判令公司办理工商变更登记的，应当提供公司就该事项作出的有效变更决议或决定。

案例1：裘某与北京富某尚美投资发展有限公司请求变更公司登记纠纷二审

民事判决书【北京市第二中级人民法院（2022）京02民终6379号】

本院认为，《中华人民共和国公司法》第十三条规定："公司法定代表人依照公司章程的规定，由董事长、执行董事或者经理担任，并依法登记。公司法定代表人变更，应当办理变更登记。"①《中华人民共和国公司登记管理条例》第三十条规定："公司变更法定代表人的，应当自变更决议或者决定作出之日起30日内申请变更登记。"故裘某请求富某尚美公司办理公司法定代表人工商变更登记，应当举证证明富某尚美公司已经就法定代表人变更事项作出有效变更决议或决定。

案例2：殷某松请求变更公司登记纠纷二审民事判决书【北京市第二中级人民法院（2022）京02民终8367号】

关于法定代表人身份，殷某松上诉称不应以不制作股东决定来阻却殷某松离任条件的成就。对此，本院认为，《中华人民共和国公司法》第十三条规定"公司法定代表人依照公司章程的规定，由董事长、执行董事或者经理担任，并依法登记。公司法定代表人变更，应当办理变更登记"。公司法定代表人的任免为内部自治事项，原则上应通过公司自治程序完成。依据东某雍和公司章程，董事长为公司法定代表人，由股东委派、任期届满，经股东决定可以连任。因此，法定代表人的变更登记应以东某雍和公司作出股东会决议为前提。在东某雍和公司内部未作出变更法定代表人决议的前提下，法院不宜径行判决变更。关于殷某松上诉所提《企业法人法定代表人登记管理规定》以及援引的该规定中的相关内容已废止的意见，缺乏法律依据，本院不予支持。

案例3：孙某寿与上海明某物流有限公司请求变更公司登记纠纷二审民事判决书【上海市第一中级人民法院（2021）沪01民终7912号】

本院认为，第一，《中华人民共和国公司登记管理条例》第九条规定，法定代表人姓名是公司的登记事项。《中华人民共和国公司法》第十三条规定，公司法定代表人依照公司章程的规定，由董事长、执行董事或者经理担任，并依法登记。本案中，孙某寿于2015年5月26日经明某公司股东会决议被选举为执行董事。同时，明某公司章程第二十三条规定："公司的法定代表人由执行董事担任。"据此，孙某寿经市场监督部门核准登记为明某公司执行董事和法定代表人。可见，孙某寿欲不再担任明某公司法定代表人，其前提是不再担任该公司执行董

---

① 《公司法》已修改，现相关规定见《公司法》（2023年修订）第三十二条第一款："公司登记事项包括：……（五）法定代表人的姓名……"第三十四条第一款规定："公司登记事项发生变更的，应当依法办理变更登记。"

事。在孙某寿继续担任执行董事的情况下，其仍需继续担任法定代表人。第二，明某公司章程第十五条规定："公司不设董事会，设执行董事一人，任期三年，由股东会产生。执行董事任期届满，可以连任。"尽管从现有证据来看，孙某寿担任执行董事的任期已届满，但《中华人民共和国公司法》第四十五条第二款规定，董事任职届满未及时改选，在改选出的董事任职前，原董事仍应当依照法律、行政法规和公司章程的规定，履行董事职务。① 所以，孙某寿在任期届满后，仍应依法继续履行执行董事职务并担任法定代表人。第三，自然人担任公司法定代表人并非以其是否系公司股东或者员工为前提条件。因此，即便孙某寿不是明某公司的股东和员工，不影响其担任法定代表人。更何况，前已述及，明某公司法定代表人由执行董事担任。第四，即便孙某寿仅为挂名执行董事和法定代表人而不实际参与明某公司经营管理，但这并不能成为其有权主张涤除法定代表人登记事项的理由。孙某寿是具有完全民事行为能力的成年人，其应当对自身行为所造成的风险负责。事实上，孙某寿当时对任职是完全同意的。孙某寿是因明某公司受到法律制裁进而使其因作为法定代表人进入失信被执行人名单，而起诉要求涤除法定代表人的登记事项的。目前，孙某寿在执行董事任职期限已经届满的情况下，应当提请明某公司股东林某1、林某2尽快选举出新的执行董事并由该执行董事按照公司章程规定担任法定代表人。如果林某1、林某2对孙某寿的提请恶意逃避或者消极对待，并给孙某寿实际造成损失的，孙某寿可以主张赔偿。

（二）公司法定代表人更换系公司意思自治范畴，只有穷尽内部救济途径后，司法干预才具备合理性。

案例4：梁某歧、江门市逸某物业服务有限公司等请求变更公司登记纠纷二审民事判决书【广东省江门市中级人民法院（2022）粤07民终2835号】

法定代表人与公司之间依据公司决议而形成委任关系。因法定代表人的委任和改选关乎公司对内治理，法定代表人的变更应当由公司有权机关依照相关法律和公司章程作出决议，否则，法院替代公司有权机关作出判决变更法定代表人则缺乏事实和法律依据，且有干涉公司有权机关决议之嫌。在本案中，江门逸某物业及其股东内部并未确定继任法定代表人的人选，在此情况下，若判决涤除梁某歧的法定代表人登记，将导致公示登记信息空置，易造成债权人利益受损，甚至导致市场秩序紊乱，故法定代表人的更换仍需公司有权机关的决议而定。又因法

---

① 《公司法》已修改，现相关规定见《公司法》（2023年修订）第七十条第二款。

定代表人的更换需经公司决议或决定，属于公司自治范畴，只有在公司内部程序无现实可操作性的情况下，即已穷尽公司内部治理措施后，司法干预才具备合理理由。

（三）公司的法定代表人依法代表公司对外进行民事活动。法定代表人发生变更的，应当在工商管理部门办理变更登记。公司的法定代表人在对外签订合同时已经被上级单位决定停止职务，但未办理变更登记，公司以此主张合同无效的，人民法院不予支持。

案例5：北京公某房地产有限责任公司与北京祥和三某房地产开发公司房地产开发合同纠纷再审案【最高人民法院（2009）民提字第76号】

刘某章在签订协议时虽已被其上级单位决定停止职务，但该决定属三某公司内部工作调整，刘某章代表三某公司对外进行民事活动的身份仍应以工商登记的公示内容为依据。不能以其公司内部工作人员职务变更为由，否认其对外代表行为的效力。原审法院以三某公司内部人员调整为由认定刘某章与公达公司签订协议为无权代理，属认定事实错误，应予纠正。

第六章 关联交易

051 合法的关联交易：信息披露充分、交易程序合法、交易对价公允

阅读提示

我国公司法并不禁止关联交易，仅禁止损害公司利益的不当关联交易。不合法的关联交易不仅民事上可能侵害公司利益导致相关责任主体承担赔偿责任，甚至导致刑事责任，如职务侵占罪、挪用资金罪等。本文在此通过河南省高级人民法院的一则案例，分析如何开展合法的关联交易。

裁判要旨

我国公司法并未禁止关联交易，仅对"利用关联关系损害公司利益"的行为进行规范。合法的交易应当同时满足以下三个条件：交易信息披露充分、交易程序合法、交易对价公允。

案情简介[1]

（一）某投资控股有限公司（以下简称某投资公司）系某电缆公司的股东之一，持股24.7%。上海中某英华科技发展有限公司（以下简称上海中某公司）和某电缆公司均受某德股份控制。另，某德股份系某电缆公司前述24.7%股权托管的受托人。

（二）某投资公司后诉至法院，认为上海中某公司和某电缆公司开展不正当关联交易，要求上海中某公司承担赔偿责任。

---

[1] 案件来源：上海中某英华科技发展有限公司、某投资控股有限公司等公司关联交易损害责任纠纷二审民事判决书【河南省高级人民法院（2020）豫民终799号】。

（三）郑州市中级人民法院在一审过程中，经委托鉴定机构认定案涉关联交易中某电缆公司损失金额为 6231194.70 元，郑州市中级人民法院判决上海中某公司赔偿某电缆公司采购差价损失 6231194.70 元及利息。

（四）河南省高级人民法院二审维持原判，驳回了上海中某公司上诉。

实务经验总结

1. 我国对开展关联交易并无太细致的正当程序规定，除了审议关联担保事项时该股东需要回避，其他关联交易情形股东仍可以进行表决。这种规定使得判断关联交易是否正当时十分依赖于法官对交易价格、交易结果等实质内容的审查。

2. 上市公司在关联交易方面受到更强的约束。《上市公司章程指引》（2022年修订）第八十条规定："股东大会审议有关关联交易事项时，关联股东不应当参与投票表决……"

相关法律规定

《中华人民共和国民法典》

第八十四条 营利法人的控股出资人、实际控制人、董事、监事、高级管理人员不得利用其关联关系损害法人的利益；利用关联关系造成法人损失的，应当承担赔偿责任。

《中华人民共和国公司法》（2023 年修订）

第二十二条 公司的控股股东、实际控制人、董事、监事、高级管理人员不得利用关联关系损害公司利益。

违反前款规定，给公司造成损失的，应当承担赔偿责任。

第二百六十五条 本法下列用语的含义：

（一）高级管理人员，是指公司的经理、副经理、财务负责人，上市公司董事会秘书和公司章程规定的其他人员。

（二）控股股东，是指其出资额占有限责任公司资本总额超过百分之五十或者其持有的股份占股份有限公司股本总额超过百分之五十的股东；出资额或者持有股份的比例虽然低于百分之五十，但依其出资额或者持有的股份所享有的表决权已足以对股东会的决议产生重大影响的股东。

（三）实际控制人，是指通过投资关系、协议或者其他安排，能够实际支配公司行为的人。

（四）关联关系，是指公司控股股东、实际控制人、董事、监事、高级管理人员与其直接或者间接控制的企业之间的关系，以及可能导致公司利益转移的其他关系。但是，国家控股的企业之间不仅因为同受国家控股而具有关联关系。

《中华人民共和国公司法》（2018年修正，已被修订）

第二十一条 公司的控股股东、实际控制人、董事、监事、高级管理人员不得利用其关联关系损害公司利益。

违反前款规定，给公司造成损失的，应当承担赔偿责任。

第二百一十六条 本法下列用语的含义：

（一）高级管理人员，是指公司的经理、副经理、财务负责人，上市公司董事会秘书和公司章程规定的其他人员。

（二）控股股东，是指其出资额占有限责任公司资本总额百分之五十以上或者其持有的股份占股份有限公司股本总额百分之五十以上的股东；出资额或者持有股份的比例虽然不足百分之五十，但依其出资额或者持有的股份所享有的表决权已足以对股东会、股东大会的决议产生重大影响的股东。

（三）实际控制人，是指虽不是公司的股东，但通过投资关系、协议或者其他安排，能够实际支配公司行为的人。

（四）关联关系，是指公司控股股东、实际控制人、董事、监事、高级管理人员与其直接或者间接控制的企业之间的关系，以及可能导致公司利益转移的其他关系。但是，国家控股的企业之间不仅因为同受国家控股而具有关联关系。

《上市公司章程指引》（2022年修订）

第八十条 股东大会审议有关关联交易事项时，关联股东不应当参与投票表决，其所代表的有表决权的股份数不计入有效表决总数；股东大会决议的公告应当充分披露非关联股东的表决情况。

注释：公司应当根据具体情况，在章程中制订有关关联关系股东的回避和表决程序。

《上市公司股东大会规则》（2022年修订）

第三十一条第一款 股东与股东大会拟审议事项有关联关系时，应当回避表决，其所持有表决权的股份不计入出席股东大会有表决权的股份总数。

法院判决

以下为河南省郑州市中级人民法院和河南省高级人民法院就上海中某公司是否应当赔偿某电缆公司采购差价损失的详细论述：

我国公司法并未禁止关联交易，仅对"利用关联关系损害公司利益"的行为进行规范。合法的交易应当同时满足以下三个条件：交易信息披露充分、交易程序合法、交易对价公允。从这三个条件看，现有证据显示上海中某公司作为某电缆公司控股股东的全资子公司，某电缆公司与上海中某公司案涉交易系关联交易，且存在上海中某公司利用关联关系侵害某电缆公司利益的事实，根据鉴定机构出具的《司法会计鉴定报告书》的结论，2007年至2015年，双方发生交易往来共386笔，涉及金额为人民币753600953.56元，其中83笔存在高买情况，由此给某电缆公司造成损失金额为人民币6231194.70元。《中华人民共和国公司法》第二十一条规定："公司的控股股东、实际控制人、董事、监事、高级管理人员不得利用其关联关系损害公司利益。违反前款规定，给公司造成损失的，应当承担赔偿责任。"[①] 故上海中某公司应对因关联交易给某电缆公司造成的损失承担相应的赔偿责任，相应利息的计算应当自本案起诉之日起按照年6%计付。

延伸阅读

在检索大量类案的基础上，笔者总结相关裁判规则如下，供读者参考。

（一）公司关联交易损害责任纠纷的责任主体是控股股东、实际控制人、董事、监事、高级管理人员。

案例1：刘某顺、龙某华等公司关联交易损害责任纠纷二审民事判决书【广东省深圳市中级人民法院（2020）粤03民终28310号】

本院认为，第一，陶某林虽然在弗某德公司任职，但刘某顺、龙某华、刘某林未举证证明其系财务负责人或其他公司章程规定的高级管理人员，其并不属公司高级管理人员，并非关联交易的责任主体。第二，思某林公司为收款方，系交易相对方，但是并非关联交易的责任主体。刘某顺、龙某华、刘某林提供东某银行内部程序的截屏主张陶某林为思某林公司的财务负责人，但是该截屏内容仅显示"公司/账户授权签署人"，刘某顺、龙某华、刘某林未能初步举证其所主张的事实，故其要求调取思某林公司的财务资料，本院不予准许。因此，刘某顺、

[①] 《公司法》已修改，现相关规定见《公司法》（2023年修订）第二十三条。

龙某华、刘某林基于向某是陶某林的配偶、陶某林是思某林公司的财务负责人，从而主张思某林公司是弗某德公司的关联公司依据不足，原审法院不予采信，本院应予维持。第三，弗某德公司与思某林公司分别设立，工商登记地并不相同，股东并不重合，即便思某林公司曾委托陶某林办理工商登记业务，但不足以证明向某、陶某林与思某林公司之间存在公司法意义上的关联关系。

（二）合法有效的关联交易应当同时满足以下三个条件：交易信息披露充分、交易程序合法、交易对价公允。

案例 2：真某夫餐饮管理有限公司与蔡某标、李某义公司关联交易损害责任纠纷二审民事判决书【广东省东莞市中级人民法院（2015）东中法民二终字第 1912 号】

我国公司法并未禁止关联交易，我国公司法仅对"利用关联关系损害公司利益"的行为进行规范。合法有效的关联交易应当同时满足以下三个条件：交易信息披露充分、交易程序合法、交易对价公允。案涉交易是否属于合法有效的关联交易，本院围绕上述三个条件审查分析。

案例 3：苏州三某金属科技有限公司与苏州合某茂机电有限公司、房某忠公司关联交易损害责任纠纷二审民事判决书【江苏省苏州市中级人民法院（2020）苏 05 民终 8163 号】

本案被告房某忠系三某公司的执行董事，同时系合某茂公司持股 80% 的股东及法定代表人，两公司具有关联关系，案涉交易构成关联交易。但是我国《公司法》中并未明文禁止关联交易，只是对"利用关联关系损害公司利益"的行为进行规范。关联交易是否合法有效，应从交易信息披露充分、交易程序合法、交易对价公允三个要件来考量。原告认为被告房某忠实施不正当的关联交易，应根据"谁主张、谁举证"的诉讼原则承担举证责任，根据原告提供的现有证据，不足以证明其主张，理由如下：一、案涉的投资协议经三某公司持股 100% 的股东表决通过，通过了三某公司的程序批准，客观上代表了全体股东的真实意志。二、投资协议载明三某公司追加投资的 100 万元用于金某焊材公司的代理授权转让，三某公司各股东均知晓交易对象、金额、内容等信息并签字确认。合某茂公司的法定代表人、股权结构等信息系企业公示信息，原告可以自行获取该信息，原告主张被告房某忠故意隐瞒合某茂公司的信息，依据不足。三、关于交易对价，案涉代理权的对价是否公允与合某茂公司获取代理权的对价价格无关，合某茂公司亦无义务向三某公司披露其获取代理权的价格，且根据（2017）苏 0506

民初2739号民事判决书，三某公司已获得金某焊材公司经销商授权并开展业务，无法得出交易对价非公允的结论。四、房某忠虽是三某公司的法定代表人，但其仅持股45%，杨某宝、李某香合计持股55%，房某忠并非三某公司的控股股东，无证据证明房某忠有权直接或者间接控制三某公司进行交易或者牟取私利。五、原告的证据，无法证明被告合某茂公司和被告房某忠存在欺诈和恶意串通的情形，也无法证明转让协议损害了三某公司的利益，原告的主张依据不足。综上，案涉交易合法有效，原告主张房某忠利用其关联关系损害公司利益、案涉转让协议无效，依据不足，本院不予支持。

（三）隐名股东不是关联交易损害责任纠纷的适格原告

案例4：汪某林、浙江凯某实业有限公司公司关联交易损害责任纠纷二审民事裁定书【浙江省嘉兴市中级人民法院（2020）浙04民终3129号】

本院认为，《中华人民共和国公司法》第三十二条规定，有限责任公司应当置备股东名册，记载下列事项：（一）股东的姓名或者名称及住所；（二）股东的出资额；（三）出资证明书编号。记载于股东名册的股东，可以依股东名册主张行使股东权利。公司应当将股东的姓名或者名称向公司登记机关登记；登记事项发生变更的，应当办理变更登记。未经登记或者变更登记的，不得对抗第三人。汪某林并非经正式登记的显名股东，从（2015）嘉盐沈商初字第234号案件来看，其系万某公司的隐名股东，且其也确认不参与万某公司经营管理。故汪某林作为隐名股东，可以享有投资权益，但是有权提起股东代表诉讼的股东是显名股东而非隐名股东。因此，一审认定汪某林提起诉讼主体不适格，并无不当。

052 构成不当关联交易的主体、动机、行为和结果要件

阅读提示

我国《公司法》并不禁止关联交易，仅在关联交易损害公司利益时，公司有权请求相关主体承担赔偿责任。本文在此通过新疆维吾尔自治区高级人民法院的一则案例，从主体、动机、行为和结果四个要件分析关联交易中民事赔偿责任的构成。

裁判要旨

"利用其关联关系"和"损害公司利益"是判定适用《公司法》第二十一条[1]规定的赔偿责任的两个根本标准，具体体现为交易主体、交易动机、交易行为和交易结果四个要件：即交易主体之间是否构成关联关系；交易动机是否表现为关联人利用关联交易牟取私利而损害公司利益的目的；交易行为是否符合正常商业交易规则；关联交易是否造成公司损失。

案情简介[2]

（一）2007年12月22日，新疆凯某公司的股权结构为：首钢某钢铁有限某公司（以下简称首钢某公司）持股66%，禹某持股17%，刘某东持股17%。

（二）2009年9月1日，新疆凯某公司将对天津某公司和爱某斯蒂尔公司共计18950万元债务转移给了首钢某公司，首钢某公司清偿该债务后成为新疆凯某公司的债权人。

（三）2009年9月30日，新疆凯某公司将案涉18950万元债务转移给了巴州凯某公司，首钢某公司成为巴州凯某公司的债权人。

（四）后刘某东诉至法院认为首钢某公司利用关联交易损害新疆凯某公司的利益，要求赔偿损失4749万元。

（五）乌鲁木齐中院一审驳回了刘某东的诉讼请求。新疆维吾尔自治区高级人民法院二审认为案涉公司之间虽然存在关联交易，但并未损害新疆凯某公司的利益，故维持原判。

裁判要点

本案的核心争议在于，如何判断是否构成关联交易以及应否向公司赔偿损失，对此，新疆维吾尔自治区高级人民法院认为：主张相关主体利用关联交易损害公司利益应负赔偿责任的请求权基础是《公司法》第二十一条规定，"公司的控股股东、实际控制人、董事、监事、高级管理人员不得利用其关联关系损害公司利益。违反前款规定，给公司造成损失的，应当承担赔偿责任"。从中可知，

---

[1] 《公司法》已修改，现相关规定见《公司法》（2023年修订）第二十二条。
[2] 案件来源：刘某东与首钢某钢铁有限公司公司关联交易损害责任纠纷二审民事判决书【新疆维吾尔自治区高级人民法院（2021）新民终158号】。

判定赔偿责任的两个根本标准是"利用其关联关系"和"损害公司利益",具体又可分为交易主体、交易动机、交易行为和交易结果四个要件。

第一,交易主体之间需构成关联关系,必须是公司控股股东、实际控制人、董事、监事、高级管理人员。该等主体在《公司法》第二百六十五条(2023年修订)(2018年《公司法》第二百一十六条)有较为详细的定义。

第二,交易动机上,表现为关联人利用关联交易牟取私利而损害公司利益。反之,对于利用对公司信息的熟悉,促成公司的交易,实现交易双方利益双赢的,则不满足交易动机构成要件。

第三,交易行为上,相关交易是否符合公司内部管理制度,如资金使用是否经有权主体审批等。

第四,交易结果上,即是否在实质上损害了公司利益。

实务经验总结

1. 我国法律上不禁止关联交易,是因为公允的关联交易不仅无损于公司利益,还可以降低交易成本、增加商业机会。但是不公允的关联交易则会遭受法律上之不利后果。

2. 对于控股股东、实际控制人、董监高人员利用关联交易损害公司利益的,公司有权依据《公司法》(2023年修订)第二十二条或第一百八十九条(2018年《公司法》第二十一条或第一百四十八条(该条规定仅适用于董高人员))规定提起诉讼,主张民事赔偿责任。

3. 不正当的关联交易不仅可能招致民事责任,也有可能面临刑事责任。如以虚增或降低合同金额将公司款项转至关联方账户的,可构成职务侵占罪。因此对于控股股东等责任主体而言,在涉及关联交易时,应当谨慎考察交易价格、标的等是否合理外,以及关联交易是否依据公司法和章程规定事先经有权主体审批。

相关法律规定

《中华人民共和国公司法》(2023年修订)

第二十二条 公司的控股股东、实际控制人、董事、监事、高级管理人员不得利用关联关系损害公司利益。

违反前款规定，给公司造成损失的，应当承担赔偿责任。

第一百八十条 董事、监事、高级管理人员对公司负有忠实义务，应当采取措施避免自身利益与公司利益冲突，不得利用职权牟取不正当利益。

董事、监事、高级管理人员对公司负有勤勉义务，执行职务应当为公司的最大利益尽到管理者通常应有的合理注意。

公司的控股股东、实际控制人不担任公司董事但实际执行公司事务的，适用前两款规定。

第一百八十一条 董事、监事、高级管理人员不得有下列行为：

（一）侵占公司财产、挪用公司资金；

（二）将公司资金以其个人名义或者以其他个人名义开立账户存储；

（三）利用职权贿赂或者收受其他非法收入；

（四）接受他人与公司交易的佣金归为己有；

（五）擅自披露公司秘密；

（六）违反对公司忠实义务的其他行为。

第一百八十二条 董事、监事、高级管理人员，直接或者间接与本公司订立合同或者进行交易，应当就与订立合同或者进行交易有关的事项向董事会或者股东会报告，并按照公司章程的规定经董事会或者股东会决议通过。

董事、监事、高级管理人员的近亲属，董事、监事、高级管理人员或者其近亲属直接或者间接控制的企业，以及与董事、监事、高级管理人员有其他关联关系的关联人，与公司订立合同或者进行交易，适用前款规定。

第一百八十三条 董事、监事、高级管理人员，不得利用职务便利为自己或者他人谋取属于公司的商业机会。但是，有下列情形之一的除外：

（一）向董事会或者股东会报告，并按照公司章程的规定经董事会或者股东会决议通过；

（二）根据法律、行政法规或者公司章程的规定，公司不能利用该商业机会。

第一百八十四条 董事、监事、高级管理人员未向董事会或者股东会报告，并按照公司章程的规定经董事会或者股东会决议通过，不得自营或者为他人经营与其任职公司同类的业务。

第一百八十八条 董事、监事、高级管理人员执行职务违反法律、行政法规或者公司章程的规定，给公司造成损失的，应当承担赔偿责任。

第一百九十二条 公司的控股股东、实际控制人指示董事、高级管理人员从事损害公司或者股东利益的行为的,与该董事、高级管理人员承担连带责任。

第二百六十五条 本法下列用语的含义:

(一)高级管理人员,是指公司的经理、副经理、财务负责人,上市公司董事会秘书和公司章程规定的其他人员。

(二)控股股东,是指其出资额占有限责任公司资本总额超过百分之五十或者其持有的股份占股份有限公司股本总额超过百分之五十的股东;出资额或者持有股份的比例虽然低于百分之五十,但依其出资额或者持有的股份所享有的表决权已足以对股东会的决议产生重大影响的股东。

(三)实际控制人,是指通过投资关系、协议或者其他安排,能够实际支配公司行为的人。

(四)关联关系,是指公司控股股东、实际控制人、董事、监事、高级管理人员与其直接或者间接控制的企业之间的关系,以及可能导致公司利益转移的其他关系。但是,国家控股的企业之间不仅因为同受国家控股而具有关联关系。

《中华人民共和国公司法》(2018年修正,已被修订)

第二十一条 公司的控股股东、实际控制人、董事、监事、高级管理人员不得利用其关联关系损害公司利益。

违反前款规定,给公司造成损失的,应当承担赔偿责任。

第一百四十七条 董事、监事、高级管理人员应当遵守法律、行政法规和公司章程,对公司负有忠实义务和勤勉义务。

董事、监事、高级管理人员不得利用职权收受贿赂或者其他非法收入,不得侵占公司的财产。

第一百四十八条 董事、高级管理人员不得有下列行为:

……

(四)违反公司章程的规定或者未经股东会、股东大会同意,与本公司订立合同或者进行交易;

……

董事、高级管理人员违反前款规定所得的收入应当归公司所有。

第一百四十九条 董事、监事、高级管理人员执行公司职务时违反法律、行政法规或者公司章程的规定,给公司造成损失的,应当承担赔偿责任。

第二百一十六条 本法下列用语的含义:

(一)高级管理人员,是指公司的经理、副经理、财务负责人,上市公司董事会秘书和公司章程规定的其他人员。

（二）控股股东，是指其出资额占有限责任公司资本总额百分之五十以上或者其持有的股份占股份有限公司股本总额百分之五十以上的股东；出资额或者持有股份的比例虽然不足百分之五十，但依其出资额或者持有的股份所享有的表决权已足以对股东会、股东大会的决议产生重大影响的股东。

（三）实际控制人，是指虽不是公司的股东，但通过投资关系、协议或者其他安排，能够实际支配公司行为的人。

（四）关联关系，是指公司控股股东、实际控制人、董事、监事、高级管理人员与其直接或者间接控制的企业之间的关系，以及可能导致公司利益转移的其他关系。但是，国家控股的企业之间不仅因为同受国家控股而具有关联关系。

法院判决

以下为新疆维吾尔自治区高级人民法院就案涉交易是否构成关联交易并应否向新疆凯某公司赔偿的详细论述：

依照《中华人民共和国公司法》第二十一条规定："公司的控股股东、实际控制人、董事、监事、高级管理人员不得利用其关联关系损害公司利益。违反前款规定，给公司造成损失的，应当承担赔偿责任。"[①] 其中，"利用其关联关系"和"损害公司利益"是判定赔偿责任的两个根本标准，具体体现为交易主体、交易动机、交易行为和交易结果四个要件。

1. 对于交易主体问题，《中华人民共和国公司法》第二百一十六条规定："本法下列用语的含义：……（二）控股股东，是指其出资额占有限责任公司资本总额百分之五十以上或者其持有的股份占股份有限公司股本总额百分之五十以上的股东；出资额或者持有股份的比例虽然不足百分之五十，但依其出资额或者持有的股份所享有的表决权已足以对股东会、股东大会的决议产生重大影响的股东……（四）关联关系，是指公司控股股东、实际控制人、董事、监事、高级管理人员与其直接或者间接控制的企业之间的关系，以及可能导致公司利益转移的其他关系……"[②] 经查明，天津某公司在2009年11月18日前100%持有首钢某公司股权（后变更为持股75%），首钢某公司持有新疆凯某公司66%的股权，新疆凯某公司持有巴州凯某公司75%的股权，因此上述公司具有关联关系，上述

[①] 《公司法》已修改，现相关规定见《公司法》（2023年修订）第二十二条。
[②] 《公司法》已修改，现相关规定见《公司法》（2023年修订）第二百六十五条。

公司之间签订的四份协议属于关联交易。

2. 对于交易动机问题，关联交易涉及关联人的利益。关联人进行关联交易之时可能为牟取私利而损害公司利益，也有可能利用其掌握公司信息的便利、便捷促成公司的交易，实现交易双方利益双赢。案涉四份协议的签订，针对真实发生的借款，变更偿还债务的责任主体，由真实用款人即巴州凯某公司向真实出借人首钢某公司直接还款，跳过中间人即新疆凯某公司，简化还款流程，应属于各方正常的交易活动。

3. 对于交易行为，虽然没有证据证明四份协议的签订经过新疆凯某公司股东会决议，但案涉四份协议签订前后，刘某东系巴州凯某公司的总经理，其具有巴州凯某公司的财务审批权限，应当知道巴州凯某公司直接向首钢某公司偿还借款资金占用费的情况，进而应当知道巴州凯某公司直接向首钢某公司偿还借款的依据即案涉四份协议的情况，其以不知情为由要求否认案涉四份协议系新疆凯某公司、巴州凯某公司真实意思表示的意见不能成立。

4. 对于交易结果问题，如前所述，新疆凯某公司将真实存在的债务转移由真实用款人巴州凯某公司直接向出资人偿还，四份协议并未损害新疆凯某公司利益。关于刘某东主张根据新疆凯某公司2009年审计报告载明天津前某公司转入新疆凯某公司资金为10950万元，但2009年9月1日签订的《债务转移协议书》中记载金额为11950万元，该审计报告使用的资料均为新疆凯某公司2008年的财务资料，并不包含2009年的财务资料，且新疆凯某公司明确确认，与财务核对后实际收到款项11950万元正确，故对刘某东要求以该数额差额认定四份协议虚假的意见，本院不予采纳。

5. 即使认定首钢某公司利用关联交易直接取得资金占用费行为不当，如需返还，也应向该资金占用费支付人巴州凯某公司返还，新疆凯某公司主张不经巴州凯某公司直接向其返还该笔资金占用费，无法律依据。

综上，案涉公司之间虽然存在关联交易，但并未损害新疆凯某公司利益。一审认定事实清楚，适用法律正确。

延伸阅读

在检索大量类案的基础上，笔者总结相关裁判规则如下，供读者参考。

（一）应从交易主体、交易动机、交易行为和交易结果四个要件来判断是否适用《公司法》第二十一条（2023年修订的《公司法》第二十二条）规定的关联交易损害赔偿责任。

案例1：佛山市三水宏某土石方工程有限公司、广州东某饮食娱乐有限公司公司关联交易损害责任纠纷二审民事判决书【广东省佛山市中级人民法院（2017）粤06民终643号】

根据宏某公司与东某公司、叶某松、千某酒店的诉辩意见，本案二审期间的争议焦点是东某公司、叶某松应否向千某酒店赔偿损失116万元。宏某公司在诉讼中明示该司代表千某酒店在本案提出赔偿请求，实体性法律依据是《中华人民共和国公司法》第二十一条。该法条规定如下："公司的控股股东、实际控制人、董事、监事、高级管理人员不得利用其关联关系损害公司利益。违反前款规定，给公司造成损失的，应当承担赔偿责任。"其中，"利用其关联关系"和"损害公司利益"是判定赔偿责任的两条根本标准。该根本标准具体体现为交易主体、交易动机、交易行为和交易结果四个要件。

（二）判断是否构成关联交易并应当赔偿损失，应考察是否实质损害公司利益，不能仅以关联程序合法合章程抗辩不构成不当关联交易。

案例2：珠海市鑫某发展有限公司、王某宁公司关联交易损害责任纠纷二审民事判决书【广东省珠海市中级人民法院（2019）粤04民终2495号】

关联交易是否经过法律、行政法规或公司章程规定的程序并非判断关联交易是否损害公司利益的实质要件。故此，王某宁等拟申请证人出庭证明案涉交易经过公司内部决议程序不属于本案审理的基本事实，一审法院对王某宁等三上诉人在举证期限届满后提出的证人出庭申请未予准许既符合《最高人民法院关于适用〈中华人民共和国民事诉讼法〉的解释》第一百一十七条的规定，亦不会影响本案的实体审理。王某宁等上诉人有关一审法院程序违法的主张不成立，本院不予采纳。同理，对于王某宁等上诉人二审期间提交的证人出庭申请，本院亦不予准许。

案例3：安徽丰某药业股份有限公司与程某显、安徽省巢湖蜂某制药有限公司、安徽百春制药有限公司侵害企业出资人权益纠纷上诉案【安徽省高级人民法院（2004）皖民二终字第62号】

百某公司与蜂某公司之间的借款事实，各方当事人均无异议。双方发生借款的关系应属于关联交易。由于该协议违反了国家的有关金融法规，应当确认为无效。但该关联交易是对百某公司有利的,而并非损害百某公司的利益,故原审判决以与丰某药业诉请程某显损害公司权益纠纷案无关为由驳回丰某药业的该项诉请,并无不当。

案例4:某能化有限公司、安顺永峰煤某集团有限公司公司关联交易损害责任纠纷二审民事判决书【最高人民法院(2020)最高法民终55号】

关于本案是否存在抽逃出资并损害公司利益的问题。首先,从协议的签订目的来看,东某公司签订股权转让协议,既符合《出资协议书》第1条载明的成立东某公司的目的,即"共同出资设立公司作为兼并整合贵州省辖区内煤矿的主体",也符合《出资协议书》第4条载明的收购目标煤矿的范围,即包括"焦煤等其他具有收购价值的中小煤矿"。虽然本院(2017)最高法民终416号民事判决已确认案涉交易属于关联交易,但某能化公司举示的证据不能证明关联方签订股权转让协议及支付定金时,具有抽逃出资的主观故意。东某公司和金某公司作为股权出让方,对收取的股权转让款如何进行分配,与本案无直接关联,亦无证据证明股权转让款的分配问题对东某公司的利益造成损害。其次,从合同的履行结果来看,若股权转让协议履行成功,东某公司不仅可持有海某公司100%的股权,还可间接控制晴某公司及该公司持有的六个煤矿采矿权和贵州省煤矿企业兼并重组主体资格;若该协议履行失败,东某公司亦可根据股权转让协议第6.9.2条之约定,以已支付的8000万元定金作为转让价款,按照海某公司届时的实际价值,计算东某公司的持股比例。结合以上事实,东某公司可通过案涉股权交易获得合理对价,该股权交易行为不属于利用关联交易将出资转出的抽逃出资情形,并未损害东某公司利益,某能化公司的相应主张不能成立。某能化公司还主张,某某、贾某涛、潘某、李某涛因配合、协助抽逃出资,应承担连带赔偿责任,如前所述,案涉股权交易并非抽逃出资损害公司利益的行为,该主张缺乏事实基础,本院不予支持。

(三)董事、高级管理人员未经股东会同意进行关联交易的,构成对忠实义务的违反。

案例5:天津新某田制药有限公司与滕某二审民事判决书【天津市第一中级人民法院(2016)津01民终4069号】

本院认为,董事、高级管理人员在其任职期间,对公司所承担的基本义务即是忠实义务。按照公司法的原则,具有关联关系的公司之间进行关联交易,必须受法律特别的规制。根据公司法规定,关联关系,是指公司控股股东、实际控制人、董事、监事、高级管理人员与其直接或者间接控制的企业之间的关系，以及可能导致公司利益转移的其他关系。本案中，滕某作为高级管理人员担任新某田公司总经理，在滕某任职期间其批准刘某担任新某田公司市场开发部课长，而刘某与滕某之父滕某官合伙成立天津永某大药房，鉴于双方特殊的关系，滕某与天津永某大药房应属关联关系，新某田公司与天津永某大药房所产生的交易属关联交易。新某田公司与天津永某大药房之间涉及货物买卖的关联交易，无论是否由滕某利用职权促成，滕某作为公司的总经理，同时又分管公司的市场开发部，负有将此项关联关系向公司股东会报告的义务。然而，本案尚无证据证明滕某履行了报告义务，因此，滕某的行为构成对公司忠实义务的违反。

053 董事、高管不能仅以查询工商档案可以知悉关联交易存在主张已对公司履行披露义务

阅读提示

董事、高管是否事先将关联交易情况向公司披露，是判断关联交易是否正当的重要标准之一。如董事、高管从事关联交易并未直接向公司披露，而是以公司完全可以通过公开途径查询工商档案知悉关联关系存在为由主张自身不负未披露责任的，法院是否予以支持呢？本文在此通过最高人民法院的一则经典案例，对上述问题进行分析。

裁判要旨

在审查关联交易程序是否合法时，法院需审查关联交易行为是否已经向公司披露和报告。如董事及高管人员仅以关联交易持续时间长、公开的工商档案中可以查询到相关关联关系存在为由主张公司应当知道关联交易存在的，人民法院不予支持，而应当认定董事、高管人员未履行披露义务，违反了忠诚义务。

案情简介 [①]

（一）2009 年 5 月 12 日，钱某公司注册成立，高某华、程某合计持股 60%，为该公司实际控制人。

（二）2009 年 5 月 26 日，西安陕某汽轮机有限公司（以下简称陕某汽轮机公司）注册成立，高某华任副董事长、总经理，程某任董事。

（三）经查明，2010 年至 2015 年 5 月，陕某汽轮机公司与钱某公司共签订采购合同近 2100 份，总额约为 2.5 亿元。陕某汽轮机公司因此诉至法院，认为高某华、程某隐瞒关联交易行为损害了公司利益，要求赔偿损失。

（四）西安中院一审认为，陕某汽轮机公司可以通过查询工商档案知晓钱某公司的股权结构，因此不能以高某华、程某未履行披露义务认定关联交易违法，判决驳回陕某汽轮机公司诉请。陕西高院二审维持原判。

（五）陕某汽轮机公司不服，向最高人民法院申请再审。最高人民法院认为高某华、程某未履行披露义务，违反忠诚义务损害了公司利益，判决向陕某汽轮机公司赔偿损失 706 万元。

实务经验总结

1. 我国法律并未禁止关联交易，仅禁止损害公司利益的不正当关联交易。这是因为正当的关联交易可以减少交易成本、促进交易机会，不仅不会损害公司及全体股东的利益，反而会产生积极效果。因此，董事、高级管理人员等进行关联交易的，应当在程序与实质上做到合法合规合章程，避免被认定为不正当关联交易而背负赔偿责任。

2. 具体而言，在程序上，开展关联交易应当及时向公司进行披露与报告；实质上，关联交易的价格应当公允，不得损害公司利益。应当注意，即使关联交易完全符合正当程序，即经过股东会批准且已向公司披露，也不必然会被认定为合法，法院还需要从关联交易是否实质损害了公司的利益来判断其合法性。

3. "损害公司利益责任纠纷"和"公司关联交易损害责任纠纷"两个案由存在交叉，如以后一个案由起诉则需要证明关联交易行为的存在。因此在没有证

[①] 案件来源：西安陕某汽轮机有限公司、高某华等公司关联交易损害责任纠纷再审民事判决书【最高人民法院（2021）最高法民再 181 号】。

据证明关联交易行为存在的时候，应谨慎选择起诉案由。

相关法律规定

《中华人民共和国公司法》（2023 年修订）

第二十一条　公司股东应当遵守法律、行政法规和公司章程，依法行使股东权利，不得滥用股东权利损害公司或者其他股东的利益。

公司股东滥用股东权利给公司或者其他股东造成损失的，应当承担赔偿责任。

第二十二条　公司的控股股东、实际控制人、董事、监事、高级管理人员不得利用关联关系损害公司利益。

违反前款规定，给公司造成损失的，应当承担赔偿责任。

第二十三条　公司股东滥用公司法人独立地位和股东有限责任，逃避债务，严重损害公司债权人利益的，应当对公司债务承担连带责任。

股东利用其控制的两个以上公司实施前款规定行为的，各公司应当对任一公司的债务承担连带责任。

只有一个股东的公司，股东不能证明公司财产独立于股东自己的财产的，应当对公司债务承担连带责任。

第二十四条　公司股东会、董事会、监事会召开会议和表决可以采用电子通信方式，公司章程另有规定的除外。

第二十五条　公司股东会、董事会的决议内容违反法律、行政法规的无效。

第一百八十条　董事、监事、高级管理人员对公司负有忠实义务，应当采取措施避免自身利益与公司利益冲突，不得利用职权牟取不正当利益。

董事、监事、高级管理人员对公司负有勤勉义务，执行职务应当为公司的最大利益尽到管理者通常应有的合理注意。

公司的控股股东、实际控制人不担任公司董事但实际执行公司事务的，适用前两款规定。

第二百六十五条　本法下列用语的含义：

……

（四）关联关系，是指公司控股股东、实际控制人、董事、监事、高级管理人员与其直接或者间接控制的企业之间的关系，以及可能导致公司利益转移的其他关系。但是，国家控股的企业之间不仅因为同受国家控股而具有关联关系。

《中华人民共和国公司法》（2018年修正，已被修订）

第二十条　公司股东应当遵守法律、行政法规和公司章程，依法行使股东权利，不得滥用股东权利损害公司或者其他股东的利益；不得滥用公司法人独立地位和股东有限责任损害公司债权人的利益。

公司股东滥用股东权利给公司或者其他股东造成损失的，应当依法承担赔偿责任。

公司股东滥用公司法人独立地位和股东有限责任，逃避债务，严重损害公司债权人利益的，应当对公司债务承担连带责任。

第二十一条　公司的控股股东、实际控制人、董事、监事、高级管理人员不得利用其关联关系损害公司利益。

违反前款规定，给公司造成损失的，应当承担赔偿责任。

第一百四十七条第一款　董事、监事、高级管理人员应当遵守法律、行政法规和公司章程，对公司负有忠实义务和勤勉义务。

第二百一十六条　本法下列用语的含义：

……

（四）关联关系，是指公司控股股东、实际控制人、董事、监事、高级管理人员与其直接或者间接控制的企业之间的关系，以及可能导致公司利益转移的其他关系。但是，国家控股的企业之间不仅因为同受国家控股而具有关联关系。

《最高人民法院关于适用〈中华人民共和国公司法〉若干问题的规定（五）》（2020年修正）

第一条第一款　关联交易损害公司利益，原告公司依据民法典第八十四条、公司法第二十一条规定请求控股股东、实际控制人、董事、监事、高级管理人员赔偿所造成的损失，被告仅以该交易已经履行了信息披露、经股东会或者股东大会同意等法律、行政法规或者公司章程规定的程序为由抗辩的，人民法院不予支持。

法院判决

以下为最高人民法院再审中就案涉关联交易是否履行了披露义务的详细论述：

高某华、程某是否履行了披露义务。披露关联交易有赖于董事、高级管理人员积极履行忠诚及勤勉义务，将其所进行的关联交易情况向公司进行披露及报告。根据陕某汽轮机公司《公司章程》第三十六条关于"董事及公司经营层人员不得自营或者为他人经营与本公司同类的业务或者从事损害本公司利益的活动。从事上述业务或者活动的，所有收入应当归公司所有。董事及公司经营层人员除公司章程规定或者股东会同意外，不得同本公司订立合同或者进行交易。董事及公司经营层人员执行公司职务时违反法律、行政法规或者公司章程的规定，给公司造成损害的，应当依法承担赔偿责任"的规定，本案高某华、程某作为董事及高级管理人员，未履行披露义务，违反了董事、高级管理人员的忠诚义务。根据《中华人民共和国公司法》第二十一条第一款关于"公司的控股股东、实际控制人、董事、监事、高级管理人员不得利用其关联关系损害公司利益"的规定，高某华、程某的行为不仅违反陕某汽轮机公司《公司章程》的约定，亦违反上述法律规定。

以下为西安中院一审中就案涉关联交易是否履行了披露义务的详细论述：

陕某汽轮机公司与钱某公司之间从2010年至2015年5月签订了约2100份采购合同，涉及金额高达2.5亿元，双方不仅交易时间长而且交易金额高。此种情况下，即使高某华、程某未提供直接证据证明向陕某汽轮机公司披露担任钱某公司股东的相关事实，陕某汽轮机公司作为交易的一方对于钱某公司的相关股权情况应当是可以通过查询工商档案知晓的。本案中陕某汽轮机公司仅以高某华、程某未披露相关任职情况而否认关联交易的合法性不具有合理性。

延伸阅读

在检索大量类案的基础上，笔者总结相关裁判规则如下，供读者参考。

（一）以关联交易行为损害公司利益的案件，法院可能考虑到侵害手段的特殊性，而优先将案由定为"公司关联交易损害责任纠纷"，而非"损害公司利益责任纠纷"。

案例1：昆明云某红酒业发展有限公司、吴某良公司关联交易损害责任纠纷二审民事判决书【福建省高级人民法院（2016）闽民终1521号】

关于本案案由应定为"公司关联交易损害责任纠纷"还是"损害公司利益责任纠纷"的问题。本院认为，《中华人民共和国公司法》第二十一条所禁止的关联行为系公司的控股股东、实际控制人、董事、监事、高级管理人员利用其关联关系进行利益转移输送，从而损害公司利益的行为。《中华人民共和国公司法》第一百四十八条第一款规定，董事、监事、高级管理人员应当遵守法律、行政法规和公司章程，对公司负有忠实义务和勤勉义务。《中华人民共和国公司法》第一百五十条规定，董事、监事、高级管理人员执行公司职务时违反法律、行政法规或者公司章程的规定，给公司造成损失的，应当承担赔偿责任。[①] 吴某良兼具德某公司法定代表人、执行董事、总经理以及飞某公司监事的双重身份，其代表德某公司与飞某公司签订《经销商合同书》的行为符合关联交易的法律特征。鉴于本案云某红酒业发展有限公司所诉称的公司高级职员违背忠实义务损害公司利益的行为主要是通过关联交易形式来体现，故一审法院将本案定性为公司关联交易损害责任纠纷，并无不当。

（二）公司高管明知交易为关联交易但不履行披露义务，即可认定关联交易程序缺乏完整性，关联交易程序不合法。

案例2：周某梅、刘某锋公司关联交易损害责任纠纷二审民事判决书【广东省广州市中级人民法院（2019）粤01民终11290号】

本案中，西某公司与柯某特公司之间的买卖合同关系，刘某锋主张已向周某梅或公司充分披露，但其二审期间提供的2017年第二次股东会议记录虽载明会议向股东汇报2017年2月1日至2017年6月2日公账和公司财务经营情况等，但该会议记录并未明确记载包含西某公司与柯某特公司涉案买卖交易的信息，周某梅主张刘某锋并未告知涉案交易的情况，而刘某锋未能提供其他证据证实其已向周某梅履行充分披露义务，其应承担举证不能的不利后果。

综合上述，因在涉案的关联交易中，刘某锋明知涉案交易为关联交易的情况下，未履行充分披露义务，其提供的涉案交易手续亦缺乏完整性，但周某梅亦无充分举证证明涉案关联交易造成柯某特公司实际损失的大小。一审法院综合周某梅、刘某锋、西某公司的举证情况，酌情认定刘某锋、西某公司需向柯某特公司赔偿损失100000元，符合公平合理原则，本院予以维持。

（三）董事、高管构成关联交易，也不必然导致对公司承担赔偿责任，其赔偿责任的承担需以关联交易行为实际给公司造成损失为前提。关联交易对价公允未给公司造成损失的，不属于不当关联交易，董事、高管不应承担赔偿责任。

案例3：上海垭某软件开发有限公司、上海环某数码科技有限公司等与上海浩某物业管理有限公司、倪某琪等公司关联交易损害责任纠纷二审民事判决书【上海市第二中级人民法院（2016）沪02民终7836号】

[①] 《公司法》已修改，现相关规定见《公司法》（2023年修订）第二十二条、第一百八十条、第一百八十八条。

关联交易并不必然引发相关董事、高管的赔偿责任，而是必须以前述关联交易行为给公司造成损失为前提。然而临某科技公司等四公司作为虹某国际科技广场的所有权方，委托物业管理企业对其所有的物业进行管理和维护，实属正常，所花费的物业费用，亦属合理的经营管理支出，从此角度而言，临某科技公司等四公司与浩某公司签订《物业服务合同》，委托浩某公司对虹某国际科技广场进行物业管理，属于正常的商事行为，且垭某公司、环某公司、中某公司未能举证证明涉案物业服务合同的订立造成了垭某公司、环某公司、中某公司实际损失，故一审法院认定垭某公司、环某公司、中某公司不存在因为关联交易而造成损失，浩某公司、倪某琪、谭某均不应承担赔偿责任，从而判决驳回垭某公司、环某公司、中某公司的诉讼请求，并无不当。

054 股东利用关联公司进行利益输送逃避债务，债权人如何维权？

阅读提示

股东利用实际控制的关联公司进行利益输送逃避债务的，债权人除可请求作为直接债务人的公司承担责任外，还可以主张哪些主体承担连带责任？本文在此通过最高人民法院的一则经典案例，对上述问题进行分析。

裁判要旨

股东利用实际控制的关联公司进行利益输送，属于滥用公司法人独立地位、严重损害债权人利益的，债权人不仅可以请求债务人公司清偿债务，还有权诉请否认相关关联公司的法人人格，要求股东与关联公司承担连带责任。

案情简介 ①

（一）内蒙古盛某建设（集团）有限公司（以下简称盛某公司）设立于2009年3月5日，北京锦某新天地园林景观工程有限公司（以下简称锦某公司）

---

① 案件来源：内蒙古盛某建设（集团）有限公司、北京锦某新天地园林景观工程有限公司等建设工程施工合同纠纷二审民事判决书【最高人民法院（2020）最高法民终503号】。

设立于 2009 年 11 月 16 日，铭某公司设立于 2013 年 2 月 1 日，三家公司均为林某伟、林某强实际控制。

（二）2013 年 3 月 28 日，盛某公司、锦某公司分别将赛罕区人民政府发包的小黑河项目相关债权债务概括转移给了苏某峰等人，苏某峰等人于 2013 年 5 月 30 日又转包给了美某公司。

（三）2015 年 2 月、4 月，赛罕区财政局分别支付盛某公司、锦某公司工程款 14967 万元、1300 万元，两公司分别将此款转入铭某公司。

（四）美某公司因此诉至法院，要求盛某公司、锦某公司向其返还所属工程款，并请求林某伟、林某强、铭某公司对前述债务承担连带责任。

（五）内蒙古高院一审和最高人民法院二审均支持了美某公司的诉请，认为林某伟、林某强利用实际控制的关联公司逃避对美某公司的债务，林某伟、林某强及关联公司铭某公司均应负连带清偿责任。

裁判要点

本案的核心争议在于，股东利用实际控制的公司进行利益输送逃避债务，债权人是否有权请求股东和关联公司承担连带责任，对此，最高人民法院认为：

首先，林某伟、林某强系盛某公司、锦某公司股东，并且结合案件事实可知，林某伟、林某强与盛某公司、锦某公司存在着业务、财产混同的情况。盛某公司、锦某公司、林某伟、林某强明知赛罕区人民政府支付的工程款应当转付给美某公司，但未经美某公司同意即转让给关联公司，导致盛某公司、锦某公司无法清偿对美某公司的债务，严重损害了美某公司的利益，因此林某伟、林某强应当根据《公司法》第二十条第三款对前述债务承担连带责任。

其次，盛某公司、锦某公司、林某伟、林某强将案涉工程款划转给铭某公司，属于林某伟、林某强利用其实际控制的关联公司进行利益输送的情形，共同损害了债权人美某公司的利益，故关联方铭某公司法人人格应予以否认，亦应对上述债务承担连带责任。

实务经验总结

1. 法人人格否认制度作为公司人格独立原则的例外，具有严格的适用条件。具体而言，主体上必须是营利性法人，客观方面需存在股东滥用公司法人独立地位和股东有限责任、逃避债务的行为，结果要件上则需要造成严重损害公司债权人利益的后果。

2. 实务中，股东不仅应确保公司与自身在业务经营、财务管理等方面互相独立，还应做好公司内部的合规工作，确保各关联公司之间也相互独立，避免被人民法院认定为关联公司已经丧失了独立人格，应对相关债务承担连带责任。

3. 2023年修订的《公司法》不仅规定了股东对公司债务承担连带责任的顺向人格否认制度，也明确了关联公司之间互负连带责任的横向否认制度。且实务中要求公司对股东债务承担连带责任的逆向人格否认制度亦有一些裁判案例，因此债权人维权时可以参考适用。

相关法律规定

《中华人民共和国民法典》

第八十三条　营利法人的出资人不得滥用出资人权利损害法人或者其他出资人的利益；滥用出资人权利造成法人或者其他出资人损失的，应当依法承担民事责任。

营利法人的出资人不得滥用法人独立地位和出资人有限责任损害法人债权人的利益；滥用法人独立地位和出资人有限责任，逃避债务，严重损害法人债权人的利益的，应当对法人债务承担连带责任。

《中华人民共和国公司法》（2023年修订）

第二十一条　公司股东应当遵守法律、行政法规和公司章程，依法行使股东权利，不得滥用股东权利损害公司或者其他股东的利益。

公司股东滥用股东权利给公司或者其他股东造成损失的，应当承担赔偿责任。

第二十三条　公司股东滥用公司法人独立地位和股东有限责任，逃避债务，严重损害公司债权人利益的，应当对公司债务承担连带责任。

股东利用其控制的两个以上公司实施前款规定行为的，各公司应当对任一公司的债务承担连带责任。

只有一个股东的公司，股东不能证明公司财产独立于股东自己的财产的，应当对公司债务承担连带责任。

《中华人民共和国公司法》（2018年修正，已被修订）

第二十条　公司股东应当遵守法律、行政法规和公司章程，依法行使股东权利,不得滥用股东权利损害公司或者其他股东的利益;不得滥用公司法人独立地位和股东有限责任损害公司债权人的利益。

公司股东滥用股东权利给公司或者其他股东造成损失的,应当依法承担赔偿责任。

公司股东滥用公司法人独立地位和股东有限责任,逃避债务,严重损害公司债权人利益的,应当对公司债务承担连带责任。

《全国法院民商事审判工作会议纪要》

11.【过度支配与控制】公司控制股东对公司过度支配与控制,操纵公司的决策过程,使公司完全丧失独立性,沦为控制股东的工具或躯壳,严重损害公司债权人利益,应当否认公司人格,由滥用控制权的股东对公司债务承担连带责任。实践中常见的情形包括:

(1)母子公司之间或者子公司之间进行利益输送的;

(2)母子公司或者子公司之间进行交易,收益归一方,损失却由另一方承担的;

(3)先从原公司抽走资金,然后再成立经营目的相同或者类似的公司,逃避原公司债务的;

(4)先解散公司,再以原公司场所、设备、人员及相同或者相似的经营目的另设公司,逃避原公司债务的;

(5)过度支配与控制的其他情形。

控制股东或实际控制人控制多个子公司或者关联公司,滥用控制权使多个子公司或者关联公司财产边界不清、财务混同,利益相互输送,丧失人格独立性,沦为控制股东逃避债务、非法经营,甚至违法犯罪工具的,可以综合案件事实,否认子公司或者关联公司法人人格,判令承担连带责任。

法院判决

以下为最高人民法院就林某伟、林某强、铭某公司应否对案涉债务承担连带清偿责任的详细论述:

根据一审查明的事实,案涉《债权转让协议》载明,林某伟、林某强系盛某公司、锦某公司的股东、法定代表人、实际控制人。2013年3月28日由林某伟、林某强与苏某峰、贺某签订的《关于小黑河项目退出协议书》表明,林某伟、林某强与盛某公司、锦某公司在案涉工程项目建设上公司业务与个人业务未予区分。案涉《债权转让协议》载明，盛某公司就案涉工程垃圾土及回填土工程款债权实际由林某伟、林某强享有，相应税费由林某伟、林某强承担，而林某伟个人于2015年1月30日向丁某借款的66万元，亦用于工程款缴税。以上证据证明，林某伟、林某强与盛某公司、锦某公司存在着业务、财产混同的情况。本案中，2015年2月9日、2015年2月16日，呼和浩特市赛罕区财政局向盛某公司先后支付14517万元、450万元。2015年4月15日，赛罕区财政局向锦某公司汇入工程款1300万元。盛某公司、锦某公司、林某伟、林某强在收到上述款项的当日或者次日将大部分款项转入其关联公司铭某公司，但其并未提供证据证明铭某公司取得案涉款项支付了对价，对于无偿提供给铭某公司使用的该部分款项，亦没有证据证明盛某公司、锦某公司作出合法、规范的财务记载。盛某公司、锦某公司、林某伟、林某强明知赛罕区人民政府于2013年5月15日之后支付的工程款应当转付给美某公司，但其在《债权转让协议》未生效时，未征得美某公司同意即向关联公司无偿划转美某公司应得工程款，具有故意逃避公司债务的主观过错，而一审法院根据美某公司申请调取的盛某公司、锦某公司相关银行账户的流水显示，上述款项划转之后，盛某公司、锦某公司在其银行账户内的资金余额显然已经无法清偿案涉债务，盛某公司、锦某公司、林某伟、林某强的上述行为严重损害了美某公司的利益，故一审法院判决林某伟、林某强在盛某公司、锦某公司向美某公司支付工程款本息范围内承担连带责任并无不当。

林某强系盛某公司股东，林某伟系案涉款项划转时锦某公司、铭某公司的股东，林某伟、林某强为兄弟关系，案涉《债权转让协议》确认了林某伟、林某强为盛某公司、锦某公司的实际控制人。盛某公司、锦某公司、林某伟、林某强将案涉款项划转给铭某公司，属于林某伟、林某强利用其实际控制的关联公司进行利益输送的情形，铭某公司在没有合同及法律依据的情况下占有使用案涉工程款，上述行为共同损害了债权人美某公司的利益。故铭某公司作为债务人盛某公司、锦某公司的关联公司，其法人人格应予以否认，其就接收盛某公司、锦某公司的款项的返还应与盛某公司、锦某公司承担连带责任。根据已查明的事实，盛某公司向铭某公司转入工程款14517万元，锦某公司向铭某公司转入工程款1300万元，故铭某公司就该两笔债务本息的返还应承担连带责任。14517万元扣除税金后为139813227元，应自2015年2月10日起至今计算利息。一审法院判令锦某公司就1300万元扣除税金后返还12524200元，应自2015年4月16日起至今计算利息。经计算，上述两笔款项本息合计已经超出15817万元，但一审判决铭某公司在 15817 万元范围内承担连带责任，美某公司未提起上诉，应视为认可，故本院对一审判决的该项认定予以维持。

延伸阅读

在检索大量类案的基础上，笔者总结相关裁判规则如下，供读者参考。

（一）一人有限责任公司的股东应举证证明公司财产独立于其个人财产，否则应当对公司债务承担连带责任。

案例1：连云港裕某房地产开发有限公司、杨某桂股权转让纠纷二审民事判决书【浙江省宁波市中级人民法院（2019）浙02民终3319号】

裕某公司系由陆某祥出资设立的一人有限责任公司。陆某祥未能举证证明裕某公司的财产独立于其个人财产，故在本案法律关系中应适用一人公司法人人格否认的有关规定，将本应作为相互独立的裕某公司及其股东陆某祥视为同一主体，由公司为其单独股东负担责任，以保护债权人的合法利益。一审法院认定裕某公司应当连带承担陆某祥向杨某桂、岑某国、劳某杰返还股权转让款1950万元及相应利息损失的责任，并无不当。

（二）否认法人人格的前提之一是出现了严重损害公司债权人利益的结果。

案例2：吴某与张某离婚纠纷民事判决书【北京市第三中级人民法院（2016）京03民再26号】

本案中诉争的耀某德星公司系张某、吴某二人作为股东的有限责任公司，即俗称的"夫妻公司"。有限责任公司的法人人格系公司法所明定，并不因股东之间的身份关系而有所不同，本案特殊之处在于双方当事人均认可该公司财产和家庭财产形成了混同，该情况是否会导致公司法人人格的否定需要进一步分析。就该问题，《中华人民共和国公司法》第二十条第三款规定："公司股东滥用公司法人独立地位和股东有限责任，逃避债务，严重损害公司债权人利益的，应当对公司债务承担连带责任。"① 本案中存在家庭财产和公司财产混同的行为，该行为只是认定行为要件中符合公司法人格形骸化这一要件的事实，并不构成公司法人人格否认的主体要件和结果要件，因此不能认定存在公司法人人格否定。

---

① 《公司法》已修改，现相关规定见《公司法》（2023年修订）第二十三条第一款。

（三）公司股东仅存在单笔转移公司资金的行为，尚不足以否认公司独立人格的，可参照股东抽逃出资情况下的责任形态之规定，判决公司股东对公司债务不能清偿的部分在其转移资金的金额及相应利息范围内承担补充赔偿责任。

案例3：三亚凯某投资有限公司、张某男确认合同效力纠纷二审民事判决书
【最高人民法院（2019）最高法民终960号】

本案中，凯某公司该单笔转账行为尚不足以证明凯某公司和张某男构成人格混同。并且，凯某公司以《资产转让合同》目标地块为案涉债务设立了抵押，碧某园公司亦未能举证证明凯某公司该笔转账行为严重损害了其作为债权人的利益。因此，凯某公司向张某男转账2951.8384万元的行为，尚未达到否认凯某公司的独立人格的程度。原审法院依据《公司法》第二十条第三款径行判令张某男对本案中凯某公司的全部债务承担连带责任不当，本院予以纠正。

作为凯某公司股东的张某男在未能证明其与凯某公司之间存在交易关系或者借贷关系等合法依据的情况下，接收凯某公司向其转账2951.8384万元，虽然不足以否定凯某公司的独立人格，但该行为在客观上转移并减少了凯某公司资产，降低了凯某公司的偿债能力，张某男应当承担相应的责任。该笔转款2951.8384万元超出了张某男向凯某公司认缴的出资数额，根据举重以明轻的原则并参照《最高人民法院关于适用〈中华人民共和国公司法〉若干问题的规定（三）》第十四条关于股东抽逃出资情况下的责任形态的规定，张某男应对凯某公司的3.2亿元及其违约金债务不能清偿的部分在2951.8384万元及其利息范围内承担补充赔偿责任。

055 关联公司构成人格混同是否应互负连带责任？

阅读提示

一般情况下，公司法人格否认制度指向要求股东承担连带责任的纵向否认。特殊情形下，也可指向否认关联公司法人人格要求关联公司相互之间对公司债务负连带责任的横向否认，对此2023年修订的《公司法》第二十三条已进行明确规定。本文在此通过辽宁省高级人民法院的一则案例，对横向否认制度的适用进行分析。

裁判要旨

认定关联公司之间存在人格混同,需以公司人员混同、业务混同、财务混同为前提。在构成人格混同的情况下,关联公司需就相应债务承担连带责任。

案情简介 [①]

(一)鑫某公司成立于2004年6月3日,股东为陈某壹(持股90%)和陈某贰(持股10%)。

(二)大连某森科技发展有限公司(以下简称某森公司)成立于2009年3月26日,股东为韩某(持股95%)和陈某壹(持股5%)。2014年12月2日,股东变更为韩某一人。

(三)另查明,陈某壹系陈某贰的姐姐,陈某壹系韩某的母亲,韩某从未参与公司经营。

(四)2010年12月17日,鑫某公司向根某市农村信用合作联社(以下简称根某信用社)借款2480万元,未依约清偿。根某信用社因此诉至法院,要求鑫某公司和某森公司对前述债务承担连带责任。

(五)大连中院一审和辽宁某院二审均认为,某森公司与鑫某公司存在高度人格混同,某森公司应就鑫某公司所负对根某信用社借款债务承担连带清偿责任。

裁判要点

本案的核心争议在于,能否要求关联公司互相之间对公司债务承担连带责任,对此,辽宁省高级人民法院认为:

虽然我国现行公司法尚未明确规定关联公司之间的法人人格横向否认制度,但司法实践中并不少见。多参照《公司法》第二十条第三款[②]规定和《徐工集团工程机械股份有限公司诉成都川交工贸有限责任公司等买卖合同纠纷案》(指导案例15号)的裁判思路进行适用。

具体而言,要横向否认关联公司的独立人格,使他们互相之间对公司债务承

[①] 案件来源:大连某森科技发展有限公司、根某市农村信用合作联社等股东损害公司债权人利益责任纠纷二审民事判决书【辽宁省高级人民法院(2021)辽民终815号】。
[②] 《公司法》已修改,现相关规定见《公司法》(2023年修订)第二十三条第一款。

担连带责任，要以公司人员混同、业务混同、财务混同的构成为前提。在认定存在人格混同，且严重损害公司债权人利益的，债权人可诉请关联公司承担连带清偿责任。

实务经验总结

1. 对债权人来说，当作为债务人的公司无力清偿债务时，债权人可积极从法人人格否认制度入手要求相关主体承担连带责任。不仅包括要求滥用公司法人独立地位和股东有限责任逃避债务的股东承担连带责任，还包括要求存在人格混同情况的关联公司承担连带责任。

2. 对股东而言，应建立尊重公司独立人格的观念，公司的独立人格是防止公司债务危及股东自身财产安全的"护城河"。从本案经验入手，股东在公司经营管理中可以自查以下三个方面：一是公司人员方面，多个关联公司的董事、监事、高级管理人员是否由相同的人担任；二是公司业务方面，主要看多个关联公司的经营范围是否重合；三是公司财务方面，不可共用结算账户，各公司应当建立独立的财务账册。

3. 2023年修订的《公司法》施行之前，无论是横向还是纵向的法人人格否认制度，均是公司人格独立原则的例外，因此适用起来都需高度审慎，而2023年修订的《公司法》第二十三条对关联公司之间互相承担连带责任进行了规定，适用法律依据将更加明确。

相关法律规定

《中华人民共和国民法典》

第八十三条 营利法人的出资人不得滥用出资人权利损害法人或者其他出资人的利益；滥用出资人权利造成法人或者其他出资人损失的，应当依法承担民事责任。

营利法人的出资人不得滥用法人独立地位和出资人有限责任损害法人债权人的利益；滥用法人独立地位和出资人有限责任，逃避债务，严重损害法人债权人的利益的，应当对法人债务承担连带责任。

《中华人民共和国公司法》（2023年修订）

第二十三条 公司股东滥用公司法人独立地位和股东有限责任，逃避债务，严重损害公司债权人利益的,应当对公司债务承担连带责任。

股东利用其控制的两个以上公司实施前款规定行为的,各公司应当对任一公司的债务承担连带责任。

只有一个股东的公司,股东不能证明公司财产独立于股东自己的财产的,应当对公司债务承担连带责任。

《中华人民共和国公司法》(2018年修正,已被修订)

第二十条 公司股东应当遵守法律、行政法规和公司章程,依法行使股东权利,不得滥用股东权利损害公司或者其他股东的利益;不得滥用公司法人独立地位和股东有限责任损害公司债权人的利益。

公司股东滥用股东权利给公司或者其他股东造成损失的,应当依法承担赔偿责任。

公司股东滥用公司法人独立地位和股东有限责任,逃避债务,严重损害公司债权人利益的,应当对公司债务承担连带责任。

《全国法院民商事审判工作会议纪要》

11.【过度支配与控制】公司控制股东对公司过度支配与控制,操纵公司的决策过程,使公司完全丧失独立性,沦为控制股东的工具或躯壳,严重损害公司债权人利益,应当否认公司人格,由滥用控制权的股东对公司债务承担连带责任。实践中常见的情形包括:

(1) 母子公司之间或者子公司之间进行利益输送的;

(2) 母子公司或者子公司之间进行交易,收益归一方,损失却由另一方承担的;

(3) 先从原公司抽走资金,然后再成立经营目的相同或者类似的公司,逃避原公司债务的;

(4) 先解散公司,再以原公司场所、设备、人员及相同或者相似的经营目的另设公司,逃避原公司债务的;

(5) 过度支配与控制的其他情形。

控制股东或实际控制人控制多个子公司或者关联公司,滥用控制权使多个子公司或者关联公司财产边界不清、财务混同、利益相互输送,丧失人格独立性,沦为控制股东逃避债务、非法经营,甚至违法犯罪工具的,可以综合案件事实,否认子公司或者关联公司法人人格,判令承担连带责任。

法院判决

以下为辽宁省高级人民法院就某森公司应否对鑫某公司的生效判决债务承担连带清偿责任的详细论述：

根某信用社以股东陈某壹利用对某森公司和鑫某公司的实际控制，将两公司财产混同，损害其作为债权人实现债权的利益为由，诉请某森公司、陈某壹等对鑫某公司上述生效判决债务承担连带清偿责任。本案各方对于呼伦贝尔市中级人民法院生效判决无异议，二审争议的焦点为某森公司与鑫某公司是否存在人格混同，应否对鑫某公司的生效判决债务承担连带清偿责任。本院认为，依据一、二审现已查明的事实，没有充分有效的证据可以排除某森公司与鑫某公司存在高度人格混同的事实。具体分述如下：

一，鑫某公司成立于2004年6月，注册资本100万元，陈某壹持股90%，其弟陈某贰持股10%。某森公司成立于2009年3月，注册资本50万元，韩某持股95%、陈某壹持股5%。2011年，某森公司增加注册资本至500万元。2012年，陈某壹将所持股份全部让予韩某，使韩某成为某森公司一人股东。陈某壹与韩某系母子关系，某森公司成立时，韩某未满18周岁，直至2012年某森公司股东变更为韩某一人时，韩某仍为在校学生，从未参与某森公司的创建与经营。

二，鑫某公司经营范围为木制品、多层板、雪糕棒加工销售、货物进出口、技术进出口。某森公司经营范围为食品科技研发、雪糕棒加工、包装、销售，货物进出口、技术进出口。二公司经营范围主要均为雪糕棒加工与销售，存在高度混同。

三，在一审法院对鑫某公司、某森公司共同走私犯罪案件作出的（2014）大刑二初字第14号刑事判决书中记载：被告人陈某贰供述：鑫某公司、某森公司的业务都由我负责。某森公司的前身是鑫某科技公司，管理人员都是一样的。证人陈某壹证言：我是鑫某公司法定代表人，某森公司的股东，这两家公司都是我出资设立的。某森公司是后注册的，就是鑫某科技公司换了个名字，人员组成及经营状况都没有变化。证人韩某证言：我是某森公司法定代表人，公司是由我家来投钱，陈某贰来经营。在该刑事判决书审理查明的事实中认定：鑫某公司成立于2004年，某森公司成立于2009年，其人员结构沿袭鑫某科技公司的原班人马，由陈某贰任总经理，负责公司的全面业务。

四，一审卷中鑫某公司2009年12月30日《资产负债表》显示资产期末数为 32621323.64 元，2010 年 12 月 30 日《资产负债表》显示资产总计期末数为 32730985.63 元，2011 年后因未再进行工商年检而被吊销，巨额资产去向不明。一审中，根某信用社申请对鑫某公司账目进行审计，陈某壹和某森公司以鑫某公司在刑事案件处理过程中，连同公章都被海关扣押，在移交过程中相关材料已经丢失等为由未予提交，致使审计无法进行。依据《最高人民法院关于适用〈中华人民共和国民事诉讼法〉的解释》第一百一十二条"书证在对方当事人控制之下的，承担举证证明责任的当事人可以在举证期限届满前书面申请人民法院责令对方当事人提交""对方当事人无正当理由拒不提交的，人民法院可以认定申请人所主张的书证内容为真实"，某森公司依法应当承担因不提交财务账目，导致进行司法审计不能所造成的不能有效排除某森公司与鑫某公司之间财产混同的法律责任。

综上，本案一审判决认定事实清楚，证据充分，适用法律正确。某森公司上诉提出未与鑫某公司存在人员、业务及财产混同，不应对鑫某公司案涉生效判决债务承担连带清偿责任的主张，证据不足，缺乏事实和法律依据，不予支持。

> 延伸阅读

在检索大量类案的基础上，笔者总结相关裁判规则如下，供读者参考。

关联公司的人员、业务、财务等方面交叉或混同，导致各自财产无法区分，丧失独立人格的，构成人格混同。关联公司人格混同，严重损害债权人利益的，关联公司相互之间对外部债务承担连带责任。

案例1：徐某集团工程机械股份有限公司与四川瑞某建设工程有限公司、成都川某工程机械有限责任公司等买卖合同纠纷二审民事判决书【江苏省高级人民法院（2011）苏商终字第 0107 号】

川某工贸公司、川某机械公司、瑞某公司在经营中无视各自的独立人格，随意混淆业务、财务、资金，相互之间界线模糊，无法严格区分，使得交易相对人难以区分准确的交易对象。在均与徐某科技公司有业务往来的情况下，三公司还刻意安排将业务统计于川某工贸公司的名下，客观上削弱了川某工贸公司的偿债能力，有滥用公司独立人格以逃废债务之嫌。三公司虽在工商登记部门登记为彼此独立的企业法人，但实际上人员混同、业务混同、财务混同，已构成人格混同，损害了债权人的利益，违背了法人制度设立的宗旨，其危害性与《中华人民共和国公司法》第二十条规定的股东滥用公司法人独立地位和股东有限责任的情形相当。① 为保护债权人的合法利益，规范公司行为，参照《中华人民共和国公司法》第二十条的规定，川某机械公司、瑞某公司应当对川某工贸公司的债务承担连带清偿责任。上诉人川某机械公司、瑞某公司关于川某工贸公司、川某机械公司、瑞某公司为各自独立的法人，应各自承担责任的理由不能成立。

案例2：朱某文与临沂市源某物资回收有限公司、临沂市昆某物资有限公司买卖合同纠纷申诉、申请民事裁定书【最高人民法院（2016）最高法民申3168号】

参照《最高人民法院关于发布第四批指导性案例的通知（法〔2013〕24号）》指导性案例15号"徐某集团工程机械股份有限公司诉成都川某工贸有限责任公司等买卖合同纠纷案"，判断公司法人人格混同通常适用三个标准，即人员混同、业务混同、财产混同。对于不存在持股关系的关联公司而言，认定人格混同、要求关联公司承担连带责任，更需有证据证实公司之间表征人格的因素（人员、业务、财务等）高度混同，导致各自财产无法区分，已丧失独立人格，构成人格混同，而且这种混同状态给债权人带来债务主体辨认上的困难，使关联公司逃避巨额债务，最终危害到债权人的利益。本案中，朱某文主张昆某公司与源某公司人格混同，导致各自财产无法区分，请求判令昆某公司对源某公司的债务共同承担连带偿付责任。朱某文的再审主张能否成立，不仅需判断昆某公司与源某公司是否在人员、业务、财产方面构成混同，而且需判断昆某公司、源某公司是否藉此逃避债务、损害朱某文的债权利益。

案例3：内蒙古盛某建设（集团）有限公司、北京锦某新天地园林景观工程有限公司等建设工程施工合同纠纷二审民事判决书【最高人民法院（2020）最高法民终503号】

林某强系盛某公司股东，林某伟系案涉款项划转时锦某公司、铭某公司的股东，林某伟、林某强为兄弟关系，案涉《债权转让协议》确认了林某伟、林某强为盛某公司、锦某公司的实际控制人。盛某公司、锦某公司、林某伟、林某强将案涉款项划转给铭某公司，属于林某伟、林某强利用其实际控制的关联公司进行利益输送的情形，铭某公司在没有合同及法律依据的情况下占有使用案涉工程款，上述行为共同损害了债权人美某公司的利益。故铭某公司作为债务人盛某公司、锦某公司的关联公司，其法人人格应予以否认，其就接收盛某公司、锦某公司的款项的返还应与盛某公司、锦某公司承担连带责任。

案例4：天津市汇某电力设备科技有限公司、天津市金某达低压电器有限公

---

① 《公司法》已修改，现相关规定见《公司法》（2023年修订）第二十三条。

司等买卖合同纠纷二审民事判决书【天津市第二中级人民法院（2022）津 02 民终 583 号】

《公司法》第二十条第一款是针对公司法人人格否认法理的总括性规定，只要是股东有滥用法人人格和股东有限责任的情形，无论是传统情形，还是扩张情形，均在本款的规制范围之内。本案的审理不可避免地需要对法律进行解释，在解释中应当遵循解释的基本原则，如忠实于法律文本的原则、忠实于立法目的和立法意图原则等。扩张解释作为一种解释方法，虽然对法律用语作比通常含义更广的解释，但不能超出法律用语可能具有的含义，只能在法律文义的"射程"范围内进行解释。从《公司法》第二十条的文义来看，其规制的对象是股东，行为主体和责任主体都是股东，将股东扩张解释至关联公司，并未超出扩张解释的范畴。因为，关联公司人格混同的原因多是由于股东滥用了公司法人独立地位和股东有限责任，否认关联公司各自的独立人格，将关联公司视为一体，对其中特定公司的债权人的请求承担连带责任，实质就是将滥用关联公司人格的股东责任延伸至完全由其控制的关联公司上，由此来救济利益受损的债权人，根据《中华人民共和国民法总则》第六条规定，民事主体从事民事活动，应当遵循公平原则，合理确定各方的权利和义务。① 该解释符合公平正义原则。因此，本案比照最相类似的条款，按照类似情况类似处理的原则，参照适用了《公司法》第二十条第三款②，应当判决关联公司之间承担连带责任。

案例 5：烟台盈某置业股份有限公司、烟台金某沣实业有限公司等与公司有关的纠纷二审民事判决书【山东省烟台市中级人民法院（2021）鲁 06 民终 4211 号】

综上，上述四公司的股东、董事、主要管理及决策人员存在严重交叉、重叠的人员混同，实际控制人控制多个子公司或者关联公司，使多个子公司或关联公司财产边界不清、财务混同，且二上诉人之间及涉案的山东盈某置业公司、山东盈某实业公司之间住所、经营范围相同、相近、重合。一审法院基于二上诉人及涉案的山东盈某实业公司、山东盈某置业公司之间的人员、财务、业务、住所混同情况在本案否定上述四公司人格二上诉人主张的本案不存在人格混同证据不足，理由不当，本院不予支持。

案例 6：山东建某铁塔制造有限公司、山东省标某服装厂追偿权纠纷再审审查与审判监督民事裁定书【最高人民法院（2017）最高法民申 1162 号】

---

① 《民法总则》已失效，现相关规定见《民法典》第六条。
② 《公司法》已修改，现相关规定见《公司法》（2023 年修订）第二十三条第一款。

标某服厂与标某服公司虽存在人员兼职等情形，但尚不足以构成人格混同。《中华人民共和国公司法》第二十条的规定和本院 2013 年 1 月 31 日公布的第 15 号指导案例，即"徐某集团工程机械股份有限公司诉成都川某工贸有限责任公司等买卖合同纠纷案"的裁判要旨，与本案实际并不相符。在人员方面，标某服厂和标某服公司虽存在法定代表人互相兼职，以及标某服厂的部分职工下岗后到标某服公司工作，但二者尚未达到人员严重混同、重叠的程度，不足以认定为人员混同。在业务方面，虽然二者登记的经营范围存在部分重合，但并无证据证明二者在实际经营过程中存在同种业务行为，且名称互用达到使交易对方无法区分的程度，不足以认定为业务混同，二审判决认定并无错误。在财产方面，虽然标某服公司在标某服厂原址成立，但标某服厂出资中的房屋、土地使用权并未过户至标某服公司名下，仅由标某服公司使用，且二者之间有厂房租赁合同，标某服厂拥有自己的实物资产；标某服厂 1994 年至 2002 年一直缴纳增值税、工商所得税、社会治安费，在案涉贷款发生时有经营行为，独立缴纳经营税费；标某服厂是标某服公司的股东，而标某服公司不持有标某服厂股份，二者不存在交叉持股情形；亦无其他证据表明二者存在资金财产归属不明、收益不区分、财务管理不清晰的情形。据此，二者尚未达到财产无法区分、丧失企业独立人格的程度，不足以认定为财产混同。此外，案涉贷款最初于 2002 年 10 月 20 日发生，建某公司当时即为保证人，2004 年 12 月 30 日为借新还旧再次贷款时，建某公司再次提供担保，故建某公司对于标某服厂和标某服公司的经营状况应系自始明知。鉴于标某服厂和标某服公司在上述人员、业务、财产等方面尚未达到无法区分、失去独立性的程度，二审判决认定二者不构成人格混同并无不当，建某公司主张二者构成混同并由标某服公司对担保贷款承担连带清偿责任，依据不足。

案例 7：中铁某局集团第四工程有限公司与揭阳市凤某路桥有限公司、广州市奎某建材有限公司建设工程施工合同纠纷二审民事判决书【河北省高级人民法院（2014）冀民一终字第 208 号】

关于凤某公司与奎某公司是否存在法人人格混同。公司作为法人，其运行基础是人的组合，不同公司间一旦组织机构混同，极易导致公司财务、利益整体性混同，公司的独立性将不复存在。本案凤某公司与奎某公司在履行施工合同期间，法定代表人同为郑某彪，郑某彪同时在两公司各拥有 90% 股份，且两公司同时任用黄某敏为该工程财务人员，两公司的工作人员存在重叠，因此可以认定两公司间组织机构混同。另，奎某公司以自己的名义对外发包凤某公司承包的本案工程，其行为也已表明两公司的实际经营内容一致，实际业务混同。奎某公司以自己的名义在某局四公司支取工程款，凤某公司对其支取款项予以确认，且两公司在该工程中均由财务人员黄某敏对外办理业务，两公司亦存在财务混同的情形。总之，两公司在组织机构、财务及业务方面均存在混同现象，人格特征高度一致，两公司存在法人人格混同。对于吴某斌诉凤某公司柴油买卖纠纷一案，揭东县人民法院认定了该柴油用于此工程施工。该判决生效后，揭东县人民法院在给某局四公司下发的执行通知书中载明，未发现凤某公司有可供执行的财产。故在关联公司利用人格混同逃避债务时，为维护债权人的正当利益，应参照《公司法》第二十条第三款①的规定，由关联公司对债务承担连带清偿责任。原审以在该工程中凤某公司与奎某公司存在组织机构、财务及业务混同的情况下，判决两公司对某局四公司承担连带清偿责任并无不当。

案例8：深圳市柯某亚电子有限公司与深圳桑某科技有限公司、桑某科技（重庆）有限公司买卖合同纠纷二审民事判决书【广东省深圳市中级人民法院（2014）深中法商终字第1696号】

本院认为深圳桑某公司和重庆桑某公司在与柯某亚公司进行涉案交易期间，已构成公司人格混同，理由如下：

一、两公司业务混同。深圳桑某公司和重庆桑某公司的经营范围均为生产经营汽车音响、影音显示系统、电子产品的贴片、插件、GPS导航系统、便携式多功能掌上电脑、车身总线控制模块及车载雷达。在实际经营中，深圳桑某公司和重庆桑某公司向柯某亚公司采购同类货品，并使用格式、内容相同的采购订单，电话、传真号码一致。送货地点均为深圳桑某公司的住所地。上诉事实足以认定深圳桑某公司和重庆桑某公司存在业务混同的情形。

二、两公司人员混同。在重庆桑某公司2009年7月成为持有深圳桑某公司100%股权的股东之前，深圳桑某公司和重庆桑某公司的股东均为桑某（香港）科技有限公司，且均持有100%股权。高级管理人员在两公司交叉任职，其中宋某某在担任重庆桑某公司的总经理期间，同时担任深圳桑某公司的执行董事。在与柯某亚公司进行交易时，深圳桑某公司和重庆桑某公司的采购人员均为严某某、批准人均为贾某某。上诉事实足以认定深圳桑某公司和重庆桑某公司存在人员混同的情形。

三、两公司财务混同。重庆桑某公司成立后不久即成为深圳桑某公司持股

---

① 《公司法》已修改，现相关规定见《公司法》（2023年修订）第二十三条第一款。

100%的股东，即深圳桑某公司为一人有限责任公司，根据《中华人民共和国公司法》第六十四条的规定，重庆桑某公司作为深圳桑某公司的股东，应当证明深圳桑某公司的财产独立于重庆桑某公司的财产，否则应当对深圳桑某公司的债务承担连带责任。本案中，重庆桑某公司虽然提交了其2010年至2012年的年度财务报表及审计报告，并据此主张两公司财务独立，但从一审法院查明的事实分析，重庆桑某公司的监事李某某，代表深圳桑某公司与柯某亚公司签订《货款支付协议》，确认深圳桑某公司未支付柯某亚公司货款1255983.71元；重庆桑某公司原法定代表人李某某发出《致各位供应商朋友的一封信》，认可深圳桑某公司拖欠供应商货款的事实，上述事实足以认定深圳桑某公司和重庆桑某公司存在财务混同的情形，重庆桑某公司提交的年度财务报表及审计报告不足以推翻该认定。

综合上述分析，本院认为在涉案的交易期间，深圳桑某公司和重庆桑某公司存在公司人格混同的情形，参照《中华人民共和国公司法》第二十条第三款①的规定，重庆桑某公司应就深圳桑某公司对柯某亚公司的涉案货款债务承担连带清偿责任。

---

① 《公司法》已修改，现相关规定见《公司法》（2023年修订）第二十三条第一款。

第七章　股权转让

056 非上市股份公司能否约定限制股权转让？

阅读提示

2018年《公司法》第七十一条明确规定有限责任公司章程有权对股权转让作出其他约定，但第一百三十七条则既未肯定亦未否定股份有限公司章程是否也有权对股份转让作出其他约定，2023年《公司法》第一百五十七条明确规定了股份有限公司章程可以对股份转让作出规定，该法施行前，股份公司章程中股份转让限制性条款究竟效力如何？本文在此通过北京市高级人民法院的一则案例，对上述问题进行分析。

裁判要旨

公司法未明确禁止股份有限公司的股东约定对股份转让加以限制，故应从公司实际情况、限制约定的合理性等角度综合考量此种约定的效力。对于股东人数较少的非上市股份公司为促进公司利益而合意达成的章程中股份转让限制条款，具有合理性，应属有效。

案情简介[①]

（一）恩某公司为非上市股份公司，截至2017年11月，股东为某有色工程公司（持股51.9%）、麦某理公司和北京世某星河投资管理有限责任公司（以下简称世某星河公司）。

（二）恩某公司的章程规定：各股东转让股份需经麦某理公司事先同意。

---

① 案件来源：某有色工程公司等与北京世某星河投资管理有限责任公司等请求变更公司登记纠纷二审民事判决书【北京市高级人民法院（2022）京民终67号】。

（三）2021年2月，某有色工程公司与中某生态公司签订《股权转让合同》，约定将持有的对恩某公司51.9%股份转让给后者。另查明，本次股转未取得麦某理公司同意。

（四）麦某理公司因此诉至法院。北京四中院一审判决案涉股转限制规定有效。

（五）某有色工程公司不服提起上诉。北京市高级人民法院二审对一审该判决予以维持。

裁判要点

本案的核心争议在于，非上市股份公司能否约定限制股权转让，对此，北京市高级人民法院认为：

首先，公司法对于有限公司的股权转让规定"公司章程对股权转让另有规定的，从其规定"，对股份公司则没有相同规定。从立法精神来理解，这种区别对待是为体现两类公司人合性与资合性的不同特性，因此判断非上市股份公司的股转限制约定是否有效，应从公司实际情况、限制约定的合理性等角度综合考量该约定是否违背了公司法的立法精神。

其次，恩某公司虽为股份公司，但仅有三名股东，人合性十分显著；另外，恩某公司章程中约定的股权转让条款也具有合理性。基于以上，某有色工程公司对外转让股份应受公司章程等关于股份转让的限制性约定的约束。

实务经验总结

1. 股份自由流通是股份公司的生命，2023年修订的《公司法》施行前，原则上不应允许股份公司股东对自由转让股权约定限制性条件。但是法律并未明文禁止股份公司章程对股权转让进行限制性规定，因此实务中股份公司的此类约定效力存在争议，法院会综合股份公司人数、股权转让限制性条款是否合理等因素来综合判断。通常来说，人数较少、人合性显著的非上市股份公司达成的股份转让限制性规定更容易得到法院认可。

2. 2023年修订的《公司法》第一百五十七条明确规定："股份有限公司的股东持有的股份可以向其他股东转让，也可以向股东以外的人转让；公司章程对股份转让有限制的，其转让按照公司章程的规定进行。"该法施行后，司法实务中，对股份有限公司章程作出的股份转让规定的效力认定将不再有争议，但如果相关限制性条款严重损害股东权利，可能会被认定无效。

3. 对于投资人而言，在对非上市股份公司进行投资前，仍应当审慎核查目标公司章程中是否存在限制股转的约定。

相关法律规定

《中华人民共和国公司法》（2023年修订）

第一百五十七条 股份有限公司的股东持有的股份可以向其他股东转让，也可以向股东以外的人转让；公司章程对股份转让有限制的，其转让按照公司章程的规定进行。

《中华人民共和国公司法》（2018年修正，已被修订）

第十一条 设立公司必须依法制定公司章程。公司章程对公司、股东、董事、监事、高级管理人员具有约束力。

第七十一条 有限责任公司的股东之间可以相互转让其全部或者部分股权。

股东向股东以外的人转让股权，应当经其他股东过半数同意。股东应就其股权转让事项书面通知其他股东征求同意，其他股东自接到书面通知之日起满三十日未答复的，视为同意转让。其他股东半数以上不同意转让的，不同意的股东应当购买该转让的股权；不购买的，视为同意转让。

经股东同意转让的股权，在同等条件下，其他股东有优先购买权。两个以上股东主张行使优先购买权的，协商确定各自的购买比例；协商不成的，按照转让时各自的出资比例行使优先购买权。

公司章程对股权转让另有规定的，从其规定。

第一百三十七条 股东持有的股份可以依法转让。

法院判决

以下为北京市高级人民法院就关于股份有限公司股东可否通过章程等约定对外转让股份的限制性条件的详细论述：

关于案涉股份有限公司股东通过章程等约定对外转让股份的限制性条件效力一节。首先，各方对公司章程和《合营合同》内容的约定是基于某有色工程公司及恩某公司的国资性质。其次，恩某公司是一家非上市股份有限公司，且不属于非上市公众公司，其股东仅有三人，应允许这类公司的股东通过合意达成股份转让的限制性条件，尊重公司内部治理意思自治，某有色工程公司对外转让股份应受公司章程等关于股份转让的限制性约定的约束。

延伸阅读

在检索大量类案的基础上，笔者总结相关裁判规则如下，供读者参考。

（一）严重损害股东权利的股权转让限制条款无效。

案例1：赵某、昆明仟某营养食品科研开发有限公司公司决议效力确认纠纷二审民事判决书【云南省昆明市中级人民法院（2017）云01民终2233号】

《公司法》虽然基于有限责任公司人合性的因素赋予了公司章程对股权转让可以作出特殊规定，但如果章程规定违反法律规定侵害到股东合法权益的应当无效。仟某公司2011年10月28日股东会对公司章程第二十一条修订内容仅规定了：除非公司100%股东同意，否则禁止公司股东对外转让股权。对于无法达到100%股东同意的条件下，禁止股东对外转让股权的同时，并未规定任何救济途径，严重损害了股东对其股份对应财产权的基本处分权；况且在形成该项内容时，本案上诉人赵某并未参加股东会表决，事后也未进行追认。因此，该条款因违反法律规定，损害股东合法权利而无效。

（二）股份有限公司章程约定的股份转让限制条件具有合理性，并未侵害股东的财产性权利的，对公司与各股东具有约束力。

案例2：张家港保税区仟某投资贸易有限公司、梦某星河能源股份有限公司股东资格确认纠纷二审民事判决书【最高人民法院（2020）最高法民终1224号】

公司章程是关于公司组织和行为的自治规则，是公司的行为准则，对公司具有约束力。公司章程又具有契约的性质，体现了股东的共同意志，对公司股东也具有约束力。公司及股东应当遵守和执行公司章程。案涉股份转让的目标公司梦某公司修订后的公司章程对股东向第三方转让股份作出限制性规定，即应事先取得其他股东一致同意及其他条件。尽管该修订后的公司章程并未在工商档案中备案，未起到公示作用，但因梦某公司时任各股东均已盖章确认，故在公司内部对公司股东应当具有约束力。梦某公司的股东在对外转让股份时，应当遵守公司章程相关规定。

案例3：宋某军与西安市大某餐饮有限责任公司股东资格确认纠纷申请再审民事裁定书【陕西省高级人民法院（2014）陕民二申字第00215号】

首先，大某公司章程第十四条规定，"公司股权不向公司以外的任何团体和个人出售、转让。公司改制一年后，经董事会批准后可以公司内部赠与、转让和继承。持股人死亡或退休经董事会批准后方可继承、转让或由企业收购，持股人若辞职、调离或被辞退、解除劳动合同的，人走股留，所持股份由企业收购。"依照《公司法》第二十五条第二款"股东应当在公司章程上签名、盖章"的规定，① 有限公司章程系公司设立时全体股东一致同意并对公司及全体股东产生一致约束力的规则性文件，宋某军在公司章程上签名的行为，应视为其对前述规定的认可和同意，该章程对大某公司及宋某军均产生约束力。其次，基于有限责任公司封闭性和人合性的特点，由公司章程对公司股东转让股权作出某些限制性规定，系公司自治的体现。在本案中，大某公司进行企业改制时，宋某军之所以成为大某公司的股东，其原因在于宋某军与大某公司具有劳动合同关系，如果宋某军与大某公司没有建立劳动关系，宋某军则没有成为大某公司股东的可能性。同理，大某公司章程将是否与公司具有劳动合同关系作为确定股东身份的依据继而作出"人走股留"的规定，符合有限责任公司封闭性和人合性的特点，亦系公司自治原则的体现，不违反公司法的禁止性规定。最后，大某公司章程第十四条关于股权转让的规定，属于对股东转让股权的限制性规定而非禁止性规定，宋某军依法转让股权的权利没有被公司章程所禁止，大某公司章程不存在侵害宋某军股权转让的情形。综上，本案一、二审法院均认定大某公司章程不违反《公司法》的禁止性规定，应为有效的结论正确，宋某军的此节再审申请理由不能成立。

案例4：上诉人A公司为与被上诉人B、C股权转让纠纷一案【上海市第一中级人民法院（2012）沪一中民四（商）终字第S1806号】

虽然A公司的章程规定股权转让必须经董事会通过，但是由于该规定与公司法的规定相悖，所以对本案各方当事人没有约束力。关于有限责任公司的股权转让，在我国公司法第三章中已经有明确的规定。《公司法》第七十二条规定，有限责任公司的股东之间可以相互转让其全部或者部分股权。股东向股东以外的人转让股权，应当经其他股东过半数同意。其他股东半数以上不同意转让的，不同意的股东应当购买该转让的股权；不购买的，视为同意转让。② 此处，并没有限制性的规定股权转让必须经董事会决议的程序。并且，股权转让需经董事会决议的程序客观上限制了公司法赋予有限责任公司股东依法转让股权的法定权利，因

---

① 《公司法》已修改，现相关规定见《公司法》（2023年修订）第四十六条第二款。
② 《公司法》已修改，现相关规定见《公司法》（2023年修订）第八十四条。

此该规定不但与公司法相悖，而且完全不具有合理性，亦不属于当事人可以自由约定的内容范畴。A 公司关于公司法中没有就此作出限制性规定的主张，曲解了公司法关于股权转让的相关规定，本院不予采纳。

（三）章程中有关绝对禁止或变相禁止股权转让的条款违法无效。

案例5：周某桂、卢某泉股权转让纠纷二审民事判决书【浙江省杭州市中级人民法院（2020）浙01民终3668号】

流通是股权的自然属性，股东转让其股权的权利是应有之义。有限责任公司的章程条款或者全体股东协议限制股权转让必须符合立法目的和法律强制性规定，绝对禁止股权转让的规定无效。本案中，铜陵悦某公司四名股东通过协议禁止股权对外转让的约定应属无效。现周某桂在庭审中明确了其他股东在同等条件下拒绝受让诉争股权的情形，故周某桂、卢某泉之间的案涉股权转让行为合法有效。

057 第三人明知违反章程中股权转让限制性规定仍受让股权的，不能确认为股东

阅读提示

2018年《公司法》第七十一条第四款（2023年修订的《公司法》第八十四条第三款）规定："公司章程对股权转让另有规定的，从其规定"。据此，有限责任公司章程中对股权转让可以作出一定的限制性规定，那么公司以外第三人违反该等规定受让股权的，能否顺利确认为股东呢？本文在此通过湖南省高级人民法院的一则案例，对上述问题进行分析。

裁判要旨

有限责任公司可以在章程中对股权转让作出限制性规定，系公司意思自治的体现，在不违反公司法等法律法规的禁止性规定的情况下，对公司及股东具有法律约束力。第三人在明知情况下违反该等规定受让股权的，公司可拒绝确认其股东身份、拒绝协助办理工商变更登记手续。

案情简介 ①

（一）长沙某汽车有限公司（以下简称某汽车公司）章程和股权转让方案规定股东不得对外转让股权。

（二）2008年12月25日至2009年2月20日，第三人屈某南共受让某汽车公司89.25万元股权，后某汽车公司向其出具了载有其姓名的股东名册。

（三）另查明，1998年2月25日至2009年4月16日，屈某南之父屈某德担任某汽车公司的法定代表人。

（四）后屈某南诉至法院请求确认其股东资格。长沙县人民法院一审认为股东名册具有权利推定力，据此确认了屈某南的股东资格。长沙中院二审维持原判。

（五）某汽车公司不服，向湖南省高级人民法院申请再审，请求确认案涉股转行为无效，湖南省高级人民法院维持原判。

（六）后经湖南省高级人民法院审判委员会讨论，裁定对该案再审。湖南省高级人民法院再审否认了屈某南的股东资格。

裁判要点

本案的核心争议在于，违反章程中股转限制性规定受让股权的能否请求法院确认其股东资格，对此，湖南省高级人民法院认为：

首先，有限责任公司的章程对股权转让作出的限制性规定，体现了公司自治意思，只要不违反法律法规即为有效，对于公司及股东具有约束力。

其次，屈某南并非某汽车公司职工，不符合章程中的股权转让条件。且屈某南是某汽车公司控股子公司的负责人，参加过公司股东会，其父亲又长期担任某汽车公司的法定代表人、董事长，因此屈某南对于某汽车公司章程中的股权转让限制性规定应当是明知的。

综上，屈某南受让股权不符合某汽车公司章程规定的条件，不具有公司股东资格。

---

① 案件来源：长沙某汽车有限公司、屈某南股东资格确认纠纷再审民事判决书【湖南省高级人民法院（2020）湘民再304号】。

实务经验总结

1. 对于有限责任公司而言，基于其封闭性、人合性的特征，其在公司章程中对股权转让作出限制性规定应属有效并无太大疑问，但此种规定不得违反强制性法律法规的要求，否则亦会被法院认定为无效。如不得实质性剥夺股东转让股权的权利等。

2. 违反公司章程规定转让股权并不一定导致股权转让协议无效，股权转让人与受让人之间依法达成的股权转让协议依法有效，违反公司章程规定仅影响协议的实际履行，也即公司可以拒绝确认该受让人是公司股东，并拒绝为其办理变更工商登记程序。

3. 为避免股权转让与公司章程规定相违背而发生争议，受让人应尽合理审查义务，对公司是否存在此类限制性条款予以调查，并可以与股权出让人约定违约条款，在因出让人原因导致股权转让协议无法履行时有权向其主张违约责任。

相关法律规定

《最高人民法院关于适用〈中华人民共和国公司法〉若干问题的规定（三）》（2020年修正）

第二十二条 当事人之间对股权归属发生争议，一方请求人民法院确认其享有股权的，应当证明以下事实之一：

（一）已经依法向公司出资或者认缴出资，且不违反法律法规强制性规定；

（二）已经受让或者以其他形式继受公司股权，且不违反法律法规强制性规定。

第二十四条第一款、第二款 有限责任公司的实际出资人与名义出资人订立合同，约定由实际出资人出资并享有投资权益，以名义出资人为名义股东，实际出资人与名义股东对该合同效力发生争议的，如无法律规定的无效情形，人民法院应当认定该合同有效。

前款规定的实际出资人与名义股东因投资权益的归属发生争议，实际出资人以其实际履行了出资义务为由向名义股东主张权利的，人民法院应予支持。名义股东以公司股东名册记载、公司登记机关登记为由否认实际出资人权利的，人民法院不予支持。

《中华人民共和国公司法》（2023 年修订）

第五条 设立公司应当依法制定公司章程。公司章程对公司、股东、董事、监事、高级管理人员具有约束力。

第二十一条 公司股东应当遵守法律、行政法规和公司章程，依法行使股东权利，不得滥用股东权利损害公司或者其他股东的利益。

公司股东滥用股东权利给公司或者其他股东造成损失的，应当承担赔偿责任。

第五十六条 有限责任公司应当置备股东名册，记载下列事项：

（一）股东的姓名或者名称及住所；

（二）股东认缴和实缴的出资额、出资方式和出资日期；

（三）出资证明书编号；

（四）取得和丧失股东资格的日期。

记载于股东名册的股东，可以依股东名册主张行使股东权利。

第八十四条第三款 公司章程对股权转让另有规定的，从其规定。

《中华人民共和国公司法》（2018 年修正，已被修订）

第十一条 设立公司必须依法制定公司章程。公司章程对公司、股东、董事、监事、高级管理人员具有约束力。

第二十条第一款 公司股东应当遵守法律、行政法规和公司章程，依法行使股东权利，不得滥用股东权利损害公司或者其他股东的利益；不得滥用公司法人独立地位和股东有限责任损害公司债权人的利益。

第三十二条第一款、第二款 有限责任公司应当置备股东名册，记载下列事项：

（一）股东的姓名或者名称及住所；

（二）股东的出资额；

（三）出资证明书编号。

记载于股东名册的股东，可以依股东名册主张行使股东权利。

第七十一条第四款 公司章程对股权转让另有规定的，从其规定。

法院判决

以下为湖南省高级人民法院就屈某南出资 89.25 万元购买某汽车公司 85 万股股权应否予以支持的详细论述：

公司章程是公司设立必不可少的要件，是公司组织和行为的自治性规范与公司治理的主要依据。公司在创立阶段，章程对公司股东或发起人产生约束力。公司在设立登记后，章程的法律效力及于新加入公司的股东，具有对外效力。

某汽车公司是由国有企业改制而成的有限责任公司，公司设立时募集资金的对象明确只能是全体在职在岗职工。在经股东会决议通过的1997年11月20日、2001年1月5日某汽车公司章程中均明确规定"公司个人股在公司职工内部转让"。后在2007年1月11日临时股东会决议通过的公司章程中就股权的转让规定为"股东向股东以外的人转让股权，应当以提案方式交股东会表决通过"，至此时，股东才可对外转让股权，但明确应以提案方式交股东会表决通过。2008年12月19日第四届三次股东会决议通过的《股权转让方案》明确规定"公司股东可现金认购（股权）"，该方案仍限定为只有公司股东才能认购公司股权。在2009年2月13日第四届四次股东会决议通过的《股权处置方案》中规定"公司现有非股东的中层管理人员可出资认购公司股权，认购数量限每人5—20万元"。上述某汽车公司章程、《股权转让方案》及《股权处置方案》对公司股东转让股权作出了限制性的规定，这些规定是某汽车公司自治的体现，不违反公司法等法律法规的禁止性规定，对公司股东具有法律约束力。

屈某南虽非股东，但系某汽车公司控股子公司的负责人，参与过公司股东会，其父又是某汽车公司董事长、法定代表人，因而屈某南对某汽车公司章程及《股权转让方案》《股权处置方案》中的限制性规定应是知晓的，故其认购股权不能违反某汽车公司章程及《股权转让方案》《股权处置方案》的相关规定。现查明屈某南既非某汽车公司职工，也非持有14938股股权的股东，不具备《股权转让方案》规定的认购某汽车公司股权的资格和条件。屈某南虽持有某汽车公司出具的两张股金收据（共收款89.25万元），但双方对收据中的88.7万元款项是否支付及如何支付发生争议。屈某南主张其是以现金方式向某汽车公司财务支付，公司财务收款后开具的收据；某汽车公司则主张系以湖南瑞某经贸发展有限公司（以下简称瑞某公司）代某汽车公司支付第三人的工程款抵付，屈某南并未实际交纳该股金。屈某南否认某汽车公司所称以瑞某公司代付款抵扣股金的主张，但又对其主张的以现金支付的事实未能提供证据予以证明。根据《中华人民共和国民事诉讼法》第六十四条第一款"当事人对自己提出的主张，有责任提供证据"的规定，[①] 屈某南作为款项支付方，主张其现金支付股金，但又不能提

---

① 《民事诉讼法》已修改，现相关规定见《民事诉讼法》（2023年修订）第六十七条第一款。

供证据予以证明，依法应承担不利后果，故对屈某南主张已支付88.7万元股金的事实不予认定。对于屈某南主张支付的5500元，某汽车公司对支付的款项无异议，但否认系交纳的股金。经查，该5500元系于2009年2月20日支付，而《股权转让方案》规定"认购期限自通过之日起至2008年12月26日止，逾期不予办理"，显然，屈某南交纳的5500元已超过截止日，不符合《股权转让方案》的规定。综上，屈某南要求依据60号《股东会决议》和《股权转让方案》确认其出资89.25万元认购85万股股权的请求，缺乏充分的事实和法律依据，应予驳回。

延伸阅读

在检索大量类案的基础上，笔者总结相关裁判规则如下，供读者参考。

（一）基于有限责任公司封闭性和人合性的特点，由公司章程对公司股东转让股权作出某些限制性规定，系公司自治的体现。

案例1：宋某军与西安市大某餐饮有限责任公司股东资格确认纠纷申请再审民事裁定书【陕西省高级人民法院（2014）陕民二申字第00215号】

首先，大某公司章程第十四条规定，"公司股权不向公司以外的任何团体和个人出售、转让。公司改制一年后，经董事会批准后可以公司内部赠与、转让和继承。持股人死亡或退休经董事会批准后方可继承、转让或由企业收购，持股人若辞职、调离或被辞退、解除劳动合同的，人走股留，所持股份由企业收购。"依照《公司法》第二十五条第二款"股东应当在公司章程上签名、盖章"的规定，[①] 有限公司章程系公司设立时全体股东一致同意并对公司及全体股东产生一致约束力的规则性文件，宋某军在公司章程上签名的行为，应视为其对前述规定的认可和同意，该章程对大某公司及宋某军均产生约束力。其次，基于有限责任公司封闭性和人合性的特点，由公司章程对公司股东转让股权作出某些限制性规定，系公司自治的体现。在本案中，大某公司进行企业改制时，宋某军之所以成为大某公司的股东，其原因在于宋某军与大某公司具有劳动合同关系，如果宋某军与大某公司没有建立劳动关系，宋某军则没有成为大某公司股东的可能性。同理，大某公司章程将是否与公司具有劳动合同关系作为确定股东身份的依据继而作出"人走股留"的规定，符合有限责任公司封闭性和人合性的特点，亦系公司自治原则的体现，不违反公司法的禁止性规定。最后，大某公司章程第十四条

---

① 《公司法》已修改，现相关规定见《公司法》（2023年修订）第四十六条第二款。

关于股权转让的规定，属于对股东转让股权的限制性规定而非禁止性规定，宋某军依法转让股权的权利没有被公司章程所禁止，大某公司章程不存在侵害宋某军股权转让的情形。综上，本案一、二审法院均认定大某公司章程不违反《公司法》的禁止性规定，应为有效的结论正确，宋某军的此节再审申请理由不能成立。

（二）未工商备案的章程中股权转让限制性规定对股东仍具有约束力。

案例2：信某投资有限公司、北京信某置业有限公司合同纠纷再审民事判决书【最高人民法院（2020）最高法民再15号】

关于章程的生效时间，章程明确规定：章程自双方签字盖章之日起生效。章程是信某投资与庄某公司双方的真实意思表示，章程关于股权转让的约定依法适用于双方当事人，庄某公司不仅签署了章程，而且作为事实上的股东，应当遵守章程的约定，受章程的约束。从章程适用的时间看，章程自双方签字盖章之日起生效，即意味着章程不仅适用于工商变更登记后，也适用于工商变更登记前。信某投资对外转让股权时提前一个月通知庄某公司，庄某公司虽然表示反对，但并没有提出购买，按照章程，应视为同意转让。二审认为庄某公司不是股东不适用章程，与事实不符，也与章程的规定不符，再审予以纠正。

（三）违反公司章程规定签订的协议效力不受影响，受影响的是其实际履行。

案例3：上海保某投资有限公司与雨某控股集团有限公司与公司有关的纠纷二审民事判决书【江苏省高级人民法院（2017）苏民终66号】

利某保险公司虽为股份公司，但从设立至今一直为11名记名股东，股票既不公开发行也没有公众股东，属于发起设立的股份有限公司，具有显著的人合性的特征。公司章程的规定既优先满足了公司人合性的要求，亦未损害出让股东的财产利益，系全体股东共同意志的体现，不违反法律、行政法规的强制性规定，该章程合法有效。虽然雨某公司在未征求其他股东意见的情况下，与保某公司签订委托代持股协议，保某公司现根据该股权代持协议要求将该股权转移至自己名下，雨某公司与保某公司的行为有违利某保险公司章程的规定，但该违反章程的行为可能影响的是协议能否履行，并不影响该协议的效力。故雨某公司认为2015年9月18日协议无效缺乏法律依据。原审法院以《股权管理办法》系授权立法，案涉协议违法且有违公共利益而无效的观点法律依据并不充分，本院予以纠正。

058 夫妻关系存续期间，持股一方单独进行的股权转让、质押行为效力如何？

阅读提示

夫妻关系存续期间，持股一方未经配偶同意单独转让或质押股权的，是否构成无权处分？配偶一方据此主张相关股权转让合同、质押合同无效的，能否得到人民法院支持？本文在此通过最高人民法院的一则经典案例，对上述问题进行分析。

裁判要旨

股权是具有财产性权利和人身性权利的复合体，股东身份权应当由持股一方单独行使，其中的财产性权利只有当股权变现时才属于夫妻共同财产。在夫妻关系存续期间，登记方单独进行的股权转让、质押系有权处分，在没有恶意串通损害第三人利益导致合同无效等事由时，相关股权转让、质押合同应为有效。

案情简介[①]

（一）在方某程与张某莉夫妻关系存续期间，方某程为获取融资款将登记在其名下的对方某制药的案涉股票质押给了天某证券投资有限公司（以下简称天某证券）。

（二）张某莉诉至法院，认为虽然涉案质押股票登记在方某程名下，但实际属于张某莉与方某程婚姻关系存续期间取得的夫妻共同财产，故方某程单独进行的质押行为无效。

（三）本案经湖北高院一审和最高人民法院二审，均以案涉股票登记在方某程名下具有公示效力为由，认定天某证券善意取得了案涉股票质权。

（四）张某莉不服，向最高人民法院申请再审。最高人民法院认为股东身份权应当由持股一方单独行使，也即持股一方转让、质押股权无须配偶同意，据此

---

① 案件来源：张某莉、天某证券股份有限公司等金融借款合同纠纷民事申请再审审查民事裁定书【最高人民法院（2021）最高法民申 3045 号】。

认定原审法院适用商事外观主义说理虽具有瑕疵但结果准确。

实务经验总结

1. 我国法律上并无规定要求股东转让股权需事先征得配偶同意，实务裁判中亦不认为未经股东配偶同意的股权转让行为、质押行为必然无效。但是，为避免股权转让合同、质押合同的效力争议，一方面，受让人（质权人）可以要求股东配偶出具同意书；另一方面，受让人（质权人）应支付合理对价，从而避免被认定为具有恶意而使相关合同归于无效。

2. 本案虽然认为仅工商登记的持股一方有权行使股权人身性权利，但同时认可了股权变现时的财产属于夫妻共同财产。故如持股一方以明显低价转让处置股权的，配偶一方可以持股一方与受让方之间恶意串通损害自身合法权利为由主张相关股权转让合同无效。

相关法律规定

《中华人民共和国民法典》

第一百一十九条 依法成立的合同，对当事人具有法律约束力。

第三百一十一条 无处分权人将不动产或者动产转让给受让人的，所有权人有权追回；除法律另有规定外，符合下列情形的，受让人取得该不动产或者动产的所有权：

（一）受让人受让该不动产或者动产时是善意；

（二）以合理的价格转让；

（三）转让的不动产或者动产依照法律规定应当登记的已经登记，不需要登记的已经交付给受让人。

受让人依据前款规定取得不动产或者动产的所有权的，原所有权人有权向无处分权人请求损害赔偿。

当事人善意取得其他物权的，参照适用前两款规定。

《中华人民共和国公司法》（2023 年修订）

第八十四条 有限责任公司的股东之间可以相互转让其全部或者部分股权。

股东向股东以外的人转让股权的，应当将股权转让的数量、价格、支付方式和期限等事项书面通知其他股东，其他股东在同等条件下有优先购买权。股东自接到书面通知之日起三十日内未答复的，视为放弃优先购买权。两个以上股东行使优先购买权的，协商确定各自的购买比例；协商不成的，按照转让时各自的出资比例行使优先购买权。

公司章程对股权转让另有规定的，从其规定。

《中华人民共和国公司法》（2018年修正，已被修订）

第七十一条　有限责任公司的股东之间可以相互转让其全部或者部分股权。

股东向股东以外的人转让股权，应当经其他股东过半数同意。股东应就其股权转让事项书面通知其他股东征求同意，其他股东自接到书面通知之日起满三十日未答复的，视为同意转让。其他股东半数以上不同意转让的，不同意的股东应当购买该转让的股权；不购买的，视为同意转让。

经股东同意转让的股权，在同等条件下，其他股东有优先购买权。两个以上股东主张行使优先购买权的，协商确定各自的购买比例；协商不成的，按照转让时各自的出资比例行使优先购买权。

公司章程对股权转让另有规定的，从其规定。

《最高人民法院关于适用〈中华人民共和国民法典〉婚姻家庭编的解释（一）》（法释〔2020〕22号）

第七十三条　人民法院审理离婚案件，涉及分割夫妻共同财产中以一方名义在有限责任公司的出资额，另一方不是该公司股东的，按以下情形分别处理：

（一）夫妻双方协商一致将出资额部分或者全部转让给该股东的配偶，其他股东过半数同意，并且其他股东均明确表示放弃优先购买权的，该股东的配偶可以成为该公司股东；

（二）夫妻双方就出资额转让份额和转让价格等事项协商一致后，其他股东半数以上不同意转让，但愿意以同等条件购买该出资额的，人民法院可以对转让出资所得财产进行分割。其他股东半数以上不同意转让，也不愿意以同等条件购买该出资额的，视为其同意转让，该股东的配偶可以成为该公司股东。

用于证明前款规定的股东同意的证据，可以是股东会议材料，也可以是当事人通过其他合法途径取得的股东的书面声明材料。

法院判决

以下为最高人民法院就案涉质押合同是否无效的详细论述：

首先，天某证券与方某程签订的《股票质押式回购业务协议》及相关补充协议,是双方的真实意思表示,内容不违反法律、行政法规的禁止性规定,不存在无效事由,应认定为合法有效。

其次,《中华人民共和国物权法》第二百二十六条第一款规定:"以基金份额、股权出质的,当事人应当订立书面合同。以基金份额、证券登记结算机构登记的股权出质的,质权自证券登记结算机构办理出质登记时设立;以其他股权出质的,质权自工商行政管理部门办理出质登记时设立。"① 根据该规定,方某程将登记在其名下的方某制药股票(代码603998)出质给天某证券,已在中国证券登记结算有限公司上海分公司办理了质押登记,方某制药还发布了股票质押登记公告,以法定方式进行了公示,张某莉在公告期间直至本案二审前均未对涉案股票质押提出过异议。故方某程为天某证券支付融资款质押的全部股票,质权有效设立。

最后,股权不单纯是财产权,而是具有财产性权利和人身性权利的复合体,股东身份权应当由持股一方单独行使,其中的财产性权利只有当股权变现时才属于夫妻共同财产。在夫妻关系存续期间,登记方单独进行的股权转让、质押系有权处分,在没有恶意串通损害第三人利益导致合同无效等事由时,相关股权转让、质押合同应为有效。

本案中,方某制药股票一直登记在方某程名下,方某程与张某莉离婚协议仅约定对股票暂时不作分割,张某莉不是涉案质押股票外观公示的所有权人,方某程处分案涉股票无须取得张某莉的同意。方某程将其持有的股票质押给天某证券,天某证券按约提供了初始融资额287914200.75元,天某证券取得案涉股票质权支付了合理价款,张某莉亦无证据证明方某程与天某证券恶意串通损害其利益。二审法院根据商事外观主义原则,认定天某证券善意取得案涉股票质权,说理虽有瑕疵,但处理结果正确,张某莉此项申请理由不能成立。

延伸阅读

在检索大量类案的基础上,笔者总结相关裁判规则如下,供读者参考。

(一)转让股权无须征得股东配偶同意。

案例1:艾某、张某田与刘某平、王某、武某雄、张某珍、折某刚股权转让纠纷二审民事判决书【最高人民法院(2014)民二终字第48号】

---

① 《物权法》已失效,现相关规定见《民法典》第四百四十三条第一款:"以基金份额、股权出质的,质权自办理出质登记时设立。"

股东转让股权必须征得过半数股东的同意，并非必须征得其配偶的同意。即使在有限责任公司的出资系夫妻共同财产，但非公司股东的配偶，要成为公司的股东，还须征得其他股东的同意，只有在其他股东明确表示放弃优先购买权的情况下，股东的配偶才可以成为该公司的股东。在过半数股东不同意转让，但愿意以同等价格购买该出资额的情况下，只能对转让出资所得财产进行分割。综上，股东转让股权必须征得过半数股东的同意，并非必须要征得其配偶的同意。上述法律规定，体现了有限责任公司人合性的法律特征。虽然，股权的本质为财产权，但我国《公司法》第四条规定："公司股东依法享有资产收益、参与重大决策和选择管理者等权利。"① 据此，股权既包括资产收益权，也包括参与重大决策和选择管理者的权利。所以，股权并非单纯的财产权，应为综合性的民事权利。故我国《公司法》第七十二条②及《婚姻法解释（二）》第十六条③规定了股东转让股权必须征得过半数股东的同意，并非必须征得其配偶的同意。

（二）"夫妻公司"在夫妻关系存续期间经营所得的资产（含未分割利润）、债权债务不属于夫妻共同财产，而是公司财产，不能在离婚纠纷中直接进行分割处理。

案例2：吴某与张某离婚纠纷民事判决书【北京市第三中级人民法院（2016）京03民再26号】

首先，在不能否认耀某德星公司法人人格的情况下，该公司在张某、吴某夫妻关系存续期间的利润未经法定程序分割前不属于夫妻共同财产的，不可在离婚诉讼中分割。根据《中华人民共和国公司法》的相关规定，有限责任公司利润分配方案应由公司董事会制订并由公司股东会审议批准或公司股东书面一致同意。在公司董事会、股东会未就公司利润分配方案进行决议之前，公司股东直接向人民法院起诉请求判令公司向股东分配利润缺乏法律依据。举重以明轻，在"夫妻公司"中，未经过公司利润分配方案的公司决议或公司股东书面一致同意前，相关公司利润属于公司法人财产范畴，而非夫妻共同财产。因此，即使存在公司财产与家庭财产的混同情形，也不能迳行认定公司利润属于夫妻共同财产。本案中，在双方当事人均认可耀某德星公司从未作出股东会决议分割公司利润的情况下，且未提交一致同意分割公司利润的书面文件，该公司的经营利润及资产

---

① 《公司法》已修改，现相关规定见《公司法》（2023年修订）第四条第二款。
② 《公司法》已修改，现相关规定见《公司法》（2023年修订）第八十四条。
③ 该司法解释已失效，现相关规定见《最高人民法院关于适用〈中华人民共和国民法典〉婚姻家庭编的解释（一）》第七十三条。

问题应当另行解决。其次，对于耀某德星公司的债权债务问题，同样属于公司法人财产制的范畴，双方当事人可另行解决。综上两点，本院认为，未经法定程序处理前，耀某德星公司在夫妻关系存续期间经营所得的资产（含未分割利润）、债权债务不属于夫妻共同财产，而是公司财产，不能在离婚纠纷中直接进行分割处理。

（三）夫妻双方不能就股权分割问题达成一致意见的，应对另一方请求分割的股份折价补偿。

案例3：刘某、王某卿离婚后财产纠纷再审审查与审判监督民事裁定书【最高人民法院（2018）最高法民申796号】

根据《最高人民法院关于适用〈中华人民共和国婚姻法〉若干问题的解释（二）》第十六条的规定，人民法院审理离婚案件时，涉及分割夫妻共同财产中以一方名义在有限责任公司的出资额，另一方不是该公司股东的，若夫妻双方不能就股权分割问题达成一致意见，为了保证公司的人合性，应对另一方请求分割的股份折价补偿。① 因在本案二审审理过程中，刘某坚持要求分割股权，不同意折价补偿，也不同意评估股权价值，二审判决对刘某要求分割股权的诉讼请求不予支持，并无不当。

059 明知受让的股权系转让人用赃款购得，受让效力如何？

阅读提示

股权转让中，转让的股权系转让人用刑事犯罪中的赃款认购得来，且受让人明知该事实仍然支付股权转让款履行完成股转协议的，能否取得股东资格？本文在此通过河南省高级人民法院的一则经典案例，对上述问题进行分析。

裁判要旨

明知所受让股权属于应当予以追缴财物的情况下仍向转让人支付股权转让款、履行股权转让合同的，应认定股权转让双方恶意串通损害刑事案件中广大受

---

① 该司法解释已失效，现相关规定见《最高人民法院关于适用〈中华人民共和国民法典〉婚姻家庭编的解释（一）》第七十三条。

害人利益，转让行为应属无效。

案情简介 ①

（一）2011年，安某公司认购中某再担保集团股份有限公司（以下简称中某再担保公司）2000万元新增资本金。后经查明，该2000万元来自王某集资诈骗罪一案中的赃款。

（二）2011年9月29日，安某公司与河南省加某投资有限公司（以下简称加某公司）签订《转让协议》，将2000万元股权转让给了加某公司。

（三）2011年10月21日，王某集资诈骗罪事发，郑州市公安局请求冻结了中某再担保公司账户金额2000万元。另外，加某公司在案发后仍续继续支付股权转让款。

（四）加某公司诉至法院，认为《转让协议》是在郑州市公安局冻结中某再担保公司资金之前签订，有效且已履行完成，请求确认自身股东资格。

（五）郑州中院一审认为《转让协议》合法有效。后该院再审本案，改判《转让协议》为串通损害他人利益的无效合同。

（六）加某公司不服提起上诉，河南省高级人民法院二审维持原判。

裁判要点

本案的核心争议在于，签订股转协议后，获知受让的股权系转让人用赃款购得但仍履行股转协议的，转让行为是否有效，对此，河南省高级人民法院认为：

第一，对于安某公司认购中某再担保公司2000万元股权行为的效力。安某公司虽使用了赃款，但认购行为与支付2000万元投资款行为均发生在公安机关冻结款项之前，故安某公司与中某再担保公司之间认购股权的合同关系已经成立生效并实际履行，安某公司依法获得相应股权。

第二，安某公司与加某公司签订《转让协议》虽然发生在公安机关冻结中某再担保公司款项之前，但现有证据能够证明加某公司在明知王某刑事犯罪事实与安某公司所转让股权是案涉财物的情况下仍继续支付股权转让款，属于恶意串通损害刑事案件中广大受害人利益的行为，故《转让协议》无效。

---

① 案件来源：河南省加某投资有限公司、中某再担保集团股份有限公司等股东资格确认纠纷二审民事判决书【河南省高级人民法院（2020）豫民终1433号】。

实务经验总结

1. 对于使用刑事犯罪中的赃款购买股权的，法律并未明文否定此种出资行为的效力。需要追究犯罪人的刑事责任时，应根据《最高人民法院关于适用〈中华人民共和国公司法〉若干问题的规定（三）》（2020年修正）第七条第二款，以贪污、受贿、侵占、挪用等违法犯罪所得的货币出资后取得股权的，应当采取拍卖或者变卖的方式处置其股权。但对于股权转让人或新增资本的公司而言，其应具有善意，如明知受让人支付的投资款系赃款，则股权转让的效力依然有可能被否认。

2. 对于股权受让人来说，其难以去核实转让人所持股权是否系合法得来。但是如通过公开途径能够得知相关信息的，应避免签订股权协议，已经签订的可以及时主张合同无效，以避免损失扩大。

相关法律规定

《中华人民共和国民法典》

第一百五十四条 行为人与相对人恶意串通，损害他人合法权益的民事法律行为无效。

第三百一十一条 无处分权人将不动产或者动产转让给受让人的，所有权人有权追回；除法律另有规定外，符合下列情形的，受让人取得该不动产或者动产的所有权：

（一）受让人受让该不动产或者动产时是善意；

（二）以合理的价格转让；

（三）转让的不动产或者动产依照法律规定应当登记的已经登记，不需要登记的已经交付给受让人。

受让人依据前款规定取得不动产或者动产的所有权的，原所有权人有权向无处分权人请求损害赔偿。

当事人善意取得其他物权的，参照适用前两款规定。

《最高人民法院关于适用〈中华人民共和国公司法〉若干问题的规定（三）》（2020年修正）

第七条 出资人以不享有处分权的财产出资，当事人之间对于出资行为效力产生争议的，人民法院可以参照民法典第三百一十一条的规定予以认定。

以贪污、受贿、侵占、挪用等违法犯罪所得的货币出资后取得股权的，对违法犯罪行为予以追究、处罚时，应当采取拍卖或者变卖的方式处置其股权。

《最高人民法院关于刑事裁判涉财产部分执行的若干规定》

第十一条第一款 被执行人将刑事裁判认定为赃款赃物的涉案财物用于清偿债务、转让或者设置其他权利负担，具有下列情形之一的，人民法院应予追缴：

（一）第三人明知是涉案财物而接受的；

……

法院判决

以下为河南省高级人民法院就安某公司与加某公司之间关于转让中某再担保公司2000万元股份效力问题的详细论述：

安某公司使用王某集资诈骗案中的赃款认购了中某再担保公司的股份，但其购买该部分股权并支付2000万元股权认购款均系发生在公安机关冻结款项之前，安某公司与中某再担保公司之间认购股权的合同关系已经成立生效并实际履行，安某公司已经取得该2000万元所对应的股份。安某公司在取得该部分股权后，将股权转让给了加某公司。加某公司上诉称，其取得该部分股权是通过产权交易中心进行交易并且办理了股权登记，对该部分股权是涉案财物的情况并不知情。然而，根据一审法院查明的刑事卷宗，加某公司时任董事长赵某耀在王某刑事案件询问中关于"圣某公司案发，其找王某发要求退款，王某发称没有资金可退还，并要求其继续支付后续款项；除王某发让其公司转给安某公司的法定代表人尹某的500万元未支付外，其他款项均已支付给王某发或王某发指定收款人员、账户，由王某发提供或出具的收条、借条等可证明"的陈述，以及在案发后仍续继续支付股权转让款的行为能够认定，加某公司对该部分股权系涉案财物的事实明知，其主张对该事实不知情与事实不符。加某公司在明知该部分股权系涉案财物仍继续向安某公司及王某发支付部分转让款进行股权转让，且未足额支付股权转让款的情况下，取得该部分股权，并非善意受让人。一审法院认定加某公司在明知该部分股权属于应当予以追缴财物的情况下仍与安某公司履行股权转让合同，存在恶意串通损害刑事案件中广大受害人利益的情形，其转让行为无效并无不当。

延伸阅读

在检索大量类案的基础上，笔者总结相关裁判规则如下，供读者参考。

（一）将赃款赃物与其他合法财产共同投资或者置业，对因此形成的财产中与赃款赃物对应的份额及其收益，人民法院应予追缴。

案例1：沙某阳申请承认与执行法院判决、仲裁裁决案件执行裁定书【江苏省无锡市中级人民法院（2015）锡执复字第0039号】

《最高人民法院关于刑事裁判涉财产部分执行的若干规定》第十条规定，对赃款赃物及其收益，人民法院应当一并追缴。被执行人将赃款赃物投资或者置业，对因此形成的财产及其收益，人民法院应予追缴。被执行人将赃款赃物与其他合法财产共同投资或者置业，对因此形成的财产中与赃款赃物对应的份额及其收益，人民法院应予追缴。本案中，刑事判决认定沙某阳非法收受李某贵241.4万元用于购买某电缆公司的股份，每股收购价为人民币1.1元，沙某阳受贿所得用于购买的股份及其产生的收益也应当予以一并追缴。故新区法院裁定对沙某阳所有的股份进行评估、拍卖符合法律规定。

（二）以赃款出资的可以依法取得股东资格，不能直接否认其股东资格。

案例2：上海普某房地产开发有限公司诉马某为股东资格确认纠纷案【上海市第一中级人民法院（2014）沪一中民四（商）终字第166号】

马某为通过股权转让的方式取得普某公司34%的股权，且已经过工商变更登记。由于股东资格的否定属于公司运营过程中的重大事项，涉及股东自身重大利益并影响到公司的稳定以及债权人的利益，故只有在符合法定条件下才能否定某一股东的股东身份。本案中，普某公司认为马某为通过行贿、挪用等犯罪手段获得巨额资金，并将该资金作为个人投资款投入普某公司以获得该公司34%股权，其获得股权的行为属于无效行为，应不具备普某公司的股东资格。对此，本院认为，根据《最高人民法院关于适用〈中华人民共和国公司法〉若干问题的规定（三）》第七条第二款规定，以贪污、受贿、侵占、挪用等违法犯罪所得的货币出资后取得股权的，对违法犯罪行为予以追究、处罚时，应当采取拍卖或者变卖的方式处置其股权。本案中尽管已生效的刑事判决对李某东、沈某勇挪用公司资金的犯罪行为进行了刑事处罚，但是尚没有刑事判决认定马某为存在违法犯罪行为，故涉案的340万元尚不能认定为系马某为违法犯罪所得的资金，不符合上述条文关于取消股东资格的先决条件。况且，即使有生效刑事判决认定马某为存在犯罪行为，其用犯罪所得出资后所得的股权亦是应采取拍卖或者变卖的方式处置，而不能直接否定其股东身份。

(三) 对于利用赃款认购所得的股权，第三人可以善意合法受让。

案例3：牟某贵、吴某燕股权转让纠纷再审审查与审判监督民事裁定书【最高人民法院（2020）最高法民申4849号】

牟某贵主张吴某燕知道或者应当知道案涉公司70%的股权系夏某龙所持有，不属于善意取得。本院认为，牟某贵没有提交证据证明其向吴某燕披露过代持股份一事，吴某燕作为买受人，也没有其他证据证明其应当知道。此外，即便吴某燕知道牟某贵代持股份，也不意味着其知道夏某龙投入的资金来源非法，牟某贵自己也陈述事前并不知道夏某龙投入裕某公司的资金系非法吸收的公众存款，故吴某燕更无从得知，牟某贵的该项主张亦不能成立。

案例4：韩某与邓某受贿、挪用公款执行监督裁定书【最高人民法院（2022）最高法执监48号】

在赃款赃物已经流向第三人的情况下，除非第三人构成善意取得，执行程序应将赃款赃物从第三人处予以追缴，并依法发还受害人。汇某公司所提异议之诉案件中，本院（2018）最高法民再325号再审判决认定汇某公司为三某公司名下1000万股权的实际投资人，三某公司仅为挂靠持股的公司，故不能认为其为善意第三人，而且，韩某未依善意取得规定实际取得案涉股权及分红款，亦不属于《刑事裁判涉财产执行规定》第十一条第二款中的"第三人"。至于（2018）最高法民再325号再审判决在认可汇某公司为实际投资人后，认定其不足以排除民事执行，系对汇某公司民事执行与韩某申请执行案件之间关系的认定，本案为对邓某刑事财产刑的执行，二者并不冲突，应依本案审查的实际情况予以认定。综上，其权利不足以对抗本案刑事裁判涉财产部分执行，安阳中院在执行邓某犯受贿罪、挪用公款罪刑事裁判涉财产部分过程中，对案涉股权及分红款予以执行有事实和法律依据。

060 外商投资企业受让禁止外商投资项目的股权的，是否无效？

阅读提示

《指导外商投资方向规定》（国务院令第346号）第四条第一款将外商投资项目分为鼓励、允许、限制和禁止四类。如果外商投资企业签订股权转让协议，受让禁止外商投资项目的股权的，应如何认定该股权转让协议的效力？本文在此通过最高人民法院的一则经典案例，对上述问题进行分析。

裁判要旨

《指导外商投资方向规定》第四条规定将禁止类的外商投资项目列入《外商投资产业指导目录》（已被《外商投资准入特别管理措施（负面清单）》废止》。因此，对于外商投资企业受让《外商投资准入特别管理措施（负面清单）》中规定的禁止外商投资项目股权的，所涉股权转让协议属于违反了行政法规的强制性规定，应确认为无效。

案情简介 ①

（一）2015年8月12日，汇某公司注册成立于英属维尔京群岛（处女岛）。

（二）泉州科某中学的办学许可范围包括全日制高中、初中教育，由李某晋100%持股。

（三）2015年9月11日，李某晋与汇某公司达成《收购协议书》约定：李某晋将其持有的泉州科某中学100%的股权及相关资产全部转让给汇某公司。

（四）后汇某公司诉至法院，请求确认案涉《收购协议书》无效。福建高院一审认为《收购协议书》违反法律法规强制性规定，应确认为无效。

（五）李某晋不服上述一审判决提起上诉。最高人民法院二审维持原判，认为《收购协议书》无效。

---

① 案件来源：李某晋、洪某馨等股权转让纠纷二审民事判决书【最高人民法院（2021）最高法民终332号】。

裁判要点

本案的核心争议在于，外商投资企业受让禁止外商投资项目股权的行为效力如何认定，对此，最高人民法院认为：

首先，我国《指导外商投资方向规定》（国务院令第 346 号）第四条规定，外商投资项目分为鼓励、允许、限制和禁止四类。鼓励类、限制类和禁止类的外商投资项目，列入《外商投资产业指导目录》，而该目录载明禁止投资义务教育机构。[①] 因此，根据我国法律和行政法规，义务教育机构属于禁止外商投资项目。

其次，泉州科某中学办学范围为全日制高中、初中教育，汇某公司为注册于英属维尔京群岛（处女岛）的外商投资企业。故，汇某公司受让案涉股权主体不适格，其与泉州科某中学签订的《收购协议书》违反了国家法律法规的强制性规定，应当确认为无效。

实务经验总结

1. 股权转让协议涉及行业准入的，协议双方应尽到审慎义务，充分了解并遵守国家法律法规、政策。明知股权转让协议涉及禁止投资项目仍然进行交易，最后协议被认定为无效的，属于有明显过错，应依法向股权转让协议另一方承担责任。

2. 对依法需要履行报批义务才生效的股权转让合同，暂时未履行报批义务并不会使该合同无效，而是属于成立未生效合同。对于此类成立未生效合同，当事人应积极履行报批义务促进合同依法生效，在出现法定解除情形时，当事人还可以主张解除此种成立未生效合同。

相关法律规定

《中华人民共和国民法典》

第一百五十三条 违反法律、行政法规的强制性规定的民事法律行为无效。但是，该强制性规定不导致该民事法律行为无效的除外。

《最高人民法院关于适用〈中华人民共和国外商投资法〉若干问题的解释》（法释〔2019〕20 号）

第三条 外国投资者投资外商投资准入负面清单规定禁止投资的领域，当事

[①] 《外商投资产业指导目录》已失效，现相关规定见《外商投资准入特别管理措施（负面清单）》。

人主张投资合同无效的，人民法院应予支持。

《指导外商投资方向规定》（国务院令第346号）

第四条 外商投资项目分为鼓励、允许、限制和禁止四类。

鼓励类、限制类和禁止类的外商投资项目，列入《外商投资产业指导目录》。不属于鼓励类、限制类和禁止类的外商投资项目，为允许类外商投资项目。允许类外商投资项目不列入《外商投资产业指导目录》。

《外商投资准入特别管理措施（负面清单）》（2021年版）

23. 禁止投资义务教育机构、宗教教育机构。

法院判决

以下为最高人民法院就案涉股权转让协议是否有效的详细论述：

《中华人民共和国民办教育促进法》第十条第一款规定："举办民办学校的社会组织，应当具有法人资格"。《指导外商投资方向规定》（国务院令第346号）第四条规定："外商投资项目分为鼓励、允许、限制和禁止四类。鼓励类、限制类和禁止类的外商投资项目，列入《外商投资产业指导目录》。不属于鼓励类、限制类和禁止类的外商投资项目，为允许类外商投资项目。允许类外商投资项目不列入《外商投资产业指导目录》。"而《外商投资产业指导目录》（2015年修订）载明：限制外商投资产业目录：32. 普通高中教育机构（限于合作、中方主导）；禁止外商投资产业目录：24. 义务教育机构。因此，根据我国法律和行政法规，普通高中教育机构属于限制外商投资项目，义务教育机构属于禁止外商投资项目。

经查，泉州科某中学《民办非企业单位登记证书》（2012年5月23日至2016年5月22日）载明，泉州科某中学办学范围为全日制高中、初中教育；该校《中华人民共和国民办学校办学许可证》（2015年8月至2020年8月）载明，学校类型为普通完全教育；办学内容为初中、高中普通教育。因此，根据上述事实，一审判决认定泉州科某中学的办学内容包括全日制义务教育，汇某公司受让案涉股权主体不适格，其合同目的不能实现，双方签订的《泉州科某中学收购协议书》《补充协议书》违反了国家法律法规的强制性规定，应确认为无效，具有事实和法律依据。李某晋、洪某馨上诉主张一审判决认定案涉协议无效错误，理由不能成立，本院不予支持。

延伸阅读

在检索大量类案的基础上，笔者总结相关裁判规则如下，供读者参考。

（一）股权转让协议达成时违反旧法规定，但不违反一审审理时生效法律的强制性规定的，应认定为有效。

案例1：顾某春与李某东合同纠纷二审民事判决书【陕西省高级人民法院（2020）陕民终567号】

李某东主张《委托投资及股权代持协议》违反《中外合资经营企业法》的强制性规定，请求确认合同无效并退还出资款180万元，但其依据的《中外合资经营企业法》一审判决作出时已经废止。《中外合资经营企业法》虽然没有规定中国自然人可以成为中外合资经营企业的一方主体，但《外商投资法》已经废止了该法律，因此中国自然人不能成为中外合资经营企业主体的限制已经取消。新颁布的《外商投资法》并没有禁止中国自然人作为中外合资企业的投资主体。因此，从现行生效的法律规定看，本案《委托投资及股权代持协议》并没有违反现行生效法律的强制性规定。

本案中，当事人已经按照《委托投资及股权代持协议》履行了相关股份收购及代持事项，实际取得了在普某生公司中的股权，上述投资及代持股份行为持续发生至《外商投资法》生效之时，依据《外商投资法》认定合同有效既有利于交易秩序的稳定，也符合民法的诚实信用原则。

（二）外商投资企业受让禁止外商投资项目股权的，其股权转让协议效力瑕疵补正仅以负面清单调整作为唯一合法事由，除此之外，都应认定为无效。

案例2：广西梧州永某药业有限公司、海某清股权转让纠纷二审民事判决书【广西壮族自治区高级人民法院（2020）桂民终844号】

根据《最高人民法院关于适用〈中华人民共和国外商投资法〉若干问题的解释》第三条"外国投资者投资外商投资准入负面清单规定禁止投资的领域，当事人主张投资合同无效的，人民法院应予支持"以及该法第五条"在生效裁判作出前，因外商投资准入负面清单调整，外国投资者投资不再属于禁止或者限制投资的领域，当事人主张投资合同有效的，人民法院应予支持"的规定，涉及禁止投资领域的投资合同效力瑕疵补正仅以负面清单调整作为唯一合法事由，则永某公司于2020年1月16日将其企业类型由港澳台法人独资变更为有自然人投资或控股对涉案合同效力并无影响，涉案《股权转让协议书》系自始无效。

（三）对未列入外商投资准入负面清单的投资合同，当事人不得以未经行政机关审批、登记为由主张合同无效。

案例 3：林某杭与新沂市新安镇宝某百货店、新沂市新安镇宝某百货店经营者排除妨害纠纷二审民事判决书【江苏省徐州市中级人民法院（2021）苏 03 民终 340 号】

《最高人民法院关于适用〈中华人民共和国外商投资法〉若干问题的解释》第二条规定，对外商投资法第四条所指的外商投资准入负面清单之外的领域形成的投资合同，当事人以合同未经有关行政主管部门批准、登记为由主张合同无效或者未生效的，人民法院不予支持。前款规定的投资合同签订于外商投资法施行前，但人民法院在外商投资法施行时尚未作出生效裁判的，适用前款规定认定合同的效力。本案所涉外资企业财产及权益的转让并不属于外商投资准入负面清单之列，对于转让效力的认定应适用上述司法解释的规定，一审法院仍依据当时施行的《外资企业法》及《外资企业法实施细则》的相关规定认定合同效力不正确，本院对此予以纠正。

061 股权出让方未披露重要事实但能证明受让人知悉的，不构成欺诈

阅读提示

股权出让方在转让股权时，应秉持诚实信用原则，向受让人说明与股权交易有关的重要情况，如股权出让方故意告知虚假情况或者故意隐瞒真实情况，构成欺诈的，受让人有权主张撤销合同。但如果股权出让方虽未告知受让人相关重要事实，有证据证明受让人对此知悉的，不能认定出让方存在欺诈行为。

裁判要旨

股权出让方未向受让人出具与订立股权转让合同有关的重要事实，但能够说明受让人对此重要事实已有充分了解的，不能以出让方未披露该重要事实为由认定其具有隐瞒真实情况的故意，也即不能说明出让方存在合同欺诈行为。

案情简介 ①

（一）2012年10月19日，花某公司成立，股东为福建漳州发某股份有限公司（以下简称漳州发某）和厦门国某，分别持股60%、40%。

（二）2015年12月21日，漳州市两办（中共漳州市委办公室、漳州市人民政府办公室）下发的《通知》载明：花某公司的案涉21块土地停止项目建设；花某公司今后的项目建设必须报有关部门审核，并及时报市委、市政府。

（三）2017年7月26日，厦门市大学资产评估公司就花某公司出具了《股东全部权益评估说明》，其中说明花某公司取得的案涉21块土地，尚未办理土地证及建设工程规划许可证，且位置特殊、整体规划多次调整，新的项目整体规划尚未报批，明确的开工时间无法确定。

（四）2017年11月7日，安徽璟某房地产开发有限公司（以下简称璟某公司）就受让花某公司50%股权事宜与特某公司（受漳州发某委托）签订了《竞买协议书》，其中璟某公司承诺了解并接受拍卖标的物的现状。

（五）2017年11月16日，漳州发某与璟某公司签订《股权转让合同书》。2017年12月6日，漳州发某将持有的花某公司50%股权变更至璟某公司名下，并办理登记手续。后查明，漳州发某向璟某公司出具了《股东全部权益评估说明》，但未出具两办《通知》。

（六）璟某公司认为漳州发某未向其出具两办《通知》，使其在不知案涉21块土地因两办《通知》限制无法开发建设的情况下受让股权，系欺诈行为，故诉至法院要求撤销《股权转让合同书》。

（七）福建高院一审认为漳州发某虽未出具两办《通知》，但综合全案事实可知璟某公司已经充分了解案涉21块土地的现状，因此不能说明漳州发某故意隐瞒事实构成欺诈。

（八）璟某公司不服，提起上诉。最高人民法院二审维持原判，认为璟某公司以存在欺诈主张撤销合同的上诉请求不能成立。

裁判要点

本案的核心争议在于，案涉《股权转让合同书》是否系漳州发某欺诈达成

---

① 案件来源：安徽璟某房地产开发有限公司、福建漳州发某股份有限公司股权转让纠纷二审民事判决书【最高人民法院（2021）最高法民终755号】。

以及应否解除的问题,围绕上述争议焦点,最高人民法院作出的裁判要点如下:

第一,漳州发某是否存在欺诈的行为。案涉《股东全部权益评估说明》已经特别说明了案涉21块土地存在的问题,且案涉《竞买协议书》中璟某公司亦确认并承诺其完全了解拍卖标的物的现状,可以说明璟某公司在签订案涉《股权转让合同书》时对案涉21块土地的现状是清楚的,因此综上不能认定漳州发某故意隐瞒真实情况,也即不能认定其存在欺诈行为。

第二,案涉《股权转让合同书》是否应撤销的问题。既然现有证据可以认定璟某公司对花某公司21块土地的现状等资产情况已充分了解,故璟某公司参与竞买并与漳州发某签订案涉《股权转让合同书》系其真实意思表示,漳州发某故意隐瞒重要事实没有依据,因此璟某公司无权依据《民法典》的规定享有撤销权撤销案涉《股权转让合同书》。

实务经验总结

1. 我国法律虽未对股权转让中出让方的信息披露义务进行明确规定,但股权转让合同亦需适用《民法典》总则编、合同编中相关规定,因此出让人应当秉持诚实信用原则告知受让人与订立合同有关的重要事实,并且不能提供虚假情况,否则不仅可能被认定为存在欺诈使得受让人有权主张撤销合同,而且在造成受让人损失时,还应当承担损害赔偿责任。

2. 主张股权出让方存在欺诈的,要能证明出让方"故意告知虚假情况"或者"故意隐瞒真实情况",致使当事人基于错误认识作出意思表示,此时,受让人可以请求撤销股权转让合同。出让方虽未直接告知受让方某一重要事实,但其告知的其他信息里能够反映出该重要事实的,人民法院同样可能认定受让人并未基于错误认识作出意思表示,故相关股权转让行为合法有效。

3. 在签订合同时,当事人除需注意实体权利义务条款外,对合同中涉及承诺、声明的条款亦需重要关注。该类条款往往意在说明合同一方已经履行完成某种义务或使一方明确承担某种义务。如本案中股权受让人在《竞买协议书》中声明已了解标的物现状的条款,即被法院用来佐证漳州发某已经履行了告知义务且不存在故意隐瞒真实情况的意思。

相关法律规定

《中华人民共和国民法典》

第一百四十八条 一方以欺诈手段，使对方在违背真实意思的情况下实施的民事法律行为，受欺诈方有权请求人民法院或者仲裁机构予以撤销。

第五百条 当事人在订立合同过程中有下列情形之一，造成对方损失的，应当承担赔偿责任：

（一）假借订立合同，恶意进行磋商；

（二）故意隐瞒与订立合同有关的重要事实或者提供虚假情况；

（三）有其他违背诚信原则的行为。

第五百零九条第一款、第二款 当事人应当按照约定全面履行自己的义务。

当事人应当遵循诚信原则，根据合同的性质、目的和交易习惯履行通知、协助、保密等义务。

《最高人民法院关于适用〈中华人民共和国民法典〉总则编若干问题的解释》（法释〔2022〕6号）

第二十一条 故意告知虚假情况，或者负有告知义务的人故意隐瞒真实情况，致使当事人基于错误认识作出意思表示的，人民法院可以认定为民法典第一百四十八条、第一百四十九条规定的欺诈。

法院判决

以下为最高人民法院就漳州发某与璟某公司之间的《股权转让合同书》是否应予撤销的详细论述：

《中华人民共和国合同法》第五十四条第二款规定，一方以欺诈、胁迫的手段或者乘人之危，使对方在违背真实意思的情况下订立的合同，受损害方有权请求人民法院或者仲裁机构变更或者撤销。具体到本案，璟某公司尚无充分证据证明漳州发某签订案涉合同存在欺诈行为，璟某公司无权适用合同法的规定行使撤销权撤销《福建东南花某置业有限公司股权转让合同》。具体分析如下：

首先，并无证据证明漳州发某故意隐瞒2015年12月21日两办《通知》中涉及的问题。厦门市大学资产评估土地房地产估价有限责任公司针对讼争股权出具的《股东全部权益评估说明》中已经特别说明了案涉21宗地块存在的问题及风险，璟某公司对此应有预期。璟某公司与特某公司签订的《竞买协议书》中，璟某公司确认并承诺："璟某公司在拍卖中的行为是在完成了解并接受拍卖标的物现状的情况下作出的决定"的事实，因璟某公司系为购买讼争股权而成立的房地产项目公司，其作出的上述承诺表明璟某公司对花某公司的主要资产即21宗地块的状况，包括上述评估报告中的特别说明的含义及涉及的相关政府文件应已进行相应的尽职调查，了解讼争21宗地块的现状。因此，璟某公司以漳州发某未披露2015年12月21日的通知，主张漳州发某在股权转让时欺诈的理由不能成立。

其次，现有证据不足以证明漳州发某故意隐瞒了林地问题。依据漳州发某提交的国有建设用地使用权出让合同，花某公司系通过土地出让程序取得案涉土地，受让时并未涉及林地问题。璟某公司提交的《漳州市林业局关于东南花某项目相关地块审核意见的复函》中虽然明确了"漳某集团提出拟开发建设的东南花某项目18宗地块"涉及林地问题，但是该复函的时间为2019年5月10日，发生在股权转让之后。同时，福建省林业厅《适用林地审核同意书》及《林木采伐许可证》并未涉及漳州发某。案涉土地上的林木是璟某公司拍卖涉案股权时即已存在，结合上述《竞买协议书》的内容，璟某公司对土地现状是清楚的，不能认定漳州发某故意隐瞒。

延伸阅读

在检索大量类案的基础上，笔者总结相关裁判规则如下，供读者参考。

（一）股权转让合同中对出让方应承担的披露义务有明确约定的应当遵守约定，出让方未按合同履行披露义务的，应当按照合同约定承担相应违约责任。

案例1：湖南天某地产投资有限公司、阳某城集团股份有限公司等股权转让纠纷其他民事裁定书【最高人民法院（2021）最高法民申5281号】

根据案涉《协议书》《委托付款协议一》《委托付款协议二》和天某公司出具的相关《承诺函》《关于中某公司基本情况的陈述与确认》等协议及函件的约定，天某公司应当披露的应有债务、或有债务及其他事项而未披露的，所造成的损失由天某公司承担，该损失在应付股权转让款中抵扣，中某公司、曾某芬、张某垫付的从应支付给天某公司的股权转让款中抵扣。中某公司多支付的主地块的城镇土地使用税及滞纳金737891.51元未被天某公司披露，该款应由天某公司承担，根据协议约定应予抵扣。天某公司在《关于中某公司基本情况的陈述与确认》及《协议书》附件五中并未明确披露中某公司对某盛公司的欠付债务，故某盛公司设计合同纠纷案各项费用 441332.37 元应予抵扣。

（二）可撤销股权转让合同系意思表示不真实的合同，其因果关系构成表现为受欺诈方因对方的欺诈行为而陷入内心错误，进而因内心错误而作出了错误的意思表示。

案例 2：北京碧某园凤某置业发展有限公司与夏某等股权转让纠纷二审民事判决书【北京市高级人民法院（2021）京民终 386 号】

合同是当事人意思表示的一致，它要求当事人的意思表示是真实的。法律为了维护合同当事人意思表示的真实，将因意思表示不真实而成立的合同确认为可撤销合同，赋予意思表示不真实的当事人以撤销权，通过撤销权的行使使合同归于无效。受欺诈方是因对方的欺诈行为而陷入内心错误，进而因内心错误而作出了错误的意思表示，因此可撤销合同一定是意思表示不真实的合同。

（三）股权受让人作为长期从事商事交易活动的理性商事主体，在股权交易中应当审慎审查交易标的物，如受让人未尽到前述审查、注意义务又主张股权出让方欺诈的，不应得到支持。

案例 3：光某科技股份有限公司与汤某、穆某菊等股权转让纠纷二审民事判决书【江苏省高级人民法院（2020）苏民终 893 号】

八原告与光某公司于 2018 年 8 月 23 日签订的《股权转让协议》系各方当事人真实意思表示，不违反法律、行政法规的强制性规定。从商事交易模式看，上诉人作为股权收购方、上市公司，理应通过尽调等方式充分了解目标公司财产状况和经营前景，并独立、审慎形成判断，现其主张实际经营情况与尽调结论相距甚远却不能证明受到欺诈、胁迫，相关后果均应由其自行承担。

062 能否请求未履行告知义务即转让股权的原股东赔偿损失？

阅读提示

股权的价格高低取决于目标公司的资产及经营状况，因此只有在充分披露目标公司资产、经营情况的基础上，股权受让方才能基于真实的信息对股权转让行为作出真实的意思表示。股权转让方违背诚实信用原则，故意隐瞒或不充分披露目标公司资产及经营状况造成受让方损失的,受让方能否请求转让方赔偿?本文在此通过最高人民法院的一则经典案例,对上述问题进行分析。

裁判要旨

根据相关法律法规,股权转让方控制下的目标公司在选址和征(占)地时,应当申请文物调查并取得《文物保护意见书》。但股权转让方未履行前述法定义务即将目标公司股权转让,又未告知受让人该情况的,股权转让后项目所在地挖出文物造成停工导致受让人损失的,应认定为转让的股权价格存在重大瑕疵,受让人有权向原股东请求赔偿其经营损失。

案情简介 ①

(一)2010年10月20日,北京岳某房地产开发有限公司(以下简称北京岳某)竞拍取得案涉国有土地使用权,项目名称为棉某生活区危旧房改造项目。

(二)邯郸岳某成立于2012年6月19日,由北京岳某100%持股。2012年9月18日,案涉土地使用权土地证办理在邯郸岳某名下。

(三)2012年12月24日,北京岳某作出《股东会决议》,将其在棉某项目开发建设手续和权利变更到邯郸岳某名下,并同意将北京岳某持有邯郸岳某100%股权以转让给东某公司置业集团有限公司(以下简称东某公司),同日,双方签署了《股权转让协议书》。

(四)股权转让后的邯郸岳某继续对邯郸棉某项目进行施工建设。在施工过程中,发现项目地下存在文物古城墙,邯郸市文物局于2014年6月26日发出《违法建设停工通知书》,要求邯郸岳某立即停止施工,因此遭受损失。

(五)东某公司以北京岳某未履行告知义务为由诉至法院,主张北京岳某向其赔偿经营损失,北京岳某认为因挖到文物停工系不可预测的经营风险,应由东某公司承担。

(六)石家庄中院一审认为文物在双方股权转让协议签订前就已经客观存在,且文物的存在对棉某项目的房地产开发是重大瑕疵,也即北京岳某转让的股权价值存在重大瑕疵,应当赔偿损失。河北高院二审维持原判。

(七)北京岳某不服,向最高人民法院申请再审。最高人民法院认为北京岳某

---

① 案件来源:北京岳某房地产开发有限公司、东某置业集团有限公司股权转让纠纷再审民事判决书【最高人民法院(2020)最高法民再256号】。

未履行法定文物保护义务亦未将情况告知东某公司,存在过错,应负赔偿责任。

实务经验总结

1. 原股东未履行法定文物保护义务将目标公司股权转让,又未告知受让人该情况的,应当认定为对发现文物造成的损失具有过错,但受让人在签订及履行合同时亦应审慎,如原股东移交的文件中明显没有文物保护部门的意见、没有施工许可证仍开工建设的,受让人可能被认定同样存在过错。对于发现文物的损失,由法院根据原股东与受让人的责任比例,裁量原股东应向受让人赔偿的具体金额。

2. 出卖人交付的标的物不符合合同约定或通常质量标准的,需承担瑕疵担保责任,该责任适用无过错原则,无论出卖人有无故意都应承担相应责任。本案中,二审法院河北高院即认为,北京岳某转让股权时未告知东某公司其未履行法定文物保护义务,后目标公司挖出文物导致停工,应认定为转让的股权价格存在重大瑕疵,东某公司有权要求赔偿损失。

3. 作为股权受让方,为防范信息壁垒可能导致的损失,可以事先在股权转让合同中约定转让方的告知、披露义务,明确股权转让方有义务将股权具体情况、目标公司资产经营状况以及影响股价的其他因素充分披露给受让方,同时约定相应的违约责任,如受让方有权要求违反前述约定义务的转让方赔偿损失、有权要求解除股权转让合同等。

相关法律规定

《中华人民共和国文物保护法》(2017年修正)

第十七条 文物保护单位的保护范围内不得进行其他建设工程或者爆破、钻探、挖掘等作业。但是,因特殊情况需要在文物保护单位的保护范围内进行其他建设工程或者爆破、钻探、挖掘等作业的,必须保证文物保护单位的安全,并经核定公布该文物保护单位的人民政府批准,在批准前应当征得上一级人民政府文物行政部门同意;在全国重点文物保护单位的保护范围内进行其他建设工程或者爆破、钻探、挖掘等作业的,必须经省、自治区、直辖市人民政府批准,在批准前应当征得国务院文物行政部门同意。

《中华人民共和国民法典》

第五百条 当事人在订立合同过程中有下列情形之一，造成对方损失的，应当承担赔偿责任：

......

（二）故意隐瞒与订立合同有关的重要事实或者提供虚假情况；

......

第五百零九条第一款、第二款 当事人应当按照约定全面履行自己的义务。

当事人应当遵循诚信原则，根据合同的性质、目的和交易习惯履行通知、协助、保密等义务。

第六百一十条 因标的物不符合质量要求，致使不能实现合同目的的，买受人可以拒绝接受标的物或者解除合同。买受人拒绝接受标的物或者解除合同的，标的物毁损、灭失的风险由出卖人承担。

第六百一十二条 出卖人就交付的标的物，负有保证第三人对该标的物不享有任何权利的义务，但是法律另有规定的除外。

第六百一十八条 当事人约定减轻或者免除出卖人对标的物瑕疵承担的责任，因出卖人故意或者重大过失不告知买受人标的物瑕疵的，出卖人无权主张减轻或者免除责任。

法院判决

以下为最高人民法院就北京岳某应否赔偿东某公司损失的问题的详细论述：

首先，北京岳某对于因发现文物造成的损失，存在过错。案涉项目在国家重点文物保护单位范围之内，在建设之初北京岳某控制邯郸岳某阶段即应当依法办理文物保护手续，但并未办理，也未将未办理事实告知东某公司，存在过错。根据法律法规规定，对文物进行保护是建设单位的法定义务。当时尚在北京岳某控制下的邯郸岳某在选址和征（占）地时，应当申请文物调查并取得《文物保护意见书》，但邯郸岳某并未办理，也未办理文物勘探手续。北京岳某在转让邯郸岳某股权给东某公司时，有义务告知东某公司邯郸岳某尚未依法办理《文物保护意见书》、未进行文物勘探的事实，但北京岳某并未告知。因此，北京岳某在控制邯郸岳某期间，不仅未依法办理文物保护手续，且在转让邯郸岳某股权时也未告知该事实，其行为存在过错。

根据《股权转让协议书》第七条约定，因甲方（北京岳某）隐瞒或遗漏的告知义务将来给乙方（东某公司）或此次变更股东后的邯郸岳某造成的损失，乙方有权向甲方追偿。因北京岳某未依法办理文物保护手续且未履行相应告知义务，转让的股权项目资产存在重大瑕疵，因此东某公司有权向北京岳某请求赔偿邯郸岳某的经营损失。

延伸阅读

在检索大量类案的基础上，笔者总结相关裁判规则如下，供读者参考。

（一）股东对所转让的股权承担权利瑕疵担保义务，如未如实告知受让人所转让股权的真实状况，受让人可以欺诈为由主张撤销股权转让合同。

案例1：侯某萍、王某股权转让纠纷再审审查与审判监督民事裁定书【最高人民法院（2018）最高法民申993号】

本院认为，本案审查的重点在于双方签订《股权转让补充协议》时，侯某萍是否履行了明确告知的义务，王某是否对其所要购买股权的真实状况知情。

侯某萍在签订《股权转让补充协议》时未明确告知王某音某公司资产及股权已为侯某萍的借款提供担保的事实，王某对音某公司的资产及其股权的真实状况并不知情，以上事实符合《中华人民共和国合同法》第五十四条第二款"一方以欺诈、胁迫的手段或者乘人之危，使对方在违背真实意思表示的情况下订立的合同，受损害方有权请求人民法院或者仲裁机构变更或者撤销"① 之规定，《股东转让出资协议》《股权转让补充协议》中王某与侯某萍股权转让的约定应予撤销，原审认定事实并无不当。

（二）股东协议转让公司财产，同时约定了所转让财产对应的股权比例的，应认定为股权转让协议，合法有效。

案例2：朱某彬、林某亮股权转让纠纷再审民事判决书【最高人民法院（2020）最高法民再225号】

公司是企业法人，有独立的法人财产，享有法人财产权，公司的财产并不直接属于公司股东，本案探矿权的权利主体是中某矿业公司。朱某彬、林某亮、司某升作为中某矿业公司的股东签订2728协议，约定将中某矿业公司一号矿山矿权及铁选矿厂所属权转让，但朱某彬、林某亮、司某升并非上述财产的权利人。该协议约定了所转让的财产对应的股权比例，协议依据各自的股权份额对公司经营权进行了分割，约定了办理股权变更手续。根据该协议的具体内容，应认定为

---

① 《合同法》已失效，现相关规定见《民法典》。

股权转让协议。该协议不违反法律法规规定，合法有效。双方当事人应当按照该协议约定履行合同约定的义务。

063 一人公司转让股权后拒绝履行股权变更义务的，受让人能否请求该单一股东协助办理？

阅读提示

股权结构上，一人有限责任公司由单一股东控制，因此一般均系在该单一股东指示下对外签订并履行股权转让合同。如该单一股东控制一人公司拒绝为股权受让方办理股权变更手续的，受让方能否直接请求该单一股东协助办理？本文在此通过最高人民法院的一则经典案例，对上述问题进行分析。

裁判要旨

就股权转让方的单一股东而言，虽然其为股权转让方的唯一股东，但如股权转让协议中并未约定该单一股东有协助办理股权变更手续的具体义务以及相应违约责任，则受让人起诉请求该单一股东履行前述义务并承担因未及时完成该义务的违约责任，缺乏合同与法律依据，不应支持。

案情简介 ①

（一）中某江苏公司股权结构为：国某公司占60%，中某日上（香港）有限公司（以下简称中某香港公司）占40%。另查明，金某龙为中某香港公司的唯一股东。

（二）2015年11月6日，中某江苏公司形成《股东会决议》，股东中某香港公司同意将持有的中某江苏公司40%的股权转让给国某公司。

（三）2016年8月26日，中某香港公司、中某江苏公司、国某公司、金某龙等六方主体签署《股权转让协议》，载明：中某香港公司有义务将其持有的中某江苏公司40%股权变更登记至国某公司名下，如果中某香港公司违反协议约

---

① 案件来源：金某龙、中某日上（香港）有限公司等股权转让纠纷再审民事判决书【最高人民法院（2021）最高法民再245号】。

定，应向守约方承担相应的违约责任。

（四）后中某香港公司拒绝办理相关股权转让手续，受让方国某公司遂诉至法院，请求中某香港公司的单一股东金某龙履行上述股权工商变更登记义务并承担因未及时完成股权工商变更登记的违约责任。

（五）盐城中院与江苏高院均判令金某龙对国某公司承担违约责任。

（六）金某龙不服，向最高人民法院申请再审。最高人民法院再审认为要求金某龙承担违约责任并无合同与法律依据，对一、二审判决予以纠正。

裁判要点

本案的核心争议在于，股权转让协议中未约定转让方的唯一股东协助履行股权变更程序时，该唯一股东应否承担前述义务并相应违约责任，对此，最高人民法院认为：

首先，案涉股权转让协议中约定，中某香港公司有义务按约将其持有的中某江苏公司40%股权变更登记至国某公司名下；如果中某香港公司违反协议约定，应向守约方承担相应的违约责任。该事实表明，应向国某公司履行股权转让以及股权工商变更登记义务的合同主体为中某香港公司。

其次，金某龙虽为中某香港公司的唯一股东，但案涉股权转让协议中并没有约定其向国某公司履行股权变更手续义务并承担相应违约责任的义务。

最后，综合以上事实，国某公司诉请金某龙履行股权变更登记义务并承担相应违约责任不具有合同与法律依据。一、二审法院判决金某龙承担违约责任系认定事实不清、适用法律错误，应予纠正。

实务经验总结

1. 公司具有独立的法人格。即使在公司存在单一股东的场合，如无明确约定，股权受让人也不能越过公司直接向其股东主张履行股权变更手续、要求其承担违约责任。例如在本案中，中某香港公司仅有一名股东金某龙，因此中某香港公司的股权转让行为与后续的履行行为必然会受到其股东相当程度的影响，但是即便如此，中某香港公司依然是独立的法律主体，其应当独立、完全地享有并承担自己签订的股权转让协议中的权利与义务。

2. 实务中，股权受让人可以明确要求转让方的股东签字确认其应当协助履行股权变更登记手续,并在未按约定履行前述义务时,承担违约责任,以避免股东控制股权转让方违约。

3. 当事人就合同中违约条款发生纠纷,往往是因为违约责任约定宽泛、不够明确。首先,当事人应当明确负有义务的主体,并明确载明前述主体不按约定履行义务时应当承担违约责任;其次,对于违约责任的承担方式亦应具体,如继续履行、赔偿损失等,其中赔偿损失条款可以具体约定除直接损失外,还包括诉讼费、仲裁费、律师费、因请求赔偿而发生的差旅费、调查费等。另外,还可以约定违约金条款等,使合同责任承担更加明确具体,从而便于适用。

相关法律规定

《中华人民共和国民法典》

第四百六十五条 依法成立的合同,受法律保护。

依法成立的合同,仅对当事人具有法律约束力,但是法律另有规定的除外。

第五百零九条第一款、第二款 当事人应当按照约定全面履行自己的义务。

当事人应当遵循诚信原则,根据合同的性质、目的和交易习惯履行通知、协助、保密等义务。

第五百七十七条 当事人一方不履行合同义务或者履行合同义务不符合约定的,应当承担继续履行、采取补救措施或者赔偿损失等违约责任。

《中华人民共和国公司法》(2023年修订)

第三条 公司是企业法人,有独立的法人财产,享有法人财产权。公司以其全部财产对公司的债务承担责任。

公司的合法权益受法律保护,不受侵犯。

第四条 有限责任公司的股东以其认缴的出资额为限对公司承担责任;股份有限公司的股东以其认购的股份为限对公司承担责任。

公司股东对公司依法享有资产收益、参与重大决策和选择管理者等权利。

《中华人民共和国公司法》(2018年修正,已被修订)

第三条 公司是企业法人,有独立的法人财产,享有法人财产权。公司以其全部财产对公司的债务承担责任。

有限责任公司的股东以其认缴的出资额为限对公司承担责任;股份有限公司的股东以其认购的股份为限对公司承担责任。

法院判决

以下为最高人民法院就金某龙是否构成违约、应否承担违约责任的问题的详细论述：

本院再审认为，关于金某龙是否构成违约、应否承担违约责任的问题。从案件基本事实看，2016年8月26日，本案各方当事人等六方主体签订案涉《股权转让协议》，约定通过债权转股权的方式来偿还因先前的购销合同关系欠付物资公司的债务。根据该协议，中某香港公司有义务按约将其持有的中某江苏公司40%股权变更登记至国某公司名下；如果中某香港公司违反协议约定，应向守约方承担相应的违约责任。上述事实表明，应向国某公司履行股权转让以及股权工商变更登记义务的合同主体为中某香港公司。

就金某龙而言，本案诉讼程序中其虽为中某香港公司的唯一股东，但在本案《股权转让协议》中并未约定关于其变更中某江苏公司40%股权的具体合同义务以及相应违约责任。现物资公司、国某公司起诉请求金某龙履行上述股权工商变更登记义务以及承担因未及时完成股权工商变更登记的违约责任，缺乏合同与法律依据，因此，难以认定金某龙在中某江苏公司40%股权的变更登记中存在违约行为。一、二审判决判令金某龙就此承担违约责任向被申请人支付违约金属于认定事实不清、适用法律错误，本院依法予以纠正。

延伸阅读

在检索大量类案的基础上，笔者总结相关裁判规则如下，供读者参考。

（一）办理工商变更登记的义务主体为公司，股权转让人仅是变更登记的协助人。

案例1：曹某军、宋某利股权转让纠纷二审民事判决书【贵州省高级人民法院（2017）黔民终745号】

第一，《中华人民共和国公司法》第三十二条第三款规定："公司应当将股东的姓名或者名称向公司登记机关登记；登记事项发生变更的，应当办理变更登记。未经登记或者变更登记的，不得对抗第三人。"原判已经阐明，股东变更登记的义务主体为唯某公司，而非作为公司股东的宋某利。《股权转让协议》第三条约定，"甲方应于本协议生效之日起60日内配合乙方办理下列事项：a. 个人独资企业变更为有限公司。b. 到相关工商部门办理股东变更登记。c. 将乙方的股权登记于贵阳唯某嫁衣婚庆礼仪有限公司的股东名册、章程与出资证明书之中。……"根据上述约定，宋某利只有配合办理变更登记的义务，该义务不属于主合同义务，且根据《中华人民共和国公司法》第三十二条第三款的规定，未经登记或者变更登记的，不得对抗第三人，[1] 故该义务是否履行只影响能否对抗第三人，并不影响曹某军在公司内部享有的实体权利，不对曹某军的合同目的的实现构成根本性的影响。此外，曹某军亦未举证证明经告知宋某利后，宋某利未履行配合的义务。第二，在本案诉讼中，宋某利亦未表示要拒绝配合办理股东的变更登记，曹某军完全可以通过变更登记成为唯某公司的股东，故尚未完成的股东变更登记并非不可补救，相反，仅以此为由要求解除合同，不利于维护契约精神和保障交易安全，损害合同相对人的信赖利益。

(二) 在股权转让过程中，不仅受让人可以与转让方股东约定由转让方股东承担股权变更登记义务及相应违约责任。转让方的股东亦可以与受让人、目标公司约定，由目标公司对受让人的股权转让付款义务承担连带清偿责任。

案例2：临沂海某置业有限公司股权转让纠纷再审审查与审判监督民事裁定书【最高人民法院（2021）最高法民申2177号】

法律并未禁止目标公司为支付其自身股权转让款提供担保的规定，股权转让合同所约定的也是净某公司将海某公司交接给丁方之后，由海某公司对丁方的付款义务承担连带清偿责任。现海某公司主张如其承担担保责任将构成净某公司抽逃出资，但也没有提交证据证明净某公司确系以海某公司承担担保责任的方式抽逃出资。原审认为本案不属于《最高人民法院关于适用〈中华人民共和国公司法〉若干问题的规定（三）》第十二条所列举的股东抽逃出资的情形，该认定正确。不能仅因目标公司为支付其自身股权转让款提供担保，就认为违反了《中华人民共和国公司法》第三十五条[2]关于股东不得抽逃出资的规定，海某公司关于担保约定无效的再审申请事由不能成立。

(三) 股权转让方未依约履行股权变更登记义务的，受让人可以诉请要求其履行变更登记义务，但不能仅以此要求解除股权转让合同。只有达到无法办理股权变更登记以致合同目的无法实现的程度时，受让人才能依法诉请解除合同。

案例3：周某宝、周某虎等股权转让纠纷二审民事判决书【江苏省连云港市中级人民法院（2021）苏07民终4018号】

---

[1] 《公司法》已修改，现相关规定见《公司法》（2023年修订）第三十四条第二款。
[2] 《公司法》已修改，现相关规定见《公司法》（2023年修订）第五十三条。

本院认为，涉案《股权转让合同》不符合法定的解除条件，周某虎不享有合同解除权。理由：周某虎主张因上诉人周某宝未交付股权、变更工商登记，无法实现合同目的，应当解除合同。本院认为，周某虎对周某宝系隐名股东这一事实是明知的。首先，周某虎作为苏某公司登记股东，在与周某宝谈话视频中并未否认周某宝出资80万元系苏某公司实际出资人的事实。其次，涉案《股权转让合同》并未约定股权变更登记的时间、条件，周某虎未能举证证明在周某宝提起本案诉讼前，其向周某宝主张办理股权变更登记事宜，且周某虎还在2021年2月10日向周某宝支付2万元股权转让款，更加印证周某虎明知受让的系隐名股权，而受让隐名股权的目的是享有股权投资收益，周某虎可径行向苏某公司主张相关股权权益。综上，涉案股权转让合同不符合法定的解除条件，周某虎不享有合同解除权。

（四）股权转让协议中对转让方及其股东约定违约金条款的，违约金应当具有合理性，过高的违约金无法得到法院支持。

案例4：陈某威、杨某康等股权转让纠纷民事申请再审审查民事裁定书【最高人民法院（2021）最高法民申7242号】

根据《最高人民法院关于适用〈中华人民共和国民法典〉时间效力的若干规定》的相关规定，以及《中华人民共和国合同法》第一百一十四条第二款规定："……约定的违约金过分高于造成的损失的，当事人可以请求人民法院或者仲裁机构予以适当减少。"[1]《最高人民法院关于适用〈中华人民共和国合同法〉若干问题的解释（二）》第二十九条规定："当事人主张约定的违约金过高请求予以适当减少的，人民法院应当以实际损失为基础，兼顾合同的履行情况、当事人的过错程度以及预期利益等综合因素，根据公平原则和诚实信用原则予以衡量，并作出裁决。当事人约定的违约金超过造成损失的百分之三十的，一般可以认定为合同法第一百一十四条第二款规定的'过分高于造成的损失'。"[2]

经查，案涉《股权转让合同》约定，若杨某康未按合同约定付款，每逾期一天，应承担逾期应付金额日千分之三的违约金，且陈某威没有提供充分证据证明其所遭受的实际损失。因此，原审法院综合考虑民间借贷利率保护上限、案件实际履行情况、当事人举证等以及全案事实后，作出调整违约金计算标准的处理

---

[1] 《合同法》已失效，现相关规定见《民法典》第五百八十五条第二款。
[2] 该司法解释已失效，现相关规定见《最高人民法院关于适用〈中华人民共和国民法典〉合同编通则若干问题的解释》第六十五条。

意见，并无不当，亦符合本案实际情况，较为公允。

064 违约方承诺继续履行剩余义务的可不判处承担违约金？

阅读提示

当事人约定一方违约时应当根据违约情况向对方支付一定数额的违约金的，如果合同一方虽有违约行为，但其已经履行大部分义务，且也愿意继续履行剩余义务的，人民法院是否可以酌情判处其继续履行剩余义务即可，而无须承担违约金？本文在此通过最高人民法院的一则经典案例，对上述问题进行分析。

裁判要旨

当事人在履行合同中虽然出现了纠纷，但合同大部分已经履行完毕的情况下，违约方又明确表示愿意继续履行剩余合同义务的，不宜直接判决违约方承担违约金。但为了督促合同的履行和纠纷的解决，可以判处在判决下达后如违约方仍不自动履行剩余义务的，除应继续履行外，还应按合同约定承担违约金支付责任。

案情简介[①]

（一）2017年6月15日，四川酒某老窖集团股份有限公司（以下简称酒某老窖集团公司）、吉某商贸公司、李某（甲方）和世某爱心资产管理有限公司（以下简称世某爱心公司，乙方）签订《股权转让合同》约定：甲方将持有的宜宾酒某老窖共计97%的股份转让给乙方，乙方分三期支付股权转让款；甲方未依约履行股权变更义务或其他合同义务时应向乙方支付2000万元违约金。

（二）2017年7月13日，甲、乙双方签订《补充协议（二）》约定：乙方应在甲方将"四川酒某老窖集团股份有限公司"名称转移到乙方名下后十天内支付第三期股权转让款，另外甲方"酒某老窖"字号应更名或注销处理。

[①] 案件来源：世某爱心资产管理有限公司、四川酒某老窖集团股份有限公司股权转让纠纷再审民事判决书【最高人民法院（2020）最高法民再321号】。

（三）2017年7月6日、2017年7月13日乙方分别支付了第一期、第二期股权转让款。2017年9月11日，目标公司97%的股权变更登记至乙方名下后，乙方开始全面接管并实际控制目标公司。

（四）对于第三期股权转让款，乙方认为《补充协议（二）》约定的付款条件未成就，尚未支付。2017年11月30日和2017年12月19日，甲方以此为由通知乙方解除《股权转让合同》。乙方则认为系甲方不履行合同更名义务构成违约，应当依约支付违约金。双方因此发生争议，诉至法院。

（五）宜宾中院一审和四川高院二审均未支持乙方违约金请求，四川高院认为无证据证明因甲方原因导致更名或注销条件不成就，因此乙方要求甲方承担违约金的依据不充分。

（六）乙方不服，向最高人民法院申请再审。最高人民法院再审认为，考虑到甲方已履行大部分义务且愿意继续履行剩余义务，不宜直接判决其承担违约金。

裁判要点

本案的核心争议在于，合同一方存在违约但已履行大部分义务且愿意继续履行剩余义务的，是否可以不判处其支付违约金，对此，最高人民法院认为：

首先，案涉《股权转让协议》和《补充协议（二）》中约定了酒某老窖集团公司等三方的更名义务，并约定了其不履行合同义务时应向世某爱心公司支付2000万元违约金。而酒某老窖集团公司等三方并未履行前述合同义务，反而向世某爱心公司发出解除合同通知，构成违约。

其次，虽然酒某老窖集团公司等三方构成违约，但考虑合同大部分已经履行完毕，且酒某老窖集团公司等三方亦明确表示愿意履行更名等剩余义务，故不宜直接判处其承担合同违约金。

最后，为了督促酒某老窖集团公司等三方履行合同义务、解决纠纷，最高人民法院判决如果其在判决后仍不履行更名等剩余义务的，则在应继续履行合同义务外，还需按合同约定向世某爱心公司支付违约金。

实务经验总结

1. 当事人可以在合同中约定当一方违约时应向守约方支付违约金，但违约金数额应当合理。如当事人主张违约金过高，法院可以违约金超过造成的损失30%为标准适当减少，当事人主张违约金低于造成的损失的，法院可以违约造成的损失调高违约金数额。以此可见，违约金的数额并非完全取决于当事人的约定，还需由法院根据守约方的损失判断是否公平。

2. 合同一方存在违约行为，但已经履行完毕大部分义务且亦表示愿意继续履行剩余义务的，不构成根本违约。本案中，法院即阐述了前述理由，并认为案涉股权转让协议应当继续履行。

3. 违约金与定金条款不能并用，只能约定其中之一。而不管是违约金还是定金的数额最终都会以因违约造成的实际损失来衡量是否合理，是否足够弥补守约方损失。

相关法律规定

《中华人民共和国民法典》

第五百零九条第一款、第二款 当事人应当按照约定全面履行自己的义务。

当事人应当遵循诚信原则，根据合同的性质、目的和交易习惯履行通知、协助、保密等义务。

第五百二十六条 当事人互负债务，有先后履行顺序，应当先履行债务一方未履行的，后履行一方有权拒绝其履行请求。先履行一方履行债务不符合约定的，后履行一方有权拒绝其相应的履行请求。

第五百八十五条 当事人可以约定一方违约时应当根据违约情况向对方支付一定数额的违约金，也可以约定因违约产生的损失赔偿额的计算方法。

约定的违约金低于造成的损失的，人民法院或者仲裁机构可以根据当事人的请求予以增加；约定的违约金过分高于造成的损失的，人民法院或者仲裁机构可以根据当事人的请求予以适当减少。

当事人就迟延履行约定违约金的，违约方支付违约金后，还应当履行债务。

法院判决

以下为最高人民法院就酒某老窖集团公司、吉某商贸公司、李某应否承担违约金的详细论述：

《股权转让协议》11.1条约定"甲方未按合同约定履行股权变更义务，或违反本合同约定的其他义务或甲方所做保证和承诺，乙方可选择本合同继续履行或解除合同，并按股权转让价款的20%向甲方收取违约金。"酒某老窖集团公司、吉某商贸公司、李某未按《补充协议（二）》第四条第一款的约定履行合同义务，向世某爱心公司发出解除合同通知，已构成违约。世某爱心公司主张其提起本案诉讼产生诉讼费损失由酒某老窖集团公司、吉某商贸公司、李某承担，本院予以支持。世某爱心公司为本案支付的律师费35万元，并非必然损失，本院不予支持。

考虑到双方在履行合同中虽然发生了一些纠纷，但合同大部分已经履行，且酒某老窖集团公司、吉某商贸公司、李某在再审审理中明确表示愿意继续履行剩余合同义务，因此不宜直接判决酒某老窖集团公司、吉某商贸公司、李某承担违约金。但为了督促合同的履行和纠纷的解决，若酒某老窖集团公司在判决后仍不自动履行变更公司名称的义务，则酒某老窖集团公司、吉某商贸公司、李某应在继续履行合同义务的同时，还应按合同约定承担违约金支付责任。

延伸阅读

在检索大量类案的基础上，笔者总结相关裁判规则如下，供读者参考。

（一）违约方以已经履行合同大部分义务为由主张守约方无权行使约定解除权的，法院不予支持。

案例1：北京北方荣某服装商城有限公司房屋租赁合同纠纷其他民事裁定书【最高人民法院（2021）最高法民申13号】

天某联公司与北方荣某公司于2007年4月19日签订的《商铺租赁经营合同》，系双方真实意思表示，不违反法律法规的强制性规定，应当认定为有效，双方均应依约履行。《商铺租赁经营合同》第12.3条、第12.3.1条明确约定，北方荣某公司未能按合同约定交纳租金和物业管理费超过15日的，构成根本违约，天某联公司有权提前终止本合同，收回商铺，北方荣某公司已交纳的租金、物业管理费作为对天某联公司各项利益损失的补偿和赔偿，不予退还。而根据原审查明的事实，结合天某联公司向北方荣某公司发出的《催缴租金、物业管理费和资金占用费的函》《解除租赁合同通知函》以及北方荣某公司向百某世贸集团发出的《申请书》，向百某世贸商城、天某联公司发出的《保证书》，能够认定北方荣某公司存在合同约定的拖欠租金超过15日的事实。北方荣某公司虽主张已实际支付了80%的租金834万元，不应认定其构成根本违约，但与双方合同约定不相符，故原判决认定双方合同因北方荣某公司违约而由天某联公司主张予以解除，并无不当。

（二）合同一方延迟履行债务，但已经按约定履行了大部分付款义务的，应认定为尚未达到不能实现合同目的的严重程度，不足以构成根本违约，法定解除权并未成就。

案例2：划某有限公司、浙江高某旅游文化产业有限公司委托合同纠纷再审审查与审判监督民事裁定书【最高人民法院（2019）最高法民申256号】

根据原审查明的事实，案涉补充协议签订后，高某公司仅支付了协议约定的第一期款项，第二期款项经划某公司催告后仍未支付，违反了补充协议的约定。但由于补充协议仅系对原合同设计费的欠款金额、支付期限以及支付方式的补充约定，高某公司迟延履行付款义务是否构成根本违约应当结合建筑设计服务合同、外包装设计服务合同及补充协议的履行情况综合考虑。按照建筑设计服务合同、外包装设计服务合同的约定，高某公司负有支付划某公司设计费共计人民币（下同）8518250元的义务，在补充协议签订前，其已支付4685037元，余3833213元尚未支付；按照补充协议的约定，高某公司需按八折支付上述设计费欠款计3066570元，高某公司已经支付了第一期款项1000000元。故高某公司已经按约定履行了大部分的付款义务，虽然其存在迟延履行债务的违约行为，但尚未达到不能实现合同目的之严重程度，划某公司依据《中华人民共和国合同法》第九十四条①行使合同法定解除权的条件并未成就。因此，二审法院认定高某公司未按补充协议约定支付剩余设计费不足以构成根本违约，不存在适用法律错误的情形。

（三）判断合同约定的违约金是否过高应以因违约所造成的损失为基础进行判断，且主张违约金过高的一方应对此承担举证责任。

案例3：某电信城市建设投资有限公司与某市人民政府、某市住房和城乡建设局房屋租赁合同纠纷二审民事判决书【最高人民法院（2016）最高法民终469号】

某市住建局主张约定的违约金过高，但其未提供证据证明约定的违约金过分高于某电信城投公司遭受的实际损失。某市住建局作为政府行政机关参与民事活动，理应严格按照合同约定履行义务，其未按照合同的约定履行付款义务的行为，有违诚实信用，应按照《框架协议》的约定承担相应的违约责任。因此，案涉《框架协议》约定的某市住建局按应付款项日万分之五的标准承担违约金，符合公平原则和诚实信用原则，且无明显不合理之处。某市住建局主张调减违约

---

① 《合同法》已失效，现相关规定见《民法典》第五百六十三条。

金，依据不足，本院不予采信。一审判决按照中国人民银行同期一年期流动资金贷款基准利率计算违约金不当，应予纠正。某电信城投公司关于按照《框架协议》的约定确定某市住建局应承担违约金的计算标准的上诉请求，有事实和法律依据，本院予以支持。故某市住建局应按应付款项的日万分之五向某电信城投公司承担支付违约金的责任。

065 行使不安抗辩权应及时通知对方停止履行的决定及原因，否则视为违约

阅读提示

《民法典》第五百二十八条对不安抗辩权规定："当事人依据前条规定中止履行的，应当及时通知对方……"如果行使不安抗辩权一方仅通知了对方停止履行的决定，而没有通知具体原因，人民法院会据此认为不属于行使不安抗辩权而是否构成根本违约？本文在此通过最高人民法院的一则经典案例，对上述问题进行分析。

裁判要旨

合同一方行使不安抗辩权的，应及时将中止履行的决定及其原因告知对方，以便对方可以提供适当担保以恢复履行。如仅通知中止履行的决定而未告知具体原因，其在庭审中又提出该中止履行原因的，应当认定该原因不属于其行使不安抗辩权的事实依据，并认定其无正当理由未按照约定履行合同义务构成违约。

案情简介 ①

（一）2017年3月31日，福建莆某汽车运输股份有限公司（以下简称莆某公司）工会委员会与刘某闻签订《股份收购协议书》，约定：工会委员会向刘某闻转让所持莆某公司88%的股份，刘某闻应于2017年5月31日前支付全部股权转让款。

---

① 案件来源：刘某闻、福建莆某汽车运输股份有限公司工会委员会股权转让纠纷二审民事判决书【最高人民法院（2021）最高法民终1043号】。

（二）后查明，刘某闻未按期支付股权转让款。双方因此多次修改支付时间，最后一次约定刘某闻应于2018年6月30日前严格按照双方已签署的协议约定全面履行合同义务。

（三）2018年4月28日，莆某公司为其全资子公司闽某公司债务提供保证担保，担保金额为3150万元。

（四）2018年6月，莆某公司职工及退休持股会员（股东）联名致信莆田市国资委、莆田市交通局，认为刘某闻不断拖延股权转让款支付时间，要求政府介入收购。

（五）2018年6月26日，刘某闻致函工会委员会称：工会委员会未向刘某闻披露上述联名信事件，使刘某闻严重质疑工会委员会就本次交易的履约能力，并以此为由一直未支付全部股权转让款。

（六）工会委员会以刘某闻根本违约为由诉至法院要求解除合同。北京高院一审认为，刘某闻未按约支付剩余股权转让款构成根本违约，而非行使不安抗辩权。

（七）刘某闻不服提起上诉，主张行使不安抗辩权的事实依据是目标公司对外提供3150万元担保未依约披露，不构成违约。最高人民法院二审维持原判，认为刘某闻2018年6月26日的致函中并未体现莆某公司对外提供3150万元担保未依约披露的事实，故该事实不属于刘某闻行使不安抗辩权的事实依据。

裁判要点

本案的核心争议在于，行使不安抗辩权未及时通知对方停止履行的原因，是否仍属于行使不安抗辩权还是构成根本违约，对此，最高人民法院认为：

首先，依据《民法典》第五百二十八条规定："当事人依据前条规定中止履行的，应当及时通知对方……"故，合同一方要行使不安抗辩权，应及时将中止履行的决定及其原因告知工会委员会，以便对方提供适当担保以恢复履行。

其次，刘某闻在上诉中主张行使不安抗辩权的事实依据是目标公司对外提供3150万元担保未依约披露，但是该事实依据并未在2018年6月26日的函件中予以体现，故应当认定目标公司对外提供3150万元担保未依约披露并非刘某闻行使不安抗辩权的事实依据。

综上，最高人民法院认定行使不安抗辩权未及时通知对方停止履行的原因的，构成根本违约，并不属于行使不安抗辩权的事实依据。

实务经验总结

1. 不安抗辩权，指应当先履行债务的当事人有确切证据证明对方丧失或者可能丧失履行债务能力的，有权主张中止履行合同义务。不安抗辩权的行使应严格符合法定的构成要件与履行方式。

2. 法律之所以要求行使不安抗辩权的一方及时通知对方中止履行的决定及原因，是因为要使合同对方知悉该事实的存在，并尽力在合理期限内恢复履行能力或提供适当担保，从而使合同得以继续履行。本案中，当事人就是因为虽致函表明了对对方履行能力的担忧，但没有通知是基于何种事实产生此种担忧，使得法院在庭审中不再对该事实进行审查，从而导致当事人行使不安抗辩权失败，并被认定为构成根本违约，应承担违约责任。

3. 依照法律规定，行使不安抗辩权的具体条件包括：属于同一双务合同互负债务、债务的履行有先后顺序以及后履行一方有丧失或可能丧失履行债务能力的情形。在条件达成时，应当先履行债务的当事人可以主张中止履行自己的合同义务。如果后履行一方在合理期限届满后，仍没有恢复履行能力，也没有提供适当的担保，则先履行一方可以主张解除合同。

相关法律规定

《中华人民共和国民法典》

第五百二十七条 应当先履行债务的当事人，有确切证据证明对方有下列情形之一的，可以中止履行：

（一）经营状况严重恶化；

（二）转移财产、抽逃资金，以逃避债务；

（三）丧失商业信誉；

（四）有丧失或者可能丧失履行债务能力的其他情形。

当事人没有确切证据中止履行的，应当承担违约责任。

第五百二十八条 当事人依据前条规定中止履行的，应当及时通知对方。对方提供适当担保的，应当恢复履行。中止履行后，对方在合理期限内未恢复履行能力且未提供适当担保的，视为以自己的行为表明不履行主要债务，中止履行的一方可以解除合同并可以请求对方承担违约责任。

法院判决

以下为最高人民法院就刘某闻未按期支付股权转让款的行为是构成根本违约还是属于行使不安抗辩权的详细论述：

在二审庭审中，刘某闻主张其通过 2018 年 6 月 26 日的致函依法向工会委员会行使了不安抗辩权。依据该函件的内容，刘某闻行使不安抗辩权的事实依据是 2018 年 6 月目标公司职工及退休持股会员（股东）联名致信莆田市国资委、莆田市交通局的事件。刘某闻在上诉中主张行使不安抗辩权的另一个事实依据是目标公司对外提供 3150 万元担保未依约披露，但是该事实依据并未在 2018 年 6 月 26 日的函件中予以体现。

《中华人民共和国合同法》第六十九条规定，"当事人依照本法第六十八条的规定中止履行的，应当及时通知对方。对方提供适当担保时，应当恢复履行"，[①] 故刘某闻若要行使不安抗辩权，应及时将中止履行的决定及其原因告知工会委员会，以便对方提供适当担保以恢复履行。因刘某闻并未提交以目标公司对外提供 3150 万元担保未依约披露为由通知工会委员会行使不安抗辩权的相关证据，加上闽某公司《银行付款通知书》上有刘某闻的联系人邓某铭的签字，故应当认定目标公司对外提供 3150 万元担保未依约披露并非刘某闻行使不安抗辩权的事实依据。本院在本案中只对联名信事件是否属于刘某闻行使不安抗辩权的合法情形进行审理。

延伸阅读

在检索大量类案的基础上，笔者总结相关裁判规则如下，供读者参考。

（一）股权转让协议双方已对签订前目标公司可能遗漏的债务及相关法律责任作出安排，受让方又以转让方未如实披露债务为由主张行使不安抗辩权的，人民法院不予支持。

案例 1：李某、张某俊等股权转让纠纷申请再审民事裁定书【最高人民法院（2015）民申字第 507 号】

李某提出其未如约支付股权转让款的原因系泽某公司对《投资合作股权转让协议书》签订前的公司债务未尽如实告知义务，使其受让股权后的蓖麻公司存有重大债务压力和经济负担，故其可行使不安抗辩权，不构成违约。本院认为，该

[①]《合同法》已失效，现相关规定见《民法典》第五百二十八条。

抗辩并不成立。

双方签订的《投资合作股权转让协议书》第八条明确约定"山西经某蓖麻科技有限公司在本次股权转让以前所发生的一切债务、纠纷或可能给乙方（李某）造成不利影响的事件，甲方（胡某胜、张某俊、泽某公司）已经在本协议生效前予以说明或记载，并由甲方全权处理完善，否则不利之法律后果由甲方独立承担。"据此可知双方已对可能遗漏的债务及相关法律责任作出安排，即便胡某胜、张某俊、泽某公司存在未如实披露公司债务之情形，亦应由其自行承担法律后果，故并未影响李某受让股权之合同根本目的的实现。

（二）主张行使不安抗辩权的一方需能证明对方履行能力明显极低、存在不能给付的风险。

案例2：兖州市银某电力有限公司与无锡华某锅炉股份有限公司定作合同纠纷申请再审民事裁定书【最高人民法院（2015）民申字第3229号】

银某公司延期付款不属于行使不安抗辩权的情形。首先，银某公司没有举证证明华某公司的履行能力明显降低，存在不能给付的现实危险。银某公司只是主张因华某公司曾多次出现未按照发货进度和安装要求供货及施工的情况，担心华某公司怠于履行义务，且对该主张未提交相应证据予以证实。其次，银某公司没有向华某公司发出行使不安抗辩权的通知。银某公司于2010年12月6日致华某公司的函，只是要求华某公司尽快将此前急需的货物尽快发出并安装，没有中止履行的意思表示和向华某公司提供适当担保的合理期限等内容。因此，银某公司延期付款的行为不属于《中华人民共和国合同法》第六十八条、第六十九条[①]规定的行使不安抗辩权的情形，二审判决认定银某公司未提交证据证实其在案涉合同履行过程有权行使不安抗辩权，并无不当。

066 成立未生效合同是否适用解除制度？

阅读提示

对于成立未生效合同能否被解除，《民法典》没有明确规定。在司法实务中，最高人民法院在（2017）最高法民申4627号裁定书中也曾认为解除合同的

---

① 《合同法》已失效，现相关规定见《民法典》第五百二十七条、第五百二十八条。

对象，应当是已经依法成立并发生法律效力的合同，故而成立未生效合同不属于可以依法解除的对象。但对于成立未生效合同，其实际上对当事人会具有一定约束力，如在任何场合均不能解除，则可能造成当事人之间权利义务关系处于不确定状态，解除制度定分止争的功能不能得到发挥。

裁判要旨

成立未生效合同虽因尚未履行审批程序等原因而暂未依法发生效力，但该类合同实际上对当事人具有一定约束力，如合同签订后双方应当积极履行审批报批义务等，因此在符合解除条件时，人民法院依法予以支持，以避免当事人之间的权利义务处于不稳定状态。

案情简介 [①]

（一）2016 年 6 月 29 日，安徽新某房地产有限公司（以下简称新某公司）与北京巨某时代投资管理有限公司（以下简称巨某公司）签订《股份转让合同》，约定新某公司将所持某农商行 7%股份转让给巨某公司。

（二）2016 年 6 月 29 日，新某公司向巨某公司出具《承诺函》，承诺自收到股份转让款之日起，按照巨某公司意见在某农商行董事会和股东会行使权利。后查明，在巨某公司支付股份转让款后新某公司一直作为名义股东为新某公司代持案涉股份，并未办理工商登记。

（三）2018 年 6 月 19 日，蚌埠银监分局向新某公司发出《风险提示书》，称其未经批准转让某农商行股份，要求立即纠正违规行为。

（四）2018 年 6 月 27 日，蚌埠银监分局向巨某公司发函告知案涉股份转让行为因未依法审批系违法法规，并作出要求巨某公司立即纠正的监管意见。同日，巨某公司向新某公司发函要求解除《股份转让合同》并返还股份转让款，新某公司则认为《股份转让合同》未经审批属于成立未生效合同，故不能适用合同解除制度，双方因此发生争议。

（五）就《股份转让合同》应否解除的问题，安徽高院一审认为该合同已无通过批准趋于有效的可能，双方继续受此拘束亦无必要，应予解除。

（六）新某公司不服向最高人民法院提起上诉。最高人民法院二审维持原

[①] 案件来源：安徽新某房地产有限公司、北京巨某时代投资管理有限公司股权转让纠纷二审民事判决书【最高人民法院（2020）最高法民终 200 号】。

判，认为《股份转让合同》虽为成立未生效合同，但对当事人亦有一定约束力，应当解除。

裁判要点

本案的核心争议在于，成立未生效合同能否成为解除的对象，对此，笔者认为：已经成立但未生效的合同主要包括附生效条件的合同、附始期的合同以及法律要求经批准才能生效的合同等。对于这类成立未生效合同，一方面，过去学界通说认为未生效合同对当事人没有法律上的约束力因此自然无须解除，故主张合同解除以合同已经成立且生效为前提，但实务中产生的问题表明成立未生效合同对当事人实际上是具有一定的约束力的，如本案中新某公司和巨某公司应当就股份转让履行报批义务；另一方面，成立未生效合同不能依法解除，将难以解决现实的需要，如在合同成立后明知审批程序已经无法完成、合同目的无法实现的，允许当事人解除该成立未生效合同自然有利于尽快使当事人权利义务关系处于安定状态，并及时保护当事人的合法权益。

实务经验总结

1. 我国《民法典》规定了当事人享有法定解除权的情形，系对守约方的救济，违约方原则上不能享有。在本案中，巨某公司以新某公司违约致其合同目的不能实现为由主张享有法定解除权，即被法院认定案涉股转行为与代持行为系巨某公司为规避金融监管所为，不具有合法性，因此其主张法定解除权没有事实和法律依据，巨某公司关于《股份转让合同》已于2018年10月29日其发函通知新某公司之日起解除的主张亦不能成立。

2. 对于依据特别法设立的公司如银行等，法律法规一般有专门的监管规定。如对农村商业银行的股份转让，就有"单个境内非金融机构及其关联方合计投资入股比例不得超过农村商业银行股本总额的10%"的规定。又如未能符合相关法律法规的审批要求，则会导致合同不能依法生效。

3. 实务中，对于规避、违反了监管规范的合同是否有效的问题，要判断该监管规范是否属于效力性强制规范。违反管理性强制规范可能招致行政处罚措施等不利后果，但不会导致合同本身效力被否认。

相关法律规定

《中华人民共和国民法典》

第一百三十六条 民事法律行为自成立时生效，但是法律另有规定或者当事人另有约定的除外。

行为人非依法律规定或者未经对方同意，不得擅自变更或者解除民事法律行为。

《全国法院民商事审判工作会议纪要》

38.【报批义务及相关违约条款独立生效】须经行政机关批准生效的合同，对报批义务及未履行报批义务的违约责任等相关内容作出专门约定的，该约定独立生效。一方因另一方不履行报批义务，请求解除合同并请求其承担合同约定的相应违约责任的，人民法院依法予以支持。

40.【判决履行报批义务后的处理】人民法院判决一方履行报批义务后，该当事人拒绝履行，经人民法院强制执行仍未履行，对方请求其承担合同违约责任的，人民法院依法予以支持。一方依据判决履行报批义务，行政机关予以批准，合同发生完全的法律效力，其请求对方履行合同的，人民法院依法予以支持；行政机关没有批准，合同不具有法律上的可履行性，一方请求解除合同的，人民法院依法予以支持。

《中华人民共和国商业银行法》（2015年修正）

第二十八条 任何单位和个人购买商业银行股份总额百分之五以上的，应当事先经国务院银行业监督管理机构批准。

《中国银保监会农村中小银行机构行政许可事项实施办法》（2022年修正）

第六十二条 农村中小银行机构股权变更，受让人应符合本办法规定的相应发起人（出资人）资格条件。

农村中小银行机构（地市农村信用合作社联合社、投资管理型村镇银行除外）变更持有股本总额1%以上、5%以下的股东（社员），由法人机构报告地市级派出机构或所在城市省级派出机构。地市农村信用合作社联合社、投资管理型村镇银行变更持有股本总额1%以上、5%以下的股东（社员），由法人机构报告省级派出机构。

农村中小银行机构（地市农村信用合作社联合社、投资管理型村镇银行除外）持有股本总额5%以上、10%以下股东（社员）的变更申请，由地市级派出机构或所在城市省级派出机构受理、审查并决定。地市农村信用合作社联合社、投资管理型村镇银行持有股本总额5%以上股东（社员）的变更申请，由地市级派出机构或所在城市省级派出机构受理，省级派出机构审查并决定。

农村中小银行机构持有股本总额10%以上股东（社员）的变更申请，由地市级派出机构或所在城市省级派出机构受理，省级派出机构审查并决定，事后报告银保监会。

投资人入股农村中小银行机构，应按照有关规定完整、真实地披露其关联关系。

《商业银行股权管理暂行办法》(中国银行业监督管理委员会令2018年第1号)

第四条第一款 投资人及其关联方、一致行动人单独或合计拟首次持有或累计增持商业银行资本总额或股份总额百分之五以上的，应当事先报银监会或其派出机构核准……

法院判决

以下为最高人民法院就案涉《股份转让合同》应否解除的详细论述：

本院认为，虽然案涉《股份转让合同》拟转让股份在诉讼时为3.5%，不需要银行业监督管理机构批准。但是，巨某公司在同一日与多个某农商行股东签订《股份转让合同》，拟受让某农商行股份64.93%（诉讼时为32.465%），已经远超过某农商行股份总额5%以上，依法需要银行业监督管理机构批准。案涉《股份转让合同》未经银行业监督管理机构批准，一审法院依照《中华人民共和国合同法》第四十四条第二款[①]、《最高人民法院关于适用〈中华人民共和国合同法〉若干问题的解释（一）》第九条关于法律规定应当办理批准手续的合同效力的规定，认定《股份转让合同》成立未生效并无不当。《股份转让合同》签订后，巨某公司依约支付了转让价款，因《股份转让合同》成立未生效，巨某公司不能依据《股份转让合同》取得拟转让股份。

从目前情况看，案涉《股份转让合同》因违反前述规定而不再具有经银行监管机构批准的可能性。再者，成立未生效的合同对双方当事人具有一定的约束力，即履行报批手续的义务，应当解除。新某公司关于成立未生效合同不需要再解除的上诉理由不能成立。《股份代持协议》在《股份转让合同》生效且巨某公司已取得拟转让股份的情况下才发生效力，前已述及《股份转让合同》不再具有经银行监管机构批准的可能性，故《股份代持协议》亦应一并解除。

---

① 《合同法》已失效，现相关规定见《民法典》第一百三十六条。

延伸阅读

在检索大量类案的基础上，笔者总结相关裁判规则如下，供读者参考。

（一）对未依法办理审批程序而未生效的合同，应认定其已依法成立并对双方当事人具有法律约束力，当事人应履行义务，促成合同生效。

案例1：袁某友、索某林再审民事判决书【最高人民法院（2018）最高法民再4号】

《中华人民共和国合同法》第四十四条规定："依法成立的合同，自成立时生效。法律、行政法规规定应当办理批准、登记等手续生效的，依照其规定。"[1]《探矿权采矿权转让管理办法》第十条规定采矿权的转让应报经审批管理机关批准，"批准转让的，转让合同自批准之日起生效。"据此，在《最高人民法院关于审理矿业权纠纷案件适用法律若干问题的解释》于2017年7月27日施行之前，审判实践中通常将未办理批准手续的采矿权转让合同认定为未生效合同。案涉采矿权转让合同虽未办理批准手续而未生效，但已依法成立，对双方当事人具有法律约束力，双方当事人理应积极履行各自义务，促成合同生效，以实现合同目的。

（二）我国法律并未禁止将成立未生效合同作为解除的对象，在符合法律规定时解除成立未生效合同有利于避免当事人的合同权利长期停滞在不利状态。

案例2：深圳市康某辉投资发展有限公司、某市规划和国土资源委员会建设用地使用权纠纷再审审查与审判监督民事裁定书【广东省高级人民法院（2018）粤民申5887号】

关于对成立未生效合同后续处理的问题。我国现行法并未将成立但未生效合同明确排除在合同解除对象之外，为避免当事人的合同权利长期停滞在不利状态，案涉合同可以解除。因案涉合同没有约定解除权行使期限，被申请人已在合理期限内向康某辉公司发出退还保证金等解除合同的意思表示。原审法院据此认定被申请人行使了合同解除权并发生合同解除的效果，并无不当。

案例3：陈某庆与通化好某来食品有限责任公司、徐某祥探矿权转让合同纠纷二审民事判决书【吉林省高级人民法院（2019）吉民终412号】

未生效合同能够成为合同解除对象。从我国合同立法看，《中华人民共和国合同法》第九十三条、第九十四条[2]关于合同解除的规定并未将依法成立但未生

---

[1] 《合同法》已失效，现相关规定见《民法典》第一百三十六条。
[2] 《合同法》已失效，现相关规定见《民法典》第五百六十二条、第五百六十三条。

效的合同排除在合同解除适用对象之外。而从法律适用的逻辑来看，既然生效的合同可以依当事人约定或法律规定解除，举重以明轻，尚未生效的合同更应当允许解除。再者，已成立的合同对合同任何一方当事人均具约束力，如不准解除，符合法定或约定解除条件的成立未生效的合同，在较长时间甚至一直对合同当事人处于约束状态，则对无辜当事人明显不公。综上，成立未生效的合同应可适用合同解除制度。

案例4：中某医疗控股股份有限公司、杭州忆某投资管理合伙企业股权转让纠纷二审民事判决书【最高人民法院（2020）最高法民终137号】

虽然《资产协议》因生效条件未成就而处于成立未生效状态，但并不意味着绝对不能解除。事实上，已经成立的合同具有形式拘束力，受到双方合意的拘束，除当事人同意或有解除、撤销原因外，不允许任何一方随意解除或撤销，但当事人不得请求履行合同约定的义务。而成立后的合同产生效力则表现为当事人应当按照合同约定履行义务，否则将承担债务不履行的法律责任。因此，从当事人解除合同的目的看，固然主要是通过解除成立且有效的合同，让自己不再需要履行合同义务，但由于合同成立未生效时也对当事人有形式上的拘束力，故也不排除当事人通过解除成立但未生效合同以摆脱合同形式拘束力的需要和可能。对此，《最高人民法院关于审理矿业权纠纷案件适用法律若干问题的解释》第八条规定："矿业权转让合同依法成立后，转让人无正当理由拒不履行报批义务，受让人请求解除合同、返还已付转让款及利息，并由转让人承担违约责任的，人民法院应予支持。"以及《最高人民法院关于审理外商投资企业纠纷案件若干问题的规定（一）》第五条规定："外商投资企业股权转让合同成立后，转让方和外商投资企业不履行报批义务，经受让方催告后在合理的期限内仍未履行，受让方请求解除合同并由转让方返还其已支付的转让款、赔偿因未履行报批义务而造成的实际损失的，人民法院应予支持。"故成立尚未生效的合同，合同当事人有权请求解除合同。由上，对中某医疗关于《资产协议》成立未生效，不属于可解除对象的上诉主张，不予支持。

（三）股权转让合同需经审批方可生效的，当事人有权请求负有报批义务一方履行相关义务，但无权依据未生效股权转让合同主张股东权利。

案例5：陕西金某地实业有限公司与香港华某国际有限公司、青海省兴某工贸工程集团有限公司侵权责任纠纷申诉、申请民事裁定书【最高人民法院（2016）最高法民申158号】

金某地公司与华某公司签订的股权转让合同未生效。在合同未生效的情况下，金某地公司有权请求华某公司履行与报批有关的义务，但无权依据未生效的股权转让合同直接主张股东权利。金某地公司主张，在生效判决和仲裁裁决已确认应由紫某公司和华某公司协助办理审批、变更的情况下，原判决应确认兴某公司负有协助办理审批、变更义务并返还股权及对应的权益。

（四）当事人协商一致，可以解除成立未生效合同。

案例6：深圳市标某投资发展有限公司、某市财政局股权转让纠纷二审民事判决书【最高人民法院（2016）最高法民终802号】

涉案《股份转让合同书》的转让标的为某市财政局持有的鞍某银行9.9986%即22500万股股权，系金融企业国有资产，转让股份总额已经超过鞍某银行股份总额的5%。依据上述规定，该合同应经有批准权的政府及金融行业监督管理部门批准方产生法律效力。由此，本案的《股份转让合同书》虽已经成立，但因未经有权机关批准，应认定其效力为未生效……涉案《股份转让合同书》应认定为于2013年10月11日协商解除。《中华人民共和国合同法》第九十三条规定，当事人协商一致，可以解除合同。当事人可以约定一方解除合同的条件。解除合同的条件成就时，解除权人可以解除合同。① 本案中，某市财政局于2013年6月6日以国有资产明显增值为由，向沈交所发出鞍财债〔2013〕137号《终止鞍某银行国有股权转让的函》，沈交所根据该函，于2013年6月14日向标某公司、宏某集团、中某红河矿业有限公司、辽宁融某资产经营有限公司发出终止鞍某银行国有股权转让的通知。2013年10月11日，宏某集团代表四家挂牌公司向某市财政局发出《关于要求返还交易保证金的函》。该函虽未明示同意解除合同，但并未主张继续履行合同，反而对合同解除后如何处理提出要求，即要求返还保证金及支付交易费，该回复函应认定为表示同意解除合同。由此，原审判决认定双方于2013年10月11日达成一致解除合同，合法有据。

---

① 《合同法》已失效，现相关规定见《民法典》第五百六十二条。

067 投资人能否以未实现商业预期为由主张解除投资合同?

阅读提示

在股权转让过程中,受让人以股权转让协议签订时对目标公司的经营状况具有一定预期,而后以该商业预期未能实现主张合同目的不能实现,要求解除合同的,能否得到法院支持?本文在此通过最高人民法院的一则经典案例,对上述问题进行分析。

裁判要旨

在没有明确约定的情况下,人民法院认为受让人签订股权转让协议的目的在于取得目标公司股权与经营权,而非目标公司能否实现一定经济效益。故受让人以目标公司经济效益未达预期主张合同目的不能实现的,不应支持。

案情简介 ①

(一)2016年8月8日,新某活集团(中国)有限公司(以下简称新某活集团)与裕某物流股份有限公司(以下简称裕某公司)签署《投资协议书》,约定:新某活集团将其持有的某物流公司51%的股权转让给裕某公司。

(二)2018年8月31日,新某活集团收到了裕某公司发出的解除函:裕某公司认为某物流公司的经营没有达到双方签署合同时的目的和预期,要求解除《投资协议书》。

(三)双方就裕某公司是否有权解除协议发生争议,裕某公司因此诉至法院,要求确认案涉《投资协议书》已于2018年8月31日解除。

(四)辽宁某院一审认为,保障某物流公司的经营达到预期并非案涉合同的目的,《投资协议书》的目的在于使裕某公司取得某物流公司的股权与控制权,该合同目的已经实现,因此判决不支持裕某公司解除合同的主张。

---

① 案件来源:裕某物流股份有限公司、新某活集团(中国)有限公司股权转让纠纷二审民事判决书【最高人民法院(2020)最高法民终564号】。

（五）裕某公司不服，向最高人民法院提起上诉。最高人民法院二审认为，一审判决认定裕某公司不具有法定解除权，认定事实和适用法律并无不当。

裁判要点

本案的核心争议在于，股权受让人能否以目标公司经济效益未达预期为由主张解除股权转让协议，对此，最高人民法院认为：

首先，《中华人民共和国民法典》第五百六十三条规定："有下列情形之一的，当事人可以解除合同：……（四）当事人一方迟延履行债务或者有其他违约行为致使不能实现合同目的……"因此，判断裕某公司是否有权解除案涉《投资协议书》，关键在于判断其主张的物流公司经济效益未达预期是否系合同义务，以及该经济效益的未能实现是否导致合同目的无法实现。

其次，通过审查裕某公司与新某活集团之间的股权转让行为，最高人民法院认双方的目的在于使裕某公司获得物流公司的股权，并以购买股权的方式完成其对物流公司的投资和控制经营。而根据查明的事实，裕某公司已经取得物流公司的股权和经营权，案涉《投资协议书》中约定的合同目的已经实现。

因此，裕某公司以物流公司的经济效益未达到裕某公司的预期为由主张新某活集团违约导致合同目的不能实现，不能成立。

实务经验总结

1. 股权是兼具财产收益权和经营决策等权利的综合性权利，股权转让协议的签订与履行对合同双方当事人、目标公司、其他股东等都关系甚大，因此人民法院在审查股权转让协议应否解除时往往十分谨慎。

2. 实务中，在股权受让人已经支付大部分转让款并完成了股权变更登记的场合，法院为维护交易秩序的稳定往往倾向于维护股权转让协议的效力。因此，股权转让协议一方不应轻易依据对方存在违约行为的事实就判断自己享有法定解除权，并停止履行合同义务，如后续被法院认定不享有解除权，则其不仅要继续履行合同义务，还可能需要承担相应违约责任。

3. 在股权转让合同双方对合同效力与履行发生争议时，合同目的条款作为法定解除权事由就对双方至关重要。因此，作为股权受让一方，应当在合同中尽量明确合同签署的目的，如意在取得股权所代表的目标公司的特定资产时，就要明确该特定资产的类型、性质、价值等现状，以确保在该特定资产不符合约定时，有权主张解除股权转让合同。

相关法律规定

《中华人民共和国民法典》

第五百六十二条 当事人协商一致，可以解除合同。

当事人可以约定一方解除合同的事由。解除合同的事由发生时，解除权人可以解除合同。

第五百六十三条第一款 有下列情形之一的，当事人可以解除合同：

……

（四）当事人一方迟延履行债务或者有其他违约行为致使不能实现合同目的；

……

法院判决

以下为最高人民法院就裕某公司是否具有法定解除权的详细论述：

《中华人民共和国合同法》第九十四条第四项规定，当事人一方迟延履行债务或者有其他违约行为致使不能实现合同目的，当事人可以解除合同。如前所述，案涉股权的转让不仅是裕某公司购买新某活集团持有的某物流公司的股份，亦是裕某公司以购买股份的方式完成其对新设立公司即某物流公司的投资和控制经营，裕某公司受让新某活集团持有的某物流公司51%股份的目的是完成合作投资，获取某物流公司的经营权。根据本案查明的事实，新某活集团按约将其持有的某物流公司51%股权变更登记到裕某公司名下，裕某公司取得了某物流公司51%的股份，亦取得了某物流公司的经营权，实现了《合作投资协议书》和《股权转让及转移经营权协议书》中约定的合同目的。至于某物流公司的经济效益未达到裕某公司的预期，原因复杂，裕某公司主张由于新某活集团违约导致合同目的不能实现，理由不能成立。一审判决认定裕某公司不具有法定解除权，认定事实和适用法律亦无不当。

延伸阅读

在检索大量类案的基础上，笔者总结相关裁判规则如下，供读者参考。

(一) 股权转让协议中，购买股权可能仅是手段，受让方的实际目的为控制目标公司的特定资产或从事特定生产经营活动，当此种明确约定的目的不能实现时，当事人有权主张解除股权转让协议。

案例1：陈某兵、杨某跃股权转让纠纷二审民事判决书【贵州省高级人民法院（2019）黔民终1089号】

本案陈某兵主张其签订《股权转让协议》的合同目的是以购买新某伟公司股权的方式，从而参与车用甲醇燃料生产经营活动。现宏伟公司及其白云分公司仍处于存续中，新某伟公司不具有车用甲醇燃料生产专利技术，也无经营场地等，提起本案诉讼时，也未开展车用甲醇燃料生产经营活动。上述事实足以认定杨某跃违反了《股权转让协议》约定，致使陈某兵签订该协议的合同目的不能实现，本院对陈某兵上诉所提解除案涉《股权转让协议》的请求，予以支持，一审就此所作判决不当，本院予以纠正。

(二) 股权转让方对目标公司和标的股权的现状进行陈述与保证的，应当遵守约定，否则受让方有权以转让方违反约定为由主张合同目的不能实现，应解除合同。

案例2：褚某春、李某颖、褚某旭、梁某全、张某东、李某波与吕某丽、吕某学、赵某军、谭某东、吉林恒某药业股份有限公司股权转让纠纷再审民事判决书【吉林省高级人民法院（2020）吉民再91号】

褚某春等六人购买吕某丽、吕某学目标公司股权的目的，是经营目标公司，吕某丽、吕某学在合同中已向褚某春等六人承诺目标公司无未缴税款，各方亦同时明确，该披露信息的真实，是褚某春等六人购买公司股权的前提。然而，据2017年1月19日长春市国家税务局第三稽查局向目标公司下发了《税务行政处罚决定书》【长国税稽三局（2017）5号】所载，目标公司在2012年5月1日至2014年8月存在欠税的违法行为，且其应在2017年3月4日前结清欠缴税款7912756.33元，该局于2017年3月8日向目标公司下发了《税收强制执行决定书》，将目标公司在建行人民广场支行账号220501340100××××××××中扣缴7914756.33元。由上可见，吕某丽、吕某学并未能依约向褚某春等六人披露目标公司拖欠税款的情况，且该税款数额数倍于股权转让款价格，直接影响了目标公司的正常经营，导致褚某春等六人就股权转让协议的合同目的无法实现，吕某丽、吕某学并未依约履行合同义务。依照《中华人民共和国合同法》第九十四条第四项之规定，当事人一方迟延履行债务或者有其他违约行为致使不能实现合同目的的，当事人可以解除合同。因此，褚某春等六人主张解除双方股权转让协议于法有据。

（三）股权是包涵多种权利在内的综合性权利，履行之后如随意解除必然影响双方及公司相关主体的利益，对公司经营管理的稳定将产生不利影响。因此，对于已经履行的股权转让协议的解除，人民法院应慎重审查，避免动辄解除合同造成交易秩序的混乱。

案例 3：上海绿某花园置业有限公司、霍尔果斯锐某股权投资有限公司股权转让纠纷二审民事判决书【最高人民法院（2017）最高法民终 919 号】

股权作为一种具有独立内涵的包括财产权等多种权利在内的综合性的新型权利，具有不同于普通商品的性质。因此，与普通商品买卖合同不同，股权转让合同的签订与履行不仅直接影响转让双方的切身利益，而且波及合同外的利益相关者，包括公司、债权人、劳动者及其他相关第三人的切身利益。因为，股权转让合同一旦履行，不仅在转让双方间发生对价的对待给付，买方亦有可能参与公司经营管理，改变公司经营理念，经营方针和经营航线，甚至从根本上颠覆公司原有经营与财务状况，股权转让合同如若随意解除，必然影响双方及公司相关者的利益，并且与公司章程相冲突。

综上，与 2015 年 11 月 19 日案涉股权过户时相比，锐某公司持有的海某城公司股权的价值及股权结构均已发生较大变化，故案涉股权客观上已经无法返还。从维护交易安全的角度，有限责任公司的股权交易，关涉诸多方面，如其他股东对受让人的接受和信任，记载到股东名册和在工商部门登记股权，社会成本和影响已经倾注其中，动辄撤销合同可能对公司经营管理的稳定产生不利影响。

068 因政策变动不能履行合同义务是否需要承担违约责任？

阅读提示

合同一旦达成，双方理应严守。在一方不履行合同义务或履行义务不符合约定时，守约方有权依法或依约主张其负违约责任。但是如因政策变动导致一方客观上不能履行其合同义务的，是否仍需要承担违约责任呢？本文在此通过最高人民法院的一则经典案例，对上述问题进行分析。

裁判要旨

因国家法律法规及政策出台导致一方当事人的合同义务履行不能的，该当事人对于不能履行该项义务不存在过错，故其无须承担违约责任。

案情简介 ①

（一）2017年7月8日，西安普某房地产开发有限责任公司（以下简称普某公司）与陕西碧某园置业有限公司（以下简称碧某园公司）、圣某兰公司签订了《股权转让合同》约定：普某公司将所持有的圣某兰公司100%股权转让给碧某园公司。协议中载明圣某兰公司持有的DK1土地用途为商业用地。

（二）2017年7月9日，普某公司与碧某园公司又签订《股权转让合同补充协议》约定：普某公司负责将DK1地块转成住宅用地，2018年6月11日之前未完成该项义务的，普某公司应承担违约责任。

（三）2018年5月14日，西安市政府发布了46号文，该通知第二条规定，非住宅类房地产项目原则上不得变更为住宅用地。

（四）碧某园公司因此诉至法院，请求判令普某公司履行将DK1转型成住宅用地的义务，并承担自2018年6月11日起至义务履行完毕之日的赔偿责任。

（五）陕西高院一审认为，普某公司的该项义务已经履行不能，故不存在迟延履行的违约责任。

（六）碧某园公司不服提起上诉。最高人民法院二审认为，系46号文发布使得普某公司的合同义务履行不能，普某公司并无过错，故无须承担违约责任。

裁判要点

本案的核心争议在于，因政策变动导致不能履行合同义务的，是否需要承担违约责任，对此，最高人民法院认为：

首先，普某公司依据《股权转让合同》负有将DK1转性成住宅用地的义务，但46号文明确规定原则上限制非住宅类房地产项目变更为住宅用地，例外情形需报西安市政府研究决定。碧某园公司举例证明西安市政府并未完全禁止商服用

---

① 案件来源：西安普某房地产开发有限责任公司、陕西碧某园置业有限公司股权转让纠纷二审民事判决书【最高人民法院（2022）最高法民终125号】。

地变更为住宅用地，但其并未证明所涉地块完成转性具有普遍适用性。故应认定普某公司的该项义务实际上已履行不能。

其次，对于普某公司的将 DK1 转性成住宅用地的义务，《股权转让合同》中约定的是在 2018 年 6 月 11 日之前，普某公司不承担支付资金占用费的责任。而 46 号文发布于 2018 年 5 月 14 日，早于普某公司应当承担违约责任的时间，系 46 号文的发布使 DK1 地块转性义务无法履行，故普某公司对不能履行该项义务不存在过错，无须承担违约责任。

实务经验总结

1. 依法成立的合同对双方当事人具有法律约束力。当事人应当积极履行自己的合同义务，否则应依法或依约承担继续履行、采取补救措施或者赔偿损失等违约责任。对于因不可抗力等不能履行合同的，当事人应及时通知对方，以减轻可能给对方造成的损失。

2. 不可抗力是不能预见、不能避免且不能克服的客观情况。实务中人民法院认可的不可抗力主要包括：地震、海啸、台风等自然灾害，战争、罢工暴动等社会异常事件等。

相关法律规定

《中华人民共和国民法典》

第一百八十条 因不可抗力不能履行民事义务的，不承担民事责任。法律另有规定的，依照其规定。

不可抗力是不能预见、不能避免且不能克服的客观情况。

第五百零九条第一款、第二款 当事人应当按照约定全面履行自己的义务。

当事人应当遵循诚信原则，根据合同的性质、目的和交易习惯履行通知、协助、保密等义务。

第五百七十七条 当事人一方不履行合同义务或者履行合同义务不符合约定的，应当承担继续履行、采取补救措施或者赔偿损失等违约责任。

法院判决

以下为最高人民法院就一审判决未予支持碧某园公司要求普某公司协调政府

将地块 DK1 转性为住宅用地及承担逾期履行义务资金占用费的主张是否有误的详细论述：

首先，关于普某公司应否继续履行协调政府将地块 DK1 转性为住宅用地的义务。根据 46 号文第二条的规定："对于经过公开招拍挂的土地，严格按照《国有土地使用权出让合同》约定的规划用地性质及其他规划条件执行；所有非住宅类房地产项目均不得变更为住宅用地。原通过划拨或协议出让方式取得的城市低效存量土地项目，原则上按规划执行，需要变更土地性质的，按程序报市政府研究，"西安市政府原则上限制非住宅类房地产项目变更为住宅用地，例外情形需报西安市政府研究决定。46 号文作为针对加强陕西省西安市用地规划管理工作、规划用地性质变更出台的文件，碧某园公司主张将地块 DK1 变更为住宅用地不适用 46 号文缺乏依据。碧某园公司举例证明西安市政府并未完全禁止商服用地变更为住宅用地，但其并未证明所涉地块完成转性具有普遍适用性。普某公司与碧某园公司于 2017 年 7 月 8 日签订《股权转让合同》后，即向碧某园公司移交了圣某兰公司的资产，并办理了股权变更登记，碧某园公司完全接管了圣某兰公司，对案涉土地进行管理，至今长达四年之久，其亦未提交证据证明曾就该地块转性问题向主管部门提交过申请。因此，一审判决认定普某公司的该项义务实际上已履行不能，未予支持碧某园公司要求普某公司协调政府将地块 DK1 转性为住宅用地的主张并无不当。

其次，关于普某公司应否承担逾期履行义务的资金占用费。案涉《股权转让合同》第十条第 3 款约定："乙方在目标公司签订本条第 2 款约定的新的土地出让合同后 180 天内，负责协调政府将项目地块中的 DK1 变更为住宅用地并取得新的国土证，在此期间甲方应全力配合积极协助完成。甲方将剩余合同价款 2 亿元在扣除需补缴（如有）的出让金后 5 个工作日内支付给乙方。"第 4 款约定："乙方未按照约定的规划设计完成本条第 2 款、第 3 款土地用途变更事宜，则甲方有权延迟支付未支付款项，且要求乙方承担违约责任。"第十九条第 4 款约定："如乙方未能按照本合同第十条第 3 款约定时间完成商业用地转住宅用地手续的，乙方享有 3 个月免责期，超过免责期的，乙方应按照甲方已付的该商业用地合作价款（1051.5 万元/亩×46.84 亩-20000 万元）承担相应资金占用利息成本（按照年利率 15% 计算），计息周期从甲方支付完对应的出让金次日起至完成商业用地转型手续之日止……"圣某兰公司于 2017 年 9 月 12 日与西安市国土局签订新的土地出让合同，根据《股权转让合同》约定，普某公司应于 2018 年 3 月 11 日前协调政府将地块 DK1 变更为住宅用地，同时普某公司享有三个月的免责期，即在 2018 年 6 月 11 日之前，普某公司不承担支付资金占用费的责任。因 46 号文发布于 2018 年 5 月 14 日，早于普某公司应当承担违约责任的时间，而 46 号文的发布使得普某公司协调政府将地块 DK1 转性为住宅用地的义务履行不能，普某公司对于不能履行该项义务不存在过错，故普某公司无须承担资金占用费，一审判决对碧某园公司该项主张未予支持并无不当。

延伸阅读

在检索大量类案的基础上，笔者总结相关裁判规则如下，供读者参考。

（一）因国家法律、法规及政策出台导致当事人签订的合同不能履行，以致一方当事人缔约目的不能实现，该方当事人请求法院判决解除合同的，人民法院应予支持，且双方当事人对于合同不能履行及一方当事人缔约目的不能实现均无过错，无须赔偿损失。

案例 1：长春泰某房屋开发有限公司、某市规划和自然资源局建设用地使用权纠纷再审民事判决书【最高人民法院（2019）最高法民再 246 号】

对由于国家法律、法规及政策出台导致当事人签订的合同不能履行，以致一方当事人缔约目的不能实现的，该方当事人请求法院判决解除合同的，本院予以支持；在此情况下，鉴于双方当事人对于合同不能履行及一方当事人缔约目的不能实现均无过错，故本院依据《中华人民共和国合同法》第九十七条①关于合同解除后当事人可以要求恢复原状的规定，仅判决某市自然资源局返还泰某公司所支付的土地出让金及法定孳息；对泰某公司关于某市自然资源局赔偿损失的诉讼请求，本院不予支持。故一、二审法院认定事实及适用法律均错误，应予纠正。

（二）因政府政策调整导致不能继续履行合同或者不能实现合同目的，属于情势变更，一方主张解除合同不属于违约行为，相对方无权要求赔偿损失。

案例 2：常州新某化工发展有限公司与江苏正某宏泰股份有限公司建设工程施工合同纠纷、技术委托开发合同纠纷再审民事判决书【最高人民法院（2015）民提字第 39 号】

虽然合同法及有关司法解释并未明确规定政府政策调整属于情势变更情形，但是如果确实因政府政策的调整，导致不能继续履行合同或者不能实现合

---

① 《合同法》已失效，现相关规定见《民法典》第五百六十六条。

同目的，当然属于合同当事人意志之外的客观情况发生重大变化的情形。因此，应该认定本案的情形属于《合同法司法解释（二）》第二十六条规定的情势变更情形。新某公司主张本案的情形属于情势变更，其解除合同不属于违约行为，有充分的事实和法律依据，本院予以支持。正某公司关于新某公司签订涉案合同有严重过失、本案情形不属于情势变更的主张，没有事实和法律依据，本院不予支持。

《合同法》第一百一十三条第一款①规定违约方应赔偿守约方包括可得利益在内的全部损失，是以适用过错责任原则为基本前提的，其法理在于对违约负有责任的一方不能在给对方造成损失的同时，反而因违约行为获得不当利益。本案的情形不符合适用过错责任的前提条件，不应适用该条法律规定。原两审判决适用《合同法》第一百一十三条的规定，认定新某公司单方违约，应赔偿正某公司的可得利益损失，认定事实及适用法律确有不当，应予纠正。

069 股权转让合同的解除通常仅对将来发生效力

阅读提示

股权转让合同解除的溯及力问题决定了解除前权利义务关系的处理方式。如股权转让合同的解除具有溯及力，则解除导致合同根本消灭；如不具有溯及力，则解除前发生的民事权利义务关系仍然有效。本文在此通过最高人民法院的一则经典案例，对上述问题进行分析。

裁判要旨

股权转让合同的解除通常仅对将来发生效力，并非溯及既往的导致合同根本消灭，原股东不能自然恢复股东资格而需要重新办理股权变更手续，受让人所得分红款也仍然有效。

---

① 《合同法》已失效，现相关规定见《民法典》第五百八十四条。

案情简介 [①]

（一）2010年10月13日，明某意航企业集团有限公司（以下简称明某意航公司）出资15000万元取得了抚某银行股份有限公司（以下简称抚某银行）7.332%的案涉股权。

（二）2012年5月，明某意航公司签署案涉股权转让合同，将案涉股权转给了金某公司和亿某公司。

（三）经查明，案涉股权已于2012年1月13日被查封并公示，后被执行，案涉股权转让合同目的不能实现被依法解除。

（四）明某意航公司诉至法院，以案涉股权转让合同已解除为由，请求确认自身始终是抚某银行的股东，并要求亿某公司和金某公司返还自2012年至合同解除的分红款。

（五）辽宁某院一审认可应当返还，最高人民法院二审认为认为股权转让协议解除并非溯及既往的导致合同消灭，亿某公司和金某公司所得分红款不应返还，明某意航公司亦不能自然恢复股东资格。

裁判要点

本案的核心争议在于，股权转让合同的解除是否具有溯及力，对此，最高人民法院认为：股东基于身份关系实施的决策、参与公司管理等行为，涉及其他股东的利益以及与公司交易的不特定第三方的交易关系，为保护善意相对人，维护社会交易安全和交易秩序，即便股权转让合同嗣后被解除，股权受让人在作为股东期间依法行使的各项权利通常仍应具有法律效力，原股东不能自然恢复股东资格，受让人在合同有效期间所得分红款系受让人作为股东期间对公司投资和参与经营决策所得的收益，亦不因嗣后股权转让合同被解除而应予返还。易言之，股权转让合同的解除通常仅对将来发生效力，并非溯及既往的导致合同根本消灭。

实务经验总结

1. 转让查封股权不影响股权转让合同的效力，但会导致后续合同履行障碍。

[①] 案件来源：明某意航企业集团有限公司、抚某银行股份有限公司股东名册记载纠纷二审民事判决书【最高人民法院（2020）最高法民终642号】。

股权转让合同系双方真实意思表示，属于转让人与受让人之间的法律关系，只要合同双方协商一致即可产生法律效力，依法应认定有效。如因查封股权被执行导致合同目的不能实现的，则应依法解除。

2. 受让人履行股权转让协议并被作为股东记载于公司股东名册时，即成为公司股东。记载在股东名册之后，受让人即具有股东资格并享有相应股东权利，转让人同时丧失股东身份。而公司是否在工商行政部门办理变更登记，不影响股权转让合同的效力，公司登记仅为对抗要件。

3. 股权转让合同解除后，原股东不能自然恢复股东资格。在股转合同解除后，原股东应当及时办理股权变更程序。如不及时办理股权变更程序，原股东就不具备公司股东资格，也无权就公司分红主张权利。另外银行、保险等特殊行业存在特殊监管规定，如要重新成为商业银行股东，除应履行一般股东变更程序外，还须经银行业监督管理机构重新审查批准。

相关法律规定

《中华人民共和国民法典》

第五百六十二条第一款 当事人协商一致，可以解除合同。

第五百六十三条第一款 有下列情形之一的，当事人可以解除合同：

……

（四）当事人一方迟延履行债务或者有其他违约行为致使不能实现合同目的；

……

第五百六十六条第一款 合同解除后，尚未履行的，终止履行；已经履行的，根据履行情况和合同性质，当事人可以请求恢复原状或者采取其他补救措施，并有权请求赔偿损失。

《中华人民共和国公司法》（2023年修订）

第三十二条 公司登记事项包括：

（一）名称；

（二）住所；

（三）注册资本；

（四）经营范围；

（五）法定代表人的姓名；

（六）有限责任公司股东、股份有限公司发起人的姓名或者名称。

公司登记机关应当将前款规定的公司登记事项通过国家企业信用信息公示系统向社会公示。

第三十四条 公司登记事项发生变更的,应当依法办理变更登记。

公司登记事项未经登记或者未经变更登记,不得对抗善意相对人。

第五十六条 有限责任公司应当置备股东名册,记载下列事项:

(一) 股东的姓名或者名称及住所;

(二) 股东认缴和实缴的出资额、出资方式和出资日期;

(三) 出资证明书编号;

(四) 取得和丧失股东资格的日期。

记载于股东名册的股东,可以依股东名册主张行使股东权利。

《中华人民共和国公司法》(2018年修正,已被修订)

第三十二条 有限责任公司应当置备股东名册,记载下列事项:

(一) 股东的姓名或者名称及住所;

(二) 股东的出资额;

(三) 出资证明书编号。

记载于股东名册的股东,可以依股东名册主张行使股东权利。

公司应当将股东的姓名或者名称向公司登记机关登记;登记事项发生变更的,应当办理变更登记。未经登记或者变更登记的,不得对抗第三人。

《中华人民共和国商业银行法》(2015年修正)

第二十四条第一款 商业银行有下列变更事项之一的,应当经国务院银行业监督管理机构批准:

……

(五) 变更持有资本总额或者股份总额百分之五以上的股东。

……

《最高人民法院关于审理买卖合同纠纷案件适用法律问题的解释》(2012年,已被修订)

第三条第二款 出卖人因未取得所有权或者处分权致使标的物所有权不能转移,买受人要求出卖人承担违约责任或者要求解除合同并主张损害赔偿的,人民法院应予支持。

法院判决

以下为最高人民法院就明某意航公司主张为抚某银行股东并要求办理变更登

记应否支持、以及明某意航公司主张抚某银行、亿某公司、金某公司连带支付2012年至2018年的股权分红款及利息应否支持的详细论述：

股权转让交易中，受让人通过受让股权继受取得股东资格后，即依法享有参与重大决策、选择管理者、监督公司经营以及获得分配等权利。股东基于身份关系实施的决策、参与公司管理等行为，涉及其他股东的利益以及与公司交易的不特定第三方的交易关系，为保护善意相对人，维护社会交易安全和交易秩序，即便股权转让合同嗣后被解除，股权受让人在作为股东期间依法行使的各项权利通常仍应具有法律效力，公司亦应因股东投资以及参与公司经营决策而向其分配股息和红利。易言之，股权转让合同的解除通常仅对将来发生效力，并非溯及既往的导致合同根本消灭。因此，在案涉《股权转让协议书》解除前，亿某公司、金某公司的股东身份及基于股东对公司投资而获得的分红收益仍然有效。股权转让合同解除后，基于该解除不具有溯及既往的效力，明某意航公司并不能自然恢复股东资格，而需要通过重新办理股权变更程序才能再次成为抚某银行的股东。

关于明某意航公司主张抚某银行、亿某公司、金某公司连带支付2012年至2018年的股权分红款及利息应否支持的问题。案涉股权转让后，亿某公司与金某公司依据股东身份行使股东权利并取得2012年至2016年案涉股权的分红款，该款项系两家公司作为股东期间对公司投资和参与经营决策所得的收益，该项收益在受让人具备股东身份期间应归属于受让股东，不因嗣后股权转让合同被解除而应予返还。如前所述，股权转让协议解除后，明某意航公司因未经审批及记载于股东名册而尚未取得抚某银行股东资格，其也无权就股权转让协议解除后的分红款主张权利。故明某意航公司关于抚某银行、亿某公司及金某公司连带支付2012年至2018年分红款的主张，缺乏事实基础和法律依据，本院不予支持。

延伸阅读

在检索大量类案的基础上，笔者总结相关裁判规则如下，供读者参考。

（一）股权转让合同解除后应否恢复原状，应当从商事交易的特殊性角度出发，从严把握解除权和恢复原状的适用条件，并非一定支持恢复原状。

案例1：龚某与韩某股权转让纠纷再审民事判决书【湖北省高级人民法院（2016）鄂民再154号】

与传统民事交易不同，股权转让作为一种典型的商事交易，需要从维护市场交易秩序与促进交易的角度考虑，维护效率价值和公司稳定。关于股权转让合同解除后应否恢复原状，应当从商事交易的特殊性角度出发，从严把握解除权和恢复原状的适用条件。

首先，对于股权转让合同而言，合同解除后的恢复原状主要是出让人返还股权转让款，受让人返还股权，返还股权相应地还需办理股权变更登记。返还转让款因只涉及金钱还较为简单，但是股权的返还则不同，因为股权不仅包含财产利益，还包含非财产性利益。股东通过享有股权获得股东身份，不仅可以获得股利，还可以参与公司的经营管理，取得其他的权利和利益。若在合同解除前股权已经发生了变动，或者还未办理股权变更登记但受让股东已实际获取股权并参与了公司的经营，对于在此期间受让股东得到的股利等其他权利和利益的处理会较为复杂。因此，股权转让合同解除后的恢复原状，尤其是股权的恢复原状远比一般的合同恢复原状问题复杂，仅根据《中华人民共和国合同法》第九十七条的规定实难处理。

其次，股权转让合同解除后恢复原状意味着公司股东和股权的重新变动，尤其是对于已经部分履行的合同，若是受让人在解除前已经实际控制股权并参与了公司的管理和经营，此时恢复原状对于公司来说无异于股权的又一次转让和经营管理权的又一次更迭。在商事合同中，往往牵涉较多利益关联方，一宗交易的解除会对与其相关的多宗交易产生连锁影响。上述变化不仅影响合同当事人的权利义务关系，还会对公司、股东、案外第三人的权利义务产生重大影响。因此，在考量股权转让合同应否解除及恢复原状时需要考虑公司的状况，顾及公司的稳定性和人合性特征，而不是仅仅符合《中华人民共和国合同法》的解除条件即可，即使合同解除后也并非必须恢复原状。

最后，作为股权转让合同的标的，股权的性质决定其以财产权为基本内容，但还包含有公司内部事务管理权等非财产权等内容，是否能恢复原状取决于合同履行情况，根据合同的履行部分对整个合同义务的影响，如果当事人的利益不是必须通过恢复原状才能得到保护，不一定采用恢复原状。不应当仅从表面的形式，而应当综合合同性质、合同的履行情况、当事人的主观意图等案件的整体情况，在通过其他的方式进行补救更适宜的情况下，就不应当轻易地判决恢复原状。

案例2：黄某、军某投资集团有限公司与余某军等股权转让纠纷二审民事判决书【北京市高级人民法院（2015）高民（商）终字第1144号】

在《股权转让协议书》及《股权转让补充协议》解除后，因瑞某公司的股权转让尚未履行，应终止履行。但军某王朝酒店的股权转让已履行完毕，对该已履行部分是否恢复原状的问题，一审法院认为，《股权转让协议书》及《股权转让补充协议》中约定的目标公司军某王朝酒店和瑞某公司是两个独立的法人，故两个公司的股权转让可以区分、独立对待。虽然军某集团和黄某在履行瑞某公司的股权转让合同义务中构成根本违约，但是其在履行军某王朝酒店股权转让合同义务中并未违约。余某军和×××已取得军某王朝酒店的股权，并担任了军某王朝酒店的董事，参与了军某王朝酒店的经营管理，现军某王朝酒店的资产负债情况与股权转让时相比，已发生较大变化，根据履行情况和合同性质，该已履行的部分不宜恢复原状。

（二）合同解除是否具有溯及力要看合同属于一时性合同还是继续性合同，原则上一时性合同解除无溯及力，继续性合同解除具有溯及力。

案例3：西安三某科技股份有限公司、联某（北京）有限公司著作权许可使用合同纠纷二审民事判决书【最高人民法院（2021）最高法知民终716号】

当事人若没有特别约定，合同解除后如何处理合同解除以前的权利义务关系，应依据《合同法》第九十七条的规定而具体确定。以时间因素在合同履行中所处的地位和所起的作用为标准，合同可以分为一时性合同和继续性合同。对于一时性合同而言，合同解除具有溯及力，解除的合同自始不成立，合同解除前已履行的部分，当事人可以请求恢复原状；对于继续性合同而言，合同解除不具有溯及力，合同解除的效力仅使合同在将来消灭，解除之前的合同权利义务仍然有效存在，当事人无须恢复原状。本案中，涉案合同的解除属于继续性合同的约定解除，根据合同关系的性质，合同解除不具有溯及力。

（三）股权变更登记系对抗要件，不影响公司内部股东权利的行使，不能仅以受让股权后长时间未办理工商登记为由要求解除股权转让合同。

案例4：杨某友、杨某华股权转让纠纷再审审查与审判监督民事裁定书【最高人民法院（2017）最高法民申2316号】

首先，本案双方当事人争议的是《股权转让协议》是否应当解除，而工商登记中股东股权的变更登记仅具有对外的公示效力，不影响公司内部股东权利的行使，也不是合同解除的法定条件。其次，双方当事人在《股权转让协议》中对办理工商变更登记的事项没有明确约定，根据《公司登记管理条例》第三十四条第一款的规定，有限责任公司变更股东的，应当自变更之日起30日内申请变更登记。① 杨某友、杨某华与胡某忠均有配合、协助中某物流公司办理工商变

---

① 《公司登记管理条例》已失效，现相关规定见《市场主体登记管理条例》第二十四条。

更登记的义务。杨某友、杨某华主张办理股权工商变更登记的义务在胡某忠,但其未举证证明在杨某友、杨某华已尽到配合义务的情况下,胡某忠怠于行使或拒绝行使该项义务。且双方在签订《股权转让协议》之后长达五年未办理工商变更登记,怠于履行法定义务,二审认定双方对未办理股权转让工商变更登记均存在过错,并无不当。

本院认为,根据《合同法》第九十四条第四项"当事人一方迟延履行债务或者有其他违约行为致使不能实现合同目的"的规定,① 该项法定解除的条件系相对方存在根本违约情形以致合同目的不能实现。本案中,杨某友、杨某华与胡某忠签订的《股权转让协议》系双方当事人以转让中某物流公司2%股权为目的而达成的由胡某忠转让股权并收取价款,杨某友和杨某华受让股权并支付股权转让款的意思表示,《股权转让协议》约定协议经双方签字盖章后生效且生效之日即为股权转让之日,故在杨某友、杨某华支付股权转让款后即已取得股权,应享有中某物流公司的股东权利。未办理股权工商变更登记并不影响股权转让的生效,同时胡某忠愿意配合杨某友、杨某华办理工商变更登记,故杨某友、杨某华以合同目的不能实现为由请求解除《股权转让协议》的理由不能成立。

(四)记载于股东名册是受让人取得股权后的直接证权行为,工商登记仅为对抗要件。

案例5:北京宝某达投资管理有限责任公司与上海浦某威投资有限公司、上海东某汽配城有限公司股权转让纠纷上诉案【北京市高级人民法院(2009)高民终字第1824号】

股权变更与股权变更登记是两个不同的概念。根据《公司法》及《公司登记管理条例》② 的有关规定,受让人通过有效的股权转让合同取得股权后,有权要求公司进行股东变更登记,公司须根据《公司法》及公司章程的规定进行审查,经审查股权的转让符合《公司法》及章程的规定,同意将受让人登记股东名册后,受让人才取得公司股权,成为公司认可的股东,这就是股权变更。但股东名册是公司的内部资料,不具有对世性,不能产生对抗第三人的法律效果,只有在公司将其确认的股东依照《公司登记管理条例》的规定到工商管理部门办理完成股东变更登记后,才取得对抗第三人的法律效果,这就是股权变更登记。因此,股权变更与股权变更登记是两个不同的法定程序。

---

① 《合同法》已失效,现相关规定见《民法典》第五百六十三条第一款第四项。
② 《公司登记管理条例》已失效,现相关规定见《市场主体登记管理条例》。

第八章　常见商事合同的效力与履行

070 公司上市前签订的股权代持协议上市后是否无效？

阅读提示

我国金融监管规定要求公司上市发行人必须股权清晰，即上市公司股权不得隐名代持。那么对于上市前签订的股权代持协议，公司上市后是否即归于无效呢？本文在此通过西藏自治区高级人民法院的一则案例，对上述问题进行分析。

裁判要旨

公司上市前签订的股权代持协议的效力应从内外两个方面进行认定：对外违反证券法的相关规定和部门规章且损害非特定投资者利益的应属无效；对内由于是在上市前签订，系当事人的真实意思表示，因此对双方当事人仍具有约束力。

案情简介①

（一）2011年7月31日，胡某与高某签订《协议书》，约定高某为胡某代持西藏易某西雅医药科技股份有限公司（以下简称易某公司）2%的股权。

（二）2016年12月9日，易某公司成功上市。

（三）后胡某向高某主张确认股东资格被拒，因此提起诉讼请求确认股东身份。

（四）拉萨中院一审认为，案涉《协议书》违法、违反公序良俗应属无效，但胡某向高某支付投资款的事实，应视为有效。

（五）胡某不服提起上诉，西藏自治区高级人民法院二审维持原判，认为

---

① 案件来源：胡某、西藏易某西雅医药科技股份有限公司等高某股东资格确认纠纷二审民事判决书【西藏自治区高级人民法院（2021）藏民终48号】。

《协议书》对外无效，对内有效。

裁判要点

本案的核心争议在于，公司上市前签订的股权代持协议的效力在上市后如何认定，对此，西藏自治区高级人民法院认为：

第一，根据《证券法》与证监会颁布的《首次公开发行股票并上市管理办法》《上市公司信息披露管理办法》的相关规定，公司上市发行人必须股权清晰，并履行披露义务，即上市公司股权不能隐名代持。故案涉股权代持协议书应属无效。

第二，由于案涉股权代持协议书是在公司上市前签订，属于双方当事人的真实意思表示，且未违反法律规定，故在当事人之间应当视为有效，对内具有约束力。

实务经验总结

1. 股权代持行为中，涉及隐名股东与名义股东、隐名股东与其他股东及公司、隐名股东与债权人等第三人之间的三重关系。因此，虽然我国法律法规一般情况下认可股权代持协议的效力，但为保护其他股东与第三人的权益，隐名股东要想变更工商登记成为显名的出资人，还需要证明实际出资并取得其他股东过半数同意。

2. 为避免未来发生争议，隐名股东应与显名股东签订书面的代持股协议，明确双方之间的委托持股意思。并在向显名股东转让股权款时明确注明系用于某公司的股权投资款。

相关法律规定

《中华人民共和国证券法》（2019 年修订）

第七十八条第一款、第二款 发行人及法律、行政法规和国务院证券监督管理机构规定的其他信息披露义务人，应当及时依法履行信息披露义务。

信息披露义务人披露的信息，应当真实、准确、完整，简明清晰，通俗易懂，不得有虚假记载、误导性陈述或者重大遗漏。

《首次公开发行股票注册管理办法》（中国证券监督管理委员会令第 205 号）

第六条第一款 发行人应当诚实守信，依法充分披露投资者作出价值判断和投资决策所必需的信息，充分揭示当前及未来可预见的、对发行人构成重大不利影响的直接和间接风险，所披露信息必须真实、准确、完整，简明清晰、通俗易懂，不得有虚假记载、误导性陈述或者重大遗漏。

《上市公司信息披露管理办法》（2021 年修订）

第四十二条 通过接受委托或者信托等方式持有上市公司百分之五以上股份的股东或者实际控制人，应当及时将委托人情况告知上市公司，配合上市公司履行信息披露义务。

《最高人民法院关于适用〈中华人民共和国公司法〉若干问题的规定（三）》（2020 年修正）

第二十四条第一款 有限责任公司的实际出资人与名义出资人订立合同，约定由实际出资人出资并享有投资权益，以名义出资人为名义股东，实际出资人与名义股东对该合同效力发生争议的，如无法律规定的无效情形，人民法院应当认定该合同有效。

法院判决

以下为西藏自治区高级人民法院就案涉《协议书》的效力如何认定的详细论述：

本院认为，胡某与高某签订案涉《协议书》的目的系高某作为拟上市公司股东代持胡某 2% 的股权，并取得投资收益。因此，本案诉争协议的性质属于上市公司股东股权之代持；关于《协议书》之效力，应从内外两个方面认定其效力；一审法院根据中国证券监督管理委员会颁布的《首次公开发行股票并上市管理办法》《上市公司信息披露管理办法》以及《中华人民共和国证券法》的相关规定，认为公司上市发行人必须股权清晰，且股份不存在重大权属纠纷，并公司上市需遵守如实披露的义务，披露的信息必须真实、准确、完整，也即上市公司股权不得隐名代持，因案涉《协议书》具有隐名代持之约定，不仅违反公司上市系列监管规定，且损害了广大非特定投资者的合法权益，故认定涉案《协议书》无效，本院认为，从案涉《协议书》的外部效力上看，因其违反证券法的相关规定和部门规章且损害非特定投资者的利益，符合《中华人民共和国合同法》关于无效合同的相关规定，一审法院关于《协议书》无效的认定应当予以维持,即对外不发生法律效力;胡某无证据证明其与高某签订《协议书》时易某公司知情,易某公司对《协议书》亦不认可,故双方签订的《协议书》对易某公司不发生法律效力;另一方面,案涉《协议书》系易某公司上市前由胡某和高某签订,根据《最高人民法院关于适用〈中华人民共和国公司法〉若干问题的规定(三)》第二十四条第一款"有限责任公司的实际出资人与名义出资人订立合同,约定由实际出资人出资并享有股权收益,以名义出资人为名义股东,实际出资人与名义股东对该合同效力发生争议的,如无合同法第五十二条规定的情形的,人民法院应当认定该合同有效"之规定,从案涉《协议书》对内效力上看,《协议书》系高某和胡某的真实意思表示,对双方具有约束力。一审法院亦认定胡某向高某支付投资款的事实,应视为有效,也是从内外两个方面对案涉《协议书》的效力进行了认定。

延伸阅读

在检索大量类案的基础上,笔者总结相关裁判规则如下,供读者参考。

(一)代持上市公司股份的行为损害了社会公共利益,应属无效

案例1:杨某国、林某坤股权转让纠纷再审审查与审判监督民事裁定书【最高人民法院(2017)最高法民申2454号】

本案中,首先,在亚某顿公司上市前,林某坤代杨某国持有股份,以林某坤名义参与公司上市发行,实际隐瞒了真实股东或投资人身份,违反了发行人如实披露义务,为上述规定所明令禁止。其次,中国证券监督管理委员会根据《中华人民共和国证券法》授权对证券行业进行监督管理,是为了保护广大非特定投资者的合法权益。要求拟上市公司股权必须清晰,约束上市公司不得隐名代持股权,系对上市公司监管的基本要求,否则如上市公司真实股东都不清晰的话,其他对于上市公司系列信息披露要求、关联交易审查、高管人员任职回避等监管举措必然落空,必然损害到广大非特定投资者的合法权益,从而损害到资本市场基本交易秩序与基本交易安全,损害到金融安全与社会稳定,从而损害到社会公共利益。

本案中,杨某国与林某坤签订的《委托投资协议书》与《协议书》,违反公司上市系列监管规定,而这些规定有些属于法律明确应予遵循之规定,有些虽属于部门规章性质,但因经法律授权且与法律并不冲突,并且属于证券行业监管基本要求与业内共识,并对广大非特定投资人利益构成重要保障,对社会公共利益

亦为必要保障所在，故依据《中华人民共和国合同法》第五十二条第四项等①规定，本案上述诉争协议应认定为无效。

（二）隐名代持证券发行人股权的协议因违反公共秩序而无效。股权代持产生的投资收益应根据公平原则，考虑对投资收益的贡献程度以及对投资风险的承受程度等进行合理分配。

案例2：杉某身与龚某股权转让纠纷一审民事判决书【上海金融法院（2018）沪74民初585号】，2018年度上海法院金融商事审判十大案例之十

本案中，首先，从双方之间支付资金，订立协议和股份过户的时间顺序来看，本院有理由相信龚某从案外人张某富处购买系争股份的目的在于向杉某身转让，以赚取差价，龚某并无出资以最终获得股份所有权的投资意图。反之，杉某身的投资意图则显著体现于系争《股份认购与托管协议》中，即通过支付投资款以换取系争股份的长期回报。龚某向案外人张某富转账1408000元之前，已先从杉某身处收到款项3836800元，从中获得差价2728800元的利益至今。因此，投资系争股份的资金最初来自杉某身，亦是杉某身实际承担了长期以来股份投资的机会成本与资金成本。其次，虽然系争《股份认购与托管协议》无效，但无效之原因系违反公序良俗而非意思表示瑕疵，因此该协议中关于收益与风险承担的内容仍体现了双方的真实意思。根据约定，龚某须根据杉某身的指示处分系争股份，并向其及时交付全部收益。庭审过程中，双方亦确认龚某在代持期间未收取报酬。可见在双方的交易安排中，龚某仅为名义持有人，实际作出投资决策和承担投资后果的系杉某身，若发生A公司上市失败或经营亏损情形，最终可能遭受投资损失的亦是杉某身。根据上述两个方面的考虑，本院认为应由杉某身获得系争股份投资收益的大部分。同时，本院注意到龚某在整个投资过程中起到了提供投资信息、交付往期分红、配合公司上市等作用，为投资增值做出了一定贡献，可以适当分得投资收益的小部分。综合上述情况，杉某身应当获得投资收益的70%，龚某应当获得投资收益的30%。案件审理中，龚某表示无力筹措资金，申请将系争A公司股份进行拍卖、变卖，就所得款项减除成本后在双方当事人之间进行分配。杉某身对此予以同意。

---

① 《合同法》已失效，现相关规定见《民法典》。

（三）股权归属关系与委托投资关系是两个层面的法律关系，即使涉及上市公司的股权代持协议因违反相关监管规定而无效，但实际出资人与名义股东之间的委托投资关系仍然有效，实际出资人可基于协议向名义股东主张相应的投资收益。

案例3：苏某利与云南高某联合投资有限公司等合同纠纷一审民事判决书【北京市高级人民法院（2017）京民初24号】

上述两份合同中，包含各方当事人关于委托投资上市公司的约定，是实际出资人与名义持股人之间就股份"代持"收益所达成的合同条款，是合同签章各方当事人的真实意思表示，并未违反国家法律法规的强制性规定，应属有效，并在实际出资人与名义持股人之间产生拘束力，实际出资人可以依据合同约定向名义持股人主张相关收益。正是由于证券监管部门对于特定人员持有的上市公司股权上市后持股期限的规定，虽然云南高某公司购买临沧飞某公司持有的股权，但"为了不影响上市的进程，双方商定由甲方代持乙方所拥有的鑫某锗业公司15%（1404万股）的股权"，且"甲乙双方约定，签署本协议且乙方支付本协议约定的股份转让款后，双方不向鑫某锗业公司申报本次股份转让事宜，也不到云南省工商行政管理局办理工商变更登记手续，乙方委托甲方持有上述股份"。因此，云南高某公司并未以自己名义投资鑫某锗业公司，案涉股权仍然登记在临沧飞某公司名下。换言之，股权归属关系与委托投资关系是两个层面的法律关系，前者因合法的投资行为而形成，后者则因当事人之间的合同行为而形成，实际出资人不能以存在合法的委托投资关系为由主张股东地位。

上述两份合同，均采用了"股权转让代持"的表述，苏某利参与的诉争协议第五条，更是采用了"在乙方认为条件成熟时，应乙方要求，甲、丙、丁方应无条件帮助乙方办理股权过户手续，完善与股权相关的各项制度"的表述，上述协议均系各方当事人的真实意思表示，但由于股权归属关系应根据合法的投资行为依法律确定，不能由当事人自由约定。诉争标的股权目前系在深圳证券交易所上市交易的股票，依据《中华人民共和国公司法》（2018年修正）第一百三十八条规定，股东转让其股份，应当在依法设立的证券交易场所进行或者按照国务院规定的其他方式进行。①《中华人民共和国证券法》（2014年修正）第四十条规定，证券在证券交易所上市交易，应当采用公开的集中交易方式或者国务院证券监督管理机构批准的其他方式。因此，诉争股权的归属必须符合《中华人民共和

---

① 《公司法》已修改，现相关规定见《公司法》（2023年修订）第一百五十八条。

国公司法》（2018年修正）、《中华人民共和国证券法》（2014年修正）相关规定、依照证券监管部门规定的方式及证券交易所的交易规则进行。北某青鸟公司、云南高某公司承诺无条件办理股权过户手续在法律上是一个无法完成的允诺，因此，苏某利第一项请求中关于"北某青鸟公司、云南高某公司及临沧飞某公司协助苏某利办理过户手续，并承担因过户产生的各项手续费、税费等一切费用"的请求，应当予以驳回。但是，苏某利作为诉争股份的实际出资人，有权依据诉争协议主张诉争股份的投资收益；也可以根据诉争协议第六条"甲、乙、丙三方需依据本协议履行义务，若任何一方无法完成协议约定的义务，守约方有权追究违约方的赔偿责任"的约定，追究违约方的赔偿责任。

071 目标公司能否为支付其自身股权转让款提供担保？

阅读提示

原股东将目标公司股权转让给受让方的，能否约定原股东将目标公司交接给受让方后，由目标公司对受让方的股权支付义务承担担保责任呢？当事人主张该类担保条款构成抽逃出资应属无效的，又能否得到法院支持呢？本文在此通过最高人民法院的一则案例，对上述问题进行分析。

裁判要旨

法律并无禁止目标公司为支付其自身股权转让款提供担保的规定，目标公司为自身股权转让款支付提供连带责任保证确系目标公司真实意思，且无证据证明会导致抽逃出资的，该担保条款有效。

案情简介 [①]

（一）2011年5月10日，净某公司将所持临沂海某置业有限公司（以下简称海某公司）100%的股权全部转让给了王某、章某乐，并约定海某公司对王某、

[①] 案件来源：临沂海某置业有限公司股权转让纠纷再审审查与审判监督民事裁定书【最高人民法院（2021）最高法民申2177号】。

章某乐的前述股转款支付义务提供连带责任保证。

（二）另查明，王某、章某乐向静某公司支付了第一笔股权转让款 3258 万元后未再支付第二笔股权转让款。

（三）静某公司因此诉至法院，要求海某公司对该付款承担连带责任。海某公司则主张该担保条款无效。

（四）临沂中院一审认为，该担保条款违反了公司法上抽逃出资规定，应属无效。山东高院二审认为该担保条款系海某公司真实意思，合法有效。

（五）海某公司不服，向最高人民法院申请再审。最高人民法院认为该担保条款是海某公司的真实意思，且未证明净某公司确系以海某公司承担担保责任的方式抽逃出资，故该担保条款应属有效。

裁判要点

本案的核心争议在于，目标公司为自身股权转让款支付提供担保是否合法有效，对此，最高人民法院认为：

首先，我国公司法并未禁止目标公司为自身股权转让款支付提供连带责任保证，因此对此种担保条款效力认定首先应当关注是否系目标公司的真实意思表示。

其次，虽然海某公司未提交有关表决同意上述担保条款的股东会决议，但是案涉股权转让之前，净某公司对海某公司 100%持股，股权依约转让之后，王某、章某乐二人也能够控制海某公司 100%的股权，而净某公司与王某、章某乐二人均签字盖章同意海某公司提供担保。因此，虽然海某公司没有提交同意提供担保的股东会决议，但也不能以未经其股东会同意而主张不承担担保责任。

最后，海某公司虽然主张该担保条款违反《最高人民法院关于适用〈中华人民共和国公司法〉若干问题的规定（三）》第十二条有关抽逃出资的规定，但未能举证证明，因此不构成前述法律规定的事项。

综上，案涉担保条款系海某公司的真实意思表示，亦不违反法律法规的强制性规定，故本案中海某公司应当就自身股权转让款支付承担担保责任。

实务经验总结

1. 目标公司为股权受让方股权转让款支付义务提供担保的条款是否有效，

涉及的是公司意思自治与资本维持原则的理念之争。从前一种理念出发，目标公司为股东提供担保只要确系目标公司真实意思即应生效力，当事人主张此种担保违反资本维持原则的应当举证证明才能实现对其效力的否定；从后一种理念出发，目标公司为股权受让方的股权转让款支付义务提供连带责任保证，将实质上导致抽逃出资，故应当无效。

2. 对于公司对外提供担保，公司法有诸多强制性要求。尤其是公司为公司股东或者实际控制人提供担保的，必须经股东会或者股东大会决议，且被担保股东应当回避，不得参加该事项的股东会表决。

相关法律规定

《中华人民共和国公司法》（2023年修订）

第十五条　公司向其他企业投资或者为他人提供担保，按照公司章程的规定，由董事会或者股东会决议；公司章程对投资或者担保的总额及单项投资或者担保的数额有限额规定的，不得超过规定的限额。

公司为公司股东或者实际控制人提供担保的，应当经股东会决议。

前款规定的股东或者受前款规定的实际控制人支配的股东，不得参加前款规定事项的表决。该项表决由出席会议的其他股东所持表决权的过半数通过。

第五十三条　公司成立后，股东不得抽逃出资。

违反前款规定的，股东应当返还抽逃的出资；给公司造成损失的，负有责任的董事、监事、高级管理人员应当与该股东承担连带赔偿责任。

《中华人民共和国公司法》（2018年修正，已被修订）

第十六条　公司向其他企业投资或者为他人提供担保，依照公司章程的规定，由董事会或者股东会、股东大会决议；公司章程对投资或者担保的总额及单项投资或者担保的数额有限额规定的，不得超过规定的限额。

公司为公司股东或者实际控制人提供担保的，必须经股东会或者股东大会决议。

前款规定的股东或者受前款规定的实际控制人支配的股东，不得参加前款规定事项的表决。该项表决由出席会议的其他股东所持表决权的过半数通过。

第三十五条　公司成立后，股东不得抽逃出资。

《最高人民法院关于适用〈中华人民共和国公司法〉若干问题的规定（三）》（2020年修正）

第十二条　公司成立后，公司、股东或者公司债权人以相关股东的行为符合下列情形之一且损害公司权益为由，请求认定该股东抽逃出资的，人民法院应予支持：

（一）制作虚假财务会计报表虚增利润进行分配；

（二）通过虚构债权债务关系将其出资转出；

（三）利用关联交易将出资转出；

（四）其他未经法定程序将出资抽回的行为。

法院判决

以下为最高人民法院就海某公司在股权转让协议中承诺为王某和章某乐的付款义务提供担保的约定是否有效的详细论述：

2011年5月10日签订股权转让合同之时，净某公司持有海某公司100%的股权。2011年5月10日，净某公司作为甲方，王某、章某乐作为丁方，以及海某公司作为丙方，另包括其他主体作为乙方、戊方，各方共同签订《协议书》一份。该协议书约定：甲方同意将持有的丙方100%的股权全部转让给丁方或丁方指定方，股权转让价款由丁方支付。同时约定：甲方将丙方交接给丁方后，就丁方向甲方的付款义务等责任，由丙方与丁方向甲方承担连带清偿责任。缔约各方当事人均在该协议书中签字或盖章，但海某公司项下只加盖有印章，无代表人或代理人签字。缔约承担担保责任的公司均提交了公司股东会决议，同意提供连带责任保证；但海某公司未提交股东会决议。现海某公司对上述事实亦不持异议，仅主张该担保约定应为无效。

本院认为，订立股权转让合同时，净某公司持有海某公司100%的股份，股权转让合同的目的是由净某公司将其持有的海某公司100%股权全部转让给王某、章某乐二人或该二人指定的主体。因净某公司与王某、章某乐二人均在该协议书上签字盖章，故海某公司不能以其项下只加盖有印章而无代表人或代理人签字否认系其真实意思表示。订立合同之时，净某公司对海某公司100%持股。股权依约转让之后，王某、章某乐二人也能够控制海某公司100%的股权。因此，虽然海某公司没有提交同意提供担保的股东会决议，亦不能以未经其股东会同意而主张不承担担保责任。法律并无禁止目标公司为支付其自身股权转让款提供担保的规定，股权转让合同所约定的也是净某公司将海某公司交接给丁方之后，由海某公司对丁方的付款义务承担连带清偿责任。现海某公司主张如其承担担保责任将构成净某公司抽逃出资，但也没有提交证据证明净某公司确系以海某公司承担担保责任的方式抽逃出资。原审认为本案不属于《最高人民法院关于适用〈中华人民共和国公司法〉若干问题的规定（三）》第十二条所列举的股东抽逃出资的情形，该认定正确。不能仅因目标公司为支付其自身股权转让款提供担保，就认为违反了《中华人民共和国公司法》第三十五条关于股东不得抽逃出资的规定，海某公司关于担保约定无效的再审申请事由不能成立。

延伸阅读

在检索大量类案的基础上，笔者总结相关裁判规则如下，供读者参考。

（一）法定代表人无权单独决定公司担保行为，相对人未审查公司股东会或董事会决议的，不属于善意相对人。

案例1：湖北润某工程机械有限公司、郑某钧等买卖合同纠纷二审民事判决书【最高人民法院（2020）最高法民终1143号】

《最高人民法院关于适用〈中华人民共和国担保法〉若干问题的解释》第七条规定，主合同有效而担保合同无效，债权人无过错的，担保人与债务人对主合同债权人的经济损失，承担连带赔偿责任；债权人、担保人有过错的，担保人承担民事责任的部分，不应超过债务人不能清偿部分的二分之一。[①] 本案中，厦门厦某公司未审查中某公司的董事会决议或者股东会决议，对案涉《第三方单位担保书》无效负有过错。同时，中某公司法定代表人未经董事会决议或股东会决议擅自以公司名义出具案涉《第三方单位担保书》且加盖公司公章，存在内部管理不规范等问题，对于案涉《保证合同》无效亦存在过错。《第三方单位担保书》出具之后，厦门厦某公司及时主张了担保权利，并未超出中某公司的保证期间及诉讼时效，现因担保合同无效，中某公司应赔偿相应损失。故，中某公司对厦门厦某公司的货款损失，应承担债务人润某公司不能清偿部分二分之一的赔偿责任。

（二）公司为自身股转款支付义务提供担保将导致股东以公司资产优先支付股权转让款，从而导致股权转让方实际抽逃出资，有违《公司法》关于不得抽逃出资的规定。

案例2：郭某华、山西邦某房地产开发有限公司股权转让纠纷再审审查与审判监督民事裁定书【最高人民法院（2017）最高法民申3671号】

[①] 该司法解释已失效，现相关规定见《最高人民法院关于适用〈中华人民共和国民法典〉有关担保制度的解释》第十七条。

首先，根据《公司法》第十六条第二款规定，公司为公司股东或者实际控制人提供担保的，必须经股东会或者股东大会决议，①也就是说，并不禁止公司为股东提供担保，但要经法定程序进行担保；同时，《公司法》第三十五条规定，公司成立后，股东不得抽逃出资。②而如果公司为股东之间的股权转让提供担保，就会出现受让股权的股东不能支付股权转让款时，由公司先向转让股权的股东支付转让款，导致公司利益及公司其他债权人的利益受损，形成股东以股权转让的方式变相抽回出资的情形，有违《公司法》关于不得抽逃出资的规定。本案中，按照案涉《公司股权转让及项目投资返还协议》的约定，由邦某公司对郭某华付款义务承担连带责任，则意味着在郭某华不能支付转让款的情况下，邦某公司应向郑某凡、潘某珍进行支付，从而导致郑某凡、潘某珍以股权转让的方式从公司抽回出资。

其次，从案涉《公司股权转让及项目投资返还协议》的名称及内容来看，该协议系郭某华与郑某凡、潘某珍关于邦某公司股权转让及"大某荣尊堡"项目投资返还的约定。但该协议第2条股权转让中未约定股权转让的具体价款数额；第3.1条中则载明："郭某华确认：至本协议签署之日，郑某凡、潘某珍投资于项目的资金及资金使用成本等直接、间接的投资，尚有9500万元应回收但未得到回收。故郭某华本着公平原则自愿返还，并由公司执行。"第3.6条约定："公司对郭某华在本协议中应付义务承担连带责任。"在本院进行再审审查询问时，双方当事人对9500万元的款项构成各执一词，原审判决对此事实未予以查清。故原审认定邦某公司应当为9500万元款项承担连带责任的事实不清，缺乏证据证明，适用法律错误。

案例3：玉门市勤某铁业有限公司、汪某峰、应某吾与李某平、王某刚、董某股权转让纠纷案【最高人民法院（2012）民二终字第39号】

《还款协议》约定，汪某峰、应某吾依据《股权转让协议》应向李某平等三人支付的1700万元和100万元共计1800万元转化为其债务，勤某公司承诺对该笔债务提供担保。该约定不符合《公司法》第三十六条关于股东缴纳出资后不得抽回的规定。李某平等三人与汪某峰、应某吾等人原均为勤某公司股东，其间发生股权转让由公司提供担保，即意味着在受让方不能支付股权转让款的情形下，公司应向转让股东支付转让款，从而导致股东以股权转让的方式从公司抽回

---

① 《公司法》已修改，现相关规定见《公司法》（2023年修订）第十五条第二款。
② 《公司法》已修改，现相关规定见《公司法》（2023年修订）第五十三条第一款。

出资的后果。公司资产为公司所有债权人债权的一般担保，公司法规定股东必须向公司缴纳其认缴的注册资本金数额，公司必须在公司登记机关将公司注册资本金及股东认缴情况公示，在未经公司注册资本金变动及公示程序的情形下，股东不得以任何形式用公司资产清偿其债务构成实质上的返还其投资。因此，《还款协议》中关于勤某公司承担担保责任的部分内容，因不符合公司法的有关规定，应认定无效，勤某公司不应承担担保责任。原审法院关于勤某公司担保有效，并据此判令勤某公司向李某平等三人承担担保责任属于适用法律错误，本院予以纠正。除关于利息及违约金的约定和勤某公司承担担保责任的约定外，《还款协议》的其他约定合法有效。

（三）公司为股东或实际控制人提供担保必须有股东会决议，相对人以存在董事会决议主张自己尽到合理审查义务属于善意相对人的，不予支持。

案例4：亿某信通股份有限公司、安徽华某恒基房地产有限公司借款合同纠纷再审审查与审判监督民事裁定书【最高人民法院（2020）最高法民申5944号】

本案中，亿某集团系亿某信通公司股东，案涉担保系关联担保，亿某信通公司又系上市公司。亿某信通公司虽于2016年9月20日作出了同意为亿某集团就案涉债务提供担保的董事会决议，但该决议并不符合《公司法》第十六条第二款①的规定，且亿某信通公司章程第五十五条也规定，为股东、实际控制人及其关联方提供的担保须经股东大会审议通过，故案涉担保合同并未经过亿某信通公司作出有效决议，构成越权代表。本案中，华某公司系商事主体，根据其在二审庭审中所述，在案涉借款及担保合同磋商阶段，其明知涉案担保事项应经亿某信通公司股东会作出决议，且亿某信通公司章程第一百二十九条第八项虽规定董事会"在股东大会授权范围内，决定公司的对外担保等事项"，但华某公司也并未举证证明亿某信通公司向其出示了股东大会授权董事会可以就向关联方提供担保作出决议的相关证据。在此情况下，华某公司未要求亿某信通公司提交相关股东会决议，反而直接接受了亿某信通公司提供的不符合《公司法》第十六条第二款规定的董事会决议，未尽到必要的审查义务，主观上具有过错。在亿某信通公司对案涉担保不予追认的情况下，该案涉担保合同对亿某信通公司不发生法律效力。故本院认为，二审法院认定案涉担保合同无效，并无不当。

---

① 《公司法》已修改，现相关规定见《公司法》（2023年修订）第十五条第二款。

（四）目标公司为支付其自身股权转让款提供担保如系公司真实意思，则合法有效。

案例5：广西万某投资有限公司、陈某官股权转让纠纷再审审查与审判监督民事裁定书【最高人民法院（2016）最高法民申2970号】

2012年8月18日，陈某官（持万某公司60%股权）为股权出让方，胡某勇（持万某公司40%股权）为股权受让方，万某公司为目标公司，三方签订《股权协议书》，约定陈某官将其持有万某公司60%股权（陈某官对目标公司的出资6420万元及股东权益）以9600万元价款转让给胡某勇。《股权协议书》第二条第四款还约定，目标公司承诺对胡某勇上述付款（包括本息在内）承担连带责任。本院认为，陈某官对胡某勇欠付的剩余股权转让款1815万元及利息向一审法院提起诉讼，其中诉讼请求之一为要求目标公司即万某公司承担连带责任。万某公司根据《股权协议书》已于2012年8月22日完成了股权变更登记，陈某官已经不再是万某公司的股东，股权转让发生在陈某官、胡某勇两个股东之间，陈某官出让自己持有的万某公司60%的股权，胡某勇受让股权并应承担支付股权转让款的义务，《股权协议书》约定万某公司承担连带责任，不存在损害其他股东利益的情形。万某公司承担连带责任系经过公司股东会决议，是公司意思自治的体现，并不违反法律强制性规定。万某公司是本案的当事人，在一审中对陈某官主张其承担连带责任并没有提出异议，二审判决认定当事人对此不持异议，且法院主动对公司的自治情况进行司法干预不妥，二审判决依据本案事实判决万某公司承担连带责任并无不当，万某公司认为不应承担连带责任的申请再审理由不能成立。

072 股权转让附加回购的融资模式是否属于借贷？

> 阅读提示

股权转让附加回购的融资方式，是指投资人以受让融资方股权的形式向融资方支付资金并约定由融资方到期回购该股权，以实现对投资人的还本付息，此种交易模式是否会被法院穿透认定为借贷关系？本文在此通过北京市高级人民法院的一则案例，对上述问题进行分析。

裁判要旨

投资人与融资方选择以股权作为标的进行转让，期限届满时由融资方回购该股权的，该约定系签约各方通过股权转让及回购的行为达到资金融通的目的，此种交易模式未涉及法律禁止性规定，不能确定为单纯的借贷关系，应属于新类型股权交易法律关系。

案情简介 [①]

（一）2019年6月4日，北京盛某时代文化传播有限公司（以下简称盛某时代公司）与北京星某世纪咨询服务有限公司（以下简称星某世纪公司）签订《股权转让协议》及《协议书》，约定盛某时代公司将所持目标公司10%的股权转让给星某世纪公司并应于2021年5月29日进行回购。

（二）后因盛某时代公司未依约按期回购，星某世纪公司诉至法院要求盛某时代公司依约每日按逾期款项的0.1%给付违约金。

（三）盛某时代公司则认为《股权转让协议》实质系借贷合同，因此双方之间违约金其实属于利息，应当调减。

（四）北京三中院一审认为案涉《股权转让协议》系新类型股权交易法律关系，并非借贷关系，所约定违约金并不违反法律规定。北京市高级人民法院二审维持原判。

实务经验总结

1. 股权转让附加回购的交易模式可视为一种让与担保，债权人从形式上看拥有股权，实质上是以此股权作为实现债权的担保。此种合同的效力已为《全国法院民商事审判工作会议纪要》第七十一条所确认。

2. 在股权让与担保合同中，债权人仅是名义上的股东，其真实目的并非取得股东资格。因此，债权人行使股东权利应受到双方之间签署的合同的约束。

[①] 案件来源：北京盛某时代文化传播有限公司与北京星某世纪咨询服务有限公司股权转让纠纷二审民事判决书【北京市高级人民法院（2022）京民终522号】。

相关法律规定

《全国法院民商事审判工作会议纪要》

71.【让与担保】债务人或者第三人与债权人订立合同，约定将财产形式上转让至债权人名下，债务人到期清偿债务，债权人将该财产返还给债务人或第三人，债务人到期没有清偿债务，债权人可以对财产拍卖、变卖、折价偿还债权的，人民法院应当认定合同有效。合同如果约定债务人到期没有清偿债务，财产归债权人所有的，人民法院应当认定该部分约定无效，但不影响合同其他部分的效力。

当事人根据上述合同约定，已经完成财产权利变动的公示方式转让至债权人名下，债务人到期没有清偿债务，债权人请求确认财产归其所有的，人民法院不予支持，但债权人请求参照法律关于担保物权的规定对财产拍卖、变卖、折价优先偿还其债权的，人民法院依法予以支持。债务人因到期没有清偿债务，请求对该财产拍卖、变卖、折价偿还所欠债权人合同项下债务的，人民法院亦应依法予以支持。

《最高人民法院关于适用〈中华人民共和国民法典〉有关担保制度的解释》（法释〔2020〕28号）

第六十八条第一款 债务人或者第三人与债权人约定将财产形式上转移至债权人名下，债务人不履行到期债务，债权人有权对财产折价或者以拍卖、变卖该财产所得价款偿还债务的，人民法院应当认定该约定有效。当事人已经完成财产权利变动的公示，债务人不履行到期债务，债权人请求参照民法典关于担保物权的有关规定就该财产优先受偿的，人民法院应予支持。

法院判决

以下为北京市高级人民法院就本案是否属于民间借贷纠纷的详细论述：

盛某时代公司与星某世纪公司以案涉股权作为标的进行转让，星某世纪公司支付对价，案涉股权并实际变更至星某世纪公司名下，期限届满时由盛某时代公司支付股权回购款进行回购，赵某雯对此提供担保。盛某时代公司与星某世纪公司的约定系签约各方通过股权转让及回购的行为，达到资金融通的目的，该交易模式属于新类型股权交易法律关系，并不违反法律、法规的禁止性规定，并非单纯的借贷关系。案涉股权已实际进行工商登记变更，星某世纪公司虽未实际参与管理，但并不影响其股东身份的公示效力，其享有《中华人民共和国公司法》意义上的股东权利义务。故本案不宜认定为民间借贷法律关系。盛某时代公司的该主张不能成立。

延伸阅读

在检索大量类案的基础上，笔者总结相关裁判规则如下，供读者参考。

（一）股权让与担保中，被担保人系名义股东，而非实际股东，其享有的权利不应超过以股权设定担保这一目的。

案例1：熊某民、昆明哦某商贸有限公司股东资格确认纠纷二审民事判决书【江西省高级人民法院（2020）赣民终294号】

本院认为，首先，真实权利人应当得到保护。据上文分析，熊某民、哦某公司签订《股权转让协议》，并将股权登记至徐某、余某平名下，真实意思是股权让与担保，而非股权真正转让。虽然工商部门登记的股东为徐某、余某平，但工商登记是一种公示行为，为证权效力，股权是否转让应当以当事人真实意思和事实为基础。因此，徐某、余某平仅系名义股东，而非实际股东，其享有的权利不应超过以股权设定担保这一目的。熊某民、哦某公司的股东权利并未丧失，对其真实享有的权利应予确认。且从本案实际情况来看，熊某民、哦某公司在2015年8月以后不能对公司进行经营管理，已经出现了名义股东通过担保剥夺实际股东经营管理自由的现象，也影响到实际股东以鸿某公司开发的创某天地项目销售款来归还借款。因此，应当确认熊某民、哦某公司为鸿某公司真实股东。

其次，确认熊某民、哦某公司为真实股东不损害被上诉人享有的担保权利。股权让与担保相较于传统的担保方式，其优势在于设定的灵活性和保障的安全性，可以防止对股权的不当处理，并可以在不侵害实际股东经营管理权的前提下，通过约定知情权和监督权等权利最大限度地保护设定担保的股权的价值。

（二）股权让与担保的设立以借款关系的存在为前提。

案例2：潘某义、四川信某有限公司合同纠纷二审民事判决书【最高人民法院（2019）最高法民终688号】

案涉《股权收购及转让协议》并非以股权让与方式担保借款合同债权。潘某义主张案涉《股权收购及转让协议》的签订是其以股权让与方式用东方蓝某公司股权向四川信某对其享有的1.5亿元借款债权提供担保，但如前所述，潘某义未能提供证据证明其与四川信某之间存在借款关系，股权让与担保成立的前提并不存在。同时，股权让与担保是以转让股权的方式达到担保债权的目的，但本案当事人签订《股权收购及转让协议》的目的并不在于担保债权。因为潘某义在协议签订时并不是东方蓝某公司股权持有人，其不具备以该股权提供让与担保的条件和可能；而新某公司作为东方蓝某公司股权持有人和出让人，无论其真实的交易对象是四川信某还是潘某义，新某公司的真实意思都是出让所持股权，而不是以股权转让担保债权。

综上，本院认为，四川信某与潘某义之间并非借款关系。案涉《股权收购及转让协议》系当事人基于真实意思表示签订，所涉信托业务为现行法律法规所允许，该协议及相关补充协议亦不存在《中华人民共和国合同法》第五十二条①规定的合同无效的情形。潘某义应按协议约定向四川信某支付股权转让款并承担相应的违约责任，潘某义基于借款关系提出的改判由其向四川信某偿还借款本金1.5亿元及利息的上诉请求，本院不予支持。

（三）在主债务期限届满后未清偿的情况下，名义上的股权受让人对变价后的股权价值享有优先受偿权，但原则上无权对股权进行使用收益，不能享有《公司法》规定股东所享有的参与决策、选任管理者、分取红利等权利。

案例3：田某川、河南省太某置业有限公司与公司有关的纠纷再审审查与审判监督民事裁定书【最高人民法院（2019）最高法民申6422号】

本院认为，股权让与担保从形式上看表现为股权转让，但与股权转让比较，二者的性质有别，不可混淆。从合同目的看，股权转让是当事人出于转让股权目的而签订的协议，转让人的主要义务是转让股权，受让人的主要义务是支付股权转让款。而股权让与担保的目的在于为主债务提供担保，受让人通常并不为此支付对价。因此，认定一个协议是股权让与担保还是股权转让，不能仅看合同的形式和名称，而要探究当事人的真实意思表示。如果当事人的真实意思是通过转让股权的方式为主合同提供担保，则此种合同属于让与担保合同，而非股权转让合同。在已经完成股权变更登记的情况下，可以参照最相近的担保物权的规定，认定其物权效力。在主债务期限届满后仍未履行的情况下，名义上的股权受让人对变价后的股权价值享有优先受偿权，但原则上无权对股权进行使用收益，不能享有《公司法》规定股东所享有的参与决策、选任管理者、分取红利等权利。

本案中，根据原审查明的情况，2010年3月26日，天某公司申请仲裁，要求太某公司偿还借款2100万元。郑州仲裁委员会裁决太某公司于裁决书送达之

---

① 《合同法》已失效，现相关规定见《民法典》。

日起十日内向天某公司偿还借款本金2100万元。2011年6月10日，天某公司与太某公司签订《协议书》，约定为履行该2100万元债务，愿意以其开发的凯某花园经济适用房土地使用权抵偿天某公司债务。作为担保，太某公司股东同意将股权转让给天某公司，只是名义上持有太某公司股权，并不享有实际股东权利，不得干预太某公司经营、运作等。太某公司偿还天某公司欠款或者其他原因导致凯某花园经济适用房项目无法进行时，天某公司将持有太某公司股权归还太某公司股东。

073 股东能否将目标公司股权交由目标公司经营并收取固定承包费？

阅读提示

股东作为发包人，将目标公司股权承包给目标公司经营，由目标公司作为股东享有股权权利、履行股东义务，而发包人股东则基于承包合同享有固定收益的，此种承包合同的效力是否能得到人民法院认可？本文在此通过新疆维吾尔自治区高级人民法院的一则案例，对上述问题进行分析。

裁判要旨

股东与公司签订股权承包经营协议将所持股权交由公司经营的，依法有效。公司未依约向股东支付承包费的，构成违约，应当承担相应的违约责任。

案情简介 [①]

（一）2014年4月18日，霍尔果斯商某开发有限责任公司（以下简称商某公司）将所持霍尔果斯华某旅游投资有限公司（以下简称华某公司）35%的股权交由华某公司承包经营，并约定了华某公司每年应向商某公司支付的承包费。

（二）经查明，华某公司未向商某公司支付2018年后的承包费共189万元。

（三）商某公司因此诉至法院，要求华某公司支付拖欠的189万元承包费并

[①] 案件来源：霍尔果斯华某旅游投资有限公司、霍尔果斯商某开发有限责任公司合同纠纷二审民事判决书【新疆维吾尔自治区高级人民法院（2023）新40民终100号】。

承担违约责任。

（四）霍尔果斯中院一审和新疆维吾尔自治区高级人民法院二审均认为，案涉承包经营协议合法有效，支持了商某公司的请求。

裁判要点

本案的核心争议在于，股东能否将目标公司股权承包给目标公司经营并约定固定收益，对此，新疆维吾尔自治区高级人民法院认为：

签订股权承包协议将所持目标公司股权承包给目标公司经营，股东收取承包费作为固定收益的，不违反法律、行政法规的强制性规定，应属合法有效并受法律保护，故华某公司应当向商某公司支付欠付承包费。同时考虑到新冠肺炎疫情对生产经营的影响，依据《最高人民法院关于依法妥善审理涉新冠肺炎疫情民事案件若干问题的指导意见（一）》第三条规定，酌情将华某公司应支付的欠付承包费由189万元调整为81万元。

实务经验总结

1. 股权承包经营与公司承包经营不同。前者是股东作为发包人将股东权利交由承包人经营，后者则是公司作为发包人将公司经营权交由承包人经营。无论是哪一种承包经营模式，均属于发包人与承包人之间的内部约定，除非债务人明知承包经营关系的存在并同意由承包人承担债务，否则发包人股东或公司不得以内部约定对抗外部债权人。

2. 公司承包经营协议的核心条款包括公司经营权和收益权的转移，即公司将经营管理权和收益权利概括交给承包人，由承包人承担交易的风险，公司则收取承包费作为固定收益。如缺乏上述核心条款，人民法院可能认定未成立承包经营关系。

相关法律规定

《中华人民共和国民法典》

第五百零九条第一款、第二款　当事人应当按照约定全面履行自己的义务。

当事人应当遵循诚信原则，根据合同的性质、目的和交易习惯履行通知、协助、保密等义务。

第五百九十条第一款 当事人一方因不可抗力不能履行合同的，根据不可抗力的影响，部分或者全部免除责任，但是法律另有规定的除外。因不可抗力不能履行合同的，应当及时通知对方，以减轻可能给对方造成的损失，并应当在合理期限内提供证明。

《最高人民法院关于依法妥善审理涉新冠肺炎疫情民事案件若干问题的指导意见（一）》（法发〔2020〕12号）

三、依法妥善审理合同纠纷案件。受疫情或者疫情防控措施直接影响而产生的合同纠纷案件，除当事人另有约定外，在适用法律时，应当综合考量疫情对不同地区、不同行业、不同案件的影响，准确把握疫情或者疫情防控措施与合同不能履行之间的因果关系和原因力大小，按照以下规则处理：

（一）疫情或者疫情防控措施直接导致合同不能履行的，依法适用不可抗力的规定，根据疫情或者疫情防控措施的影响程度部分或者全部免除责任。当事人对于合同不能履行或者损失扩大有可归责事由的，应当依法承担相应责任。因疫情或者疫情防控措施不能履行合同义务，当事人主张其尽到及时通知义务的，应当承担相应举证责任

……

法院判决

以下为新疆维吾尔自治区高级人民法院就华某公司与商某公司法律关系如何确定以及华某公司是否应当向商某公司支付承包费81万元的详细论述：

股权承包是股东将股东权利（自益权和公益权）"移交"给承包人，由承包人履行股东对公司的经营管理工作、承担经营风险和享有股权收益，而股东则收取固定收益。本案中，商某公司作为华某公司的股东，将其在华某公司持有的股权交由华某公司承包经营，并收取承包费，有华某公司章程、霍特管纪字（2014）33号会议纪要、霍特管纪字（2014）36号霍尔果斯经济开发区管委会2014年第6次主任工作会议纪要、中国银行国内支付业务收款回单、收据相互印证，本院予以确认。商某公司与华某公司之间实际形成股权承包合同关系，且不违反法律、行政法规的强制性规定，应属合法有效并受法律保护。故本案案由应为合同纠纷，一审法院确定本案案由为企业承包经营合同纠纷有误，本院予以纠正。会议纪要是行政机关在行政管理过程中形成的规范格式化文书，不具有行政法律效力，但具有证据意义。对华某公司主张案涉会议纪要对其没有约束力，不

能作为裁判依据的请求，于法无据，本院不予支持。

华某公司自2014年承包商某公司的股权后，依约向商某公司陆续支付承包费255万元。截至2021年，华某公司尚欠付商某公司承包费189万元未支付。基于2020年、2021年新冠肺炎疫情发生，属不可抗力，一审法院将华某公司应当支付商某公司2020年、2021年的股权承包费120万元，酌定为12万元，商某公司认可无异议，故一审法院判决华某公司支付商某公司至2021年尚欠付的承包费81万元，并无不当，本院予以确认。

延伸阅读

在检索大量类案的基础上，笔者总结相关裁判规则如下，供读者参考。

（一）公司经营权是公司拥有的权利，因此公司承包经营合同中应由公司作为发包人而不能由股东作为发包人。

案例1：方某河、广西德某华宏糖业有限公司企业承包经营合同纠纷二审民事判决书【最高人民法院（2019）最高法民终145号】

根据《中华人民共和国公司法》第四条的规定，公司股东享有参与公司重大决策的权利。公司股东享有的该项权利，当然包括对公司由其他主体承包经营这一事项进行表决的权利，但公司股东本身不会因行使表决权而成为公司承包经营的发包主体。在本案中，富某公司与湛江中某公司仅是德某华宏公司的股东，不是德某华宏公司的发包人。从方某河与湛江中某公司、环某糖业公司三方签订《关于广西德某华宏糖业有限公司股权转让协议》约定的内容，以及方某河（富某公司）与湛江中某公司签订《承包协议》约定的内容分析，可以认定德某华宏公司的两个股东富某公司与湛江中某公司均同意由承包人承包经营德某华宏公司，且事实上德某华宏公司也已交由承包人在本案合同约定的期限内承包经营，因此，德某华宏公司作为本案承包经营合同的发包人，以原告的名义提起本案诉讼符合法律的规定。富某公司在庭审答辩中对德某华宏公司作为原告诉讼主体是否适格存疑的理由不能成立。

（二）个别股东将公司承包给他人经营的，侵犯了公司财产，应属无效。

案例2：陈某津与杨某森承包经营合同纠纷上诉案【广东省高级人民法院（2011）粤高法民二终字第67号】

陈某津与杨某森在《承包经营合同》中约定，陈某津愿将鸿某公司及其下属子公司所持有份额的使用地、物业、财产全部交给杨某森开发、经营、管理，并由杨某森行使和享有陈某津在公司和董事会的权力和权利。陈某津持有鸿某公司 20% 的股权份额，依法享有相应的资产收益、参与重大决策和选择管理者等权利。公司则是企业法人，有独立的法人财产，享有法人财产权。作为股东的陈某津无权对鸿某公司的法人财产直接进行处分，并交由他人开发、经营、管理。股东缴纳出资后，即依法享有相应的股东权利，但股东行使参与公司重大决策、选择管理者等权利，并不直接给股东带来财产收益，而是为了增强公司盈利能力并由此获得更多的利润分配。陈某津与杨某森约定将鸿某公司的部分财产交由杨某森承包经营，损害了公司法人财产权利；事实上，杨某森亦无法通过行使陈某津委托其行使的 20% 股东权利，达到单独承包经营的目的。据此，原审判决认定涉案《承包经营合同》无效，符合法律规定，本院予以支持。

074 如何区分资产转让合同和股权转让合同

阅读提示

合同性质之不同将影响所适用法律规范的不同，也就会导致对同一份合同的效力之判断出现截然不同的认定。本文在此通过新疆维吾尔自治区高级人民法院的一则案例，对资产转让合同和股权转让合同这两种典型合同的区分进行分析，以供读者参考。

裁判要旨

原股东签订《整体转让协议》将公司资产、股权全部转让给受让人的，如公司资产并未变更至受让人名下，则可认定受让人的目的是通过股权转让取得对公司资产的控制与管理权，相应《整体转让协议》应认定为股权转让合同。

案情简介 ①

（一）齐某光与杨某英共计持有永某公司 100% 的股权。

（二）2021 年 5 月 12 日，齐某光、杨某英与周某签订《整体转让协议》约

---

① 案件来源：周某、杨某英合同纠纷二审民事判决书【新疆维吾尔自治区高级人民法院（2023）新 40 民终 44 号】。

定：将永某公司整体（包括永某公司全部股权、资产及其经营权）转让给周某。

（三）《整体转让协议》签署后，周某发现永某公司持有的采矿许可证已经注销，且永某公司无法办理采矿许可证。

（四）周某认为《整体转让协议》的实质是转让采矿权的资产转让合同，而未取得采矿许可证即转让矿产资源给他人开采的行为依法应属无效。

（五）新疆察布查尔锡伯自治县人民法院一审驳回了周某的诉讼请求。

（六）新疆维吾尔自治区高级人民法院二审维持原判，认为《整体转让协议》系股权转让合同，不属于未取得采矿证而将矿产资源交由周某开采的资产转让合同，因此并不违反相关法律规定。

裁判要点

本案的核心争议在于，如何区分股权转让合同和资产转让合同，对此，新疆维吾尔自治区高级人民法院认为：

虽然《整体转让协议》中约定转让标的既包括永某公司资产还包括100%的股权，但是永某公司包括案涉矿业权在内的资产客观上并未变更至周某名下，因此可以判断周某的目的是通过股权转让的方式取得对永某公司资产的控制与管理权，案涉《整体转让协议》的实质是股权转让合同。

因为案涉《整体转让协议》系股权转让合同，案涉矿业权也一直属于永某公司资产，并未发生权属变更，故不属于《最高人民法院关于审理矿业权纠纷案件适用法律若干问题的解释》第五条规定的"未取得矿产资源勘查许可证、采矿许可证，签订合同将矿产资源交由他人勘查开采的，人民法院应依法认定合同无效"情形。原告周某诉请确认《整体转让协议》无效也就于法无据了。

实务经验总结

1. 股权转让合同与资产转让合同所涉及的主体与客体均不同。一言以蔽之，股权转让合同系股东将所持股权转让给受让人，资产转让合同则是公司将名下资产转让给受让人。

2. 两种类型合同的目的不同，股权转让合同通常是为了取得对公司的控制与经营管理权，而资产转让合同则是为了取得特定资产。实务中应根据交易的实际目的和需要选择合同名称，以避免发生争议徒增诉累。

3. 受让股权时，如目标公司的价值主要就体现在其持有的某项资产上，受让人可与转让方明确约定，在该项资产存在瑕疵时，受让人有权解除股权转让合同。

相关法律规定

《中华人民共和国民法典》

第一百五十三条第一款　违反法律、行政法规的强制性规定的民事法律行为无效。但是，该强制性规定不导致该民事法律行为无效的除外。

《最高人民法院关于审理矿业权纠纷案件适用法律若干问题的解释》（2020年修正）

第五条　未取得矿产资源勘查许可证、采矿许可证，签订合同将矿产资源交由他人勘查开采的，人民法院应依法认定合同无效。

法院判决

以下为新疆维吾尔自治区高级人民法院就案涉转让合同性质的详细论述：

矿业权是否发生转让的前提是审查案涉转让合同的性质，本案中转让的标的既包括永某公司资产还包括100%的股权。因资产属于永某公司资产，客观上并未转移至周某的名下，故周某实际是通过股权转让的形式实现对公司资产的控制和管理权，故案涉资产主体及权属并未发生变更，案涉合同虽名为整体转让实为股权转让。鉴于案涉法律关系涉及变动的是股权，而公司资产随着股权转让在不同股东之间发生转移，资产及其项下的矿业权主体仍然属于永某公司，在矿业权主体未发生变更的情形下，周某主张案涉合同系采矿权的转让，合同无效的理由不能成立。通过本案事实证实案涉合同系股权转让合同，并非系齐某光、杨某英将未取得采矿许可证矿产资源交由其勘查开采，周某以此主张合同无效的理由亦不能成立。一审认定合同有效正确，应予维持。

延伸阅读

在检索大量类案的基础上，笔者总结相关裁判规则如下，供读者参考。

（一）股权转让不等同于公司资产的转让，股权转让价款不必须是公司资产的简单相加。

案例1：深圳市中某宏易创业投资有限公司诉河南和某汽车贸易有限公司股

权转让纠纷案【浙江省高级人民法院（2016）浙民终524号】

判断中某宏易公司是否对和某汽车公司实施欺诈行为，应当根据《股权转让协议》订立时的行为进行分析，而不能根据合同订立后的情事进行判断。和某汽车公司以2015年的审计报告与2014年的审计报告中净资产存在很大差距为由认为中某宏易公司虚报资产，依据不足。何况，股权转让不等同于公司资产的转让。在股权转让中，公司的资产对股权转让的价格确有影响，但并非唯一因素。公司的经营状况、产业前景等均会对股权转让价格的确定产生实质性的影响。正如和某汽车公司关于股权转让过程的陈述"经思考分析和初步的调查研究，认为未来互联网+智能电车确实是具有潜力的产业，国家对相关产业也在大力扶持"，和某汽车公司欲收购绿某公司100%的股权包括讼争中某宏易公司的股权在内势必考虑了行业前景、国家政策等因素。

（二）通过股权转让的方式实现对房地产项目的转让并不违反法律和行政法规的禁止性规定。

案例2：珠海市盛某置业有限公司、珠海祥某置业有限公司股权转让纠纷再审审查与审判监督民事判决书【最高人民法院（2015）民抗字第14号】

原审判决认为涉案三份协议的实质是林某勇等三人与祥某公司规避开发房地产业的监管，以转让盛某公司股权的形式转让盛某公司的"紫某山庄"这一房地产开发项目，属于以合法形式掩盖非法目的，应当认定为无效。关于这一点，首先，本案股权转让不违反公司法的规定。理论上，股权作为股东的一项固有权利，自由转让性为其应有属性。股权的转让性使股权具有价值和价格，让股权得以游离于公司资本之外而自由流转，其流通并不影响公司资本及经营的稳定性；股权的转让性使股东利益与公司的资本维持达成一致，若股东对按多数决议形成的公司决策不满，或不愿忍受投资回收的长期性，可通过转让股权达到目的，而股权的转让又不影响公司的正常运转；股权的转让性使股东对公司的股权约束强化，即股东可以通过转让股权的形式用"脚"投票，对公司施加强有力的股权约束，使公司运营符合股东资本增值的意愿。股权转让符合法律规定。

（三）股权转让合同未明确约定应根据公司资产价值变动调整股权转让价格的，受让人提出该主张的不予支持。

案例3：龚某明、广州网某网络科技有限公司股权转让纠纷二审民事判决书【广东省广州市中级人民法院（2019）粤01民终5803号】

双方虽在"鉴于"部分述及交易背景，但并未以该参考因素作为据以调整网某公司与龚某明之间股权转让价格的标准。同时，纵观《股权转让协议之补充协议》全文，在双方签约时已经知晓畅某公司估值为"暂定价"的情况下，仅约定在畅某公司出售盛某达公司股票价格高于发行价格时，龚某明应对网某公司进行补偿，而并未约定在实际转让对价低于估值时需要据实予以调低。据此，龚某明上诉认为涉案股权转让对价应以畅某公司实际转让价格为依据予以调整，缺乏合同依据，本院不予确认。

075 对赌协议中能否约定以复利计算回购价款？

阅读提示

对赌协议中，投资人与目标公司或其股东常约定回购价款由以下两部分组成：投资本金和以本金为基数计算出的溢价款。复利则是把前一计息周期的利息和本金加在一起算作本金，再计算利息的的计算方式，俗称"利滚利"，双方约定以一定比例复利计算前述溢价款的，人民法院是否会支持？本文在此通过上海市高级人民法院的一则经典案例，对上述问题进行分析。

裁判要旨

对赌协议中约定以复利计算回购价款的，人民法院可参考法定的民间借贷利率上限（2020年8月20日之前为年利率24%，之后为一年期贷款市场报价利率四倍）酌情调整为以年利率24%计算回购款。

案情简介[①]

（一）2015年1月4日，软某天源等投资人认购了占某比公司1500万元新增资本。

（二）2016年6月，软某天源等投资人与占某比公司原股东签订协议，约定回购条件达成后，原股东应向投资人以上述增资款为基数按年12%的复利支付利息。

[①] 案件来源：邬某远、韩某丰等公司增资纠纷二审民事判决书【上海市高级人民法院（2020）沪民终56号】。

（三）后回购条件成就，软某天源等投资人诉至法院要求原股东依约支付利息。

（四）上海一中院和上海市高级人民法院均认为，原股东支付的回购价款应为投资总额加上以投资总额为基数以年利率24%计算的利息之和。

裁判要点

本案的核心争议在于，对赌协议中能否约定以复利计算回购价款。

复利系把前一计息周期的利息和本金加在一起算作本金，再计算利息的的计算方式，俗称"利滚利"，因此计息的时间越长，复利的计息方式造成的本金倍数增长现象就会越明显。也是因为复利如此强大的威力，对赌协议中能否支持以复利计算回购价款才会成为司法实务中一个争议的焦点。

本案中，上海市高级人民法院未支持案涉协议中以年利率12%的复利计算回购价款的约定，而根据当时有效的法定民间借贷利率上限酌情调整为以年利率24%计算。

实务经验总结

1. 对赌协议中，有关以复利计息的约定能否得到法院支持存在不确定性。但总体来说，将复利约定调整为以民间借贷利率上限计息的案例较为常见。

2. 2020年《最高人民法院关于审理民间借贷案件适用法律若干问题的规定》施行后，借贷合同中民间借贷利率司法保护上限已经调整为一年期贷款市场报价利率LPR的四倍，未来有关对赌协议中复利约定的调整可能参考该同期LPR四倍标准。

相关法律规定

《中华人民共和国民法典》

第五百七十七条　当事人一方不履行合同义务或者履行合同义务不符合约定的，应当承担继续履行、采取补救措施或者赔偿损失等违约责任。

第五百八十五条　当事人可以约定一方违约时应当根据违约情况向对方支付一定数额的违约金，也可以约定因违约产生的损失赔偿额的计算方法。

约定的违约金低于造成的损失的，人民法院或者仲裁机构可以根据当事人的请求予以增加；约定的违约金过分高于造成的损失的，人民法院或者仲裁机构可以根据当事人的请求予以适当减少。

当事人就迟延履行约定违约金的，违约方支付违约金后，还应当履行债务。

《最高人民法院关于审理民间借贷案件适用法律若干问题的规定》（2020年第二次修正）

第二十五条 出借人请求借款人按照合同约定利率支付利息的，人民法院应予支持，但是双方约定的利率超过合同成立时一年期贷款市场报价利率四倍的除外。

前款所称"一年期贷款市场报价利率"，是指中国人民银行授权全国银行间同业拆借中心自2019年8月20日起每月发布的一年期贷款市场报价利率。

《最高人民法院关于审理民间借贷案件适用法律若干问题的规定》（2015年，已被修订）

第二十六条 借贷双方约定的利率未超过年利率24%，出借人请求借款人按照约定的利率支付利息的，人民法院应予支持。

借贷双方约定的利率超过年利率36%，超过部分的利息约定无效。借款人请求出借人返还已支付的超过年利率36%部分的利息的，人民法院应予支持。

法院判决

以下为上海市高级人民法院就应否支持案涉回购款计算中有关年利率12%的复利计算约定的详细论述：

本院注意到一审法院因补充协议第2.3.1条回购款计算方式涉及年利率12%的复利计算，将毅某集团、宁波宝某、邬某远、韩某丰、张某应付的回购款总额酌定为不能超过软某天源、软某天保、软某宏达投资总额加上以A轮投资总额为基数，以年利率24%计算的利息之和；超过的部分，应按照年利率24%计算。软某天源、软某天保、软某宏达在二审期间亦明确其一审主张的回购款金额以投资本金加上按照投资本金为基数，年利率24%计算的利息之和为限，超过的部分，其不再主张。结合一审法院对该节论述的前后语境以及软某天源、软某天保、软某宏达在二审期间对其一审诉请明确的意见，为免引起理解歧义，本院将一审法院认定的毅某集团、宁波宝某、邬某远、韩某丰、张某应付的回购款总额进一步明确为不能超过软某天源、软某天保、软某宏达投资总额加上以A轮投资总额为基数，以年利率24%计算的利息之和，并将据此对一审判决主文表述作相应变更。

延伸阅读

在检索大量类案的基础上,笔者总结相关裁判规则如下,供读者参考。

(一)以下案例不支持对赌协议中复利计算之约定。

案例1:中某汽车投资有限公司与上海铭某实业集团有限公司股权转让纠纷二审民事判决书【最高人民法院(2015)民二终字第204号】

股权回购价款的第三部分明确表述为按照年利率15%(复利,每年计息一次,不足一年的按天数年化计算),以第一项和第二项的合计数7061.92万元为基数,自2012年1月1日起至铭某实业公司向中某投资公司交付回购价款前一日止应计的利息。从其表述内容与计算方式均可显示出复息的性质。复息计算之规定来源于中国人民银行《人民币利率管理规定》,而该规定适用对象仅限于金融机构,故中某投资公司并不具有向铭某实业公司收取复息的权利。对于中某投资公司的要求自2012年1月1日起,以7061.92万元为基数按照年利率15%计算复利的该项上诉主张,本院不予支持。

案例2:北京麒麟网文化股份有限公司等与上海清某共创投资合伙企业(有限合伙)股权转让纠纷二审民事判决书【北京市第一中级人民法院(2021)京01民终175号】

按照2015年3月9日《协议书》第3.1条的约定,本案所涉受让价格=488.5万元÷11 724万元×9724万元+488.5万元自本协议签署之日起至实际支付之日止的利息。清某合伙企业诉讼请求中有关复利的主张,参照《最高人民法院关于贯彻执行〈中华人民共和国民法通则〉若干问题的意见(试行)》第一百二十五条规定的精神,一审法院不予支持。同时鉴于上述《协议书》第4.1条写明,本协议与原有约定不一致的,以本协议为准,本协议取代各方此前就回购安排和对赌安排达成的任何协议、承诺或约定;由此,清某合伙企业依据2011年股东协议所提违约金的诉讼请求,一审法院不予支持。

(二)以下案例支持对赌协议中复利计算之约定。

案例3:王某、天津立某菁英企业管理中心与公司有关的纠纷二审民事判决书【天津市第一中级人民法院(2019)津01民终5917号】

关于立某菁英中心主张赔偿损失的问题,依据合同中投资款回购条款约定,立某菁英中心可以5000000元投资款为基数,自高通公司《增资协议》签署日至股权被回购之日止按照每年7%的复利计算主张损失,于法有据,应予以支持。

案例 4：夏某梅诉华某（芜湖）一期股权投资基金（有限合伙）公司增资纠纷一案二审民事判决书【上海市第一中级人民法院（2018）沪01民终13187号】

考虑到本案实际情况，一审法院酌定回购款按照《股权投资框架协议》2.10.2.（b）约定计算，数额为华某基金支付给Z公司的投资款加上华某基金付款之日至回购通知到达之日按每年12%的复利计算的利息。按复利计算的利息数额为600万元×12%×（2016年7月26日至2018年3月14日的596天/365天）+400万元×12%×（2017年1月9日至2018年3月14日的429天/365天）+600万元×12%×［（596天－365天）/365天］+400万元×12%×［（429天－365天）/365天］= 2279671.22元，加上投资款1000万元，回购款数额合计为12279671.22元。

（三）以下案例认为应参考民间借贷合同相关规定调整对赌协议中复利计算约定。

案例 5：牟某等与珠海金某汇丰盈投资中心（有限合伙）股权转让纠纷二审民事判决书【北京市高级人民法院（2019）京民终1463号】

依照《回购协议》约定，回购价格应为金某汇中心的原始投资额加上该部分投资额在持股期间按10%/年的利率（复利）计算的利息，扣除已经分配的红利。本案审理中，金某汇中心表示持股期间未分配红利，冯某、牟某未答辩亦未向一审法院提交持股期间分配红利的相关证据，基于此，一审法院对于金某汇中心所主张的持股期间未分配红利的事实予以确认。金某汇中心的原始投资额即为《增资协议》所确认的出资额6000万元，一审法院对此予以确认。金某汇中心自2016年9月20日起开始持股，应自该时间节点起计息。但鉴于《回购协议》约定在持股期间按10%/年的利率（复利）计算，故冯某应当支付股权转让款的本金及利息之和，不能超过出资额与出资额为基数，以年利率24%计算的自2016年9月20日起至冯某支付股权转让款之日止的利息之和。

076 回购条件提前成就时，投资人能否立即请求回购股权？

阅读提示

对赌协议通常约定在某个时间节点目标公司未完成约定条件的，即触发回购条款。如股权回购条件在约定时间之前成就的，投资人能否即向义务人主张回购？本文在此通过安徽省高级人民法院的一则案例，对上述问题进行分析。

裁判要旨

根据《民法典》第一百五十八条关于"附生效条件的民事法律行为，自条件成就时生效"的规定，投资方有权在约定的股权回购条件提前成就时要求义务人回购其所持有的目标公司股权。

案情简介 [1]

（一）2017年4月17日，宁夏中某枸杞产业创业投资企业公司（以下简称中某枸杞创投）与源某堂公司签订《认购协议》约定：中某枸杞创投以1500万元认购源某堂公司新增股份。

（二）2017年5月，中某枸杞创投与源某堂公司股东袁某才达成约定：如源某堂公司IPO申请在2020年12月31日前未获通过，则中某枸杞创投在该日后30天内有权要求袁某才回购上述新增股份。

（三）根据2018年修订的《首次公开发行股票并上市管理办法》，源某堂公司已无可能在2020年12月31日前完成IPO。因此2019年9月16日，中某枸杞创投就向袁某才发函要求回购股份。

（四）亳州中院一审和安徽高院二审均认为，中某枸杞创投有权在回购条件成就时要求源某堂公司回购股份。

裁判要点

本案的核心争议在于，投资人是否有权在回购条件提前成就时要求义务人回购股权，对此，安徽省高级人民法院认为：根据《民法典》第一百五十八条规定，附生效条件的民事法律行为，自条件成就时生效。而根据《中华人民共和国证券法》（2014年修正）及《首次公开发行股票并上市管理办法》（2018年修订）[2] 关于公司首次公开发行股票并上市的审核流程和业绩要求的相关规定，源某堂公司首次公开发行股票并上市的申请在2020年12月31日前无法获得通过

---

[1] 案件来源：袁某才、宁夏中某枸杞产业创业投资企业公司增资纠纷二审民事判决书【安徽省高级人民法院（2022）皖民终65号】。

[2] 《首次公开发行股票并上市管理办法》已失效，现相关规定见《首次公开发行股票注册管理办法》。

已是确定的事实,故作为投资方的中某枸杞创投,有权在约定的股权回购条件提前成就时要求袁某才回购其所持有的源某堂公司股权。

实务经验总结

1. 对赌协议中约定了回购期限的,投资人应及时在期限内通过发函等方式向义务人主张回购,避免因超过约定期限行使权利而得不到人民法院支持。

2. 对投资人而言,应妥善选择对赌的义务主体。与目标公司对赌时,协议的实际履行受到公司资本维持原则的限制,因此需要履行法定减资程序后才能请求目标公司回购,与目标公司的股东对赌则不存在此种限制。因此一般而言,选择目标公司股东作为对赌的义务主体要更有利于对赌条款的实际履行。

相关法律规定

《中华人民共和国民法典》

第一百五十八条 民事法律行为可以附条件,但是根据其性质不得附条件的除外。附生效条件的民事法律行为,自条件成就时生效。附解除条件的民事法律行为,自条件成就时失效。

《全国法院民商事审判工作会议纪要》

二、关于公司纠纷案件的审理

……

(一)关于"对赌协议"的效力及履行

实践中俗称的"对赌协议",又称估值调整协议,是指投资方与融资方在达成股权性融资协议时,为解决交易双方对目标公司未来发展的不确定性、信息不对称以及代理成本而设计的包含了股权回购、金钱补偿等对未来目标公司的估值进行调整的协议。从订立"对赌协议"的主体来看,有投资方与目标公司的股东或者实际控制人"对赌"、投资方与目标公司"对赌"、投资方与目标公司的股东、目标公司"对赌"等形式。人民法院在审理"对赌协议"纠纷案件时,不仅应当适用合同法的相关规定,还应当适用公司法的相关规定;既要坚持鼓励投资方对实体企业特别是科技创新企业投资原则,从而在一定程度上缓解企业融资难问题,又要贯彻资本维持原则和保护债权人合法权益原则,依法平衡投资方、公司债权人、公司之间的利益。对于投资方与目标公司的股东或者实际控人订立的"对赌协议",如无其他无效事由,认定有效并支持实际履行,实践中并无争议……

法院判决

以下为安徽省高级人民法院就中某枸杞创投有无权利在回购条件成就时要求袁某才回购股权的详细论述:

根据《增资补充协议》股权回购条款第2.1条第1项的约定,中某枸杞创投有权要求袁某才回购源某堂公司股权的条件是"源某堂公司首次公开发行上市申请在2020年12月31日前未获通过"。又根据《中华人民共和国证券法》(2014年修正)及《首次公开发行股票并上市管理办法》(2018年修订)关于公司首次公开发行股票并上市的审核流程和业绩要求的相关规定,源某堂公司如在2020年12月31日前完成首次公开发行股票并上市,则应以2017年、2018年、2019年三个会计年度的财务数据提交申报,而依据源某堂公司在全国中小企业股份转让系统公开披露的相关会计年度报告显示,在中某枸杞创投于2019年9月16日向袁某才发送《关于要求回购股份的函》时,源某堂公司确定不符合在2020年12月31日前完成首次公开发行股票并上市相关规定的业绩要求。由此可知,中某枸杞创投在2019年9月16日向袁某才发送《关于要求回购股份的函》时,源某堂公司首次公开发行股票并上市的申请在2020年12月31日前无法获得通过已是确定的事实。因此,《增资补充协议》股权回购条款第2.1条第1项约定的中某枸杞创投有权要求袁某才回购源某堂公司股权的条件在2019年9月16日已经提前成就。

中某枸杞创投在2019年9月16日向袁某才发送《关于要求回购股份的函》时,虽然尚未届至2020年12月31日,但源某堂公司首次公开发行股票并上市的申请在2020年12月31日前无法获得通过已是确定的事实,即《增资补充协议》股权回购条款第2.1条第1项约定的股权回购条件在发函时已经提前成就。根据《中华人民共和国合同法》第四十五条第一款关于"当事人对合同的效力可以约定附条件。附生效条件的合同,自条件成就时生效。附解除条件的合同,自条件成就时失效"的规定,[①] 作为投资方的中某枸杞创投,有权在约定的股权回购条件提前成就时要求袁某才回购其所持有的源某堂公司股权。

---

① 《合同法》已失效,现相关规定见《民法典》第一百五十八条。

延伸阅读

在检索大量类案的基础上，笔者总结相关裁判规则如下，供读者参考。

对赌协议中回购条件提前成就的，投资人有权在该条件成就时要求义务人回购股权。

案例1：蓝某桥、宜都天某特种渔业有限公司、湖北天某鲟业有限公司与苏州周某九鼎投资中心（有限合伙）其他合同纠纷二审民事判决书【最高人民法院（2014）民二终字第111号】

本案中，宜都天某公司委托作出的评估报告与该公司自己编制的财务报表显示，宜都天某公司存在财务虚假，且虚假程度已超过《补充协议》中约定的10%的差额上限；宜都天某公司在2012年出现亏损，湖北天某公司在《投资协议书》中的相关业绩承诺并未实现，根据《中华人民共和国公司法》《中华人民共和国证券法》等法律法规有关企业公开发行股票并上市的条件规定，宜都天某公司在2014年12月31日前无法上市已成事实，《补充协议》所约定的股份回购条件业已成就。蓝某桥与湖北天某公司应当依约履行自己的合同义务，向九某投资中心承担回购股份的民事责任。一审判决认定蓝某桥与湖北天某公司应当承担回购股份的民事责任，具有合同与法律依据。

案例2：北京碧某舟腐蚀防护工业股份有限公司等与天津雷某信锐股权投资合伙企业（有限合伙）股权转让纠纷二审民事判决书【北京市第二中级人民法院（2015）二中民（商）终字第12699号】

碧某舟公司、邱某军、李某璇认为雷某企业无权提起一审诉讼，缺乏事实及法律依据。1.碧某舟公司、邱某军、李某璇认为《协议书》为附期限的合同，且对于附期限的合同之违约必须等得到期限届满方能起诉，纯属对我国有关法律法规的误解。首先，2013年5月23日碧某舟公司、邱某军、李某璇与雷某企业签署的《协议书》约定，如碧某舟公司未能在24个月内成功完成其首次公开发行并上市等，则雷某企业有权要求邱某军、李某璇按照约定回购股份。依据《协议书》项下有关内容，以及我国《合同法》等规定，《协议书》属于附条件合同，而非碧某舟公司、邱某军、李某璇所称的附期限合同。其次，《合同法》第一百零八条规定"当事人一方明确表示或者以自己的行为表明不履行合同义务的，对方可以在履行期限届满之前要求其承担违约责任"①。本案雷某企业在证

---

① 《合同法》已失效，现相关规定见《民法典》第五百七十八条。

监会官方网站上查询到,碧某舟公司首次公开发行股票申请于 2014 年 7 月 1 日被终止审查。1) 碧某舟公司从最初提交上市申请至申请被终止审查之日已然超过一年;2) 根据证监会有关规定及实践操作,在本次碧某舟公司的申请被终止审查后,且不论其后允许再度提交申请的间隔期限为 6 个月或者 12 个月,即便碧某舟公司在前述允许最短间隔期后向证监会提交申请,根据目前成功完成上市的 IPO 项目的时间来看,在证监会受理申请后仍需 1—2 年方可完成上市已然成为业界常态;3) 因此,本次终止审查的后果即至 2015 年 5 月 23 日(《协议书》约定的碧某舟公司应完成首次公开发行并上市的最晚日期),碧某舟公司根本不可能完成首次公开发行并上市;并且至今,碧某舟公司亦未能完成首次公开发行并上市。对于碧某舟公司、邱某军、李某璇提及的《上市公司询证函》等文件,雷某企业对文件的真实性、合法性及关联性提出疑问,正规《询证函》及复函等文件均需加盖公章,并有相关承办人签字,但是碧某舟公司、邱某军、李某璇提供的全部文件均无任何签章痕迹,雷某企业有合理理由怀疑文件为碧某舟公司、邱某军、李某璇自行制作,不具有任何法律效力及证明力。另外,即便上述文件是真实的,也无法证明碧某舟公司最终无法上市成功系因雷某企业提起本次诉讼所导致。碧某舟公司在收悉该文件后明知本案纠纷可能对上市构成障碍,但其并未知会雷某企业或与雷某企业就该事项进行协商,反而一直放任诉讼的进行。因此,碧某舟公司、邱某军、李某璇提及的因雷某企业原因导致上市受阻全无任何事实及法律依据。2. 碧某舟公司、邱某军、李某璇提及的"提前 90 日书面要求",雷某企业已在根据《合同法》第一百零八条规定起诉前,即已履行。

077 请求继续履行合同后诉请回购的,实质系继续履行与解除合同两项诉请相互冲突,不应支持

阅读提示

在股权转让过程中,股权转让方与受让方可达成回购协议,即约定转让方有权在一定期限内向受让方回购标的股权。股权转让方能否既主张受让方继续履行协议、支付股权转让款,同时又主张行使回购权利呢?本文在此通过最高人民法院的一则经典案例,对上述问题进行分析。

裁判要旨

股权转让方依约行使回购权买回转让的股权的,将造成转让方与受让方之间股权转让协议解除的效果。主张股权回购将与要求受让方继续履行股权转让协议的实际情况明显矛盾,转让方已经表明要求受让方支付股权转让款的,法院不再支持其有关股权回购的诉请。

案情简介 ①

(一) 2017 年 1 月 13 日,福建省金某工贸集团有限公司(以下简称金某工贸公司)与福建闽某投资有限公司(以下简称闽某公司)签订了《股权转让协议》,约定金某工贸公司将其持有的案涉股权转让给闽某公司。

(二) 2017 年 1 月 22 日,闽某公司向金某工贸公司出具《承诺书》载明:同意给予金某工贸公司在本承诺书出具之日起一个半月期限内,回购案涉股权的权利;若到期无法完成回购,闽某公司承诺在回购期到期之日起四个月内付清《股权转让协议》约定的全部转让款。

(三) 2017 年 6 月 19 日,金某工贸公司向闽某公司出具《指定付款函》,要求将剩余股权转让款 7100 万元转至指定账户。

(四) 后金某工贸公司诉至法院,主张依据《承诺书》回购案涉股权。福建高院一审认为金某工贸公司在《指定付款函》中要求闽某公司支付剩余股权转让款,表明其已明确放弃《承诺书》中的回购权利,因此驳回了金某工贸公司的回购诉请。

(五) 金某工贸公司不服,向最高人民法院提起上诉。最高人民法院二审认为,金某工贸公司有关要求闽某公司继续履行股权转让款支付义务的表述,清楚地表明其无意进行股权回购,因此维持了一审判决。

裁判要点

本案的核心争议在于,股权转让方能不能在要求受让方履行支付股权转让款义务的同时要求行使回购权,对此,最高人民法院认为:

首先,股权转让方与受让方约定转让方在一定期限内有权向受让方回购标的

---

① 案件来源:福建省金某工贸集团有限公司、福建闽某投资有限公司等股权转让纠纷二审民事判决书【最高人民法院(2021)最高法民终 1100 号】。

股权，系双方的真实意思表示，应作为认定双方权利义务的依据。

其次，金某工贸公司向闽某公司发函要求依约支付剩余股权转让款的行为，清楚地表明了金某工贸公司已经无意进行股权回购。且如果支持金某工贸公司继续股权回购，也会与履行股权转让协议的实际情况明显矛盾。故金某工贸公司有关应支持其股权回购的主张，没有事实和法律依据，最高人民法院不予支持。

实务经验总结

1. 当事人依据合同约定或法律规定享有某种权利的，行使权利时应注意遵守约定或法定的权利行使期限与条件。一旦超出了规定的权利行使期限，当事人再主张行使权利则难以得到人民法院的支持。

2. 合同的解除与继续履行是两个明显矛盾的概念，不能并用。在本案中，最高人民法院即认为转让方一边主张受让方继续履行股权转让协议，一边主张自己行使回购权向受让方买回标的股权是明显矛盾的，不能得到支持。

相关法律规定

《中华人民共和国民法典》

第一百四十三条 具备下列条件的民事法律行为有效：

（一）行为人具有相应的民事行为能力；

（二）意思表示真实；

（三）不违反法律、行政法规的强制性规定，不违背公序良俗。

第五百六十二条 当事人协商一致，可以解除合同。

当事人可以约定一方解除合同的事由。解除合同的事由发生时，解除权人可以解除合同。

第五百六十四条第一款 法律规定或者当事人约定解除权行使期限，期限届满当事人不行使的，该权利消灭。

法院判决

以下为最高人民法院就金某工贸公司有关回购股权的主张能否成立的详细论述：

《承诺书》是闽某公司在《股权转让协议》的基础上，就股权回购等事宜，向金某工贸公司作出的明确承诺。结合双方后续就股权回购事宜互有函件往来的情况来看，该承诺书是双方的真实意思表示，应作为认定双方权利义务的依据。

金某工贸公司上诉时提出的有关股权回购的主张，并不符合《承诺书》约定的条件以及时限要求，也与履行《股权转让协议》以及《承诺书》的实际情况明显矛盾。金某工贸公司要求闽某公司继续按照《股权转让协议》《承诺书》的约定支付剩余股权转让款，尤其是《代付款声明》中有关"视为股权转让协议履行完毕"的表述，清楚地表明金某工贸公司已经无意进行股权回购。因此，金某工贸公司有关应支持其股权回购的第二项诉讼请求的主张，没有事实和法律依据，本院不予支持。

延伸阅读

在检索大量类案的基础上，笔者总结相关裁判规则如下，供读者参考。

（一）股权转让方请求回购股权因条件未成就而被驳回的，可以在条件成就后再主张行使回购权。

案例1：某铁置业集团有限公司与青岛中某实业股份有限公司其他合同纠纷申请再审民事裁定书【最高人民法院（2013）民申字第161号】

二审判决据此认定"在协议约定的股权回购条件全部成就之前，中某公司并不享有回购该股权的权利"，并无不当。二审判决的此项认定，并未否定在协议约定的条件全部具备后，中某公司可以行使回购某铁公司所持全部股权的合同权利。二审判决的此项认定，亦未否定中某公司可以援引《投资合作协议》第九条等约定，要求就引入其他战略投资者等问题与某铁公司协商。因此，中某公司依据《投资合作协议》约定享有的回购股权的权利，不因中某公司的诉讼请求被驳回而丧失。

（二）当事人行使权利应当遵守法定或约定的权利行使期限与条件，否则，其不能主张行使该项权利。

案例2：江苏省苏某建设集团股份有限公司、包头市恒某房地产开发有限责任公司建设工程施工合同纠纷二审民事判决书【最高人民法院（2018）最高法民终620号】

《合同法》第二百八十六条规定："发包人未按照约定支付价款的，承包人可以催告发包人在合理期限内支付价款。发包人逾期不支付的，除按照建设工程的性质不宜折价、拍卖的以外，承包人可以与发包人协议将该工程折价，也可以申请人民法院将该工程依法拍卖。建设工程的价款就该工程折价或者拍卖的价款优先受偿。"① 从该条规定来看，承包人就未付工程款对所承建工程享有优先受偿权，系为保护承包人对工程价款的实际受偿，因此，在认定该优先受偿权的行使期限时，应当尊重当事人之间关于支付工程价款期限的约定。

078 因对赌协议产生的金钱补偿之债是否属于夫妻共同债务？

阅读提示

2019年《全国法院民商事审判工作会议纪要》发布后，对赌协议本身效力已无太大争议。但对赌协议的履行过程中，涌现出了许多其他问题，如因对赌协议产生的金钱补偿之债是否属于夫妻共同债务，也即投资人股东能否请求原始股东的配偶承担连带清偿责任？本文在此通过最高人民法院的一则经典案例，对上述问题进行分析。

裁判要旨

因对赌协议产生的金钱补偿之债虽然是以一方股东名义所背负且远超出夫妻日常生活所需，但如该债务产生于婚姻关系存续期间，且配偶对此知情亦将该笔债务用于夫妻共同生产经营的，仍应认定为夫妻共同债务，股东配偶应对该金钱补偿之债承担共同清偿责任。配偶一方以前述债务为纯负担债务、并未获利进行抗辩的，由于任何商业经营行为均存在风险，因此不能作为其免责的理由。

案情简介 ②

（一）2014年10月16日，李某义与厦门信某物联科技有限公司（以下简称信某公司）就安某公司签署增资意向协议。同日，李某义之妻蒋某向信某公司出具《确认和承诺》，确认其知悉并同意前述协议的签署。

---

① 《合同法》已失效，现相关规定见《民法典》第八百零七条。
② 案件来源：蒋某、厦门信某物联科技有限公司等股权转让纠纷二审民事判决书【最高人民法院最高法民终959号】。

（二）2015年1月30日，李某义、信某公司与安某公司签订了《股权转让及增资协议》，约定李某义将其持有的安某公司41%的股权转让给信某公司，并约定如果安某公司在承诺期间未实现承诺利润的，李某义应按协议约定向信某公司支付经济补偿。

（三）后查明，2015—2017年安某公司业绩未达承诺金共计25444.75万元。信某公司因此诉至法院，要求李某义支付业绩补偿25444.75万元时，就蒋某应否对李某义的上述债务承担共同清偿责任发生争议。

（四）另查明，蒋某和李某义于1997年11月3日登记结婚，于2017年登记离婚。

（五）福建高院一审认为，蒋某对于《股权转让及增资协议》的内容是明知的，其参与了公司的共同经营。案涉债务属于李某义、蒋某夫妻共同经营所负债务。

（六）蒋某不服提起上诉，认为案涉业绩补偿之债系纯负担债务，属于配偶个人从事高风险的商事交易所负债务。最高人民法院二审维持原判，判决李某义与蒋某对25444.75万元业绩补偿之债承担连带清偿责任。

裁判要点

本案的核心争议在于，因对赌协议产生的金钱补偿之债是否属于夫妻共同债务，对此，最高人民法院认为：

第一，在案涉《股权转让及增资协议》签订时，李某义和蒋某同为安某公司关键员工，蒋某为海外部总经理，并于2017年7月底从安某公司辞职。案涉金钱补偿之债基于《股权转让及增资协议》产生，也即在蒋某辞职之前，安某公司业绩一直未达约定导致金钱补偿条款成就。基于此，法院认定蒋某参与了安某公司的共同经营。

第二，蒋某于2014年10月16日签署《确认和承诺》，表明其知悉并同意案涉增资协议的签订，足以表明蒋某对《股权转让及增资协议》知情。

第三，案涉《股权转让及增资协议》签订后，信某公司已经对安某公司进行实际投资，而蒋某、李某义均属于该投资的受益人，因此案涉金钱补偿之债对蒋某而言并非纯负担债务。

综上，案涉25444.75万元业绩补偿之债属于夫妻共同债务，蒋某、李某义应当对信某公司承担连带清偿责任。

实务经验总结

1. 对于夫妻一方在婚姻关系存续期间以个人名义超出家庭日常生活需要所负的债务，通常应认定为个人债务，但能证明该债务用于夫妻共同生活、共同生产经营或者基于夫妻双方共同意思表示的应认定为夫妻共同债务。本案中，债权人就是证明了蒋某参与了共同经营且对增资协议中某钱补偿条款知情，使得法院支持了其主张，最终认定案涉债务属于夫妻共同债务。

2. 对赌协议本身效力无太大争议，围绕对赌协议产生的争议主要在其履行上。除本文涉及的配偶是否应对一方股东负有的金钱补偿之债承担连带责任外，相关纠纷还集中在该笔债务的清偿往往涉及《公司法》的规定。尤其投资人与目标公司进行的对赌协议，其履行不仅要达成约定的条件，还要符合《公司法》（2023年修订）第五十三条关于"股东不得抽逃出资"和第二百一十条关于利润分配的强制性规定。

3. 在实务判例中，对因对赌协议产生的金钱补偿之债是否属于夫妻共同债务根据具体情形不同，法院会有不同的判决。因此为了避免处于不利地位，对于投资人股东而言，其可以明确要求创始股东的配偶出具承诺函，声明对对赌协议所生之债承担连带责任；对于创始股东的配偶而言，则可以尽量避免承诺承担共同清偿责任、避免参与共同生产经营活动，促使对赌协议所生之债被认定为个人债务。

相关法律规定

《中华人民共和国民法典》

第一千零六十四条 夫妻双方共同签名或者夫妻一方事后追认等共同意思表示所负的债务，以及夫妻一方在婚姻关系存续期间以个人名义为家庭日常生活需要所负的债务，属于夫妻共同债务。

夫妻一方在婚姻关系存续期间以个人名义超出家庭日常生活需要所负的债务，不属于夫妻共同债务；但是，债权人能够证明该债务用于夫妻共同生活、共同生产经营或者基于夫妻双方共同意思表示的除外。

《最高人民法院关于审理涉及夫妻债务纠纷案件适用法律有关问题的解释》（已废止）

第三条 夫妻一方在婚姻关系存续期间以个人名义超出家庭日常生活需要所负的债务，债权人以属于夫妻共同债务为由主张权利的，人民法院不予支持，但债权人能够证明该债务用于夫妻共同生活、共同生产经营或者基于夫妻双方共同意思表示的除外。

《全国法院民商事审判工作会议纪要》
二、关于公司纠纷案件的审理
……
（一）关于"对赌协议"的效力及履行
……对于投资方与目标公司的股东或者实际控制人订立的"对赌协议"，如无其他无效事由，认定有效并支持实际履行，实践中并无争议……

法院判决

以下为最高人民法院就案涉债务是否属于李某义与蒋某的夫妻共同债务的详细论述：

首先，蒋某与李某义于 1997 年 11 月 3 日登记结婚，2017 年 7 月 17 日协议离婚。安某公司成立于 2007 年 10 月 18 日，该公司股权结构多次变更，李某义、蒋某及蒋某 100% 持股的香港安某威视科技有限公司多次持有 90% 以上乃至 100% 股权。《股权转让及增资协议》签订于 2015 年 1 月 30 日，此时李某义持有安某公司 88.57% 股权。《股权转让及增资协议》附件表明，李某义和蒋某同为安某公司关键员工，李某义为总裁，分管研发部（技术部）、市场部、海外部及国内销售部；蒋某为海外部总经理，全面负责海外市场推广及拓展规划，带领海外销售团队完成销售目标任务。蒋某于 2017 年 7 月底从安某公司辞职，其自认香港安某威视科技有限公司与安某公司有过代收海外款项业务往来。案涉债务是基于《股权转让及增资协议》产生，在蒋某从安某公司辞职前，公司业绩一直未达到《股权转让及增资协议》约定的承诺利润，补偿条件已经成就。据此，一审判决认定蒋某参与了安某公司的共同经营，案涉债务属于李某义、蒋某夫妻共同经营所负债务，并无不当。

其次，蒋某于 2014 年 10 月 16 日出具的《确认和承诺》表明，其对李某义与信某公司于同日签署《关于深圳市安某数字技术有限公司股权收购及增资意向协议》知情，且同意李某义签署、遵守和履行意向协议。该意向协议约定信某公司拟通过对安某公司受让股权及增资的方式，收购安某公司51%股权。《股权转让及增资协议》基于该意向协议签订，此后安某公司股权、决策机构、法定代表人乃至盈亏状况等均发生重大变化，结合前述蒋某参与安某公司经营且系公司关键员工等情形，一审判决认定蒋某对《股权转让及增资协议》应当知情，亦无不当。蒋某辩称其不知道《股权转让及增资协议》内容，不符合常理。

最后，《股权转让及增资协议》合法有效，信某公司依据该协议对安某公司进行投资，并如约向李某义转账500万元、实缴货币出资3061万元、向监管账户转账共计5650万元。李某义、蒋某均属于该投资的受益人，而案涉债务的产生在于李某义未能按约实现承诺利润。蒋某关于案涉债务为纯负担债务、不存在认定为夫妻共同债务前提条件的主张，缺乏依据。任何商业经营行为均存在风险，李某义最终是否获利并不影响《股权转让及增资协议》的投资性质及各方权利义务，亦不能成为蒋某的免责理由。

延伸阅读

在检索大量类案的基础上，笔者总结相关裁判规则如下，供读者参考。

（一）目标公司股权系夫妻共同财产、为夫妻共同经营的，无论商业经营行为是否获利，后果均及于夫妻双方。

案例1：郑某爱、广州霍某投资管理企业股权转让纠纷再审审查与审判监督民事裁定书【最高人民法院（2021）最高法民申4323号】

综上，案涉债务用于许某旗、郑某爱二人共同生产经营，且有证据证明具有二人共同意思表示，应认定为夫妻共同债务。夜某达公司股权属于夫妻共同财产，夜某达公司亦系许某旗、郑某爱共同经营，无论商业经营行为的最终结果系盈利或亏损，后果均应及于郑某爱。原审认定郑某爱长期与许某旗共同经营夜某达公司，案涉债务应当认定为夫妻共同债务，并无不当。

（二）夫妻一方仅以个人名义签订股权转让合同，但另一方在相关股东会决议上签字同意该股权转让行为的，应认定为对股权转让知情并同意，夫妻双方对因前述股权交易产生的债务承担共同清偿责任。

案例2：安某（天津）投资发展集团有限公司、钱某高股权转让纠纷二审民事判决书【最高人民法院（2020）最高法民终1182号】

本案中，程某芳与钱某高系夫妻关系。程某芳始终是九某集团的股东，至安某公司退出后，九某集团的股东为其夫妻二人，其中钱某高持股85%，程某芳持股15%。虽然程某芳未在《股权转让协议》上签字，但其在2016年8月12日的九某集团《股东会决议》上签了字，该决议涵盖了《股权转让协议》中的股权转让主体、标的和转让价格，足以证明程某芳充分知晓钱某高与安某公司之间关于股权转让的具体内容，其对股权转让知情并同意。案涉股权转让发生于二人婚姻关系存续期间，钱某高取得的案涉股权应属于夫妻共同财产。安某公司提交的证据能够证明本案钱某高获得股权并支付相应股权转让对价，系基于钱某高、程某芳夫妻二人共同意思表示的经营行为，故本案债务应认定为夫妻共同债务，程某芳应当承担连带清偿责任。

（三）对赌协议的效力认定与能否实际履行属于两个范畴的问题，对赌协议符合《民法典》中合同有效要件时即发生法律效力，但其履行还需符合《公司法》上不得抽逃出资以及有关公司利润分配的强制性规定。

案例3：深圳市广某创新投资企业、大连财某岛集团有限公司请求公司收购股份纠纷再审民事判决书【(2020)最高法民再350号】

案涉两份《协议书》应系当事人的真实意思表示，内容并不具有法定无效情形，为合法有效的约定，对财某岛公司、李某、于某兰关于案涉该两份《协议书》无效的抗辩主张，本院不予支持。

尽管2012年3月30日的《协议书》是双方当事人的真实意思表示，但协议中关于财某岛公司回购股份的约定不属于《公司法》第七十四条和财某岛公司章程所列举的情形，不符合公司法关于资本维持的基本原则，广某投资企业请求财某岛公司收购其股权的条件并不具备。原审判决未支持广某投资企业要求财某岛公司按约定价格收购其20%股份的诉讼请求，并无不当。

（四）回购之债并非基于夫妻双方共同意思表示，且未用于夫妻共同生活、未用于共同生产经营的，不应认定为夫妻共同债务；反之，则属于夫妻共同债务。

案例4：上海用某投资管理合伙企业（有限合伙）[原名上海用某股权投资中心（有限合伙）]与陆某奇公司增资纠纷上诉案二审民事判决书【上海市第二中级人民法院(2019)沪02民终834号】

对于审理涉及夫妻债务纠纷案件，2018年1月8日由最高人民法院颁布了《最高人民法院关于审理涉及夫妻债务纠纷案件适用法律有关问题的解释》。就本案事实以及用某合伙企业二审中所持理由而言，显然不属于该解释第一条、第二条规定所涉夫妻共同债务的认定问题，而应为该解释第三条规定所调整适用的纠纷事项。上述解释第三条的规定内容为：夫妻一方在婚姻关系存续期间以个人名义超出家庭日常生活需要所负的债务，债权人以属于夫妻共同债务为由主张权利的，人民法院不予支持，但债权人能够证明该债务用于夫妻共同生活、共同生产经营或者基于夫妻双方共同意思表示的除外。本案中，首先，何某逸并非涉案用某合伙企业与陆某奇、荷某公司签订的《补充协议》的当事一方。其次，从协议的内容反映，若荷某公司逾期未完成挂牌转让与做市交易，用某合伙企业有权按其对荷某公司的实际出资额并加计年化7%利息的总金额来主张回购其在荷某公司的全部股份，系陆某奇本人向用某合伙企业所作承诺，故并非属于何某逸、陆某奇两人夫妻关系存续期间所作出的共同意思表示。最后，从本案用某合伙企业用于向荷某公司进行增资的2000万元款项的流转情况来看，对应款项并未用于两人的夫妻共同生活。至于荷某公司是否属于两人共同生产经营的企业，用某合伙企业也未能就此予以充分的举证证明。综上，用某合伙企业用的上诉请求，缺乏事实和法律依据，依法不能成立。

案例5：华某明与许某标、徐某娟等民间借贷纠纷二审民事判决书【江苏省高级人民法院（2016）苏民终947号】

根据婚姻法及相关司法解释，债权人就婚姻关系存续期间夫妻一方以个人名义所负债务主张权利的，应当按夫妻共同债务处理。但夫妻一方能够证明债权人与债务人明确约定为个人债务或属于《婚姻法》第十九条第三款规定情形及债务人所举债务与夫妻、家庭生活经营需要无关的除外。本案中，华某明主张的涉案债权发生在债务人许某标与徐某娟婚姻关系存续期间，且徐某娟无收入来源，其经济上均有赖于许某标的经营所得。而许某标所需承担的本案债务之所以发生，亦是其主导的共同合作投资生意失败所致，故许某标的涉案债务应当认定为与徐某娟夫妻关系存续期间的共同债务。据此，对徐某娟关于其已与许某标离婚、对本案并不知情也未参与、涉案款项亦未用于家庭生活，故相关债务并非夫妻共同债务的抗辩意见，一审法院不予采纳，华某明主张徐某娟对许某标所负债务承担共同偿还责任，应予支持。

案例6：肖某毛、张某珊等公司增资纠纷二审民事判决书【广东省深圳市中级人民法院（2020）粤03民终9615号】

首先，《增资协议》《补充协议》签订时间是2015年12月，张某珊与刘某金于2016年5月16日登记结婚，案涉债务发生时间并非二人夫妻关系存续期间。其次，本案中，肖某毛基于《增资协议》《补充协议》的约定主张返还增资款，基础关系是股权投资关系，当合同约定的条件成就时产生返还请求权，该债务的形成原因并不是基于一般的借款。再次，肖某毛提交的证据一是时某虹公司为张某花购买社保，二是张某珊、张某花以刘某金、唐某伟配偶的身份为时某虹公司提供担保。该两项证据能否认定张某珊、张某花与刘某金、唐某伟共同经营时某虹公司，本院认为，判断生产经营活动是否属于夫妻共同生产经营，要根据经营活动的性质以及夫妻双方在其中的地位作用等综合认定。夫妻共同生产经营所负的债务一般包括双方共同从事工商业、共同投资以及购买生产资料等所负的债务。而购买社保以及提供担保虽然都与公司相关，但均不属于公司的生产经营活动，而是一般生活经验中因夫妻身份关系而存在的常见做法。最后，对于投资人一方而言，也负有审慎注意义务，缔约时可采取约定配偶共同签字的方式，来为将来可能发生的债权的实现提供更好的保障，而本案合同亦无相关约定。故肖某毛提交否认证据不足以证明案涉债务用于夫妻共同生活、共同生产经营，不应认定为夫妻共同债务，原审认定张某珊、张某花不承担共同付款义务正确，本院予以确认。

案例7：郭某等与珠海横某乐瑞股权并购投资基金合伙企业（有限合伙）合同纠纷二审民事判决书【北京市高级人民法院（2021）京民终208号】

本案中，珠海横某乐瑞企业于2017年8月4日与维某明公司签订《股票发行认购合同》，与向孚公司、韩某签订《补充协议》。珠海横某乐瑞企业向维某明公司支付了相应款项，但《补充协议》约定的VIE事宜未能于2017年12月31日前完成，维某明公司未能在2018年12月31日前提交IPO首发申请，股权回购条件已经触发。而韩某与郭某于2019年6月13日解除婚姻关系。因此可以认定，本案债务发生于韩某与郭某婚姻关系存续期间，债务系用于维某明公司经营。一般情况下，对夫妻共同生产经营的审查包括三个要素：债务专用于生产经营；夫妻基于共同意志经营，即夫妻共同决策、共同投资、分工合作、共同经营管理；经营收益为家庭主要收入或用于夫妻共同生活。另外，在无经营收益的情形下，如果有明确证据证明债务款项专用于夫妻共同生产经营，则亦可以认定为夫妻共同债务。因此，在本案中，即使郭某提出维某明公司无经营收益，亦不会对相关认定产生实质影响。

079 业绩补偿条款不属于违约责任，不适用违约金调整规定

阅读提示

对赌协议中，投资人通常要求目标公司在对赌期内完成一定业绩承诺，否则投资方有权请求对赌义务人承担金钱补偿义务。该种业绩补偿条款的效力自无疑义，但其性质上是否属于违约责任仍颇有争议，业绩补偿款过分高于造成的损失或低于造成的损失的，当事人是否有权请求人民法院相应减少或增加？本文在此通过最高人民法院的一则经典案例，对上述问题进行分析。

裁判要旨

投资协议中约定如目标公司未达到既定业绩目标由对赌义务人对投资人支付业绩补偿款，本质上是投资协议所附条件，而不是一方不履行合同义务的违约责任，故依法不能适用《民法典》第五百八十五条有关违约金调整规定。

案情简介 [①]

（一）2010年1月26日，华某公司成立，翟某伟系该公司单一最大股东、实际控制人。

（二）2016年9月30日，投资人青海国某创业投资基金（以下简称国某基金）向华某公司投资1600万元并与翟某伟签订《补偿协议》约定：如华某公司2016年至2018年未实现业绩承诺，则国某基金有权要求翟某伟向其进行补偿。

（三）因华某公司未完成业绩承诺，国某基金诉至法院，要求翟某伟依约支付业绩补偿款。

（四）翟某伟以2016年至2018年三年的业绩补偿款累计已经高出国某基金投资本金1600万元为由，主张依据违约金调整规定调减业绩补偿款。

（五）青海高院二审判决翟某伟依据合同约定支付业绩补偿款。

（六）翟某伟不服，向最高人民法院提起再审。最高人民法院认为业绩补偿

---

① 案件来源：翟某伟、青海国某创业投资基金合同纠纷民事申请再审审查民事裁定书【最高人民法院（2022）最高法民申418号】。

条款不同于违约金，不适用于违约金规则调整，裁定驳回其再审申请。

裁判要点

本案的核心争议在于，业绩补偿条款是否适用违约金调整规定，对此，最高人民法院认为：

首先，业绩补偿条款的目的是解决交易双方对目标公司未来发展的不确定性、信息不对称以及代理成本而设计的对未来目标公司的估值进行调整的协议，系资本市场正常的激励竞争行为，不构成"明股实债"或显失公平的情形，依法不应适用《民法典》第六条的公平原则对当事人约定的权利义务进行干预调整。双方应当依据业绩补偿条款的约定全面履行。

其次，业绩补偿条款约定的义务具有不确定性，其本质是投资协议所附条件，而不是对一方不履行合同义务规定的违约责任，因此依法不能适用《民法典》第五百八十五条的违约金调整规定。

实务经验总结

1. 业绩补偿协议达成之后，出于承诺方无力承担补偿责任等原因，协议双方可能约定变更业绩补偿条款从而延缓承诺方的补偿责任，这种变更是当事人意思自治的体现，对各方均具有约束力。

2. 但是对于上市公司，证监会在《关于上市公司业绩补偿承诺的相关问题与解答》（2016年6月17日）中明确到："上市公司重大资产重组中，重组方的业绩补偿承诺是基于其与上市公司签订的业绩补偿协议作出的，该承诺是重组方案的重要组成部分，因此，重组方应当严格按照业绩补偿协议履行承诺。重组方不得适用《上市公司监管指引第4号——上市公司实际控制人、股东、关联方、收购人以及上市公司承诺及履行》第五条的规定，变更其作出的业绩补偿承诺。"[1] 也即，为了保护上市公司和广大公众投资者的利益，上市公司重大资产重组中无法变更达成的业绩补偿条款。

---

[1] 《关于上市公司业绩补偿承诺的相关问题与解答》已失效，现相关规定见《监管规则适用指南——上市类第1号》。

相关法律规定

《中华人民共和国民法典》

第六条 民事主体从事民事活动,应当遵循公平原则,合理确定各方的权利和义务。

第一百五十八条 民事法律行为可以附条件,但是根据其性质不得附条件的除外。附生效条件的民事法律行为,自条件成就时生效。附解除条件的民事法律行为,自条件成就时失效。

第五百八十五条第一款、第二款 当事人可以约定一方违约时应当根据违约情况向对方支付一定数额的违约金,也可以约定因违约产生的损失赔偿额的计算方法。

约定的违约金低于造成的损失的,人民法院或者仲裁机构可以根据当事人的请求予以增加;约定的违约金过分高于造成的损失的,人民法院或者仲裁机构可以根据当事人的请求予以适当减少。

法院判决

以下为最高人民法院就业绩补偿款能否适用违约金调整规定的详细论述:

《补充协议》本质上是投资方与融资方达成的股权性融资协议,其目的是解决交易双方对目标公司未来发展的不确定性、信息不对称以及代理成本而设计的包含了股权回购、金钱补偿等对未来目标公司的估值进行调整的协议,系资本市场正常的激励竞争行为,双方约定的补偿金计算方式是以年度净利润在预定的利润目标中的占比作为计算系数,体现了该种投资模式对实际控制人经营的激励功能,符合股权投资中股东之间对赌的一般商业惯例,不构成"明股实债"或显失公平的情形,依法不应适用《合同法》第五条①的公平原则对当事人约定的权利义务进行干预调整。二审法院认定上述约定有效,双方均应按照约定全面履行,在国某基金在业绩补偿款支付条件已经成就的情况下,其要求翟某伟支付补偿款的请求予以支持,依法有据,并无不当。虽然依据《补充协议》约定计算的三年业绩补偿款总额高出投资本金,但因该约定是双方自由协商的结果,翟某伟应承担该商业风险,且该利润补偿款平均至各年度,增幅占比为61.75%,在该类商业投融资业务中,并不构成畸高显失公平的情形,翟某伟也未就案涉合同

---

① 《合同法》已失效,现相关规定见《民法典》第六条。

在法定期间内主张撤销，二审法院不予支持其调整业绩补偿款的请求，并无不当。翟某伟以 2016 年、2017 年、2018 年三年的业绩补偿款累计已经高出汇某基金投资款本金 1600 万元为由，主张依据《合同法》第五条即公平原则调整业绩补偿款，依据不足，依法不能成立。

国某基金与翟某伟签订的《补充协议》中约定的业绩补偿款系针对华某公司在 2016 年、2017 年、2018 年经营的不确定性，对华某公司利润进行估值，给实际控制人翟某伟设定实现净利润目标的合同义务，该义务具有不确定性。因此，协议约定如果华某公司未达到既定业绩目标由翟某伟对国某基金支付业绩补偿款本质上是合同义务所附条件，而不是一方不履行合同义务的违约责任，依法不应适用《合同法》第一百一十四条①有关违约金调整的规定。翟某伟的该项再审理由，依法不能成立。

延伸阅读

在检索大量类案的基础上，笔者总结相关裁判规则如下，供读者参考。

（一）业绩补偿承诺系当事人真实意思，双方应当遵守相关条款。以存在胁迫或显失公平主张调整回购条款的，应举证证明。

案例 1：谢某东、徐某鸿等股权转让纠纷二审民事判决书【江苏省常州市中级人民法院（2021）苏 04 民终 4627 号】

依法成立的合同对当事人具有法律约束力。当事人应当按照约定履行自己的义务，不得擅自变更或者解除合同。依法成立的合同，受法律保护。上诉人谢某东与被上诉人徐某鸿签订的《股份购买协议》及补充协议、《还款协议书》并没有违反国家法律、法规和禁止性内容，依法有效。金某公司股东谢某东自愿与投资人徐某鸿签订对赌协议，对赌失败后，谢某东理应按照协议约定回购徐某鸿的股权。谢某东认为回购价 14 元/股是在受胁迫的情况下签订，且明显偏离了投资市场关于对赌失败导致股份回购的定价原则及行业惯例，协议订立伊始就显失公平。但谢某东并没有提供相应的证据证明其受胁迫签订协议或严重显失公平的情形，本院依法不予采信。

（二）对于逾期支付股权回购款的逾期利息，法院可基于公平原则进行调整。

案例 2：福建中某南方投资发展有限公司与许某进增资纠纷一审民事判决书【福建省福州市中级人民法院（2015）榕民初字第 857 号】

---

① 《合同法》已失效，现相关规定见《民法典》第五百八十五条。

案涉《增资协议》《补充协议》，实质上是以向目标公司增资的方式进行投融资的对赌协议，原告中某公司支付增资款的目的在于目标公司伊某代公司能在境外获得上市进而获取更大利益，作为伊某代公司法定代表人的被告许某进亦希望通过签订上述协议筹措上市所需资金，上述安排并未违反法律、行政法规的强制性规定，系当事人的真实意思表示，合法有效。根据案涉协议约定，伊某代公司在约定期限内未能上市的情况下，被告许某进负有向原告回购其股份并支付股权回购款及逾期利息的责任。关于逾期利息问题，因双方约定按日0.3%计付逾期利息的标准明显过高，为平衡双方当事人利益，本院参照民间借贷利息的最高保护标准，依法将利率调整为月利率2%标准。

（三）现金补偿款系合同义务而非违约条款，当事人应严格依约履行，法院亦不能随意干涉调整。

案例3：某创投基金合伙企业（有限合伙）与卢某海合同纠纷一案一审民事判决书【湖北省武汉市中级人民法院（2014）鄂武汉中民商初字第00304号】

违约金作为违约责任的形式之一，实质上是合同之债的替代与转化，两者应具有同一性。违约责任以合同债务的存在为前提，无合同债务即无违约责任。依被告卢某海抗辩，现金补偿的性质为违约金，则其隐含的逻辑前提为关于2012年实现净利润不低于人民币6500万元的约定为合同义务。这种对合同的解读，不仅将业绩对赌目标和补偿方式这个有机联系的整体做机械拆分，而且因创造净利润的主体是目标公司，而支付补偿款的义务主体为卢某海，违反我国法律关于违约责任主体与合同义务主体应具同一性的要求，抗辩不成立。二、《补充协议》约定的现金补偿是否过高，是否应予调整？法律仅赋予当事人请求法院参考实际损失对畸高违约金予以调减的权利，现金补偿款作为合同义务不仅当事人应严格依约履行，法院亦不能随意干涉。本案原告某创投基金合伙企业是从事股权投资的专业机构，被告卢某海是泓某公司的控股股东和实际控制人，双方都有大量商事活动的经验，其缔约时往往依据自身的商业判断，对当事人在商事活动中法律限度内的意思自治法院应予尊重。在不存在合同无效、或依法主张可变更可撤销事由的情形下，被告卢某海仅以补偿条款中对业绩的约定脱离企业经营实际、脱离行业整体平均利润率和整体经济走势致合同履行后利益失衡为由请求法院干预合同，不应得到支持。

080 对赌协议中，投资人依约请求公司回购股权可能构成抽逃出资？

阅读提示

目标公司实际承担回购义务时，要受到公司法上资本维持原则的约束。具体表现为：目标公司在回购条件达成后还未办理法定减资程序的，将构成法律上的一时履行不能，投资人无法请求目标公司回购股权。本文在此通过最高人民法院的一则经典案例，对对赌协议的实际履行问题进行详细分析。

裁判要旨

在不存在法定无效事由的情况下，投资人与目标公司之间的对赌协议有效，但实际履行还需符合《公司法》第三十五条关于"股东不得抽逃出资"的规定，即在目标公司完成法定减资程序之后，投资人才完全具备请求目标公司回购股权的条件，否则违反了资本维持基本原则。

案情简介 [①]

（一）大连财某岛集团有限公司（以下简称财某岛公司）股东为李某和于某兰，持股比例分别为 53.58%、46.15%。

（二）2010 年 12 月 10 日，李某、于某兰和深圳市广某创新投资企业（以下简称广某投资企业）共同签订了《财某岛公司增资协议书》，约定广某投资企业向财某岛公司投资 3000 万元认购新增资本。

（三）2012 年 3 月 30 日，财某岛公司和广某投资企业签订案涉股权回购协议，约定如广某投资企业不能如期上市，则以 2011 年 1 月 1 日为始点，以年利率 10% 为标准，由财某岛公司全额回购广某投资企业的 3000 万元出资。

（四）因财某岛公司未能如期上市，广某投资企业诉至法院要求财某岛公司履行回购义务。

[①] 案件来源：深圳市广某创新投资企业、大连财某岛集团有限公司请求公司收购股份纠纷再审民事判决书【最高人民法院（2020）最高法民再 350 号】。

（五）辽宁省大连中院一审认为案涉股权回购协议违法无效，辽宁某院二审认为广某投资企业主张财某岛公司回购股权不符合其章程规定的回购情形，均驳回了广某投资企业的回购请求。

（六）广某投资企业不服，向最高人民法院申请再审。最高人民法院认为，案涉股权回购协议有效，但财某岛公司尚未完成减资程序，故进行回购的条件不具备。

实务经验总结

1. 《全国法院民商事审判工作会议纪要》明确规定在投资人与目标公司对赌中，完成减资程序是股权回购协议实际履行的前提条件。实务中，部分法院据此认为目标公司回购投资人所持股权属于定向减资，须经全体股东一致同意，这种观点可想而知将导致投资人难以取得有效的股东会减资决议，从而使完成股权回购的真正实现障碍重重。

2. 针对上述问题，建议事先与全体股东约定在回购条件成就时，视为全体股东一致同意履行对赌协议可能发生的减资程序，并同时约定其他股东及目标公司拒绝履行或不履行减资义务时应当承担的违约责任，以保障投资人股东回购权的实现。

3. 针对不同种类的对赌协议，实务中确立了不同的裁判规则。对投资方与目标公司的股东或者实际控制人订立的"对赌协议"，其认定有效与实际履行实践中并无争议，因为这种对赌协议并不会涉及公司抽逃资本等问题；而对于投资方与目标公司订立的"对赌协议"的实际履行，则需要符合《公司法》上资本维持的基本原则才能被支持。故实务中，投资人可尽量约定将目标公司及目标公司的创始股东均作为回购义务人，以确保回购条款能够顺利履行。

相关法律规定

《中华人民共和国公司法》（2023年修订）

第五十三条 公司成立后，股东不得抽逃出资。

违反前款规定的，股东应当返还抽逃的出资；给公司造成损失的，负有责任的董事、监事、高级管理人员应当与该股东承担连带赔偿责任。

第八十九条 有下列情形之一的，对股东会该项决议投反对票的股东可以请求公司按照合理的价格收购其股权：

（一）公司连续五年不向股东分配利润，而公司该五年连续盈利，并且符合本法规定的分配利润条件；

（二）公司合并、分立、转让主要财产；

（三）公司章程规定的营业期限届满或者章程规定的其他解散事由出现，股东会通过决议修改章程使公司存续。

自股东会决议作出之日起六十日内，股东与公司不能达成股权收购协议的，股东可以自股东会决议作出之日起九十日内向人民法院提起诉讼。

公司的控股股东滥用股东权利，严重损害公司或者其他股东利益的，其他股东有权请求公司按照合理的价格收购其股权。

公司因本条第一款、第三款规定的情形收购的本公司股权，应当在六个月内依法转让或者注销。

《中华人民共和国公司法》（2018年修正，已被修订）

第三十五条 公司成立后，股东不得抽逃出资。

第七十四条第一款 有下列情形之一的，对股东会该项决议投反对票的股东可以请求公司按照合理的价格收购其股权：

（一）公司连续五年不向股东分配利润，而公司该五年连续盈利，并且符合本法规定的分配利润条件的；

（二）公司合并、分立、转让主要财产的；

（三）公司章程规定的营业期限届满或者章程规定的其他解散事由出现，股东会会议通过决议修改章程使公司存续的。

《最高人民法院关于适用〈中华人民共和国公司法〉若干问题的规定（三）》（2020年修正）

第十二条 公司成立后，公司、股东或者公司债权人以相关股东的行为符合下列情形之一且损害公司权益为由，请求认定该股东抽逃出资的，人民法院应予支持：

（一）制作虚假财务会计报表虚增利润进行分配；

（二）通过虚构债权债务关系将其出资转出；

（三）利用关联交易将出资转出；

（四）其他未经法定程序将出资抽回的行为。

《全国法院民商事审判工作会议纪要》

5.【与目标公司"对赌"】投资方与目标公司订立的"对赌协议"在不存在法定无效事由的情况下,目标公司仅以存在股权回购或者金钱补偿约定为由,主张"对赌协议"无效的,人民法院不予支持,但投资方主张实际履行的,人民法院应当审查是否符合公司法关于"股东不得抽逃出资"及股份回购的强制性规定,判决是否支持其诉讼请求。

投资方请求目标公司回购股权的,人民法院应当依据《公司法》第35条关于"股东不得抽逃出资"或者第142条关于股份回购的强制性规定进行审查。经审查,目标公司未完成减资程序的,人民法院应当驳回其诉讼请求。

……

法院判决

以下为最高人民法院就案涉股权回购协议是否有效和财某岛公司是否应按约定回购广某投资企业所持的财某岛公司全部股权的详细论述:

财某岛公司、李某、于某兰亦未举证证明上述该两份协议书存在《合同法》第五十二条规定的合同无效事由。综上,依据本案现有证据,案涉两份《协议书》应系当事人的真实意思表示,内容并不具有法定无效情形,为合法有效的约定,对财某岛公司、李某、于某兰关于案涉该两份协议书无效的抗辩主张,本院不予支持。

依照《公司法》第三十五条和第三十七条第一款第七项之规定,有限责任公司注册资本确定后,未经法定程序,不得随意减少或抽回……原审法院查明,广某投资企业于2010年12月10日与李某、于某兰共同签订《增资协议》,约定广某投资企业投入现金3000万元成为财某岛公司持股20%的股东;2012年3月30日财某岛公司与广某投资企业签订的《协议书》约定,如财某岛公司不能上市,以"投资额3000万元为基数,以2011年1月1日为始点,以年利率10%为标准",由财某岛公司全额收购广某投资企业所投资的财某岛公司股权。尽管2012年3月30日的《协议书》是双方当事人的真实意思表示,但协议中关于财某岛公司回购股份的约定不属于《公司法》第七十四条和财某岛公司章程所列举的情形,不符合公司法关于资本维持的基本原则,广某投资企业请求财某岛公司收购其股权的条件并不具备。原审判决未支持广某投资企业要求财某岛公司按约定价格收购其20%股份的诉讼请求,并无不当。

延伸阅读

在检索大量类案的基础上，笔者总结相关裁判规则如下，供读者参考。

（一）投资人不正当促成对赌协议中回购条件成立的，应当适用《民法典》第一百五十九条认定回购条件未成就，投资人无权要求目标公司履行回购义务。

案例1：上诉人江苏瑞某投资控股集团有限公司与被上诉人曹某平合同纠纷一案的民事判决书【江苏省南京市中级人民法院（2020）苏01民终7618号】

案涉补充协议约定，"如某虎公司在2017年、2018年或2019年任一年或几年的净利润水平未达到上述经营目标，则瑞某公司有权在次年要求汇某科技公司、曹某平回购股权……"此处，瑞某公司有权要求回购股权，条件仅为有无实现净利润目标，并未将有无实现线下超市店开店目标作为瑞某公司有权要求回购的条件。如前所述，因瑞某公司为自己的利益而实施抽逃行为，导致某虎公司无法实现2017年净利润目标，属于不正当地促成条件成就，应视为条件不成就，故瑞某公司依此要求曹某平回购股权，本院不予支持。

（二）对赌协议回购条件达成但未依法办理减资程序的，构成法律上的履行不能。如系一时履行不能的，待符合资本维持情形的条件成就之后，目标公司仍应履行回购义务。

案例2：张某驹等与南京钢某创业投资合伙企业（有限合伙）股权转让纠纷二审民事判决书【北京市高级人民法院（2021）京民终495号】

关于北京中某公司是否应当履行股权回购义务，本院认为，北京中某公司未履行公司法规定的"减少注册资本"等程序，因其不能违反资本维持原则而不能向南京钢某合伙企业履行股权回购义务，构成法律上的一时履行不能。本院认为，北京中某公司对履行股权回购义务一时（自始）履行不能仅产生一个法定宽限期，北京中某公司在符合资本维持情形的条件成就之前，暂无须履行债务，但第三人即股东已经确认应当承担全部股权回购义务后，该一时（自始）履行不能转化为嗣后履行不能，故本院对南京钢某合伙企业要求北京中某公司回购南京钢某合伙企业持有股份的主张不予支持。

案例3：邓某与广东盈某投资合伙企业（有限合伙）等公司增资纠纷二审案件二审民事判决书【上海市第一中级人民法院（2020）沪01民终4687号】

需要强调的是，《全国法院民商事审判工作会议纪要》对于投资方与目标公司签订对赌协议的效力以及如果有效能否履行也有具体规定。现目标公司上海悠某堂投资发展股份有限公司进入破产清算程序，无法完成相应的减资手续（保护公司债权人利益）。因此，上海悠某堂投资发展股份有限公司对于该"对赌协议"，系履行不能。盈某企业要求上海悠某堂投资发展股份有限公司履行回购义务，不予支持。

案例4：北京银某通投资中心、新疆西某土工新材料股份有限公司股权转让纠纷再审审查与审判监督民事裁定书【最高人民法院（2020）最高法民申2957号】

根据《中华人民共和国公司法》第三十五条、第一百四十二条的规定，① 投资方银某通投资中心与目标公司新疆西某公司"对赌"失败，请求新疆西某公司回购股份，不得违反"股东抽逃出资"的强制性规定。新疆西某公司为股份有限公司，其回购股份属减少公司注册资本的情形，须经股东大会决议，并依据《中华人民共和国公司法》第一百七十七条②的规定完成减资程序。现新疆西某公司未完成前述程序，故原判决驳回银某通投资中心的诉讼请求并无不当，银某通投资中心的该再审申请理由不成立，本院不予支持。

案例5：谢某、浙江八某客智能科技有限公司股权转让纠纷二审民事判决书【浙江省杭州市中级人民法院（2020）浙01民终3044号】

因案涉《公司内部股权转让协议》签订之前，八某客公司未提前完成减资程序，且案件审理过程中八某客公司至今也未能完成减资程序，上诉人谢某未举证证明本案的股权回购存在符合《中华人民共和国公司法》第一百四十二条③规定的其他例外情形，故对其要求八某客公司回购其股权，继续支付1050000元股权回购款，缺少法律依据，原审法院驳回其诉讼请求，适用法律正确，并无不当。也因于此，谢某收取八某客公司900000元股权回购款，违反了《中华人民共和国公司法》第三十五条和第一百四十二条的规定，④ 应予以返还。故上诉人八某客公司要求谢某返还股权回购款900000元，有事实依据和法律依据，本院予以支持。

案例6：新余甄某云联成长投资管理中心、广东运某柜信息技术有限公司新增资本认购纠纷、买卖合同纠纷再审审查与审判监督民事裁定书【最高人民法院（2020）最高法民申1191号】

针对甄某中心要求运某柜公司回购股权这一事项，原判决还需围绕运某柜公

---

① 《公司法》已修改，现相关规定见《公司法》（2023年修订）第五十三条、第一百六十二条。
② 《公司法》已修改，现相关规定见《公司法》（2023年修订）第二百二十四条。
③ 《公司法》已修改，现相关规定见《公司法》（2023年修订）第一百六十二条。
④ 《公司法》已修改，现相关规定见《公司法》（2023年修订）第五十三条、第一百六十二条。

司是否完成减资程序进行审查。事实上,公司股权是否可以回购应当分两个方面进行审理:一是《补充协议》的效力问题;二是基于合同有效前提下的履行问题。原判决并未说明《补充协议》存在符合合同无效的法定情形,合同本身应当认定为有效。至于《补充协议》约定的股权回购实际上是不是可以履行存在多种可能性,而非一种必然性。股权回购是否经过三分之二以上有表决权的股东通过、目标公司是否已完成减资程序、债权人是否同意等事项均具有不确定性。原判决在上述事实未经审理的情形下直接认定合同本身必然无效确有不当。但鉴于甄某中心并未主张运某柜公司已完成减资程序,也未提交有关减资的证据,故原判决从实体结果处理上来说并无不当。

(三)投资人在签署对赌协议后,如实际参与公司管理甚至控制了目标公司的,应当恪守诚实信用原则参与公司正常经营管理,否则可能阻却目标公司回购义务的承担。

案例7:姚某成与上海久某投资管理有限公司股权转让纠纷上诉案【上海市第二中级人民法院(2020)沪02民终2114号】

本案中,上诉人负有支付股份转让款的义务,被上诉人负有转让股份的义务,双方均未实际履行,"皓某股份收到股转系统出具的同意终止挂牌的函"应解释为合同的履行条件,双方在缔约时应充分协商并预见到,合同存在因条件无法成就而终止履行的风险。在签订附履行条件的合同后,上诉人应受到诚实信用原则的约束,其作为皓某股份的实际控制人,行为发生时持股数为26383640股,在两次临时股东大会中的投票均具有决定性作用,而2018年第二次临时股东大会决议中上诉人赞成皓某股份终止摘牌,有违诚实信用原则,直接阻却了皓某股份办理终止挂牌手续的正常进行,应视为付款条件已成就。

(四)回购条款未明确约定目标公司承担回购义务,投资人仅以目标公司在回购协议下盖章、系协议主体为由,主张目标公司回购的,不予支持。

案例8:嘉兴贝某投资合伙企业、珠海倍某投资企业股权转让纠纷二审民事判决书【浙江省嘉兴市中级人民法院(2020)浙04民终351号】

九某公司要求康某公司和现有股东共同承担股权回购责任。《投资协议》第7.7条约定回购权,该条中约定的回购义务人只有"现有股东",并未约定康某公司承担回购义务。至于"扭亏为盈措施",该条款中的表述"如果目标公司于2016年之后(含当年)出现连续两年亏损且目标公司未采取投资人认可的有效扭亏为盈措施",是关于回购条件的表述,在此,并不能推衍出"如果康某公司未采取有效扭亏为盈措施,则应当承担股权回购责任"这一层意思。康某公司作为目标公司在《投资协议》上签章,确系合同主体,但是康某公司应否承担股权回购责任,还需落到具体的合同权利义务的约定上来审查。《投资协议》上约定的股权回购责任主体为康某公司的现有股东,并不包括康某公司,九某公司要求康某公司一并承担股权回购责任,没有合同依据。二审中,九某公司提供了案外人曹某的微信联系记录以及曹某发送的三份和解协议的文稿,据此主张康某公司同意承担股权回购责任。对此,本院认为,和解协议的文稿未经各方确认,不具有法律效力。关于曹某的身份,本案中并不明确,曹某并非康某公司的法定代表人,也不是康某公司的股东,其虽然发送和解协议的文稿,但是目前并没有证据证明其一人具有代表康某公司进行和解的权限。况且,诉讼中各方和解磋商但未达成一致意见的内容,也不应当作为后续诉讼中的证据。因此,九某公司要求康某公司承担股权回购责任,缺乏事实和法律依据,本院不予支持。

081 目标公司不及时减资导致对赌协议无法实际履行的,应负违约责任

阅读提示

对赌协议中,目标公司作为对赌义务人,实际回购投资人的股权需要先完成公司法上的相应减资程序,以避免与资本维持原则相冲突构成抽逃出资。如目标公司不及时办理减资手续的,必然导致投资人的回购权利无法真正实现,此时投资人应如何寻求救济?本文在此通过北京市高级人民法院的一则案例,对上述问题进行分析。

裁判要旨

目标公司未能及时履行减资程序违反了合同的附随义务,导致不能依约履行回购义务的构成违约,应承担迟延履行违约责任。

案情简介 ①

（一）2013 年 12 月，南京钢某创业投资合伙企业（以下简称南京钢某）作为甲方与乙方北京中某签订《投资协议》，约定：甲方向乙方股权性投资 3000 万元，乙方三年内未完成 IPO 的应当赎回甲方前述股权。

（二）后北京中某未在约定时间内完成 IPO，并于 2018 年 9 月 17 日收到了南京钢某发出的《赎回通知》。但北京中某未依照《投资协议》约定在收到赎回通知 60 个工作日内向南京钢某支付赎回价款。

（三）南京钢某因此诉至法院，要求北京中某承担违约责任。北京中某辩称系因未完成减资程序而无法履行回购义务，属于法律上不能履行，故不应承担违约责任。

（四）北京三中院一审认为，北京中某未依约履行回购义务，应承担违约责任。

（五）北京中某不服，提起上诉。北京市高级人民法院二审认为，是因为北京中某未及时履行减资程序这一附随义务，导致回购义务未能履行，故应承担迟延履行违约责任。

裁判要点

本案的核心争议在于，未及时办理减资手续导致未依约履行回购义务的是否构成违约，对此，北京市高级人民法院认为：

首先，对于案涉《投资协议》中的股权回购条款，系双方当事人的真实意思表示，并不违反法律、行政法规的强制性规定，因此依法成立并生效，双方当事人应按照《投资协议》全面履行。

其次，对于回购条款的实际履行需要完成相关减资程序的法律规定，北京中某是明知的，且各方在签订《投资协议》时即应对己方能否履行相应的义务有合理预期并如实履行。及时完成减资程序属于北京中某的附随义务，北京中某未及时完成该附随义务导致不能及时支付回购价款，应当承担未及时履行《投资协议》而产生的迟延履行违约责任。

最后，北京中某主张向南京钢某支付逾期回购义务违约金会构成变相抽逃出

---

① 案件来源：张某驹等与南京钢某创业投资合伙企业（有限合伙）股权转让纠纷二审民事判决书【北京市高级人民法院（2021）京民终 495 号】。

资的意见，北京市高级人民法院认为基于未履行股权回购义务支付违约金，并不导致公司注册资本的减少，亦不必然导致债权人利益受损。

综上，北京市高级人民法院判决北京中某应当依照《投资协议》向南京钢某承担违约责任。

实务经验总结

1. 回购条款是投资协议中的常见条款，实务中在与目标公司进行对赌时，投资人应重点关注目标公司不办理或不及时办理减资程序时自身的救济路径，并提前在投资合同中载明相关义务与责任条款。本案中，投资人即向目标公司主张违约责任并获得了法院支持，使自身得到了救济。

2. 实务中，为避免目标公司主张不知法律上减资程序的规定，投资人可以要求明确约定目标公司及时完成减资程序的义务，并可以约定相应违约金。即使一时不能实现回购权，亦可主张违约责任获得救济。

3. 与目标公司的创始股东或实际控制人进行对赌的，因不涉及公司法上资本维持原则，故实际履行相对容易。因此，实务中可尽量将目标公司及目标公司的股东一同列为回购义务人，以确保回购权利能够真正履行，有效维护投资权益。

相关法律规定

《中华人民共和国民法典》

第五百七十七条 当事人一方不履行合同义务或者履行合同义务不符合约定的，应当承担继续履行、采取补救措施或者赔偿损失等违约责任。

第五百七十九条 当事人一方未支付价款、报酬、租金、利息，或者不履行其他金钱债务的，对方可以请求其支付。

第五百八十条 当事人一方不履行非金钱债务或者履行非金钱债务不符合约定的，对方可以请求履行，但是有下列情形之一的除外：

（一）法律上或者事实上不能履行；

（二）债务的标的不适于强制履行或者履行费用过高；

（三）债权人在合理期限内未请求履行。

有前款规定的除外情形之一，致使不能实现合同目的的，人民法院或者仲裁机构可以根据当事人的请求终止合同权利义务关系，但是不影响违约责任的承担。

第五百八十二条 履行不符合约定的，应当按照当事人的约定承担违约责任。对违约责任没有约定或者约定不明确，依据本法第五百一十条的规定仍不能确定的，受损害方根据标的的性质以及损失的大小，可以合理选择请求对方承担修理、重作、更换、退货、减少价款或者报酬等违约责任。

第五百八十五条 当事人可以约定一方违约时应当根据违约情况向对方支付一定数额的违约金，也可以约定因违约产生的损失赔偿额的计算方法。

约定的违约金低于造成的损失的，人民法院或者仲裁机构可以根据当事人的请求予以增加；约定的违约金过分高于造成的损失的，人民法院或者仲裁机构可以根据当事人的请求予以适当减少。

当事人就迟延履行约定违约金的，违约方支付违约金后，还应当履行债务。

《中华人民共和国公司法》（2023 年修订）

第五十三条 公司成立后，股东不得抽逃出资。

违反前款规定的，股东应当返还抽逃的出资；给公司造成损失的，负有责任的董事、监事、高级管理人员应当与该股东承担连带赔偿责任。

第一百六十二条第一款、第二款 公司不得收购本公司股份。但是，有下列情形之一的除外：

（一）减少公司注册资本；

……

公司因前款第一项、第二项规定的情形收购本公司股份的，应当经股东会决议；公司因前款第三项、第五项、第六项规定的情形收购本公司股份的，可以按照公司章程或者股东会的授权，经三分之二以上董事出席的董事会会议决议。

《中华人民共和国公司法》（2018 年修正，已被修订）

第三十五条 公司成立后，股东不得抽逃出资。

第一百四十二条第一款、第二款 公司不得收购本公司股份。但是，有下列情形之一的除外：

（一）减少公司注册资本；

……

公司因前款第（一）项、第（二）项规定的情形收购本公司股份的，应当经股东大会决议；公司因前款第（三）项、第（五）项、第（六）项规定的情形收购本公司股份的，可以依照公司章程的规定或者股东大会的授权，经三分之二以上董事出席的董事会会议决议。

《全国法院民商事审判工作会议纪要》

5.【与目标公司"对赌"】投资方与目标公司订立的"对赌协议"在不存在法定无效事由的情况下，目标公司仅以存在股权回购或者金钱补偿约定为由，主张"对赌协议"无效的，人民法院不予支持，但投资方主张实际履行的，人民法院应当审查是否符合公司法关于"股东不得抽逃出资"及股份回购的强制性规定，判决是否支持其诉讼请求。

投资方请求目标公司回购股权的，人民法院应当依据《公司法》第35条关于"股东不得抽逃出资"或者第142条关于股份回购的强制性规定进行审查。经审查，目标公司未完成减资程序的，人民法院应当驳回其诉讼请求。

……

法院判决

以下为北京市高级人民法院就北京中某是否应当向南京钢某支付逾期履行违约金的详细论述：

北京中某二审中提交公司章程证明南京钢某合伙企业作为股东对于北京中某公司股权回购应履行的相关减资程序是明知的，在目标公司股东大会未作出减资决议的情况下，目标公司无法办理任何后续的减资手续，并非目标公司的原因。对此本院认为，各方在签订《投资协议》和《补充协议》时及合同履行过程中，应当对己方能否履行相应的义务有合理预期并如实履行，北京中某未能及时履行减资程序违反了合同的附随义务，导致其未能在约定时间内足额支付南京钢某合伙企业赎回价款，其应承担因未及时履行合同义务而产生的迟延履行违约责任。关于北京中某主张的目标公司支付逾期回购违约金相当于投资方变相抽逃出资的上诉意见，本院认为，《公司法》之所以规定"股东不得抽逃出资"，其主要目的是贯彻资本维持原则，保护公司债权人的利益。目标公司在不回购股权的情况下，其基于未履行股权回购义务支付违约金，并不导致公司注册资本的减少，亦不必然导致债权人利益受损。鉴于资本维持原则的规范目的以及北京中某公司对于其一时（自始）给付不能具有可归责性，北京中某应当按照《补充协议》的约定向南京钢某合伙企业支付逾期履行违约金。

延伸阅读

在检索大量类案的基础上，笔者总结相关裁判规则如下，供读者参考。

（一）投资人应在约定期限内主张回购，否则丧失回购权。

案例1：北京千某清源投资基金（有限合伙）等与山东宏某艾尼维尔环境科技集团有限公司等合同纠纷二审民事判决书【北京市第一中级人民法院（2019）京01民终8440号】

《补充协议》第5.3条约定"乙方应在相关方书面通知明示目标公司不能在2013年12月31日之前上市情形之日起90日内，以书面方式向目标公司或甲方明示是否据此行使股权回购权"，上述约定，将90日明确作为期限提出，属于对股权回购权的特殊约定。从文义解释的角度来看，第5.3条已经明确要求千某清源基金在回购条件满足后90日内就是否回购作出明确意思表示；从目的解释的角度来看，回购条件满足后投资方若不尽快作出是否回购的意思表示，将对目标公司的经营产生严重不确定性，若给予投资方无任何期限的回购权，亦会造成双方合同权利义务的严重失衡。故综合以上分析，此处的90日应认定为对千某清源基金行使股权回购权的合理限制，千某清源基金应受该期限制约。具体到《补充协议2》，宏某热泵公司2015年5月在全国中小企业股份转让系统挂牌，2015年8月31日千某清源基金已经可以要求回购，但千某清源基金并未提出回购要求，反而持续性地参与宏某热泵公司的经营，行使股东权利，直至2017年5月提起本案诉讼，因千某清源基金未在90日的限制期限内行使股权回购权，且上述等待期限已经明显超出了合理期限范畴，故对其要求于某民支付股权回购款的诉讼请求，不予支持。

（二）未按照协议约定履行回购义务的，构成违约，应当依约支付违约金。

案例2：王某军、许某鹏等股权转让纠纷二审民事判决书【最高人民法院（2018）最高法民终645号】

本案中，鋆某合伙按照《增资扩股协议书》的约定履行了出资义务，但是王某军、许某鹏、熊某华、肖某涛以及原审被告陈某却未按照协议约定使威某罗根公司达到上市条件，之后亦未按照鋆某合伙的《股权回购请求函》回购其股份，王某军、许某鹏、熊某华、肖某涛的行为已经构成了违约。《增资扩股协议书》中约定的违约金数额是固定的，即鋆某合伙投资额4000万元的5%，为200万元。因此，一审判决据此认定王某军、许某鹏、熊某华、肖某涛及原审被告陈某支付200万元违约金有事实和法律依据。

(三) 母公司未完成减资程序因而不能支付回购价款的，属于主合同义务尚未成就，故投资人不得要求作为担保人的子公司履行担保义务。

案例3：北京银某通投资中心、新疆西某土工新材料股份有限公司股权转让纠纷再审审查与审判监督民事裁定书【最高人民法院（2020）最高法民申2957号】

银某通投资中心针对奎屯西某公司的诉讼请求为"在新疆西某公司不能履行回购义务时向银某通投资中心支付股权回购价款13275000元"，其诉求的该义务属于担保合同义务，而担保合同义务具有从属性，即履行担保合同义务的前提条件是主合同义务履行条件已成就。现新疆西某公司的减资程序尚未完成，股份回购的主合同义务尚未成就，故奎屯西某公司的担保义务未成就，银某通投资中心要求判令奎屯西某公司承担责任的再审申请理由不成立。

投资人提起诉讼请求目标公司承担回购责任时，如未主张未及时减资的违约责任，则人民法院在以回购履行条件不具备驳回投资人诉讼请求时，不处理相关违约责任。

案例4：王某与新疆富某斯影业股份有限公司、柯某与公司有关的纠纷二审民事判决书【新疆维吾尔自治区乌鲁木齐市中级人民法院（2020）新01民终2168号】

本案中，王某作为富某斯公司股东，其和富某斯公司的关系一方面要受合同法的调整，另一方面也要按照公司法的相关规定进行规范。现王某作为富某斯公司的投资方，依据融资协议的约定请求目标公司即富某斯公司回购股权并向其承担返还投资款并履行金钱补偿义务，首先需依据《中华人民共和国公司法》的相关规定进行审查。因王某及富某斯公司对于富某斯公司未完成融资协议约定的应达到年利润且处于亏损状态均不持异议，同时，富某斯公司至今亦未能依约获得"新三板挂牌核准文件"，故王某主张富某斯公司回购股权、返还投资款及收益补偿符合协议约定。但富某斯公司在庭审中明确表示不同意回购王某所持该公司股份，抗辩主张本案股权回购事宜未经公司股东大会决议，富某斯公司也未履行减资程序，不符合公司法规定的股权回购条件。本院认为，公司减资属于公司内部治理事宜，在富某斯公司不同意回购并且不愿意主动履行减资程序的情况下，王某请求富某斯公司回购股权、返还其投资款及履行金钱补偿义务明显有悖于我国公司法规定的公司资本维持原则，且可能损害公司其他债权人利益，王某该项诉请客观上并不具备现实履行条件，故本院不予支持。

第九章 公司解散与清算

082 能否仅以对外经营困难主张解散公司？

阅读提示

"公司经营管理发生严重困难"是以司法解散公司的核心要件，从字义上理解，应包括对外经营困难和对内管理困难两种情形。但《最高人民法院关于适用〈中华人民共和国公司法〉若干问题的规定（二）》（2020年修正）第一条第一款指向的仅有管理困难这种情形，是否意味着股东无法以经营困难为由提起司法解散公司之诉？本文在此通过最高人民法院的一则经典案例，对上述问题进行分析。

裁判要旨

对于《公司法》第一百八十二条规定的司法解散公司的条件"公司经营管理发生严重困难"，应当从公司组织机构的运行状态进行综合分析，其侧重点在于判断公司管理方面是否存在严重的内部障碍，如股东会机制失灵、无法就公司的经营管理进行决策等，不应片面理解为公司资金缺乏、严重亏损等经营性困难。

案情简介 ①

（一）2015年6月24日，陕西博某体育文化传播有限公司（以下简称博某公司）成立，股东为陈某（持股49%）、任某成（持股51%）。

（二）后陈某以博某公司自设立以来，长期未召开股东会、两名股东长期冲

---

① 案件来源：陕西博某体育文化传播有限公司、陈某等公司解散纠纷民事申请再审审查民事裁定书【最高人民法院（2021）最高法民申6453号】。

突为由，诉请解散博某公司。

（三）西安中院一审和陕西高院二审均认为，博某公司的股东会机制失灵，已具备法定解散事由，故判决支持陈某诉请。

（四）博某公司不服，向最高人民法院申请再审。最高人民法院认为，博某公司的股东会机制失灵，股东之间的矛盾无法调和，且经法院协调仍难以打破公司僵局，应判决解散。

裁判要点

本案体现出的争议焦点是如何理解《公司法》第一百八十二条①中规定的"公司经营管理发生严重困难"。

从理论出发，上述司法解散的法定事由包括经营困难和管理困难两种情形，其中管理困难又可分为股东压迫和公司僵局。具体而言，所谓经营困难是指对外出现严重亏损、资金缺乏等情形；公司僵局则指存在严重内部障碍，典型表现为股东会机制失灵无法作出决策。

但根据《最高人民法院关于适用〈中华人民共和国公司法〉若干问题的规定（二）》第一条第一款的规定，人民法院认可的司法解散事由仅限于公司僵局这一种，不包括股东压迫和对外经营困难这两种情形。实务中亦存在许多案例明确当事人无权仅以公司经营存在困难为由主张解散公司。

即使上述司法解散明确将公司僵局作为司法解散的唯一事由，但实务中仍然存在一些裁判案例认为，如公司内部经营管理出现障碍但对外经营状况良好的，属于没有使股东利益受到重大损失，不应判决解散。

实务经验总结

1. 股权份额是公司治理机构和控制权争夺的核心，因此设计一个完善、合理的股权结构对公司长久稳定运营具有极为重要的意义。在公司建立之初就应明确控制权的归属，保障即使发起人之间未来发生冲突，一方所持有的股份仍至少可以对公司的一般事项作出决议，防止得之不易的创业成果毁于一旦。

2. 实务中切忌约定各持 50% 的股份，此种股权结构十分容易在股东发生冲突时使公司陷入僵局，从而导致公司无法作出任何决策，陷入困境。

---

① 《公司法》已修改，现相关规定见《公司法》（2023 年修订）第二百三十一条。

3. 如一方股东不放心另一方股东持有超过 50% 的股权，各方股东可通过公司章程、股东协议等约定小股东在公司关键事项上的一票否决权或是小股东权益受侵害时的退股权等，此类事项可包括设立子公司、开展关联交易、自我交易等，并可在章程中明确小股东应占有的董事会席位和监事会席位。切不可因为自己是小股东就完全放弃参与公司经营管理，使自己彻底陷入被动的地位。

相关法律规定

《中华人民共和国公司法》（2023 年修订）

第二百三十一条　公司经营管理发生严重困难，继续存续会使股东利益受到重大损失，通过其他途径不能解决的，持有公司百分之十以上表决权的股东，可以请求人民法院解散公司。

《中华人民共和国公司法》（2018 年修正，已被修订）

第一百八十二条　公司经营管理发生严重困难，继续存续会使股东利益受到重大损失，通过其他途径不能解决的，持有公司全部股东表决权百分之十以上的股东，可以请求人民法院解散公司。

《最高人民法院关于适用〈中华人民共和国公司法〉若干问题的规定（二）》（2020 年修正）

第一条第一款　单独或者合计持有公司全部股东表决权百分之十以上的股东，以下列事由之一提起解散公司诉讼，并符合公司法第一百八十二条规定的，人民法院应予受理：

（一）公司持续两年以上无法召开股东会或者股东大会，公司经营管理发生严重困难的；

（二）股东表决时无法达到法定或者公司章程规定的比例，持续两年以上不能做出有效的股东会或者股东大会决议，公司经营管理发生严重困难的；

（三）公司董事长期冲突，且无法通过股东会或者股东大会解决，公司经营管理发生严重困难的；

（四）经营管理发生其他严重困难，公司继续存续会使股东利益受到重大损失的情形。

法院判决

以下为最高人民法院就博某公司是否具备法定解散事由问题的详细论述：

经查，陈某持有博某公司49%的股份且已实缴部分出资的事实已由一、二审判决根据公司章程、工商登记资料、另案生效裁判查明认定。而且，根据《最高人民法院关于适用〈中华人民共和国公司法〉若干问题的规定（三）》第十六条的规定，股东因未履行或者未全面履行出资义务而受限的股东权利，并不包括其提起解散公司之诉的权利。博某公司本节申请再审理由不成立，本院不予支持。

《中华人民共和国公司法》第一百八十二条规定的"严重困难"包括对外的生产经营困难、对内的管理困难。本案中，一、二审法院已查明认定博某公司的股东会机制失灵，股东之间矛盾无法调和，且经法院协调仍难以打破公司僵局；而博某公司申请再审事由中也反映出其客观上存在管理方面的严重困难。因此，二审判决认定博某公司已具备《最高人民法院关于适用〈中华人民共和国公司法〉若干问题的规定（二）》第一条规定的解散事由，在事实认定和法律适用上并无不当。博某公司本节申请再审理由不成立，本院不予支持。

延伸阅读

在检索大量类案的基础上，笔者总结相关裁判规则如下，供读者参考。

（一）各股东无法就公司经营管理达成一致意见，导致公司对外经营严重困难、出现资金严重短缺、长期歇业情况的，符合司法解散公司的条件。

案例1：上诉人姜某利与被上诉人吴某沂、湘潭县金鸿石灰石有限公司、赵某良公司解散纠纷一案二审民事裁定书【湖南省湘潭市中级人民法院（2013）潭中民三终字第91号】

金某公司在最近一年多的生产经营过程中，长期处于停产歇业状态。各股东无法就公司经营管理达成一致意见，特别是公司流动资金严重短缺，公司股东又不能就公司继续生产筹措资金达成一致，而通过高成本的民间借贷方式来维持周转资金，且这些债务均已到期却无力偿还，公司无法继续正常生产经营，公司经营管理发生严重困难。公司三个股东均无其他办法解决公司经营困难，公司继续存续会使股东利益受到重大损失。原告吴某沂所占公司注册资本股份的29%，超过公司全部股东表决权的百分之十，具备提起解散公司之诉的资格。上诉人姜某利虽不同意公司解散，但无其他方法解决公司僵局，经调解，股东也无法达成一致意见。因此，被上诉人吴某沂要求解散公司的诉讼请求，应予支持。上诉人提出的"不符合公司解散条件"上诉理由不成立，本院不予支持。

案例2：上诉人荣某平与被上诉人安阳市豫某锻压设备有限责任公司、原审第三人陈某星公司解散纠纷一案二审民事判决书【河南省安阳市中级人民法院（2015）安中民三终字第507号】

经审查，本案原告荣某平与第三人陈某星共同经营近十年，双方之间产生矛盾并不必然导致公司经营管理严重困难，虽然公司现在处于僵局状态，但是对公司股东利益并未造成重大损失；原告荣某平起诉公司解散前并没有通过其他途径解决公司僵局问题，如果公司股东能够寻找有效的救济途径，如股东查账、股东转股、退股等方案，公司仍有继续存续的可能，原告荣某平与第三人陈某星应当在公司解散前先通过其他救济途径予以解决。综上，被告豫某锻压公司不符合解散条件，故对原告荣某平的诉请不予支持。

（二）是否判决解散公司的审查重点在于公司内部管理是否存在严重障碍。

案例3：林某清诉常熟市凯某实业有限公司、戴某明公司解散纠纷案【江苏省高级人民法院（2010）苏商终字第43号】

"公司经营管理发生严重困难"的侧重点在于公司管理方面存有严重内部障碍，如股东会机制失灵、无法就公司的经营管理进行决策等，不应片面理解为公司资金缺乏、严重亏损等经营性困难。本案中，凯某公司仅有戴某明与林某清两名股东，两人各占50%的股份，凯某公司章程规定"股东会的决议须经代表二分之一以上表决权的股东通过"，且各方当事人一致认可该"二分之一以上"不包括本数。因此，只要两名股东的意见存有分歧、互不配合，就无法形成有效表决，显然影响公司的运营。凯某公司已持续4年未召开股东会，无法形成有效股东会决议，也就无法通过股东会决议的方式管理公司，股东会机制已经失灵。执行董事戴某明作为互有矛盾的两名股东之一，其管理公司的行为，已无法贯彻股东会的决议。林某清作为公司监事不能正常行使监事职权，无法发挥监督作用。由于凯某公司的内部机制已无法正常运行、无法对公司的经营作出决策，即使尚未处于亏损状况，也不能改变该公司的经营管理已发生严重困难的事实。

案例4：上海银某传媒有限公司等与北京智某汇智科技有限公司公司解散纠纷二审民事判决书【北京市第三中级人民法院（2021）京03民终11489号】

本案审查的核心在于北京智某公司是否符合上述法律规定的公司解散之实体要件，即是否存在公司经营管理发生严重困难，继续存续会使股东利益受到重大损失，且通过其他途径无法解决的情形。关于北京智某公司经营管理是否出现严重困难。判断公司的经营管理是否出现严重困难，应当从公司组织机构的运行状态进行综合分析，其侧重点在于判断公司管理方面是否存在严重的内部障碍，如股东会机制失灵、无法就公司的经营管理进行决策等。

案例5：辽宁金熹建设工程有限公司与刘某兴、陆某予等公司解散纠纷二审判决书【辽宁省沈阳市中级人民法院（2022）辽01民终16989号】

本案中，三被上诉人作为陆某华的继承人，对于陆某华去世后却出现陆某华签字形成的股东会决议不予认可（该股东会决议修改了公司章程，同时选举了杜某会为公司的法定代表人），三被上诉人与上诉人、第三人之间进行了多年的解散、股东间纠纷矛盾不断，虽然上诉人多次召开股东会决议，但各方始终无法形成有效的股东会决议，公司股东会机制长期失灵，内部管理有严重障碍，而本案审理中，法院也积极组织双方调解，但双方矛盾较大，一审法院综合全案情况，考虑公司的经营管理客观上发生了严重困难，继续存续会使股东利益受到重大损失，认定上诉人公司应予解散，符合法律规定，并无不当，本院予以确认。

案例6：王某平与天津澳某矿产有限公司公司解散纠纷二审民事判决书【天津市第二中级人民法院（2016）津02民终2669号】

关于被上诉人澳某公司的经营管理是否发生严重困难的问题，依照《最高人民法院关于适用〈中华人民共和国公司法〉若干问题的规定（二）》第一条的规定，本院认为，判断公司的经营管理是否出现严重困难，应当从公司组织机构的运行状态进行综合分析，其侧重点在于判断公司管理方面是否存在严重的内部障碍，如股东会机制失灵、无法就公司的经营管理进行决策等，不应片面理解为公司资金缺乏、严重亏损等经营性困难。

（三）股东以公司经营管理存在严重困难以外理由诉请解散公司的，不予支持。

案例7：高某青与康某新电（北京）科技有限公司公司解散纠纷案【北京市海淀区人民法院（2008）海民初字第15743号】

本院认为，高某青主张的上述解散公司事由均不属于我国《公司法》第一百八十三条①及相关司法解释中规定的公司解散的法定事由，高某青如认为其股东权利或新某公司的利益受到损害，其可以通过其他途径寻求救济。事实上，高某青已经陆续通过向法院提出股东知情权、分红权、要求确认股东会议决议效力等一系列诉讼主张权利。综上，高某青在本案中要求解散新某公司的事由因不属于法律规定的解散公司事由，高某青亦未提交相关证据证明"公司经营出现严

---

① 《公司法》已修改，现相关规定见《公司法》（2023年修订）第二百三十一条。

重困难，继续存续会使股东利益受到重大损失"事实的存在，故本院对其诉讼请求不予支持。

案例 8：徐某与北京安某达科技有限公司公司解散纠纷二审民事判决书【北京市第一中级人民法院（2018）京 01 民终 4908 号】

本案的争议焦点是安某达公司是否符合公司法规定的司法解散的情形。徐某主张解散的主要理由是安某达公司实际控制人方某娆排除徐某对公司的经营管理权、知情权，安某达公司治理结构形同虚设，沦为大股东欺压小股东的工具。根据各方当事人陈述，安某达公司主要是通过持股安某达公司进行经营，目前尚无证据显示安某达公司经营管理存在困难、无法继续经营的情况。另，根据公司法关于司法解散制度的上述规定，解散的情形主要限于公司僵局，股东受到其他股东压迫，无法直接参与公司的经营管理，无法得知公司的经营状况等，不是认定"经营管理发生严重困难"的直接依据，徐某依据其受到了大股东喻某以及实际控制人方某娆的压迫，无法行使对公司的知情权和有效的经营管理的权利，要求解散安某达公司，不符合公司法及司法解释的规定。

083 非股东担任清算组成员违法清算的是否应承担赔偿责任？

阅读提示

2018 年《公司法》第一百八十三条规定，有限责任公司的清算组由股东组成。但实务中，也多存在由非股东担任有限责任公司清算组成员的现象。对此类非股东违法清算的，要求他们承担相应清算责任是否不具有法律依据？本文在此通过河北省高级人民法院的一则经典案例，对上述问题进行分析。

2023 年修订的《公司法》第二百三十二条第二款规定："清算组由董事组成，但是公司章程另有规定或者股东会决议另选他人的除外。"因此对于清算组成员组成，在 2023 年修订的《公司法》施行后，司法裁判规则将发生变化。

裁判要旨

有限责任公司中违法清算的责任主体应为由股东组成的清算组成员。有限责任公司清算组成员实际由非股东人员担任的，应认定该等非股东人员系代公司股东行使清算行为，相应清算责任应由股东承担。

案情简介 ①

（一）2017 年 7 月 27 日，莲某公司股东会决议成立清算组，成员为曹某红、严某淑等，均非公司股东。

（二）2017 年 8 月 16 日，三河市工商行政管理局决定准予莲某公司注销登记。

（三）后查明，莲某公司清算组未通知普某园林申报债权导致其未受偿，普某园林因此提起诉讼，请求曹某红、严某淑对因违法清算造成的损失承担赔偿责任。

（四）廊坊中院一审认为，曹某红、严某淑作为清算组成员，应对不当履行清算职责造成的债权人普某园林的损失承担赔偿责任。

（五）曹某红、严某淑不服，提起上诉。河北省高级人民法院二审认为曹某红、严某淑不是股东，系受股东委托参加清算，故责任应由股东承担，改判由普某园林股东向普某园林承担赔偿责任。

裁判要点

本案的核心争议在于，非股东担任有限责任公司清算组成员的，是否要承担清算责任。

虽然 2018 年《公司法》第一百八十三条明确规定有限责任公司的清算组成员由股东担任，但是实务中由非股东担任清算组成员开展清算活动的也屡见不鲜，法院一般也不会因此否认清算组组成违法。

但对于非股东实施清算行为需不需要承担清算责任则存在较大分歧。例如，广东省高级人民法院在审理的刘某、深圳市华某创科技有限公司清算责任纠纷再审审查与审判监督民事裁定书【（2019）粤民申 13210 号】中认为，刘某虽非公司股东，但自愿作为清算组成员，其应当就违法清算行为承担相应的赔偿责任。本案中，河北省高级人民法院即持相反观点，其认为曹某红、严某淑不是公司法上担任清算组成员的合格主体，亦不是承担相应责任的合格主体，因此违法清算责任应由委托人公司股东承担。

---

① 案件来源：陈某潮、陈某福等清算责任纠纷二审民事判决书【河北省高级人民法院（2021）冀民终 358 号】。

实务经验总结

2023年修订的《公司法》施行前，有限责任公司中股东担任清算组成员、履行清算事务。2023年修订的《公司法》施行后，董事为法定清算义务人，但允许公司以章程和股东会决议作出其他约定，一定程度上也并未排除股东担任清算组成员的资格，据此可知，清算组的成员组成将更加多样化，先前相关司法裁判规则也将随着新规的施行发生明显变化。

相关法律规定

《中华人民共和国公司法》（2023年修订）

第二百三十二条 公司因本法第二百二十九条第一款第一项、第二项、第四项、第五项规定而解散的，应当清算。董事为公司清算义务人，应当在解散事由出现之日起十五日内组成清算组进行清算。

清算组由董事组成，但是公司章程另有规定或者股东会决议另选他人的除外。

清算义务人未及时履行清算义务，给公司或者债权人造成损失的，应当承担赔偿责任。

第二百三十八条 清算组成员履行清算职责，负有忠实义务和勤勉义务。

清算组成员怠于履行清算职责，给公司造成损失的，应当承担赔偿责任；因故意或者重大过失给债权人造成损失的，应当承担赔偿责任。

《中华人民共和国公司法》（2018年修正，已被修订）

第一百八十三条 公司因本法第一百八十条第（一）项、第（二）项、（四）项、第（五）项规定而解散的，应当在解散事由出现之日起十五日内成立清算组，开始清算。有限责任公司的清算组由股东组成，股份有限公司的清算组由董事或者股东大会确定的人员组成。逾期不成立清算组进行清算的，债权人可以申请人民法院指定有关人员组成清算组进行清算。人民法院应当受理该申请，并及时组织清算组进行清算。

第一百八十九条 清算组成员应当忠于职守，依法履行清算义务。

清算组成员不得利用职权收受贿赂或者其他非法收入，不得侵占公司财产。

清算组成员因故意或者重大过失给公司或者债权人造成损失的，应当承担赔偿责任。

《最高人民法院关于适用〈中华人民共和国公司法〉若干问题的规定（二）》（2020年修正）

第十一条　公司清算时，清算组应当按照公司法第一百八十五条的规定，将公司解散清算事宜书面通知全体已知债权人，并根据公司规模和营业地域范围在全国或者公司注册登记地省级有影响的报纸上进行公告。

清算组未按照前款规定履行通知和公告义务，导致债权人未及时申报债权而未获清偿，债权人主张清算组成员对因此造成的损失承担赔偿责任的，人民法院应依法予以支持。

第十九条　有限责任公司的股东、股份有限公司的董事和控股股东，以及公司的实际控制人在公司解散后，恶意处置公司财产给债权人造成损失，或者未经依法清算，以虚假的清算报告骗取公司登记机关办理法人注销登记，债权人主张其对公司债务承担相应赔偿责任的，人民法院应依法予以支持。

法院判决

以下为河北省高级人民法院就关于上诉人曹某红、严某淑应否承担连带责任问题的详细论述：

虽然《最高人民法院关于适用〈中华人民共和国公司法〉若干问题的规定（二）》第十一条第二款规定："清算组未按照前款规定履行通知和公告义务，导致债权人未及时申报债权而未获清偿，债权人主张清算组成员对因此造成的损失承担赔偿责任的，人民法院应依法予以支持。"但莲某公司属于有限责任公司，按照《中华人民共和国公司法》第一百八十三条关于"有限责任公司的清算组由股东组成，股份有限公司的清算组由董事或者股东大会确定的人员组成"的规定，[①] 其清算组应由该公司股东组成，上述司法解释中清算组成员应当为按照《中华人民共和国公司法》第一百八十三条规定确定的人员，而曹某红、严某淑并非莲某公司股东，故该二人代公司股东行使清算行为的后果应由股东承担。上诉人关于此点上诉理由成立，本院予以支持。

延伸阅读

在检索大量类案的基础上，笔者总结相关裁判规则如下，供读者参考。

[①]《公司法》已修改，现相关规定见《公司法》（2023年修订）第二百三十条。

（一）非公司股东而自愿担任有限公司清算组成员开展违法清算的，应当依法承担赔偿责任。

案例1：刘某、深圳市华某创科技有限公司清算责任纠纷再审审查与审判监督民事裁定书【广东省高级人民法院（2019）粤民申13210号】

曾某艳、郭某俊为控某公司的股东，刘某自愿作为该公司清算组成员，在控某公司未就全部债务清偿完毕的情况下，即称债务已支付完毕，以虚假的清算报告骗取公司登记机关办理了法人注销登记，一、二审法院认定三人应就因控某公司被注销而无法受偿的货款290800元向华某创公司承担赔偿责任，符合《中华人民共和国公司法》第一百八十九条第三款①及《最高人民法院关于适用〈中华人民共和国公司法〉若干问题的规定（二）》第十九条的规定，并无不当。刘某申请再审的理由不能成立，本院依法不予支持。

案例2：杨某芳与博罗县威某利服饰有限公司、马某兵清算责任纠纷二审民事判决书【江苏省苏州市中级人民法院（2020）苏05民终6906号】

关于杨某芳称其并非一控公司股东或员工，一控公司的股东会决议、清算报告应因清算组不符合法律规定而属无效的主张，公司法虽规定了有限责任公司因股东会决议解散时的清算组由股东组成，但并未禁止其他人员参与清算，且一控公司已经办理注销手续，故该项上诉理由不足以影响其按照公司清算规则应向公司债权人承担的法律责任。关于杨某芳称其受一控公司股东东群织造公司委派作为清算组成员，其清算行为系职务行为的上诉理由，其未就此提供相关证据，也与其在清算报告上签字的行为明显不符，本院不予采信。

（二）不参与公司经营管理的小股东，不承担因公司无法清算而产生的股东连带清偿责任。

案例3：北京凯某新技术开发总公司、西安高新区西某大科技园发展有限公司再审审查与审判监督民事裁定书【最高人民法院（2020）最高法民申5659号】

有限责任公司股东因公司无法清算对公司债务承担连带清偿责任需具备两个要件，一是股东怠于履行清算义务，即有限责任公司股东在法定清算事由出现后，在能够履行清算义务的情况下，故意拖延、拒绝履行清算义务，或者因过失导致无法进行清算；二是股东怠于履行清算义务这一消极不作为与公司主要财产、账册、重要文件灭失进而无法进行清算这一结果之间具有因果关系。本案中，科技园公司作为电力电子公司持股5%的股东，没有证据显示其选派人员担

---

① 《公司法》已修改，现相关规定见《公司法》（2023年修订）第二百三十八条。

任电力电子公司董事会或监事会成员，亦没有证据显示其参与该公司经营管理。原审判决据此认定科技园公司不具有能够履行清算义务而拒绝或拖延清算从而导致电力电子公司的主要财产、账册、重要文件灭失的过错行为，进而驳回凯某公司要求科技园公司对电力电子公司债务承担连带清偿责任的请求，并无不当。

（三）股东参加清算组属于共益权，应遵循资本多数决规则由股东会选举确认清算组成员。

案例4：周某清与上海新某工程项目管理有限公司公司决议效力确认纠纷上诉案【上海市第二中级人民法院（2015）沪二中民四（商）终字第569号】

本院认为，我国《公司法》第一百八十三条规定，公司依照相关规定决定解散的，"应当在解散事由出现之日起十五日内成立清算组，开始清算。有限责任公司的清算组由股东组成……"① 依据该条文的规定，法律是对清算组的组成人员的身份作出了规定，即公司股东有进行清算的义务，而并非对于股东参加清算组的权利作出规定，且该条文并未规定全体股东均应当作为清算组成员。基于此，新某公司股东会作为公司的最高权力机构，以作出股东会决议的方式确定清算组成员并无不当。《公司法》第一百八十三条的规定并不属于效力性的强制规定，故涉案决议并不违法，即不能以此否定涉案股东会决议相关内容的效力。

084 清算组仅履行公告义务未履行通知义务是否需要担责？

阅读提示

《公司法》第二百三十五条（2023年修订）（2018年《公司法》第一百八十五条）规定，清算组成立之后有通知债权人和在报纸上进行公告的法定义务。清算组成员能否以已经公告为由主张不对因未及时申报债权而未受偿的债务人承担责任呢？本文在此通过湖北省高级人民法院的一则经典案例，对上述问题进行分析。

裁判要旨

未以书面、电话等合理方式及时通知债权人，导致债权人未能及时申报债权

---

① 《公司法》已修改，现相关规定见《公司法》（2023年修订）第二百三十二条。

而未获清偿的，清算组成员应负赔偿责任。

案情简介

（一）2015年4月20日，三某鹏公司成立，股东为杨某鹏、郑某女等人。

（二）2017年5月16日，三某鹏公司与王某二签订案涉合同，王某二后依约向三某鹏公司支付了押金95000元。

（三）2018年11月8日，三某鹏公司股东会决议解散，清算组成员由杨某鹏、郑某女组成。2018年11月9日在《长江商报》公告公司债权人申报债权，但并未通知债权人王某二。

（四）2019年1月2日，三某鹏公司办理了工商注销登记。王某二因此诉至法院，要求杨某鹏、郑某女向其赔偿95000元本金及相应利息。

（五）武汉中院一审认为杨某鹏、郑某女作为清算组成员未履行通知义务，负有重大过失，应向王某二承担赔偿责任。湖北省高级人民法院二审维持原判。

裁判要点

本案的核心争议在于，仅履行了公告义务的清算组成员是否要对债权人未及时申报而未获清偿承担赔偿责任，对此，湖北省高级人民法院认为：

首先，案涉合同约定王某二向三某鹏公司支付押金95000元，三某鹏公司在两年内全额返还押金。但鉴于三某鹏公司在签订案涉合同后不满两年即注销，故案涉合同客观上无法履行，应自三某鹏公司注销之日起解除。由于案涉合同已经依法解除，三某鹏公司应当向王某二返还押金及利息损失。

其次，三某鹏公司清算组成立之后，虽然在《长江商报》上发布了公告，但并未以书面、电话等合理方式及时通知债权人王某二，以致王某二未能及时申报债权而未获清偿。故，依据《最高人民法院关于适用〈中华人民共和国公司法〉若干问题的规定（二）》第十一条第二款规定，清算组成员杨某鹏、郑某女应就前述押金及利息款项向王某二承担赔偿责任。

---

① 案件来源：杨某鹏、郑某女等清算责任纠纷二审民事判决书【湖北省高级人民法院（2021）鄂知民终550号】。

实务经验总结

1. 2023年修订的《公司法》施行前，成为清算组成员是股东所享有的共益权而非义务，因此可以如本案中一样，仅选出部分股东作为清算组成员。2023年修订的《公司法》施行后，董事为公司的法定清算义务人，但公司章程或股东会也可作出其他选择。

2. 清算组成员在公司清算期间有权依据《公司法》（2023年修订）第二百三十四条规定行使职权，但同时也要承担相应义务。如清算组承担着通知债权人和进行公告的义务，因故意或重大过失造成公司或债权人损失的应负赔偿责任。

相关法律规定

《中华人民共和国公司法》（2023年修订）

第二百三十五条　清算组应当自成立之日起十日内通知债权人，并于六十日内在报纸上或者国家企业信用信息公示系统公告。债权人应当自接到通知之日起三十日内，未接到通知的自公告之日起四十五日内，向清算组申报其债权。

债权人申报债权，应当说明债权的有关事项，并提供证明材料。清算组应当对债权进行登记。

在申报债权期间，清算组不得对债权人进行清偿。

第二百三十八条　清算组成员履行清算职责，负有忠实义务和勤勉义务。

清算组成员怠于履行清算职责，给公司造成损失的，应当承担赔偿责任；因故意或者重大过失给债权人造成损失的，应当承担赔偿责任。

《中华人民共和国公司法》（2018年修正，已被修订）

第一百八十五条　清算组应当自成立之日起十日内通知债权人，并于六十日内在报纸上公告。债权人应当自接到通知书之日起三十日内，未接到通知书的自公告之日起四十五日内，向清算组申报其债权。

债权人申报债权，应当说明债权的有关事项，并提供证明材料。清算组应当对债权进行登记。

在申报债权期间，清算组不得对债权人进行清偿。

第一百八十九条　清算组成员应当忠于职守，依法履行清算义务。

清算组成员不得利用职权收受贿赂或者其他非法收入，不得侵占公司财产。

清算组成员因故意或者重大过失给公司或者债权人造成损失的，应当承担赔偿责任。

《最高人民法院关于适用〈中华人民共和国公司法〉若干问题的规定（二）》（2020年修正）

第十一条 公司清算时，清算组应当按照公司法第一百八十五条的规定，将公司解散清算事宜书面通知全体已知债权人，并根据公司规模和营业地域范围在全国或者公司注册登记地省级有影响的报纸上进行公告。

清算组未按照前款规定履行通知和公告义务，导致债权人未及时申报债权而未获清偿，债权人主张清算组成员对因此造成的损失承担赔偿责任的，人民法院应依法予以支持。

法院判决

以下为湖北省高级人民法院就杨某鹏、郑某女是否应当向王某二承担赔偿责任的详细论述：

涉案合同约定对短期管理押金95000元，三某鹏公司应根据加盟商王某二服从管理情况与经营状况于两年内逐步把押金全额返还给王某二。但三某鹏公司在合同订立后不满两年即已注销，且在注销前未返还已收取的押金。鉴于三某鹏公司已于2019年1月2日注销，涉案合同客观上已无法继续履行，故涉案合同应自2019年1月2日起解除。合同解除后，王某二有权收回已支付的短期管理押金95000元，并主张上述资金被占用期间的利息损失。

三某鹏公司注销前成立清算组，该清算组仅在《长江商报》发布公告，并未以书面、电话等合理方式及时通知尚未履行完毕的涉案合同对方当事人王某二，以致王某二未能及时申报债权而未获清偿。杨某鹏、郑某女作为清算组成员，未依法履行清算义务，有重大过失。王某二作为已注销公司三某鹏公司的债权人，有权就原应由三某鹏公司支付的款项，向杨某鹏、郑某女主张赔偿责任。

延伸阅读

在检索大量类案的基础上，笔者总结相关裁判规则如下，供读者参考。

（一）清算组未依法履行通知或公告义务，导致债权人未及时申报债权而未获清偿，清算组成员应当就因此造成的损失向债权人承担赔偿责任。

案例1：杨某芳与博罗县威某利服饰有限公司、马某兵清算责任纠纷二审民

事判决书【江苏省苏州市中级人民法院（2020）苏05民终6906号】

本案中，一控公司清算组办理注销时仅通过发布注销公告和出具清算报告的方式注销一控公司，未依法书面通知威某利公司等已知债权人申报债权，导致威某利公司未及时申报债权从而未获清偿，各清算组成员应当承担连带赔偿责任，威某利公司有权向杨某芳主张全部责任。

案例2：杭某集团股份有限公司诉范某英、徐某故意隐瞒清算信息侵犯债权纠纷案【江苏省苏州市中级人民法院（2011）苏某商终字第0630号】

清算组组长即原杭某张家港销售公司法定代表人范某英参加了2009年9月15日的（2009）杭下商初字第1420号的庭审，该案民事判决书已经于2009年9月28日作出，被告方于2009年10月底收到该判决书，清算组对杭某张家港销售公司尚有（2009）杭下商初字第1420号民事判决书项下的各项债务是明知的，但清算组并未将清算事宜书面告知其已知的该判决书项下的债权人即原告杭某集团，虽其将申报债权的公告在省级的《江苏经济报》予以刊登，但其明知对地处浙江省的原告杭某集团负有债务，而仅仅在江苏省的报纸刊登，该登报行为属于未按规定履行公告义务。即使清算组已在债权人所在地的报纸进行了公告，也不能免除其对已知债权人的书面通知义务。由于两被告没有按照规定履行通知和公告义务，导致原告未能及时申报债权而未获清偿。清算组在2009年12月29日出具清算报告时明知尚有对原告杭某集团的债务没有清偿，但其仍表示"对外的债权债务已经处理完毕"，清算组属于以虚假的清算报告来骗取工商部门的注销登记，是恶意逃避债务的行为。

案例3：邢台轧某异型辊有限公司与李某芬、李某丰清算责任纠纷申诉、申请民事裁定书【最高人民法院（2015）民申字第1416号】

本案中，华某公司清算组疏于履行公司清算时的通知和公告义务，导致债权人轧某公司未及时申报债权，现华某公司已注销，轧某公司向清算组成员要求损害赔偿，原审法院支持轧某公司的诉讼请求并无不当。

案例4：黄某永、黄某泽金融借款合同纠纷再审审查与审判监督民事裁定书【广东省高级人民法院（2019）粤民申7304号】

对汇某公司清算组来说，某行四会支行应当识别为已知债权人，并向某行四会支行发送书面的债权申报通知。汇某公司通过与某行四会支行签署《楼宇抵押贷款合作协议》，为购房人向某行四会支行借得的按揭贷款提供阶段性担保。鉴于按揭贷款系分笔偿还贷款本息的特点，只有在购房人高某文夫妇未能如期偿还每一期按揭贷款时，某行四会支行对汇某公司的担保债权金额方能确定。2014年汇某公司办理清算、注销程序时，因主债务人高某文夫妇尚能向某行四会支行依约偿还按揭贷款，某行四会支行此时尚不能依据《楼宇抵押贷款合作协议》向汇某公司主张其应就高某文夫妇按揭贷款所承担的担保责任，该项担保责任的实际发生时间、金额均不确定。但因《楼宇抵押贷款合作协议》并不因汇某公司办理注销登记而终止，汇某公司清算组成员黄某永、黄某泽、黄某亮应当知晓汇某公司在涉案《楼宇抵押贷款合作协议》项下对某行四会支行可能产生的担保责任，故其应在清算过程中向某行四会支行发送书面的债权申报通知，并与某行四会支行协商未来可能产生的担保责任之清理方案。汇某公司向某行四会支行申请撤销公司银行账户，不能视为其向某行四会支行发送书面的债权申报通知。因黄某永、黄某泽、黄某亮在一、二审中均未能证明汇某公司清算组在清算过程中依法书面通知某行四会支行申报债权，且汇某公司的责任财产本足以清偿某行四会支行的涉案债权。黄某永、黄某泽、黄某亮作为汇某公司原股东和清算组成员，应当对某行四会支行未能申报债权的损失承担赔偿责任。

案例5：嘉兴长某线业有限公司与姚某兴、范某琴、茅某康清算责任纠纷上诉案【上海市第二中级人民法院（2017）沪02民终6050号】

本案中，金某公司系一人有限公司，其唯一股东姚某兴作出公司解散的决定后，应在限期内进行清算。金某公司清算组虽然成立，但并未进行全面规范的清算，表现为未通知已知债权人申报债权，未发布清算公告。三被上诉人在一审中提供的公告仅是金某公司的注销公告而非清算公告。长某公司对金某公司的债权系经过生效判决确定，且经法院强制执行仍未清偿，姚某兴作为金某公司的唯一股东应明知长某公司系其债权人，其对金某公司进行清算时未通知长某公司申报债权，以及在公司债务未全部偿还的情形下，向市场监督管理局谎称已清偿全部债务并申请注销金某公司。姚某兴作为清算义务人及公司法规定的清算组组成人员对此存在重大过失，应当按照公司法的规定承担相应责任。因金某公司已经被注销，无法再行清算以查明公司资产负债情况，由此导致长某公司未能申报债权而未获清偿，根据公司法的相关规定，长某公司的损失应由姚某兴承担。

（二）清算组成员不履行通知债权人义务所承担的侵权责任，不以其出资额为限。

案例6：林某洋、林某再审审查与审判监督民事裁定书【最高人民法院（2015）民申字第916号】

关于申请人林某洋、林某应当承担的责任范围问题，一方面，《公司法》第一百八十九条第三款规定："清算组成员因故意或者重大过失给公司或者债权人造成损失的，应当承担赔偿责任。"① 申请人的违法清算行为的直接后果，就是导致债权人Y银行因债务清偿主体消灭而无法主张债权。故，原审判决将申请人的违法清算行为给Y银行所造成的损失认定为债权本息的全部，并无不当，本院予以维持。另一方面，在债务人企业资不抵债的情况下，通过依法进行破产清算的制度设计，在保证债权人就公司全部财产公平受偿的同时，也为债务人企业提供了破产免责的救济。该破产免责的法律后果在合法免除债务人企业不能清偿的部分债务的同时，也隔断了股东对公司债务的责任，使得股东受到有限责任原则的保护。本案中，申请人林某洋、林某自行实施的违法清算行为，系对法人独立地位和股东有限责任的滥用，既不能产生债务人康某公司和永某公司免于清偿部分债务的法律后果，同时，作为股东的林某洋、林某也不再受到股东有限责任原则的保护。《公司法》第二十条第三款规定："公司股东滥用公司法人独立地位和股东有限责任，逃避债务，严重损害公司债权人利益的，应当对公司债务承担连带责任。"② 据此，申请人林某洋、林某亦应当对康某公司和永某公司的全部债务承担责任。

085 股东怠于履行清算义务导致公司无法清算应否担责？

> 阅读提示

2023年修订的《公司法》施行前，有限责任公司股东作为法定清算义务人，怠于履行清算义务导致公司无法清算的，必将严重侵害广大债权人利益使债权人无法受偿，此时债权人能否向股东主张责任？本文在此通过北京市高级人民法院的一则案例，对上述问题进行分析。

> 裁判要旨

有限责任公司股东应于法定的公司解散事由出现之日起15日内成立清算组

---

① 《公司法》已修改，现相关规定见《公司法》（2023年修订）第二百三十八条第二款。
② 《公司法》已修改，现相关规定见《公司法》（2023年修订）第二十三条第一款。

开始清算，股东怠于履行清算义务导致公司主要财产、账册、重要文件等灭失而无法清算的，应对公司债务承担连带责任。

案情简介 ①

（一）2010年8月24日，明某公司成立，股东为张某华、赵某晖和廖某子。

（二）2016年5月19日，明某公司被北京市工商行政管理局朝阳分局吊销营业执照。

（三）经查明，明某公司所有年份的纸质财务账册全部丢失，导致无法开展清算活动。

（四）债权人李某昊诉至法院，要求明某公司三名股东对公司债务承担连带责任，赵某晖和廖某子则主张并未实际参与公司经营管理，不应承担责任，但未能举证证明。

（五）北京四中院一审和北京市高级人民法院二审均认为，工商登记的股东具有对外公示效力，李某昊依据工商登记信息请求明某公司三名股东承担连带清偿责任，于法有据，应予支持。

裁判要点

本案的核心争议在于，股东怠于履行清算义务导致公司无法清算应否向债权人承担连带责任。

有限责任公司中，股东是推动公司进行清算的法定主体，在出现2018年《公司法》第一百八十三条规定的解散事由出现之日起15日内，股东应成立清算组开展清算。

有限责任公司的股东怠于履行清算义务，导致《最高人民法院关于适用〈中华人民共和国公司法〉若干问题的规定（二）》第十八条第二款规定的无法进行清算情形出现的，应就公司债务对债权人承担连带责任。

又根据《全国法院民商事审判工作会议纪要》第十五条，股东"怠于履行清算义务"和公司"无法清算"之间应具有因果关系，否则股东不承担连带责任。该条规定赋予了有限责任公司股东进行抗辩的空间，即如果小股东从未参与公司经营管理的，公司无法清算的后果并非其所造成，就不应当承担连带责任。

---

① 案件来源：廖某子等股东损害公司债权人利益责任纠纷二审民事判决书【北京市高级人民法院(2020)京民终187号】。

实务经验总结

1. 企业家应重视公司的合规建设，建立完善的账册记录与文件保存管理制度。一方面，独立且完善的财务账簿可以证明公司独立于股东而自行运营，避免债权人主张否认公司的法人格要求股东承担连带责任；另一方面，完善的账册、重要文件等是公司清算的必要依据，确保公司能够依法完成清算，防止股东自身被追及。

2. 对小股东而言，并非绝对不需要对公司无法清算负责任。在小股东实际参与了公司经营管理，尤其是担任了公司董事会、监事会成员时，且章程规定或股东会决议由股东组成清算组的，人民法院将倾向于认定该小股东亦具有履行清算义务的能力，应对债权人负连带责任。

3. 吊销和注销是不同的概念，行政机关吊销公司营业执照的，仅使公司无权再开展营业执照经营范围内记载的经营活动，但并不使公司丧失主体资格。因此不可认为公司被吊销就意味着相关债权债务全部终止，有限责任公司应及时成立清算组进行清算，在清算结束后申请注销公司登记，此时公司法人资格才归于消灭。

相关法律规定

《中华人民共和国公司法》（2023 年修订）

第二百三十二条　公司因本法第二百二十九条第一款第一项、第二项、第四项、第五项规定而解散的，应当清算。董事为公司清算义务人，应当在解散事由出现之日起十五日内组成清算组进行清算。

清算组由董事组成，但是公司章程另有规定或者股东会决议另选他人的除外。

清算义务人未及时履行清算义务，给公司或者债权人造成损失的，应当承担赔偿责任。

《中华人民共和国公司法》（2018 年修正，已被修订）

第一百八十三条　公司因本法第一百八十条第（一）项、第（二）项、第（四）项、第（五）项规定而解散的，应当在解散事由出现之日起十五日内成立清算组，开始清算。有限责任公司的清算组由股东组成，股份有限公司的清算组由董事或者股东大会确定的人员组成。逾期不成立清算组进行清算的，债权人可以申请人民法院指定有关人员组成清算组进行清算。人民法院应当受理该申请，并及时组织清算组进行清算。

《最高人民法院关于适用〈中华人民共和国公司法〉若干问题的规定（二）》（2020年修正）

第十八条 有限责任公司的股东、股份有限公司的董事和控股股东未在法定期限内成立清算组开始清算，导致公司财产贬值、流失、毁损或者灭失，债权人主张其在造成损失范围内对公司债务承担赔偿责任的，人民法院应依法予以支持。

有限责任公司的股东、股份有限公司的董事和控股股东因怠于履行义务，导致公司主要财产、账册、重要文件等灭失，无法进行清算，债权人主张其对公司债务承担连带清偿责任的，人民法院应依法予以支持。

上述情形系实际控制人原因造成，债权人主张实际控制人对公司债务承担相应民事责任的，人民法院应依法予以支持。

《全国法院民商事审判工作会议纪要》

14.【怠于履行清算义务的认定】公司法司法解释（二）第18条第2款规定的"怠于履行义务"，是指有限责任公司的股东在法定清算事由出现后，在能够履行清算义务的情况下，故意拖延、拒绝履行清算义务，或者因过失导致无法进行清算的消极行为。股东举证证明其已经为履行清算义务采取了积极措施，或者小股东举证证明其既不是公司董事会或者监事会成员，也没有选派人员担任该机关成员，且从未参与公司经营管理，以不构成"怠于履行义务"为由，主张其不应当对公司债务承担连带清偿责任的，人民法院依法予以支持。

15.【因果关系抗辩】有限责任公司的股东举证证明其"怠于履行义务"的消极不作为与"公司主要财产、账册、重要文件等灭失，无法进行清算"的结果之间没有因果关系，主张其不应对公司债务承担连带清偿责任的，人民法院依法予以支持。

法院判决

以下为北京市高级人民法院就清算义务人怠于履行清算义务的连带责任的详细论述：

截至本案诉讼，明某公司三股东作为清算主体并未组织公司清算，三股东亦未举证证明已为履行清算义务采取了积极措施，故三股东已经构成怠于履行清算义务的情形。明某公司工商登记的股东为三股东，廖某子主张其仅为名义股东，未参与公司经营，但其未能提供充分证据予以证明，本院无法认定存在代持关系；李某昊基于信赖工商登记公示效力向三股东主张权利，于法有据。据已查明事实，三股东未依法履行股东义务及董事职责，导致公司未能妥善保管财务账册及相应文件，且已无法据以查明公司财产，亦无法进行清算，故本案三股东怠于履行清算义务与公司因无账册、重要文件而无法清算之间具有因果关系。一审判决认为该等情形符合《公司法解释二》第十八条第二款之规定，三股东应当对明某公司债务承担连带清偿责任，该认定正确，本院予以确认；三股东上诉认为其怠于清算义务与李某昊债权受损没有因果关系，故不应承担责任，没有法律依据，本院不予支持。

延伸阅读

在检索大量类案的基础上，笔者总结相关裁判规则如下，供读者参考。

（一）有限责任公司股东怠于履行清算义务与公司无法清算之间不存在因果关系时，股东不应对公司债务承担连带责任。

案例1：浙江富某集团有限公司、陈某达、孙某源清算责任纠纷再审审查与审判监督民事裁定书【浙江省高级人民法院（2019）浙民申4266号】

富某公司依据《公司法解释二》第十八条第二款规定诉请陈某达、孙某源对晟某公司所欠富某公司债务承担连带清偿责任是有前提条件的：一是怠于履行义务，即主观存在错，该要求与《清算会议纪要》第二十八条规定"经向被申请人的股东、董事等直接责任人员释明或采取罚款等民事制裁措施后"所含意思基本一致；二是因股东的行为导致公司主要财产、账册、重要文件等灭失。但在晟某公司强制清算案件中，法院或者清算组并未直接或者书面通知公司股东，而是通过公告方式进行，故不能认定陈某达系故意不提交公司账册存在过错，不足以认定其属于怠于履行义务。同时，陈某达在本案二审中提交了晟某公司的财务账册，暂时无法认定该公司账册等已经灭失，本案现有证据亦无法证实晟某公司的无法清算系陈某达、孙某源消极不作为，怠于履行义务所致，两者之间存在因果关系。故，本案已查证的事实与《公司法解释二》第十八条第二款规定的情形并不相符。

（二）未参与公司经营管理的小股东不对公司无法清算承担责任。

案例 2：北京凯某新技术开发总公司、西安高新区西某大科技园发展有限公司再审审查与审判监督民事裁定书【最高人民法院（2020）最高法民申 5659 号】

有限责任公司股东因公司无法清算对公司债务承担连带清偿责任需具备两个要件，一是股东怠于履行清算义务，即有限责任公司股东在法定清算事由出现后，在能够履行清算义务的情况下，故意拖延、拒绝履行清算义务，或者因过失导致无法进行清算；二是股东怠于履行清算义务这一消极不作为与公司主要财产、账册、重要文件灭失进而无法进行清算这一结果之间具有因果关系。本案中，科技园公司作为电力电子公司持股 5% 的股东，没有证据显示其选派人员担任电力电子公司董事会或监事会成员，亦没有证据显示其参与该公司经营管理。原审判决据此认定科技园公司不具有能够履行清算义务而拒绝或拖延清算从而导致电力电子公司的主要财产、账册、重要文件灭失的过错行为，进而驳回凯某公司要求科技园公司对电力电子公司债务承担连带清偿责任的请求，并无不当。

案例 3：张某秀因与被申请人顾某冬、胡某杰、王某禄清算责任纠纷一案【浙江省高级人民法院（2017）浙民再 20 号】

本案的再审争议焦点在于，胡某杰、王某禄是否应对天某公司尚欠张某秀的债务承担连带清偿责任。张某秀申请再审主张，依据《公司法司法解释二》第十八条第二款之规定，天某公司各股东怠于履行清算义务，导致天某公司主要财产、账册、重要文件等灭失而无法进行清算，并据此主张各股东对天某公司债务承担连带清偿责任。本院注意到，天某公司主要财产在 2010 年之前即已被江北法院查封，并于 2010 年在江北法院主持下向天某公司债权人进行了分配，而天某公司系于 2010 年 11 月 18 日因未参加工商年检而被宁波市工商行政管理局吊销营业执照，故天某公司主要财产在天某公司清算事由发生前即已经由人民法院经执行程序分配完毕，并不存在因天某公司股东怠于履行清算义务而导致公司主要财产灭失的情形；天某公司账册也系由天某公司原财务黄某根据顾某冬的指示领走并交到了顾某冬在青林湾的家里，应认定天某公司的账册实际处于顾某冬掌控之中。据此，张某秀依据《公司法司法解释二》第十八条第二款之规定申请再审主张胡某杰、王某禄对天某公司所负债务承担连带清偿责任，相应主张依据不足。

086 董事会出具决议声明承担清算赔偿责任的，效力如何？

阅读提示

清算责任是一种法定的侵权责任，我国《公司法》明确规定清算组成员履行清算义务时存在故意或重大过失造成债权人损失的，应当承担赔偿责任。那么董事会出具决议承诺全体董事也承担清算责任的，其法律效力如何呢？本文在此通过山东省高级人民法院的一则案例，对上述问题进行分析。

2023年修订的《公司法》规定董事为法定清算义务人，即公司章程和股东会决议未对清算组成员作出其他约定，则董事承担清算责任，2023年修订的《公司法》施行后，司法裁判规则将会发生明显变化。

裁判要旨

董事会出具决议承诺对清算报告虚假的后果承担责任的，属意定之债，不同于清算责任的法定责任性质，故债权人提起清算责任纠纷之诉请求董事会成员依据前述决议承担赔偿责任的，于法无据，不予支持。

案情简介[①]

（一）2007年8月16日，另案一审法院作出调解书：华某公司应归还某商业银行股份有限公司清洋园区支行（以下简称清洋支行）226万元贷款债务及相应利息，抵押人华某公司和枫某公司对前述债务承担连带责任（以下将该三个债务人简称为三公司）。

（二）2013年3月20日，三公司的清算组分别出具清算报告，三公司董事会分别作出董事会决议，对清算报告确认通过，并承诺如有虚假由董事会担责。

（三）后因三公司清算组未通知清洋支行申报债权，清洋支行诉至法院除要求清算组成员承担赔偿责任外，还要求全体董事负赔偿责任。

（四）烟台中院一审驳回了清洋支行要求董事承担清算责任的诉请，认为于

[①] 案件来源：某商业银行股份有限公司清洋园区支行、烟台华某企业有限公司清算责任纠纷二审民事判决书【山东省高级人民法院（2019）鲁民终2484号】。

法无据。山东省高级人民法院二审维持原判。

裁判要点

本案的核心争议在于，董事会出具决议声明承担清算赔偿责任的，债权人能否据此主张其清算责任，对此，山东省高级人民法院认为：

首先，董事会出具决议承诺对未依法清算造成的债权人损失承担赔偿责任的，属于意定之债，而原告清洋支行提起清算责任纠纷请求清算组成员承担的赔偿责任在性质上是一种法定之债，两者属于请求权竞合。

其次，在法定之债下，我国公司法并未明确规定董事应承担公司清算的赔偿责任。因此，清洋支行主张三公司全体董事承担赔偿责任于法无据，不应支持。

实务经验总结

1. 2023年修订的《公司法》施行前，公司在清算过程中不仅担任清算组成员的股东有可能承担赔偿责任，未担任清算组成员的股东亦有可能承担责任。即在公司股东怠于履行义务，导致公司主要财产、账册、重要文件等灭失无法清算的，债权人有权请求该股东对公司债务承担连带清偿责任，2023年修订的《公司法》施行后，法律并未排除股东成为清算组成员，故如公司章程或股东会决议由股东组成清算组，则股东仍承担相应清算义务。

2. 当公司章程或股东会决议规定由股东组成清算组，对于实务中存在的股权代持情形，由显名股东认为自己并非实际出资人，因此无义务在公司出现解散事由后开展清算，这种认识显然是错误的。显名股东作为工商登记机关记载的股东，应及时依法成立清算组开展清算，避免被认定为怠于履行义务而要承担责任。

相关法律规定

《中华人民共和国民法典》

第一百八十六条　因当事人一方的违约行为，损害对方人身权益、财产权益的，受损害方有权选择请求其承担违约责任或者侵权责任。

《中华人民共和国公司法》（2023年修订）

第二百三十五条　清算组应当自成立之日起十日内通知债权人，并于六十日内在报纸上或者国家企业信用信息公示系统公告。债权人应当自接到通知之日起三十日内，未接到通知的自公告之日起四十五日内，向清算组申报其债权。

债权人申报债权，应当说明债权的有关事项，并提供证明材料。清算组应当对债权进行登记。

在申报债权期间，清算组不得对债权人进行清偿。

第二百三十八条　清算组成员履行清算职责，负有忠实义务和勤勉义务。

清算组成员怠于履行清算职责，给公司造成损失的，应当承担赔偿责任；因故意或者重大过失给债权人造成损失的，应当承担赔偿责任。

第二百三十九条　公司清算结束后，清算组应当制作清算报告，报股东会或者人民法院确认，并报送公司登记机关，申请注销公司登记。

《中华人民共和国公司法》（2018年修订，已被修订）

第一百八十五条　清算组应当自成立之日起十日内通知债权人，并于六十日内在报纸上公告。债权人应当自接到通知书之日起三十日内，未接到通知书的自公告之日起四十五日内，向清算组申报其债权。

债权人申报债权，应当说明债权的有关事项，并提供证明材料。清算组应当对债权进行登记。

在申报债权期间，清算组不得对债权人进行清偿。

第一百八十八条　公司清算结束后，清算组应当制作清算报告，报股东会、股东大会或者人民法院确认，并报送公司登记机关，申请注销公司登记，公告公司终止。

第一百八十九条　清算组成员应当忠于职守，依法履行清算义务。

清算组成员不得利用职权收受贿赂或者其他非法收入，不得侵占公司财产。

清算组成员因故意或者重大过失给公司或者债权人造成损失的，应当承担赔偿责任。

《最高人民法院关于适用〈中华人民共和国公司法〉若干问题的规定（二）》（2020年修正）

第十一条　公司清算时，清算组应当按照公司法第一百八十五条的规定，将公司解散清算事宜书面通知全体已知债权人，并根据公司规模和营业地域范围在全国或者公司注册登记地省级有影响的报纸上进行公告。

清算组未按照前款规定履行通知和公告义务，导致债权人未及时申报债权而未获清偿，债权人主张清算组成员对因此造成的损失承担赔偿责任的，人民法院应依法予以支持。

法院判决

以下为山东省高级人民法院就三公司董事会成员鹿某贤、鹿某杰及望某男等应否承担连带清偿责任的详细论述：

本案中，根据本院上述认定，三公司相关股东应当对涉案债务承担赔偿责任，清洋支行仅要求三公司股东华某公司、丸某会社、鹿某剑承担连带赔偿责任并不违反法律规定。但因法律或司法解释并未规定有限责任公司的董事应对上述情形承担赔偿责任，且没有证据证明涉案三公司其他董事会成员鹿某贤、鹿某杰及望某男等对本案违法清算损害债权人利益的行为与公司清算组成员具有共同侵权的故意或重大过失，因此一审法院认定相关董事会成员不承担赔偿责任亦无不妥。

延伸阅读

在检索大量类案的基础上，笔者总结相关裁判规则如下，供读者参考。

（一）名义股东负有及时成立清算组的法定义务。（2023年修订的《公司法》规定董事为清算法定义务人，新法施行后，该裁判规则将发生改变）

案例1：杨某清算责任纠纷申诉、申请民事裁定书【北京市高级人民法院（2014）高民申字第2812号】

本院认为，原判决在认定事实和适用法律上是正确的。韩某集团公司与中某公司之间的债权债务关系明确。2006年12月，中某公司因逾期未年检被工商行政管理机关吊销了营业执照，符合法律规定的解散事由。杨某作为中某公司的股东之一，负有在解散事由出现之日起15日内成立清算组进行清算的法定义务。杨某作为公司登记机关记载的股东，不能依据其与中某公司原股东孙某红、中某公司的约定否定登记机关登记行为的效力，杨某依据本人及裕某公司与中某公司原股东孙某红、中某公司之间的争议对抗债权人韩某公司的主张于法无据。

（二）在出现法定解散事由后成立清算组进行清算是全体股东的义务。(2023年修订的《公司法》规定董事为清算法定义务人，新法施行后，该裁判规则将发生改变）

案例2：王某与北京北某吉成科技有限公司清算责任纠纷上诉案【北京市第一中级人民法院（2013）一中民终字第6082号】

本院认为：《中华人民共和国公司法》第一百八十一条规定："公司因下列

原因解散：……（四）依法被吊销营业执照、责令关闭或者被撤销……"① 第一百八十四条规定："公司因本法第一百八十一条第（一）项、第（二）项、第（四）项、第（五）项规定而解散的，应当在解散事由出现之日起十五日内成立清算组，开始清算。有限责任公司的清算组由股东组成……"② 本案中，大某公司2011年11月23日被北京市工商行政管理局海淀分局依法吊销企业法人营业执照，即自2011年11月23日起大某公司就已出现法定的解散事由，应当在被吊销之日起15日内成立由大某公司股东组成的清算组开始清算。

087 债权人能否请求被清算公司股东的股东承担违法清算赔偿责任？

阅读提示

《最高人民法院关于适用〈中华人民共和国公司法〉若干问题的规定（二）》（2020年修正）第二十条第二款规定股东承诺对公司债务承担责任时，可以不经清算即注销公司，此时债权人有权主张该名股东承担相应责任。但如果该股东又被其股东注销的，债权人还能否进一步要求该股东的股东承担赔偿责任呢？本文在此通过山东省高级人民法院的一则案例，对上述问题进行分析。

裁判要旨

股东作为清算义务人未依法清算即注销公司的，应按承诺对公司债务承担责任。而清算义务人的股东又注销清算义务人的，要从该股东注销行为的合法性、注销行为与债权人损失之间的因果关系等要素综合认定该股东是否要承担赔偿责任。

值得注意的是，2023年修订的《公司法》第二百三十二条规定董事为清算法定义务人，新法施行后，前述裁判规则将发生改变。

---

① 《公司法》已修改，现相关规定见《公司法》（2023年修订）第二百二十九条。
② 《公司法》已修改，现相关规定见《公司法》（2023年修订）第二百三十二条。

案情简介[①]

（一）2005 年 7 月 22 日，青岛 G 银行将对海某置业公司的 980 万元债权转让给了中国长某资产管理股份有限公司山东省分公司（以下简称长某山东分公司）。

（二）2018 年 6 月 14 日，海某经贸公司在未经清算的情况下决定将全资子公司海某置业公司注销，并承诺对公司债务承担责任。

（三）2019 年 8 月，海某经贸公司股东唐某等人经决议注销了该公司。

（四）长某山东分公司因此诉至法院，要求唐某等人就 980 万元案涉债务承担连带赔偿责任。

（五）青岛中院一审海某经贸公司注销行为与长某山东分公司损失不存在因果关系为由驳回诉请。山东省高级人民法院二审维持原判。

裁判要点

本案的核心争议在于，股东注销清算义务人是否要对被清算公司债务人承担赔偿责任，对此，山东省高级人民法院认为：

第一，对于海某经贸公司应否对海某置业公司的 980 万元债务承担赔偿责任。海某经贸公司在向工商部门申请注销海某置业公司登记时，出具了股东决定承诺对其债务承担责任。因此，海某经贸公司应依据《最高人民法院关于适用〈中华人民共和国公司法〉若干问题的规定（三）》第二十条第二款规定对长某山东分公司的 980 万元债权承担赔偿责任。

第二，对于海某经贸公司注销后，其股东唐某等人应否对案涉 980 万元债务承担赔偿责任。经查明，海某经贸公司注销程序符合法律规定，清算后股东可分配的财产为零，且唐某等人亦未参与过海某置业公司的经营管理活动。故，长某山东分公司无权要求唐某等人对海某置业公司的债务承担赔偿责任。

实务经验总结

1. 我国公司法等法律法规对公司清算有详细的规定，违反相关规定可能招致清算责任。2023 年修订的《公司法》施行前，对于有限责任公司而言，应由

[①] 案件来源：中国长某资产管理股份有限公司山东省分公司、唐某等清算责任纠纷二审民事判决书【山东省高级人民法院（2021）鲁民终 1937 号】。

股东担任清算组成员，依法通知全体债权人申报债权并在报纸上进行公告。清算义务人未履行通知义务即注销公司的，对因此造成的投资人损失应承担赔偿责任。2023年修订的《公司法》施行后，董事为法定清算义务人，但也明确公司章程或股东会决议对清算组成员作出其他约定，因此，不论是董事、股东还是其他人，担任清算组成员即因承担法律规定的清算职权与责任。

2. 对于债权人而言，其应当积极关注相关报纸上的清算公告，积极向债务人主张权利，以避免被法院认定为属于或有之债而非确定之债，使得自身无法被认定为确定债权人。

相关法律规定

《中华人民共和国公司法》（2023年修订）

第二百三十二条　公司因本法第二百二十九条第一款第一项、第二项、第四项、第五项规定而解散的，应当清算。董事为公司清算义务人，应当在解散事由出现之日起十五日内组成清算组进行清算。

清算组由董事组成，但是公司章程另有规定或者股东会决议另选他人的除外。

清算义务人未及时履行清算义务，给公司或者债权人造成损失的，应当承担赔偿责任。

第二百三十五条　清算组应当自成立之日起十日内通知债权人，并于六十日内在报纸上或者国家企业信用信息公示系统公告。债权人应当自接到通知之日起三十日内，未接到通知的自公告之日起四十五日内，向清算组申报其债权。

债权人申报债权，应当说明债权的有关事项，并提供证明材料。清算组应当对债权进行登记。

在申报债权期间，清算组不得对债权人进行清偿。

第二百三十八条　清算组成员履行清算职责，负有忠实义务和勤勉义务。

清算组成员怠于履行清算职责，给公司造成损失的，应当承担赔偿责任；因故意或者重大过失给债权人造成损失的，应当承担赔偿责任。

《中华人民共和国公司法》（2018年修正，已被修订）

第一百八十五条　清算组应当自成立之日起十日内通知债权人，并于六十日内在报纸上公告。债权人应当自接到通知书之日起三十日内，未接到通知书的自公告之日起四十五日内，向清算组申报其债权。

债权人申报债权,应当说明债权的有关事项,并提供证明材料。清算组应当对债权进行登记。

在申报债权期间,清算组不得对债权人进行清偿。

第一百八十九条 清算组成员应当忠于职守,依法履行清算义务。

清算组成员不得利用职权收受贿赂或者其他非法收入,不得侵占公司财产。

清算组成员因故意或者重大过失给公司或者债权人造成损失的,应当承担赔偿责任。

《最高人民法院关于适用〈中华人民共和国公司法〉若干问题的规定(二)》(2020年修正)

第十八条 有限责任公司的股东、股份有限公司的董事和控股股东未在法定期限内成立清算组开始清算,导致公司财产贬值、流失、毁损或者灭失,债权人主张其在造成损失范围内对公司债务承担赔偿责任的,人民法院应依法予以支持。

有限责任公司的股东、股份有限公司的董事和控股股东因怠于履行义务,导致公司主要财产、账册、重要文件等灭失,无法进行清算,债权人主张其对公司债务承担连带清偿责任的,人民法院应依法予以支持。

上述情形系实际控制人原因造成,债权人主张实际控制人对公司债务承担相应民事责任的,人民法院应依法予以支持。

第十九条 有限责任公司的股东、股份有限公司的董事和控股股东,以及公司的实际控制人在公司解散后,恶意处置公司财产给债权人造成损失,或者未经依法清算,以虚假的清算报告骗取公司登记机关办理法人注销登记,债权人主张其对公司债务承担相应赔偿责任的,人民法院应依法予以支持。

第二十条 公司解散应当在依法清算完毕后,申请办理注销登记。公司未经清算即办理注销登记,导致公司无法进行清算,债权人主张有限责任公司的股东、股份有限公司的董事和控股股东,以及公司的实际控制人对公司债务承担清偿责任的,人民法院应依法予以支持。

公司未经依法清算即办理注销登记,股东或者第三人在公司登记机关办理注销登记时承诺对公司债务承担责任,债权人主张其对公司债务承担相应民事责任的,人民法院应依法予以支持。

法院判决

以下为山东省高级人民法院就唐某等人应否对海某置业公司的债务承担赔偿

责任的详细论述:

首先,关于海某经贸公司应否对海某置业公司的债务承担赔偿责任问题。本院认为,海某置业公司未经依法清算办理注销登记,其股东海某经贸公司向公司登记机关出具股东决定,承诺对注销后出现未清理完的债权债务承担责任,故对涉案债务,海某经贸公司依法应当承担赔偿责任。

其次,关于唐某等人应否对海某经贸公司的债务承担赔偿责任问题。本案中,海某经贸公司经股东决定解散,并依法成立清算组,对公司的债权债务进行了清理,并出具清算报告,清算后股东可分配的财产为零。对此,海某经贸公司一审中提交了海某经贸公司的账册以及专业机构的审计报告佐证。本院认为,海某经贸公司的股东决定解散公司,并自行进行清算,并不违反法律规定。因海某经贸公司现已依法注销,长某山东分公司要求其承担责任的主张,本院不予支持。对长某山东分公司关于唐某等人是否依法通知债权人的问题,本案海某置业公司成立是为全民所有制企业,海某经贸公司亦在一审中提交了 2007 年企业改制资产中不包括海某置业公司的出资证据,以及海某置业公司一直处于停业状态,且唐某等人亦未参与过海某置业公司的经营管理活动。本院认为,海某经贸公司非法注销了海某置业公司,但该行为产生的侵权之债仍属或有之债而非确定之债,而长某山东分公司未证明在此期间向海某经贸公司主张过权利,本院结合上述事实不能认定海某经贸公司知悉长某山东分公司为本案确定债权人。另,海某经贸公司清算组于 2019 年 6 月 19 日成立后在法定期限内在报纸上进行公告,故对长某山东分公司关于唐某等人未依法通知债权人的主张,本院不予支持。综上,对于长某山东分公司要求唐某等人对海某置业公司的债务承担赔偿责任的主张,本院不予支持。

延伸阅读

在检索大量类案的基础上,笔者总结相关裁判规则如下,供读者参考。

(一)无证据证明清算义务人的股东有违法清算情况的,债权人不得要求清算义务人的股东承担赔偿责任。

案例 1:宁某、镇江市人民政府国有资产监督管理委员会清算责任纠纷二审民事判决书【江苏省镇江市中级人民法院(2021)苏 11 民终 2162 号】

西某公司设立于 1993 年 3 月 6 日,2001 年 12 月被吊销营业执照,2019 年 5 月其法人资格终止。而西某公司的主管部门镇某物资集团的法人资格在 2000 年

12月时即已终止。也就是说，西某公司被吊销营业执照时，其主管部门镇某物资集团的法人资格就已消灭，其主管机关已不复存在。故宁某根据《最高人民法院关于贯彻执行〈中华人民共和国民法通则〉若干问题的意见（试行）》第五十九条的规定，要求镇江市国资委作为镇某物资集团的主管机关对西某公司无法清算承担责任，无法律依据。

在镇某物资集团破产清算过程中，因其破产财产不足以支付破产费用，本院已于2000年12月作出裁定终结破产程序。现宁某以镇某物资集团违法清算为由，要求其主管机关镇江市国资委对宁某的损失承担赔偿责任，但其提供的证据不足以证明镇江市国资委在镇某物资集团破产清算过程中有违法清算行为，亦无证据证明镇江市国资委在镇某物资集团破产清算过程中有损害宁某利益的行为。故一审法院判决驳回宁某的诉讼请求并无不当，本院予以维持。

（二）清算责任是一种特殊侵权责任，责任成立需要满足侵权责任的构成要件。

案例2：上海文某资产管理股份有限公司与某贸易促进委员会广东省委员会清算责任纠纷一审民事判决书【广东省广州市越秀区人民法院（2020）粤0104民初39127号】

如前所述，本案可以参照现行公司法的相关规定进行处理。《最高人民法院关于适用〈中华人民共和国公司法〉若干问题的规定（二）》第十八条第二款规定："有限责任公司的股东、股份有限公司的董事和控股股东因怠于履行义务，导致公司主要财产、账册、重要文件等灭失，无法进行清算，债权人主张其对公司债务承担连带清偿责任的，人民法院应依法予以支持。"依据上述法律规定，清算义务人承担连带清偿责任的条件必须具备：一、存在怠于履行清算义务的行为；二、造成无法清算的后果；三、怠于履行清算义务与无法清算的后果之间存在因果关系。

088 破产程序终结后，债权人是否有权要求债务人瑕疵股东向其个别清偿？

阅读提示

《企业破产法》第三十五条规定："人民法院受理破产申请后，债务人的出资人尚未完全履行出资义务的,管理人应当要求该出资人缴纳所认缴的出资,而不受出资期限的限制。"可见,在破产程序中,管理人有权要求出资人立即履行出资义务用以清偿债权人。但是在实务中,由于追究瑕疵股东出资责任常常涉诉而需要预缴诉讼费等原因,债权人会议并不一定能够同意追究瑕疵股东出资责任。那么对于积极主张瑕疵股东出资责任的个别债权人而言,其在破产程序终结后,能否以个人名义起诉要求瑕疵股东对自己进行个别清偿呢?本文在此通过最高人民法院的一则经典案例,对上述问题进行分析。

裁判要旨

破产程序是集体强制清偿程序,破产程序的开始意味着个人清偿程序的中止,个别债权人无权请求个别清偿。但当破产程序终结后,个人清偿程序恢复,个别债权人起诉瑕疵股东向其进行个别清偿的,应予支持。

案情简介[①]

(一)1997年5月26日,北大中某公司成立,发起人为海南金某建设股份有限公司(以下简称金某公司)、三亚三某公司。经查明,金某公司一直未履行500万元出资义务。

(二)2006年4月24日,北大中某公司被深圳中院下达裁定宣告破产。N行深圳分行向北大中某公司清算组申报了6000余万元的债权。

(三)2008年5月4日,北大中某公司清算组发函给各债权人称,由于相关提议未获得债权人会议通过,不再在破产程序中追究瑕疵股东的出资责任,并提请法院终结破产程序。深圳中院于2008年4月23日裁定终结北大中某公司破产程序。

(四)北大中某公司破产程序终结后,N行深圳分行诉至法院,要求金某公司在500万元虚假出资范围内向N行深圳分行个别清偿。一审深圳中院、二审广东高院均支持了N行深圳分行的诉请。

(五)金某公司不服,向检察机关申请监督。最高人民法院再审维持原判,认为破产程序终结并不意味着债务人债务被免除,N行深圳分行有权以自己的名义主张金某公司在虚假出资范围内的责任。

---

① 案件来源:海南金某建设股份有限公司、N行深圳分行股东出资纠纷再审民事判决书【最高人民法院(2016)最高法民再279号】。

裁判要点

本案的核心争议在于，破产程序终结后，个别债权人是否有权请求债务人的瑕疵出资股东向其个别清偿，对此，最高人民法院认为：

首先，破产程序中不追究瑕疵股东责任并不意味着免除债务人的债务，仅是对该部分财产在破产程序中不予处理。并且破产程序终结意味着个人清偿程序恢复，个别债权人在破产程序终结后向债务人瑕疵股东主张清偿责任并不违法相关法律规定。

其次，本案中，N行深圳分行一直积极主张向北大中某公司进行追索，并且至再审庭审结束，北大中某公司其他债权人没有提起相关诉讼，N行深圳分行向北大中某公司出资不实的股东主张权利，亦不损害北大中某公司其他债权人的利益。

实务经验总结

1. 在破产程序中，债权人应当积极主张债务人瑕疵股东出资责任。从《企业破产法》第三十五条可知，原则上瑕疵股东的出资责任在破产程序中就应当被追缴从而实现各方债权债务关系的清理。在破产程序中放弃追缴瑕疵股东出资责任的债权人将被视为放弃对该部分债权的追偿，而同意追缴出资责任的债权人则在破产程序终结后依然可以以个人名义请求瑕疵股东在未实缴范围内向其清偿。

2. 本案中，N行深圳分行的诉请得被支持存在其他债权人在破产程序终结后未提起相关诉讼等特殊原因，因此在破产程序后主张瑕疵股东出资责任的并非一定能得到法院认可。

相关法律规定

《中华人民共和国企业破产法》

第三十五条 人民法院受理破产申请后，债务人的出资人尚未完全履行出资义务的，管理人应当要求该出资人缴纳所认缴的出资，而不受出资期限的限制。

第一百二十三条第一款 自破产程序依照本法第四十三条第四款或者第一百二十条的规定终结之日起二年内，有下列情形之一的，债权人可以请求人民法院按照破产财产分配方案进行追加分配：

（一）发现有依照本法第三十一条、第三十二条、第三十三条、第三十六条规定应当追回的财产的；

（二）发现破产人有应当供分配的其他财产的。

《最高人民法院关于适用〈中华人民共和国企业破产法〉若干问题的规定（二）》（2020年修正）

第二十三条 破产申请受理后，债权人就债务人财产向人民法院提起本规定第二十一条第一款所列诉讼的，人民法院不予受理。

债权人通过债权人会议或者债权人委员会，要求管理人依法向次债务人、债务人的出资人等追收债务人财产，管理人无正当理由拒绝追收，债权人会议依据企业破产法第二十二条的规定，申请人民法院更换管理人的，人民法院应予支持。

管理人不予追收，个别债权人代表全体债权人提起相关诉讼，主张次债务人或者债务人的出资人等向债务人清偿或者返还债务人财产，或者依法申请合并破产的，人民法院应予受理。

《最高人民法院关于适用〈中华人民共和国公司法〉若干问题的规定（三）》（2020年修正）

第十三条第一款、第二款 股东未履行或者未全面履行出资义务，公司或者其他股东请求其向公司依法全面履行出资义务的，人民法院应予支持。

公司债权人请求未履行或者未全面履行出资义务的股东在未出资本息范围内对公司债务不能清偿的部分承担补充赔偿责任的，人民法院应予支持；未履行或者未全面履行出资义务的股东已经承担上述责任，其他债权人提出相同请求的，人民法院不予支持。

法院判决

以下为最高人民法院就N行深圳分行是否可以通过普通民事诉讼程序主张案涉破产债权，以及判决金某公司承担相应法律责任的详细论述：

N行深圳分行在本案破产程序中就积极主张向北大中某公司股东进行追索，在破产程序终结后，其仍然以自己的名义提起本案诉讼，要求北大中某公司虚假出资、抽逃出资的股东向其个别清偿，并不违反法律规定，而且，至本案再审庭审结束时，北大中某公司其他债权人（包括同意追索的另外四家债权人）亦没有提起相关诉讼，N行深圳分行向北大中某公司出资不实的股东主张权利，亦不损害北大中某公司其他债权人的利益。

破产程序是集体强制清偿程序，破产程序的开始意味着个人清偿程序的中止，当破产程序终结后，个人清偿程序恢复，而本案清算组提出的处理方案未获多数债权人通过，但并未免除债务人的债务，仅是对该部分财产在破产程序中不予处理，亦没有禁止主张追偿的债权人在破产程序结束后向北大中某公司虚假出资、抽逃出资的股东进行追索。二审认为N行深圳分行可以以普通民事诉讼程序直接向人民法院就此提起诉讼并判决金某公司承担相应的法律责任，事实清楚、依法有据，并无不当。

延伸阅读

在检索大量类案的基础上，笔者总结相关裁判规则如下，供读者参考。

（一）在破产程序中，个别债权人另行提起诉讼要求瑕疵股东向其在未出资范围内承担清偿责任的，法院不予支持。

案例1：介休市维某集团管理有限公司、凌某华股东损害公司债权人利益责任纠纷二审民事判决书【广东省深圳市中级人民法院（2020）粤03民终11868号】

根据《中华人民共和国公司法》第一百九十条关于"公司被依法宣告破产的，依照有关企业破产的法律实施破产清算"的规定，①涉案债权应当按照破产清算程序进行清偿。破产清算程序的制度目的是在债权无法获得全额清偿的情况下，确保全体债权人得到公平清偿，为此《中华人民共和国企业破产法》第一百一十三条规定了相应的清偿顺序，在此情况下，凌某华就案涉债权不能再请求个别清偿。凌某华在本案中起诉请求维某公司对菲某伏公司所欠涉案债务承担连带清偿责任，实质上系请求个别清偿，不符合破产清算程序的制度目的及企业破产法的相关规定，欠缺法律依据，本院不予支持。

（二）破产程序中未主张追究债务人瑕疵股东出资责任的，在破产程序终结后又提出前述请求的，可能不被法院支持。

案例2：东莞市宏某净化材料有限公司、周某等股东损害公司债权人利益责任纠纷二审民事判决书【广东省深圳市中级人民法院（2021）粤03民终8919号】

本案中，本院于2019年8月2日受理宏某公司对龙某公司提出的破产清算申请，并于2020年1月裁定终结该破产程序。鉴于龙某公司已进入破产清算程序，而宏某公司在该破产清算程序中并未要求管理人追究龙某公司股东的清算责

---

① 《公司法》已修改，现相关规定见《公司法》（2023年修订）第二百四十二条。

任,故在宏某公司并未举证证明系因管理人或其他因素导致其未在破产清算程序中向龙某公司股东主张权利以增加龙某公司破产财产,也未举证证明管理人在嗣后怠于履行追回义务的情况下,宏某公司直接以龙某公司债权人的身份追究龙某公司股东的清算责任,缺乏法律依据,本院不予支持。

(三)判断个别清偿是否使债务人财产受益的关键在于债务人的破产财产是否因该清偿行为而减少。

案例3:某银行股份有限公司菏泽市中支行、山东方某邦嘉制药有限公司请求撤销个别清偿行为纠纷二审民事判决书【山东省高级人民法院(2020)鲁民终553号】

判断银行的扣划行为是否应予撤销,关键在于债务人的破产财产是否因该行为而减少。本案中,某行市中支行利用自身优势地位单方实施扣划行为,客观上造成方某公司财产的减少,损害了其他债权人平等受偿的利益,属于"个别清偿行为",依法应予撤销。某行市中支行辩称,"方某公司将还款资金存入指定还款账户,某行市中支行予以扣划,符合合同约定,亦符合法律规定,合法有效,应得到法律保护"。对此,本院认为,某行市中支行按照合同约定扣款,虽与方某公司主动还款在形式上存在一定区别,但实质上包含了债务人以事先认可的方式偿还债务的意思表示,并非完全脱离债务人的清偿意愿。因此,清偿行为采用何种方式实施,并不影响对"个别清偿行为"的认定。

089 主债务人破产申请受理后,担保债务是否停止计息?

阅读提示

对于受理破产申请以后担保人是否适用破产止息规则,实务中长期以来存在停止计息说和继续计息说两种观点,造成了司法裁判的不统一。《民法典》施行以后,相关司法解释虽明确采取了停止计息说,但仍然留存一些历史问题,也即对处于新旧法、新旧司法解释交替时期发生的案件,是否适用新法及新司法解释并无明确规定,仍然取决于法院自由裁量。本文引用了最高人民法院判决的一起经典案例,对上述问题进行分析,以供读者参考。

裁判要旨

《企业破产法》中规定的破产止息规则并未明确规定担保债务自破产申请受理时停止计息，故判决担保人对破产申请受理后的债务利息承担保证责任，并未违反当时的法律规定以及当事人合理预期。当事人以案件受理后生效的《最高人民法院关于适用〈中华人民共和国民法典〉有关担保制度的解释》主张对担保人应停止计息的，因该司法解释不适用于先已受理审理的案件，故对该主张不予支持。

案情简介 ①

（一）2012年12月28日，长某公司作为甲方与汤某等三人作为乙方签订《合作协议书》约定：联合购买矿业公司持有的某有色金属工业再生资源有限公司（以下简称有色金属公司）100%股权以及大通公司7.47%的股权，但仅以甲方名义受让前述股权。

（二）2013年10月28日，有色金属公司股东由矿业公司变更为长某公司持股100%。

（三）2013年11月21日，甲方、乙方与有色金属公司签订《补充合作协议书》，约定乙方有权要求甲方按照《合作协议书》的约定为乙方办理股权过户，有色金属公司同意为甲方履行本协议约定的义务提供连带责任保证。后查明，长某公司在完成股权收购后，未依约履行前述合同义务。

（四）2020年3月16日，西岗区法院裁定受理长某公司破产清算申请。

（五）汤某等三人以长某公司违约诉至法院，并要求有色金属公司对破产申请受理后的债务利息仍应承担担保责任。辽宁某院于2020年8月作出一审判决，认为法律并没有免除破产申请受理后担保人的利息债务，支持了汤某等三人的诉请。

（六）有色金属公司不服提起上诉。最高人民法院于2021年6月作出二审判决，认为一审判决并未违反当时的法律规定以及当事人合理预期，因此维持原判。

---

① 案件来源：李某、某有色金属工业再生资源有限公司等股权转让纠纷二审民事判决书【最高人民法院（2020）最高法民终1322号】。

实务经验总结

1. 《企业破产法》第四十六条第二款规定："附利息的债权自破产申请受理时起停止计息。"该条法律规定了破产止息规则，但并未明确其是否适用于担保人，实务中也多有适用担保债权继续计息说的案例。

2. 《最高人民法院关于适用〈中华人民共和国民法典〉有关担保制度的解释》于2021年1月1日实施，在总结实务经验的基础上，最终在第二十二条明确规定破产申请受理后，对担保人亦应当停止计息。该司法解释为各地法院提供了统一的裁判标准，对于该司法解释颁布后发生的案件中担保人适用破产止息规则应再无争议。

3. 公司资不抵债申请破产的，债权人除应积极向破产管理人申报债权外，还应及时要求担保人承担担保责任。对于债权人而言，其可主张法不溯及既往、新法明显减损了自己的合法权益请求适用法律事实发生时的法律，要求担保人对破产申请受理后的利息债务承担责任；对于担保人来说，则可以积极主张适用《民法典》及《最高人民法院关于适用〈中华人民共和国民法典〉有关担保制度的解释》中担保人停止计息的规定，要求兼顾各方利益实现公平。

相关法律规定

《中华人民共和国企业破产法》

第四十六条　未到期的债权，在破产申请受理时视为到期。

附利息的债权自破产申请受理时起停止计息。

《中华人民共和国民法典》

第六百八十二条第一款　保证合同是主债权债务合同的从合同。主债权债务合同无效的，保证合同无效，但是法律另有规定的除外。

《最高人民法院关于适用〈中华人民共和国民法典〉有关担保制度的解释》

第二十二条　人民法院受理债务人破产案件后，债权人请求担保人承担担保责任，担保人主张担保债务自人民法院受理破产申请之日起停止计息的，人民法院对担保人的主张应予支持。

法院判决

以下为最高人民法院就有色金属公司应否承担担保责任及责任范围的问题的

详细论述：

有色金属公司主张利息利率标准应以 2020 年 8 月、2020 年 12 月修正过的《最高人民法院关于审理民间借贷案件适用法律若干问题的规定》为准，但《补充合作协议书（一）》签订于 2013 年，本案首次一审立案于 2015 年、第二次一审立案于 2017 年，一审判决作出之日为 2020 年 8 月 17 日，时间均在前述两次修正前，亦不属于两次修正后司法解释规定的"施行后，新受理的一审民间借贷纠纷"案件范围，故一审法院参照适用修正前的司法解释规定并无不当。

《中华人民共和国企业破产法》第四十六条第二款规定："附利息的债权自破产申请受理时起停止计息。"该条法律规定并未明确规定担保债务自破产申请受理时停止计息，一审判决有色金属公司对长某公司破产申请受理后的债务利息承担保证责任，并未违反当时的法律规定以及当事人合理预期。有色金属公司主张的《最高人民法院关于适用〈中华人民共和国民法典〉有关担保制度的解释》第二十二条的规定，并不适用于本案，其该项上诉理由不能成立。

延伸阅读

在检索大量类案的基础上，笔者总结相关裁判规则如下，供读者参考。

（一）基于保证责任的从属性，当主债务破产申请受理后适用破产止息规则停止计息的，对其担保债权也应当停止计息。

案例 1：浙商金某信托股份有限公司、浙江三某集团有限公司金融借款合同纠纷再审民事判决书【最高人民法院（2018）最高法民再 19 号】

关于马某生、楼某珍的保证责任范围问题。本案中，某汇信托公司的债权范围因主债务人三某集团公司进入破产重整程序而确定为 254867898.2 元。马某生、楼某珍作为保证人，基于保证债务的从属性，其所承担的债务范围不应大于主债务人。故，原审判决在确认金某信托公司对三某集团公司的债权利息计算截止到 2015 年 8 月 17 日人民法院受理破产重整申请之日止的同时，判令保证人马某生、楼某珍在 2015 年 8 月 18 日之后继续按年利率 24.4%向金某信托公司继续支付利息至实际清偿之日止，明显缺乏法律依据，亦严重损害了保证人马某生、楼某珍的合法权益，本院予以纠正。

案例 2：江苏宏某集团有限公司与华某银行股份有限公司南通分行、江苏哥某德贵金属有限公司等保证合同纠纷二审民事判决书【江苏省南通市中级人民法院（2018）苏 06 民终 4694 号】

关于利息计算，《中华人民共和国企业破产法》第四十六条第二款规定，附利息的债权自破产申请受理时起停止计息。此规定系针对主债权，对保证责任是否受此约束法律并无明文规定。但担保债务具有从属性，担保人承担的担保责任应以主债务的范围为限，不应超过主债务的范围，故主债权停止计息的效力应及于担保人。一审对利息一直计算至借款实际清偿之日不当，本院予以纠正。

案例3：广西壮族自治区振某供销投资有限公司、广西供销合作社桂某旅游贸易公司等金融借款合同纠纷二审民事判决书【最高人民法院（2021）最高法民终1304号】

依据《最高人民法院关于适用〈中华人民共和国民法典〉时间效力的若干规定》的规定精神，本案适用《最高人民法院关于适用〈中华人民共和国民法典〉有关担保制度的解释》第二十二条的规定，认定案涉担保债务自人民法院裁定受理富某地公司破产重整申请之日停止计息，并没有明显减损当事人合法权益、增加当事人法定义务或者背离当事人合理预期，而且更有利于法律适用的统一，有利于尽快稳定社会和经济秩序。同时，鉴于桂某公司作为抵押担保人有权就主债务的利息计算提起上诉，债务人富某地公司也主张其债务应自人民法院受理其破产重整申请之日停止计息，而主债务停止计息后，包括抵押担保在内的所有担保债务作为从债务亦应一并停止计息。由此，本案主债务及担保债务的利息均应计算至南宁市中级人民法院裁定受理富某地公司破产重整申请之日的前一日，即2018年7月18日。一审判决在已经查明相关事实的情况下，依然判决案涉主债务及担保债务的利息均计算至本金清偿之日，适用法律有误，应予纠正。

案例4：中国光某银行股份有限公司嘉兴分行、上海华某能源有限公司保证合同纠纷再审审查与审判监督民事裁定书【最高人民法院（2019）最高法民申6453号】

首先，担保债务具有从属性。根据《中华人民共和国担保法》第五条第一款规定，担保合同是主合同的从合同。[①] 担保人承担的担保责任范围不应当大于主债务是担保从属性的必然要求。《中华人民共和国企业破产法》第四十六条第二款规定，人民法院裁定受理主债务人破产申请后，主债务停止计息。根据担保从属性的原则，担保人的担保责任应以主债务为限，故担保债务亦应停止计息。其次，从担保制度体系来看，其不仅规定了保证人的代偿义务，保障债权人的合法权益，同时也规定了保证人的追偿权，兼顾保证人的合法权益。破产案件受理

[①] 《担保法》已修改，现相关规定见《民法典》第六百八十二条。

后对主债权停止计息,债权人受损的仅是利息损失。如果对保证债务不停止计息,将影响保证人的追偿权,对保证人较为不公。因此,二审判决认定主债务人进入破产程序后,保证债务停止计息并不属于法律适用确有错误。

案例5:赵某梅、王某等抵押权纠纷二审民事判决书【陕西省商洛市中级人民法院(2022)陕10民终783号】

关于第二个焦点问题,债务人亿某公司破产程序中,被上诉人王某和赵某梅的担保债务应停止计息,二被上诉人的担保债务数额为5388918元。理由如下:第一,抵押权具有从属性,被上诉人王某、赵某梅作为抵押人,所担保债务范围不能大于主债务5388918元。在柞水县人民法院于2016年3月28日受理主债务人亿某公司破产清算申请,债权停止计息的情况下,上诉人中国邮政储蓄银行股份有限公司商洛市分行要求王某、赵某梅承担主债务人亿某公司5388918元债务总额,以及2016年3月28日至2022年8月3日的3486933.89元利息和罚息的担保责任,使保证人、抵押人承担的责任大于主债务人,违反了担保范围从属性的担保法理基础,没有法律依据。第二,商州区人民法院于2016年6月27日作出(2016)陕1002民初199号民事判决,该生效判决中明确:中国邮政储蓄银行股份有限公司商洛市分行行使保证担保和抵押担保时,需通过破产清算程序实现,此时,中国邮政储蓄银行股份有限公司商洛市分行债权数额为借款本金500万元、合同期内利息7418.32元及2015年7月31日至2016年3月28日的罚息;当然中国邮政储蓄银行股份有限公司商洛市分行也可直接向王某、赵某梅主张保证担保责任和抵押担保责任,担保的债权数额为借款本金500万元,合同期内利息7418.32元及2015年7月31日起按合同约定的罚息利率计付至实际给付之日的罚息。上诉人即于2016年6月27日向亿某公司破产管理人申报金额为5388918元的债权,选择先行在破产程序中受偿,如果上诉人及时要求被上诉人承担担保责任,将可有效避免利息损失的产生。第三,《最高人民法院关于适用〈中华人民共和国民法典〉有关担保制度的解释》第二十二条规定,"人民法院受理债务人破产案件后,债权人请求担保人承担担保责任,担保人主张担保债务自人民法院受理破产申请之日起停止计息的,人民法院对担保人的主张应予支持",故对被上诉人王某、赵某梅不承担破产期间担保债务利息的主张应予支持。王某、赵某梅于2022年8月2日代亿某公司偿还了邮储银行的5388918元债务后,亿某公司与邮储银行之间的债权债务已经终止,主债权上所设立的抵押权消灭。

案例 6：天津某农村商业银行股份有限公司与中某建飞投资控股集团有限公司保证合同纠纷民事一审案件民事判决书【上海市第三中级人民法院（2021）沪 03 民初 609 号】

由于，主债务的利息已停止计算，原告请求从债务人承担主债务人破产受理之后的罚息和复利，无相应的事实和法律依据，且被告清偿后也不能向中某建设追偿。因此，对于原告请求被告清偿以 3 亿元为本金，自 2020 年 10 月 10 日起至清偿之日止的利息、罚息及复利的诉请，本院不予支持。

（二）对《民法典》施行前的法律事实引起的民事纠纷案件，如果适用《民法典》及相应司法解释显然背离了当事人合理预期、明显减损当事人合法权益的，应当适用当时的法律、司法解释。

案例 7：成都禅某太阳能电力有限公司与某银行股份有限公司昌平支行合同纠纷二审民事判决书【北京市高级人民法院（2021）京民终 156 号】

《最高人民法院关于适用〈中华人民共和国民法典〉有关担保制度的解释》第二十二条规定，人民法院受理债务人破产案件后，债权人请求担保人承担担保责任，担保人主张担保债务自人民法院受理破产申请之日起停止计息的，人民法院对担保人的主张应予支持。《最高人民法院关于适用〈中华人民共和国民法典〉时间效力的若干规定》第三条明确规定，民法典施行前的法律事实引起的民事纠纷案件，当时的法律、司法解释没有规定而民法典有规定的，可以适用民法典的规定，但是明显减损当事人合法权益、增加当事人法定义务或者背离当事人合理预期的除外。因案涉《抵押协议》第二十一条约定，成都禅某公司或中某阳公司在本协议有效期内被宣告解散、破产或歇业的，某银行昌平支行有权处分部分或全部抵押资产，并从处分后的价款中优先受偿。即在《抵押协议》签订时，某银行昌平支行与成都禅某公司均认可在中某阳公司进入破产程序后，以抵押财产价值实现某银行昌平支行的全部债权。如果适用《最高人民法院关于适用〈中华人民共和国民法典〉有关担保制度的解释》第二十二条的规定，显然背离了某银行昌平支行的合理预期。故，成都禅某公司应对担保协议项下的全部债务承担担保责任。一审法院相关认定正确，本院予以维持。

（三）保证人进入破产重整程序不影响主债务利息的计算。

案例 8：北京宏某信诚汽车销售有限公司、某农村商业银行股份有限公司金融借款合同纠纷民事申请再审审查民事裁定书【最高人民法院（2021）最高法民申 7837 号】

因某农商行在人民法院裁定批准《重整计划》之前已经撤回了破产债权申请，庞某集团破产管理人提存拟清偿给某农商行的现金及股票的行为，在某农商行撤回申报且不负有强制申报义务的情况下，不能对某农商行产生清偿债务的法律效力。因案涉债务未消灭，某农商行有权要求债务人宏某信诚公司偿还案涉债务。原审判决宏某信诚公司向某农商行偿还案涉债务，有合同和法律依据，并无不当。本案系债权人某农商行要求债务人宏某信诚公司偿还债务并给付利息，案涉债务保证人庞某集团的破产重整程序并不影响主债务利息的计算。在案涉《黑龙江省农村合作金融机构电子商业汇票业务服务协议》未约定逾期还款利息的情况下，原审判决参照中国人民银行《支付结算办法》（银发〔1997〕393号）的相关规定确定案涉垫付汇票款的利息，符合案件实际，亦无不当。

第十章 公司诉讼中常见程序问题

090 公司纠纷能否适用协议管辖？

阅读提示

现行《民事诉讼法》第二十七条规定："因公司设立、确认股东资格、分配利润、解散等纠纷提起的诉讼，由公司住所地人民法院管辖。"如当事人就此类公司纠纷约定了协议管辖条款的，会否因为违反前述管辖规定而被认定为无效？本文在此通过最高人民法院的一则经典案例，对上述问题进行分析。

裁判要旨

《民事诉讼法》第二十七条中规定由公司住所地法院管辖的公司诉讼，属于特殊地域管辖的规定，不同于专属管辖，特殊地域管辖不能排除协议管辖。就此类公司诉讼约定了协议管辖条款的，应据此确定管辖法院。

案情简介[①]

（一）华某港务公司与上海振某重工（集团）股份有限公司（以下简称振某集团）等签订了案涉《增资协议书》，并约定了协议管辖条款。

（二）后各方因履行协议发生争议诉至法院，华某港务公司认为该案案由为公司增资纠纷，依法应由公司住所地法院管辖，上述协议管辖违反了该规定应属无效。

（三）上海高院一审裁定驳回华某港务对本案管辖权提出的异议，认为应当按照约定的协议管辖条款确定管辖法院。

[①] 案件来源：上海振某重工（集团）股份有限公司、上海振某重工启东海洋工程股份有限公司与南通华某港务有限公司管辖裁定书【最高人民法院（2016）最高法民辖终154号】。

（四）华某港务公司不服，向最高人民法院提起上诉。最高人民法院维持一审裁定，认为由公司住所地法院管辖的公司诉讼，属于特殊地域管辖不能排除协议管辖。

裁判要点

本案的核心争议在于，《民事诉讼法》第二十七条规定的应由公司住所地法院管辖的公司诉讼，是否属于专属管辖，对此，最高人民法院认为，《民事诉讼法》第二十七条和《最高人民法院关于适用〈中华人民共和国民事诉讼法〉的解释》第二十二条是关于特殊地域管辖的规定，不同于《中华人民共和国民事诉讼法》第三十三条规定的专属管辖，特殊地域管辖不能排除协议管辖。

实务经验总结

1. 结合现行《民事诉讼法》第二十七条和《最高人民法院关于适用〈中华人民共和国民事诉讼法〉的解释》第二十二条的规定，归纳应由公司住所地人民法院管辖的公司诉讼如下：因公司设立、确认股东资格、分配利润、解散、股东名册记载、请求变更公司登记、股东知情权、公司决议、公司合并、公司分立、公司减资、公司增资等纠纷提起的诉讼。但此规定属于特殊地域管辖，当事人如有协议管辖条款的，应当依据当事人约定确定管辖法院。

2. 涉及公司主体的纠纷并非都适用《民事诉讼法》第二十七条的规定而应由公司住所地法院管辖。股东损害公司债权人利益纠纷、损害公司利益责任纠纷就是按照一般侵权案件确定地域管辖。

相关法律规定

《中华人民共和国民事诉讼法》（2021 年修正，已被修正）

第二十三条 下列民事诉讼，由原告住所地人民法院管辖；原告住所地与经常居住地不一致的，由原告经常居住地人民法院管辖：

（一）对不在中华人民共和国领域内居住的人提起的有关身份关系的诉讼；

（二）对下落不明或者宣告失踪的人提起的有关身份关系的诉讼；

（三）对被采取强制性教育措施的人提起的诉讼；

（四）对被监禁的人提起的诉讼。

第二十七条　因公司设立、确认股东资格、分配利润、解散等纠纷提起的诉讼，由公司住所地人民法院管辖。

第三十四条　下列案件，由本条规定的人民法院专属管辖：

（一）因不动产纠纷提起的诉讼，由不动产所在地人民法院管辖；

（二）因港口作业中发生纠纷提起的诉讼，由港口所在地人民法院管辖；

（三）因继承遗产纠纷提起的诉讼，由被继承人死亡时住所地或者主要遗产所在地人民法院管辖。

第三十五条　合同或者其他财产权益纠纷的当事人可以书面协议选择被告住所地、合同履行地、合同签订地、原告住所地、标的物所在地等与争议有实际联系的地点的人民法院管辖，但不得违反本法对级别管辖和专属管辖的规定。

《中华人民共和国民事诉讼法》（2023年修正）

第二十三条　下列民事诉讼，由原告住所地人民法院管辖；原告住所地与经常居住地不一致的，由原告经常居住地人民法院管辖：

（一）对不在中华人民共和国领域内居住的人提起的有关身份关系的诉讼；

（二）对下落不明或者宣告失踪的人提起的有关身份关系的诉讼；

（三）对被采取强制性教育措施的人提起的诉讼；

（四）对被监禁的人提起的诉讼。

第二十七条　因公司设立、确认股东资格、分配利润、解散等纠纷提起的诉讼，由公司住所地人民法院管辖。

第三十四条　下列案件，由本条规定的人民法院专属管辖：

（一）因不动产纠纷提起的诉讼，由不动产所在地人民法院管辖；

（二）因港口作业中发生纠纷提起的诉讼，由港口所在地人民法院管辖；

（三）因继承遗产纠纷提起的诉讼，由被继承人死亡时住所地或者主要遗产所在地人民法院管辖。

第三十五条　合同或者其他财产权益纠纷的当事人可以书面协议选择被告住所地、合同履行地、合同签订地、原告住所地、标的物所在地等与争议有实际联系的地点的人民法院管辖，但不得违反本法对级别管辖和专属管辖的规定。

《最高人民法院关于适用〈中华人民共和国民事诉讼法〉的解释》（2022年修正）

第二十二条　因股东名册记载、请求变更公司登记、股东知情权、公司决议、公司合并、公司分立、公司减资、公司增资等纠纷提起的诉讼，依照民事诉讼法第二十七条规定确定管辖。

第二十九条 民事诉讼法第三十五条规定的书面协议，包括书面合同中的协议管辖条款或者诉讼前以书面形式达成的选择管辖的协议。

第三十条 根据管辖协议，起诉时能够确定管辖法院的，从其约定；不能确定的，依照民事诉讼法的相关规定确定管辖。

管辖协议约定两个以上与争议有实际联系的地点的人民法院管辖，原告可以向其中一个人民法院起诉。

法院判决

以下为最高人民法院就本案中增资纠纷应向公司住所地法院还是约定的法院提起上诉的详细论述：

《增资协议书》第十七条第二点明确约定相关争议向甲方即振某集团住所地人民法院提起诉讼。该约定符合《中华人民共和国民事诉讼法》第三十四条和《最高人民法院关于适用〈中华人民共和国民事诉讼法〉的解释》第三十条第一款关于协议管辖的规定，应据此确定管辖法院。《中华人民共和国民事诉讼法》第二十六条和《最高人民法院关于适用〈中华人民共和国民事诉讼法〉的解释》第二十二条是关于特殊地域管辖的规定，不同于《中华人民共和国民事诉讼法》第三十三条规定的专属管辖。特殊地域管辖不能排除协议管辖。

延伸阅读

在检索大量类案的基础上，笔者总结相关裁判规则如下，供读者参考。

（一）除级别管辖和专属管辖不能以协议方式作出其他约定外，属于特殊地域管辖的纠纷并不排斥协议管辖。

案例1：冀中能源峰某集团有限公司、山东泰某能源有限责任公司合同纠纷二审民事裁定书【最高人民法院（2019）最高法民辖终458号】

公司诉讼的管辖属于特殊地域管辖，根据《民事诉讼法》第三十四条的规定，除级别管辖或者专属管辖不能以协议方式约定外，属于特殊地域管辖的纠纷并不排斥协议管辖。因此，在案涉《协议书》已协议约定管辖法院的情况下，峰某集团公司关于本案应适用《民事诉讼法》第二十六条[1]规定的主张不能成立。

---

[1] 《民事诉讼法》已失效，现相关规定见《民事诉讼法》（2023年修正）第二十七条。

案例 2：兰州万某置业有限公司其他合同纠纷二审民事裁定书【最高人民法院（2014）民二终字第 14 号】

关于民事诉讼法规定的有关公司诉讼的管辖条款是否属于专属管辖的问题。2012 年 8 月 31 日第十一届全国人民代表大会常务委员会第二十八次会议通过了《关于修改〈中华人民共和国民事诉讼法〉的决定》，新修改的《民事诉讼法》第二十六条规定："因公司设立、确认股东资格、分配利润、解散等纠纷提起的诉讼，由公司住所地人民法院管辖。"① 该条从立法体例上看，位于民事诉讼法第二章"管辖"的第二节"地域管辖部分"。该节第三十三条明确规定了专属管辖的情形，但不包括与公司有关诉讼的情形。因此，《民事诉讼法》第二十六条关于公司诉讼的规定应当理解为特殊地域管辖的规定而不是专属管辖。民事诉讼法所规定的特殊地域管辖条款并不排除当事人的协议管辖约定，当事人对于争议解决方式有约定的从其约定，无约定或者约定不具有可操作性则的依照该法律规定确定案件的管辖法院。一审裁定认定《民事诉讼法》第二十六条属于专属地域管辖条款并以此排除当事人有关争议解决方式的约定，属于适用法律错误。

案例 3：苏州金某创创业投资中心（有限合伙）、李某亮公司增资纠纷管辖上诉裁定书【浙江省宁波市中级人民法院（2022）浙 02 民辖终 347 号】

本案中，被上诉人依据与上诉人、炫某网络股份有限公司签订的《上海炫某网络股份有限公司增资协议书》，以及上诉人、炫某网络股份有限公司、李某雷、被上诉人签订的《〈上海炫某网络股份有限公司增资协议书〉之补充协议》主张权利，要求上诉人等人支付股份回购款等，故原审法院认定本案案由系公司增资纠纷并无不当，该类案件不属于民事诉讼法规定的专属管辖案件。从上述两份合同内容来看，均有约定因协议发生的争议，如协商未果，则任何一方均有权向本协议签订地有管辖权的人民法院提起诉讼，且协议中也均载明合同签署于宁波市鄞州区。该约定系双方当事人的真实意思表示，且均不违反级别管辖和专属管辖的规定，故约定管辖有效。据此，原审法院作为合同签订地辖区法院，对本案依法享有管辖权。

（二）《民事诉讼法》第二十七条规定的应由公司住所地法院管辖的公司诉讼，针对的是公司内部纠纷。对于不涉及公司本身或该公司内部法律关系的涉公司纠纷，不应适用前述第二十七条的规定。

案例 4：李某义、厦门信某物联科技有限公司股权转让纠纷二审民事裁定书

---

① 《民事诉讼法》已失效，现相关规定见《民事诉讼法》（2023 年修正）第二十七条。

【最高人民法院（2019）最高法民辖终170号】

本案纠纷虽发生在信某公司与李某义在履行股权转让和增资协议过程中，但系因案涉协议中承诺利润的对赌条款而产生，与增资行为无关，并不涉及目标公司即安某公司本身或该公司的内部法律关系，即本案纠纷存在于目标公司之外。而《中华人民共和国民事诉讼法》第二十六条①规定针对的是公司内部纠纷，故本案不属于《中华人民共和国民事诉讼法》第二十六条和《最高人民法院关于适用〈中华人民共和国民事诉讼法〉的解释》第二十二条规定的应由公司住所地人民法院管辖的公司纠纷。

（三）公司诉讼案件适用特殊地域管辖规定，但并不是所有与公司有关的诉讼都属于公司诉讼。股权转让纠纷不涉及公司组织行为的诉讼，仍属于合同性质的民事纠纷，应按合同纠纷来确定管辖。

案例5：李某峻、朱某叶股权转让纠纷二审民事裁定书【最高人民法院（2018）最高法民辖终265号】

虽然股权转让纠纷作为最高人民法院《民事案件案由规定》第二十一条"与公司有关的纠纷"的子案由予以规定，但并不是所有与公司有关的纠纷均需根据《民事诉讼法》第二十六条②来确定管辖。该条是关于公司诉讼案件特殊地域管辖的规定，并非所有与公司有关的诉讼都属于公司诉讼。《民事诉讼法》第二十六条规范的公司诉讼，主要是指有关公司的设立、确认股东资格、分配利润、公司解散等公司组织行为的诉讼。本案朱某叶与李某峻之间的股权转让纠纷不涉及公司组织行为的诉讼，仍属于合同性质的民事纠纷，故本案应根据《民事诉讼法》第二十三条关于"因合同纠纷提起的诉讼，由被告住所地或者合同履行地人民法院管辖"的规定确定管辖。

案例6：田某、陈某林股权转让纠纷二审民事裁定书【广东省广州市中级人民法院（2017）粤01民辖终2377号】

本院经审查认为，本案股权转让纠纷，不属于《中华人民共和国民事诉讼法》第二十六条③即《最高人民法院关于适用〈中国人民共和国民事诉讼法〉的解释》第二十二条规定的情形。根据《中华人民共和国民事诉讼法》第三十四条的规定："合同或者其他财产权益纠纷的当事人可以书面协议选择被告住所地、

---

① 《民事诉讼法》已修改，现相关规定见《民事诉讼法》（2023年修正）第二十七条。
② 《民事诉讼法》已修改，现相关规定见《民事诉讼法》（2023年修正）第二十七条。
③ 《民事诉讼法》已修改，现相关规定见《民事诉讼法》（2023年修正）第二十七条。

合同履行地、合同签订地、原告住所地、标的物所在地等与争议有实际联系的地点的人民法院管辖……"① 本案提供的证据中，《股份转让协议》第七条约定："凡因履行本协议而发生的一切争议，各方首先应争取通过友好协商的方式加以解决。未能解决的，则任何一方均可向协议签订地的人民法院提起诉讼。"且该协议最后注明："本协议于 2016 年 6 月 12 日在广州市番禺区签订，"该约定未违反《中华人民共和国民事诉讼法》中关于级别管辖和专属管辖的规定，该约定合法有效，故原审法院对本案具有管辖权。

091 执行程序中，如何追加公司原、现股东等为被执行人？

阅读提示

执行实务中，申请追加未实缴出资或抽逃出资的现股东为被执行人是较为常见的情形。那么，对于实际控制人、已经转让了股权的原股东等主体，债权人能否主张追加为被执行人呢？本文在此通过一则实务案例，对在执行程序中，如何追加公司原、现股东等主体进行一个较为全面的分析。

案情简介 ②

（一）2018 年 4 月 9 日，陈某昂作为债权人借给张某 500 万元；2018 年 6 月 5 日，陈某昂又借给张某 800 万元。

（二）2018 年 5 月 10 日，上海青某公司就张某的上述 500 万元债务为债权人提供担保。

（三）2019 年 5 月 17 日，陈某昂作为债权人与上海青某公司、上海成某公司、上海誉某公司（以下统称为三公司）作为担保人签订案涉《担保合同》，由三公司对张某的不超过 2000 万元的债务承担保证担保。

（四）后因张某未按期还款，人民法院作出判决，判令三公司对张某共计 1300 万元债务向债权人承担连带责任。

（五）因被执行人（张某和三公司）均无财产可供执行，执行法院于 2020

---

① 《民事诉讼法》已修改，现相关规定见《民事诉讼法》（2023 年修正）第三十五条。
② 案件来源：本案系作者根据实际经办案件改编而成。

年 6 月 1 日作出终本裁定。

（六）另外，三公司成立至今股东多次变更，且均未实缴出资，但三公司工商登记的出资期限均未届至。在此情况下，三公司的哪些原、现股东可被申请追加为被执行人？

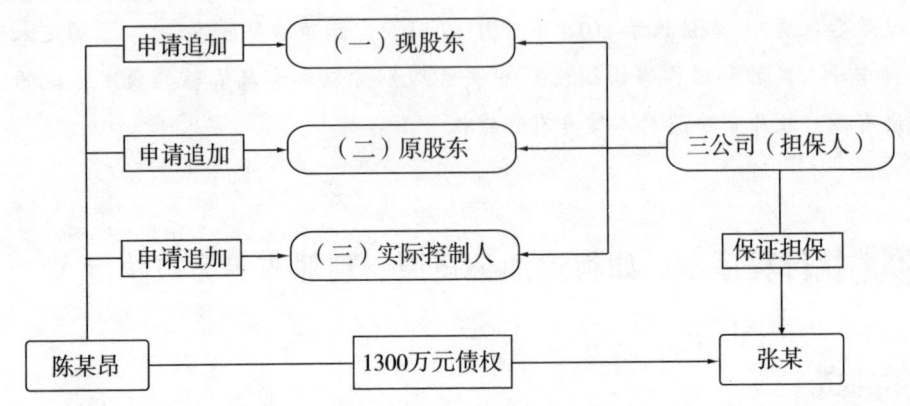

```
申请追加 ──→ （一）现股东 ←──┐
申请追加 ──→ （二）原股东 ←── 三公司（担保人）
申请追加 ──→ （三）实际控制人        │
                                   保证担保
                                     │
陈某昂 ────── 1300万元债权 ──────→ 张某
```

专家分析

关于追加三公司的股东、实际控制人等为被执行人的法律分析

1. 关于追加三公司的现股东为被执行人。

《全国法院民商事审判工作会议纪要》第六条规定："【股东出资应否加速到期】在注册资本认缴制下，股东依法享有期限利益。债权人以公司不能清偿到期债务为由，请求未届出资期限的股东在未出资范围内对公司不能清偿的债务承担补充赔偿责任的，人民法院不予支持。但是，下列情形除外：（1）公司作为被执行人的案件，人民法院穷尽执行措施无财产可供执行，已具备破产原因，但不申请破产的；（2）在公司债务产生后，公司股东（大）会决议或以其他方式延长股东出资期限的。"

本案中，三公司作为被执行人，人民法院穷尽执行措施无财产可供执行并出具了终本裁定，符合上述《全国法院民商事审判工作会议纪要》第六条第一款的规定，债权人陈某昂有权请求三公司未届出资期限的股东在未出资范围内对公司不能清偿的债务承担补充赔偿责任。

因此，在人民法院已经出具了终本裁定的情况下，三公司所有现股东，只要未实缴全部出资的，即使未届出资期限，都可以被申请追加为被执行人。

2. 关于追加三公司的原股东为被执行人。

《最高人民法院关于民事执行中变更、追加当事人若干问题的规定》（2020年修正）第十九条规定："作为被执行人的公司，财产不足以清偿生效法律文书确定的债务，其股东未依法履行出资义务即转让股权，申请执行人申请变更、追加该原股东或依公司法规定对该出资承担连带责任的发起人为被执行人，在未依法出资的范围内承担责任的，人民法院应予支持。"

根据上述法律法规及司法实务，债权人请求未届出资期限的原股东对公司不能清偿的债务在未出资范围内承担责任的，需要满足以下两个条件：1. 程序要件：公司资产不足清偿生效法律文书确定的债务；2. 实体要件：原股东未依法履行出资义务，且主观上具有利用转让股权行为逃避债务的恶意。

对于上海成某公司、上海誉某公司来说，与债权人陈某昂签订案涉《担保合同》的时间是 2019 年 5 月 17 日，而该两家公司最近的一次股权转让分别是在 2018 年 7 月 24 日、2017 年 8 月 12 日完成，也即原股东在本案所涉担保债务形成之前就已经转让了股权，在这种情况下，难以证明该两家公司原股东主观上存在逃避债务的恶意，因此难以依据《最高人民法院关于民事执行中变更、追加当事人若干问题的规定》（2020 年修正）第十九条规定主张将上海成某公司、上海誉某公司原股东追加为被执行人。

对于上海青某公司来说，债权人陈某昂签订案涉《担保合同》的时间是 2019 年 5 月 17 日，与陈某昂就张某的 500 万元订立担保协议的时间是 2018 年 5 月 10 日，而上海青某公司的原股东陈某系于 2018 年 6 月 6 日将股权转让给现股东，时间晚于 500 万元担保债务形成的时间，因此可以主张陈某转让股权具有逃避债务的恶意，应当被追加为被执行人。

但值得注意的是，人民法院出具终本裁定是在 2020 年 6 月 1 日，也即直到该日三公司资产不足以清偿生效法律文书判令的债务的事实才得以确定，而该时间晚于陈某转让股权的时间。实务中，对于在债务成立之后、终本裁定下达之前转让股权的，是否属于恶意转让股权逃避债务，仍存在争议，因此债权人陈某昂申请追加陈某为被执行人并非一定能够成功。

3. 关于追加三公司的实际控制人、法定代表人为被执行人。

《最高人民法院关于民事执行中变更、追加当事人若干问题的规定》并未明确规定可以在执行程序中，将实际控制人追加为被执行人。

全国法院切实解决执行难信息网"执行问答"板块中，载明："申请人追加第三人为被执行人应符合当前执行方面法律、司法解释，即严格按照《最高人民法院关于民事执行中变更、追加当事人若干问题的规定》来申请追加……'而不是想当然去追加配偶、法定代表人等作为被执行人，这些不符合法定情形'。……不能被追加为被执行人的四类主体：……二是不能追加被执行人的法定代表人、实际控制人、其他工作人员为被执行人"①。

执行实务中，人民法院一般也认为应当严格依据法律和司法解释来变更、追加被执行人。因此，在执行程序中，债权人主张将公司实际控制人、法定代表人追加为被执行人的，较难以得到人民法院支持。

实务经验总结

根据司法解释规定，申请执行人可以申请追加未实缴出资、抽逃出资的现股东为被执行人，在人民法院穷尽执行措施无财产可供执行（通常表现为人民法院出具终本裁定）的情况下，申请执行人也可以申请追加未届出资期限的股东为被执行人；对于转让了股权的原股东，其在债务成立后转让股权且该转让具有逃避债务的恶意的，可以主张追加该原股东为被执行人；而公司法定代表人、实际控制人等不属于法定可追加主体，人民法院一般不支持追加该等主体为被执行人。

延伸阅读

（一）在人民法院出具终结本次裁定后，债权人可以主张公司未届出资期限的股东在未出资范围内对公司不能清偿的债务承担补充赔偿责任。

案例1：北京峰某行投资顾问有限公司等与北京红某蓝儿童教育科技发展有限公司申请执行人执行异议之诉二审民事判决书【北京市高级人民法院（2021）京民终890号】

本案中，上某公司暂无财产可供执行，北京市第三中级人民法院于2020年11月26日作出（2020）京03执1487号之一执行裁定书，终结北京仲裁委员会作出的（2020）京仲案字第1781号仲裁裁决的本次执行程序，而上某公司至今未提出破产申请。据此，本案事实符合"公司作为被执行人的案件，人民法院穷尽执行措施无财产可供执行，已具备破产原因，但不申请破产"的情形……在此

---

① 参见 https：//jszx. court. gov. cn/main/ExecuteInterlocution/278338. jhtml，最后访问时间：2024年4月7日。

情形下，债权人红某蓝公司以作为被执行人的上某公司，财产不足以清偿生效裁决确定的债务，峰某行公司不享有认缴出资的期限利益为由，申请追加峰某行公司为被执行人，在其未依法出资的范围内承担补充赔偿责任，有事实依据和法律依据，应予支持。

案例2：北京保某国际旅行社有限公司与李某兵等执行异议之与二审民事判决书【北京市高级人民法院（2020）京民终10号】

对于万众公司的股东，虽并未届出资期限，但由于公司作为被执行人的案件，人民法院穷尽执行措施无财产可供执行，已具备破产原因，不申请破产的，均应在未出资范围内对公司不能清偿的债务承担补充赔偿责任。故，保某公司请求追加李某兵为被执行人，于法有据，本院予以支持。

（二）实务中存在大量案例认为要求未届出资期限的原股东就公司不能清偿的债务承担责任，需证明原股东转让股权时主观上具有逃避债务的恶意。

案例3：许某兰、周某义申请执行人执行异议之诉二审民事判决书【四川省高级人民法院（2019）川民终277号】

未（全面）履行出资义务是股东违反出资义务的不法行为，这与认缴资本制下股东享有的合法的出资期限利益有着本质区别。故，股东在认缴期限内未（完全）缴纳出资不属于未履行或未完全履行出资义务。认缴的股份实质上是股东对公司承担的负有期限利益的债务，当股权转让得到公司认可情况下，视为公司同意债务转移，出让人退出出资关系，不再承担出资义务，除非有证据证明其系恶意转让以逃避该出资义务。结合上述认定，本院对周某义和许某兰是否未全面履行出资义务，应否被追加为被执行人分析如下：（一）关于周某义应否被追加为被执行人以及承担责任的范围问题。经查，周某义于2018年4月18日，即金某公司章程约定的股东出资期限届满（2018年5月22日）之前将其所持金某公司90%的股权转让给邹某，但此时金某公司已经不能清偿案涉生效判决确定的债务，且天某公司已经对周某义提出了追加其为被执行人就生效法律文书确定的债务承担清偿责任的案涉诉讼，周某义在出资期限即将届满之前的诉讼过程中再次转让股权，具有转让股权以逃废出资义务的恶意，有违诚信，侵害了金某公司对外债权人天某公司的合法权益，不能就此免除其对金某公司补足出资，并对金某公司不能清偿的生效法律文书确定的债务承担补充赔偿责任的义务。

案例4：绥芬河江某经贸有限公司、莫某等申请执行人执行异议之诉民事二审民事判决书【四川省成都市中级人民法院（2021）川01民终15615号】

从上述股权转让中可以看出，2019年6月27日，石某坡、谭某伟向莫某转让股权的时间晚于债务形成时间，此时转让股权，存在"恶意"逃避债务的重大故意，因此石某坡、谭某伟应当追加为被执行人，并在未出资范围内对公司债务承担补充赔偿责任，莫某分别对石某坡、谭某伟的补充赔偿责任承担连带责任。债务形成时间即2019年5月24日以前，肖某萍、李某韬转让股权系行使自身权利，主观上没有逃避债务的"恶意"，因此肖某萍、李某韬不应追加为被执行人。

案例5：陈某娣、陈某军等执行异议之诉民事二审民事判决书【安徽省安庆市中级人民法院（2022）皖08民终1604号】

首先，鹏某公司实收资本为零，其经过强制执行至今仍不能清偿涉案债务，符合股东出资加速到期的条件；其次，涉案债务形成在陈某娣作为股东持有鹏某公司股权期间，陈某娣未履行出资义务即转让了鹏某公司股权且系无偿转让，在符合股东出资加速到期的情形下，陈某娣转让股权应认定为法律规定的"未依法履行出资义务即转让股权"情形。

案例6：杨某等与崔某荣等执行异议之与二审民事判决书【北京市第三中级人民法院（2022）京03民终16729号】

杨某应该且能够知悉城某公司的资产及债务情况，且其对公司债务是否知情、是否出资、是否收取股权转让款以及其与范某城之间是否存在代持关系均不影响其作为在工商登记的股东对城某公司应承担的出资义务加速到期的责任，其在应明知城某公司的债务未清偿、法院已终结执行程序的情况下，零对价将股权全部转让至柴某荣，一审法院据此认定杨某利用公司股东的期限利益恶意逃避债务，侵害了公司债权人的利益并无不当，本院不持异议。

案例7：边某萍、高某等申请执行人执行异议之诉其他民事裁定书【最高人民法院（2020）最高法民申5769号】

本案中，高某将其500万元出资转让给国某智玺中心时，该出资的认缴期限尚未届满，亦无证据表明该转让行为存在恶意串通或违反法律、行政法规的强制性规定的情形，该转让行为不属于未履行或者未全面履行出资义务即转让股权；边某萍对北京正某能源公司享有的担保债权发生在高某转让出资之后，即公司债权在股权转让时并不存在……因此，二审判决认定高某在认缴出资期限届满前转让股权，其出资义务一并转移，不属于未履行或未全面履行出资义务，并无不当。边某萍申请再审认为高某转让出资系对公司出资责任的预期违约，无法律依据。

(三)存在特殊案例认为,即使原股东认缴出资期限到期之前及公司债务形成之前转让股权的,债权人也可以申请将发起人追加为被执行人。

案例8:朱某波、孙某卫等申请执行人执行异议之诉民事申请再审审查民事裁定书【广东省高级人民法院(2021)粤民申1753号】

本案中,广东玉某公司及深圳玉某公司为孙某卫申请执行案件的被执行人,朱某波为广东玉某公司及深圳玉某公司的股东,其对广东玉某公司认缴出资为400万元,认缴出资时间为2045年5月4日,对深圳玉某公司认缴出资400万元,认缴出资时间为2045年7月1日。但本案未有证据显示朱某波有实际出资,朱某波也未能举证明其有出资行为。故,应认定朱某波作为股东却未履行出资义务……朱某波主张涉案债务发生于其转让涉案股权之后,其对涉案债务不知情。但根据上述《最高人民法院关于民事执行中变更、追加当事人若干问题的规定》第十九条规定,朱某波作为广东玉某公司及深圳玉某公司的原股东、发起人却未实际出资,也应当在其未依法出资的范围内承担责任。因此,孙某卫申请追加朱某波为被执行人,符合法律规定的情形。

092 债权人能否追加在认缴期限届满前即转让股权的原股东为被执行人?

阅读提示

《全国法院民商事审判工作会议纪要》第六条肯定了在注册资本认缴制下,股东依法享有期限利益。故,未届出资期限的股东不属于未履行或未全面履行出资义务,债权人自然无权请求该股东在未出资范围内对公司不能清偿的债务承担补充赔偿责任。但如果未届出资期限的股东明知公司将无力清偿债务,因此转让股权以逃避出资义务的,能否认定该股东主观上存在恶意、客观上实施了违反出资义务的不法行为,因此应当在未出资范围内对公司不能清偿的债务承担补充赔偿责任?本文在此通过四川省高级人民法院的一则典型案例,对上述问题进行分析。

裁判要旨

股东在认缴期限内未(完全)缴纳出资不属于未履行或未完全履行出资义

务。认缴的股份实质上是股东对公司承担的负有期限利益的债务，在股权转让得到公司认可的情况下，视为公司同意债务转移，出让人退出出资关系，不再承担出资义务，除非有证据证明其系恶意转让以逃避该出资义务。

案情简介 [①]

（一）2013年5月22日，金某公司注册成立，初始股权结构为：周某义出资2000万元持股10%，许某兰出资18000万元持股90%。金某公司实行注册资本认缴制，各股东应于公司注册登记之日起五年内（2018年5月21日前）缴纳各自所认缴的出资。

（二）2013年6月6日，周某义缴纳出资400万元，许某兰缴纳出资3600万元。

（三）2015年3月16日，经股东会决议，许某兰将其持有的金某公司80%的股权转让给周某义，将其持有的金某公司10%的股权转让给王某。

（四）2016年3月31日，最高人民法院作出（2016）最高法民终12号民事判决，判决金某公司向债权人天某公司支付剩余股权转让价款4880万元。

（五）因金某公司无力清偿上述4880万元债务，债权人天某公司向四川省宜宾市中级人民法院申请追加天某公司原股东许某兰为被执行人。

（六）2017年3月20日，宜宾中院作出执行裁定，驳回天某公司申请追加许某兰为被执行人的异议请求。天某公司不服，向宜宾中院提起申请执行人执行异议之诉。

（七）宜宾中院一审认为，许某兰未全面履行出资义务即转让股权，故应在其未缴纳的出资本息范围内承担补充赔偿责任。

（八）许某兰不服，向四川高院提起上诉。四川高院二审认为，许某兰系在认缴期限届满前即转让股权，享有出资期限利益，不属于未完全履行出资义务，且无证据证明许某兰具有逃废出资义务并侵害天某公司案涉债权的恶意，故不应再对股权转让之后金某公司负有的对外债务不能清偿部分承担补充清偿责任。

裁判要点

本案的核心争议在于，在认缴期限届满前即转让股权的原股东，是否应对股

[①] 案件来源：许某兰、周某义申请执行人执行异议之诉二审民事判决书【四川省高级人民法院（2019）川民终277号】。

权转让之后公司负有的对外债务不能清偿部分承担补充清偿责任，对此，四川省高级人民法院认为：

首先，《最高人民法院关于民事执行中变更、追加当事人若干问题的规定》（2020年修正）第十九条规定："作为被执行人的公司，财产不足以清偿生效法律文书确定的债务，其股东未依法履行出资义务即转让股权，申请执行人申请变更、追加该原股东或依公司法规定对该出资承担连带责任的发起人为被执行人，在未依法出资的范围内承担责任的，人民法院应予支持"中未（全面）履行出资义务是股东违反出资义务的不法行为，此时，出资瑕疵股东对公司具有补足出资义务、对公司不能清偿的债务负有补充赔偿责任的义务。

其次，认缴资本制下股东享有合法的出资期限利益，在股权转让得到公司认可的情况下，视为公司同意债务转移，出让人退出出资关系，不再承担出资义务。也即一般情况下，在认缴期限届满前即转让股权不属于上述司法解释中未（全面）履行出资义务的违法行为，原股东不应再对公司负有补足出资义务，亦不对股权转让后公司不能清偿的债务负有补充赔偿责任的义务。

最后，如果有证据证明原股东系恶意转让股权以逃避出资义务，则即使该原股东转让股权时未届出资期限，但其恶意转让股权的行为，侵害了公司对外债权人的合法权益，应认定该原股东仍属于《最高人民法院关于民事执行中变更、追加当事人若干问题的规定》（2020年修正）第十九条中"未依法履行出资义务即转让股权"的情形，仍应当对公司承担补足出资的义务、并对公司不能清偿的债务承担补充赔偿责任的义务。

实务经验总结

1. 出资义务既是股东之间达成的合同义务，也是出资人成为股东后负有的法定义务。因此，出资人应当依照出资期限按时足额缴纳出资，否则，其他股东可以依约向该出资瑕疵股东主张违约责任，公司可依据《公司法》规定要求补足出资，债权人则可依法要求未（全面）履行出资义务的股东在未依法出资的范围内承担责任。

2. 实务中对在认缴期限届满前即转让股权的原股东是否具有逃避出资义务的判断存在分歧，但总体来说，转让股权时公司债务尚未形成的，一般不会被追加为被执行人；而转让股权时债务已经形成，乃至债务不能清偿的局面已经出现的，则被同意追加为被执行人的可能性就更大。

3. 一般认为，出资期限利益属于股东的根本利益，因此公司决议修改出资时间的，应当取得全体股东的一致同意，而不适用资本多数决或绝对多数决的表决规则。

相关法律规定

《最高人民法院关于民事执行中变更、追加当事人若干问题的规定》（2020年修正）

第十九条 作为被执行人的公司，财产不足以清偿生效法律文书确定的债务，其股东未依法履行出资义务即转让股权，申请执行人申请变更、追加该原股东或依公司法规定对该出资承担连带责任的发起人为被执行人，在未依法出资的范围内承担责任的，人民法院应予支持。

《全国法院民商事审判工作会议纪要》

6.【股东出资应否加速到期】在注册资本认缴制下，股东依法享有期限利益。债权人以公司不能清偿到期债务为由，请求未届出资期限的股东在未出资范围内对公司不能清偿的债务承担补充赔偿责任的，人民法院不予支持。但是，下列情形除外：

（1）公司作为被执行人的案件，人民法院穷尽执行措施无财产可供执行，已具备破产原因，但不申请破产的；

（2）在公司债务产生后，公司股东（大）会决议或以其他方式延长股东出资期限的。

《中华人民共和国公司法》（2023年修订）

第四十九条 股东应当按期足额缴纳公司章程规定的各自所认缴的出资额。

股东以货币出资的，应当将货币出资足额存入有限责任公司在银行开设的账户；以非货币财产出资的，应当依法办理其财产权的转移手续。

股东未按期足额缴纳出资的，除应当向公司足额缴纳外，还应当对给公司造成的损失承担赔偿责任。

第八十八条 股东转让已认缴出资但未届出资期限的股权的，由受让人承担缴纳该出资的义务；受让人未按期足额缴纳出资的，转让人对受让人未按期缴纳的出资承担补充责任。

未按照公司章程规定的出资日期缴纳出资或者作为出资的非货币财产的实际

价额显著低于所认缴的出资额的股东转让股权的,转让人与受让人在出资不足的范围内承担连带责任;受让人不知道且不应当知道存在上述情形的,由转让人承担责任。

《中华人民共和国公司法》(2018 年修正,已被修订)

第二十八条　股东应当按期足额缴纳公司章程中规定的各自所认缴的出资额。股东以货币出资的,应当将货币出资足额存入有限责任公司在银行开设的账户;以非货币财产出资的,应当依法办理其财产权的转移手续。

股东不按照前款规定缴纳出资的,除应当向公司足额缴纳外,还应当向已按期足额缴纳出资的股东承担违约责任。

法院判决

以下为四川省高级人民法院就许某兰是否未全面履行出资义务,应否被追加为被执行人的问题的详细论述:

天某公司主张许某兰作为金某公司原始股东,同样未全面履行出资义务即转让股权,仍应对金某公司不能清偿的案涉生效判决确定的债务承担清偿责任。本院认为,许某兰虽在出资期限届满前将其原持有的金某公司 90% 股权进行转让,但其情形与周某义在一审诉讼中再次转让股权逃废债务情形有所不同,据此不应再承担对金某公司补足出资的义务。具体理由为:

1. 金某公司章程约定公司注册资本金由股东在五年内缴足。该认缴出资的金额、履行期限均经工商管理机关公示,许某兰在认缴期限届满前享有当然的期限利益,其于 2015 年 3 月将持有金某公司 90% 的股权转让给周某义和王某,对应的尚未发生的补足出资的义务即随股权转让给了周某义和王某,其转让股权不构成瑕疵转让,许某兰不应认定为《最高人民法院关于民事执行中变更、追加当事人若干问题的规定》第十九条中"未履行出资义务即转让股权"的股东。

2. 许某兰转让股权发生在 2015 年 3 月,此时金某公司与天某公司关于股权转让的纠纷仍在一审诉讼中,即案涉生效判决确定的债务仍处于不确定状态,且金某公司名下尚有某县刘家坡煤矿有限责任公司股权等资产,无证据显示金某公司就对外债务无清偿能力,现有证据尚不足以认定许某兰向周某义和王某转让股权时具有逃废出资义务并侵害天某公司案涉债权的恶意。故,许某兰在金某公司认缴出资期限届满前转让股权不属于瑕疵股权转让,亦无证据证明其转让股权具有逃废出资义务的恶意,其对金某公司不再负有补足出资义务,亦不应再对股权转让之后金某公司负有的对外债务不能清偿部分承担补充清偿责任，许某兰关于其不应被追加为被执行人的上诉理由成立，本院予以支持。

延伸阅读

在检索大量类案的基础上，笔者总结相关裁判规则如下，供读者参考。

债权人请求未届出资期限的原股东对公司不能清偿的债务在未出资范围内承担责任的，需要满足以下两个条件：1. 程序要件：公司资产不足以清偿生效法律文书确定的债务；2. 实体要件：原股东为逃避债务而恶意转让其未届出资期限的股权。

案例1：绥某河江某经贸有限公司、莫某等申请执行人执行异议之诉民事二审民事判决书【四川省成都市中级人民法院（2021）川01民终15615号】

本案中，一审法院于2019年5月24日作出民事判决，确定绥某河公司与他给他公司的债权债务，故债务形成时间为2019年5月24日。他给他公司于2016年1月11日设立，注册资金为500万元人民币，其中莫某出资300万元，肖某萍出资200万元，认缴出资时间为2036年1月4日。2016年8月26日，莫某将300万元股权中的170万元公司股权转让给谭某伟、130万元公司股权转让给李某韬，肖某萍将200万元股权中的165万元股权转让给石某坡、35万元股权转让给李某韬，认缴出资时间为2036年12月31日。2018年5月4日，李某韬165万元公司股权转让给谭某伟，认缴出资时间为2036年12月31日。2019年6月27日，石某坡165万元公司股权转让给莫某，谭某伟335万元公司股权转让给莫某，认缴出资时间为2036年12月31日。从上述股权转让可以看出，2019年6月27日，石某坡、谭某伟向莫某转让股权的时间晚于债务形成时间，此时转让股权，存在"恶意"逃避债务的重大故意，因此石某坡、谭某伟应当追加为被执行人，并在未出资范围内对公司债务承担补充赔偿责任，莫某分别对石某坡、谭某伟的补充赔偿责任承担连带责任。债务形成时间即2019年5月24日以前，肖某萍、李某韬转让股权系行使自身权利，主观上没有逃避债务的"恶意"，因此肖某萍、李某韬不应追加为被执行人。

案例2：扬州今某种业有限公司、戴某梅等侵害植物新品种权纠纷二审民事判决书【最高人民法院（2021）最高法知民终884号】

我国现行公司法规定股东的出资方式是认缴制，在该制度下，股东在公司存续期内以认购股权为限承担有限责任，并且对出资期限享有法定的期限利益。在出资期限没有届满前，原股东未实缴出资的情形一般不构成公司法上的出资瑕疵，公司法也没有禁止未届出资期限的原股东的转让行为。但是，任何股东均应依法善意行使其股东权利和义务。《公司法》第二十条第一款规定："公司股东应当遵守法律、行政法规和公司章程，依法行使股东权利，不得滥用股东权利损害公司或者其他股东的利益；不得滥用公司法人独立地位和股东有限责任损害公司债权人的利益。"① 该条第三款规定："公司股东滥用公司法人独立地位和股东有限责任，逃避债务，严重损害公司债权人利益的，应当对公司债务承担连带责任。"② 如果出资期限未届满而未缴纳出资的原股东明知存在侵权之债，为逃避债务而恶意转让其未届出资的股权，增加公司注册资本不能实缴到位的风险，明显损害债权人利益，该恶意进行转让行为属于股东滥用其出资期限利益逃避债务的行为，对于转让之前的侵权之债应承担相应的法律责任。

093 同一诉讼中涉及的两个以上法律关系均为诉争法律关系的，应当并列为案由

阅读提示

《最高人民法院关于印发修改后的〈民事案件案由规定〉的通知》规定："同一诉讼中涉及两个以上的法律关系，应当根据当事人诉争的法律关系的性质确定个案案由；均为诉争的法律关系的，则按诉争的两个以上法律关系并列确定相应的案由。"但是否任何案由均可在同一诉讼中并列？本文在此通过最高人民法院的一则经典案例，对同一诉讼中法院支持并列案由的情形进行分析。

裁判要旨

同一诉讼中涉及两个法律关系，两诉争法律关系虽有联系，但相对独立的，应将该两个诉争的法律关系并列确定相应的案由；但一案的审理需以另一案的审理结果为依据的，该两个案由不可在同一诉讼中确立。

---

① 《公司法》已修改，现相关规定见《公司法》（2023年修订）第二十一条第一款。
② 《公司法》已修改，现相关规定见《公司法》（2023年修订）第二十三条第一款。

案情简介 ①

（一）2011年2月26日，山东泰某能源有限责任公司（以下简称泰某能源公司）、大某能源公司、冀中能源峰某集团有限公司（以下简称峰某公司）和大某煤业公司签订《股权转让协议》和《债务偿还协议》约定：峰某公司以9760.52万元对价从泰某能源公司受让大某煤业公司60%股权，并由峰某公司代偿大某煤业公司所欠泰某能源公司债务58239.48万元。

（二）后协议各方就《股权转让协议》和《债务偿还协议》的履行问题发生争议诉至法院。

（三）山东高院一审将案由确定为股权转让纠纷。最高人民法院二审认为将案由确定为股权转让纠纷不全面，应将股权转让纠纷、债务加入纠纷并列为案由。

实务经验总结

1. 案由的确定将会直接影响到管辖权归属、法律适用与争议各方举证责任分配等问题。而案由并非仅基于事实产生，对同一纠纷还可能出现多个案由，此时案由的确定就有赖于当事人及其律师的选择。

2. 根据相关法律规定，同一诉讼中可以并列多个案由，从而帮助当事人高效解决争议并节约司法资源。但是并非所有的案由都可以并列在同一诉讼中，尤其两个案由之间存在主从关系，也即其中一个纠纷需以另一个纠纷的解决结果为依据时，则不宜在同一诉讼中并列为案由。

相关法律规定

《最高人民法院关于印发修改后的〈民事案件案由规定〉的通知》（法〔2020〕347号）

五、适用修改后的《案由规定》应当注意的问题

……

3. 存在多个法律关系时个案案由的确定。同一诉讼中涉及两个以上的法律

---

① 案件来源：山东泰某能源有限责任公司、冀中能源峰某集团有限公司等股权转让纠纷二审民事判决书【最高人民法院（2021）最高法民终39号】。

关系的，应当根据当事人诉争的法律关系的性质确定个案案由；均为诉争的法律关系的，则按诉争的两个以上法律关系并列确定相应的案由。

法院判决

以下为最高人民法院就本案案由确认的详细论述：

本院认为，本案诉争的法律关系既有股权转让，又有债务加入，两者虽有联系，但又相对独立，根据《最高人民法院关于印发修改后的〈民事案件案由规定〉的通知》第五部分第三条关于"同一诉讼中涉及两个以上的法律关系的，应当根据当事人诉争的法律关系的性质确定个案案由；均为诉争的法律关系的，则按诉争的两个以上法律关系并列确定相应的案由"之规定，一审法院将案由确定为股权转让纠纷不全面，本院将案由调整为股权转让纠纷、债务加入纠纷。

延伸阅读

在检索大量类案的基础上，笔者总结相关裁判规则如下，供读者参考。

（一）同一诉讼中可以并列多个案由，但一案的审理需以另一案的审理结果为依据的，该两个案由不可在同一诉讼中确立。

案例1：中某通（北京）投资有限公司委托合同纠纷二审民事裁定书【最高人民法院（2019）最高法民终665号】

因此，虽然同一诉讼中可以并列多个案由，但并非所有案由均可在同一诉讼中确立。《最高人民法院关于适用〈中华人民共和国合同法〉若干问题的解释（一）》第十五条规定，受理代位权诉讼的人民法院在债权人起诉债务人的诉讼裁决发生法律效力以前，应当根据《中华人民共和国民事诉讼法》第一百五十条第五项[①]的规定中止代位权诉讼，即代位权诉讼须以原债权债务纠纷的审理结果为依据。本案中，与公司有关的纠纷、委托合同纠纷均应与债权人代位权纠纷分别提起。债权人代位权纠纷须以委托合同纠纷、与公司有关的纠纷的审理结果为依据，中某通公司的全部诉讼请求无法在一个案件中予以审理。故，在向上诉人释明应予补正，上诉人仍坚持将三个法律关系在一个案件中主张，拒绝补正的情况下，一审法院裁定不予受理，并无不当。

---

① 《民事诉讼法》已修改，现相关规定见《民事诉讼法》（2023年修正）第一百五十三条第五项。

（二）民事案件的案由反映了案件所涉民事法律关系的性质，当事人对案由定性发生争议时，法院应根据当事人诉争的法律关系的性质确定案由。

案例2：韩某保、广东正某置业集团有限公司合同纠纷二审民事判决书【最高人民法院（2020）最高法民终970号】

民事案件的案由反映了案件所涉民事法律关系的性质，确定案由是人民法院为便于当事人诉讼、规范审判管理和司法统计，根据个案的具体情况、合同约定的内容等，对诉讼争议所包含的法律关系进行的概括和总结。本案中，2013协议合同性质为股权转让合同，2014变更协议约定正某置业公司、戴某济共同成立新的公司，正某置业公司持有35%股权，戴某济持有65%股权，且正某置业公司、华某公司负责将案涉黄花湖700亩项目、白石窿1100亩项目剥离至新公司名下，该合同系双方就案涉项目合作开发事宜变更了2013协议关于转让华某公司股权的约定，合同性质为合作开发房地产合同。201501协议约定，正某置业公司对案涉两项目所享有的综合性投资权益转让给戴某济，且该合同同时约定将华某贸易公司、华某温泉公司股权转让给戴某济、兴某公司，兼有投资性权益转让合同与股权转让合同的法律属性。故，在案涉纠纷无法仅适用单一类型化的合同规则进行处理的情况下，一审法院对案涉合同性质认定准确；将本案案由确定为"合同纠纷"，并无不当，本院均予以确认。

（三）当事人在再审中主张原判决确定案由错误的，不属于法定再审事由，人民法院不再审查。

案例3：杨某山、深圳市佳某豪投资发展有限公司股权转让纠纷其他民事裁定书【最高人民法院（2021）最高法民申4455号】

关于本案案由的问题。民事案件的案由应当依据当事人主张的法律关系的性质确定。案由是全案法律关系的总结与归纳，属于司法统计和审判管理范畴。案由定性准确与否，并非评价判决实体裁决结果及法律适用正确与否的直接依据。故，杨某山再审认为原判决所确定的案由错误，不属于法定的再审事由，本院不予审查。

094 诉讼中变更为一人公司的，不适用一人公司人格否认制度

阅读提示

2023 年修订的《公司法》第二十三条（2018 年《公司法》第六十三条）规定了一人公司人格否认制度。起诉时并非一人公司，在诉讼过程中才变更为一人公司的，对方当事人能否要求其股东证明该一人公司财产独立于股东财产否则就要承担连带责任呢？本文在此通过最高人民法院的一则经典案例，对上述问题进行分析。

裁判要旨

起诉时不是一人有限责任公司的，不能依据《公司法》第六十三条规定的一人公司人格否认制度，要求该公司股东反证证明其财产独立于该公司。

值得注意的是，2023 年修订的《公司法》删除了 2018 年《公司法》"一人有限责任公司的特别规定"一节，拟将一人公司的适用范围扩大，一人公司的特殊"人格否认制度"将适用于所有形式的一人公司。

案情简介[①]

（一）2013 年 10 月 29 日，某建筑一局与鞍山京某置业有限公司（以下简称鞍山京某公司）签订案涉建工合同，后因鞍山京某公司原因导致停工。

（二）某建筑一局因此诉至法院要求解除案涉建工合同，并要求鞍山京某公司的股东常熟京某公司对某建筑一局的损失承担连带清偿责任。

（三）另查明，在本案诉讼期间，鞍山京某公司变更为常熟京某公司的全资子公司。

（四）辽宁某院一审对鞍山京某公司适用了一人公司人格否认制度，由此判决常熟京某公司负担连带清偿责任。

---

① 案件来源：某建筑一局（集团）有限公司、鞍山京某置业有限公司等建设工程施工合同纠纷二审民事判决书【（2022）最高法民终 364 号】。

（五）常熟京某公司不服提起上诉。最高人民法院二审认为，某建筑一局起诉时鞍山京某公司并非一人公司，故不应适用一人公司人格否认制度，由此改判常熟京某公司不负连带责任。

实务经验总结

1. 一人有限责任公司由于只有一个股东，导致董事、监事、经理等席位都被该股东所控制，这也就使得一人公司天然更容易出现滥用法人地位和股东有限责任损害债权人的现象。

2. 出于对一人公司上述特性的规制《公司法》（2023年修订）第二十三条（2018年《公司法》第六十三条）将证明股东与公司财产混同的举证责任倒置给了股东，如股东不能证明其所控制的一人公司的财产独立于自身的，就应当对一人公司的债务承担连带清偿责任。所以实务中作为一人公司的股东，一定要重视公司的合规建设与运作，并保存一人公司的财务账簿、审计报告等证据，避免因无证据被法院推定为存在财产混同情形。

3. 实务中，对于婚姻关系存续期间夫妻共同设立的公司，虽然形式上有两名股东，但由于公司的全部股权实质来源于同一财产权，并为一个所有权共同享有和支配，因此人民法院倾向于认定该股权主体具有利益的一致性和实质的单一性，故可参照适用一人公司人格否认制度。

相关法律规定

《中华人民共和国公司法》（2023年修订）

第二十一条　公司股东应当遵守法律、行政法规和公司章程，依法行使股东权利，不得滥用股东权利损害公司或者其他股东的利益。

公司股东滥用股东权利给公司或者其他股东造成损失的，应当承担赔偿责任。

第二十三条　公司股东滥用公司法人独立地位和股东有限责任，逃避债务，严重损害公司债权人利益的，应当对公司债务承担连带责任。

股东利用其控制的两个以上公司实施前款规定行为的，各公司应当对任一公司的债务承担连带责任。

只有一个股东的公司，股东不能证明公司财产独立于股东自己的财产的，应当对公司债务承担连带责任。

《中华人民共和国公司法》（2018年修正，已被修订）

第二十条 公司股东应当遵守法律、行政法规和公司章程，依法行使股东权利，不得滥用股东权利损害公司或者其他股东的利益；不得滥用公司法人独立地位和股东有限责任损害公司债权人的利益。

公司股东滥用股东权利给公司或者其他股东造成损失的，应当依法承担赔偿责任。

公司股东滥用公司法人独立地位和股东有限责任，逃避债务，严重损害公司债权人利益的，应当对公司债务承担连带责任。

第六十二条 一人有限责任公司应当在每一会计年度终了时编制财务会计报告，并经会计师事务所审计。

第六十三条 一人有限责任公司的股东不能证明公司财产独立于股东自己的财产的，应当对公司债务承担连带责任。

法院判决

以下为最高人民法院就常熟京某公司应否对鞍山京某公司的债务承担连带责任问题的详细论述：

某建筑一局提起诉讼时，鞍山京某公司并非常熟京某公司的全资子公司，故不能依据《中华人民共和国公司法》第六十三条[1]有关一人有限责任公司的人格否认制度，由常熟京某公司反证证明其财产独立于鞍山京某公司，而应当依据《中华人民共和国公司法》第二十条第三款[2]之规定，由其举证证明常熟京某公司存在滥用公司法人独立地位以逃避公司债务的行为，且还需要举证证明此种行为严重损害了其合法权益。但某建筑一局并未举证证明前述事实，应当承担举证不能的法律后果。

在本案诉讼期间，常熟京某公司成为鞍山京某公司的唯一股东，即便依据《中华人民共和国公司法》第六十三条之规定，应由常熟京某公司举证证明其财产独立于鞍山京某公司的财产。现常熟京某公司已经提交了鞍山京某公司的审计报告，能够初步证明鞍山京某公司拥有独立完整的财务制度，在此情况下，某建筑一局应进一步举证证明两公司构成财产混同。但其并未提交相关证据，未指出

---

[1] 《公司法》已修改，现相关规定见《公司法》（2023年修订）第二十三条第三款。
[2] 《公司法》已修改，现相关规定见《公司法》（2023年修订）第二十三条第一款。

审计报告中存在哪些可能构成财产混同的问题，亦没有证据证明常熟京某公司存在滥用股东权利损害债权人利益的情形，其有关要求常熟京某公司对鞍山京某公司的债务承担连带责任的主张缺乏事实和法律依据，本院不予支持。辽宁某院有关常熟京某公司应就鞍山京某公司对某建筑一局所负债务承担连带责任的认定有所不当，本院予以纠正。

延伸阅读

在检索大量类案的基础上，笔者总结相关裁判规则如下，供读者参考。

（一）一人公司人格否认制度的适用仍以严重损害债权人利益的结果要件为前提。

案例1：浦某国、苏州智某投资置业有限公司等执行异议之诉民事裁定书【江苏省高级人民法院（2016）苏民申530号】

本院认为：《中华人民共和国公司法》第二十条第三款规定，公司股东滥用公司法人独立地位和股东有限责任，逃避债务，严重损害公司债权人利益的，应当对公司债务承担连带责任。[①] 第六十四条规定，一人有限责任公司的股东不能证明公司财产独立于股东自己的财产的，应当对公司债务承担连带责任。[②] 公司法对公司人格否认制度的确认，第二十条作为总则部分的规定，适用于一切公司，包括一人有限责任公司。第六十四条可以理解为对于第二十条适用一人有限责任公司情况下举证责任的规定。一人有限责任公司的股东负有证明公司财产独立于股东自己的财产的举证义务，否则应当对公司债务承担连带责任。

（二）一人公司的审计报告对证明其财产独立具有重要意义。

案例2：苏某环球集团有限公司与云南中某置地集团有限公司、云南南某之门置业有限公司等企业借贷纠纷二审民事判决书【江苏省高级人民法院（2016）苏民终1237号】

中某石化公司要证明其资产独立须依据该规定提交相关年度所编制的经审计的财务会计报告。二审中，经本院释明，中某石化公司未能提交年度财务会计报告。其虽提交了公司组织机构代码证、营业执照、2004年6月24日成品油批准证书等，但上述证据仅证明该公司与中某置地公司业务范围不同，尚不足以证明两公司之间财产相互独立。故，苏某环球公司主张中某石化公司对中某置地公司

[①] 《公司法》已修改，现相关规定见《公司法》（2023年修订）第二十三条第一款。
[②] 《公司法》已修改，现相关规定见《公司法》（2023年修订）第二十三条第三款。

的债务承担连带清偿责任符合法律规定。原审法院对此认定有误，本院依法予以纠正。

（三）人民法院应谨慎适用法人人格否认制度，股东违反公司财务制度但没有导致法定情形发生的，不必然对公司债务承担连带清偿责任。

案例3：太原市嘉某房地产有限公司与赵某、山西谦某房地产开发有限公司合同纠纷申诉、申请民事裁定书【最高人民法院（2015）民申字第2083号】

《公司法》确定之公司法人财产制和股东有限责任制，是公司法人制度的精髓和公司法的基本原则，《公司法》鼓励投资者通过有限财产、承担有限责任的方式去参与市场行为。作为对于法人独立财产制和公司有限责任制之公司法基本原则的例外规定，刺破公司面纱，判令公司股东承担连带责任应当掌握较为严格的认定标准。依据《公司法》的规定与基本精神，其标准应当包括：1. 公司股东存在滥用公司法人独立地位的行为，具体表现为人员、业务、财务的混同导致已经无法区分法人的独立人格；2. 上述行为已经严重损害公司债权人利益。就本案而言，在诉争房地产开发的项目合作过程中，谦某公司是以自己的名义销售房屋，而非以赵某的名义销售房屋，不存在谦某公司与赵某的业务混同；虽然赵某以个人名义收取房款，违反了公司的财务制度，但并不会导致账目混同。如仅因为自然人股东代收法人账款即刺破公司面纱，判令公司股东承担连带责任，在整个公司法的视角下，有违其基本精神和规则。

（四）涉案债务形成时，债务人为一人公司的，即使嗣后公司形式发生变更，就该笔债务仍应适用一人公司人格否认制度，由当时的唯一股东证明公司财产独立于股东自己的财产，否则应当对公司债务承担连带责任。

案例4：吉林市圣某拍卖有限公司、中国农业银行股份有限公司某市分行追偿权纠纷再审审查与审判监督民事裁定书【最高人民法院（2020）最高法民申7075号】

依据生效判决可以认定，圣某公司收取拍卖价款、签订《竞买协议》等案涉事实均发生于圣某公司股东变更之前，张某此时为该公司的唯一股东。2013年5月31日圣某公司将1426万元从圣某公司账户转至张某中国农业银行（尾号为0168）的个人账户中，张某未能提供充分证据证明张某个人账户的款项均系公司使用，即不能证明圣某公司的财产独立于张某的财产，故张某应为本案适格被告，对其作为一人公司股东期间公司产生的债务承担连带责任。张某的再审申请理由不能成立。

图书在版编目（CIP）数据

判决书中的公司法：经典公司法案例点评及胜诉实战指南 / 唐青林，李舒主编；王盼，安健副主编． — 北京：中国法制出版社，2024.5
 ISBN 978-7-5216-4464-7

Ⅰ.①判… Ⅱ.①唐… ②李… ③王… ④安… Ⅲ.①公司法-案例-中国 Ⅳ.①D922.291.915

中国国家版本馆CIP数据核字（2024）第078626号

策划编辑：赵宏
责任编辑：王悦　　　　　　　　　　　　　　　　封面设计：李宁

判决书中的公司法：经典公司法案例点评及胜诉实战指南
PANJUESHU ZHONG DE GONGSIFA: JINGDIAN GONGSIFA ANLI DIANPING JI SHENGSU SHIZHAN ZHINAN

主编/唐青林，李舒
副主编/王盼，安健
经销/新华书店
印刷/三河市国英印务有限公司
开本/710毫米×1000毫米　16开　　　　　　印张/35.5　字数/519千
版次/2024年5月第1版　　　　　　　　　　2024年5月第1次印刷

中国法制出版社出版
书号 ISBN 978-7-5216-4464-7　　　　　　　　　　定价：149.00元

北京市西城区西便门西里甲16号西便门办公区
邮政编码：100053　　　　　　　　　　　　　　传真：010-63141600
网址：http://www.zgfzs.com　　　　　　　　编辑部电话：010-63141831
市场营销部电话：010-63141612　　　　　　　印务部电话：010-63141606

（如有印装质量问题，请与本社印务部联系。）